Festfreudiges Basel

«Grossbasler malen Kleinbasler.
Kleinbasler malen Grossbasler»:
Farbstiftzeichnung von
Danio Wiesendanger, 1992.

Dass «... Basel sich für Geschichte sehr interessiert, wenn sie gut dargeboten wird, zeigt der enorme Erfolg der Bücher von Eugen A. Meier.

Gewiss, das ist keine wissenschaftliche Geschichtsschreibung im akademischen Stil, sondern Geschichte, lebendig dargestellt und darum interessant ...»

Hanns U. Christen (-sten) am 5. August 1992 nach der negativen Volksabstimmung über eine «Neue Basler Geschichte» im «Brückenbauer».

Das Basler Festjahr ist noch immer von beeindruckender Vielfalt, auch wenn es der vorreformatorischen Farbigkeit entbehrt. Emotionelles kirchliches Brauchtum mit zahllosen Heiligentagen und weihevollen Prozessionen, welches im Leben des mittelalterlichen Basel eine bedeutsame Rolle spielte, ist durch die Glaubenswirren ausgelöscht worden. Und die Helvetik brachte manches, was an profanem Volksgut übrig blieb, zum Verschwinden. So den Schwörtag, den Bannritt, den Küfertanz, den Eierlauf, das Münsterturmsteigen, das Gregoriusfest.

Trotz heftiger Anfeindungen seitens der Geistlichkeit gelang es der während Generationen äusserst puritanisch gesinnten Obrigkeit indessen nicht, beispielsweise den Tanz der Drei Ehrenzeichen Kleinbasels (Vogel Gryff) und die Fasnacht endgültig zu unterdrücken: solches seit Jahrhunderten tief verwurzeltes Brauchtum liess sich das Volk nicht nehmen.

Die im ausgehenden 19. Jahrhundert wieder erwachte Festfreudigkeit füllte den Stadtkalender mit neuen jährlich wiederkehrenden Festivitäten auf. Kindervergnügen (St. Niklaus, Jugendfeste, Herbstmesse) fanden vermehrten Zuspruch. Patriotische und politische Aufzüge (St. Jakobsfest, 1. August, 1. Mai) fanden allgemeine Beachtung. Und die traditionellen Familienfeste (Neujahr, Ostern, Weihnachten, Silvester) erfreuten sich zunehmender Aufmerksamkeit.

Die baslerische Folklore, die sich besonders auch an den monumentalen Gedenkfeiern manifestierte und ausgangs der 1960er Jahre eine eigentliche «Volksfestwelle» auslöste, ist in ihrer überblickbaren Dimension von aussergewöhnlicher Intensität und Lebendigkeit.

Die urbane Kraft und Faszination, die sie ausstrahlt, wird durch das von Alexander Geraets temperamentvoll gestaltete «Traditionsreiche Basel», das gleichsam als festliches Lektionar alle Basler Volksbräuche darstellt und erstmals zusammenfasst, greifbar und lässt den Wert volkskundlicher Erhebungen im Rahmen unserer Stadtgeschichte deutlich werden.

Das Basler Festjahr

Eugen A. Meier

Festfreudiges Basel

Basels Volksbräuche und Traditionen im Spiegel von Vergangenheit und Gegenwart

Buchverlag Basler Zeitung 1992

Inhalt

© 1992 by Eugen A. Meier, Basel

ISBN: 3-85815-252-8

Die vorliegende Publikation ist urheberrechtlich geschützt. Alle Rechte vorbehalten. Der Inhalt dieses Buches darf auch nicht auszugsweise ohne schriftliche Genehmigung des Herausgebers in irgendeiner Form übersetzt, publiziert oder durch elektronische und photomechanische Geräte übertragen werden.

Gesamtgestaltung: Alexander Geraets, Basel

Kommissionsverlag: Buchverlag
   Basler Zeitung, Basel
Satz, Lithos, Druck: Birkhäuser + GBC AG,
   Basel
Einband: Grollimund AG, Reinach

Zum Geleit

Man «soll die Feste feiern, wie sie fallen» will wohl sagen, dass man kein Fest auslassen soll, wenn ein handfester Anlass dazu besteht.

Gerade in unserer Zeit, da der Zusammenhang unserer Bevölkerung offensichtlich schwindet und Ab- und Aussonderung um sich greifen, kommt dem gemeinsamen Feiern von Festen eine wichtige gesellschaftliche Bedeutung zu: besonders wenn dies sowohl im traditionellen Rahmen des Familien- und Freundeskreises als auch öffentlich in Form alle Schichten einbeziehender Gedenkfeiern und Volksfeste geschieht.

Ein Fest bringt jedem, der sich von der Stimmung mittragen lässt, bereichernde Erlebnisse, die ihn über Schwierigkeiten und Sorgen des Alltags hinwegtrösten mögen.

Als während des Zweiten Weltkrieges weder ausgelassene Feste noch erheiternde Fasnacht gefeiert wurden, fanden doch wenigstens vaterländische und religiöse Feste statt, und die Schnitzelbänke nahmen Bezug auf die schwierige Zeit. Noch vage erinnere ich mich an einen Vers jener Jahre, der sich mit dem Feiern der Feste und dem Mangel an Heizmaterial befasste. Er lautete ungefähr so:

> Mer fyre Schitzefeschtli,
> mer fyre Sängerfeschtli,
> mer fyre Schlachte-, Trachte-
> und mängg ander Feschtli.
> Fir jede Zwägg hän mir e Feschtli
> und fyre jedi Johreszyt:
> nur zum Ofe fyre hän mer nyt!

Eugen A. Meier hat mit gewohnter Sorgfalt alle Quellen zum Thema seines neuen Werks erschlossen und in reichem Masse Dokumente und Bildmaterial zusammengetragen. Einmal mehr ist es ihm gelungen, Wort und Bild meisterhaft zu kombinieren und einen ansprechenden Band über Basler Geschichte und Basler Brauchtum zu schaffen.

Ich wünsche dem von Alexander Geraets dynamisch gestalteten Werk eine gute Aufnahme und eine weite Verbreitung, damit es den ihm zugedachten Beitrag zum Bewusstwerden unserer historischen Wurzeln und zur Stärkung der Verbundenheit unserer Bevölkerung unter sich und mit der Stadt Basel möglichst umfassend erfüllen kann.

Professor Dr. Hans-Rudolf Striebel
Regierungspräsident
des Kantons Basel-Stadt

Einleitung

Es «liegt in des Schweizers Gemüthsweise, an Art und Brauch seiner Altvordern fest und treu zu hangen, sei es aus kindlicher Ehrfurcht vor deren Weisheit oder aus jener süssen Behaglichkeit, welche in aller Gewohnheit liegt, und ihren Zauber durch nichts, als durch Gewalt der Umstände oder mächtiger Leidenschaft lösen lässt. Basel widerstrebte unter allen Städten der Schweiz vielleicht am längsten und hartnäckigsten den Veränderungen in Sitte, Brauch und Lebensart. Und was nicht unbeachtet gelassen werden darf, mehr in geringfügigen Nebendingen und Kleinigkeiten, als in allgemeinen und grössern Angelegenheiten». Mit dieser etwas gewagten Aussage hat im Jahre 1836 Heinrich Zschokke einen typisch baslerischen Charakterzug in seinen wesentlichen Zügen zu erfassen versucht. Unter «Nebendingen und Kleinigkeiten» stufte der angesehene Schriftsteller und Politiker die liebevolle Sorge und Pflege der kulturellen Traditionen ein. Diese erschienen ihm allerdings so wichtig, dass er darob «grössere Angelegenheiten» aufzuzählen nicht für notwendig hielt. Des Aargauers Beobachtung war nicht unzutreffend. Die «Gewalt der Umstände» war es in erster Linie gewesen, welche die Vielfalt der baslerischen Folklore beschnitten und ihr oft überschäumendes Temperament gedämpft hat. Reformation und Helvetik haben tiefgreifende Zäsuren in Sitte, Brauchtum und Lebensart geschlagen, und vom altüberlieferten Volksgut haben schliesslich nur einige wenige kirchliche und profane Bräuche die Stürme der Zeit überdauert.

Was für eine Festfreudigkeit muss im vorreformatorischen Basel die Herzen unserer Ahnen erfüllt haben. Nach dem Geläute der Betzeitglocken am Vorabend eines Festtages ruhte die Arbeit; einzig bei den Scherern und Badern ausgenommen, die sich bis spät in die Nacht hinein um «eine anständige Luegi» ihrer Mitbürger bemühten. Die Kramläden und Wirtshäuser mussten vormittags geschlossen bleiben, nur Pilger und wanderndes Volk durften bedient werden. So wie es «Unser Herren Räte und Meister» 1455 dem Volk abverlangt hatten: Es soll «hinfür nymand an hochzitlichen Tagen unsers Gotts, unser lieben Frauen (Maria), aller Zwölfbotten (Aposteln), den heiligen Sunnentagen und andern gebannen Firtagen kein Werk noch Gewerbe triben noch keinerley Kaufmannschaft, Kremerey, Gremperey, Birnenwyn, Leppkuchen noch anderley unnotdürftige Dinge öffentlich zu Mergkt oder zu Laden feyl haben». Zum feierlichen Gottesdienst im Münster standen die Gerichtsknechte in «Schwalbenschwänzen» an den Türen Parade, während an der Hauptpforte die Herrendiener in schwarzweissen Mänteln Almosen für die Armen einzogen. Auch die Aussätzigen von St. Jakob wurden an Festtagen mit ihren hölzernen Klappern in die Stadt eingelassen, damit sie auf den Plätzen um milde Gaben bitten konnten. Dem Besuch der kirchlichen Fronmessen folgte nachmittags die Einkehr in die Weinschenken der Stadt, die bald übermütiges Treiben erfüllte.

Weinseligkeit

Ein schädlich Ding ist's um den Wein,
Bei dem mag niemand weise sein,
Wer nach der Freud in ihm getrachtet.
Ein trunkner Mensch niemandes achtet
Und weiss nicht Mass noch recht Bescheid.
Unkeuschheit kommt aus Trunkenheit,
Viel Übles aus ihr entspringt.
Weis' ist nur, wer mässig trinkt.
Sebastian Brant, 1494

Hast du genug und Überfluss,
Denk auch an den, der darben muss.
Mittelalterlicher Sinnspruch

Kaum ein Monat im baslerischen Stadtkalender blieb ohne einen oder mehrere offizielle Anlässe, die nicht mit allgemeiner grosser Begeisterung oder bewegter innerer Anteilnahme gefeiert worden wären. Die besonders bedeutsamen Feiertage und Volksbräuche unter ihnen wollen wir in chronologischer Reihenfolge wieder aufleben lassen. Dabei haben wir uns nicht jedem alljährlich wiederkehrenden Ereignis ausführlich zuwenden können, weil die Quellen nicht immer ergiebig genug fliessen. Maria Lichtmess und die Tage der Heiligen Antonius, Augustinus, Dominikus, Elisabeth, Franziskus, Gallus, Georg, Germanus, Himerius, Jakob, Johannes, Maria Magdalena, Markus, Michael, Morandus, Euphrosyna, Pantalus, Peter und Paul, Randoaldus, Theobald, Thomas, Ursula, Verena, Vinzenz, Zehntausend Ritter und der heiligen Jungfrau Maria sind deshalb von besonderer Betrachtung ausgeklammert. Auch die zahlreichen, aus dem jeweiligen Zeitgeschehen herausgewachsenen grossartigen Gedenkfeiern, Eidgenössischen Feste und lokalen Festivitäten sowie die Ereignisse und Vergnügen des täglichen Lebens, wie Taufe, Hochzeit, Begräbnis, Essen, Trinken, Tanz, Kartenspiel und sportliche Betätigung, können nur am Rande Erwähnung finden; hier bedarf es wegen ihrer breiten Abstützung neuen Raumes.

Wie das Schöpfen von heiligem Wasser am heiligen Wegbrunnen, so kann kaum einer der geschilderten Feiertage und Volksbräuche als spezifisch baslerisch bezeichnet werden. Jede Stadt und jede Landschaft hatte ihre zusätzlichen Tage der Arbeitsruhe, gleichgültig ob kirchliche oder weltliche Motive sie begründeten. Aber Basel ward nicht von ungefähr als das lustigste Bistum weit und breit gerühmt. Und die Basler Domkirche hat «sich vor andern Gotteshäusern, die dem langen Lauf des Rheins entlang zum Himmel ragen, von jeher durch ihre würdigen Zeremonien und lobenswerten Chorgebräuche ausgezeichnet» (Hieronymus Brilinger). Die Bereitschaft, Feste zu feiern, war besonders lebendig und ausgeprägt. Das lag einerseits an der Bedeutung Basels als Bischofsstadt eines Bistums ausgedehnten territorialen Ausmasses, andererseits am differenzierten Völkergemisch, das am Rheinknie sich zu einer kompakten Einheit verschmolz. Dem Einfluss der Geistlichkeit waren bis zur Reformation keine Schranken gesetzt. Die rund 1300 Priester, Mönche und Nonnen, von denen mehr als 120 der Domgeistlichkeit auf Burg (Münsterkirche) angehörten, dominierten ihre 14 000 Mitbürger auf jede Art und Weise, was auch in der ungewöhnlich grossen Anzahl von kirchlichen Feiertagen zum Ausdruck kam: 35 verschiedene Prozessionen mussten jedes Jahr begangen werden, die in Zeiten von Hungersnot und allgemeinem Notstand, bei Seucheneinbrüchen und hoher Sterblichkeit, bei drohender Kriegsgefahr, bei Trockenheit und schlechtem Wetter noch erhöht wurden. Dazu kam der öftere Besuch der Seelmessen, die in grosser Zahl sowohl zum Heil der Verstorbenen als auch zur materiellen Unterstützung der Kirchen und Klöster gestiftet wurden.

Ab 1526 sind «in einer Reihe von Stadtkirchen keine Messen mehr gefeiert worden. Die Einwohnerschaft spaltete sich in die zwei Parteien der Altgläubigen, der Päpstler, die an Domkapitel und Universität ihren Rückhalt hatten, und der Neugläubigen, der Lutherischen, die in den Zünften ihren dezidiertesten Anhang fanden. Durch ein Mandat verbot der Rat ein Jahr später, öffentlich Prozessionen durchzuführen. Im Münster und in wenigen andern Kirchen, wo Umgänge weiterhin in Übung blieben, durften Kirchhof und Kreuzgang nicht mehr verlassen werden» (Carl Pfaff). Und so musste Domkaplan und Universitätsrektor Hieronymus Brilinger, dem wir einzigartige Kenntisse sakralen Brauchtums am Basler Hochstift verdanken, anlässlich des St. Heinrichsfestes mit Bitterkeit feststellen: «Es stand eine grosse Menge Gaffer da ohne Anteilnahme und Ehrfurcht vor dem kultischen Geschehen, nur wenige folgten mit Andacht.»

Am 2. Juni 1527 verfügte der Rat die Annullation einer grossen Anzahl von Festtagen, «weil an solchen Feiertagen mehr als an andern Werktagen alle sündliche und ärgerliche Üppigkeit, es sey mit Spielen, Saufen, Prassen, Hurerey, Tanzen, Hoffart und anderm, so den Sünden dienlich, geübt wird, aus dem dann Todtschläge und dergleichen Übel erfolgen. Es möge heissen, dem Teufel gedient». So verblieben von den 38 arbeitsfreien Feiertagen nur noch deren 14. Trotz der grossen Macht der Kirche, welche sich die Geistlichkeit auch nach der Reformation zu erhalten vermochte, entbehrten die wenigen Feiertage nun der glanzvollen Pracht und der Zügellosigkeit. Pietistische Strenge wachte mit Argusaugen über der Moral des Volkes, und drakonisch zu beachtende Vorschriften schränkten die

---

Bübblingreifen

Es war dormolen ein wiester Bruch ze Basel mit dem Bübblin (weibliche Brüste) grifen. Das was also gemein, auch in firnemmen Hüseren, dass selten ein Magt aus dem Haus kam, deren nit der Husherr dise Eer angethon hette.

Felix Platter, 1547

Verpöntes Frauenschlagen

Zu Basel darf der Mann sein Weib nit schlagen. Schlägt er es trotzdem, so muss er in den Wasserturm, auch wenn er ein Ratsherr wäre.

1613

Abgeschmackter Gebrauch

Im Oktober ass ich mit meinem jüngeren Vetter, Adam Teleki, zusammen bei Herrn Marschall, unserem Gesandten der (ungarischen) Majestät. Es waren noch viele Gäste da. Ich weiss nicht, woher die Sitte stammt, aber wir küssten uns bei Tisch, jeder seine Nachbarin, während alle am Tisch Sitzenden ein Lied sangen, das fast nur aus folgendem Text bestand: «Buvons et baison nous, mon cher voisin, c'est le plus grand plaisir du monde et le moindre péché de tout.» Ich konnte dies ohne jede Sünde tun, denn meine Nachbarin, die ich küsste, war eine ältliche Frau. Es schien mir ein recht abgeschmackter Brauch.

Joseph Teleki, 1759

Entfaltung der persönlichen Gelüste empfindlich ein. Ausschweifungen im sittlichen Benehmen, in der Bekleidung, im Essen und Trinken wurden unnachsichtlich geahndet. Noch 1810 behauptete Gottlob Heinrich Heinse in der «Zeitung für die elegante Welt»: «Seit der Reformation hat Basel der kirchlichen Feste zu wenige, als wohl nicht leicht ein anderes Land. Selbst in etlichen der übrigen reformirten Cantone, wie Bern, sind mehr. Der auf so mancherlei gedrängte Mensch geniesst der Freuden so wenige, dass man vielmehr darauf sinnen sollte, die Gelegenheiten, sich zu freuen, zu vermehren statt sie zu vermindern.» Dass trotz der zuchtvollen obrigkeitlichen Praxis nicht alles Brauchtum erstickte, lag nach Rudolf Wackernagel in etwas Tieferem, aus der Beobachtung und Verehrung einer noch nahen Natur und dem scheuen Glauben an Dämonen erwachsen. Dem Volk erschienen gewisse Lustbarkeiten als Anwendung eines Rechtes, das nicht preisgegeben werden durfte, und mancher, zum Teil von uralter Gewohnheit getragene Brauch konnte geradezu wie die Erfüllung einer geheimnisvollen Pflicht empfunden werden.

Die im 19. Jahrhundert wieder erwachende Festfreudigkeit der Basler «bot das merkwürdige Schauspiel, wie im Beginn der sogenannten Regene-rationszeit ein neues politisches Pathos dem unerfüllten Gemeinschaftsbedürfnis entgegenkommt und sich die grossen und kleinen Gelegenheiten zum Hervortreten sucht. Das Anwachsen der politischen Aufregung geht zusammen mit dem Häufigerwerden der geselligen Anlässe, der Wirtschaften und der Feste. Diese Festanlässe, einmal Gewohnheit geworden, brachten eine vielleicht unbeabsichtigte, aber jedenfalls unauffällige Lockerung der Standesverhältnisse; sie vereinigten in nicht zu grossen Intervallen bunt gemischte Volksmassen, die bei einem solchen Anlass nach einem verbalen Ausdruck ihres Zusammengehörigkeitsgefühls förmlich verlangten. Spontan hat sich diese Art grosser demokratischer Volksfeste herausgebildet, und die abwechslungsreiche Reihenfolge der Anlässe spricht für die Rolle der historischen Phantasie, mit deren Hilfe der blosse Gelegenheitsanlass in einen weitern Zusammenhang gerückt wurde. Neben die schon etwas ältern Schützenfeste traten die Sängerfeste, für die Schüler gab es bald grossartige Jugendfeste, und so beginnt in Basel wie an andern Orten, durch die vorangehenden Krisen zuerst gehemmt, dann aber in stürmischer Aufeinanderfolge, eine ganze Serie grosser geselliger Zusammenkünfte: 1840, mit der ersten schweizerischen Kunstausstellung, findet das Buchdruckerfest statt, 1841 das Turnfest und das erste grosse Jugendfest, 1844 das eidgenössische Freischiessen und die vierte Säkularfeier der Schlacht von St. Jakob» (Max Burckhardt).

Wenn 1905 gejammert wurde: «Es hat sich mit der erstaunlichen Volksvermehrung eine rasche Entwicklung zur Grossstadt vollzogen, die ihr eigenes Gepräge nur noch im Städtebild, in dem die Stadt durchfliessenden Rheinstrom und den alten historischen Bauten beibehält, während die alten Sitten und Gebräuche rasch dem Gedächtnis entschwinden», so wären auch die glanzvollen Volksfeste von 1892 (Vereinigungsfeier von Grossbasel und Kleinbasel) und 1901 (500 Jahre Zugehörigkeit zur Eidgenossenschaft) bereits ebenso in Vergessenheit geraten wie das Jubeljahr 1860, als in Basel sowohl das Eidgenössische Musikfest, das Eidgenössische Turnfest und das 400-Jahr-Jubiläum der Universität mit «nicht zu überbietender Begeisterung» gefeiert worden sind. Aber dem war nicht so. Bis zum Ausbruch des Ersten Weltkriegs blieb die Erinnerung an die «unvergesslichen Feste» in weiten Kreisen der Bevölkerung lebhaft erhalten und wurde bei jeder passenden Gelegenheit durch blumige Erzählkunst wieder aufgefrischt.

Mit dem St. Jakobsfest 1944, den Rheinsporttagen 1945–1964, der 2000-Jahr-Feier der Stadt 1957, dem Eidgenössischen Trachtenfest 1961, aber auch mit dem seit 1821 alljährlich gefeierten Basler Missionsfest, ist das Fundament der zu Beginn der 1970er Jahre einsetzenden «Volksfestwelle» gelegt worden. Stadtfeste, Zollifeste, Fährifeste, Vereinsfeste, Unifeste, Wohltätigkeitsfeste, Künstlerfeste, Strassenfeste, Cliquenfeste, Sportfeste, Jubiläumsfeste, Politfeste, Quartierfeste, Pfarreifeste, Ausländerfeste, Festivals, Sportmeetings und Happenings aller Art widerspiegeln das elementare Bedürfnis nach zwischenmenschlichen Kontakten und unverbindlicher Kommunikation, nach oberflächlicher Massenunterhaltung. Und diesem vermögen im Zeichen vehement umsichgreifender Vereinsamung und Isolation, aber auch ungehemmter Konsumfreudigkeit und Vergnügungssucht, offensichtlich unsere althergebrachten bedeutsamen Volksbräuche, wie der Vogel Gryff und die Fasnacht, nicht mehr ausreichend gerecht zu werden.

Die Freuden des Volkes

Die Geschichte eines Gemeinwesens wird, wenn sie den Vorwurf der Einseitigkeit nicht verdienen will, das Volksleben nach all seinen Seiten hin nicht unberücksichtigt lassen.
Sie wird die Bürger nicht blos in Krieg und Fehden vorführen oder uns zeigen, wie sie und ihre Vertreter über die wichtigsten staatlichen Interessen tagten und beriethen, sondern sie wird sich auch dem fröhlichen Treiben, den öffentlichen Freuden und Festen des Volkes zuwenden.
Sie wird uns nicht blos die ernste, sondern auch die heitere Physiognomie des Volkes sehen lassen.

Daniel Fechter, 1858

Volkskultur

Der Oberschicht gehören jene Menschen und Menschengruppen an, deren Leben vorwiegend auf Eigenständigkeit des Individuums zielt, deren Sinnen und Trachten dann abgewandt der Tradition vornehmlich das Verstandesmässige und das Neue anzustreben pflegt.
Die Unterschicht dagegen, im volkskundlichen Sinne, bilden die zahlenmässig weit grösseren Bevölkerungsteile, bei denen vorwiegend die Mächte der Überlieferung das Dasein formen. Diese Unterschicht ist, sich selbst meist unbewusst, Trägerin dessen, was wir als Volkskultur oder als das Volkstümliche schlechthin bezeichnen.

Hans Georg Wackernagel, 1942

Neujahr

Wie allerorts, so zählte das Feiern des Neuen Jahres auch in Basel zu den grössten und bemerkenswertesten festlichen Anlässen im kalendarischen Kreislauf: «Alle Welt war an diesem Tage beieinander, ass und zechte, auch das Schenken und Beschenktwerden fand seine öffentlich sanktionierte und stilisierte Form» (Rudolf Wackernagel). Kam in früheren Jahrhunderten der erste Jahrestag auf einen Samstag zu fallen, dann wurde die Begehung, weil es von alters her Sitte sei – wie die Protokolle des Kleinen Rats immer wieder aussagen – auf den nächsten Sonntag verschoben. 1565 «ist der Neu Jahrs Tag dann gleich den Sonntägen zu feyern angefangen worden». Mit dieser Praxis, die vermutlich aus sozialen Gründen zwei aufeinanderfolgende Freitage ausschliessen wollte, nahm es am 29. Dezember 1652 sein Ende, als die Obrigkeit den Entschluss fasste, der neue Jahrestag solle entsprechend dem Brauch in andern evangelischen Orten der Eidgenossenschaft an dem Tag gefeiert werden, auf den er falle. Unter besondern Umständen wurde indessen auf die Abhaltung von Festlichkeiten verzichtet. So im Jahre 1564, als «die schreckliche Pest ihr Unwesen trieb», 1590, als für die verarmten Einwohner von Gex eine Liebessteuer erhoben wurde, 1594, als anstatt der fröhlichen Gesellen der Schwarze Tod durch die Gassen zog, 1597,

«da viele Kranckheiten, theure und unruhige Zeiten waren», 1654, als am 27. Dezember Dr. theol. Theodor Zwinger, «unser oberster Pfarrherr, seeligen Todtes verblichen». Und 1770, als «aus landesväterlicher Vorsorg besonders die sogenannten Götti-Wecken auf vorstehende Weynacht und Neujahr auf unserer ganzen Landschaft» verboten wurden.

Solenne Mahlzeiten

Traditionsgemäss nimmt das Neue Jahr mit feierlichen Gottesdiensten, die im vorreformatorischen Basel mit einer Prozession über den Münsterplatz ihren Höhepunkt fanden, seinen Anfang. Während der seit 1592 üblichen Morgen- und Abendpredigten waren die Pfarrherren gehalten, die Anzahl der in der ganzen Stadt im Laufe des verflossenen Jahres Getauften und Verstorbenen von der Kanzel herunter zu verlesen. Nach dem Kirchgang begab sich die Bürgerschaft, sofern nicht der festlich gedeckte Tisch im eigenen Heim vorgezogen wurde, zur solennen Mahlzeit auf die Stuben der Zünfte und Gesellschaften. Hier liessen die Stubenknechte zu Wein und Bier schwere, oft kunstvoll mit einem Schweins- oder Hechtkopf verzierte Zinn- und Silberplatten mit schmackhafter «*Galrey*» auftragen. Gallerte, meist als Hauptgang mit Brotmues oder Blut- und Leberwürsten zur Vorspeise serviert, war in Basel wohl bekannt und geschätzt und fehlte auf keiner feiertäglichen Tafel, obwohl ihre Zubereitung wegen der zu verwendenden teuren Gewürze recht kostspielig war. Das köstliche Gericht ist schon in der um das Jahr 1185 gefassten Speiseordnung des Dompropstes erwähnt und durfte – während langer Zeit auch im reformierten Basel – an einem Freitag nicht aufgetischt werden, weshalb für diesen Tag

Daniel Bruckner, «Basel-Chronick, begreift die Geschichten von 1590», 1765.

«New Jahrs Gebätt zu Anlass der gantz schröcklichen Donners- und Straalen-Wettern seit vielen Jahren bis jetzt» von Johann Huldrich Falkner, 1642.

jeweils aus Hecht und Karpfen Fischgallerte angerichtet wurde.

Das Rezept für die beliebte Delikatesse ist im Galrey-Büchlein der Safranzunft überliefert, das für die schliesslich in 740 Portionen aufgeteilte Neujahrsgallerte von 1491 folgende Zutaten nennt: 10 Ferkel, 80 Hühner, 32 Kalbsfüsse, 12 Rindsfüsse, 131 Mass (ca. 197 Liter) Wein, 12 Pfund Mandeln, 3 ½ Pfund «ungefärbte Wurtz» (Ingwer, Zimt, Muskatnuss, Muskatblüte, Nelken, Pfeffer, Paradieskörnlein) und ¾ Pfund Safran. Die Zubereitung der Gallerte erfolgte im Beisein einer Abordnung des Zunftvorstandes unter Beachtung eines gewissen Rituals: Die zerkleinerten Schweine und Hühner wurden in Wein gekocht und mit Ingwer und langem Pfeffer gewürzt. Das Aroma ward in einem porösen Pulvertüchlein verpackt beigegeben, damit die Brühe nicht trüb wurde. Auch die Kalbsfüsse und Rindsfüsse liessen die Köche in Wein sieden, aber in gesonderten

Töpfen, weil von den Rindsfüssen nur der Sud weitere Verwendung fand. Die Zubereitung der Gallertbrühe, die nicht aufgekocht werden durfte, erforderte das Fingerspitzengefühl des erfahrensten Kochs, hing doch vom Einstreuen der Ingredienzen im rechten Moment die Qualität der Speise ab. Es durften aber der Köche nicht mehrere sein, denn «wenn vil sind, will einer anders, dann der andere». Schliesslich wurde die

Neujahrswünsche

Jeder wünscht sich langes Leben,
Seine Kisten voller Geld,
Wiesen, Wälder, Äcker, Reben.
Würde, was zum Neuen Jahr
Sich die Leutchen wünschen, wahr,
Dann erst wär' es um die Welt,
Glaubt es, jämmerlich bestellt!

Lebten wir schon tausend Jahre,
Was gewönnen wird dabei?
Kahle Köpfe, graue Haare
Und das ew'ge Einerlei!
Im erschrecklichen Gedränge
Ungeheurer Menschenmenge
Würden Stadt und Dorf zu enge,
Fast die ganze Welt zu klein.
Niemand könnte etwas erben,
Denn es würde keiner sterben …

Allerley lehrreiche Geschichten, 1838

Neujahrsgruss zum Elephanten

O neues Jahr, ja Segen allen Landen!

Komm, heile tausend Wunden zu!

Bring tausend müden Herzen Ruh'!

Mach tausend Hoffnungsvolle nicht zu Schanden!

Ja, segnend begrüss uns und scheid' auch einst so!

Mach fromm uns und bieder und gut und froh!

1812

sorgfältig geklärte Brühe in die mit Fleisch und Kalbsfüssen angefüllten Schüsseln geschöpft und bis zum Erkalten stehen gelassen. Wenn die Gallerte gut geriet, der Koch den Wein nicht in den eigenen Hals anstatt in die Gallerte geschüttet hatte, so erhielten er und alle, die mitgeholfen hatten, das Fest zu einem guten Gelingen zu bringen, Geschenke.

Anspruch auf einen Anteil an der riesigen Zunftpastete stand jedem Zunftbruder zu, der das Gutjahrgeld entrichtet hatte. Je nach Höhe des einbezahlten Betrages wurde ein grösseres oder kleineres Stück Gallerte verabreicht, das man dann auf der Zunftstube oder zu Hause

Zum Neuen Jahr

Ich weiss an mir nichts als Armes,
gieb mir ein vom Blute warmes
und von deinem Tod und Schmerz
gänzlich hingenommnes Herz.
Das ist's, was ich allen Brüdern
und Schwestern
und überhaupt allen Menschen,
die es begehren,
zum Neuen Jahr von unserm
lieben Heiland ausbitte
und anwünsche
am Neuen Jahrestag 1781.
Emanuel Le Grand, Handelsmann

Neujahrswünsche

Was ich zum Neujahr wünsche dir,
das stehet geschrieben hier.
Ich weiss nicht, ob man's lesen kann,
weil ich erst fing zu lernen an.
Doch was ich nicht mehr konnte schreiben,
soll darum nicht verloren bleiben.
Was nicht mehr ging auf das Papier,
das steht in meinem Herzchen hier.
Im Herzchen voller Dankbarkeit,
das gern sich deiner Liebe freut.
Und das dir wünscht in Gottes Namen:
viel Glück und Heil und Segen. Amen.
Karl Rudolf Hagenbach, 1838

mit den Angehörigen genüsslich verzehrte. 1492 führten sich die Zunftbrüder zu Safran auf ihrer Stube mit grösstem Vergnügen eine aus 65 Karpfen und 18 grossen Hechten zubereitete *Neujahrsgallerte* zu Gemüte. 1501 verbot der Rat «uss mergklichen Ursachen, ouch umb gemeiner Statt Basel und dero Inwoner Nutzes und Nottdurfft willen» die Herstellung von Galrey, so dass die festfreudige Bürgerschaft, welche den Erlass nur zeitweilig befolgte, sich fortan mit etwas Gesottenem und Gebratenem begnügen musste. Etwa mit «einem gut alt Hun und gut Rindfleisch dorzu. Dornoch ein gut Rysmus. Zu lets ein gut Brotens von Lamber (Lämmern), Zungen und Kalbfleisch und dornoch Kes und Öpfell. Und zum Nachtmol: ein gut Pfefferlin von den Gericken (Kutteln) und ein gut Brotens»! Damit «die durch die öffentlichen Mahlzeiten angefeuerten Köpfe beim Spazierengehen vor die Stadttore keine Händel verursachen möchten», liess die Obrigkeit 1602 vorsorglicherweise vier zusätzliche Wachsoldaten abkommandieren. Denn «die im Wein schlummernden unruhigen Kobolde scheinen doch die Eintracht der Feiernden bisweilen gestört zu haben». Der Schmaus zum Guten Jahr ist heute noch, allerdings in wesentlich einfacherer Form, in den alljährlichen Mahlzeiten der Zünfte und Gesellschaften erhalten.

Auch in den Häusern der Wohlhabenden ist am Neujahrstag prächtig getafelt worden, wie aus dem Jahr 1672 zu erfahren ist: «Also sind wir zämmenkommen wie gewöhnlich am Nüwjohrstag bi unserm lieben Grossvatter und sind gewesen gueter Ding und fröhlig und hand zuegesprochen, wie wir pflegent ze tuen, den vilen fürnemmen Spisen und Getränken us aller Herren Länder, wo der wohlwis Herr in sim Keller abgeleit (gelagert) hat. Und hat der Zunftwirt Ronimus Gyger ze Saffren zwo Mädlin gschickt und ein Kuchenmeister, die hand muessen dobliben und ufwarten und uftragen, wil die alt Margret, die Hushälterin, ist krank gewesen an der Gallensucht. Do kunnt mit eimmol ein Spasäulin uf den Tisch, schier usgwachsen. Lacht der wolwis Herr und sait dem Kuchenmeister, er solli nur zueschniden und die Sau uswaiden. Also bschicht und mit eimmol kommet us dem

Buch alle müglichen Gflügel und Fisch und all Sorten Suezigkeiten, Marci pan und wälsch Pastetlin und spanisch Würstlin, dozue für jedwedes von der Gastrey ein Präsent, silbergüldene Löffelin und Ring und Granatgschmeid, und uf jedem sin Nammen inghauen. Und bin ich absunderlich köstlich usstaffiert worden, massen der wolwis Herr ouch min Götti ist, und het mich ze aller Zit fürnemm und lobelich usgstattet und nacher bi dr Ufnahm uf die Zumpft. Ist gewesen ein fin Ei us Nuerenberg, so die Zit wiset (Uhr), die zwo Schalen in Silber sampt miner Namensschrift B.L. und Gwofen (Wappen) von der usnamlich gschickten Hand von Meister Lämmlin.»

«Hübsche Frowen und Spillüt», Tänzer, Gaukler und Komödianten vermittelten den Neujahrsessen einen fröhlichen Rahmen, den übermässig konsumierter Alkohol mitunter zum Sprengen brachte. So um das Jahr 1530, als der Bader Hans Wolf und der Scherer Adam nach dem Mähli einen wilden Streit entfachten, weil Adam «voll worden» und behauptete, «ein yeckliger Lumpentrager werde ein Bader».

Basler Paar auf dem Weg zur Neujahrsbescherung. Radierung von Hans Heinrich Glaser, 1634.

Jeweils um die dritte Stunde nachmittags wurde das Schwelgen und Zechen auf den Zunftstuben wie am häuslichen Herd unterbrochen, damit männiglich sich zu stiller Andacht in den Gotteshäusern einfinde. Ob unsere Kirchen bei dieser Gelegenheit von sonst gewohnter Frömmigkeit erfüllt waren, oder ob nicht brodelnde Unruhe und grosses Gähnen die Predikanten zur Verzweiflung brachten? Denn die leiblichen Freuden, welche der Neujahrstag weiter zu bieten hatte, drängten die Bevölkerung wieder hinaus aus dem leblosen Kirchgemäuer auf die Strassen und Gassen, in die Zunftstuben und Gesellschaftshäuser: dort nahm das unbeschwerte Treiben seinen Fortgang.

Umschiessen und Umziehen

Die Belustigungen im Freien bestanden hauptsächlich im Umschiessen und im Umziehen. Das Umschiessen war den Behörden ein wahrer Dorn im Auge, zeitigte das Hantieren mit «Musqueten, Hackhen, Feuerrohr, Pistolen, Puffern, Granaten und Kestenen» auf der Pfalz, der Rheinbrücke, auf Plätzen und Wällen sowie in den Werkstätten der Büchsenschmiede doch nicht selten böse Folgen, besonders bei Wassermangel. Es wurden deshalb häufig Schiessverbote erlassen und zwei Tage vor dem Jahreswechsel durch Stadtboten und Stubengesellen der Einwohnerschaft zur Kenntnis gebracht. Trotz verschärften Patrouillierens der Schildwache und Beizugs aller Offiziere gelang es jedoch kaum, den fest verwurzelten Brauch ganz zu unterbinden. So wurde 1765 aus dem Stadtquartier rapportiert: «Zu unserm grössten Missvergnügen mussten wir der meisten gelegten Granaten mit Augen Gezeügen ihres Knallens seyn, ohne zu entdecken, wer solche gelegt. Die meisten Schüss sind meistes unter dem Herr Alt des Schumachers Bänckly hinter der School und auf dem Kornmarkt losgegangen. Auch eine Granate ist Herr Schneider dem Kürschner an das Glockenseil gebunden worden!» Vier Jahre später hatten «Philipp Streckeysen, junger, Huthmacher an der Freyenstrass, und Hans Götz, junger, Weissgerber, beyde Canonirer der

Lobl. Frey-Companie, wegen weilen sie in der Neujahr-Nacht mit einer Maschinen, die mit Pulver und gefüllten Cästenen angefüllt war, am St. Leonhardt Stapfelberg beim Gerbergässli geschossen und dasige Nachbarschaft in etwas Schaden und durch den förchterlichen Knall in grossen Schrecken gesetzt. Hatten erstliche die 5tägigen Thurnkösten, hernach einer zwey Marck Silber Straf zu bezalen und wurden dann für ein Vüerteljahr ins Haus verbannisirt. Übrigens sind dabey sämtliche Weinschenken, welche in der Neu Jahrs Nacht Leüth über die erlaubte Zeit behalten haben, gerechtfertiget und künftig zu allen Zeiten auf die Ordnung vigilirt worden».

Am «lezten Tag des Jahres 1774» übten die Vorgesetzten E.E. Gesellschaft zur Krähe «fleissige Nachforschung», um zu erfahren, was es mit einer Schiesserei im Spalenquartier für eine Bewandtnis habe. Dabei stellte sich heraus, dass ein «Büchsenmachergesell namens Heinrich Zollighoffer von St. Gallen zuweilen in dem Werckhof nach seiner Exactitet ein Gewehr probiert und nach einem gesezten Ziel mit wenig und kleinem Schrodt zu schiessen pflegt, und dass gedachter Gesell jüngsthin auf dem Petersplatz auf einen Mistler geschossen hat». Gelegentlich wurde den Hütern des Gesetzes auch ein Schnippchen geschlagen. So während der Neujahrsnacht 1755: Als wegen des verbotenen Freudenschiessens alle Plätze mit Patrouillen umstellt waren, «liess der Handelsdiener Dünner einen saftigen Furz los mit der Begründung, ein solches Schiessen sei doch wohl erlaubt»! 1821 sah sich der Stadtrat erneut gezwungen, gegen «die möglichen Unfugen in der Neujahrs-Nacht» vor-

---

Neujahrsgruss

Vom Thurme herab
Tönt dumpf zu Grab
Der Glocke Ruf des Jahres letzter Stunde,
Und traut vereinet denken wir
Des fliehenden versammelt hier
In brüderlicher, schwesterlicher Runde.
O, Freude voll war es und Leiden schwer,
Doch was es auch brachte, nun ist's nicht
mehr. (…) Daniel Kraus, 1812

zugehen und anzuzeigen: «Alles Schiessen ist sowohl das ganze Jahr hindurch als in der Neujahrs-Nacht bey einer Geldstrafe von zwölf Franken, und je nach Umständen, bey 2mal 24stündiger Gefangenschaft verboten. Sollen die auf der That Ergriffenen durch die Patrouillen auf die Hauptwache gebracht und bis sie durch die Polizey verhört worden seyn, daselbst in Arrest behalten werden.»

Und noch 1879 beschwerte sich ein Leser des «Volksfreundes»: «Ungeachtet der polizeilichen Warnungen wurde in der letzten Neujahrsnacht hier mehr geschossen und gefeuerwerkt als je. Namentlich vor dem Spalenthor herrschte ein Höllenspektakel und das reine Rottenfeuer. Am Rheinsprung wurden unter das vom Neujahrsgeläute angelockte Publikum ‹Frösche› geworfen und dadurch unliebsame Szenen hervorgerufen. Es ist gewiss am Platze, auf diese jährlich wiederholende Ungehörigkeiten immer wieder hinzuweisen und sie öffentlich zu rügen.»

Das *Umziehen* geschah in losen oder geordneten, sich oft im Harnisch präsentierenden Gruppen der Zünfte und Gesellschaften mit Fahnen, Pfeifen und Trommeln. Auch die Handwerksgesellen benützten den Neujahrstag zu farbenfrohen Aufzügen: Die Schneider hatten «ein sonders, die tragen ein grienen Boum voller Epfell gehenckt umb, daran auch ein Käss, den schenken sie iren Meisteren zuom guoten Jor». Ebenso waren die Schuhmacher gelegentlich beim Umziehen mit Ober- und Untergewehr anzutreffen. Auf Befehl ihres Kommandanten war den robusten Schusterknechten anno 1693 trotz grösster Kälte das Tragen von Handschuhen verboten, damit man sie nicht als Schneider halte! Dieser unsinnige Befehl kostete einen Gesellen, dessen Hand am Gewehrlauf festgefroren war, drei Finger. Schon 1609 hatte sich der Rat zum Einschreiten gezwungen gesehen: «Verschiedene nächtliche Ausgelassenheiten zogen die obrigkeitliche Aufmerksamkeit nach sich. Besonders war die ohngezähmte Jugend dem Ehegerichtshause sehr abgeneigt und verschanzte daher die Thüre ‹zum Seufzgen› dergestalten, dasz man öfters selbige nicht gebrauchen konnte. Daher wurden alle Bochsel-Nächte abgestellt.»

Glückwünsche und Geschenke

Mit dem Umziehen verwandt war das *Umtragen* des Neuen Jahres. Zünfte und Honoratioren wie Familien und einzelne Bürger besuchten sich gegenseitig, wünschten sich Glück und tauschten Geschenke aus. Mit dem *Neujahrswünschen* sicherte man sich Segen in Haus, Feld und Stall im kommenden Jahr. Wer dem andern das neue Jahr «abgewinnen», das heisst, mit dem Glückwunsch zuvor kommen konnte, hatte Anrecht auf ein Geschenk. Glückwünsche wurden nicht nur mündlich, sondern auch schriftlich dargebracht. Im regen Schriftwechsel zwischen der Obrigkeit und benachbarten Gemeinwesen, Fürstenhäusern und geistlichen Würdenträgern fin-

Zum guoten Johr

Ich wünsch der Frawen tugendreich,
Wie ihrem Herren auch zugleich,
Neben freundtlichem Gruss bevor
Ein neu und gut glückselig Johr
Und danke Gott umb seine Güt,
Der unsere Heuser hat behüt
Vor Pestilentz und andre Gfohr,
Do doch in dem verloffnen Jor
Fünftzig Personen hundert sieben
Gestorben uf dem Platz sind bliben.
Dargegen aber worden sindt
Dryhundert siebentzig nün Kindt.
Do under solcher grossen Zal
Beidt unsere Heusser überal
Nit eins – Gott sy lob – dar handt geben,
Weder zum Todt noch auch zum Leben.
Dann haben wir schon nit geboren,
So haben wir auch nit verlohren,
Wird schon die Welt durch uns nit gmert,
Wird sie auch nit durch uns zerstört.
Wie es Gott macht, soll uns wolg'fallen,
Wir standen gleich wol oder fallen.
Der geb, dass wie zum Endt wir rucken,
Wan's Stündlin kompt, frohlich abrucken
Und faren in die himlisch Freud,
Die weren wirt in Ewikeit!

Felix Platter, 1557

det sich manche Glückwunschadresse, welche die freundschaftliche Verbundenheit mit unserer Stadt zum Ausdruck bringt. «Zu diesem Behuf» beschlossen Unsere Gnädigen Herren am Neujahrstag 1505 eine nach Bern abgehende Botschaft mit den Worten: «Mit Hilff des Almechtigen, der üver Lieb vil glückseliger guotter Joren verlichen welle.»

Seit der zweiten Hälfte des 15. Jahrhunderts sind in Basel auch gedruckte Neujahrswünsche bekannt, die meist mit dem seit dem Jahre 1466 bekannten Spruchband «Ein guot selig Jor» versehen waren. Den prachtvollen Einblattholzschnitten – das Christuskind auf einer Blume sitzend, mit dem Kuckuck oder mit kleinen Hasen spielend, das Schiff, das aus Alexandrien gefahren kommt, und auf dem man mit vollen Segeln ins Neue Jahr hineinfahren kann – folgten in der zweiten Hälfte des letzten Jahrhunderts

Neujahrswunsch aus dem mittelalterlichen Basel, der das Jesuskind, von Alexandrien über das Meer fahrend, mit Segenswünschen und Geschenken zeigt.
Zweite Hälfte 15. Jahrhundert.

die industriell geprägten Neujahrskärtli modernen Zuschnitts. Verschneite Bergkirchlein, glitzernde Kirchenglocken, Kemmifäger, Kleeblätter, Hufeisen und rosarote Säulein flatterten nun in die Briefkästen und verhiessen den Empfängern im neuen Jahr Glück und Segen. Bereits zu Beginn der 1880er Jahre «nahmen die Neujahrsgratulationen ein unglaubliches Ausmass an. Bekannt ist, dass der unsinnige Gebrauch, allen möglichen Bekannten zu Neujahr nichtssagende Karten zu schicken, mit jedem Jahr mehr Ausdehnung gewinnt und nachgerade Dimensionen angenommen hat, die der Postverwaltung es unmöglich machen, die Bestellung der massenhaften Briefe rechtzeitig zu besorgen. So werden sicherlich Tausende von Franken für das zwecklose Gratuliren hinausgeworfen. Liesse sich nicht eine praktische Idee verwerthen, die dem läs-

tigen und unnützen Gebrauch steuert und den nothleidenden Mitmenschen ein Scherflein zuwendet?» Als solche Einwände der Freude am Verschicken von Neujahrsgrüssen keinen Abbruch zu tun vermochten, wurde 1889 «eigens eine Basler Gesellschaft zur Abschaffung von Neujahrsgratulationskarten gegründet». Aber auch ihr blieb ein Dauererfolg versagt, sind doch im Jahre 1946 an Basels Postschaltern erstmals über eine Million Neujahrskärtchen aufgegeben worden!

W ährend sich schon bald auch «Basler Ansichten» als Glücksbringer besonderer Beliebtheit erfreuten, vermochte sich das «konservative Basler Publikum» für persönlich gestaltete Gratulationskarten nur langsam zu erwärmen. Dies ist um so erstaunlicher, als die Kinder im Alten Basel, sobald sie schreiben konnten, ihren Eltern und Grosseltern am Neujahrsmorgen handgeschriebene Glückwünsche überreichten. Auch die Bildschnitzerei fand Gefallen am Motiv der Neujahrsgratulation; ein Chorstuhl zu St. Peter gibt ein schönes Zeugnis dafür her. Ebenso prägten die Medailleure mit sicherer Hand Glückwunschinschriften und verehrten sie ihren Freunden in der Fremde.

E in wesentliches Moment des Neujahrstages bildete das *Beschenken* der Mitbürger, was Sebstian Brant in seinem 1494 hier erschienenen «Narrenschiff» unterstrichen hat: «Desglichen zu dem nuwen Jor. Wem man nit ettwas schencken dut, der meynt, das gantz Jor werd nit gut.» Die Zueignung eines Geldstückes am ersten Tag des Jahres sollte dem Beschenkten Wohlstand während des ganzen Jahres bringen, und die Verehrung von allerhand Leckereien, wie Feigen, Datteln, Lebkuchen, «zum guten Omen, dass das neue Jahr nur Süsses und Angenehmes bringen möge». So bedankte sich anno 1555 Gerwig Blarer bei seiner Mutter für das Neujahrsgeschenk, das er mit Zustimmung seines Lehrers nützlich verwenden werde. 1598 «fing das Getümmel an dem neuen Jahrestage aber an, unangenehm zu werden, und es ward zu Ende dieses Jahrs den Handwerksburschen geboten, ihre guten Jahrs-Geschencke nur des Morgens, so lange Thor und Grendel beschlossen blei-

ben, umzutragen und Nachmittag die Trommel niederzulegen». Noch 1840 wird ausdrücklich erwähnt, man beschenke sich in Basel am Neujahr und nicht an Weihnachten.

D as «Nüwiarkindlin mit eim wiss Röcklin verkleidt» (1672) bescherte jedem etwas: Die Zünfte, denen zwar 1432 verordnet worden war, die Geschenke auf das «gute Jahr» auf einen Plappart «und nit me» zu beschränken, warteten einander mit Fleisch- und Fischpasteten sowie mit Schweizer Käse auf oder «schenckten iren Meisteren uff den Zinften das guot Jor Käss, Läbkuochen, Offlaten und etliche auch Wyn». Die Zünfte zum Schlüssel und zu Safran verehrten sich «uf den Neiwen Jorstag ein Käss. Bathen zuo beiden Theilen, die alte Freindschafft also zuo continuieren». Und in der St. Andreaskapelle wurden durch die Zunftbrüder zu Safran Hunderte von Broten an die Bedürftigen ausgeteilt. Im Kleinbasel verehrten Oberstmeister, Mitmeister, Irtenmeister und Gesellschaftsbrüder ihren Gesellschaften auf Neujahr grössere und kleinere Geldbeträge, wogegen diese die Gesellschaftsbrüder mit «süssem Wein« (Hypokras) und «Ancken-, Eyer- und Schleckbrot» beschenkten. In schlechten Zeiten wurden nur Brotwecklein abgegeben, wie 1770, als das Rebhaus «320 Stuck Brod Wegly à 3 Rappen» austeilen liess. Vermochte das finanzielle Umfeld Anlass zur Grosszügigkeit zu geben, dann wurde das «Gut Jahr» auch noch mit einem «Ymbiss-Essen» gefeiert. Damit konnte die Losung von 1770 besonders betont werden: «Mit Gott in einer jeden Sach den Anfang und das Ende mach. Mit Gott geräth der Anfang wohl, für's Ende man Gott danken soll.»

M it dem Neujahrsspendieren, das traditionsgemäss von Musik begleitet und mit dem «Verteilen des Armenbrots» verbunden war, bezeugten die Gesellschaftsbrüder ihren Vorgesetzten Hochachtung und Dankbarkeit, indem sie dem Oberstmeister zwei Mass süssen Wein und zwölf Ringe (Gebäck) und den Mitmeistern je eine Mass Wein und sechs Ringe zum Geschenk machten. Die Frauenwirte hatten die Gunst der Obrigkeit gemäss der 1541 erlassenen Ratserkanntnis mit einem

Des Kindes Neujahrswünsche.

——

1.

Am Morge bin i frisch verwacht,
Und wo=n=i d'Aigli uf ha gmacht,
Isch 's Wiehnachtkindli nimme do,
's alt Johr het's ebe mit em gnoh.

Doch isch en ander Kindli scho
Fir's Wiehnachtkindli ine ko,
Ganz nei vom Kopf bis uf der Fuess
Und seit: i bring e schene Gruess;

E schene Gruess vom liebe Gott,
Ach kennt' i bitte was i wott,
I winschti, dass er luter Glück
Vom Himmel uf eich abe schick!

Doch miemer's nemme wie=n=er's git,
Und besser wemmer's selber nit,
Er weiss am beste was er thuet,
Und was er thuet, das isch jo guet.

Karl Rudolf Hagenbach, 1863.

Zunftmeister Hans Rudolf Faesch im Kreis seiner Familie bei einer festlichen Mahlzeit. Ölgemälde von Hans Hug Kluber. 1559.

«Zehn Mädchen und kein Mann. Fröhliche Production am Neujahrsfest des Quodlibet 1898.»

Heinrich Bitterlin entbietet mit ungelenker Hand, aber «von Herzen», seinem «Fabrikherrn im Bäumlihof» zum Neuen Jahr die «unterthänigsten Wünsche und Grüsse», um 1840.

< «Fressen und Saufen», wie es am Neujahrstag im Alten Basel üblich war. Aquarell aus dem Stammbüchlein des Jacob Götz. Um 1590.

Glückwunschkarten zum Neuen Jahr aus der Zeit der letzten Jahrhundertwende.

Zum neie Johr.

Lieb Basel Glück und Sege dir,
's nei Johr firt sini erfte Stunde;
Es wartet ftill no vor der Thür,
Hett noni recht der Jgang g'funde.

Wie menge Herzeswunsch hangt dra,
Wie menge Traum zieht jetz durch's Lebe!
O mechtisch für Alli ebbis ha
Und jedes Herz uff's nei erhebe.

Bring Alle doch e Resli mit,
E Resli us em Lebesgarte;
De duesch jo bitt der erschti Schritt,
Mer derfe viel vo dir erwarte.

So zieh jetz wie-n-e Segesstrahl,
Du junge Tag in d'Herze-n-ine,
Und bue uff Erde-n-iberall
So liebivoll wie uns erschine.

Lieb Basel Glück und Sege dir,
Jm neie Johr gilt's neies Hoffe;
Es wartet ftill no vor der Thir,
Drum haltet Hus und Herze-n-offe.

O. O.

Schweizerischer Volksfreund, 1879.

Lebkuchen auf Neujahr zuhanden des Oberst-knechts abzugelten. 1555 erfreute Amalie Rechberger Jungfrau Julion mit einem Leb-kuchen. 1609 liess Pfarrer Heinrich Strübin in Bubendorf Stadtarzt Felix Platter als Neu-jahrsgeschenk «ein neuw bachen Zopf» schicken. Die Obrigkeit gedachte mit barer Münze verschiedener Amtspersonen, wie der Ratsdiener, Wachknechte, Steinknechte, Zöllner, Salzschreiber und der geschwore-nen Frauen. So war 1457 der Erlass ergangen: «Ein jeglicher Vogt gyt einen schlechten Frieden, das ist zehen Schilling, usz myner Herren Guet den gemeinen Wachtknech-ten am zwölften Tag uff das Richthuss zum gueten Jor.» 1510 übersandten die Gnädi-gen Herren «dem Büchsenschmid von Zürich XIII ½ Pfund Geld, weil er dem Rat ein Büchsen zum guten Jahr geschenkt hat». Das Direktorium der Schaffneien zeigte sich denen, die sich um Pässe für «Frucht, Heu, Emd und Garben» bemühten, erkenntlich. So auf Neujahr 1773 dem Amtmann von Wehr und dem Commis von Burgfelden mit je drei Louisdor, den Oberamtmännern zu Landser und Altkirch mit je sechs Zuckerstöcken, vier Pfund levantischem Café sowie je sechs Pfund Weinbeeren und Mandeln; dem Hof-rat zu Arlesheim überdies mit sechs Pfund Feigen. Die Postkommission vergabte ihren Mitgliedern und den Häuptern der Stadt fein

gebundene Cornelia-, Penelope-, Minerva-, Alpenrosen- oder Comptoir-Kalender. Die Klöster, die ihrerseits reichlich von Volk und Behörden begabt wurden, machten befreun-deten Gotteshäusern, dem Spital, den Pfrün-dern und Armen Geldgeschenke. Und die Bürgerschaft überbot sich im Verschicken riesiger «Fresspakete». Ein Einblick über «weggeschickte gute Jahr» zeigt folgendes Bild: «Bürgermeister J.B. Burckhardt: 6 Stöckh Candisbrot und das ordinäre (gewöhnliche) Paquet. Oberstzunftmeister Wettstein: 4 Stöckh Candisbrot, 2 Capaunen, 4 Citronen und 4 Bomrantzen (Orangen). Madame For-monde: Ein Lädlin Confitüre, 4 Grives (Dros-seln), 8 Citronen und Bomrantzen, 2 Bou-teillen Rossoli (süsser Liqueur) und eau cor-diale de citrons. Ratsherr Fäsch: 1 Welsch-huhn, 1 Reeschlegel, 2 Stöckh Candisbrot und 4 Bomrantzen. Dr. Battier: 2 Capaunen, eine Medaille von Carl V. und Ferdinand I. Herr Linder im Doctorgarten: 2 Stöckh Candis und ein Has. Dem Jacob a.d. Steinen: 1 Büx Thee, 1 Stockh Zucker und Kalb-fleisch.»

Auch die Inhaber öffentlicher Ämter nahmen zum Neuen Jahr ohne Be-denken Geschenke entgegen. Dies wurde durch Ratsbeschluss vom 14. Juli 1688 ausdrücklich sanktioniert, doch mit der Ein-schränkung, der Wert der Gaben dürfe höch-stens sechs Reichstaler betragen. Wer mehr nehme, werde bei der nächsten Ämterbesat-zung nicht mehr zugelassen und habe über-dies «ernstliche Straff» zu gewärtigen. Wie berechtigt solche Verfügungen des Rats ge-wesen waren, lässt sich am Neujahrstisch von Lohnherrn Jakob Meyer ablesen, den sich der über das Bauwesen gebietende Beamte anno 1670 hatte aufbeigen lassen: «Schmied verehrte mir zum guten Jahr einen welschen Hahnen, Barth einen schönen Parmesaner Käs, Garnus einen Hasen, die Zunft ein Kalbsviertel, Eglinger einen Zuckerstock, Landvogt Spörlin einen Hasen und die vier Fastnachtshühner von Farnsburg, vier Fast-nachtshühner von Wallenburg, zwei von Liechtstall, der Werkmeister von Mülhusen drei Becher schöne Gerste, der Ziegler über Rhein ein Spanferklin, der Birsmeister ein gut Lämmlin, der Kaminfeger ein halb Dut-zend Zitronen, die Gremperin 6 Pfund Ker-

Geschenktag

Am Neujahrsmorgen weckte mich Lisbeth schon früh, und in heiterster Stimmung kleide-te ich mich an, um mit den Geschwistern zur Gratulation in's Schlafzimmer der Eltern zu gehen.

Dort war ein weissgedeckter Tisch mit den uns bestimmten Geschenken bedeckt: Spielzeug, Bücher, auch nützliche Gegenstände in bun-tem Gemische, wobei der Teller mit Confekt und Basler-Leckerli und der blanke Neujahrsthaler nie fehlten. Mündlich wurde meist das Wünschlein der kleineren Kinder hergesagt. Schriftlich, auf schön verziertem Papier, brachten es die Grösseren. Auch Zeichnungen und Stickereien wurden den Eltern vorgelegt, die sich des guten Willens erfreuten und nachsichtig Tintenkleckse oder Mangelhaftes an den Arbeiten übersahen.

Nun ergötzten wir uns an den Geschenken, die wir zwar meist gewünscht, ja selbst eingekauft hatten, und durften dieselben in's Kinderzimmer tragen. Später fuhren wir im schönsten Wagen, die Pferde mit Pantherdecken geschmückt, zu den beidseitigen Grosseltern, wo ähnliche Bescherungen abge-halten wurden. Dabei gab man uns gewürzten Burgunderwein (Hypokras) zu trinken und Backwerk in Mengen.

So gieng der Morgen herum. Dann war gros-ses Familienessen bei Grossvater Merian, mei-nem Pathen, wo, trotz all' der seltensten Leckerbissen, mit denen die Tafel prangte, uns Kindern die drei bis vier Stunden, die wir mög-lichst ruhig bei Tische sitzen mussten, recht lang vorkamen.

J.J. Burckhardt-Stefani, um 1830

zen.» Ohne obrigkeitlichen Zwang verzichte-ten 1786 die «hiesigen Ärzte auf alle Neu-jahrs-Geschenke von den Apothekern, die sich untereinander ihr Wort gegeben haben, gar niemand mehr dergleichen Geschenke weder in die Häuser zu senden noch bey Bezahlung der Rechnung zu geben. Sie den-ken, dem allgemeinen Wesen besser zu die-nen, wenn sie statt dieser unschicklichen und überflüssigen Geschenke den Dürftigen und Kranken Arzneyen umsonst liefern».

Des Basler-Zeitungs-Trägers Gruß

zum

Neuen Jahr.

Ein Jahr ist wiederum verflossen,
Das reichgesegnet, fruchtbar war.
Der Zeitungsträger unverdrossen
Bringt hiemit seinen Gruß zum neuen Jahr.
Es woll' das neue Jahr den Herren Abonnenten
Des Glückes viel und auch Gesundheit schenken;
Und fern von Ihnen halten jedes Leid,
Dagegen aber wirken Lust und Freud'.
Daß auch des Zeitungsträgers Mühe
Bei Regen, Schnee und Sturm, bedacht
Und eine Gabe ihm erblühe
Für seine Sorge Tag und Nacht
Die für Krankheitskosten, Miethe
Und dergleichen Posten mehr
Ihm Erleichterung darbiete
Und er ferner könne seinem Dienst obliegen,
Um den Herren Abonnenten zu genügen.

Achtungsvoll verharrt

Basel, den 31. December 1857.

Der Basler-Zeitungs-Träger

H. G.

An die Tradition der Neujahrsgeschenke erinnert noch heute der *Göttibatzen*, der etwa beim Neujahrsanwünschen «herausschaut», oder das *Neujahrsgeld*, mit dem die treuen Dienste von Zeitungsfrau, Pöstler, Kehrichtmann und Milchmann verdankt werden:

Wer läuft für uns jahrein, jahraus,
Bei Hitze, Frost und Regen,
Gassauf, gassab, von Haus zu Haus,
Auf täglichen mühsamen Wegen?
Ihr lieben Leser, Ihr wisst's genau:
Der Postbote ist's und die Zeitungsfrau!
Gewiss, es schaffen auch andere treu,
Und finden kein dankbar Gedenken,
Doch schliesslich ist ja der Brauch nicht
  neu,
Hausgeister just zu beschenken.
Wer uns so dienstbar im Alten war,
Verdient sein Scherflein auch im Neuen
Jahr!

«Ausserdem hatte man früher auf alle Fälle einige Lebkuchen im Hause, denn es gab immer arme Kinder, welche den Glockenstrang zogen und zum Neujahr gratulierten. Denen gab die Stubenmagd an der Haustüre einen solchen.»

Pöbeleien und Wurstsingen

Neben aller gesitteten Festlichkeit, die den Neujahrstag im Alten Basel auszeichnete, vermochten sich aber auch derber Witz und wilde Ausgelassenheit durchzusetzen. Das Umsingen und das Klopfen an den Häusern (bochseln) boten unter dem Schutz der Masken willkommene Gelegenheit zu frivolen Spässen, Provokationen und Narreteien, die oft zu Missmut und Hader Anlass gaben. In Bökenwise, das heisst mit geschwärzten Gesichtern und in alte Kleider gehüllt, zogen die Vermummten einzeln oder in Gruppen von Haus zu Haus, polterten an die Türen und Fensterläden der Bürgerhäuser und meldeten mit Krächzen von Glückwunsch- und Bettelliedern ihre Begehren an, wie etwa mit dem Reim: «Klopf an, klopf an. Der Himmel hat sich aufgetan. Klopf an, klopf an. Ein selig neus Jahr geh dich an!» Nach Würsten und Geld wurde verlangt, und wer keine offene Hand zeigte, wurde mit Schimpftiraden überhäuft. Was die Sänger also «ergeilet und ergützlet haben, das fressen sie uff, sitzen zusammen und heben das nüwe Johr mit Fressen, Suffen, Schweren und anderem Mutwillen an». Solche Unflätigkeit einzudämmen, war der Rat wiederholt entschlossen. Die zahlreichen Erlasse, von denen der erste 1418 erschien und sich auf die «bei kurzen Jahren ufferstandene fremde Gwohnheit, die die Statt mit Singen zu einem Dorf machen» bezog, deuten darauf hin, dass er mit der Durchsetzung der Verbote seine liebe Mühe hatte. Aus dem Rufbuch, das die öffentlich ausgerufenen Verordnungen enthält, sei das Mandat aus dem Jahre 1497 zitiert: «Meh als bisshar zu Ingangen eins yeden nuwen Jars viel Nachtgesangs, Wurstsamlen und der-

Die Obrigkeit fordert die Bürgerschaft zum Jahreswechsel 1593 auf, das «Gutejohrsingen» zu unterlassen und stattdessen die Strassen, Gassen, Plätze und Brunnen in Ordnung zu bringen, damit sich Basel wieder «als ein wol gezierte lustige und saubere Stat» rühmen könne.

glich bescheen. Dadurch unsern Burgern, iren Kyndern und Tochteren Schande und Schade erwachsen mochte. Auch sonst by nachtlicher Zyt allerhande Gassengeschreys furgangen. Lassen unser Herren Räte und Meistere menglich gebieten, das hinfuro nyemanden, wer der sy, solich egemelt Nachtgesenge, Wurstsamelen oder gut Jare singen bruchen. Auch nyemandt by nachtlicher Zyt, besonders nach Verlutung des Glocklins, dhein Geschrey, Gesenge oder ander onzimlich Unfure trybe, by Peen (Strafe) vormaln auch ussgerufft. Nemlich ein Pfund Pfennig von yeglichem, so also erfunden wurt, onablasslich zu nemmen.»

Neujahrsbaum und Visiten

Ein weiterer Neujahrsbrauch bestand im Schmücken der Wohnhäuser mit grünen Zweigen als Symbol für die Fruchtbarkeit und Lebensfülle, welche das kommende Jahr bringen sollte. Auch dieses Herkommen, an das heute der Weihnachtsbaum erinnert, wurde anschaulich von Sebastian Brant besungen: «Und wer nit etwas Nuwes hat und umb das nuw Jor syngen gat und grien Tann Riss steckt jn syn Huss, der meynt, er leb das ganz Jor nit uss.» Noch zu Beginn unseres Jahrhunderts sind zum Neujahrsfest farbig gezierte Tännchen hergerich-

Holzschnitt von Johann August Hagmann, 1936.

Der Basler Neujahrsbaum

Am erste Jänner vo dem Johr,
Wo Basel g'jublet het im Chor,
E Theil bis fast demorgefrüeh
In unsre Pinte hie,
Isch dert, wo unser Rothhus isch,
E Tanne g'stande, grüen und frisch,
Mit wiss und schwarze Bändel ziert,
Und au mit G'schenken usstaffiert
Für d'Männer und für unsri Fraue.
's isch der Neujohrsbaum g'sie zuem b'schaue.
(...)

Philipp Hindermann, 1877

Hypocras

Het denn der lieb Gott au der Wi
Der süess, lo wachse, dass me dri
No Zucker, Zimmet, Nägeli thuet?
Das isch nit guet.

Imm sei 's denn klagt, dass so e Gmisch
Bi uns zuer Mode worde-n-isch,
E Race-n-ohni Recht und Pass:
Der Hypocras.

Er het kei Art und kei Natur;
Er isch kei Wi und kei Mixtur,
Kei Stammbaum und kei Vatterland
Sind imm bekannt.

Me het en z'Basel ine kauft,
Und 's pflegt en jetzt, nodem er tauft,
As wie-n-e-n-eige Kind
So Herr als Gsind. (...)

Jacob Maehly, 1856

tet worden. In seiner Persiflage «Der Basler Neujahrsbaum» nennt 1877 Philipp Hindermann, was an schmückendem Naschwerk die Neujahrsbäumchen besonders bei den Kindern beliebt machte: «Und lueg me nur, Lebkuechezyg hangt untedra an grüene Zwig, gar schön vergoldet, wie's si g'hört».

Bis in unsere Zeit hinein mit peinlicher Sorgfalt gepflegt worden sind die sogenannten *Neujahrsvisiten.* Dabei wurden in vorher genau festgelegter Reihenfolge sowohl die ganze Verwandtschaft als auch Gotte und Götti sowie enge Freunde mit einem Höflichkeitsbesuch beehrt und mit guten Wünschen zum Neuen Jahr («I gratulier zem neje Johr») bedacht. Es war angezeigt, erst am späten Vormittag zu erscheinen, nur den Eltern durfte schon etwas vor elf Uhr die Aufwartung gemacht werden. Zur Visitentournée trug «Madame etwa zum dunkelgrünen Tuchmantel die Stola aus Nerz, ein Hütchen aus brauner Chenille, weisse Suède-Handschuhe und schwarze, oben aus Tuch gefertigte Stiefelchen. Monsieur dagegen einen Gehrock mit heller Plastroncravatte und eine Nelke im Knopfloch, schwarze Lackstiefel und hellgraue Glacéhandschuhe». Besonders aber fielen im Stadtbild des Basler Neujahrsmorgens die vielen Equipagen und die spiegelglatt gebürsteten Zylinderhüte der vornehmen Basler auf, «derentwillen in Paris beim Hutmacher immer ein Eisen warm gehalten wurde». Vor Antritt des Besuchs überreichte

man der Magd die Visitenkarte. Je nachdem mit oder ohne Begleitung wurde diese oben links oder unten rechts umgeknickt. So wusste der Geehrte, mit wievielen Gästen er zu rechnen hatte. Da bei oft einem Dutzend Besuchen die Zeit knapp war, wurde der Droschkier zur Eile angehalten. Und so war oft nur ein kurzes Verweilen in den gastlichen Häusern möglich und die gereichten Erfrischungen an Hypokras (süsser Gewürzwein) und «Bischof» (aus Weisswein gemischtes Getränk mit bitterem Orangengeschmack), Läckerli, Brunsli, Milängli, Marrons glacés und Sonntagspastetlein konnten nicht immer gebührenden Zuspruch finden. Wurde man zum Mittagessen erwartet, war es «da und dort Sitte, dass jede Familie eine Platte übernahm, das einladende Haus für Suppe, Rindfleisch mit Beilagen und den Tischwein sorgte». Meist «ist man an den Empfängen überrascht worden von den Völkerscharen, die sich dort zusammenfanden. Und dabei waren es ja bloss Kinder und Enkel nebst Neffen und Nichten und deren Kinder. Da jedoch die meisten Familien mit einer grossen Kinderschar gesegnet waren, staute sich gross und klein in den in der Regel nicht kleinen Stuben und Räumen.»

Im einzelnen schilderte Emilie Forcart-Respinger 1936 «aus Frau Bürgermeisters Memoiren» den Ablauf des Neujahrsfestes, wie es noch im letzten Jahrhundert üblich war: «In den fünfziger Jahren waren die Neujahrsfeste bei meinen lieben

NEUJAHRSSPRÜCHE AUS ALTER ZEIT

IN DUNKEL UND NOT
DAS ALT JOHR VERGOHT.
EIN NEUS TUT SICH UF
UND NEBEL LIEGT DRUF.

IN ERNST UND SCHMERZ VERSINKT DAS JAHR
DOCH BRENNEN KERZEN WUNDERBAR.
DU MENSCH UND FREUND, UMWOLKT VON LEID,
WOHLAN, NUN KOMMT DIE HOHE ZEIT.
STEH FEST, EIN WÄCHTER AUF DEM TURM
WAHR' TREU UND HOFFNUNG DU IM STURM.
UND GOTT, DER UNS SO WOHL GESINNT,
MACHT, DASS DOCH LICHT DEN SIEG GEWINNT.

MACH WIEDER GUT, DU JUNGES JAHR,
WAS IRRTUM BEI UNS MENSCHEN WAR!
LEHR UNS IN DIESER KURZEN FRIST,
WAS WAHRHEIT UND WAS GUTE IST.

ABERMALS EIN NEUES JAHR!
IMMER NOCH DIE ALTE NOT!
O DAS ALTE KOMMT VON UNS
UND DAS NEUE KOMMT VON GOTT!
GOTTES GUT' IST IMMER NEU.
IMMER ALT IST UNSERE SCHULD...
NEUE REU' VERLEIH UNS, HERR,
UND BEWEIS UNS ALTE HULD.

National-Zeitung, 1944.

Eltern der Glanzpunkt des Jahres für die ganze Familie. Die verheirateten Kinder waren noch in den schönsten Jahren, die Enkel jung und ganz jung, alle aufgelegt, sich zu freuen. Der gute Grosspapa strahlte vor Freude, wenn die lärmende Schar sich um ihn bewegte, und die Grossmama sorgte, dass alle reichlich bedacht wurden. Am Neujahrsmorgen, gleich nach der Kirche, versammelten sich alle Kinder und Enkel bei den Grosseltern zum Gratulieren. Da nahm es kein Ende mit fröhlichen und gerührten ‹Prosit Neujahr›. Jedes dankte Gott, Eltern, Kinder, Geschwister noch einmal zum Anfang eines neuen Jahres begrüssen zu dürfen. Ob es das nächste Mal wieder so sein wird? Wer konnte es wissen? Die kleine Schar drückten solche Nebengedanken nicht. Sie ass ihre Sonntagspastetli und trank ihren Hypokras in hellem Jubel und sang dazwischen als Toast auf die lieben Grosseltern: ‹Sie leben lang, sie leben lang, sie leben tausend Jahre ...›. Dann erschien der Grosspapa mit einem niedlichen Körbchen mit blauseidenem Deckelein und teilte daraus jedem, gross und klein, sein Neujahrsgeldlein aus, den Enkeln zehn Franken, uns Kindern ein namhaftes Geschenk. Dieses war der erste Akt. Zum Mittagessen blieben die Grosseltern allein, bald aber war es Abend, da kam man der kleinen Kinder wegen schon früh zusammen, und um sechs Uhr wurde der *Baum* angezündet. Die Visitenstube mit den blauseidenen Damastmöbeln war zum Elysium umgewandelt. Tagelang vorher hatten wir – ich war der erste Adjutant der lieben Grossmutter, später auch die älteren Enkelinnen – zugerüstet, selbst Grosspapa war tätig, bis endlich in der Mitte des Zimmers der Baum aufgebaut und ringsum Tischlein geschmückt und für Kinder und Enkel mit Geschenken beladen waren.

Nun ertönte das Glöcklein, und herein kommt das Züglein der Enkel, das Kleinste voran, strahlenden Auges, die höchste Wonne: jetzt ist der langerwartete glückliche Augenblick da: Der Baum wird bewundert, dann nimmt die liebe Grossmama das kleinste Kind bei der Hand und führt es zu seinem Tischchen und beglückt es mit seinen *Geschenken*, und so nach und nach jedes, alles begleitet sie mit

freundlichen Worten. Dazu legte Grosspapa jedem Enkelein ein hübsches rosa oder blaues Lädli mit feinsten Chocolattäfeli, die er aus Mülhausen, aus bester Quelle kommen liess. Eine schwere Arbeit für die liebe Mutter, die nach den mühsamen Vorbereitungen oft so müde den Tag erreichte, an dem sie uns alle beglücken wollte! Sie hatte wohl Grund, müde zu werden, denn an vieles musste gedacht werden, es waren ja fünfzehn Enkel, neun Grosse, das heisst Kinder und Schwiegerkinder, und wieviel dienstbare Geister zu bedenken. Und wie schöne, zweckmässige Gaben erhielt jedes, denn die Grosseltern konnten beide nur Schönes und Gutes, und was jedem speziell erwünscht war, geben. Die Spielwaren für die jüngste Jugend, das war einfach; dann kamen aber die Schulkinder, Backfischchen, Fräuleinchen, mit ihren Garderoben- und Schmucksachen, das war nicht so leicht. Und Grossmama selbst war nicht so leicht befriedigt von dem, was sie selbst oder wir für sie einkauften, und erst wir ‹Grossen›, wie wurden wir beschenkt: ein seidenes Kleid, Pelze oder silberne Leuchter. Jedes ‹ménage› hat vier solche Leuchter erhalten. Auch Haushaltungswünsche wurden erfüllt; so wurde der praktischen Frau Henriette im Burghof einmal ein ganzer Bügelapparat verehrt, Decken und Eisen und so weiter, zu dem Bruder Alfred lustige Verse machte, deren Schluss ich noch weiss: ‹Zum Schluss rat' ich, nimm's übel nicht, 'nen Stein heiss zu behalten. Und plätt' aus deines Mann's Gesicht die Runzeln und die Falten›.

So ganz stumm und einseitig wurde nicht eingesackt, wir wollten auch die lieben Eltern erfreuen und erheitern und brachten alle möglichen und unmöglichen Stickereien, Wünsche und Arbeiten zum Vorschein; besonders aber trachteten wir, trotz spärlichen Dichtertalents, darnach, kleine spasshafte Überraschungen mit Versen aufzubringen, die bei Tisch oder auch als Sendung aus fernen Landen ausgekramt wurden. Später, als die ältesten Enkel und Enkelinnen fünfzehn bis achtzehn Jahre alt wurden, bauten sich diese Spässlein zu hübschen Aufführungen aus.
Der Neujahrsabend wurde beschlossen mit einem gemeinsamen Nachtessen für uns

unten im rotseidenen Esszimmer, für die Kinder nebenan im kleinen Esszimmer, und dann ging später alles höchst beglückt und dankbar heim. Noch heute sagen die Enkel, die diese schönen Feste mitgemacht hatten, sie gehören zu ihren schönsten Jugenderinnerungen, aus denen ihnen die herzliche, freundliche Liebe der Grosseltern entgegenstrahlt. Darum ist es nicht verlorene Mühe, Freude zu geben und zu verbreiten, es bleibt in den Herzen ein Schein davon fürs ganze Leben.»

St. Bechtentag

Bis ins Jahr 1798 wurde in Basel auch der dem Neujahrstag folgende Tag, der St. Bechtentag, gefeiert.
Die Kirche allerdings kennt keinen heiligen Berchtold, was die Bürgerschaft indessen nicht abhielt, den «Sant Berchtoldstag» (Bechtelstag, Bärzelistag) auf den Trinkstuben der Zünfte gebührend zu begiessen und bei üppiger Mahlzeit nochmals fröhliche Stunden zu verbringen. Dabei tat man sich wiederum an der «Galrey» oder «Gallreigen», der köstlichen Sülze aus Fischen oder Fleisch, wie wir sie als Neujahrsdelikatesse kennen, gütlich.
Ihre erste Erwähnung überhaupt findet sich in den Papieren der Brotbeckenzunft anno 1439 in Verbindung mit einer «Fischgalreig». Für deren Zubereitung bedurfte es 220 Fische, 6 Lot Safran, 37 Lot Spitzwurz, 4 Pfund Mandeln und 56 Mass Wein.
Es wurden aber auch andere Speisen aufgetragen. So den Zunftgenossen zu Safran «am Bechtentag zum Imbis: Des ersten Köpff und Krösse und Vieren ein alt Hun, dorzu ein gut Rindfleisch, Kes und Öpffel. Und zum Nachtmohl: ein Rysmus und aber ein Brotens».
Nach abgehaltener Tafelrunde wurde auch an der Nachfeier des Neujahrs wiederum mit Trommeln und Pfeifen umgezogen. Und wollte das «Jubilieren» auf den Strassen und Gassen gar kein Ende nehmen, was besonders bei den Müller-, Bäcker- und Metzgergesellen zutraf, dann sorgten die Stadtknechte für Ruhe und Ordnung.

Kämmerliabende

Seit 1952 findet jeweils am ersten Samstagabend des Jahres im grossen Saal der Mustermesse der Herrenabend des Wurzengraber-Kämmerli statt. Damit erinnert die «distinguierte Herrengesellschaft» an die im Alten Basel bedeutsame Institution der «Kämmerlein», als sich in nur für einen bestimmten Kreis geöffneten Kammern oder Stuben regelmässig befreundete Bürger zur Pflege von Geselligkeit, Kultur und Wohltätigkeit versammelten. Die Präsenz des einzigen noch florierenden typisch baslerischen Kämmerleins ist schon im Jahre 1729 bezeugt: «Es ziehen die Wurzengraber, wie man die Kleinbasler nennt, mit ihren drei Gesellschaften ins Feld. Auf der Schützenmatte veranstalten sie ein Schiessen und lassen sich in der Menge sehen trotz den Grossbaslern. Sie machen auch ihre Exercitia besser als sie. So heisst es: Botz rapinzelin rechts um. Kraut, Rüben und Rätig in einer Summ. Macht euch alle fertig zu den Schützen, den Grossbaslern jetzt zu trutzen!» Und als sich im Jahre 1798 beim Aufrichten des Freiheitsbaumes auf dem Münsterplatz «kein Grossbasler für gut genug befand, sich mit der Freiheitspredigt abzugeben, liess sich ein Wurzengraber für diese Ehrenpflicht dingen».

Die Hochnäsigkeit, mit welcher die zeitgenössischen Chronisten den Auftritt der Kleinbasler beschreiben, lässt die immer wieder beobachtete Überheblichkeit der Grossbasler gegenüber den Bürgern aus der Kleinen Stadt deutlich werden. Immerhin erklärt «das mokierende Verhalten der Dalbanesen und andere Zöpfeler» die Herkunft des Namens «Wurzengraber»: Die Grossbasler spielten mit dem einst freundnachbarlichen Spottnamen auf das mit «grossem Hallo entwurzelte und ausgegrabene Tännlein» an, das der Wilde Mann am festlichen Tag der Drei Ehrengesellschaften jeweils auf seiner Rheinfahrt gegen die «mehrere Stadt» schwingt.

Die Gründung eines eigentlichen Vereins mit Statuten und Veranstaltungsprogramm (Neujahrsfeier, Herrenabend, Frühlingsausflug, Gartenfest, Herbstbummel, Stiftungsfest) vollzogen die «Wurzengraber» aber erst am 13. Dezember 1885 in der Brauerei Zeller an der Greifengasse 24, als sich rund ein Dutzend «bodenständiger Bürger» formell zum Ziele setzte, kulturelle und gesellschaftliche Belange zu pflegen und kleinbaslerische Traditionen zu bewahren. Die Mitgliedschaft wurde zu Beginn der 1890er Jahre auch Grossbaslern geöffnet, wobei der Vorstand schon früh «ein gesundes Mischverhältnis» (²⁄₃ Kleinbasler, ¹⁄₃ Grossbasler) anstrebte. Die Aktivitäten der «politisch und konfessionell neutralen» Wurzengraber kamen bald dem Kleinbasler Vereinswesen zugute. Neben der Förderung von Instrumentalmusik, Gesang und Sport galt ihre besondere Hinwendung der Fasnacht. Hier wurde in bezug auf Cliquengründungen, Organisation (Fasnachts-Comité) und Maskenbälle (im Café Spitz und in der Mustermesse) «wahre Pionierarbeit geleistet». Auch die Geselligkeit, welcher namentlich der Herrenabend, die General-

Intérieur eines der im ausgehenden 18. Jahrhundert zahlreichen Basler Tabakkämmerlein.

versammlung und, seit 1985 in fünfjährigem Turnus, ein festlicher Ball gewidmet sind, ist nie zu kurz gekommen. Immer aber sorgten sich die Wurzengraber auch um den Bestand gesunder familiärer Verhältnisse. So wird seit den 1920er Jahren jeweils am Auffahrtstag ein Familienausflug «mit Kind und Kegel» in die nähere Umgebung durchgeführt, der sich noch heute grösster Beliebtheit erfreut.

Tabakkämmerlein

Die Tradition der Basler Kämmerlein geht in die Mitte des 17. Jahrhunderts zurück, als die Obrigkeit das bis dahin geförderte Rauchen («Drum hüte man sich auszuschweifen und tu der Sache nie zu viel: Drei oder auch vier kleine Pfeifen sei täglich das erlaubte Ziel») unter Verbot stellte. 1650 untersagte der Rat mit Nachdruck das «Tabaktrinken», das «wir nun Tabakrauchen oder Schmauchen nennen, vielleicht weil beym Rauchen auch getrunken wurde». Zu diesem Verbot mögen Unsere Gnädigen Herren ihre guten Gründe gehabt haben, wetterte doch ein Geistlicher von der Kanzel: «Wenn ich Mäuler sehe, die Tabak rauchen, so ist es mir, als sähe ich eben so viele Kamine der Hölle!»

Die Verdammung des Rauchens in der Öffentlichkeit führte dazu, dass sich «rauchwütige» Bürger in Privathäusern oder in Zunftstuben einmieteten, um von polizeilichen Verordnungen ungestört ihrem Vergnügen frönen zu können. In solchen «Kämmerlein» gab man sich mit langen holländischen Tonpfeifen dem Qualmen hin und liess es sich bei Tee, Stadtklatsch und politischen Diskussionen, bei beschaulicher Lektüre und spannendem Würfel-, Karten- und Brettspiel wohl ergehen. Dass in dieser Herrengesellschaft die Ungeniertheit, die Hemmungslosigkeit des Gesprächs gross, der Ton der Unterhaltung nicht immer und überall auf ernsthafte Sachlichkeit abgestimmt war, lässt sich denken. Wie überhaupt der Basler nicht «so steifleinen und hölzern gedacht werden darf, wie ihn die gespreizten Redensarten des offiziellen Kanzleistils erscheinen lassen». Gelegentlich diente das Tabakkämmerlein auch als Refugium für Tanzlustige. So hatten es 1743 einige Herren gewagt, ihre Frauen ins Tabakkämmerlein zu einer Tasse Tee mitzunehmen, und als zufällig ein Geiger von einer Hochzeit dazu kam, wurde getanzt. Diese Frivolität blieb nicht verborgen, und die Reformationsherren verhängten eine Busse von 50 Gulden.

Auch wenn in der Kämmerli-Gesellschaft «aller Unterschied der Stände gänzlich aus den Augen gesetzt wird und der Schneider, wenn er ein vernünftiger Mann ist, hier ganz wohl neben dem angesehensten Herrn des Rathes zur Seite sitzen, sein Pfeifchen rauchen und über Staatssachen mit ihm reden darf, kann es nicht recht gefallen, dass die Mitglieder einer jeden besondern Gesellschaft ungefähr von einem und demselben Alter sein müssen. Die Jünglinge haben ihre Zusammenkunftsörter für sich, die Männer gleichfalls, so auch die Alten und Greise» (Joachim Heinrich Campe, 1785).

Nur wenige der Kämmerlein waren feudal eingerichtet, sondern «sind mehrentheils frostige, ziemlich unansehnliche Zimmer, die alle Tage offen sind. Wer zwischen fünf bis acht Uhr dahin geht, ist immer gewiss, Gesellschaft da zu finden. Man ist hier so in die Kämmerchen verliebt, dass es wenig Mannspersonen giebt, die nicht zu irgend einem gehören. Eben deswegen wundert man sich, dass man sie nicht mit mehr Bequemlichkeit und Zierlichkeit einrichtet. So ist es erstaunlich, eine Menge reicher und wohlhabender Männer in einem derart kleinen Zimmer beysammen zu sehen» (Carl Gottlob Küttner, um 1777). Im übrigen berichteten alle Fremden übereinstimmend, auf das gesellschaftliche Leben übe die Gewohnheit, abends einige Stunden in den Tabakkämmerlein zu verbringen, einen ungünstigen Einfluss aus. Denn in dieser Umgebung eigneten sich die jüngeren Her-

ren einen etwas rohen Ton an, wenig vereinbar mit der Lebensweise, und die Lokale, in denen man sich zusammenfinde, seien von schlechter Luft und Tabakqualm geschwängert, dass es unbegreiflich sei, wie man sich daselbst aufhalten könne.

Die ersten Kämmerlein

Als erstes Kämmerlein mit einem Eigennamen erscheint 1760 dasjenige «zum Rheinsprung». Es ist von Amtmann Faesch, Christoph Heitz, Peter Burckhardt, Balthasar Staehelin, Emanuel Hofmann, Samuel Merian und Johann Jakob Merian gegründet und im Zunfthaus zu Spinnwettern an der Eisengasse installiert worden. Bandfabrikant Jakob Sarasin pries 1771 die Pflege der Freundschaft als edelsten Zweck seiner Vereinigung und stellte ihr damit «ein höheres Ziel als gemeiniglich beabsichtigt war». Doch später bezeichnete der Erbauer des «Weissen Hauses» die Kämmerlein als eine Gelegenheit zur Zeitverschwendung und tadelte die jungen Leute, die schon mit 16 und 17 Jahren das Tabakkollegium aufsuchten, das doch nur für «müde gearbeitete» Hausväter und Staatsmänner bestimmt sei.

1784 machte sich das Kämmerlein «zum Rheinsprung» bei den Spinnwettern anheischig, die grosse Zunftstube auf eigene

Vergnügliches Essen im Kämmerlein zu Rebleuten, 1787.

Kosten durch einen hellen Ölfarbanstrich zu «verzieren» unter der Bedingung, dass die Zunft auch weiterhin auf die bisher übliche Weise die Stube der Tabak-Societät für ihre Zusammenkünfte überlasse. 1804 verlieh der Vorstand zu Spinnwettern «die grosse Stube auf dem ersten Stock besagten Zunfthauses» dem «Blumenplatz-Kämmerlin». Der Stubenverwalter war gehalten, «den Herren siedend Wasser zum Thee bereit zu halten sowie die Liechter allemal Abends anzuzünden». Zur selben Zeit hatte die Zunft zu Spinnwettern auch dem «Schärerenkämmerlein» Gastrecht geboten. Und dort unterhielten sich einst etliche Herren über den seinerzeit grosses Aufsehen erregenden türkischen Grossvezier Passwan-Oglu. Ein uralter Herr erzählte am andern Tag seinem Freund auf Befragen, was bei Tabak und Wein verhandelt worden sei: «Ach, sie haben da von einem Passavant-Oglu gesprochen. Er kenne ihn aber nicht. Er habe bisher auch noch nie gehört, dass ein Passavant eine ‹Ogluene› gehabt habe. Das müsse einer von den Passavant sein, der irgendwo in der Fremde sich verheiratet hätten!»

In unmittelbarer Nähe des Kämmerleins «zum Rheinsprung», in der gegenüberliegenden Eckliegenschaft Eisengasse/Rheinsprung des Bierbrauers Johannes Erlacher, war seit 1797 das Kämmerlein «zum Rheineck» untergebracht. Seine Mitglieder, zu denen neben Johann Lucas Legrand und Johann Heinrich Wieland auch Peter Vischer vom «Blauen Haus» und der bekannte Apotheker Wernhard Huber gehörten, spielten während der im Zusammenhang mit der Französischen Revolution ausgelösten Staatsumwälzung eine politisch hoch bedeutsame Rolle, «sollten doch Freiheit, Sicherheit und Eigentum erhalten bleiben».

Ein illustres Kämmerlein ist 1772 auch auf der Zunftstube zu Brodbecken (Freiestrasse 26) aus der Taufe gehoben worden. Die Mitgliedschaft war auf achtzehn Persönlichkeiten beschränkt. Die Herren Emanuel Legrand, Matthäus Merian, Hans Franz Hagenbach, Lukas Zäslin, Lukas Iselin u.a. wollten unter sich bleiben, doch war die gelegentliche Einführung von Gästen erlaubt. Auch auf eine standesgemässe Bedienung durch den Stubenknecht wurde

Wert gelegt, so dass man sich nach einer Zwischenstation in der Gartnernzunft (Gerbergasse 38), in der Rebleutenzunft (Freiestrasse 50) niederliess. Auserlesen war auch die Möblierung des Kämmerleins zu Rebleuten: Spieltische, Wandleuchter, Lichtstöcke, gerahmte Stiche und eine Pendule verliehen der Stube einen vornehmen Anstrich, und auch das Geschirr, die Tabakpfeifen, Spiele und Bücher waren von besonderer Qualität. 1805 schloss sich das Rebleuten-Kämmerlein mit dem Schmieden-Kämmerlein zusammen und wahrte damit den Charakter eines «ausschliesslich aus Herren der guten Familien vereinigten Kreises».

Die Notwendigkeit zur «Fusion» hatte sich aus der im Jahre 1787 erfolgten Gründung der Lesegesellschaft ergeben, die sich ebenfalls als Tabakkämmerlein konstituierte und sich auf die Erfahrung von altgedienten Mitgliedern aus bereits bestehenden Kämmerlein stützte. «Diese Lesegesellschaft, an welcher gebildete Personen von allen Ständen theilnehmen und die gegenwärtig (1808) über dreihundert Mitglieder zählt, besitzt seit fünf Jahren ein eigenes Haus, das ihr die Regierung, weil seine Bestimmung ein nützlicher Zweck war, für 1000 Carolin überliess, obschon der Werth desselben grösser war. Bis vor zwei Jahren blieb der ausschliessliche Zweck dieser Gesellschaft Beschäftigung mit Lecture und gesellige Unterhaltung. In einigen Tabakzimmern war Bier zu erhalten, doch blieb das Spiel auch aus diesem verbannt, mit Ausnahme des Schachspiels, so wie man sich im Sommer auf einer Kegelbahn im Garten belustigen konnte.»

Bereits 1768 hatten auch die Vorgesetzten der Bärenzunft «under sich eine Taback-Kämmerleins-Societet errichtet», die jeden Dienstag- und Freitagabend um fünf Uhr ihre «Sitzungen» abhielt. Unter gewissen Bedingungen wurden auch Zunftbrüder aufgenommen. Obwohl «das Etablissement vollkommen gefällig sein soll», begnügten sich die Kämmerliherren zu Hausgenossen mit «einem Spihltisch von tannenem Holz, mit grünem Tuch überzogen und aufs simpelste gemacht».

Auch in den Zunfthäusern zu Weinleuten (1790) und zu Schuhmachern (1794) waren Kämmerli angesiedelt, ebenso im Hinterhaus der Mitzischen Liegenschaft am Petersplatz (1772).

Im «Geltenkämmerly trank man sich beispielsweise aus Geschirren zu, die ursprünglich für einen total andern Zweck bestimmt waren (!), oder man parodierte auf Stühlen einherreitend die ehrwürdige, jedem sonstigen Basler heilige Zeremonie des Bannrittes». Wesentlich sittsamer ging es jedenfalls im hiesigen «Pfarrkämmerlein» zu und her. Dieses war 1821 durch die Pfarrherren Daniel Kraus, Simon Emanuel La Roche, Emanuel Burckhardt, J.J. Bischoff, Carl Ulrich Stückelberger und Theophil Passavant ins Leben gerufen worden mit dem erklärten Zweck, «monatlich ein Mahl zusammenzukommen, zwei bis drei Stunden dem Lesen und gegenseitigen Mittheilungen über irgend ein biblisches Buch zu widmen und dann bey ganz einfachem freundschaftlichem Nachtmahl an dem Genusse alter, immer treuer Liebe sich zu erquicken».

Kämmerlein zum Verein. Der Verein hielt letzten Sonntag sein Metzessen ab, bei dem es wie gewöhnlich fidel und lustig zuging, so daß man gegen Morgen noch im Café Spitz hell erleuchtete Fenster sah. Es wurde wieder manch guter Witz geliefert; urkomische Szenen wurden dargestellt. Unter den Vorträgen kam ein Bilderkasten mit vier Bildern aus der Gegenwart vor, von Herrn Papa Hindermann, von denen wir das zweite Bild, welches sich auf das Himmels-Zunftgebäude bezieht, hier mittheilen können:

Brrr! — Zweites Bild.

Sie sehen, meine Herren hier
Den Himmel, nur in Tuschmanier;
Und weil die Maler, frohgesinnt,
So geistig, phantasiereich sind,
Auch oft in seinen Wolken gehn,
Und sie zu malen gut verstehn,
Sind sie die schönen Engel drinn
Mit langem Haar und bärt'gem Kinn;
Und Petrus, dieser Himmelswächter,
Ein Todfeind aller Kunstverächter,
Schaut eben da zum Fenster 'raus,
Blickt in die weite Welt hinaus.
Da sieht er klar und sonnenhell
Ein Ungethüm sich nahen schnell:
O Schreck! das ist der wilde Mann!
Der rennt mit Sturmeswuth heran
Und gibt dem Himmel einen Stoß
Ingrimmig und erbarmungslos,
Daß nun die größten Risse klaffen,
Und man ihm mußte Stützen schaffen!
Die Maler-Engel flogen d'raus,
Und nun ist's mit dem Himmel aus!
Was weiter noch damit geschah,
Sehn Sie an diesem Bäumlein da:
Wie sie im neuen Zunftlokal
Mit Ausruf in dem großen Saal
Den lieben Himmel, den scharmanten,
Nun als Antiquität verganten.

Schweizerischer Volksfreund, 1877.

Mit zahlreichen Prominenten besetzt war das Kämmerlein «zum Seufzen» an der Stadthausgass 6. Zu diesen zählte Joseph Faesch (1763–1839). Der zum Kardinal und zum Grossalmosenier von Frankreich aufgestiegene Basler «machte daselbst die Bekanntschaft von Bürgermeister Bernhard Sarasin, der ein leutseliger Mann gewesen ist». Das 1806 entstandene «Kämmerlein zum Verein», einst «ein Sammelpunkt froher bürgerlicher Geselligkeit», hat sich 1883 aufgelöst und seinen Aktivsaldo gemeinnützigen Institutionen überwiesen (Ferienversorgung und Lukasstiftung je Fr. 300.–, Zoologischer Garten Fr. 250.–, Orchersterverein Fr. 100.–). Aber schon nach wenigen Jahren (1892) ist «von früheren Mitgliedern öfters angeregt worden, wieder eine ähnliche Vereinigung zu versuchen, damit den Kindern Gelegenheit geboten wird, sich des Tanzvergnügens in zwangsloser Weise zu erfreuen, wie das seinerzeit der Fall war». Das von Regierungsrat Rudolf Philippi präsidierte «Neukämmerli» liess noch im selben Jahr in den obern Sälen des Stadtcasinos eine festliche Ballnacht steigen, an welchem «60 Elternpaare, 18 jüngere Paare, 42 ledige Damen, 37 ledige Herren und 14 Söhne, total 171, in Frack und Rock harmonisch durcheinander wogten. Doch sei erwähnt, dass die alte Garde sich viel im Spielzimmer zu schaffen machte». Mit einem reichhaltigen Angebot an «gehobener Unterhaltung» (Weihnachtsfeier, costümiertes Kränzchen, Frühjahrsausflug, Herbstausflug, Familienabend) erfreute sich das «Neukämmerli» bis zum Ersten Weltkrieg eines regen Zuspruchs. Nachdem dann aber während «über 40 Jahren keine Beiträge mehr eingegangen waren», beschlossen 1951 die elf noch verbliebenen Mitglieder, die «Aktivitäten» des Kämmerleins endgültig einzustellen und das nach einem gemütlichen Abschlussessen noch vorhandene Vermögen von Fr. 600.– zu gleichen Teilen der Schülertuchstiftung und dem Roten Kreuz anzuvertrauen.

Eingegangen waren mittlerweile auch das Bachlettenkämmerli 1879, das Aeschenkämmerli 1880 und das Riehentor-Kämmerli 1910. Als Jugendfestverein bis zum heutigen Tag behauptet hat sich das Spalenkämmerlein 1862.

Kleinbasler Kämmerlein

Auch das Kleinbasel hatte schon früh sein Kämmerlein: 1772 gestatteten Meister und Vorgesetzte zum Rebhaus «einigen Herren» gegen einen jährlichen Mietzins von 20 Pfund die Benützung ihres Gesellschaftshauses «behufs Errichtung eines Tabak-Kämmerlin», wobei diese die Stube aber «bei Abhaltung einer Mahlzeit zur Disposition» zu halten hatten. 1817 gewährte der «Haeren» der «Ehren Kämmerlein Gesellschaft der minderen Stadt» Unterkunft, und 1841 «wünschte das früher bestandene und noch nicht aufgelöste Kleinbasler Kämmerlein» sich im Café Spitz einzumieten. Unter der Bedingung, dass «jedem Gesellschaftsbruder der kleinen Stadt der Eintritt gegen die festgesetzte Gebühr unbedingt gestattet wird», wurde dem Gesuch entsprochen. Zwanzig Jahre später entschloss sich ein von Stadtrat Amadeus Merian, Seidenfärber Albert Lotz, Lehrer Friedrich Faesch, Staatsschreiber Dr. Gottlieb Bischoff und Küfermeister Achilles Mechel gebildeter Zirkel zur Gründung eines «ausschliesslich auf Kleinbasler berechneten Kämmerleins zur Pflege auf einfachem Boden sich haltender Geselligkeit». Und ein solches liess sich in der Vorgesetztenstube des eben erweiterten Kleinbasler Gesellschaftshauses leichtlich einrichten.

Gartenfest des Aeschen-Kämmerleins, 1899.

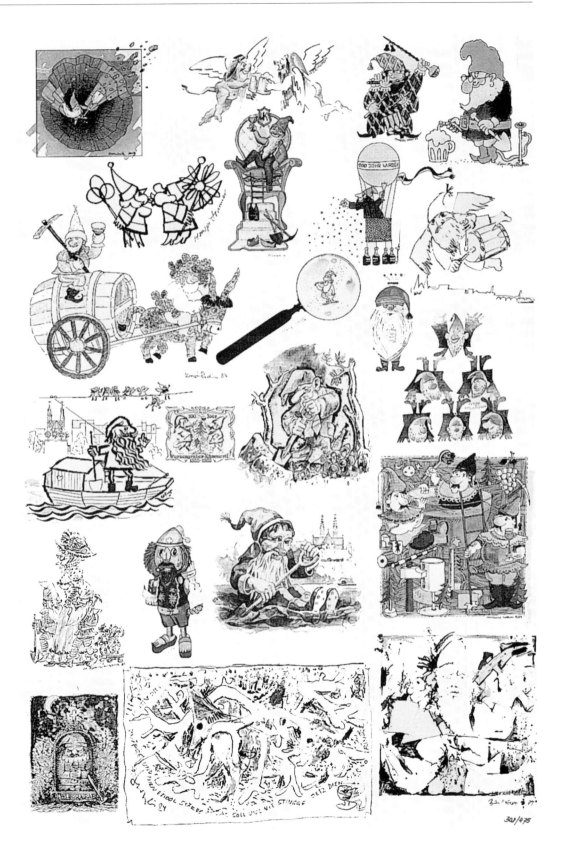

«100 Joor Wurzegraber Jubiläums-Litho 1985.»

Dreikönigstag

Die Bedeutung des Dreikönigstages im Alten Basel lag im sakralen Bereich. Zahlreiche Altäre in Kirchen und Klöstern bezeugen es. Während die Geschichte des Dreikönigsaltars in der Kathedralkirche unbekannt ist, sind wir über den zweiten Altar zu Ehren der «helgen try Küng» im Münsterbezirk hinreichend dokumentiert. Ritter Otto Münch von Pojers errichtete 1318 einen der Pfalz zugewandten Dreikönigsaltar in der St. Niklaus-Kapelle. Später wurde der Altar durch die frommen Wohltäter Konrad von Freiburg und Hans und Dietrich Sürlin mit zwei zusätzlichen Pfründen ausgestattet. Weitere Dreikönigsaltäre wurden vor 1312 zu St. Trinitatis im Bürgerspital an der Freienstrasse, 1347 zu St. Peter, 1403 zu St. Martin, 1439 in der Leutkirche im Klingental und vor 1452 zu St. Theodor gestiftet. Mit einem prächtigen Schnitzwerk «unser Frouwen Kintbed mit den heiligen drien Königen» aus dem 15. Jahrhundert, wohl einer Krippe, ausgestattet war die St. Andreaskapelle hinter der Schneidergasse.

's Dreykeenigslied

Aimol im Johr Keenig, das isch jo nit dyr
Und d'Krone sin numme us Goldpapyr.
Mit Edelstai sin mir nit g'spiggt
Und d'Strimpf het d'Mamme sälber gstriggt.

Mr winsche-n-alle Kinder, de Groosse derzue,
Vor Schnubbe und Grippe jetz ändlig Rue.
Und blybet gsund johri-johrus,
Händ au kai Grach im Stägehuus.

Mir hailige drey Keenig vom Morgeland,
Mir ziehn jetz wyter iber's Land
Und winsche-n-Eych vor Tir und Door
E glligglig's, gsägnet's, guet's Neyjohr.

Jakobsberger Dreikönigslied, 1986

Bei den Dominikanerinnen im Klingental verschwanden anno 1466 während eines Grossbrandes auf rätselhafte Weise «drige kostlich Kunigi von Silber und Golde». Dies musste die Kleinbasler Nonnen besonders hart getroffen haben, erschien doch in ihrem Rechnungsbuch wiederholt der Ausgabeposten «den Kungen zu essen geben», was auf eine Remuneration für die Darsteller der in unserer Stadt jeweils aufgeführten Dreikönigsspiele oder als Gabe für umziehende bettelnde «Könige und Bischöfe» schliessen lässt.

Das Sternsingen

Die nach uralter Sitte als heilige Dreikönige ausstaffierten Burschen mögen bei ihren Bettelzügen das Heischeliedchen gesungen haben: «Die heiligen drei Könige mit ihrem Stern, sie suchen Herrn Jesum und hätten ihn gern. Wir nehmen nicht anders als Fleisch und Geld, für alle Gaben euch's Gott vergelt.» Jedenfalls drängte der Rat am 10. Januar 1607 auf die Abschaffung des nächtlichen «Sternensingens», indem er die Wachtknechte anwies, ein «flissig Ufsechen zu haben». Und diese leisteten gründliche Arbeit, zogen doch beinahe dreieinhalb Jahrhunderte ins Land, ehe sich in Basel wieder Dreikönigssänger hören liessen: Hilde Rüdisühli vom Jakobsberg erinnerte sich des alten Volksbrauchs und hauchte ihm neues Leben ein. So wandern seit 1954 am nordöstlichen Abhang des Bruderholzhügels am Abend des Dreikönigstages die drei königlichen Sänger in Begleitung einer Schar Kinder, die Kerzchen in Papierkelchen tragen, durch die Wege und Stege der Siedlung. Im matten Schein des grossen geschweiften Sterns werden während des besinnlichen Umgangs Stationen eingelegt und im Sprechgesang Lieder vorgetragen. Die vom Komponisten Peter Escher in «behäbigem volkstümlichen Ton» gesetzte dreistimmige Melodie besingt erzählend und glossierend Texte, die auf das Zeitgeschehen des vergangenen Jahres Bezug nehmen. Dem einleitenden Standardvers folgen jeweils einzelne, in der Art eines Schnitzelbanks gedrechselte Strophen letztjähriger Sternsingen, worauf mit einem aktuellen Reim die Botschaft beschlossen wird. Immer aber werden Glückwünsche eingewoben, welche von den Anwohnern besonders gerne entgegengenommen werden. Der etwa drei Stunden währende Rundgang findet mit einem beherzten Konzert auf dem «Dorfplatz» und einer leiblichen Stärkung der Sänger, Sternträger und Begleiter sein Ende, und die eingesammelten Gaben fliessen einem guten Zweck zu.

1974 ist auch die Innenstadt zu einem aussergewöhnlichen Dreikönigstag gekommen, indem «hier lebende Spanier mit einem farbenfrohen Umzug zeigten, wie in ihrer Heimat das Dreikönigsfest gefeiert wird». Die 1948 von Basels Dekorateuren gegründete Tradition der Weihnachtssammlung der Heiligen Drei Könige zugunsten hilfsbedürftiger Kinder und Betagter vor dem Stadtcasino, und später vor der Hauptpost, wird seit 1987 durch das Radio Basilisk und den FC Basel weitergeführt. Seit 1981 stellen sich auch die Gesellschaftsbrüder der Kleinbasler Ehrengesellschaften als Dreikönige in den Dienst tätiger Nächstenliebe.

In die Geschichte eingegangen ist der Dreikönigstag 1434: «Auf den Tag der heiligen drei Könige veranstalteten die zum Konzil anwesenden Spanier auf dem Münsterplatz ein schönes Turnier. Als sie die Waffen abgelegt hatten, begaben sie sich in das Gemeindehaus, wo ein herrliches Nachtmahl aus 15 (!) Gängen gerüstet war. Als sie gespeist hatten, kamen sie herunter zum

Tanz. Die Frauen waren reich gekleidet mit silbernen Halsbändern, Perlenschnüren und Seidentüchern. Als der Tanz zu Ende war, traten zwölf Maskierte auf, dann 24 Personen, die wie Wilde gekleidet waren. Dann begann ein lebhafter Kampf, indem sie mit ihren Keulen einander auf die Köpfe und um die Schultern schlugen. Alsdann wurde der allgemeine Tanz fortgesetzt bis zum Morgen.» Sonst aber war der Dreikönigstag, an dem die Kaufleute ihre Reisepatrone feierten, hauptsächlich den Stadtknechten gewidmet, denen der Rat für ihr festliches Essen jeweils einen gehörigen Schluck Ehrenwein kredenzte.

Der Dreikönigskuchen

Entspricht das «Abräumen» des Weihnachtsbäumchens an Epiphanie alter Tradition, so stellt das Backen von Dreikönigskuchen, denen der Bohnenkuchen und der Bohnenkönig zugrunde liegen, im wesentlichen eine «Neuerfindung» dar: Max Währen, der verdienstvolle helvetische «Brothistoriker», hat die ursprünglich aus England stammende und nachgehend besonders auch in der welschen Schweiz beliebte Sitte der Erwählung des «Königs für einen Tag» 1953 neu aufgenommen und landesweit propagiert. Seitdem wird der aus einem runden Mittelstück und sechs bis zehn kugeligen Kranzteilen geformte Kuchen aus Süssteig mit reiner Butter am Dreikönigstag auch in Basels Backstuben zu Zehntausenden gebacken und dann mit Vorliebe bei «Gaggo» und aufgeräumter Stimmung im Familienkreis aufgegessen. Wer das in einem der «Bollen» eingebackene Königsfigürchen vorweist, hat die Ehre des Königs oder der Königin erlangt und wird mit einer goldenen Kartonkrone bekrönt. Die Würde ist mit dem Recht verbunden, Wünsche zu äussern, zu befehlen und den Tag als unumstrittener Regent zu beschliessen. Zu einem eigentlichen Volksfest «mit einer stattlichen Molzeit und Music», wie es Felix Platter als Medizinstudent 1553 in Montpellier erlebt hat, vermochte sich «die Gewonheit auff der heiligen drey Künig Abent» aber nicht zu entwickeln.

Die Anbetung der heiligen Drei Könige. Reliefskulptur aus rotem Sandstein, die ehemals über dem Eingangsportal zur Pfalz eingemauert war. Frühes 14. Jahrhundert.

Die heiligen Drei Könige bringen dem Jesuskind Geschenke dar. Tempera auf Tannenholz eines Basler Meisters. Um 1500.

Die Jakobsberger Dreikönige. Die Grossbasler Dreikönige. Die Kleinbasler Dreikönige.

Vogel Gryff

Gleichsam als ersehnter Vorbote der Fasnacht und des Frühlings erscheint im Januar der Vogel Gryff mit seinen Trabanten Leu und Wild Ma. Dieses Ereignis ist recht eigentlich das grosse Fest Kleinbasels, denn seine Drei Ehrengesellschaften – nach dem Bau der ersten stehenden Brücke über den Rhein (1225) entstandene bürgerliche Vereinigungen – sind die Träger des seit dem frühen 16. Jahrhundert urkundlich nachgewiesenen Aufzugs, der ursprünglich mit militärischen Musterungen identisch war. Bis 1796 beging jede Gesellschaft ihren Tag im Alleingang: die Gesellschaft des Rebhauses mit dem Löwen als Wappentier am 13. Januar; die Gesellschaft zur Haeren mit dem Wilden Mann am 20. Januar und die Gesellschaft zum Greifen mit dem Vogel Gryff am 27. Januar. Das

Federzeichnung von Hans Fischer (fis), 1958.

seither zur Anwendung gelangende Datum der Durchführung entspricht demjenigen der Vorsitzenden Gesellschaft. Soweit sind die Fakten über den Vogel Gryff allgemein bekannt. Was bisher in Einzelheiten weniger aus dem Dunkel der Vergangenheit ans Tageslicht getragen worden ist, sind die geschichtlichen Vorgänge innerhalb der Drei Gesellschaften. Wohl liegen über die Gründungsakte keine authentischen Belege vor, doch der Weg aus der spätmittelalterlichen Zeit zur Gegenwart ist durch archivarisches Schriftgut vielfältig bezeugt. Tausende mit akribischer Sorgfalt oder nachlässiger Sudelschrift verfasste Eintragungen, Dokumente und Papiere vermitteln einen tiefen Einblick in Aufgaben, Befugnisse und Bedeutung der Ehrengesellschaften im Alltag der Bürgerschaft der Kleinen Stadt: Kleinbasels Ehrengesellschaften waren nie eigentliche Berufsorganisationen. Wohl entstammten ihre Gründer dem Kreis der Anlieger der Kleinbasler Teiche, doch nach Gewerbe und Handwerk organisiert waren sie immer in einer (Grossbasler) Zunft. Und das war insofern ein bedeutender Vorteil für die Berufsleute der Mindern Stadt, als sie sowohl als Angehörige einer Gesellschaft als auch einer Zunft in politische Ämter gewählt werden konnten. So vermochten die Kleinbasler einerseits das gesamte städtische Leben mitzugestalten, andrerseits aber auch wichtige Funktionen im eigenen Stadtteil in selbständiger Kompetenz wahrzunehmen. Zu diesen zählten namentlich die Niedere Gerichtsbarkeit, Feuerwehr und Kriegsdienste, die Aufsicht über Weidgang, Ackerbau und Wälder, kirchliche Belange und das Vormundschaftswesen.

Dass der enge Zusammenschluss der Handwerkerschaft, Gewerbetreibenden und Handelsleute in ihren freigewählten Gesellschaften das Leben der Kleinen Stadt prägte, liegt auf der Hand: Ohne Äusserungen der Ehrengesellschaften liess sich weder im öf-

fentlichen noch im privaten Bereich etwas begründen, bewegen oder verändern. Meister, Vorgesetzte und Gesellschaftsbrüder waren jederzeit omnipräsent und machten ihren Einfluss geltend, sei es durch Empfehlungen oder Verfügungen, sei es durch wirtschaftliche Macht oder glanzvolle Auftritte.

Der Untergang des Ancien Régime schwächte 1798 auch die einst so dominierende Stellung der Kleinbasler Ehrengesellschaften empfindlich. Trotzdem ist Wertvolles bis zum heutigen Tag lebendig geblieben: Pflege von Wohltätigkeit, Gemeinwohl und Gemeinschaftssinn, waches politisches Interesse, Einsatzbereitschaft für öffentliche Aufgaben und – was alle Baslerinnen und Basler besonders freut und ruhig schlafen lässt – die Bewahrung der einzigartigen Tradition des «Vogel Gryff» auf alle Zeit und Ewigkeit.

Wappenhalter

Mit dem gleichsam magischen Ausruf «dr Vogel Gryff» bezeichnen die Glaibasler ihr «Nationalereignis», den alljährlichen Umzug der Drei Ehrenzeichen, der seit 1797 im regelmässigen Turnus am Jahrestag der Vorsitzenden Gesellschaft abgehalten wird. Die «Hauptakteure» des «zu den eindrücklichsten Bräuchen, die eine schweizerische Stadt in unserer Zeit zu bieten hat» (Hans Trümpy), gehören den Kleinbasler Volksfestes sind die Wappenhalter der Drei Gesellschaften: der Vogel Gryff der Gesellschaft zum Greifen (seit 1409 urkundlich bezeugt), der Wilde Mann der Gesellschaft zur Haeren (1384) und der Leu (Löwe) der Gesellschaft zum Rebhaus (1388). Als *Fabelwesen* und Symbolfiguren entstammen sie dem Reich der Mythologie. Ihr Erscheinungsbild erfüllt das menschliche Wesen im selben Augenblick mit Bewunderung

Der Tanz der Drei Ehrengesellschaften Kleinbasels vor dem Käppelijoch. Ölgemälde von Johann Rudolf Weiss. Um 1885.

«Der Vogel Gryff mit befremdender Stabhaltung!» Aquarell von Daniel Burckhardt, 1816.

Die Kleinbasler Bevölkerung freut sich am Tanz der Wappenhalter ihrer Ehrengesellschaften. Aquarellierte Bleistiftzeichnung von Constantin Guise. 1848.

und Furcht, und ihre übernatürlichen Kräfte bewirken Anerkennung, Verehrung, Verherrlichung. Mit grösster Wahrscheinlichkeit handelt es sich beim «Vogel Gryff» ursprünglich um ein frühmittelalterliches Mysterienspiel, doch hat sich auf die Dauer mit dem Frühlingsfest und seinen Fruchtbarkeitsriten mancherlei verwoben: Bannumgang, militärische Musterung und Zunftbrauch, Pflichten, Rechte und Lustbarkeit. Sie haben sich vermengt und wieder verloren, kein Mensch vermag sie mehr mit Sicherheit zu bestimmen. Halb Vogel, halb Löwe, erscheint die in aufrechter Haltung majestätisch daherstolzierende Figur des Vogel Gryffs als Symbol der Würde und der Intelligenz. Möglicherweise aus dem Orient in die germanische Sagenwelt durch die Lüfte gesegelt, erregte der zauberhafte Vogel im Mittelalter die Aufmerksamkeit des Albertus Magnus, der ihm in seinem 1545 auch in deutscher Sprache erschienenen «Thierbuch» eine ausführliche Würdigung teil werden liess. Mit seiner linken, mit grossen Krallen bewehrten Pranke schultert der Kleinbasler Vogel Gryff einen 180 Zentimeter langen weiss-blau-geringelten Stab; dieser, ursprünglich Symbol der Macht, wurde später, als Verhöhnung des Machtgedankens, zum sogenannten Lasterstecken erklärt, den im Alten Basel Verbrecher als sichtbares Zeichen ihrer Schuld vorzuführen hatten. 1520 in Basel erstmals erwähnt, trägt der Vogel Gryff einen 13 Kilo schweren, aus Aluminium und Stahlblech gearbeiteten Kopf, einen geschuppten Lederpanzer um Hals und Brust, zwei gezackte Flügel am Rücken und ein braunes Beinkleid, ebenfalls aus Leder.

Mit seinem hämisch grinsenden Gesicht gilt der *Wilde Mann*, in dunkelgrünes Filztuch gehüllt und an Brüsten, Ellbogen und Knien mit Ledereinsätzen braun markiert, als Dämon der Fruchtbarkeit und der Lebenskraft. Aus dichten Wäldern kommend, und gelegentlich auch in weiblicher Begleitung von Waldmüttern, die mit umgeworfenen Fellen bekleidet sind, lässt sich der Wilde Mann auf dem Leben und Segen spendenden Element des Wassers in offenes Gelände treiben, Blühen und Gedeihen in Haus und Feld bringend. Haupt und Lenden sind umkränzt mit frischen Efeublättern, in die rote Äpfel einge-

bunden sind. Sein typisches Attribut ist ein entwurzeltes Tännchen, mit dem er nicht nur bei seinen tänzerischen Auftritten schwungvoll umzugehen weiss, sondern sich auch einen Weg durch die Volksmenge bahnt und seinen Apfelschmuck vor der Begehrlichkeit zupackender Buben und Mädchen bewahrt.

Was an Behendigkeit und Temperament seiner Artgenossen zu übertreffen ist, vollbringt der *Leu*. Er verkörpert nicht nur Macht und Kraft, sondern bringt überschäumend auch Lebensfreude und Präzision zum Ausdruck. Sein Haupt ist, im Gegensatz zu seinem leibhaftigen Ebenbild, mit einer geschorenen Lockenmähne geschmückt. Rotbehaart ist auch sein Oberkörper. Ebenso sind Knie und Fersen mit üppigem Haarwuchs bedeckt. Mit seinen Krallenpfoten umfasst er einen grün-weiss bemalten Stock, als Herrscher über die Tierwelt einem Zepter gleich.

Begleitet werden die drei Schildhalter seit alters von sogenannten Ueli, die, ursprünglich «in alte Schweizer Trachten verkleidet», als Tierbändiger ihre Bestien, den Vogel Gryff und den Leu, an einer Kette oder an einem Strick durch die Kleine Stadt führten. Mit «Ueli» wurden schon früh Narren bezeichnet. Bereits Sebastian Brant benannte in seinem berühmten «Narrenschiff» den fingierten Narren mit «Uly von Stouffen». 1879 begegnet uns der Ueli erstmals in der heute bekannten Aufmachung und Funktion: im gestreiften Narrengewand mit Schellenkappe, Narrenpritsche und Kollektierbüchse. Meister und Vorgesetzte überbanden ihm die Aufgabe, milde Gaben zugunsten notleidender Kleinbasler Mitbürger zu sammeln.

Jedem Stadtteil war durch eine Zunft oder Vorstadtgesellschaft eine Spezies eines Fabeltiers zugetan. Während der Greif der Zunft zu Webern längst das Zeitliche gesegnet hat, vermochte eine andere Zunft, diejenige zu Hausgenossen, ihrem Schildhalter, dem Bären, das Leben zu bewahren: er wird jeweils am Aschermittwoch bei Besuchen der befreundeten Herrenzünfte zum Schlüssel und zu Safran mitgeführt, ohne allerdings – traditionsgetreu – «publikumswirksam» in Erscheinung zu treten. Verbreitet war

Lebende Ungetüme

Eine Maskerade von geringerem Umfange als die Fasnacht ist in jedem Januar der Umzug der Kleinbasler Ehrenzeichen.

In der «minderen Stadt» bestehen nämlich seit dem 13. Jahrhundert drei Gesellschaften ähnlich den Zünften Grossbasels und anderer Orte. Sie heissen «zum Greifen», «zur Hären» und «zum Rebhaus». Ihre Wappen werden von drei heraldischen Ungetümen, einem Greifen, einem wilden Mann und einem Löwen gehalten.

Seit Jahrhunderten nun werden diese drei Wappenhalter, die «Ehrenzeichen», wie die Klein-Basler sie nennen, als lebend dargestellt und durchziehen am 13., am 20. oder am 27. Januar die Strassen Klein-Basels. Zu diesem Umzug holt sich der wilde Mann seinen Tannenbaum in der Hard und fährt dann auf zwei gekoppelten Booten unter Trommelschall und Böllerschüssen den Rhein hinunter bis zur alten Brücke; dort wird er von den andern Ehrenzeichen empfangen.

Sie spazieren darauf in Begleitung von drei Trommlern und drei Fahnenträgern bis auf die Mitte der Rheinbrücke, zum «Käppeli-Joch». Dort führen schlags 12 Uhr nach drei verschiedenen Trommelmärschen die drei Wappentiere possierliche Tänze auf.

Dann gehts vor das Haus des vorsitzenden Oberstmeisters, dann ins Waisenhaus u.s.w. zur Freude der kleinbaslerischen Schuljugend. Die Ehrenzeichen begleitet ein Mann in Narrenkleidern, der «Uehli», der milde Gaben sammelt.

Am Abend findet ein gemeinsames Mahl der Gesellschaftsbrüder, das «Gryfemähli» statt, bei dem nach alter Baslersitte brav gezecht wird; es gehen die kostbaren alten Ehrenbecher um, und das Mahl wird durch launige Reden und Vorträge gewürzt.

Es gehören diesen Gesellschaften alle ehrenwerten Klein-Basler an; zu thun haben sie darin nicht viel, denn die politischen, richterlichen Befugnisse dieser Zünfte sind erloschen. Der Ertrag des Vermögens wird zu wohltätigen Zwecken und zur Labung der «Brüder» am Gryfemähli verwendet.

Albert Gessler, 1898

«Das Vogel Gryff-Spiel im Aktivdienst 1914.»

Die Eröffnung der Schweizer Mustermesse auf dem Areal des alten Badischen Bahnhofs am Riehenring im Jahre 1917 war für Kleinbasel so bedeutsam, dass die Ehrenzeichen am offiziellen Tag die zahlreichen Gäste mit ihrer Gegenwart beehrten!

In «gebotener Zurückhaltung» delegierten die traditionsbewussten Kleinbasler 1896 anstelle ihrer «Originalmasken einfach saubere Kopien» an den Zürcher Trachtentag …

dagegen das Zurschaustellen der Embleme auch bei den Vorstadtgesellschaften. Alle hatten sie ausnahmslos ihre Zeichen, mit denen sie zur hellen Freude der Bevölkerung durch die Stadt wandelten. 1821 berichtete denn auch Peter Ochs: «Einmal im Jahre pflegen sie (die Vorstadtgesellschaften) mit einander freundschaftlich zu essen, und an der Fassnacht, wenn der Rath es nicht verbietet, stellen sie sogenannte Umzüge an. Dort wird das Wappen der Gesellschaft in lebendiger Gestalt, masquiert oder verstellt, in der Stadt herum begleitet. Einige mit der alten Schweizertracht sind die Begleiter. Dann folgen junge Knaben mit Trommeln und Gewehren und mit der Fahne der Gesellschaft. Endlich Kinder von beiderley Geschlecht und allerley Kleidungsarten schliessen den frohlockenden Tross.»

Bei diesen Umzügen, die in der Regel während der Fasnacht oder kurz darnach, oder dann um Neujahr oder bei Frühlingsanfang, stattfanden, und die meist von Knaben und Burschen der Gesellschaften formiert wurden, präsentierte die Vorstadtgesellschaft zur Mägd (St. Johann) ein hübsches Mägdelein, diejenige zur Krähe (Spalen) den Krayenjoggi, diejenige zu den Drei Eidgenossen (Steinen) den von der Webernzunft entliehenen Gryff, diejenige zum Rupf (Aeschen) den Wilhelm Tell mit seinem Buben und diejenige zum Hohen Dolder (St. Alban) einen Esel, der später durch drei Eidgenossen ersetzt wurde.

Ursprung

Welchem Ursprung der Brauch des Vorzeigens zunft- und gesellschaftseigener Embleme entstanden ist, vermag die historische Forschung (noch) nicht allgemein gültig zu erklären. Seine Wurzeln mögen in heidnischer Vorzeit liegen, wie sie etwa durch das Umkreisen der Brunnen und die Wassertaufe überliefert sind. Auch Bannritte oder Grenzumgehungen können ihm zugrunde liegen. Wenn «man weiss, wie die reformierte Kirche gegen das Greuel des Maskentragens gewettert

hat», dann «muss der Brauch schon vor der Reformation bestanden haben» (Hans Trümpy). Konkrete Hinweise ergeben sich indessen erst in Verbindung mit militärischen Musterungen, der alljährlichen Pflicht zur Inspektion von Harnisch und Waffe durch die Obrigkeit. Wie beispielsweise der Stier von Uri das Mitführen von Maskenfiguren an Kriegszügen illustriert, so sind auch die Kleinbasler Ehrenzeichen in Verbindung mit kriegerischen Umzügen zu bringen. Von «Kriegsspiel» (1598) und «kriegerischem Umzug» (1604) ist denn auch in Christian Wurstisens berühmter «Baszeler-Chronik» bei der Beschreibung denkwürdiger Kleinbasler Auftritte die Rede. Eindeutig den militärischen Charakter der Kleinbasler Aufzüge dokumentieren nicht nur die mit den Truppeninspektionen verbundenen Schiessübungen, sondern auch die chronikalischen Einträge über den von den «Herren Kleinen Basler nach der Ordnung ihrer 3 E. Gesellschaften gehalteten kostbahren, nach der besten Kriegs Formel wohl eingerichteten Burger Umzug, dergleichen noch keiner gewesen»: Mindestens sieben Zeitgenossen widmeten dem «Jahrhundertereignis» von 1720 ihre Aufmerksamkeit:

«Am 8. April sahen wir einen ausbündig schönen Umzug von den Kleinbaslern, da alle drei Gesellschaften umzogen. Sie hatten ihre 3 Thiere bei sich. Ebenso 42 Grenadiere und Harnischmänner mit gewöhnlichen Pelzkappen und Knebelbärten. Sodann 92 Mann vom Rebhaus, 116 Mann vom Hären und 110 Mann vom Greiffen. Zusammen 360 Mann. Diejenigen zur Hären hatten einen neuen Schilt bei sich. Den ersten Zug machten sie auf dem Münsterplatz, wo die Grenadiere ihre Granaten warfen und Salven abfeuerten. Alle waren schön gekleidet, und die Bänder auf den Hüten mussten die Farbe ihrer Fahnen haben. Anderntags zogen sie auf die Schützenmatte, wo um drei Becher geschossen wurde. Abends zogen sie besonders durch die St. Albanvorstadt. Vor dem Haus des reichen Gerichtsherrn Beck warfen sie Granaten aus Papier, was verursachte, dass Herr Beck jedem Quartier zwei Dukaten verehrte. Deswegen wurde am nächsten Tag auf den drei Gesellschaftsstuben eine prächtige Mahlzeit gehalten, wozu Unsere Gnädigen Herren jeder Gesellschaft 3 Saum Wein und einen Sack Mehl spendierten.»

Bereits ausgangs des 16. Jahrhunderts wird das Umlaufen der Kleinbasler Ehrenzeichen durch Andreas Ryff in «Der Stadt Basel Regiment und Ordnung 1597» als alte Tradition beschrieben: «Dise 3 Gsellschaften haben einen alten Brauch, den land si nit abgon: ob gleichwol oft in der grossen Stadt unnötige Kurtzwylen verbotten werden, so fahren si für (fort), jerlich uff ein gewissen Tag ziechen sie bewöhrt (bewaffnet) mit iren Fenlinen in der Stadt umb, das Räbhaus fiert einen Leiwen, die Härren ein wilder Mann, der Greiff ein Greiffen, jede Gesellschaft uff ein besonder Tag, an einer Ketten umb, mit allerley Kurtzwilen.»

Der Beleg zu Ryffs Aussage findet sich 1520 – als erster im Zusammenhang mit den Drei Ehrenzeichen Kleinbasels überhaupt – im Inventar der Gesellschaft zum Greifen bestätigt, in welchem ein «Gryffen Zeichen» aufgeführt wird. Dieses konnte sich ursprünglich nicht frei bewegen, sondern befand sich – wie der Leu – in der Obhut eines Tierwärters, des Ueli. Auch wurde es, wenn ein zweites Kostüm zur Verfügung stand, von einem Artgenossen, einem «kleinen Greiff» (1806), begleitet. Durch den Tanz des Vogel Gryffs wird 1642 auch der erste Hinweis auf den Tanz beim Käppelijoch

Die sogenannten Ehrenzeichen

Bis zum sogenannten Käppelinjoch, einem kleinen Kapellchen, reichten an der Fasnachtszeit die grotesken Tänze der sogenannten Ehrenzeichen der Kleinbasler, welche bis 1830 fortdauerten.

Es waren drei Männer, von denen der eine das Wappen der Gesellschaft zum Rebhause in einer Löwenmaske, der andere der Gesellschaft zum Greifen in einer Greifenmaske, der dritte der Gesellschaft zum Hären in einer Wildenmanngestalt trug.

Sie durchzogen in Begleitung von Pfeifen und Trommeln die kleine Stadt bis an dieses Joch und belustigten dann durch ihre Spässe die Mahlzeiten der drei Gesellschaften auf den ihnen eigenthümlichen Häusern.

F. Röse, 1840

gegeben: «Schneider Samuel Fink, ein Sechser, wird als Ehebrecher (zum Schwemmen) zum Käppelin geführt, gerade eben als der Klein-Basler Umzug gehalten. Der Greif und der Fink kommen just bei dem Käppelin zusammen. Alle Umzüge geben Salve. Solche Ehr ist noch nie einem Ehebrecher widerfahren.»

Wie der Vogel Gryff so hatte auch der Wilde Mann zeitweilig eine Begleitung an seiner Seite: einen «jung Wildmann», ein «Wildwib» oder einfach einen Ueli. 1762 «lauften die 2 Wildenmannen bey schönem kalten Wetter herum, welche abends unter einem grossen Cettergeschrey mit der Wacht herumgezogen». Das «Zetergeschrey» spielte auch 1766 beim Umzug des Wilden Mannes eine Rolle, denn «bald hätte sich etwas Ausserordentliches ereignet, so dass bey nachem aus einer Comödie eine Tragödie worden».

Des Wilden Mannes Talfahrt

V on der offensichtlich zumindest seit dem 17. Jahrhundert praktizierten Talfahrt des Wilden Mannes erhalten wir erstmals 1713 durch den Chronisten Samuel von Brunn Kenntnis: «Eben den 20sten Januar, als der wilde Mann umbgeloffen, gienge der Rhein sehr an mit Regenwetter, und kame derselbige gewohnlichem Gebrauch nach auf dem damaligen leimigen Rhein herunder gefahren.» In der Folge aber scheint die Tradition der Rheinfahrt unterbrochen worden zu sein, denn erst am 20. Jänner 1836 «kamen die *zwei wilden Männer* auf einem Nachen (wieder) den Rhein herab». 1851 werden im Rechnungsbuch erstmals auch Entschädigungen für die Schiffleute ausgewiesen; jeder der beiden Ruderknechte erhielt für seinen Einsatz einen Franken. Um die letzte Jahrhundertwende bestand die «Mannschaft, welche die Rheinfahrt zu bewerkstelligen hat», aus vier Schiffleuten, vier Zimmerleuten, zwei Luntenhaltern und dem Rheinknecht.

Die Abfahrt des Wilden Mannes geht seit alters in unüberbautem Ufergebiet vor sich. Zunächst vollzog sich die «Wässerung» an der sogenannten Baarmatte beim Waisen-

haus, der spätern Anlegestelle der 1854 in Betrieb genommenen Harzgrabenfähre. Nach dem Bau der Wettsteinbrücke tippelte der Wilde Mann rheinaufwärts, bis zum Landgut «Rosengarten» (an der Grenzacherstrasse 106), dann zur «Solitude» und zum «Sumaki-Platz» und schliesslich zum Wild-Ma-Horst, «einem sauber ausgelegten Fischerhäuschen oberhalb der Eisenbahnbrücke, wo er am 27. Januar 1941 erstmals von Land ging». Für das Losbrennen von Böllerschüssen während der Rheinfahrt musste 1856 erstmals die Rechnung belastet werden; 1896 wurde ein «eigener Böller» angekauft.

1910 «konnte der wilde Mann wegen allzustarkem Hochwasser nicht per Waidling den Rhein hinunter fahren. Er kam deshalb zu Fuss dem Rheinquai entlang, und wurde dadurch jedes Unglück verhütet». In die Geschichte der Drei Kleinbasler Ehrenzeichen eingehen werde das Jahr 1934, prognostizierte die National-Zeitung ihren Lesern, als der bärtige Waldgeist seine Talfahrt zum erstenmal «nach dem vollendeten Rheinstau» antreten musste. Obwohl «zum Glück infolge der letzten Regenperiode die Strömung sich wieder etwas gemacht hatte», trieb das Floss tatsächlich gemächlicher gegen die Mittlere Brücke. «Die Zeiten, wo unsere Jugend die Ankunft des Wilden Mannes auf den Steinen des trockenen Rheinbettes erwartete, waren jedenfalls vorbei.»

Linolschnitt von Hermann Eidenbenz, 1983.

Sein *Tännchen* durfte sich der Wilde Mann bis in die 1850er Jahre beim Förster im nahen Hardwald holen. Dann wurde ihm «ein neumodischer Bon für ein Tännlein in den Langen Erlen» verabfolgt. Seit mehr als einem halben Jahrhundert gräbt sich der Wilde Mann sein Bäumchen im Riehener Wald aus; es sind heute deren zwei, mit dem einen beginnt er die Flossfahrt, mit dem andern seinen ersten Tanz vor den Gesellschaftsbrüdern am Gryffemähli.

Brunnentaufe, Ueli, Fähnriche

S o wenig sich die Auftritte von Vogel Gryff und Wildem Mann im Verlauf der Jahrhunderte verändert haben, so sehr hat sich der Umgang des Leus vereinfacht. Bis zur Kantonstrennung von 1833 fand zum Abschluss des bis zum Einbruch der Dunkelheit andauernden Gassentreibens beim Rebhausbrunnen das spektakuläre Gaudium der Brunnentaufe statt. Wir haben bereits gesehen, dass auch der Leu bei seinem Rundgang von einem Ueli geführt worden ist. Zur Abgeltung seiner Dienstleistung erhielt der Löwenführer nebst etwas Kleingeld einen duftenden Braten, und diesen hatte er unmittelbar vor Beendigung seines Auftrags dreimal feierlich um den Brunnen zu tragen. Beim dritten Mal riss sich der Leu von seinem Pfleger los und stürzte ihn ins eiskalte Brunnenwasser, weshalb der «getaufte» Ueli auch «Bader» genannt wurde. 1679 weist die Rechnung des Rebhauses eine Ausgabe von zehn Schilling aus für den «Rothkopff, so inn Brunnen geworfen worden», und sieben Jahre später eine solche von ein Pfund zehn Schilling für «drey Irten (Essen) und für den Broten, so umb den Brunnen getragen». Weil 1761 beschlossen wurde, «diesmalen und inskünftig soll der Löwenführer Uhle nicht mehr in den Brunnen geworfen werden», ist im folgenden Jahr «nicht der Uhle, sondern ein anderer Bettiger Mann namens Löw für sein eigen Bläsir, nachdem er zuvor von denen Zuschauern Geld eingesammelt, vom Löwen in den Brunnen geworfen» worden.

Das Geheimnis von Wassertaufe und Brunnengang ist in Basel verschiedentlich zu ergründen versucht worden. Doch weder die Erklärung aus dem Jahre 1827, der Brauch sei mit der Kalten Kilbi, der Kirchweih des Münsters bzw. der Theodorskirche, in Verbindung zu bringen, ist einleuchtend, noch die Meinung von Pfarrer J.J. Spreng von 1755, es sei damit die Gerichtsbarkeit von Wasser und Feuer symbolisiert. Vielmehr ist anzunehmen, dass dem «Indenbrunnenwerfen», welches in Basel schon 1436 üblich war, ein heidnischer, in ganz Europa verbreiteter Fruchtbarkeitszauber zugrunde liegt, mit dem jeweils der spriessende Frühling begrüsst worden ist. Der Braten als wesentlicher Lohnanteil des Uelis endlich «lässt auf einen alten Opferbrauch schliessen, der seine Analogie im klassischen Altertum findet.» (E.F. Knuchel).

Wie für die «Tiere», so hatten die Gesellschaften auch für die Ueli verschiedentlich den Seckel zu belasten. So u.a. 1676, als im Rechnungsbuch zum Haeren erstmals ein bezahlter Ueli erscheint: «Iten vür den Wild-

Klarinetten-Töne

Noch vor der Faschingwoche brachte das Fest der drei Zünfte Kleinbasels Alles in Bewegung. Früh Morgens erschallten Kanonenschüsse am Rheinufer, und später glitt ein grünbekränzter Kahn den Strom hinab. Bretter waren darüber gelegt und bildeten einen kleinen Tanzboden, auf welchem der wilde Mann mit epheuumwundenem Haupte, eine junge Tanne im Arm, seinen althergebrachten Reigen tanzte, den eine schrilltönende Musik von Klarinetten begleitete. Schaaren von Zuschauern standen längs des Rheinufers und auf der Brücke, bei welcher der festliche Kahn landete. Hier empfingen Löwe und Greif, die Ehrenthiere der beiden andern Zünfte, ihren Genossen, und hielten die drei vereinten Zünfte ihren feierlichen Umzug mit Fahnen und Musik durch die Strassen Kleinbasels bis auf die Mitte der Rheinbrücke, wo sie beim Capellen-Joche wieder umkehrten, um sich zum Festessen in die verschiedenen Zunfthäuser zu begeben.

J.J. *Burckhardt-Stefani, um* 1840

mann ze fürren, so der Stubenknecht vergessen hat zu heischen 10 Batzen.» 1761 ist «dem Greiffenführer der Gesellschaft Libery (Livree), ein weiss und dunkelblauer Kittel mit einer Devise (Abzeichen) eines weissen Ordens Kreuz gemacht worden». In der ersten Hälfte des vergangenen Jahrhunderts wandelten sich die martialischen Tierbändiger «zu einer Art almosenheischender Clowns». Bis 1895 war es ein einziger Ueli «mit weissschwarzen Hörnern, welcher mit der Spendebüchse in der Hand der pittoresken Gruppe voranging und männiglich einlud, sein Scherflein zur Spende für arme Wittwen und Waisen von Kleinbasler Gesellschaftbrüdern beizutragen». Die «Einkleidung» eines zusätzlichen Uelis auf den Vogel Gryff 1896 erwies sich als «rentable Investition, hat sich doch das zweite Uli Costüm ganz wohl bezahlt gemacht, indem die Sammlung der beiden Uli die hübsche Summe von Fr. 441.26 ergab, während früher mit nur einem Uli blos ca. Fr. 300.–» eingebracht werden konnten. 1904 wurde ein Uelikostüm in Weiss-Rot bestellt und im übernächsten Jahr ein solches in den Farben des Rebhauses. Mit vier Ueli aber rückten die Ehrengesellschaften erst 1937 aus, als «nach Dezennien der einstmals einzige in Schwarzweiss wieder ins Spiel aufgenommen wurde». Als während des Vogel Gryffs 1944 angeblich ein «schwarzer Ueli» in die eigene Tasche gewirtschaftet hatte, wurden die «echten» Ueli mit Ausweisen ausgestattet, «damit einem eventuellen möglichen Unfug gesteuert werden kann, dass ein nicht berechtigter Ueli mit Sammeln sein Unwesen treibt und sich persönlich bereichert»!

Noch 1827 wurde bei «den drei drolligen Auftritten der sogenannten Ehrenzeichen» nicht nur getrommelt, sondern auch gepfiffen, was 1666 von der Obrigkeit jeweils nur bis zur Mittagszeit geduldet wurde. Dann aber «wirbelten nur noch Trommler zu den Tänzen der grotesken Kleinbasler Maskenthieren, an denen die Zuschauer so grosses Vergnügen fanden, dass sie die Hände klatschten und dem Burgersinn der Klein Basler das Bravo schallte». Noch immer zum «Begleittross der Thiere» gehören die Tambouren und *Fähnriche*; keine

«Bannerherren», weil die Fahnen grundsätzlich von jüngern Mitgliedern getragen werden. Zur «Einsparung des nicht unbedeutenden Miethzinses für die entlehnten Fräcke» wurden 1887 bei Schneidermeister Glaser eigene Tambourenkostüme «in Altfrankenmanier» bestellt und Fr. 360.– «zur Bezahlung aus der allgemeinen Casse gutgeheissen». Diese Kostüme bewährten sich in der Folge derart gut, dass sie erst 1932 durch eine «den alten Kleidern in Form und Farbe angepasste Neuuniformierung» ersetzt werden mussten. Die «Fahnenbegleiter» dagegen erachteten es, nach vorübergehender «Livrierung» noch zu Beginn unseres Jahrhunderts als Ehrenpflicht, die Banner im Sonntagskleid umzutragen. 1904 stifteten die Witwen Tschudin und Riesterer den Gesellschaften eigentliche «Bannerträgercostüme» mit schwarzem Frack, Zylinder und «Vatermörder» (weisses Hemd mit gestärkter Brust und Stehkragen). 1935 wurde dann ein «Fähndrichscostüm mit blauem Frack, gelber Weste und silbergrauer Hose zum Preis von Fr. 210.– pro Stück» angeschafft.

Die Mitglieder des sogenannten *Spiels*, das heute aus 19 Mann besteht (je drei Ehrenzeichen, Tambouren und Fähnriche, vier Ueli, zwei Kanoniere und vier Begleiter) standen bis 1876 im Sold der Ehrengesellschaften. Die Jahresrechnungen weisen denn auch während Jahrhunderten Positionen aus für diejenigen «so im Greiffen, Löwen, Wilden Mann gegangen» oder sich als «Uhli, Trommelschlager, Pfyffer, Fahnenträger, Schiffleute anheischig machten». Da die «Honorare» in der Regel eher knausrig bemessen waren, wurden diese jeweils am Gryffenmähli durch «eine Tellersammlung nicht unwesentlich aufgebessert». 1852 versagten die Vorgesetzten «dieser Unsitte» ihre «stillschweigende Einwilligung», indem sie beschlossen, «das bei Tisch so lästige Herumgehen des Tellers für die Ehrenzeichen gänzlich abzuschaffen und das betreffende Honorar für dieselben von ca. Fr. 60.– aus dem allgemeinen Fonds zu bestreiten». 1876 war die Zeit reif, «um junge Kleinbasler zu gewinnen, um sowohl die Rolle der Ehrenzeichen als auch der Fahnenträger und Tambouren zu übernehmen, natürlich als Ehrensache unentgeltlich».

∧ Spielprobe.   Station.   ∧ Wildma-Horscht.   Nachwuchs.

Hochaltertümliche Tänze

Was alles versinnbildlichen die Drei Ehrenzeichen doch! Zuerst die vier Elemente: Erde und Wasser im Wilden Mann, Feuer im Leu, Luft im Gryff. Dann den Menschen selbst in seinem dreifachen Sein: Unterleib, Herz und Haupt, also Körper, Gefühl, Verstand. Wie klar sehen wir nun, dass es kein Zufall ist, dass gerade diese drei Wesen sich in einem Brauch zu einem Ganzen zusammengefügt haben. In diesem Sinne sind die Tänze der Drei Ehrengesellschaften ebenfalls typisch: Das Wildmannedänzli springende Lebenslust, breitbeinig und derb. Der Leu hüpft, in seinem Tanz ist das Pulsieren des Herzens zu spüren, das Kreisen des Tagesgestirns. Die Bewegungen seiner Rechten sind verbindlich von unten nach oben, und seine Linke trägt den Stab: wohl ist er noch erdgebunden, aber er hat die Kraft des Fühlens und damit des Herrschens über Niedriges, er ist die Brücke zwischen Trieb und Geist. Die Schritte und Gebärden des Vogel Gryffs sind gravitätisch, ausser einigen würdevollen Verbeugungen und gemessenen Schritten braucht er nichts, um das Bewusstsein seiner geistigen Überlegenheit und Stärke kundzutun. Ihrem unterschiedlichen Charakter entsprechend, tanzt jeder Wappenhalter nach einem eigenen Trommelmarsch; der Wilde Mann hat gar deren zwei, den einen für seine Sprünge auf dem Floss, den andern zum «*Würzelen*». Begonnen werden die einzelnen Tänze alle mit dreimaliger tiefer Reverenz, die rechte Hand wird zuerst vor die Brust gehalten und dann etwas seitwärts nach unten geführt. Jedes Zeichen tanzt einzeln, für sich, und zwar dasjenige der Vorsitzenden Gesellschaft zuerst, dann dasjenige der Gesellschaft, die im kommenden Jahr «das Szepter schwingt» und schliesslich dasjenige der Gesellschaft, die im vergangenen Jahr den Vorsitz führte.

Im «Gryffedanz» stolziert der Vogel Gryff nach den Verbeugungen zur Begrüssung würdevoll einige Schritte vorwärts und rückwärts und beschliesst dann mit einem tiefen Bückling seinen Auftritt. In gebückter Haltung startet der Wildemann zum «Wildmannedänzli», um nach rechts und links ausholend («ränggele») nach vorne zu stürmen und dabei mit den Händen sein Tännchen mit den Wurzeln nach oben zu «ruesse» (hin und her zu drehen). Zum «Würzelen» hält er das mit den Wurzeln nach vorn gerichtete Bäumchen auf Brusthöhe und dreht es unter starken Windungen um seine Achse, immer das Angesicht des zu Ehrenden anvisierend. Verhalten zelebriert der Leu zur Eröffnung des «Leuedanz» Gebärden und Ehrbezeigung, worauf er im Schottischtakt sich mit Schrittwechselsprüngen rassig dreimal im Kreise herumdreht. Die letzte «Pirouette» beendet er in aufrechter Haltung, gleichsam balletmässig nur auf dem rechten Fusse stehend, was die beträchtliche Schwierigkeit seiner Tanzschritte augenfällig werden lässt. In Notenschrift aufgezeichnet worden sind die Tänze erst 1944 durch Eduard Fritz Knuchel. 1953 hat Emil Schäfer «die Tänze genau beschrieben und sie bei verschiedenen Stellen deponiert, so dass sie nicht verloren gehen können». Es sind aber nicht schriftliche Instruktionen, die das Einstudieren der Tänze begleiten, sondern der seit Jahrhunderten ausgeübte Anschauungsunterricht «von Tier zu Tier», vom Spielchef mit militärischer Strenge «pingelig» genau beobachtet und auf dem altüberlieferten Stand gehalten. «Sicher hat sich im Laufe der Jahrhunderte manches gewandelt, gewandelt im Sinne einer Stilisierung. Das schliesst aber nicht aus, dass gerade die Tanzschritte hochaltertümliche Elemente aufweisen. Auf jeden Fall vermögen gerade sie das Phantastische-Unheimliche zu steigern, das schon den drei Figuren an sich innewohnt» (Hans Trümpy).

Holzschnitt von Hans Bühler, 1968.

Glaibasler Nationalereignis

Der Vogel Gryff-Tag nimmt jeweils mit dem sogenannten *Läberli* offiziell seinen Anfang. Punkt neun Uhr vormittags begrüsst der Spielchef namens der vollzählig anwesenden Meister und Vorgesetzten alle Mitglieder des Spiels sowie Vertreter der Hilfsorgane (Polizei, Sanität, Verkehrsbetriebe, Rheinschiffahrtsamt, Allmendverwaltung) und einzelne Ehrengäste. Damit jedermann den langen und «kräfteaufreibenden» Tag «ohne Einbruch» durchsteht, wird ein währschaftes Morgenessen mit «bräglete Härdöpfel, suure Läberli und Wysswy» serviert. Die bereits verpflegten Ueli werden vom Spielchef umgehend «uff d Gass» beordert, womit für sie ein ausnehmend anstrengendes Tagewerk beginnt.

Während sich Ehrenzeichen, Tambouren und Fähnriche in der «Rüstkammer» in die letzten Kostümteile «stürzen», begeben sich die Vorgesetzten und Gäste der Vorsitzenden Gesellschaft zum *Wildma-Horst*, wo seit 1941 die Talfahrt des Wilden Mannes von Stapel geht. Hunderte von erwartungsfrohen Schulkindern belagern bereits mit Ungeduld das Rheinbord und vertreiben sich die Wartezeit mit dem «Verschmausen» des traditionellen «Schnäggs», den seit 1941 anonyme Spender zur Verteilung bringen. Derweil hält der Horstverwalter in der geheizten Fischerhütte für seine Gäste heisse Käskiechli bereit. Je nach Wasserstand und Strömung besteigt um ca. 10.45 bis 11.00 Uhr der Wilde Mann mit seinen Gefährten das aus zwei Langschiffen gezimmerte Floss, damit die auf 11.15 Uhr festgesetzte Landezeit beim Kleinen Klingental eingehalten werden kann.

Zum Tross gehören neben dem Wilden Mann und sechs Flossgästen die Tambouren und Fähnrich des Haeren und des Rebhauses mit ihren Bannern, zwei Kanoniere, vier Schiffleute und zwei Zimmerleute. Unter dem jubelnden Beifall der Schulkinder stösst das «glückhafte Schiff» vom Land aufs offene Wasser und lässt sich von der Strömung die «Via Triumphalis» rheinabwärts treiben. Auf dem gelassen dahingleitenden Bretterboden vollzieht der Wilde Mann zu den Rhythmen des altüberlieferten Trommelschlags unablässig seinen eigenwilligen kapriolenhaften Tanz, immer sorgsam darauf bedacht, der Grossen Stadt seinen Rücken zuzukehren und der Bürgerschaft der Kleinen Stadt mit respektvollen Verbeugungen Hochachtung und Ehre zu bezeugen. Die Kanoniere aber sind fleissig besorgt, dass die Rheinfahrt des Wilden Mannes weithin vernehmbar ist. Böller um Böller – im Idealfall sind es gegen 180 (!) – jagen krachend aus dem Mörser und erfüllen die rauhe Winterluft mit erschreckendem Kanonendonner. Unterhalb der 1879 erbauten Wettsteinbrücke sind die Uferpromenaden des Rheins von einer zahllosen Menschenmenge gesäumt, die mit innerer Anteilnahme begeistert dem einzigartigen Schauspiel folgt. Auf der Höhe des Gesellschaftshauses erweisen Vogel Gryff und Leu, flankiert vom Tambour und vom Fähnrich der auf dem Floss nicht vertretenen Gesellschaft sowie den vier Ueli, dem Wilden Mann und seinen Trabanten durch freudiges Zuwinken und

ehrerbietige Verbeugungen Reverenz. Nach dem Passieren des innersten Jochs der 1905 neu errichteten Rheinbrücke von 1225 setzt das Floss nach rund 12minütiger Fahrt zur Landung beim ehemaligen Nonnenkloster Klingental an, wo der Wilde Mann von den beiden andern Wappenhaltern erwartet wird. Nun ist das Spiel vollständig beisammen, und gemeinsam wird vor dem heutigen Sitz der Basler Denkmalpflege der erste Tanz dargeboten, der in der Regel dem Vorsitzenden Meister zugedacht ist. Der Tanz, der rund drei Minuten in Anspruch nimmt, wiederholt sich in der Folge während des Tages ungefähr 40 mal auf die nämliche Art und Weise: Die Wappenhalter tanzen der Reihe nach zu den Schlägen ihres Tambours, worauf sie gemeinsam den Tanz beschliessen. Dann marschiert das Spiel mit einem flotten Trommelmarsch von dannen. Ungefähr hundert Meter vor der nächsten Reverenzerweisung wird der Trommelmarsch abgebrochen, und es folgt das Gryffemärschli (Tläng, Tläng, Tlängderätläng, Tlängderätläng usw.).

Einen ersten Höhepunkt des Umgangs der Drei Ehrenzeichen bildet ihr Tanz zur Mittagsstunde auf der Mittleren Rheinbrücke. Beim *Käppelijoch*, der ehemaligen Brückenkapelle, an der Grenzscheide zwischen der Kleinen Stadt und der Grossen Stadt, wo sich die Grenzen von Bistum Konstanz und Bistum Basel stossen, wird deutlich spürbar, wie ungebrochen sich der Aufzug der Kleinbasler Ehrenzeichen auch heute noch gegen Grossbasel richtet. Hier, unweit des ehemaligen Standorts des Rheintors (bis 1836), dessen weltberühmte Zier, der Lällenkönig, sich mit Spott und Hohn gegen das «mindere Basel» wandte, manifestieren Exponenten der kleineren Stadthälfte rechts des Rheins nicht einfach die Neuauflage einer «schönen Altertümlichkeit», sondern ein früher durch Losfeuern von Salven noch verstärktes jahrhundertealtes gegenseitiges Misstrauen und Blossstellen gegenüber dem Grossbasler in belanglosen Dingen des Alltags. Eine unübersehbare Menschenmasse drängt sich, das seltsame, immer wieder von neuem faszinierende Schauspiel mitzuerleben, bei dem die drei imponierenden Maskengestalten bei ihren tänzerischen Auftritten sich wieder-

um demonstrativ und verächtlich vom Grossbasel abwenden.

Nach dem ebenfalls von viel Volk verfolgten Tanz auf der «Spitzterrasse» erweisen die Ehrenzeichen, minutiös die frühzeitig festgelegte Marschroute einhaltend, den Meistern und Vorgesetzten der Drei Gesellschaften Reverenz, d.h., vor eines jeden Würdenträgers Haus oder Wohnung wird haltgemacht und dem Vorstandsmitglied durch das Darbieten eines Tanzes Ehre bezeugt. Dem Waisenhaus, im Hof des einstigen Kartäuserklosters, werden in Erinnerung an den Edelmut des unvergesslichen Pfarrers Johann Jakob Spreng, der sich vehement für die Bewahrung des Brauchs verwendet hat, zwei Tänze gewidmet, wofür das Spiel mit einer schmackhaften Suppe und dem traditionellen Gläschen Wermut verköstigt wird.

Die Ausdehnung der Kleinen Stadt erfordert heute eine Unterteilung der Route ausserhalb des historischen Kleinbasler Stadtkerns, so dass jedes Jahr alternierend das Untere oder das Obere Kleinbasel zu begehen ist. Zur Erholung und Stärkung wird gelegentlich bei einem Vorgesetzten «Station gemacht». Die wichtigste dabei ist diejenige in der Mustermesse, wo nach ausgiebiger Verpflegung den Gesellschaftsbrüdern am *Gryffemähli* präzis 15.00 Uhr eine jeweils mit sichtlicher Würde und Sachkenntnis begrüsste Aufwartung gemacht wird.

Punkt sieben Uhr abends schliessen sich ein Harst von 21 Steckenlaternenträgern, der ursprünglich von jungen Gesellschaftsbrüdern gebildet worden ist, und die «Olympia», eine der beiden grossen Kleinbasler Fasnachtscliquen (bis 1947 teilte sich auch die VKB abwechslungsweise in diese Aufgabe), dem Spiel an und begleiten es auf seinem nächtlichen Umgang durch das Herzstück der Kleinbasler Innenstadt. Noch tragen die Ehrenzeichen in bekannten Gaststätten ihre Tänze vor. Auch wenn sie etwas an Schwung und Eleganz verloren haben, die Stimmung ist überall froh und heiter. Und noch immer kläppern die Ueli mit ihren Kässli unermüdlich durch das dichte Spalier der Kiebitze, von denen viele im Grossbasel zu Hause sind, und bemühen sich, mit einem glänzenden Sammelergebnis das Los Bedürftiger zu mildern. Nach dem auf 22.30 Uhr

Vogel Gryff-Helgen von Peter Armbruster.

angesetzten Schlusstanz im Gesellschafts-
saal im Café Spitz entlässt der Spielchef
seine Getreuen zum wohlverdienten gemütlichen Ausklang ins pulsierende Kleinbasler
Nachtleben, das erst im Morgengrauen seine
Festfreudigkeit verrauschen lässt.

Exterritoriale Auftritte

Bis zur letzten Jahrhundertwende waren «exterritoriale Auftritte» der
Ehrenzeichen, besonders zur Fasnachtszeit, nicht aussergewöhnlich; es gab zu
keinen Zeiten «grenzüberschreitende» Pro-
bleme zu bewältigen. Im Gegenteil: Auch mit
den Grossbaslern wurden oft und gerne lebhafte und freundschaftliche Kontakte unter-
halten, und in alter Zeit war gar eine Mitgliedschaft von Männern «reputablen Rufes»
aus der Grossen Stadt möglich! Ist schon
1484 ein Besuch der Kleinbasler Gesellschaften bei den Zunftbrüdern zu Safran vermerkt, so wurden noch 1857 «Besuche bei den
drei Herrenzünften abgestattet und die E.
Zeichen, Fahnenträger und Tambouren bestellt und mitgenommen». Auch dem Stadttheater wurde 1856 «das E. Zeichen zum
Greiffen behufs einer Vorstellung einer hier
engagierten Schauspieler-Gesellschaft» zur
Verfügung gestellt, allerdings mit «der An-
empfehlung, dasselbe wieder in gutem Zustand ins neue Gesellschaftshaus zurückzu-
liefern». Als die Drei Ehrenzeichen 1882 an
der glanzvollen Eröffnungsfeier der Johan-
niterbrücke sich in den Kleinbasler Festzug
einreihten, der sich über die neue Brücke
zum Marktplatz bewegte, kamen die Mitbürger ennet Rheins nicht aus dem Staunen
heraus: «Endlich rückten heran, begleitet von
Trommlern in der bürgerlichen Tracht des vorigen Jahrhunderts, die drei Ehrenzeichen
von Klein-Basel, die ganz besonders das Interesse der Fremden erregten: der grimme
Leu, der gewaltige Vogel Greiff und der
Wilde Mann in seinem waldgrünen Wamms
und dem entwurzelten Baumstrunk. Sonst
überschreiten sie nur bei besonders hervorragenden Anlässen die Brücke und machen der Grosstadt einen Besuch. Dies
Mal war der Besuch um so mehr am Platze, als
ja das Fest dem engern Anschlusse der bei-

Holzschnitt von Theodor Barth, um 1910.

den Städte, der Verbrüderung von Gross- und
Klein-Basel, galt und in dieser ein Triumph
über alte Rivalitäten gefeiert wurde.»

Ähnliches geschah auch 1892, als die
Ehrenzeichen am monumentalen
Festspiel zur Vereinigungsfeier von
Klein-Basel und Grossbasel mitwirkten. Zur
Krönung des grandiosen Ereignisses formierte sich ein gewaltiger Festzug, und die
Kleinbasler marschierten mit ihren Ehrenzeichen in der schönsten der fabelhaften
Gruppen mit. Einige Jahre später setzten die
Drei Ehrenzeichen ihren Fuss letztmals auf
«ausländischen Boden». Es war erneut ein
wichtiger Grund, der sie ins Grossbasel geführt hatte: die legendäre Bundesfeier von
1901. Für «völlig undenkbar» aber hatten es
die Ehrengesellschaften immer gehalten,
die Ehrenzeichen ausserhalb der Kantons-
grenzen in Erscheinung treten zu lassen. Als
1888 «einige Zürcherherren anfragten, ob die
E. Zeichen mit Fahnen, Tambouren etc. nicht
am nächsten Sechseleuten in Zürich den Zug
mitmachen dürften», konnte auf «ein derarti-
ges Gesuch absolut nicht eingetreten werden». Auch 51 Jahre später waren die Vorgesetzten nicht willens, die Ehrenzeichen
«ausgerechnet» in die Stadt Zürich (zum
Basler Tag der Schweizerischen Landes-
ausstellung 1939) ziehen zu lassen!

Recht grosszügig reagierten die Vorstände indessen, wenn es darum
ging, die Ehrenzeichen «ausserfahr-
planmässig» innerhalb der eigenen Gemarkung auftreten zu lassen. So 1860 zur 400-
Jahr-Feier der Universität «in den schönen
Räumen des kürzlich vollendeten neuen
Gesellschaftshauses von Klein-Basel. Das
überaus rege, muntere Treiben erreichte seinen Höhepunkt, als, eingeleitet durch eine
Ansprache von Prof. Schönbein, einem der
Meister der drei E. Gesellschaften, und durch
ein von Lehrer Hindermann vorgetragenes
Gedicht die drei sogenannten Ehrenzeichen
von Klein-Basel in ihrem grotesken Costüm
auftraten und unter Trommelschlag ihre cha-
rakteristischen Tänze aufführten. Sie wurden
als ein Stück in unsere moderne Zeit hineinrei-
chenden Mittelalters namentlich von den
Gästen aus der Ferne bewundert». Mit Begeisterung folgten die Ehrenzeichen auch
Einladungen zur Begrüssung der auswärtigen
Gäste zum «Tessinertag» (1917) und zum
«Welschlandtag» (1918) der Schweizer Mustermesse, zur Unterhaltung der Delegierten
des Eidgenössischen Turnvereins (1917), des
Schweizerischen Schriftsteller-Vereins (1921),
des Schweizerischen Heimatschutzes (1926)
und des Eidgenössischen Schwingerver-
bandes (1929). Mit besonderer Freude wurde 1934 auch der Ruf des Organisationsko-
mitees zur Einweihung der Dreirosenbrücke
akzeptiert: Nach der Festansprache von
Grossrat Hans Leu «kündeten Böllerschüsse
auf dem Rhein das Nahen der drei E. Gesellschaften Kleinbasels. Da rückten denn die
drei Kleinbasler Ehrenzeichen schon unter
den Wirbeln ihrer kostümierten Trommler
und im Geleit der prächtigen Zunftbanner
auf, hinter denen eine stattliche Schar von
Gesellschaftsmitgliedern einhermarschierte.
Mitten auf der Brücke vor den Herren Re-
gierungsräten vollführten Wilder Mann mit
seinem Tännlein, Vogel Gryff und Löwe ihre
traditionellen, ehrwürdigen und gravitäti-
schen Tänze und lösten damit überall frohen
Jubel aus. Der Festakt war mit diesem schönen Kleinbasler Volksbrauch würdig beendigt». Auch bei der «Einweihung der erweiterten Wettsteinbrücke» liessen sich 1939 die
Ehrenzeichen blicken: «Kaum waren die
Reden geschlossen, so ertönte Trommelschlag. Der Wilde Mann war mit seiner Fah-

Holzschnitt von Kurt Volk, 1986.

nenbegleitung Punkt 10 Uhr auf seinem Floss unter Böllerschüssen rheinabwärts gefahren und hatte Stadt und Brücke mit seinen zierlichen Knixen und Tänzen begrüsst. Beim Café Spitz war er traditionsgemäss von Vogel Gryff und Leu empfangen worden, worauf der kleine Festzug der drei Ehrenzeichen mit der Fahnenbegleitung in ihrem schönen Königsblau und den Meistern und Vorgesetzten der drei E.-Gesellschaften Kleinbasels unter Trommelschlag die Rheingasse hinauf und auf die Brücke zog. Die Tänze der drei Ehrenzeichen bildeten so recht eigentlich die Weihe der erneuerten Brücke.» Geradezu als Ehrenpflicht betrachteten es die Ehrengesellschaften noch im selben Jahr, der Einladung zur Einweihung des Stadt- und Münstermuseums im Kleinen Klingental zu folgen. «Das Erscheinen der Drei Ehrenzeichen zu ihrem historischen Tanze war in diesem mittelalterlichen Rahmen denn auch von einzigartiger Wirkung.» 1946 «beschloss man, dem uns eng befreundeten Erlenverein als Geschenk zum 75jährigen Jubiläum mit dem Tanz der Drei Ehrenzeichen aufzuwarten». 1948 wurde im Café Spitz der «Premier Congrès International de Folklore Musical» durchgeführt. Es war für die Ehrengesellschaften keine Frage, an diesem Anlass mitzuwirken, «denn wenn jemand das zu schätzen weiss, so ist es diese Gesellschaft, die sich ja mit dem Erforschen der alten Bräuche, Lieder und Tänze befasst. Unsere Tänze haben denn auch so gut gefallen, dass sie wiederholt werden mussten. Man hatte den Eindruck, dass

wir mit unsern Darbietungen den Gästen aus 23 Ländern eine ganz besonders grosse Freude gemacht haben».

Am 6. Mai 1950 beschenkten die Ehrengesellschaften auch die Zunft zu Schuhmachern mit der Anwesenheit der Ehrenzeichen an deren 700-Jahr-Feier: «Die Ehrenzeichen der drei E. erstürmten den Spitz-Saal und gaben unter nicht endenwollendem Applaus ihre Tänze mehrmals zum besten. Der maienfrische Duft des Blätterkranzes und des grünenden Tännleins zog gar lieblich durch die Nasen, als der Wilde Mann seinem Meister schier die Nase wegwürzelte!» Vorbehaltlos sagten die Ehrengesellschaften 1961 auch ihre Mitwirkung «im von über 3000 Teilnehmern gebildeten Lichterzug der Spukgestalten, Dämonen und Chläuse» des Schweizerischen Trachtenfestes zu, der sich zu nächtlicher Stunde von der Mustermesse ins Grossbasel bewegte, wobei die Ehrenzeichen beim Café Spitz «ausscherten».

So faszinierend die Präsenz der Wappenhalter der Drei Ehrengesellschaften bei öffentlichen Auftritten auf die Bevölkerung einwirkte, so leichtfüssig weckten sie auch das Interesse der lokalen Dichterprominenz. Immer wieder erscheinen die drei «Kleinbasler Integrationsfiguren» denn auch auf den Brettern der Basler Bühnenwelt. Als 1921, anlässlich der Schweizerischen Gastgewerbe-Ausstellung, die Ehrenzeichen erneut hätten in einem Festspiel auftreten sollen, «platzte den Vorgesetzten der Kragen: Noch jedesmal haben Wünsche, wie der vorliegende, bei uns eine peinliche Situation ausgelöst. Möchten doch die Festspieldichter von nun an bei der Schaffung ihrer Musenkinder sich loslösen von den drei Ehrenzeichen, deren Bestimmung doch sicherlich nicht darin gipfelt, dass mit ihnen zu jeder Zeit öffentlich Komödie gespielt wird»! Trotz der an sich negativen Haltung stellten sich die Drei Ehrenzeichen dem Männergesangverein Kleinbasel für die Neuaufführung des Festspiels der Kleinbasler Gedenkfeier von 1892, die 1936 mit riesigem Erfolg in der grossen Mustermessehalle zur Wiedergabe gelangte, zur Verfügung. Für die Inszenierung des Grimmschen Märchens «Vogel Gryff» im Stadttheater mochten die

Vorgesetzten 1949 die Ehrenzeichen aber nicht frei geben. Massgebend für diesen Entscheid war einerseits der «widerliche Vorfall» von 1943, als Mitglieder des Spiels an der Tagung der Schweizer Architekten in Kostümen der Alten Richtung ihre Tänze aufführten, was als «äusserst taktlos empfunden und vom Vorstand scharf verurteilt wurde», und andererseits, das «weiterhin wilde Auftreten des Spiels an unpassenden Anlässen, und wurde solches mit der Androhung von Ausschlüssen geahndet» (1947).

Verbote

Wie gegen das sündhafte fasnächtliche Treiben so wetterten engagierte Moralisten wiederholt auch gegen die Aufzüge der Kleinbasler Ehrenzeichen und forderten ein striktes Verbot «dieser heidnischen Gebräuche». Dass «Menschen sich in Thiergestalten verkleiden und das ihnen vom gütigen Schöpfer geschenkte menschliche Angesicht mit unmenschlichen Caricaturen und Fratzen verwechseln», war jedem christlichen Empfinden zuwider und galt in kirchlichen Kreisen als unehrenhaft und entwürdigend. Als sich 1735 angesichts der «geplagten Zeiten» die Frage stellte, ob inskünftig nicht mit dem Umlaufen der Tiere aufzuhören sei, befanden die Vorgesetzten, dass «in Abstellung dessen niemand mehrers erbaut und frömmer gemacht wird. Also auch, wenn den Ehrenzeichen der Lauff gegönnet wird, nicht desto mehr Sünd und Laster verhütet werden. Der Herr aber wolle alles Ohngemach ferners von unserem liebwerten Vatterland abwenden».

Jahre später erregte ein trauriger Vorfall grosses Aufsehen: Die Vorgesetzten zum Rebhaus hatten 1750 aus übelangebrachtem Mitleid einem schwindsüchtigen Maurer gestattet, den Löwen zu machen, da der Mann wegen seiner Krankheit keine Arbeit fand. Ein kleiner Verdienst als Tierdarsteller sollte ihm aus der bittersten Not helfen. Da aber setzte während des Umzugs ein Schlaganfall dem Leben des Bedauernswerten ein Ende. Der unglückselige Ausgang jenes Vogel Gryffs bot Anlass genug, mit scharfem Geschütz gegen Umzüge und Mähli anzukämpfen. Als von der Kanzel herab emotionell interpretierte Bibeltexte den Kirchgängern nicht unter die Nägel gingen, bedienten sich die Prediger zu St. Theodor auch des gedruckten Worts.

Die Obrigkeit liess sich zunächst vom Inhalt der Flugschriften nicht beeindrucken und nahm die Gelegenheit wahr, «wegen vielen Erböben und betrüblichen, laydigen Zeiten die von altersher alljährlich in der Kleinen Stadt denen drei E. Gesellschaften ceremonialischen herumlaufenden drei Tieren» zu verbieten. Doch die Gesellschaften liessen sich ihr Vergnügen nicht schmälern und negierten das «überflüssige Dekret». Ohne jedes Verständnis für bürgerliche Traditionen zeigten sich anno 1798 die Regenten der Helvetischen Republik (1798–1803). Sie verordneten unverzüglich, dass «alle lächerlichen Umzüge und Masqueraden ausser den Häussern verboten sind und von der Policey nicht werden geduldet werden». Die Kleinbasler, die während allen Revolutionswirren beharrlich am Ancien Régime festgehalten hatten, unterzogen sich nur widerwillig dem Erlass der neuen Machthaber. Schon nach wenigen Jahren kleinmütig erduldeter Gesellschaftsabstinenz wagten sie den Versuch, das «unsinnige» behördliche Mandat zu missachten. 1828 brachte Haerenschreiber Melchior Münch vor der Allgemeinen Vorgesetztenversammlung ein «mit grundsätzlichen Überlegungen gespicktes

Memoriale» zur Sprache, das unter anderem auch die weitere Existenz der Ehrenzeichen in Frage stellte. Münch führte aus, er fände es zeitgemäss, «bey abzuhaltenden Gesellschaftsmählen unsere sogenannten Ehren Zeichen, diese thierischen Vorstellungen, nicht mehr menschlich zu beleben». Möge man auch immer, so versuchte der Haerenschreiber weiter seine Mitvorgesetzten zu überzeugen, die Ehrenzeichen als Reliquien der Vorzeit angesehen haben, so könne es doch nur Ehre bringen, wenn «das Thierische vom Menschlichen» getrennt würde, «um so mehr, als durch sie kein Andenken an irgend eine an unsere Vaterstadt oder Vaterland gekettete ruhmvolle That geknüpft» sei. Obwohl der Vorstand eine aus neun Mitgliedern bestehende Spezialkommission zur Begutachtung von Münchs Gedankengut einsetzte, «artete das verschwörerische Thema ‹Abschaffung der Thiere› nicht zu einem Problem aus»!

Nach mehrjährigem, durch die Kantonswirren hervorgerufenem Unterbruch haben die Kleinbasler Gesellschaften am 20. Januar 1836 ihren «Wappen- oder Ehrenthieren» den altüblichen Umzug an den Tagen der grossen Gesellschaftsmahle wieder erlaubt. Vor 8 Tagen zog der Leu mit seinem Uhle vom Rebhaus durch die kleine Stadt an das Capellenjoch der Rheinbrücke, dort seine Tänze nach alten Weisen zu tanzen; heute kamen die 2 wilden Männer

auf einem Nachen den Rhein herab, sich in gleicher Weise zu produzieren. Mit Unrecht eifert man gegen solche alten Gebräuche, sollten sie auch wenig Sinn haben. Sie machen einmal dem Volke Spass, der leicht von allem Unfug frei zu halten ist, haben alterthümlichen poetischen Werth und geben einer Stadt ein eigenthümliches Gepräge, worauf im Gegensatze zu der rationalistischen Tendenz der neueren Kultur, alles gleich und langweilig zu machen, und im Geiste des conservativen Prinzips zu halten ist».

1884 resümierte der Herausgeber der Packschen Chronik, Gottlieb Bischoff, Behörden und Volk seien sich über den absolut harmlosen Charakter solcher Volksumzüge einig. Und er fährt fort: «Aber auch in den Kleinbasler Gesellschaften selbst war man bis zu Mitte unseres Jahrhunderts darüber zwiespältiger Meinung. Strebte eine gewisse Aufklärung dahin, dem Ärgernis vieler Einheimischen und der Verwunderung ‹allfällig dazu kommender Fremden› über solch phantastisches Zeug Rechnung zu tragen, so fieng übereinstimmend mit dem zunehmenden historischen Verständniss auch unter den Gebildeten die Zahl Derer sich an zu mehren, die an solchen alten originellen Typen Freude fanden. Nachdem die Vorgesetztenversammlung zu Ende der 1840er Jahre durch eine Anzahl junger Vorgesetzten ergänzt worden war, wurde die Beibehaltung des alten Gebrauchs definitiv sanktioniert.» Und dabei ist es bis heute geblieben ...

Die Ehrenzeichen erweisen 1285 König Rudolf von Habsburg und Elisabeth von Burgund beim Einzug vor apokrypher Staffage im Kleinbasel Reverenz. Historienmalerei von Emil Beurmann. Um 1930.

Das Gryffemähli

Ist die Bevölkerung am öffentlichen Umziehen und Auftanzen der Drei Ehrenzeichen Kleinbasels herzlich einbezogen, so bleibt sie von der Teilnahme am «Gryffemähli» ausgeschlossen: hier sind nur die 450 Gesellschaftsbrüder mit wenigen auserlesenen Gästen eingeladen. Als erster Geschichtsschreiber nimmt Theodor Richard, Pfarrer zu St. Leonhard, Bezug auf das zentrale Kleinbasler Ereignis. Seine handschriftliche Chronik enthält unter dem Jahr 1629 folgenden Eintrag: «Es ist Brauch, dass jedes Jahr um den 20. Jänner die Gesellschaft zur Hären mit dem Wilden Mann, diejenige zum Greifen mit dem Greifen und diejenige zu Rebleuten mit einem Löwen umzieht. Sie laden auch die Herren aus dem Grossbasel dazu ein. Nach dem Umzug haben sie ein Mahl, bei welchem alles voll und toll sein muss.»

Zweitägige Festivität

Entgegen der Feststellung des Andreas Ryff aus dem Jahre 1597, wonach jede Gesellschaft an einem besonderen Tag mit ihrem Zeichen umziehe, lässt Richards Schilderung nicht deutlich werden, ob die Mahlzeiten von den Gesellschaften separat oder gemeinschaftlich abgehalten wurden. Dass die Gesellschaften ihre Mahlzeiten zumindest gelegentlich am nämlichen Tage durchführten, wird 1730 bestätigt, als «die Herren Vorgesetzten der zwey Ehren Häuseren als Räbhauss und Greiffen nach der Session des Umzuges halben ein Abendt Trunckh mit uns (den Haeren) auff unserem Ehren Hauss gethon» hatten. Hinsichtlich der Richardschen Bemerkung, es sei alles «voll und toll», finden sich in den im 17. Jahrhundert einsetzenden Rechnungsbüchern genügend Belege, erscheinen doch immer wieder «nahrhafte» Ausgabenposten im Zusammenhang mit dem Gryffemähli, dem Wildmann-

mähli und dem Löwenmähli. Oft aber wurden die materiellen Aufwendungen auch durch eine Sammlung bei betuchten Mitbürgern gedeckt, auch im Grossbasel. So 1677, als «Herr Doctor Stadtschreiber Fäsch» und andere mit etlichen Fass Wein das Stimmungsbarometer am *Kleinbasler Feiertag* um einige Grad anhoben. Ein Eintrag im Haerenarchiv für das «Mälle 1747» illustriert nicht nur den gesegneten Appetit der Festbrüder, sondern vermittelt auch den Hinweis, dass zum Mähli, das sich über zwei Tage ausdehnte (!), nur Vorgesetzte und Gäste geladen wurden. Gemäss der «Nota» des Stubenverwalters sind an jenem «Wildenmanns Fest» für vielleicht vier Dutzend Personen aufgetragen worden: «6 Suppen, 2 ½ Böcklein, 5 Basten, 3 Stockfisch und 2 Milchlein und Morchen, 5 Blatten Blumenköhl, 5 Platten Karpffen, 3 Welsch Hiener, 2 Stuck schwartz Wildtpredt, 3 Kapaunen, 1 wilde und 2 zame Endten, 5 Blatten Saladt, 2 gantze Zungen. Auf den Abendt: 6 Blatten kleine Gersten, 5 Blatten Milchlein und Morchen, 4 Lummel, 21 Dotzet Schänckgelein, 3 Hasen, 5 Blatten bachene Karpffen, 5 Blatten Maronen. Den andern Tag: 3 Sup-

Holzschnitt von Burkhard Mangold, um 1920.

pen, 2 Blatten Rindts Fleisch mit Mörädtig, 2 Blatten Hasenpfeffer, 3 Balchen, 1 Spansau, 1 Blatte Fisch, 2 Blatten Saladt, 1 Dauben.»

Ab 1751 hatten aber auch die Gesellschaftsbrüder allgemein Zutritt zu den Mähli, nachdem die «Herren Vorgesetzten, denen bewilliget ist, zwey bis drey Gäste darzu zu laden», in aller Form aufgefordert worden waren, «denen Gesellschaffts Brüdern ohne Ausnahm anzusagen, es können kommen, wer will, wenn dieselben wollen für ihr Silber (auf eigene Kosten) beywohnen, aber ohne Gäste». Was vom Mähli übrig blieb, wurde jeweils am darauffolgenden Tag von einigen Gesellschaftsbrüdern im Gesellschaftshaus mit gesegnetem Appetit verzehrt. Weil bei dieser sogenannten *Spänaufleserei* aber oft auch neues Essen bestellt wurde, sahen sich 1775 die Vorgesetzten zum Greifen genötigt, den Teilnehmern einen entsprechenden Kostenanteil abzuverlangen.

Der Gedanke, «ob es nicht schicklich wäre, von sämtlichen drey E. Häuseren eine Mahlzeit zu halten», ist 1793 von Oberstmeister Achilles Miville zur grundsätzlichen Diskussion aufgeworfen worden, doch wurde «für dissmalen hievon abstrahiert». Vier Jahre später aber war man sich einig, gemeinsam im Gesellschaftshaus zur Haeren «eine allgemeine Mahlzeit zu halten und alldorten für einen Neuthaler auf den Kopf zu rüsten, den Wein aber aus dem gemeinen Seckel zu bezahlen. Dazu sollen der Herr Schultheiss und die Herren Geistlichen der mindern Stadt eingeladen werden». Obwohl sich bis in die 1830er Jahre gelegentlich noch ein «Sonderzüglein» bildete, begründete dieser Beschluss die Tradition des gemeinsamen «Gryffemähli», welches «die Bande der Eintracht und des Gemeinsinns der Bürger der Minderen Stadt zu vermehren hat».

Die Organisation wurde «der Tour nach» den einzelnen Gesellschaften übertragen,

Federzeichnung von Otto Plattner, 1942.

wobei «altem Herkommen nach» das Rebhaus die *gemeinsame Mahlzeit* der Drei Gesellschaften am Tag des Heiligen Hilarius (13. Januar), der Haeren am Tag der Heiligen Fabian und Sebastian (20. Januar) und der Greifen am Tag des Heiligen Johannes Chrysostomus (27. Januar) durchzuführen haben. Ein Abweichen von diesen Daten ergibt sich seither nur, wenn das Gryffemähli auf einen *Sonntag* fällt: 1849 bestimmten die Vorstände, dass dieses in einem solchen Fall am nachfolgenden Montag abzuhalten wäre; 1901 wurde dieser Beschluss rektifiziert und verfügt, dass es dann der vorausgehende Samstag sei. Ein in dieser Sache 1922 eingereichter Antrag, es könne «die allgemeine Mahlzeit in Zukunft nie mehr an einem Freitag stattfinden, da sich kein Katholik (wegen der Fleischabstinenz) beteiligen dürfe», wurde «in Berücksichtigung des alten bisherigen Usus abgelehnt».

Mit dem Bezug des 1841 eröffneten vereinigten Gesellschaftshauses «*Café Spitz*» machte sich bald ein gewisser Widerstand gegen die gemeinsame Durchführung des Gryffemählis bemerkbar:

«Die Erfahrung zeigt, dass die Mahlzeiten im neuen Gesellschaftshaus unerquicklich geworden sind, weil sie viel zu gross sind. Viele befinden sich deshalb in durchaus unbekannter Tischgesellschaft, wodurch das Essen langweilig wird. Die Spezialessen jeder Gesellschaft sind viel gelungener, weil es dann wieder möglich ist, sogar aus Grossbasel einen Gast einzuladen...!» Die Mitvorgesetzten aber vermochten sich in keiner Weise für «dieses Ansinnen» zu erwärmen.

Blieb es ursprünglich bei den Mahlzeiten der einzelnen Gesellschaften in der Regel bei der Bewirtung mit Gerstensuppe, Brot und Wein, so gestaltete sich das gemeinsam durchgeführte Gryffemähli betont opulent. Um die letzte Jahrhundertwende war es üblich, zwei Vorspeisen, drei Hauptgänge und zwei Desserts zum Mittagessen und eine «*einfache Platte*» zum Abendessen, die etwa mit Zwiebelsuppe, Kalbsbraten mit Beilage, kaltem Aufschnitt und Häringsalat garniert sein mochte (1909), zu servieren. Dazu wurden je drei bis vier Bons für eine Flasche Wein und je zwei Bons für ein Fläschchen Mineralwasser pro Gast abgegeben! «Als Neuerung wurde 1937 anstelle von Flaschenwein offener Wein in Garaffen dargeboten.» Das Ausschenken offenen Weines war allerdings nicht ganz neu, ist doch «in der guten alten Zeit» jeweils auch noch ein mit hundert Liter Wein gefülltes Fass aufgestellt worden, an dem «sich die Neuaufgenommenen nach Herzenslust laben konnten»! Zur «Bewahrung der Gutwetterstimmung im Familienkreis» wurde den

Gesellschaftsbrüdern 1911 erstmals ein «*Bhaltis*», das sogenannte «Drachenfutter für die Damen», auf den Heimweg mitgegeben.

Monströse Kleinbasler Mahlzeiten

Die Gesellschaftsbrüder aber wurden nicht nur mit leiblichen Genüssen verwöhnt, sondern auch – wenn wir von der langweiligen Rechnungsablage absehen – mit ausgesuchter Unterhaltung. Neben der Rede des Vorsitzenden Meisters, dem Aufnahmezeremoniell, das bis 1899 gemeinsam von den drei Statthaltern vorgenommen wurde, den Vorträgen der 1897 aus 20 Mitgliedern bestehenden Gesangssektion, den «Fanfarenstössen» der Wurzengraber oder der Kleinhüninger Blechmusik und dem obligaten Schnitzelbank gehörte auch die Aufführung einer Volkskomödie ins Programm. Als Konzession an die jungen Gesellschaftsbrüder – so wurde es zumindest deklariert – fand das Gryffemähli bis gegen Ende des letzten Jahrhunderts mit einem Tanzvergnügen, zu dem die Gesellschaftsbrüder ihre Frauen, Töchter, Bräute und Freundinnen auf das Parkett führten, einen beschwingten Ausklang.

Der «wacklige und verlotterte Zustand des Café Spitz, wie's im Grossen Rat hiess», zwang die Ehrengesellschaften 1963, von der

Zum Gryffemähli im grossen Festsaal der Mustermesse werden gelegentlich auch bundesrätliche Ehrengäste an die reich geschmückte Tafel gebeten, was die 400köpfige Schar der Gesellschaftsbrüder jeweils mit besonderer Genugtuung zur Kenntnis nimmt.

seit 1842 geübten Praxis abzuweichen und das Gryffemähli im grossen Saal der *Mustermesse* zur Durchführung zu bringen. Weil im Kleinbasel mit Ausnahme des 1979 renovierten Volkshaussaales in der ehemaligen Burgvogtei keine andern öffentlichen Lokalitäten zur Abhaltung von Grossanlässen zur Verfügung stehen, findet das Gryffemähli heute noch vornehmlich in der Mustermesse statt.

Trotz der räumlichen Veränderung konnte der innere Gehalt der «monströsen Kleinbasler Mahlzeit» gewahrt bleiben, nur in der Konsumation leiblicher Genüsse ist man bescheidener geworden, und der Weinverbrauch beträgt heute keinen Liter mehr pro Kopf (noch 1950 waren es 1,6 Liter). Ganz bewusst aber wird noch immer am altüberlieferten Zeremoniell festgehalten. Zu den wesentlichen Elementen des jeweils um 13.00 Uhr beginnenden «grössten Kleinbasler Festes» gehören traditionsgemäss: die mit dem Gold- und Silberprunk der Gesellschaften (Meisterwerke der Basler Goldschmiedekunst) geschmückte Ehrentafel, Orchestermusik, Trommler- und Pfeifervorträge, Chorgesänge, Rede des Vorsitzenden Meisters, Tanz der Ehrenzeichen und Kollektieren der Ueli, allgemeiner Gesang vaterländischer Lieder, Ehrung der Veteranen und Verstorbenen, Aufnahme neuer Gesellschaftsbrüder mit Trinkprobe, Ansprache

Bis 1962 wurde das Gryffemähli «bei fürchterlichem Gedränge» im Gesellschaftshaus «Café Spitz» abgehalten. Ölgemälde von Johann Rudolf Weiss. Um 1885.

einzelner Ehrengäste, Schnitzelbank und Bhaltis. Gegen 18.00 Uhr geht das offizielle Gryffemähli, welches seit 1975 durch einen gemeinsamen Marsch der Gesellschaftsbrüder «nach stattgehabter Einstimmung im Café Spitz eingeläutet wird», seinem Ende entgegen. Noch nutzen die Gesellschaftsbrüder die verbleibende Zeit zu freundschaftlichem Gespräch und frohem Zutrinken. Und dann tauchen auch die schwarzbefrackten Herren im stimmungsvollen Kleinbasler Festtrubel unter...

In Erinnerung an die «gute alte Zeit», als jede Gesellschaft ihren Tag nur im eigenen Kreis feierte, was den persönlichen Kontakten unter den Gesellschaftsbrüdern überaus förderlich war, begehen die Gesellschaften alljährlich auch ihre sogenannten *Kleinen Mähli* (das Rebhaus seit 1967, der Greifen seit 1970, der Haeren seit 1972). Dabei ist dieser Anlass, der jeweils an einem Abend im November von jeder Gesellschaft gesondert abgehalten wird, allein der Pflege der Freundschaft unter den Gesellschaftsbrüdern gewidmet, bei betont einfacher Verpflegung und ohne jegliche Formalität. Zu später Stunde begeben sich die Teilnehmer, die ihr Mähli im Rebhaus oder im Alten Warteck feierten, zum frohen Ausklang noch ins Café Spitz!

Storchentag

Zu einem Freudentag gestaltete sich jeweils «Petri Stuhlfeier, das Fest des heiligen Petrus, die Stuhlfeier von Antiochia genannt» am 22. Februar, wenn die ersten Störche sich in Basel niederliessen. Schon Aeneas Silvio Piccolomini war während der 1430er Jahre die besondere Zuneigung der Basler gegenüber dem schwarz und weiss gefiederten Stelzvogel mit dem langen roten Schnabel aufgefallen: «Auf den Firsten der steilen Dächer haben die Störche ihre Residenz aufgeschlagen. Da nisten sie und füttern ihre Jungen, wie es ihnen denn überhaupt in dieser Gegend sehr gut zu gefallen scheint. Denn niemand tut ihnen ein Leides an – eine unfassliche Sache für die Italiener – oder hindert sie in ihrer freien Bewegung. Ja, es herrscht in Basel der Glaube, wenn man den Störchen ein Junges entwende, so legen die Alten in dem be-

«Von dem Storcken» aus dem Vogelbuch von Conrad Gessner, 1557.

treffenden Hause Feuer ein. Schon aus Furcht hievor lässt man die Tiere vollkommen unangefochten.» So freute sich die Bevölkerung «mit inniger Liebe» an der Ankunft der beliebten Glücks- und Kinderbringer, die sich mit schöner Regelmässigkeit Basels Kirchendächer und Hochkamine als Sommersitz aussuchten.

Verendete Storchenherrlichkeit

Nach einem halben Jahrtausend immer wiederkehrender kindlicher Begeisterung war es mit der Storchenherrlichkeit leider zu Ende. Denn Redaktor Fritz Amstein hatte 1916 in der National-Zeitung zu vermelden: «Die Störche, die früher um Petri Stuhlfeier herum in Basel unter dem Jubel von Buben und Mädchen ihren Einzug hielten, kommen immer seltener; niemand kann sich diese Erscheinung recht erklären. Jedes Quartier hatte vor Jahren seine Spezialstörche mit ganz besonders hervorragenden Eigenschaften: Die Klappervögel von St. Johann, die auf dem Klösterli residierten, waren die tapfersten, denn sie brachten ab und zu lebende Schlangen in's Nest. Den Störchen auf dem Mueshaus in der Spalenvorstadt rühmte man musikalische und choreographische Kenntnisse nach; jedesmal wenn der Schmied Schilling in der Spalenschmiede die Hämmer auf dem Amboss tanzen liess, tanzte auch das Storchenpaar hoch oben auf dem Mueshausdach. Auch die Störche auf dem Chor der Barfüsserkirche zeichneten sich durch besondere Kenntnisse aus; sie spazierten so sicher wie ein akademisch gebildeter Seiltänzer auf der Firstkante der Kirche hin und her, während das Paar auf der St. Albankirche sich durch sittsames und höchst ruhiges Benehmen, wie es

zu St. Alban gebräuchlich ist, vorteilhaft von allen andern unterschied. Die Bewohner des Nestes auf dem Rollerhof glänzten durch Patriotismus. Als auf dem Münsterplatze am Heinrichstage des Jahres 1901 Herr Dr. Adam Gysin von Liestal als Landratspräsident die Festrede zur Feier der Aufnahme Basels in den Schweizerbund hielt, stimmten in das

D'Storge-Akunft

Präzis z'Mittag am erste Merz
Bekunnt e grossi Freud mi Herz,
Denn wieni do am Fischmärt stoh
Und d'Auge ufwärts luege loh,
Do gsehn i wirklig, aber nai,
Der Storg mit sine lange Bai.

Isch wider uf's Neukirche Dach
Und zieht, as wär's abgmachti Sach,
Zum gliche Zins in's alt Logi,
As könnt das gar nit anders si.

Si Husherr schloht nit Puff uf Puff
Mit jedem Mol im Zinse uf.
Und er, der Storg, verspricht halt au,
Er heb das Mohl e subri Frau.
Si miech's ganz Johr nyt Wüst's in's Nest,
Heb kei Visit und sig kei Trätsch.
Er setz in's Wirtshus nie e Tritt,
Und kleini Kinder heb er nit.
Und hätt' er, thät er ohni Bedenke,
Si alli andere Lüte schenke.

So Lüt hett jede Husherr gern,
Und do er ihn noh kennt vo fern,
will er's zum alte Zins ihm loh.
(Er kenn's uf Anderen use schloh)
Und somit wär für's laufend Johr
Der Storg us aller Noth und Gfohr.

Basler Nachrichten, 1860

Der Storkenheini.

Der Storkenheini ist ein Vogel, der in der Luft fliegt, seine größte Länge geht von dem Schnabel bis an den Schwanz, er liebt sehr die Kirchendächer und legt Eier.

«Zierliches Bild eines lustigen Basler Apothekers», vor 1923.

Storcheheini

Storche Storche heini!
Mit dyne lange Beini,
Mit dym lange Schnippischnappi,
Will di lehre Sesseli trage,
Bis morn früeh,
Bis der Rogge ryft
Und der Müller pfyft.

Kinderreim, 1857

Hoch auf's Vaterland die Rollerhof-Störche mit herzerfreuendem Geklapper ein, so dass aller Augen sich nach der Höhe richteten. Von den Langbeinen, die auf dem Stadthause horsteten, ging die Sage, ihre Vorfahren seien vor undenklichen Zeiten als Ehrenbürger Basels aufgenommen worden; als sie aber vernehmen mussten, dass der Proporz auch für die Bürgerratswahlen eingeführt worden

sei, und dass im Stadthause in Folge davon nicht nur Weiss und Schwarz, sondern gelegentlich auch Rot gelte, seien sie ärgerlich geworden und hätten der hochgelegenen Stadthauswohnung den Rücken gekehrt.

Was die Kleinbasler Störche anbetrifft, die auf der Clarakirche und etlichen verlassenen Dampfkaminen residierten, so fehlen mir über deren besondere Eigenschaften nähere Angaben; immerhin hat es von jeher geheissen, dass sie wie alle echten Kleinbasler in Fehde mit den aus Grossbasel stammenden Erlassen und Anordnungen gelebt hätten. Als einmal die Feuerschau anordnete, es seien auch ungebrauchte Dampfkamine zu reinigen, und als die Telephonverwaltung vorschrieb, es sei auf dem Dach der Clarakirche ein Telephonturm zu errichten, da legten die jenseitigen Störche energischen Protest gegen diese verabscheuungswürdigen Massregeln ein, und als das nichts nützte, kehrten sie, wie ihre Kollegen vom Stadthaus, der alten Bischofsstadt am Rhein den Rücken und versicherten Behörden und Volk ihrer ausgezeichneten Verachtung. So schaut nun Jahr um Jahr im Hornung gross und klein zu den verwaisten Nestern empor, um einen geflügelten Boten aus Afrika zu erspähen, aber keiner stellt sich ein. An Erklärern fehlt es freilich nicht. Die einen sagen, die elektrischen Drähte, die nach allen Richtungen den Luftraum durchqueren, seien den Störchen ein Dorn im Auge. Die andern schieben die Schuld auf die vielen Luftfahrzeuge, von denen niemand weiss, ob und wann sie obsi oder nidsi platzen wollen. Wieder andere sind der felsenfesten Meinung, die Italiener hätten ihre Speisezettel jede Woche um einige gebratene Störche mit knusperigen Beinen bereichert. Aber das sind alles Mutmassungen, die auf so schwachen Füssen stehen, wie die Rokoko-Damenschreibtischchen mit geschweiften Beinen.»

Des Storchen Wiederkehr.

Was luegt dert oben abe vo dem Thurm,
So stolz, trutzt Rege, Sunneschin und Sturm?
Es isch im Stork si Nest; wer siehts nit gern,
No unserm lange Winter sider fern?

Er mueß is lieb ha; denn mit übers Meer
Isch er iez ko, und holt der Frühling her;
Los wie n'er klapperet mit sim Gumpan,
Aß wenn er b'schribti d'Reis vom Ozean!

Was bringsch gut's Neu's us jenem Erdetheil?
Isch dert der Weg zu ebbis z'fo au steil?
Sind d'Lit zufriedener mit ihrem Loos?
Wie g'fallt's der denn in unsrer Heimath Schoos?

Willkumme, Sinnbild elterliger Treu!
Es git dervo mäng Bispiel alt und neu;
Me merkt wohl, wie viel Kummer, Angst und Sorg
De Kleine g'wiedmet wird vom große Stork.

Lueg, wie n'er ihne d'Jagte lüpfe lehrt,
Bis einzig sie erwitsche, was sie nährt;
Er isch au g'scheit, könnt' er denn baue sunst
Si Uffethalt no Regle vo der Kunst?

's Het jedes Thier vom Schöpfer, waß es brucht:
Der Stork si Schnabel, wo n'er untertucht,
Die hohe Fueß, daß er brav watte ka,
Und 's Kleidli, roth und wiß, stoßt au gut a

Wohlg'litte isch er durewegg im Land,
Vertilgt viel Schädliches uff Feld und Strand:
Amphibie und Insekte sind si Brod;
Doch bringt em leider oft e Schlang der Tod.

An menge n Orte achtet me n'en sehr
Und leit em jo nit Ungrads in die Quer;
Me glaubt, wo er si Herbrig heb' und wach',
Käm' nie kei Für no Unfall unters Dach.

So lang als d'Flure duftig sind und bunt,
Blibt er bi uns, bis daß der Winter kunnt,
Derno wo d'Reis die G'sellschaft schnallt ihr Gurt,
Und fliegt in scho bekannter Richtung furt.

Der Wanderer in der Schweiz, 1838.

Aschermittwoch

Im vorreformatorischen Basel war der Aschermittwoch, der erste der vierzig bis Ostern andauernden Fasttage, von kirchlichen Feierlichkeit en geprägt: Bei anbrechendem Morgen stellte der Domglöckner im Münster fein gesäuberte und gesiebte Holzasche und einen Kessel mit Weihwasser bereit. Nachdem der Zelebrant die vorgeschriebenen Gebete gesprochen und die Asche besprengt hatte, empfingen die geistlichen Würdenträger in der Reihenfolge ihres Ranges entblössten Hauptes die Asche unter den Worten «Gedenke, Mensch, dass du Staub bist und wieder zum Staube zurückkehren wirst». Dann bestreute der Zelebrant in nämlicher Weise auch die männlichen Laien, während der Leutpriester den am Eingang zur Vorhalle der Sakristei wartenden Frauen die geweihte Asche spendete. Im Gottesdienst des Aschermittwochs bekannten sich die Gläubigen zur Reinigung von Fehlern und Sünden und zur Erneuerung des Geistes, wobei die Asche als Sinnbild der Vergänglichkeit und der Busse für die Sündenschuld betrachtet wurde. Zum Zeichen der innern Einkehr blieben bis Ostern die Kruzifixe mit violettem Stoff verhüllt, den Altären wurde das schmückende Beiwerk entzogen, und die Orgeln schwiegen bis zum Tag der Auferstehung.

Zechen und Prassen

Im ausgehenden Mittelalter scheint neben der Befolgung der religiösen Vorschriften auch die «Entheiligung» des Aschermittwochs buchstäblich an der Tagesordnung gewesen zu sein. Deshalb sah sich die Obrigkeit immer wieder gezwungen, gegen «die unkristenlichsten Wisen und Geberden an Eschermittwuchen» einzugreifen. Und so liess er die Bevölkerung 1442 wissen, es verstosse gegen die christliche Ordnung, die Mitbürger mit Gewalt aus ihren Häusern zu zerren, sie mit Russ zu beschmieren und in Brunnen zu werfen oder sie zum Zechen und Prassen zu verführen. Jedermann solle unbekümmert bei seinem freien Willen bleiben und tun und lassen, was ihm beliebe. Die Androhung von Strafe galt namentlich den Zunftbrüdern, die es vorzogen, «uff iren Zünften zu dem Win zu gan» und ihr Innenleben der desinfizierenden Kraft geistiger Getränke anzuvertrauen, statt ihre Häupter mit Asche bestreuen zu lassen. Während die Müller sich jeweils eine Mahlzeit mit «einem Riemen Fleisch, einem Wecken und Erbsen» leisteten, liessen es die Safranzünftigen zunächst beim Auftischen von Fastenspeisen bewenden, wie etwa einem «durchgeschlagenen Mues, einem gut Essen Stockfische und je vieren, fünfen Stück grünen Fischen». Später begnügten sie sich am «eschenden Mittwuchen» nicht mehr mit einem frugalen Imbiss, sondern wandten sich solennem Gedecke zu. Als sich 1544 siebzig Zunftbrüder zu Safran gar zu einem Mittagessen und einem Abendessen an die Tafel setzten und sich dabei an Mues, grünem Kraut, Heringen, Obst, Käse, Meertraubensuppe, Fischen, Wecken und Ringen gütlich taten, überschritten sie das Mass des Zulässigen derart, dass die Obrigkeit einschreiten musste; und dies um so mehr, als der Tag auch andern Orts «soüppig, ja beinahe gottlos gefeiert worden ist, dass 70jährige Leute sagten, sie hätten das noch nie erlebt». Zwei Jahre später ist denn auch durch «min Herren beider Räth erkannt» worden: «Die weil aus Gottes Wort die viertzig tägige Fasten abgestellt, dass man ouch fürohin kein Fassnacht noch Eschermittwuchen mehr haben, noch auf Zünften nit mehr, wie vornachen geschehen, solle kochen lohn, noch zehren.» Dabei blieb es für einige Jahrzehnte, denn erst ab 1614 gehört zu Safran das Aschermittwochmähli oder «Vassnachtmol» wieder zu den regelmässigen Festivitäten im Jahreslauf.

Tag der Herrenzünfte

Mit der weitern Entwicklung des Aschermittwochs befasste sich der mit dem Brauchtum der sogenannten Herrenzünfte bestens vertraute Robert B. Christ, alias Fridolin, erstmals 1953. Wir haben dessen Ausführungen nur wenig beizufügen:

S' Safre-Sunft-Cantante uf Aeschermittwuche 1885.

I.
(Wird g'sunge während me an d'Wänd' ane stoht und uf's „Zuesitze“ paßt.)

Frait euch des Cebens
So lang's e Safrezunftschmaus git,
Effet und trinket, s'isch alles gratis hit!
So Mänge het s'Johr us und i,
Kai Brotis und kai Ehrewi, —
Kai Caks und nie kai Ragout g'ha,
Isch doch e brave Ma!

Frait euch des Cebens
So lang's e Safrezunftschmaus git,
Effet und trinket, s'isch alles gratis hit!
Wenn scho die Zite ibere sind
Wo's ebbe no fir Wib und Kind,
E' B'haltis gä het uf d'r Weg —
Es frait is ainewäg!

Frait euch des Cebens
So lang's e Safrezunftschmaus git,
Effet und trinket, s'isch alles gratis hit!
Wer s'Sur und s'Sieß nit guet verdaut,
Und wer sim Mage nit recht traut,
Bignieg sich halt mit Wi und Brod,
Daß d'Zit em umme goht! —

Frait euch des Cebens 2c. . . . . .
Wer Alles nur sim Nochber gunnt
Und ebbe nit ganz g'nueg bekunnt
Dä meld sich nur bim Zunftwirth a,
Er isch e guete Ma. —

«Wer um die Mittagsstunde des Aschermittwochs die Freiestrasse hinabgeht, bei der Post links in die Rüdengasse schwenkt und sodann den Marktplatz durch die untere Gerbergasse gewinnt, wird bei einiger Aufmerksamkeit drei Zunftfahnen entdeckt und bewundert haben: diejenige der Zunft zu Hausgenossen an der Freienstrasse 34, die Fahne an der Schlüsselzunft und zuletzt an der ‹Saffre› die Zunftfahne der Herren zu Safran. Denn an diesem Tag nimmt man seit alten Zeiten Abschied von der guten, reichlichen Küche. War dieses Mahl am Aschermittwoch einst eine Angelegenheit im engeren Rahmen der Zunftvorgesetzten, so ist es im zweiten Jahrzehnt des 16. Jahrhunderts den offiziell zu begehenden Zunftmahlzeiten zugeordnet worden. Mit Unterbrüchen ist es zum mindesten bei den drei obgenannten Zünften dann auch so geblieben bis auf den heutigen Tag. Die an den drei Zunfthäusern ausgesteckten Fahnen zeigen somit am genannten Tage an, dass dort getafelt wird.

Niemand zwingt die Zunftbrüder dieser drei Herrenzünfte, am Aschermittwochmähli teilzunehmen. Wer es jedoch einrichten kann, findet sich stets gerne ein. Das Mähli wächst sich immer zu einem Tag heiterer Geselligkeit aus unter Männern, die manch einer nur an diesem einen Tag des Jahres wiedersieht. Um ein Uhr Mittags mag das scharfe Baslerohr den Klang von Trommeln bis auf die Gasse hinaus vernehmen. Sie sind das Signal, dass Meister und Vorgesetzte ihren Einzug in den Zunftsaal halten, Platz nehmen und damit das Zeichen zum Beginn des Mahles geben.

Die Zahl der in den genannten drei Zünften Zünftigen richtet sich heute in erster Linie nach dem Fassungsvermögen der ihnen zur Verfügung stehenden Zunftsäle. Die Zahl der durchschnittlich zum Aschermittwochmähli Erscheinenden bestimmt die ungefähr einzuhaltende Zahl der Zunftbrüder, die eine Zunft zählen kann. So viele Mitglieder durchschnittlich pro Jahr ‹in die grosse Zunft abberufen werden›, so viele Junge wird man jährlich etwa neu aufnehmen, wobei heute längst nicht mehr das ausgeübte ‹Handwerk› in allererster Linie, sondern wohl eher die Familienzugehörigkeit ganz allgemein für die Würdigerachtung zur Aufnahme entscheidend sein dürfte. Immerhin

herrscht Freude im Vorstand, wenn wieder ein Handwerkszugehöriger sich neu anmeldet, sei es ein Gewürzhändler bei der Safranzunft, sei es ein Goldschmied bei der Zunft zu Hausgenossen, welche natürlich auch keinen Bankier verschmähen wird, ist doch die Hausgenossenzunft ursprünglich die Vereinigung der Wechsler, die zum Haushalt des Bischofs und Stadtherrn gehörten und darum ‹Hausgenossen› hiessen. Die drei Zünfte zu Safran, zum Schlüssel und zu Hausgenossen besitzen noch ihre eigenen Zunfthäuser und Liegenschaften von unterschiedlichem Wert. Nach den Ertragsmöglichkeiten richtet sich gegenwärtig auch die Gepflogenheit der Abgeltung der ‹Irte›; diese ist die gesamte, durch die Zahl der Teilnehmer dividierte Zeche. Wo die eine Zunft freiwillige Unkostenbeiträge in beliebiger Höhe entgegennimmt und dabei keine schlechten Erfahrungen macht, zieht eine andere einen Fünfliber pro Kopf ein, und die dritte gastiert ihre Zunftbrüder gar völlig umsonst.

A uch auf unseren Zunftstuben sind die Tage der uns heute unheimlich dünkenden Speisefolgen längst vorüber; ‹gezecht› im übeln Sinne wird eigentlich auch nicht mehr, ja es tauchen sogar schon gelegentlich einzelne Mineralwasserflaschen scheu zwischen den Weinkaraffen auf. Denn kühler, leichter, weisser Schweizerwein vom Fass, möglichst ein wirklich reeller Tropfen, begleitet das ganze Mittags- und Abendmähli. Geschirr und Bestecke, auch wo sie noch zunfteigen sind, geben sich einfach, solid und anspruchslos. Die Trinkgefässe sind gewöhnliche Gläser. Wo die Zunft noch über schöne, silberne, silbervergoldete, oder gar goldene Becher verfügt, die sich jedermann in der Schatzkammer des Historischen Museums das Jahr hindurch anschauen kann, da stehen sie am Aschermittwoch in erster Linie als Schmuck und Zier auf den Vorgesetztentischen zur Schau und umgeben die prunkvoll geschmiedete, reichgezierte Meisterkrone (ebenfalls in der Barfüsserkirche bewahrt), die nicht der Meister auf dem Haupt trägt, sondern die seinen Platz bei Tisch noch besonders kennzeichnet. Weitere Gebrauchsgegenstände aus edlem Metall marschieren nach Möglichkeit im Verlauf des Mahles wür-

devoll auf, seien es Salzgeschirrlein, Kaffeekannen, Aschenbecher, oder die schöne Meisterkette zu Safran.

D ie Mahlzeiten sind auch heute noch reichlich, währschaft und von ausgesuchter Qualität; sie beschränken sich jedoch meist auf eine Suppe, eine Vorspeise – oftmals Fisch – ein Hauptfleischgericht und einen guten Nachtisch, Kaffee und das nötige Gleesli krönen die Mahlzeit. Der Abendimbiss ist einfacher und leichter Natur. Die Zunfthäuser werden meistens noch vor Mitternacht geschlossen. Rücken wir den Zeiger jedoch kuriositätshalber um 60 Jährchen nur zurück und lesen wir einmal ächzend das Menü eines Aschermittwochmittagessens, wie es in einer der Zünfte am 2. März 1892 aufgetragen und bestimmt auch mit Behagen verzehrt wurde. Das sieht schon ganz anders aus:

Hühnersuppe
Ochsenlummel mit Gemüslein
Gebackener Lachs mit Tartarentunke
Sauerkraut mit Speck, Erbsenbrei mit
    Würstchen
Gans auf Capuzinerart
Rehbraten mit Rahmtunke und Salat
Plumpudding
Nachtisch
Schwarzer Kaffee und Kirschwasser

Auch wenn wir uns denken, dass eine solche Mahlzeit von 13 bis 18 Uhr gedauert haben dürfte, fühlt man doch nach dem Lesen schon beinahe das Bedürfnis, den obersten Hosenknopf vorsichtshalber und heimlich zu öffnen. Bei den heutigen Mähli hält der Zunftmeister im allgemeinen eine auf ein Minimum reduzierte, ganz kurze Begrüssungsansprache, um dann im Verlauf des Essens das Wort zur eigentlichen Meisterrede zu ergreifen. Diese gibt ihm Gelegenheit zu einem umfassenden Jahresrückblick, zu allerlei Kritik und Bemerkungen oder zu Äusserungen einiger aufbauender Gedanken. Nach ihm spricht der Seckelmeister, der hochwichtige Betreuer der Zunftfinanzen, zur Jahresrechnung, gibt das Ergebnis der Finanzgebarung und die Summe der – zu diesem Zeitpunkt meist längst in Einzelheiten veröffentlichten – wohltätigen Vergabungen der Zunft bekannt, und die Rechnung wird genehmigt.

Während die sogenannten Herrenzünfte (Safran, Schlüssel, Hausgenossen, aber mit Ausnahme der Weinleuten) ihre Zunftessen traditionsgemäss am Aschermittwoch abhalten, finden diejenigen der zwölf «Handwerkerzünfte» an unterschiedlichen Tagen, zumeist im Spätherbst, statt.

Später nimmt ein zuvor bestimmter Vorgesetzter, wo nicht der Meister selber, die öffentliche Aufnahme der neuen Zunftbrüder vor, die dem Herrn Meister einige Tage vorher bereits ihr Handgelübte abgelegt und ihr Eintrittsgeld erlegt hatten und darum schon in der Tafelrunde vergnügt mithalten. Gut sichtbar stellen sich die Neuen in einer Reihe auf und lassen die möglichst witzige Vorstellung ihrer Personen dem Zunftvolk gegenüber geduldig über sich ergehen. Sie selbst sprechen danach – meist jeder einzelne – kurz zu Meister, Vorgesetzten und ihren neuen Zunftbrüdern und suchen mehr oder weniger erfolgreich, ihr würdevolles Treueversprechen mit etwas Geist, Humor und Witz zu verbrämen, bevor sie ihre Nasen in einen der schönsten Becher stecken und diesen bis zur Nagelprobe tapfer leeren. Wie die Häftlimacher passen dabei die Tafelnden auf, ob der jeweilige Neue die vorgeschriebene Anrede zu Beginn seiner kurzen Ansprache auch bis ins Letzte genau zu sprechen wisse. Gelingt's ihm, so hat er die Zuhörer sogleich für sich gewonnen. Wo nicht, so bleibt's ihm übrig, sich unter brausender Heiterkeit im Saal, an den genauen Wortlaut heranzupirschen.

So neigt sich der Nachmittag dem frühen Abend zu. Irgendeinmal zwischen 17 und 18 Uhr tritt die geschätzte Pause zum Verluften ein. Die einen benützen sie vielleicht, um in Bureau einige merkwürdige Unterschriften abzugeben, andere, um ein kühlendes Bier oder zwei zu stemmen. Einige junge Zunftbrüder schmieden vielleicht in dieser knappen Pause noch einen oder zwei allerletzte, aktuelle Schnitzelbankverse im Blick auf den Abend, und viele andere tragen ihre von Fröhlichkeit geröteten Köpfe zur Pfalz hinauf, wo etwa ein frischeres Lüftchen weht.

Noch wesentlich vor 19 Uhr jedoch strebt man wieder dem Zunfthaus zu und sammelt sich zu den traditionellen *Besuchen*. Hiezu entnehmen wir der von August Burckhardt verfassten ‹Geschichte der Zunft zu Hausgenossen› (1950) was folgt: ‹Diese Besuche waren zu Beginn dieses Jahrhunderts sehr zeitraubend und behinderten die Mahlzeiten

Im Bild: Ein reichhaltiger «Spyszedel» E. E. Zunft zu Gartnern, Ende letztes Jahrhundert.

Die Herrenzunft zu Hausgenossen auf dem Weg zu einem Gegenbesuch. Ihr Wappenhalter, der Bär, führt seit 1964 einen einstudierten Tanz vor.

und das Zusammensein auf den Zunftstuben. Es besuchte nämlich jede der drei Herrenzünfte beide anderen und empfing von jeder der bei den Schwestern den Gegenbesuch; dabei wurden jeweils lange Reden gehalten. In den drei Zunftvorständen war man deshalb entschlossen, die Sache einfacher zu gestalten. Dies geschah im Winter 1902 auf 1903 durch einen Briefwechsel, bei dem jede der drei Zünfte sich einen Teilverdienst zuschreiben kann, unsere aber das grösste, indem der Vorgesetzte zu Hausgenossen, Buchhändler Georg-Neukirch, die Lösung – die freilich dann noch eine Verbesserung erfuhr – aushecken, wonach jede Zunft nurmehr einen Besuch macht und nurmehr einen empfängt, also: I besucht II, II besucht III und III besucht I, und so fort im jährlich wechselnden Turnus. Der Meister konstatierte erfreut, dass Herr Georg das Ei des Kolumbus gefunden habe. Vor anderen Vereinfachungsvorschlägen hatte dieser den Vorzug, dass er eine seit Jahrhunderten bestehende Institution, dass sich am Aschermittwoch die drei Zünfte sehen, nicht antaste. Am Aschermittwoch 1903 ist der neue Turnus erstmals angewendet worden; er ist bis heute aufrecht erhalten geblieben›.

Tatsächlich erfreuen sich alljährlich viele Zuschauer nach Arbeitsschluss in der Innerstadt an den farbenfrohen Umzügen mit kostümiertem Spiel, Tambouren und Pfeifern mit den Fahnen und schärpenumschlungenen, jungen Becherträgern und mit dem respektheischenden riesigen Hauszeichen, dem *Bären* der Zunft zu Haus-

Beim fröhlichen Zunftschmaus der Vorgesetzten zu Schneidern, 1554.

genossen, die im Haus ‹zum grauen Bären› an der Freienstrasse sitzen. Ist dann das Zunfthaus der zu Besuchenden erreicht, so beginnen die besuchenden Tambouren unter der Haustür das ‹Stägemärschli› zu schlagen, bis alle Besucher oben angelangt sind. Dann wechseln die Tambouren ihre schmetternden Grüsse, dass die Gläser auf den Tischen schier tanzen, und der vorbestimmte Redner der besuchenden Zunft spricht nun eine knappe, kurze Begrüssung, auf welche ein Redner der Besuchten möglichst kurz antwortet. Ehrentrünke werden ausgetauscht – der Besuch bringt ja selber gefüllte Becher mit! – und dann wird rasch wieder Abschied genommen.

Ist die althergebrachte, 1903 rationalisierte Tournée vorbei, so setzen sich die Teilnehmer an den drei Aschermittwochmähli in ihren Zunfthäusern wieder zu einem einfachen Abendimbiss zu Tische, den meist eine willkommene Zwiebelsuppe einleitet. Kaltes Spaseyli taucht nun auf manchen Tischen fast traditionell auf. Und die angeregte Tischunterhaltung, die sich nicht selten um die Besuchsreden dreht, wird durch zünftige Tafelmusik – Trommeln und Pfeifen des eigenen Spiels –, oder auch einmal durch ein kräftiges Lied des Zunftchors unterbrochen. Gelegentlich erscheint dann

Die Basler Zünfte feiern mit einem Festakt auf dem Münsterplatz das 100-Jahr-Jubiläum der Bürgergemeinde. 1976.

auch – aus eigenen Reihen besonders geschätzt – ein saftiger, gewürzter Schnitzelbank. Und diese Bänke wiederholen unter Umständen die vorherige offizielle Besuchertournée inoffiziell im Verlauf des späten Abends noch einmal, um den Genuss auch den Schwesterzünften nicht vorzuenthalten.

So ungefähr spielt sich das Aschermittwochmähli heutzutage (1953), nach rund 450 Jahren Gewohnheit, ab. Es hat einfache, prunkvollere, schwelgerischere und wieder ganz einfache (in den Kriegsjahren mit fleischlosem Mittwoch), und es hat gelegentlich gar keine Aschermittwochsmähli gegeben. Der Brauch jedoch ‹auf die eschende Mittwuchen› im Zunfthaus ein gemeinsames Mahl zu halten, ist sehr lebendig geblieben.»

Mädchenschwärzen

Aber nicht nur die Herren der Schöpfung gönnten sich im Alten Basel ein «Aschermittwochvergnügen», sondern auch der männliche Nachwuchs, in dem «die Knaben mit angebrannten Korkzapfen oder Kohlen den Mädchen Schnurrbärte machten, wogegen sich die Mädchen mit Stecknadeln wehrten». Der offenbar in der zweiten Hälfte des letzten Jahrhunderts «praktizierte Spass» erregte in der Öffentlichkeit indessen nur Ärger, so dass die «Unsitte» eine vorübergehende Erscheinung darstellte. Pfarrer Johann Jakob Uebelin (1793–1873) wertete die «üble Sitte der Schulbuben» als «einen Spott der Protestanten, die mit dieser schnippischen Nachäffung an den Brauch der katholischen Priester erinnern wollten, welche die Häupter ihrer Gläubigen mit Asche bestreuen». Die 1885 im Schweizerischen Volksfreund eingerückte «Rüge» mag das Verschwinden des Schwärzens beschleunigt haben: «Es wird hier am Aschermittwoch ein arger Unfug getrieben, der nicht nur schon lange eine Rüge, sondern auch gänzliche Beseitigung verdient hätte. Es ist dies nämlich das Vergnügen loser Schulbuben, harmlos dahergehende Mädchen oder auch Knaben unversehens an Gesicht und Händen mit schwarzer Farbe, Russ, zu beschmieren; selbst Kindsmädchen

Aeschermittwochklage

Seit viel Wochen und so viel Tagen
Hört man alle Mädchen klagen:
«Weh'! Aeschermittwoch kommt heran
Und Schnäuze kriegen wir Armen dann.
Kohlschwarze, hässliche in's Gesicht,
Und alles Wehren schützt uns nicht
Vor der abscheulichen Bubenschaar.
Wir müssen fürchten ja, fürwahr,
Geschwind nur über die Strasse zu gehn,
wo überall Anschwärzer stehn!»

Diess hört der Rektor, der Mädchen Schmerz
Und Angst geht ihm gar sehr an's Herz,
Dass er die Buben schwer bedroht
Durch allgemeines Machtgebot:
«Bei Leibe», spricht er,
«und nehmt's zu Herzen,
Ihr dürft nicht mehr die Mädchen schwärzen!»

Der Aeschermittwoch kommt sofort,
Die Buben denken an das Wort,
Verzichten traurig auf alte Rechte
Und nirgend mehr sieht man Gefechte
Mit Russ hier, dort mit Nadelstich,
Womit die Mädchen gewehret sich.

Basler Nachrichten, 1860

an ihren Wägelchen werden nicht geschont. Dass dabei, namentlich bei Abwehr, die Kleider mitbeschmutzt werden, ist selbstverständlich, auf das in Folge dessen den schuldlosen Kindern oft Schläge und Schimpfworte zu Theil werden. Einsender kann aus Erfahrung ein Beispiel konstatiren, wo eines seiner Mädchen von einem ungezogenen Buben mit seiner schwarzen ätzenden Substanz derart an Gesicht und Kleidern beschmiert wurde, dass die letzteren nicht ohne Schaden und das Gesicht erst nach einigen Tagen vollständig gereinigt werden konnte. Wenn das Beschmutzen von Häusern strenge verboten ist, warum soll dies am Aschermittwoch als Privilegium an Kindern geschehen dürfen? Der Zweck dieser Zeilen ist erreicht, wenn am nächsten Mittwoch von Erwachsenen, Eltern und Lehrern gegen diesen Unfug kräftig eingeschritten wird.»

Küfertanz

Der populärste unter den zahlreichen Handwerkerumzügen war von 1526 bis 1807 zweifellos das Schauspiel der Küferknechte als Reifspringer und Reifschwinger in roten Hosen und weissen Hemden und Strümpfen: der Küfertanz. Er gehörte nach Paul Koelner allerdings nicht zu den periodischen Festlichkeiten, unterblieb der «zierliche» Auftritt der Küfergesellen doch oft für zwanzig und mehr Jahre. Hauptsächlich nach guten Weinjahren aber durfte sich die Bürgerschaft während jeweils mehrerer Tage an deren Tanzfreudigkeit ergötzen. Auch die Obrigkeit brachte dem «unschuldigen Volksvergnügen» ihr Wohlwollen entgegen. Besonders dann, wenn sie dabei ihre Zufriedenheit über das gute Betragen der Bürger unterstreichen konnte, wie anno 1783: «Sollen den Küfergesellen in Betrachtung ihrer guten Aufführung und Bereitwilligkeit in Feuers Noth (zu helfen) vier neue Duplonen gereicht werden.» Auch das Kämmerlein «zum Rheinsprung» stiftete zwei Neutaler.

Die «dankbaren Gefühle», mit denen der Rat den Küfertanz begleitete, mögen indessen noch durch einen andern Aspekt begründet gewesen sein: Denn in jenem Jahr, als der fröhliche Tanz am 1. September «unter der Leitung von Herrn Bottmeister Johann Linder, Rudolf Müller und Hieronymus Hofmeister durch die wackeren Burschen Eucharius Kündig von Basel und Johannes Reich von Durlach als Reifschwinger gehalten wurde, sprach der Taufmeister Jeremias Lotz, wohnhaft in 56 St. Johann, von Magister Weiss gedichtete Reime». Und diese zielten ganz auf die Verherrlichung der Regierung ab. Das langatmige Epos schloss mit den Worten:

Wir schwören Dir's, geliebte Stadt,
so Freud als Leid mit Dir zu teilen.
Der Herr bewahre Dich in Gnaden,
vor Wassersnoth und Feuersgfahr.
Der Weinstock, unserer Nahrung Quelle,
blüh' und gerath' auch Jahr für Jahr.

Ich schliesse: Basel sey beglückt bei Herrschern, die Dir Gott gegeben.
Es lebe mein weiser Magistrat hoch,
Basels Väter sollen leben!

Die Küfertänze wurden in der Regel am Aschermittwoch abgehalten. Blumengeschmückt, in buntem Festgewand, zogen die Knechte unter Musikklängen vor die Häuser ihrer Meister, vor das Rathaus und die Höfe vornehmer Standespersonen und führten ihre komplizierte Tanzkunst vor. Mit einem Festschmaus und fröhlichen Gesellschaftstänzen, wozu die Bürgerstöchter auf die Spinnwetternzunft geladen wurden, fand der anmutige Aufzug gewöhnlich einen gediegenen Abschluss.

Von Zürchern bewundert

Der Basler Küfertanz war auch ausserhalb der Stadt so bekannt, dass ihm 1754 die Zürcher «Monatlichen Nachrichten» eine detaillierte Schilderung widmeten: «Weil der letzte Herbst so wohl ausgefallen und der Wein so vortrefflich gut geworden ist, dass man zu Basel beinahe allen Wein von den nächsten markgräflichen Dörfern aufgekauft hat, so haben die in Basel sich aufhaltenden Küferknechte ihre Freude hierüber auf eine feierliche Weise an den Tag legen wollen. Sie hielten nämlich, ihrem Gebrauch nach, am verwichenen Aschermittwoch ihren Umzug, den sie mit einem Reiftanz zierten. Voraus gingen fünf Musikanten, nämlich zwei Geiger, ein Klarinettist, ein Fagott- und ein Hoboebläser. Danach kamen zwei Büchsenknechte mit grossen, silbernen Küferschlegeln. Diesen folgte der Reifenschwinger, der nichts über sich hatte als ein schön weisses Hemd, scharlachrote Hosen mit gelben Knöpfen, weisse Strümpfe, samt-

lederne Schuhe und ein rosenfarbenes Käpplein mit kreuzweise daraufgehefteten Kränzchen auf dem gekräuselten und gepuderten Haar. In der rechten Hand trug er einen kleinen Reif, darin er drei Gläser, das mittlere Gesundheitsglas mit rotem, die andern zwei mit weissem Wein angefüllt, gestellt hatte. Hierauf kamen dreizehn andere Gesellen, alle ihrem Vorgänger gleich gekleidet und gezieret, welche grosse, schwanke, offene Reifen, in die Höhe gerichtet, trugen, so dass ein jeder in einer Hand das andere Ende von seines Vorgängers, und in der andern Hand das eine seines eigenen Reifen hatte und immer behielt. Sie stunden vor vornehmen Leute- und Meisters-Häusern still und hielten ihren Tanz, der besser und lustiger zu sehen als zu beschreiben ist. Bald machten sie einen Kreis, schwangen ihre Reifen in gleicher Zeit gegen den Boden und sprangen darüber. Bald kehrten sie sich wieder, richteten die Reifen in die Höhe und tanzten darunter durch, als ob sie Fahnen schwängen. Dann stellten sie sich reihenweise einander gegenüber und trennten sich wieder voneinander. Bald wieder schlossen sie einen engen Kreis, indem sie mit ihren Reifen eine hohle Halbkugel bildeten und damit ihren Reifenschwinger, der sich darein gestellt hatte, dreimal auflüpften. Hierauf wickelten sie sich nach dem Takte der Musik wieder auseinander, hoben ihre Reifen in die Höhe und legten sie so übereinander, dass sie eine erhabene Halbkugel bildeten. Endlich tanzten die Gesellen schlangenweise durcheinander durch, bis sie einen weiten Kreis bildeten. In dessen Mitte stellte sich der Reifenschwinger auf, schwang seinen Reifen mit den Gläsern rechts und links um den Kopf, um den Leib und unter den Beinen durch. Dies tat er mit solch einer Fertigkeit, dass ihm selten ein Glas abfiel. Alsdann trank er aus dem mittleren Glase auf die Gesundheit des Herrn, dem zu Ehren sie tanzten. Inzwischen äffte der Harlekin, der den Tanzplatz von der schaulustigen Menge freihalten musste, unter allerlei Possen die Bewegungen der Tänzer nach. Dem Zuge folgte ein Wagen mit drei neuen Fässern. Auf den beiden kleinen sassen ordentlich gekleidete Küferknechte, die lustig drauflos hämmerten. Auf dem mittleren, grossen Fass thronte ein Bacchus, der den geschenkten Wein versuchte und durch den Trichter oben in das Fass schüttete. Dieser Umzug währte alle Tage, die ganze Woche hindurch, so dass die Küfer erst am Montag darauf in die kleine Stadt ziehen und am Dienstag auf ihrer Zunft Tanz und Mahlzeiten halten konnten. Obwohl sie schon vor den Häusern beinahe fünfhundert Gulden mögen bekommen haben, kann ihnen, der verschiedenen Unkosten wegen, wenig davon übrig geblieben sein.»

Samuel von Brunn, vielseitig interessierter Pedell der Universität, hat dem Küfertanz bereits 1688 einen Platz in einem seiner umfangreichen Chronikbände

«Verherrlichung der Stadtväter von Basel aus Anlass des Küfertanzes 1783.»

eingeräumt: «Alss auss obrigkeitlicher Bewilligung die Küeffer Knecht umb gezogen, wurden sonderbahre Bossen gesehen, in deme 16 dieser Küeffer-Knechte durch die Reyff sprangen und seltzame Fasnachtspossen verübten, unter welchen einer in einem schmahlen Reyff 3 Gläser, ein hoches sampt 2 niederen voll Wein umb und über seinen Kopff, auch unter den Füessen etliche Mahl ohne Verschüttung eines eintzigen Tropfens mit Jedermanns Verwunderung schwingen konnte. 3 Spil-Leuth giengen vorher durch die gantze Statt, haben solches 2 Tag nacheinander getrieben, den 3. Tag haben sie sich gar in Baurenmeitlin Kleyder angezogen und in der Statt umgetantzt». Am Aschermittwoch 1714 zogen zwölf von drei Spielleuten angeführte Küferknechte in der Stadt um, wobei «der Prinzipal drei Gläser voll Wein auf seinem Reif stehen hatte».

Zehn Jahre später machten «die Küferknechte wiederum einen tollen Reyfftantz auf den Gassen und zogen drey Tage in der Stadt herum im Luderleben: Ein mancher da versoff den Lohn vom halben Jahr, so er mit übel Zeit bisher zusammen glegt. Mit Recht man sagen kann, er sey ein Narr, dass er mehr verthan, als sein Beuthel erstreckt!»

Kunstvolle Reigen

Von einem aussergewöhnlich «kunstvollen» Küfertanz wusste 1762 Standesweibel Johann Heinrich Bieler zu berichten: «Als vor einem und vor zwey Jahren zwey grosse Herbst und guter Wein gewachsen, so hatten sich 25 Küeferknechte widerum resolvirt, einen Reiftanz zu halten, welches auch 5 Tag hintereinander bey schneereichem kalten Wetter ceremonialisch geschechen. Diesmalen hatte der Reifschwinger, welcher bey Frau Reynin an der Spahlen schon 8 Jahr gearbeitet, auffem Rahthaus und noch an etlichen Orthen in der Statt ein Kunststuck abgelegdt, welches noch nie geschechen. Als nämlich die Küeferknechte mit ihren Reifen in der Höche kreutzweis übereinander einen gewölbten

Himmel formirten, steigdte er geschwind aufs Kreutz und schwingdte seinen Reif mit grösster Verwunderung. Als sie am Fasnachts Montag abends 5 Uhr vor Frau Wittib Mechlerin ihre Valete Tantz machten, wurde der vornen auffem Fass sitzende Küefer vom Meister Rudolf Fäsch, dem Kupferschmied, aus seinem Haus gegen das Trübeleck hinüber aus einer Pistolen mit nassem Papier am lincken Arm bosfertigerweis geschossen und blessiert, so dass er hernach die Wundschau, der Barbierer und 5 Pfund Straf hat zahlen müssen. Diese Küefer hatten summa 766 Pfund bekommen. Endlich den 2. und 3. Mertz, nachdem solche sich noch mit einem Tantz und einer Mahlzeit von 84 Persohnen zu Spinnwettern divertirten, nahm dieser Fasnacht Actus ein noch zimlich im Frieden glückliches Ende. Mithin hat noch ein jeder Küefer nebst seinen gehabten grossen Kösten, seinen Chrantz, Schue, Strümpf, Handschu und Schnallen, ohne die scharlachenen Hosen, noch 6 Pfund Gelt heraus bekommen.»

Der Küfer und die Fässer.

Als Gott die süße Traube schuf
Im grünen Laub der Reben,
Da rief er, wohlbedacht, zugleich
Den Küfer auch in's Leben,
Daß er dem kostbar geist'gen Naß
Erbau' ein kunstgerechtes Faß.

Der Schöpfer aber sah wohl ein,
Was er hier leisten solle,
Daß nun kein Adams-Rippenbein
Der Bau des Küfers wolle;
Denn von dem Adam nahm er nur
Den Reiz der menschlichen Natur.

Das Auge nahm er von dem Luchs,
Das Blut von einer Bremse;
Den Schedel nahm er von dem Fuchs,
Die Sehnen von der Gemse,
Vom Löwen Knochen und auch Mark:
So ward der Küfer flink und stark.

Philipp Hindermann, 1854.

Drei Jahre darnach schlossen sich dem Aufzug der Küferknechte nicht weniger als 45 Gesellen an. «Sie hatten einen neuen Schild machen lassen, aus diesem Anlass hatten sie, wie sonsten seit 12 und mehr Jahren üblich, einen Umzug gehalten, an jetzo widrum mit ihrem neuen Schild einen ceremonialischen Umzug, doch nur für 2 Tag mit einem Reifschwinger sambt auf einem Wagen an zwey Fassen, alwo einer darauf und 4 auf beiden Seiten die Küeferstreiche geschlagen, gehalten. Diesmalen sind 6 kleine Küefermeisters Knaben, davon 2 den kleinen Schild getragen und einer davon einen Reifschwinger, welcher Meisters Ehrlacher im ‹Winkeli› gewesen, mit und zu allen Küefermeistern gezogen und hat seinen Reif so kunstlich trotz dem grossen geschwungen. Da sie morgens 10 Uhr auf das Rahthaus gekommen und denen Herren der Rähten ihre Aufwartung gemacht, hatten Unsere Gnädige Herren ihnen 6 neue Thaler verehrt.»

Der letzte Tanz

Der mit dem sogenannten Schäfflertanz in München verwandte Brauch der Küfer hat möglicherweise durch den 1517 aus der Isarstadt zugewanderten Küfer Lienhart Blank in Basel Eingang gefunden. 1526 weist nämlich des Rechnungsbuch der Zunft zu Spinnwettern eine Ausgabe von zwei Schilling vier Pfennig vor für «die Buben, die mit dem Reif umgiengen».

Obwohl 1792 «viele Küfermeister wünschten, dass der Küfertanz ein Ende nehme», hielt die Regierung am alten Brauch fest und veranlasste, dass den Küferknechten «fünf Louis'dor zugestellt werden». Der Untergang des Ancien Régime bewirkte aber dann wenige Jahre später doch eine tiefe Zäsur, und der Küfertanz wurde kaum mehr dargeboten.

Während in der 1840 erschienenen «kurzen Darstellung der Stadt Basel» das Jahr 1806 als Zeitpunkt der letzten Vorführung genannt wird, erzählt Karl Rudolf Hagenbach (1801–1874) in seiner Autobiographie aus seinen frühesten Kind-

heitserinnerungen: «Der Küfertanz fand alle 7 Jahre statt. Sämmtliche Küfer waren phantastisch gekleidet und geschmückt, mit einem Wagen umhergezogen, auf dem ein grosses Fass war, an das sie im Takt mit ihren Hämmern schlugen. Oben auf dem Fasse sass ein dickwanstiger Kerl, der den Bacchus vorstellte, mit einer entsetzlichen Masse, und mit ging ein Hanswurst.

Vor den Häusern der Küffermeister und Honoratioren ward Halt gemacht und ein Tanz aufgeführt, wobei die Reife, schön bebändert und mit allerlei Flitter geziert, ineinandergeschlungen wurden, was dem Auge sehr hübsche häufig abwechselnde Gruppen vorführte. Dann trat noch ein Bursche vor, der den Reif zu schwingen verstand. Auf dem innern Rand standen 2 bis 3 Gläser, mit Wein gefüllt, und die Kunst bestand darin, den Reif so schnell herum zu bringen, dass weder ein Glas herunterfiel noch ein Tropfen daraus verschüttet wurde.»

Andere Quellen bezeichnen den 18. September 1807 als Datum der letzten Aufführung. «Dabei rezitierte Leonhard Schuler in seiner Rolle als ‹Bacchus› die 1783 von Magister Weiss verfasste mehr gut gemeinte als eben schöne Poesie. Dann änderten sich die Zeiten, und die Küfer fühlten keine Neigung mehr in sich, Reifen vor dem Rathaus schwingen und den ‹Herrscher des Volkes› ihren Dank entgegen zu stammeln. Sie organisierten sich vielmehr und gründeten einen Fachverein, der keines Magister Weiss' mehr als Reimeschmied bedurfte.»

Endgültig verschwunden aber war der Küfertanz trotzdem noch nicht ganz: Anlässlich des Eidgenössischen Turnfestes 1912 erinnerte sich der TV Gundeldingen des einst «so erfrischenden Volksbrauchs» und brachte ihn mit grosser tänzerischer Fertigkeit und «wunderschöner Aufmachung» in der überfüllten Festhütte auf der Schützenmatte mit riesigem Erfolg zur Wiederaufführung.

Der Küfertanz auf dem Marktplatz. Lichtdruck nach einem Aquarell von Hieronymus Hess. 1848.

Fasnacht

Auch wenn sich – trotz des berühmten Liedes «von der Fassnacht zuo Basel» aus dem Jahre 1521 von Hans Bircher mit seinen 46 Strophen – bis ausgangs des letzten Jahrhunderts die Basler Fasnacht auf den ersten Blick noch wenig vom allgemeinen fasnächtlichen Brauchtum in rheinischen Landen unterschied, so waren für den Kenner doch längst wesentliche Nuancen erkennbar: die Vielzahl und die Meisterschaft der Trommler, die Morgenstreiche mit den riesenhaften kunstvoll bemalten Transparenten (Laternen), das sarkastisch gefärbte gesprochene und geschriebene Wort, die temperamentvollen farbenprächtigen Maskenbälle der Erwachsenen und der Kinder. Sonst aber regierte Prinz Karneval, sekundiert von Narren und Närrinnen mit Schellenkappe und Pritsche, das dämonische Treiben, zogen Festzüge mit folkloristischem Einschlag durch die Strassen und Gassen und brachte zackige Marschmusik die Fensterscheiben zum Klirren und die Herzen ins Schwingen. Mit dem Ersten Weltkrieg löste sich die letzte «grenzüberschreitende» Verbindung: Die Basler Fasnacht nabelte sich endgültig von auswärtigen Einflüssen ab und ging ihren eigenen Weg!

Früheste Zeugnisse

Das erste greifbare Zeugnis der Basler Fasnacht erscheint im Jahre 1376. Es bezeichnet als sogenannte «Böse Fasnacht» ein folgenschweres Ereignis, das sich während der Fasnachtszeit (26. Februar) auf dem Münsterplatz zugetragen hatte: Herzog Leopold III. von Österreich vergnügte sich am Tag vor Aschermittwoch in Begleitung zahlreicher weltlicher und geistlicher Herren an der übermütigen Kurzweil, welche die einheimische Bevölkerung mit Bankettieren und Tanzen in den

---

---

vornehmen Adelshöfen Grossbasels zu arrangieren verstand. Als dann feuchtfröhliche Edelleute ihre Pferde bestiegen, um sich in einem zu jener Zeit während der Fasnachtszeit üblichen Ritterturniere zu messen, jagten plötzlich tollkühne Reiter, die sich wegen des anzüglichen Benehmens der Gäste gegenüber ihren Frauen und Töchtern verletzt fühlten, in die Runde vor dem Dom und schleuderten Speere in die ahnungslose Menge.

Die anschliessend vom aufgebrachten Volk ausgelöste Revolte führte zu einem fürchterlichen Tumult, der mit dem Tod von vier Adeligen ein schreckliches Ende nahm. Die durch den Potentaten über die Stadt verhängte Reichsacht hätte mit Sicherheit zur absoluten Abhängigkeit von Habsburg geführt, wäre nicht zehn Jahre später Herzog Leopold bei der Schlacht von Sempach ums Leben gekommen.

So aussergewöhnlich Basel auf die ersten Spuren seiner Fasnacht hinweist, so eigentümlich ist auch das *Datum* ihrer jeweiligen Gegenwart: während der dem Sonntag nach Invocavit, an welchem die Gläubigen den Schutz des Allmächtigen bei Not und Gefahr herbeiflehten, folgenden Tage. Der im Jahre 1091 durch das Konzil von Benevent neu formulierte Termin der Fastenzeit ist indessen noch im 16. Jahrhundert nicht von allen katholischen Ortskirchen, zu denen auch die Basler Gemeinde zählte, befolgt worden. Dies erklärt, dass noch anno 1546 die Obrigkeit alle fasnächtlichen Lustbarkeiten nach dem ersten Fastensonntag (auch alte Fasnacht, Bauernfasnacht, Armenfasnacht oder Küchleinfasnacht genannt) untersagte, wie es schon vor der Reformation von 1529 gebräuchlich gewesen war. Und so teilt Basel seit Jahrhunderten den späten Fasnachtstermin beispielsweise mit dem katholischen Sundgau, aber auch mit Murten, La Chaux-de-Fonds und mit Locarno. Der auch als «Hirsmontag» bezeichnete Montag nach Aschermittwoch war unter diesem Namen auch bei uns bekannt: «Am Hirsmontag 1713 oder Güdelsmontag, wie ihn die Glarner nennen, zogen die Steinlemer Knaben mit einer neuen Fahne und einem neuen Greif um, den Herr Hagenbach hatte machen lassen und der Gesellschaft daselbst spendiert hatte, weil dieses Quartier sonst den Greif von den Kleinbaslern entlehnen musste.»

Wenn die Urbedeutung des Wortes «*Fasnacht*» (seit den zwanziger Jahren dieses Jahrhunderts in Basel ohne –t– geschrieben) als «Nacht der Ausschweifung» vor Fastenbeginn ausgelegt wird, dann ist der erste urkundliche Beleg, der in direktem Zusammenhang mit der Basler Fasnacht steht, ein Eintrag im sogenannten Rufbuch, in welchem die obrigkeitlichen Erlasse aufgezeichnet sind, aus dem Jahre 1418 eine Bestätigung dafür. Denn die Behörden stellten mit Besorgnis fest, dass «eine nüwe Gewohnheit hie ufferstanden ist, dass man im Atvent (!) anfahet, in Bökenwise (verkleidet) ze gonde und erber Lüte zu überfallende in iren Hüsern», und dass an der erlaubten «Vassnacht» die «Fröud so gar schalklich und wüstlich» getrieben werde, dass «wirdige Herren und Frowen uff ir Stu-

Der alte Fasnächtler

Herr Lux, Fasnächtler von altem Korn,
Hat sein Herz an die Lälliclique verlor'n.
Den Stock geschultert, wie ein Gewehr,
Stapft er hinter dem Zug einher.

Ihn dünkt der rhythmische Trommelklang
Erhab'ner als himmlischer Sphärengesang.
So schwelgt er den ganzen Nachmittag
In Wirbel und Schleppstrich und Doppelschlag.

Stadtauf, stadtab, in Schritt und Tritt
Trampt unser Herr Lux begeistert mit.
Sein ganzes Denken nur ein Begehr:
Ach wenn's doch nur alle Tag Fasnacht wär!

Emil Beurmann, 1925

's lyt ebbis in der Luft

's dunkt mi, 's lyt ebbis in der Luft,
schier gar wie Mäss und Waffleduft.
Und us der Kuchi kunnt e Riechli:
Weiss Gott, sie bache Fasnachtskiechli.

So wär's-denn wider emol so wyt
und si isch do, die scheeni Zyt,
wo mängge kuum erwarte ka,
me sieht em's an der Nase-n-a.

Duss uff der Gass, der lieb lang Dag,
goht's uff und ab am Gartehag:
Drei Binkis drimmele bis in d'Nacht,
dass 's aim schier duubedänzig macht. (...)

Emil Beurmann, 1951

Fasnachtshühner

Bis ins letzte Jahrzehnt des letzten Jahrhunderts hatten die Lehenleute der Basler Grundherren als feudale Steuer auch sogenannte Fasnachtshühner zu leisten. So stand schon anno 1333 der Meier (Verwalter) des Dinghofs in Pratteln in der Pflicht, jährlich ein Fasnachtshuhn zu zinsen. Die Naturalgabe konnte auch in Geld entrichtet werden, wie die Einnahmebücher der Stadt beispielsweise im Jahre 1401 ausweisen: «Vogt von Homburg 4 Pfund minus 4 Schilling von den Vasenachthüneren». Von der Ablieferung befreit waren die Armen, Untervögte, Geschworenen, Hirten, Bannwarte, Schulmeister, Sigriste, Harschiere (Polizisten) und Wirte sowie die Hebammen. Nur den Kopf des Huhnes vorzulegen hatten die Kindbetterinnen! Obwohl 1790 die Leibeigenschaft aufgehoben worden war, wurde das Fasnachtshuhn von den Grundeigentümern weiterhin erhoben, was die Landleute als Symptom der Unfreiheit betrachteten. Und dieses löste am 17. Februar 1795 in Sissach einen eigentlichen Fasnachtshuhnsturm aus, der aber durch besonnene Beamte gezügelt werden konnte.

---

ben keine Ruwe vor üch haben mögent, davon gross Kumber und Gebrest uferstan möchten». So war die Fasnacht im Alten Basel, dem «lustigsten Bistum weit und breit», seit alters Ausdruck wilder Ausgelassenheit und frivoler Spässe, Prassens und Zechens. «Mit grüwelichem Gschrey» zog das enthemmte und entfesselte Volk durch die Gassen und Strassen und veranstaltete ein von ohrenbetäubendem Lärm erfülltes «Fasnachtsgeplärr». Dabei liessen es die Fasnächtler nicht bei mehr oder weniger harmlosen «Spey und Spott Worten» an die Adresse ihrer Mitbürger bewenden, sondern sie entfachten oft durch «seltsame Einfälle» und groben Unfug, die nicht immer den Beifall der Bevölkerung fanden, Unruhe und Entrüstung. Denn mit ihrem «groben und wilden Geschreye, Karren und Vesser umbwerfent» oder friedliche Mitbürger aus ihren Häusern zerrend und in Brunntröge stossend, «erschreckend sie erbar Lüt solicher massen, dass sie nit schloffen mögent»! Dass dabei im Übermass genossener Alkohol die Sinne der Fasnächtler betäubte, liegt auf der Hand. Und so krakeelten denn auch die Säufer und Prasser im «Weltspiegel» von Pfarrer Boltz: «In Tüfels Namen fahren wir, bim Win da machen wir gut Gschirr. Mir suffen ganze Becher us, dass unser keiner kumpt leer ins Hus. Heien Hoschenho!» Unzweifelhaft spielte sich auch der Bilder-

sturm am späten Nachmittag der jungen Fasnacht von 1529 (am Tag vor Aschermittwoch) unter dem Einfluss reichlichen Weingenusses ab. Die rund 300 Bürger, die sich berufen fühlten, die Reformation in Basel auch an kultischen Gegenständen zu vollziehen, wüteten barbarisch im Innern des Münsters und «zerschlachen alles, was do was, wart alles zerschlagen zu kleinen Stukken»! Ob «die Banden bewaffneter Halbstarker der fasnächtlichen Revolte maskiert waren, wissen wir nicht, dürfen es aber annehmen» (Peter Weidkuhn). Jedenfalls war der «Bildersturm» kein «Vollzug» der Reformation, sondern ein Protest der Unzufriedenen gegen die Entscheidungsschwäche des Rats.

Schmausen und Prassen

Für den wohl grössten Teil der Bevölkerung, und vorab für die gehobenen Stände, bestand die Fasnacht zu einem guten Stück aus Schmausen und Prassen, denn während der Fasten musste vor der Reformation unter scharfer Aufsicht der Obrigkeit das Abstinenzgebot gehalten werden. Nur die Aussätzigen durften sich während der Fastenzeit einen reichhaltige-

ren Speisezettel gönnen: Reismues mit Mandelmilch oder einen Pfeffer aus Feigen und Meertrübeln, welche aus den Erträgnissen der frommen Stiftung Junkers Conrad zem Haupt gereicht wurden. Durch päpstliches Dekret ermächtigte 1463 Pius II. den Bischof und die Einwohner der Stadt Basel, im Bistum anstelle des Öles in der Fastenzeit Butter zur Bereitung der Speisen zu gestatten, da kein Olivenöl vorhanden sei und vor anderen Ölen der Natur es vielen Menschen ekelte. Wie dem Ausgabenbuch des Klosters Klingental zu entnehmen ist, hat «die Vassnacht» 1469 die lebensfrohen Kleinbasler Nonnen 38 Schilling gekostet. Nach der Reformation aber «frass der Mehrteil zu Basel Fleysch und Eyer die ganze Fast»!

Die üppigen Zechereien auf den Stuben der Zünfte und Gesellschaften, zu denen man auch «die Weiber geladen, getantzet und guter Dinge gewesen», arteten oftmals bedenklich aus. Der Tod des Theodor Holz-

Über die Fastenwähen

Wer denkt heute daran, wenn er sich anschickt, in eine so herrlich nach Angge duftende gold-gelbgebackene, mit Kümmel bestreute Fastenwähe, das aus Weissmehl und Butter geformte und an ein Sonnenrad erinnernde Gebildebrot, zu beissen, dass es nicht immer möglich war, vergnügt diesem Glust zu frönen. Drehen wir das Rad der Zeit bis ins Jahr 1770 zurück: Basel wird, wie die umliegenden Städte Deutschlands und Frankreichs, von einer emp-findlichen Teuerung heimgesucht. Missernten haben die Lebensmittelpreise unverhältnismäs-sig hoch steigen lassen. Die Behörden, von den Reichen und Wohlhabenden hilfsbereit unter-stützt, lindern die grösste Not. Sie lassen in Basel und Liestal an die Minderbemittelten schmackhaftes Brot, das Pfund zu 9 Rappen, abgeben; die Ärmsten und Arbeitslosen erhalten es umsonst. Den Fremden wird der Einkauf von täglicher Nahrung im Kantonsgebiet untersagt, und die Ausfuhr von Getreide und Fleisch muss eingestellt werden. In obrigkeitlichen Erlassen wird die Bevölkerung aufgefordert, unmässiges Trinken und Zechen in Wirtshäusern bei Strafe zu unterlassen und stattdessen die öffentlichen Gottesdienste besser zu besuchen, damit des Allmächtigen Zorn Stadt und Land nicht noch stärker treffe.

In diesen sorgenvollen Zeiten lässt Bürger-meister Johannes de Bary dem Landvogt von Riehen, Johann Ulrich Schnell, durch den Ratsknecht ein Schreiben überbringen, in wel-chem er diesem anzeigt, dass trotz publizierten Verbotes bei einigen Brotbecken in Riehen

Fastenwähen gebacken würden. Es sei deshalb genaue Kundschaft einzuholen und unverzüg-lich darüber zu berichten. Schon einen Tag spä-ter lässt der Landvogt dem Bürgermeister die gewünschte Auskunft zugehen: Er habe in Erfahrung bringen können, dass Simon Wenck und Johannes Fischer an vier Sonntagen, wie in Basel, Fastenwähen gebacken hätten, jedesmal für ungefähr einen halben neuen Taler. Da die beiden das Zunftrecht besässen, hätten sie geglaubt, auch sie dürften an Sonntagen etwas weniges backen.

Die Erklärung verfing bei den Ratsherren nicht. Und so hatte der Landvogt die Fehlbaren nach der geltenden Ordnung zu bestrafen. Die also mit je 50 Schilling Gebüssten baten indessen um Gnad' und Verzeihung: sie wären der Meinung gewesen, dass nur das Backen von Ankenweggen und Kuchen auf das Neu-jahr untersagt sei. Überdies hätten sie ihre Fastenwähen nur aus «Mäl so auf Einzug ge-malen» hergestellt und nur wenig Butter dar-unter gemengt, so dass diese nicht viel besser als «ordinari Brot» gewesen wären; man hätte eben den Kindern eine Freude bereiten wollen. Die Begleichung der Busse sei ihnen um so schmerzhafter, weil ihre «Profession» ohne dies schlecht und liederlich sei. Die mei-sten ihrer Kunden wären arme Leute, die nur «ins Buch gehen», während sie das Korn immer bar bezahlen müssten. So ist schliesslich den «beyden Supplicanten diese ihnen dictirte Strafe aus Gnade nachgelassen» worden, womit die ehrbaren Riehemer Bäckermeister zusätzlicher finanzieller Sorgen enthoben waren.

---

die man jährlich auf den Abend der jungen Fasnacht mit den Zunftbrüdern zu essen pflegte, weiter einzunehmen, weil es in die-ser Zeit als überflüssig erscheine. 1588 er-laubte der Rat den Genuss von Fasnachts-küchlein nur den Insassen des Spitals. In an-derer Form war die «Fasnachtsverpflegung» bis 1798 üblich: «Von der Verwaltung des Kirchen- und Schulguts wurde den Kindern Brezeln und Wein (!) gereicht.»

Verkleiden und Schwärzen

Äusseres Merkmal des fasnächtlichen Treibens auf den Strassen war, wenn auch in wesentlich anderer Art und Weise als heute, das Verkleiden. Das Ver-gnügen des Vermummens ist vornehmlich von der Jungmannschaft beansprucht wor-den, welche die Gelegenheit, unter dem Schutz der Anonymität derbe Witze und Possen zu reissen, kaum auslassen wollte. Als älteste «Larffenspiler» sind Böcken (Larven), Teufel, Göler (Narren), Meier (Bauern), Hechelgaugelen (hexenartige Weiber), Kö-nige und Mohren genannt. 1433 liess die Obrigkeit die Bevölkerung wissen, dass «alte verlassene Wisen billich vermitten werden sollen, dass niemand in Böcken Wise noch in Göler Wise oder in Tüfels Hüten louffen, noch sich verendere in kein Wise noch Wege mit Kleideren. Wer in solicher Wise funden wirt, denselben man solch Narrenspil abezer-ren soll. Und muss ouch derselbe und alle, die mit ihm gand und darzue dienent, ein Monat vor den Crützen leisten» (wird vor die Stadt verbannt).

Wenn wir den Darlegungen von Paul Koelner aus dem Jahre 1913 folgen, kamen als eigentliche Kostüme, abgesehen von der verwechselten Ge-schlechtstracht, bis ins 17. Jahrhundert haupt-sächlich in Betracht: der aus der italienischen Posse stammende Harlekin, welcher sich als Hanswurst im deutschen Fasnachtsspiel Bürgerrecht erwarb, sowie der Teufel und der Bauer. Allerdings haben wir für das Vor-kommen des Harlekins als Strassenmaske in Basel aus der alten Zeit keine Belege finden

---

ach im Februar 1546, der «an einem Trink-gelage teilgenommen und sich mit kor-sischem Wein vollgesaufen hatte», steht als Folge übermässigen Prassens allerdings als Einzelfall da.

Zum fasnächtlichen Essen gehörten auch die *Fasnachtshühner* und *Fasten-wähen*. Traditioneller Bestandteil der kulinarischen Fasnachtsfreuden ist indessen seit alters das *Fasnachtsküchlein*. Der Anreiz, sich das laubblattdünne, scheibenförmige Naschwerk zu Gemüte zu führen, lag ur-sprünglich allerdings nicht nur im Verspei-

sen des Gebäcks, sondern auch in der Be-schaffung. Diese vollzog sich durch das so-genannte *Küchleinholen* und «darumben sin-gens», von dem 1546 auch Felix Platter zu berichten wusste. Man liess es dabei meist nicht beim Heischen des Küchleins bewen-den, sondern wurde nach gewährtem Einlass in die Häuser aggressiv und begehrte in aus-gelassenem Übermut Zärtlichkeiten und an-dere Intimitäten; vorzugsweise natürlich dort, wo «Töchteren und Eewyber gsin, deren Mann nit anheymisch» (zu Hause gewesen sind)! 1538 verzichtete aus eigenem Ent-schluss die Zunft zum Schlüssel die Küchlein,

Die ältesten Darstellungen der Basler Fasnacht:

∧ Zwei vornehm gekleidete Fackelträger führen ein Fasnachtszüglein an, das weiter aus zwei als Morgenländer vermummten Musikanten, Bischof, Landsknecht, König und Hofnarr besteht. Getuschte Federzeichnung von Niklaus von Riedt. 1589.

> Angeführt von einem Diener, der den Weg mit einer brennenden Fackel weist, begeben sich drei verkleidete Bürger der Oberschicht zu einem nächtlichen Maskentreiben. Aquarell aus dem Stammbüchlein des Jacob Götz. Um 1590.

können; er wird erst gegen das ausgehende 18. Jahrhundert verschiedene Male erwähnt. Dagegen sind Jahrhunderte zurück nachweisbar Bilder des Teufels und des Bauers. Wandten sich die Behörden 1432 gegen diejenigen, welche in «Tüfels Hüten» umherlaufen, so richtete sich 1526 ein obrigkeitlicher Ruf gegen den «Umbgang in Meyers oder derglichen Wyse», also in Bauernkleidung. Wir haben uns diese Typen wahrscheinlich als zusammengehörendes Paar zu denken, das durch allerlei Spässe und Gebärden meist obszöner Art und Weise das Publikum belästigte und belustigte. Vielleicht gerade deswegen hielt das Volk durch Jahrhunderte hindurch zäh an dieser Art Vermummung fest.

Eine besondere Art der Verkleidung bildeteten die sogenannten Hechelgaugelen, hexenartige Frauengestalten, auf welche laut Regierungsbefehl von 1727 die Wachtknechte ihr ganzes Augenmerk zu richten hätten. Wo solche gesichtet würden, seien sie von der Strasse wegzuführen und in die Türme zu sperren. Aber auch sonst war dem Rat in nachreformatorischer Zeit das Verkleiden ein Dorn im Auge, und er erinnerte immer wieder mit Nachdruck an die sittsame Befolgung der Kleidervorschriften. Wenn noch zu Ende des 18. Jahrhunderts Bürgerfrauen, welche in seidenen Mantillen (Schulterumhang) zur Kirche gingen, Mägde, die sich sonntags mit silber- oder goldbortierten Hauben schmückten, und Bürger, welche sich versilbertes Pferdegeschirr anschafften, zur Verantwortung gezogen und bestraft wurden, so ist das Einschreiten der Stadtväter wegen des Verkleidens an der Fasnacht zu begreifen. Erst das auch in solchen Fragen erlösende Wort von Freiheit durch die Französische Revolution ermöglichte, dass Altfranke, Dummpeter und Bajasse das Basler Fasnachtstreiben zu dominieren begannen.

Mit einfachsten Mitteln wurde nicht nur das Verkleiden vorgenommen, sondern auch das Entfremden des Gesichts. Dies geschah zunächst mittels Russ, Kohle oder Asche, indem man sich durch Schwärzen des Antlitzes unkenntlich machte. Obwohl im Jahre 1442 die Obrigkeit verlauten liess, es gehe nicht an, andere zu «brämen», das heisst, mit Russ zu beschmieren, wandelte am «Wuscheltag» (Schmutziger Donnerstag) 1476 Herzog Sigismund frohgemut «mit den Fro-

wen beremet durch die Statt». Erst die neueste Zeit, berichtete 1896 Eduard Hoffmann-Krayer, habe der Tradition des Schwärzens ein Ende gemacht, «wissen wir uns doch alle noch an unsere Schulzeit zu erinnern, wo wir am Aschermittwoch mit peinlicher Sorgfalt auf den Trottoirsteinen das schwarze ‹Päppli› bereiteten, das auf die rosigen Wangen unserer Kameradinnen appliziert werden sollte». Künstlerlarven, seien sie aus Holz oder Metall, wurden im Mittelalter nur ausnahmsweise getragen. Erst im ausgehenden 18. Jahrhundert kamen nach und nach die Stofflarven, später die Wachslarven und dann die aus Papiermaché gefertigten Gesichtsmasken auf.

Waffeninspektionen

Die Fasnacht, wie wir Basler sie heute kennen und lieben, trägt offensichtlich die Grundzüge mittelalterlicher Waffeninspektionen, die auch beim Luzerner Fritschiumzug nachgewiesen werden können und die bis vor wenigen Jahrzehnten im Fasnachtsumzug der Hellebardiere des Waisenhauses erhalten geblieben sind. Alljährlich hatten sich, «zu dem suberlichisten und besten mit Wehr und Harnesch angethan», die im Grossbasel wohnhaften zünftigen Bürger auf ihren Zunftstuben, die Nichtzünftigen und Niedergelassenen auf den Stuben der Vorstadtgesellschaften und die Kleinbasler auf dem Richthaus (wo jetzt das Café Spitz steht) zur militärischen Musterung einzufinden. Dort hatte ein jeder unter den gestrengen Augen der Musterherren Waffe und Rüstung zu präsentieren und unter Eid als persönliches Eigentum zu bezeugen. Auch musste das Versprechen abgegeben werden, Mängel an Kriegszeug umgehend zu beheben und dieses niemals zu verkaufen oder zu versetzen, sondern «uff der Statt Eer und Nottdurfft zbhalten». Nach beendeter Musterung zog jede Zunft und Gesellschaft mit Banner und Zeichen in der Stadt um. Solche Waffeninspektionen fanden vermutlich bereits in vorreformatorischer Zeit zum heute noch gültigen Fasnachtstermin, also nach den Zunftschmäusen des Aschermittwochs, statt. Durch die Gleichzeitigkeit der Ereignisse kam es, wie

Der «Carneval de Basle 1784» vereinigt die Embleme der Basler Zünfte und Gesellschaften. Radierung von Daniel Burckhardt-Wildt.

«Fastnacht-Umzug der Basler Patrizier-Gesellschaft»: Die Kleinbasler Ehrenzeichen vergnügen sich an der Fasnacht 1857 mit dem Grossbasler Krayenjoggi auf dem Fisch-markt.»

Der Krayenjoggi der Spalemer bespricht sich mit den Drei Eidgenossen der Steinlemer:

«Zum Angedencken der Fasnacht
Ao. 1802:

Ich bin ein junger Kray,
schlief heut erst aus dem Ey.

Wären wir Schweizer wie vorhin,
so wär ich grösser als ich bin.

Die Freyheit trieb mir auf den Kopf
und macht mich zue eim armen Tropf.»

Gouache von Jakob Schwarz.

vielfach bezeugt wird, zu einem Überlappen militärischer und fasnächtlicher Tradition, denn unter die Umzüge der Zünfte und Gesellschaften, die bewaffnet mit Gewehren, Harnisch und Hellebarden, mit ihren Fahnen und Wappenzeichen durch die Stadt zogen, mischten sich immer wieder Maskierte, die ihre Fasnacht feierten. 1515 stellte die Obrigkeit denn auch mit grösstem Missfallen fest, dass «ettlich mit Pannern und dergleichen Zeichen in vergangner Zytt in der Statt umbzogen und allerley grober Hendlen und verwüsten der Kleider gebrucht», und sie gebot eindringlich, dass man sich weder in fasnächtlicher Weise mit verbutztem Antlitz noch mit Waffen, Trommeln und Fackeln sehen lasse.

Noch deutlicher kommt der Auftritt der *Zünfte und Gesellschaften* an Fasnachten durch die Schilderung des Fridolin Ryff aus dem Jahre 1540 zum Ausdruck: «Uff Mentag noch der alten Fasznacht geschach eine gemeine Mustrung hie zu Basel durch myn Herren in der ganzen Burgerschafft, also dasz uff allen Zunfften und Gsel-

schafften alle Burger undt Hintersessen sich musten erzeigen in irem Gwehr und Harnist, und ouch bim Eydt behalten, dasz sollich Gwehr und Harn ist sin Wer und keinerley entlent het; ward ouch jedem botten, sollich sin Gwehr und Harn ist weder zu versetzen noch zu ferkouffen, sunder zu sinnem Lip behalten. Esz erzeigten sich ouch uff disen Tag noch der Mustrung jede Zunnft mit irem Fenly und hübscher Kleydung wohl gerüst, zog jede Zunfft in der Stat mit irem Zeichen um. Esz ward ouch dise Fasznacht mit frölicher Geselschafft und mengerley Kurtzwil vertriben und geendet in acht Tagen.» 1592 ermahnte die Obrigkeit die Kleinbasler, mehr Bescheidenheit in ihrem Umzug zu gebrauchen. Und noch im selben Jahr folgte die Erkanntnis: «Es sind die Meister und Mitmeister aller Gesellschaften ehnet Ryns fürgestellt und des unzüchtigen (mutwilligen) Wäsens, (das sie) mit ihrem Umbzug getrieben, gerechtfertigt worden. Sollen hinfür den Meistern die Vendlin (Banner) überschicken ohne Umbzug.»

In Anbetracht der Bedeutung der U*mzüge der Quartiere*, die wohl die Anfänge unserer organisierten Fasnacht darstellen – auch wenn sie nicht ein fasnächtliches Gepräge aufwiesen, sondern vielmehr eine Art Jugendfest mit militärischem Charakter waren – und in einzelnen quartierbezogenen Cliquennamen noch nachklingen, soll unsere Aufmerksamkeit auch gewissen denkwürdigen Ereignissen gewidmet sein. So «gönnten am 17. Hornung 1540 etliche Zünfte ihren Frauen einen ehrlichen Tanz unter guten, frohen Dingen. Den folgenden Tag wurden bei 600 Knaben durch Trommelschlag zusammengeschart. Sie zogen mit Gewehr, Harnisch und Hellebarten durch die Stadt, worauf ein jeder einen Ring oder Weien (Fastenwähen?) und zwei Äpfel erhielt und entlassen wurde.» Im selben Jahr luden Meister und Vorgesetzte zu Safran nach vollzogener Harnischschau, bei der die neue Zunftfahne mit der goldenen «Saffranblumen» mitgeführt worden war, zu einem recht weinseligen Nachtmahl ein, dem die Anwesenheit von fünf «Pfifern und Drumenschlehern» aus dem befreundeten Mülhausen ein besonders heiteres Gepräge verliehen haben mag. 1629 berichtete Pfarrer Theodor Richard zu St. Leonhard, es sei Brauch, dass neben den drei Ehrenzeichen der Kleinbasler Ehrenge-

sellschaften gelegentlich auch die Gesellschaft zur Mägd mit einer Jungfrau und diejenige zum Esel mit einem Esel umziehen, was die Bevölkerung ebenfalls mit grosser Freude und lebhafter Anteilnahme erfüllt habe. 1667 «ist das ganze Quartier in der Steinenvorstadt umgezogen, schön und zierlich. Sind solcher mehrentheils Wäber in der vordern und hintern Steinenvorstadt gewesen. 60 Mann haben Picken, Bekhel, Hauben und ein halber Harnisch bis zu den Knien getragen. So dann wurden 200 Musquetierer geachtet».

Am 25. Februar 1706 «sind die Mannen im St. Johannquartier umgezogen. Die 400 Männer starke Mannschaft hatte 8 Harnischmänner, mit roter, weisser, schwarzer und blauer Liverey geziert. Auf dem Münsterplatz gaben sie vor den Häupter-Häusern, wie auch auf andern Plätzen, Salven». Am 13. März 1726 «zogen Knaben aus dem Spalenquartier mit jungen Töchtern an der Hand in der Stadt um. Auch trugen sie blanke Degen mit sich, auf deren Spitzen sie Orangen und Zitronen gesteckt hatten. Ein solcher Umzug ist in der Stadt bisher noch nie gesehen worden.» 1783 führte die Vorstadtgesellschaft zum hohen Dolder für die Jungmannschaft des St. Albanquartiers während der Fasnacht «einen Kinder und Knaben Umzug» durch. Diesem «haben beigewohnt: 1 Hauptmann, 3 Grenadierer Hauptleut, 1 Grenadier Lieutenant, 3 Fähndriche, 3 Grenadierer Zimmerleut, 3 Grenadierer Wachtmeister, 1 Feldscherer, 1 Constabler, 20 Grenadierer, 47 verkleidete Kinder sowie 3 Eidgenossen, 6 Tambours, 7 Mann Regimentsmusicanten und 4 Stadtsoldaten. Sie haben alle andern Umzüge freundlich salutiert und sich überhaupt friedsam betragen und sind allem Händel und Streit auf das sorgfältigste ausgewichen». Fünf Jahre später hatte die *Kleinbasler* Ehrengesellschaft zum Rebhaus «den Umlauf des Löwen auf den 20sten Tag Januars schon seit einiger Zeit aberkannt. Als hingegen solcher auf Fasnacht zu den andern Ehrenzeichen des Wildmannes und Greiffen hergegeben wurde, so wollte der neue Obristmeister, Registrator Merian, den Löwen nicht herausgeben, ungeachtet, dass 7 Vorgesetzte dazu schriftlich ihre Einwilligung gegeben hatten. Damit ihr Entschluss nicht vergebens war, liessen solche die Löwen Haut abholen und gaben diese den Knaben preis. Kaum war die Löwen Haut in Sicherheit, so

Anzeigen in der Beilage zum Tagblatt, 1845.

kam der Obristmeister mit einem Harschier (Polizisten) und fand das Nest lähr. Zur Belohnung seines widersinnigen Eyfers warfen ihm die Buben nachts die Fenster ein».

Als der Zusammenbruch der alten Regierungsherrlichkeit im Jahre 1798 auch ein allgemeines Verbot der Fasnachtsbelustigungen zur Folge hatte, konnte die Jugend solches schwerlich verstehen. Besonders die Kleinbasler Buben hielten es für undenkbar, nicht in die Kostüme der Gesellschaften schlüpfen zu dürfen. Und so gelangten «ihre gehorsamsten Diener» 1801 mit einer «unterthänigen Bittschrift» an «Bürger Regierungs Stadthalter». Dem Gesuch der Knaben, «worunder keine über 14 Jahre alt», ist offensichtlich entsprochen worden, denn 1829 beschlossen die Vorgesetzten der Drei Ehrengesellschaften Kleinbasels, das «Auslaufen der Ehrenzeichen an den Fastnachten sey für immer untersagt». So blieb auch der «Baseler Zeitung» 1835 nichts anderes übrig, als zu berichten: «Es ist schade, dass am gestrigen Aschermittwoch die originelle alte Sitte, die Ehrenthiere Kleinbasels, den wilden Mann mit dem Greifen und Löwen aus der Hardtwaldung den Rhein herab kommen zu lassen, vergessen oder vernachlässigt worden ist. Alte Städte sollten auf alten Sitten in Scherz und Ernst halten, schon des alterthümlichen und nationalen Werthes wegen». Unter dem Druck der öffentlichen Meinung kamen die Vorgesetzten 1841 nochmals auf ihren Beschluss zurück. Und noch 1849 konnten die Leser der Literarischen Beilage des «Intelligenzblattes» vernehmen, dass «der stattgehabte Umzug wieder ein ächter baslerischer Fastnachtszug war. Er trug das stattliche Gepränge der alten Reichsstadt, die flatternden Fahnen, die so oft unsern Vätern zur Freude und Lust vorangeweht, die Eidgenossen in malerischen Trachten, der Wilhelm Tell mit seinem Knaben, die Wahrzeichen unserer Stadt, der stattliche Greife, der Leu, der wilde Mann, die Krähe, die zahllosen Tambouren, die mit dröhnender Musik den Zug begleiteten, gaben dem Ganzen jenen heimeligen Anstrich: Es war ein nur uns Baslern verständlicher Zug». 1906 dagegen wollten die Kleinbasler längst nichts mehr von einer Verbindung von Vogel Gryff und Fasnacht wissen, ist doch «ein Gesuch der jüngeren Klein-Basler um Belehnung unserer Steckenlaternen» schroff abgelehnt worden.

Das Umherziehen der Quartierzüge in den engen Strassen und Gassen ging nicht immer ohne mutwillig herbeigeführte *Zusammenstösse* zwischen den Kostümgruppen ab. Auch gab die Rivalität bezüglich Umfang und Pracht der Züge zu Reibereien Anlass (die sich bis in unser Jahrhundert hinein durch oft heftige Geplänkel zwischen einzelnen Cliquen, welche «sich nicht aus dem Wege gehen wollten und ihre Strassenseite beanspruchten», fortsetzten). So war anno 1757 von einem ausgesprochen brutalen zweitägigen Fasnachtshändel die Rede, als sich die Steinlemer und die Kleinbasler in die Haare gerieten, sich mit Gewehrkolben und gezogenen Säbeln traktierten, «so dass viele blutige Köpf davon getragen haben und sich in die Häuser salviren (retten) mussten».

Fasnachtsverbote

Solche Vorgänge waren gerade dazu angetan, immer wieder Fasnachtsverbote durch den Rat zu provozieren. Diese erfolgten denn auch in einem Ausmass, dass das Überleben des Brauchtums beinahe als ein Wunder erscheint. Da wurden doch oft Jahr für Jahr Verbote ausgesprochen und empfindliche Strafen angedroht. Weltliche wie kirchliche Würdenträger wetterten gegen die Sündhaftigkeit des Verkleidens und des Umherziehens und forderten Verzicht und Busse.

Wohl sind die Anordnungen zeitweilig befolgt worden, doch das «verderbliche Übel» an der Wurzel zu packen und auszumerzen, gelang nicht. Aber gerade diese Verbote und

---

Trauriges Fest

Den 6. März waren hier die sogenannten jährlichen Umzüge zum Andenken des Schweizer Bundes, wobei diesmal besonders viel Unordnung und Ausgelassenheit vorkam; sie waren seit Anfang des Krieges von der Obrigkeit verboten gewesen, dagegen die Sache denen Leuten jetzt um so mehr lieb und neu war. Uns kam sie völlig heidnisch vor.

Schon seit 14 Tagen war vom Morgen bis in die späte Nacht in der ganzen Stadt und auf allen Gassen nichts als trommlen und schiessen zu hören, Kinder von fünf und sechs Jahren gingen trüppleinweise zu zehn, zwölfen, ein jedes mit einer so grossen Trommel als es nur tragen konnte, Strass auf, Strass ab. Und grössere schossen dabei aus kleinen Büchsen und Pistolen, sodass schreckhafte Gemüther sich kaum aus dem Hause zu gehen getrauten.

Zwischen inne kamen dann die Umzüge selbst, mit unzähligen Trommeln von Grossen und Kleinen begleitet, bald der Wilhelm Doll (Tell) mit seinem kleinen Sohn in altschweizerischer Tracht, ersterer mit einem Bogen und Pfeil und letzterer mit einem Apfel auf dem Kopf, dann wieder einige alte Schweizer mit Streitkolben und Spiessen, bald von denen zwei verkleideten Thieren, der Löwe und Vogel Greif,

hernach der wilde Mann, und so ging's den ganzen Tag; heute nun, da das traurige Fest am herrlichsten war, wurde schon 4 Uhr morgens dazu mit Schiessen und Trommeln in finsterer Nacht geweckt, die ganze Stadt war in Alarm und nun kamen die Umzüge und unzählige Gaukeleien, unter anderem der Tod, von 12 geharnischten Männern festgehalten, auf einem Wagen mit 4 Ochsen bespannt, nebst noch einigen Wagen so ganz kleiner in Schweizertracht gekleideter Kinder noch zum letztenmal durch jede Strasse, und nachher waren für gross und klein angestellte Bälle bis den andern Morgen.

Den andern Tag konnten wir uns endlich mal wieder besinnen und gleichsam von unserer Betäubung erholen; es war uns, als wenn nach einer anhaltenden grössten Windsbraut, wofür man weder hören noch sehen kann, nun eine gänzliche Windstille herrscht.

Das Traurige war noch dabei, dass der Mann, so in den Vogel Greif verkleidet war, durch einen Fall sich den Daumen sehr verstauchte und weil er nichts darauf gab, kam der Brand dazu und schon den andern Tag gegen Abend war er tot. Ein ähnliches soll das letztemal mit dem Menschen, so im Löwen war, durch Erhitzung geschehen sein.

Johann Jakob Brickenstein, 1797

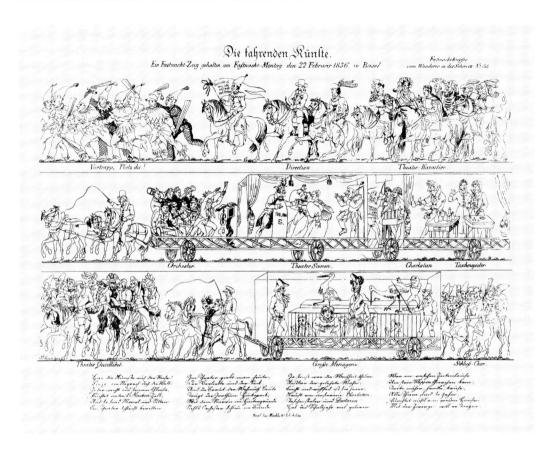

Die fahrenden Künste.

Ein Fasnacht-Zug gehalten am Fasnacht-Montag den 22 Februar 1836 in Basel

Unter dem Motto «Lasst sie Hokuspokus treiben und die Narren Narren bleiben» stand der mit dem Titel «Die fahrenden Künste» überschriebene Schauzug des Jahres 1836. Lithographie von Jakob Senn.

Bestrafungen sind es, die uns einen tiefen Einblick in das Fasnachtsleben im Alten Basel eröffnen. Ohne sie wäre unsere Darstellung keineswegs so aufschlussreich und farbig!

Wie wir bereits gesehen haben, datiert das älteste bekannte Fasnachtsverbot, durch welches der Rat sein Missfallen über das schlechte Benehmen verkleideter Personen zum Ausdruck brachte, aus dem Jahre 1419. Mit besonderer Prägnanz appellierte die Obrigkeit während des Konzils (1431–1448), als in Basel «die halbe Christenheit» versammelt war, an das Ehrgefühl der Bürger. Als der Aufruf von 1432 ohne die erhoffte Befolgung blieb, wurde vier Jahre später erneut ein Mandat erlassen, weilte doch ein hoher Gast, Kaiser Sigismund, in den Mauern der Stadt. Nach «Eschermittwochen» Fasnacht zu halten oder auf Gesellschafts- und Zunfthäusern kochen und zehren zu lassen,

ist nach Aussage von Pfarrer Gast durch den Ruf vom 1. März 1546 ausdrücklich untersagt worden. Erlaubt war es hingegen, wenn gute Herren und Gesellen ohne der Zunft Kosten in Zucht und Ehren miteinander essen wollten. Namentlich war geboten, «dass man ganz kein Fasnachtbutzen, Pfiffen noch Trumen bruchen, sonder der Dingen aller müssig stan solle».

1599 begründete der Rat erneut, weshalb er genötigt sei, die Lustbarkeiten an der Fasnacht abzustellen: Es wären «allerley schwere und unerhörte Sachen, Widerwärtigkeiten, Jomer und Ellend» vorgefallen, und das mehre sich je und je. Ein rechtschaffenes, gottesfürchtiges Leben sei deshalb ratsamer als die Fasnacht, «zu welcher dann zu anderen Jahren viel ungerümbt Sachen und Mutwillen heidnischer Art und Wies wider christliche Ordnung nit ohne sonder Verletzung göttlicher Majestät geübt worden sind».

Mit überaus schwerem Geschütz zog die Regierung 1715 auf, als sie «die Masques oder Mummereyen» als eine «höchst gefährliche Sach» darstellte, welche «durchaus bey Leyb- und Leben- Straff verbotten» sei, «dergestalten, dass wo ein solch masquierte Person, so tags oder nachts betreten würde, selbige alsofort zur Hafft gezogen und Uns, der hohen Obrigkeit, zur exemplarischen Abstrafung verzeigt werde»! Mit der Androhung der Todesstrafe nahmen es Unsere Gnädigen Herren allerdings nicht wörtlich, sonst hätten sie ein eigentliches Blutbad anrichten müssen, wurde doch auch fernerhin munter «gefasnächtlet». Dies veranlasste die «hohe Obrigkeit», denn auch weiterhin, gegen «das unanständige und aus dem Heidenthum herfliessende Verkleiden, Vermummen und Masquieren» zu wettern und anzudrohen, unablässig «die Verbrecher zur Straff» zu ziehen.

Auch der Untergang des Ancien Régime im Jahre 1798 vermochte daran nichts zu ändern. Nun standen allerdings keine moralischen Bedenken mehr im Vordergrund, die ein Verbot als tunlich erscheinen liessen, sondern politische. Denn der Regierungsstatthalter der Helvetischen Republik befürchtete, «dass leicht wieder politische Anspielungen ins Spiel kommen könnten, dadurch die Gemüther gegenseitig erbittert und Anlass gegeben würde, dass unbeliebige Auftritte entstehen könnten». Als sich während der Mediationsjahre (1803–1813) eine gewisse Lockerung der Vorschriften, die besonders den Kindern zugute kam, bemerkbar machte, erhob die Geistlichkeit wiederum den Mahnfinger. 1803 war es «Bürger Heer, Pfarrer der katholischen Gemeinde zu Basel», der dem «Bürger Statthalter» die unbequeme Frage stellte, ob der von einer mutwilligen Gesellschaft in der Stadt herum bei Tagesheitere gehaltene Umzug es nicht verdiene, geahndet zu werden. Zehn Jahre später wandte sich auch der Antistes, der Oberstpfarrer am Münster, im Namen «aller Pfarrer und Helfer der hiesigen Kirchen» in einem ausführlichen Memorandum an den «Bürgermeister und Rat zu Basel», um «Euere Weisheiten um Abstellung solcher abscheulichen Auftritte zur Fastnachtszeit anzuhalten». 1837 war «die Bedrohung der Jugend»

Gegenstand eines dringenden Appells der kirchlichen Autoritäten: «Schon der Zeitpunkt dieser Belustigungen zwischen Weihnacht und Ostern, da die meisten jungen Leute konfirmiert werden, zeigt, wie ein christlicher Staat durch Gestattung der alljährlichen Fasnachtsbelustigungen mit sich selbst in Widerspruch geräth, da die heiligen Fastenzeiten dazu bestimmt sind, die Gemüther aufwärts zu ziehen, die Fasnachtsbelustigungen aber niederreissen, was jene aufbauen sollen.» Obwohl Bürgermeister und Rat, vom kirchlichen «Trommelfeuer» zur «Raison» gebracht, sich einmal mehr beeilten, «alle Maskeraden, Vermummungen und kostümierten Bälle sowie auch alle Umzüge an der Fastnacht bis auf weitere Verfügung zu verbieten», hatte «gegenüber den Fastnachtsfreuden eine christliche Obrigkeit niemals dauernd ihre einschränkende Fürsorge durchsetzen können» (Paul Burckhardt, 1942).

Fasching – Carneval

Die Wende von der von spontanen Einfällen und überschäumender Festfreude geprägten urtümlichen Fasnacht zur organisierten, wohl geordneten Fasnacht vollzog sich im Jahre 1802, als ein von begüterten Bürgern gestalteter Umzug die Basler Bevölkerung aus dem Häuschen brachte. In seinem 1814 erschienenen Bändchen «Basel und seine Umgebungen um Einge-

Der Basler Carneval im Jahr 1812.

(Aus dem Münchner Masken-Almanach.)

Unser Karneval ist mit voller Freude begangen worden. Der Montag und Mittwoch der Fastnachtswoche waren für die Einwohner Basels sehr vergnügte Tage, die selbst der Himmel durch freundliches Wetter begünstigte. Viele schöne, geschmackvolle und kostbare Masken durchzogen am Tage die Straßen und fanden sich zahlreich bei einbrechender Nacht auf den Bällen ein. Mancher lustige Schwank wurde dabei ausgeführt und die allgemeine Freude und Theilnahme zeigte sich unter allen Ständen. Dabei muß man zum Lobe der St⸗ot nicht unbemerkt lassen, daß während des allgemeinen Taumels von Lust und Fröhlichkeit weder ausschweifender Lärm noch Unfug statt fanden.

«Korrespondenzbericht vom Basler Carneval 1812.»

borene und Freunde zu orientieren» schilderte Pfarrer Markus Lutz, welchen bedeutsamen Einfluss jenes denkwürdige Ereignis auf die weitere Entwicklung unserer Fasnacht ausübte: «Seit ungefähr zwölf Jahren erhob Basel seine Faschings-Freuden zu einem eigenen und für viele genussreichen Nationalfest. Das Carneval war sonst nur einem dreytägigen Vergnügen der Stadtjugend, die in Bauern und Schweizertrachten gekleidet in Begleitung der Ehrenzeichen der Quartiere in den Strassen umherzog, gewidmet. Jetzt fiengen Erwachsene an, die Fastnacht mit zu feyern und, versteckt unter Larven und Masken, jubelnd oder sittig, wie es eben der Karakter der Maske mit sich brachte, die Strassen bald einzeln, bald in grösserer oder kleiner Gesellschaft zu durchstreichen und vom Abend bis zur Mitternachtsstunde den Freuden-Becher bey Wein und Tanz zu leeren.»

Nachdem es der Geistlichkeit 1806 gelungen war, mit dem Hinweis «auf die sehr beträchtlichen Summen, welche an der Fastnachts-Zeit darauf gegangen sind, indem nicht nur Vermögende auf Anschaffung kostbarer Maskenkleider auf Bällen viel Geld verwenden, sondern auch solche, die wenig Übriges besitzen und trotzdem drey Tage lang ihre Berufsarbeit auf die Seite gesetzt und herrlich in Freuden gelebt haben», die Obrigkeit zum Erlass eines erneuten Fasnachtsverbots zu bewegen, erhob sich in der Stadt ein Sturm der Entrüstung. Die Regierung lenkte bald wieder ein, und so konnte «das Volk» bereits drei Jahre später wiederum einen prachtvollen «Carnevalszug» bejubeln. Und es war der deutsche Reiseschriftsteller Gottlieb Heinrich Heinse, der das einzigartige Ereignis noch im selben Jahr in der «Zeitung für die elegante Welt» eingehend beschrieb und damit für die erste journalistische Würdigung der Basler Fasnacht durch einen Ausländer zeichnete.

Nach den schmerzlichen Wunden des Bruderkriegs, welche die Kantonstrennung von 1833 in Stadt und Land geschlagen hatte, folgten die Behörden nur zaghaft dem Wunsch der Bevölkerung nach fasnächtlichem Vergnügen, liessen es dann aber bei einem Verbot des Maskierens «sowohl bey Tag als bey Nacht auf Bällen oder sonst» bewenden. Das voraussehbare Ergebnis war, dass von den «Landjägern

bey 118 Personen veranlasst werden mussten, ihre Larven abzulegen oder sie so zuzustutzen, dass die obrigkeitliche Verordnung nicht mehr übertreten werden konnte». Die «Baseler Zeitung» aber freute sich über so «viel Spiel und Tanz, Musik und Gesang und die grosse Menge von Zuschauern. Die Narrheit hat fröhlich in den Strassen ihre Mütze geschwungen». Solchem Ausdruck der Zufriedenheit konnten die Behörden keine Antwort entgegenstellen: Die Regierung respektierte die öffentliche Meinung und entsprach 1835 durch den Erlass einer neuen «Verordnung wegen der Fastnachts Belustigungen» auf «alle Zeiten» dem Volkswillen.

Mit ungewohntem Formalismus erlaubten die Behörden nun auch das Tragen von Masken: «Am Montag und Mittwoch wird gestattet, von Nachmittag 1 Uhr an in anständiger Verkleidung und Masken sich sehen zu lassen.» So vermochte, «wer in diesen Tagen unsern Kanton besuchte, wohl schwerlich in dem fröhlichen, sich der Fastnachtslust hingebenden Völkchen dasselbe wieder erkannt haben, welches noch vor kurzem unter schwerer Noth des Bürgerkrieges seufzte. In der Stadt insbesondere, wo die Belustigungen des Karnevals in den letztverflossenen Jahren von Regierungs wegen untersagt waren, behaupteten Schellenkappe und Pritsche wieder ihre alten Rechte; ja, es schien, als wolle man das während der schweren Zeit versäumte in doppelter Fröhlichkeit nachholen». Nun war der Weg frei, die seit Jahrzehnten in der nähern und weitern Umgebung bereits bekannte Basler Fasnacht weiter zu entfalten und durch eine selbstbewusste, kreative Bürgerschaft zu einem Ereignis internationaler Anerkennung und Bewunderung heranreifen zu lassen. Die Aussage von Samuel Baur-Lippe (1828–1909), des ersten eigentlichen Fasnachtsmalers, die Fasnachtsbelustigungen in München und Paris seien nicht erwähnenswert im Vergleich zum lustigen, fröhlichen Treiben auf den Strassen Basels, bestärkte die Basler, ihre Fasnacht immerfort als eigenes Kind zu hegen und zu pflegen und, statt sie fremden Einflüssen preiszugeben, mit «Esprit bâlois» zu versorgen und in den sprichwörtlichen Charme der Stadt zu kleiden.

Heroische Musik

Die beiden Tage der Fastnacht sind für die Basler ein wahres Volksfest. Jedes echte Basler Kind weiss das Kalbfell zu behandeln; jedes ist zu einem Trommelkünstler geboren. Jedoch nicht jeder trommelt, wann und wie er will; denn Basel ist eine ruhige Stadt. Ein Tag in der Fastnacht ist der richtige Trommeltag, und die vorangehenden Wochen dienen zum Einüben und zu den Konzertproben. Diese Proben werden kompagnieweise vor den Thoren unter bewährten Instruktoren abgehalten; aber die einzelnen jugendlichen Trommler verwenden in diesen Wochen alle freie Zeit auf das Privatstudium ihrer heroischen Musik. Um die Nerven der Mutter zu schonen und die Kinder in der Wiege nicht zu erschrecken, begibt sich der trommelmündige Knabe in den Keller und wirbelt hier nach Herzenslust, dass die Ratten und Mäuse jählings die Flucht ergreifen. Übrigens sind bei dem grossen Trommelfest auch manche Erwachsene thätig.

Die Lust zu trommeln verlässt den Basler nicht, wenn auch schon sein Haar ergraut. Ahnungsgrauend bricht der grosse Morgen an. Nach altem Brauch wird die Tagwacht schon um vier Uhr geschlagen, und wehe dem armen Menschenkinde, das seinen Morgentraum noch nicht ausgeträumt hat. Da heisst es nicht: «Wer Ohren hat zu hören, der höre», sondern der stopfe alle Baumwolle, deren er habhaft werden kann, hinein. Die Wände und die Bettstatt zittern wie bei einem Erdbeben. Man könnte glauben, dieses Trommelfest sei eine Erinnerung an das Grosse Erdbeben, welches 1356 einen Haupttheil von Basel vernichtete.

Eduard Osenbrüggen, 1874

Das kunterbunte Bild, das die Basler Fasnacht seit nunmehr 150 Jahren zur Schau stellt, reflektiert eine zauberhafte Komposition von verschwenderischer Farbgebung: Ein Strauss wundersamer Blüten, die ihre Ressourcen aus dem unergründlichen Quell menschlicher Produktivität schöpfen, verzweigt sich zu vielfältigsten Ausdrucksformen emotionaler Lebensfreude und Kreativität, Ernsthaftigkeit und Ironie, Ausdrucksfähigkeit und Selbstdarstellung, Musikalität und Kunst, Gestaltungskraft und Gemein-

Der Morgeſtreich.

Jetz nimm e Larve vor dy Gſicht,
mach, aß di niemer kennt.
I merk ſcho, wie der Morgeſtreich
ber in be Glieder brennt.

Im Charivari z'ſy, iſch s'beſcht.
De heſch jo mänggs, wo goht:
E Fähnli do, e Fähli dert.
Du biſch's doch, wo drin ſtoht.

Los, jetze rueßt der Morgeſtreich:
mer wän, mer miend ins Fälb.
b'Arabi, b'Schwyzer femme druf,
und b'Faßnacht kunnt uf b'Wält.

De heſch e Larve vor em Gſicht.
Dy Witz kunnt jetze bra.
Und jetz biſch du, me kennt di nit.
Däwäg fot 's Läbe-n-a.

Fritz Liebrich, 1924.

schaftssinn, ohne jeden Unterschied des Alters, des Geschlechts, des Herkommens und des sozialen Standes.

Die zahllosen Farbtupfen, die das Basler Fasnachtsgemälde aufleuchten lassen, vermögen nicht auf einen Blick erkannt und gedeutet zu werden: sie sind einzeln aus dem Ganzen herauszuheben und in der Abfolge ihrer Wahrnehmung zu bestimmen und zu vergrössern. Wenn wir uns dabei nach dem zeitlichen Ablauf ausrichten, erleben wir den Auftakt der Fasnacht in der Frühe des Montags im Herzen der Innenstadt:

Der Morgenstraich

Den ersten Hinweis über den jeweiligen Beginn der Basler Fasnacht lieferte 1797 der Vorsteher der Herrnhuter Brüdersocietät, J.J. Brickenstein: «Schon 4 Uhr morgens wurde mit Schiessen und Trommeln in finsterer Nacht geweckt, die ganze Stadt war in Alarm…» 1830 versammelte sich im Hause von Metzgermeister und Gastwirt Samuel Bell «ein ganzer Trupp junger Leute zuwider des Verbots, welche nachher den Morgenstreich geschlagen und die einten im Gesicht geschwärzt oder sich auf andere Art unkenntlich gemacht oder verlarvt gewesen sind». So ertönt seit bald zweihun-

Lärmende Pracht

Am Sonntag vor dem ersten Fastnachtstage wird ein Ausflug gemacht. Ist das Wetter schön, so leuchten am Abend zur Freude der Heimkehrenden von allen Höhen des Juras und des Schwarzwaldes die Fastnachtsfeuer. Wer an einem Zuge teilnimmt, geht wohl kaum zur Ruhe; denn schon um vier Uhr früh beginnt die Fastnacht mit dem Morgenstreich. So heisst der kurze Marsch, mit dem Schlags vier die hinter ihren Laternen schreitenden Trommler ihre Sammlungslokale verlassen. Jeder gute Basler, wenigstens der Bewohner der innern Stadt, lässt sich durch diese Takte gerne aus dem Schlaf rütteln; er eilt auf die Strasse, den Zügen nach.

Es ist wirklich ein seltsamer Anblick, wenn eine hell erleuchtete, von vier bis acht Männern auf den Schultern getragene Laterne die Freiestrasse oder die Gerbergasse herauf kommt; man läuft hinzu, ihr Wesen zu ergründen, die Malerei und die Verse zu sehen und zu – kritisieren. Dann lacht man über die abenteuerlichen Vermummungen der Trommler und Pfeifer; denn noch ruhen die sorgfältig hergestellten Kostüme unberührt zu Hause; sie sind für den Tag bestimmt; am Morgenstreich selbst macht sich einfach jeder so hässlich, wie er kann. Was da an alten Uniformstücken, Schlafröcken, Frauenkleidern u.s.w. hervorgesucht und angezogen wird, ist unbeschreiblich; es ist komisch-grässlich, denn eine fürchterlich fratzenhafte Gesichtslarve vollendet den Aufputz eines Morgenstreichtrommlers.

So durchziehen nun ein Dutzend oder mehr Züge mit ihren Laternen die älteren Stadtteile; sie machen keine langen Etappen, denn in allen Wirtshäusern gibt's Mehlsuppe, Grogg und Chokolade, und jedem Wirt muss der Zug die Ehre des Besuches anthun, d.h. er muss unter Trommelgerassel und Pfeifengetön in sein Lokal eintreten und eine Menschenwelle mit hineinfluten lassen, die um so grösser ist, je lauter und taktfester am Zuge «geruesst», d.h. getrommelt wird. Mit dem lichten Morgen verstummt der Lärm; die jungen Leute verwandeln sich aus schauerlichen Fratzen wieder in gewöhnliche Menschen, und mit schwerem Kopfe geht's an die tägliche Arbeit.

Albert Gessler, 1898

Trommelreime

Nur wer tüchtig trommeln kann, Wird ein guter Bürgersmann!   1843

Wär Lati, Griechisch, Trummle ka, dä isch bigoscht e gmachte Ma.
                         Wilhelm Abt, 1992

dert Jahren das populäre Wecksignal zum Basler «Nationalfest» in gewohnter Weise: Die Fasnachtsgesellschaften (Cliquen) nehmen in ihren Lokalen im Zentrum der Stadt (seit 1969 auch im Kleinbasel) Aufstellung, die Lichter erlöschen, und bei völliger Dunkelheit ertönt punkt 04.00 Uhr unter dem Jubel der Bevölkerung, die sich zu Zehntausenden mit ebenso vielen auswärtigen Gästen eingefunden hat und dem wohl schönsten Augenblick der Fasnacht entgegenfiebert, durch gegen 200 imponierende Tambourmajore das Kommando: «Morgestraich, vorwärts, marsch!» Die Fasnächtler, die das sogenannte Charivari, also kein einheitliches Kostüm tragen, ziehen, angeführt von Stocklaternen, trommelnd und pfeifend in loser Folge und ohne vorgezeichneten Marschplan durch die Strassen und Gassen. Die vorgetragene Musik, welche die nächtliche Stille durchbricht, wird ausschliesslich mit Trommeln und Pfeifen, den während der Fasnacht klassischen Basler Musikinstrumenten, vorgetragen.

Trommeln und Pfeifen

Musikalische Signale waren schon während der fasnächtlichen Lustbarkeiten des Mittelalters in Basel zu hören, obwohl es schwerfällt, zu glauben, dass neben den wüsten Exzessen auch noch so etwas wie eine Fasnachtsmusik hätte Platz haben sollen. Tatsächlich geschieht denn auch die erste Erwähnung von «trummen» (Trommeln) in direktem Zusammenhang mit Lärm und Geschrei (1422). Seitdem sich die Bürgerschaft aber ein kleines, mit je vier Pfeifen und Trommeln besetztes Corps vereidigter Stadtmusikanten leistete, das nach

dem Kirchgang, an Sonntagen und öffentlichen Feiertagen im Rathaus oder auf der Rheinbrücke konzertierte oder beim Empfang fremdländischer Gäste oder an patriotischen Festivitäten aufspielte, bestimmten die althergebrachten Lärminstrumente nicht mehr allein die musikalische Begleitung der Fasnachtslustbarkeiten; das Trommeln und Pfeifen begann sich allmählich durchzusetzen. Mit hartem Trommelschlag beorderten während des Jahres die Stadttambouren jeweils die wehrfähige Bürgerschaft in ernster Stunde auf den Kornmarkt; als Verkünder obrigkeitlicher Erlasse erfüllten sie das Amt städtischer Herolde. Und an Kriegszügen waren Trommler und Pfeifer ebenso unentbehrlich wie an der Fasnacht, denn die «Tromben lassent sich die Basler nit nemmen» (1622).

Gar König Max Joseph von Bayern (1756–1825) wusste um die Virtuosität der Basler Trommelkunst, bemerkte er doch nach dem Vortrag des Vergolders Johann Jakob Pfannenschmidt, der vorübergehend im Schloss Nymphenburg beschäftigt war: «Ja, er kann's. Ich hab's mir sagen lassen, es können's alle Basler. Sie können's, glaub' ich, schon im Mutterleib!» Und er hatte recht, denn schon im Jahr 1712 vermochten auf dem Petersplatz nicht weniger als 70 Tambouren in der damals noch kleinen Stadt «ihre Trommelkunst wohl zu exerzieren und in einem Circul um den General Tambour einen Streich zu schlagen». Die Anwesenheit französischer Garnisonstruppen, «Reisläuferei» im Solde Napoleons sowie der Durchmarsch der von Österreichern, Russen und Preussen gebildeten Alliierten Heere im frühen 19. Jahrhundert verliehen den offensichtlich begabten und interessierten Basler Tambouren entscheidende Impulse und bereicherten ihr musikalisches Repertoire durch fremde Märsche und Musikstücke. Es war ein Glücksfall, dass sich zur selben Zeit der Wattwiler Johannes Bühler, der als Schweizer «Tambourmaître» in der Garde der 1830 aufgelösten «Roten Schweizer» (eine Söldnertruppe in französischen Diensten) gedient hatte, sich 1815 in unserer Stadt niederliess und als Trommellehrer und Kapellmeister eine fruchtbare Tätigkeit entfaltete: er unterrichtete die hiesigen Kontingents- und Land-

wehrspielleute unter Benützung der von ihm verfassten Eidgenössischen Tambouren- und Pfeiferordonnanz von 1819 und erreichte damit eine erhebliche Qualitätssteigerung der militärischen Marschmusik, welche die Basler seit alters bei Waffeninspektionen (Musterungen), in den Zünften und Gesellschaften und bei kirchlichen Prozessionen mit Begeisterung vorzuführen pflegten.

Der Fasnacht kam die verfeinerte *Trommelkunst* zunächst noch nicht zugute, obwohl die Obrigkeit das Trommelverbot allmählich gelockert und das Trommeln bereits 14 Tage vor der Fasnacht vor den Toren der Stadt erlaubt hatte. Nachdem noch 1757 die Lustbarkeiten um 7 Uhr morgens ihren Lauf nehmen konnten, durfte 1804 mit obrigkeitlicher Genehmigung am Montag und Mittwoch um 5 Uhr früh die Trommel geschlagen werden, und vier Jahre später war in amtlichen Verlautbarungen von einem «Morgenstreich» die Rede. Der Bericht über «Basels so eigenes und genussreiches Nationalfest» des bereits genannten Gottlob Heinse äussert sich nach der Feststellung, der Tag des Festes hebe etwas lärmend an, allerdings nicht besonders schmeichelhaft über die Qualität der jugendlichen Tambouren: «Kaum graut der Morgen, so wirbeln Knaben jedes Alters, die sich schon wochenlang vor den Thoren geübt haben, einzeln oder in ganzen Chören, mit ihren Trommeln durch die Stadt, und noch hallt der Ton der einen in der Ferne, so nähern sich von entge-

Die Trommel — und welche gewaltige Trommel, und welche Schaar von gewaltigen Trommeln! — kündigte zum Theil schon beim Fackelschein das dreitägige Regiment des Baseler Fasching: es war ein Trommel-Reichthum, wie wenn das ganze Contingent europäischer Tambouren zusammengezogen würde, — eine unwiderstehliche Ouvertüre, mit einem Geräusch-Effekt, würdig von Spontini verwendet zu werden.
Dieser treue Trabant des Baseler Carnevals — ich meine die Trommel — weicht während dreier Tage nur auf wenige dunkle Stunden von seiner Bahn; dieser raffelnde Grundton zieht sich durch alle Harmonien und Disharmonien des Strassen-Faschings. Wer es aber verschmäht, auch einmal solch' ungebund'ner Virtuosität sich zu freuen, oder wer befürchtet, es werde die Trommel ihm Duldsamkeit in die Seele raffeln, der — suche der ländlichen Stille schützend Revier.

Der Wanderer in der Schweiz, 1840.

Verordnung

wegen Schiessen und Trommelschlagen.

Unsere Gnädige Herren

Ein E. und Wohlweiser Raht dieser Stadt
haben zu Verhütung allerhand Unglücks und Schreckens nachfolgendes bey empfindlicher Strafe verboten; nemlich das Schiessen und Trommelschlagen an den Sonntagen, und zwar den ganzen Sonntag hindurch;

Sodann alles Schiessen und Trommelschlagen vor anbrechendem Tag und bey Nacht durchaus sowohl in Faßnacht- als andern Zeiten; und dann

Das Raketenwerfen, Granaten- Kästenen- und Schwirmerlegen gänzlich und zu allen Zeiten.

Damit wider dieses Verbot nicht gehandlet werde, sollen die E. Quartiere, Lobl. Polizeykammer, und die E. Gesellschaften darauf Acht haben lassen, und die Fehlbaren empfindlich rechtfertigen: Nicht minder solle auch Hr. Major MIVILLE durch die Harschierer auf die Fehlbaren Achtung geben, und selbige seiner Behörde verzeigen lassen.

Wornach sich Männiglich zu richten wisse.

Sign. den 29sten Jenners 1777.

Canzley Basel.

Die Obrigkeit «regelt» einmal mehr das «Trommelwesen», 1777.

gen gesetzter Seite schon wieder andere. Die Menge dieser Kalbfelle kitzelt freilich das menschliche Trommelfell nicht allemal sehr angenehm. Denn nicht jeder solcher Dilettant hat es in der Kunstfertigkeit weit gebracht, und keiner lässt sich in seinem Marsch oder einer andern Trommelpartie stören, wenn sie auch noch so disharmonisch tönt.» Die Aussage des aufmerksamen Beobachters und Kritikers war für den Gesamteindruck «der rauschenden Fasnachtsvergnügen» jener Zeit indessen kaum von Bedeutung, weil nur die von Trachtengruppen, Zunftbrüdern, Jahrmarktfahrern, Reiterformationen, Landsturmmännern und Damengesellschaften dargestellten «über drei tausend Masken die Menschenmassen wie in deutschen Städten beim Schützenauszuge» in Bewegung zu setzen vermochten.

Die Begründung, weshalb um die Mitte des letzten Jahrhunderts das Trommeln noch immer nicht zum tragenden Bestandteil der Fasnacht gehörte, lieferte 1853 Polizeidirektor Gottlieb Bischoff: «Im Ganzen gehen nur noch die bessern Tambouren und fast niemand mit einer Holztrommel an den Morgenstreich; die andern tragen Laternen oder streichen als Zuschauer herum. In dieser Blasiertheit der bessern Trommler liegt der Grund, dass die Tambouren immer mehr an Zahl abnehmen und gewiss der Morgenstreich in 10, 12 Jahren eingehen wird, wenn es so fortgeht. Es ist die alte Wahrheit, dass das Virtuosenthum die Kunst tödtet!»

Das «vornehme Getue» der ehemals dem Korps der *Stänzler* (Standestruppen) angehörenden «aufgeblasenen Berufstrommler» brachte um die Mitte der 1860er Jahre Samuel Séverin aus Kleinhüningen zum Erliegen: Der «unübertreffliche Kalbfellvirtuose, der seine Konkurrenten jeweils auf der Ordonnanztrommel und in den Gefechtsvorstellungen auf mehreren Trommeln in den Schatten stellte», führte das Basler Trommeln zu ungeahnter Blüte, indem er sowohl als glanzvoller Solist wie als hervorragender Tambour-Maître und leidenschaftlicher Sammler und Komponist der ersten Basler Märsche (durch ihn 1865 publiziert in «Alte Schweizer Trommelmärsche») eine breite Öffentlichkeit für das Trommeln zu begeistern verstand: Séverin hatte ein Trommelsystem geschaffen, das vorerst grösstenteils aus linear angeordneten Zahlen, Punkten und kurzen, senkrechten Strichen bestand. Und als «in den siebziger und achtziger Jahren Quartiercliquen, wie die ‹Aeschlemer›, ‹Santihanslemer›, ‹Steinlemer› und ‹Kleinbasler› gestaltend in das Fasnachtsgeschehen eingrif-

Samuel Fürchtegott Séverin, während langen Jahren Basels ungekrönter Trommelkönig und unübertrefflicher Kalbfellvirtuose, 1888.

Trommelprozessionen

*Das wahrhaft Charakteristische der Basler Fastnacht aber besteht in den nachmittäglichen und nächtlichen Trommelprozessionen.
Und zwar wird hiebei das Trommeln nicht als ein begleitender Umstand, sondern als Zweck aufgefasst.*

Carl Spitteler, 1888

Trommellied vor Fastnacht

*Die Schlitten weg, die Trommeln vor,
Auf! Knaben lustig vor das Thor,
Rom bom! rom bom! hinaus.
Im Winde lasst die Sträusse wehn,
Im Winde sich die Fahnen drehn
Zum tapfern Ohrenschmaus.*

*Wir ziehn einher auf kahler Au,
Noch sind die Winde scharf und rauh,
Drum rührt die Trommel scharf.
Lasst sehn wer besser wirbeln mag,
Ob Windsgebraus, ob Trommelschlag
Sich Sieger nennen darf.*

*Hei, wie es wirbelt, dröhnt und kracht,
Jetzt ist der faule Lenz erwacht,
Er sperrt das Fenster auf:
«Seid ihr's, ihr Buben? Ja, ich komm',
Nur immer zu, rom bom! rom bom!
Ich komm', verlasst euch drauf!»* (...)

Karl Rudolf Hagenbach, 1863

Der Zug der «Stainlemer» während der 1869er Fasnacht. Kolorierte Tuschzeichnung von Carl Emil Krug.

Der Morgenstreich erstmals im Bild festgehalten. Ölgemälde von Hieronymus Hess. 1843.

«Der Morgenstreich der Basler Kinder.» Skizze von E. Huth. 1872.

Trommelkünstler

Die Kunst, das Kalbfell zu rühren, ist bei uns eine Art Sport und wird vielfach zu eigentlichem Virtuosentum ausgebildet. Die Trommelkünstler – und welcher ächte Basler hätte nicht einmal versucht, ein solcher zu werden – würden nun aber, wenn ihnen die Ausübung ihrer Liebhaberei beständig gestattet wäre, die Nerven ihrer Nächsten allzu sehr malträtieren; darum erlaubt die fürsichtige Polizei das Trommeln in den Häusern nur für vier Wochen vor der Fastnacht und an dieser selbst. In jener kurzen Zeit wird es aber von der heranwachsenden wie von der gereifteren Jugend in jedem freien Augenblicke betrieben; es finden sich die jungen Leute schon bestehender Vereine zu Trommel-Abenden zusammen, oder es werden speziell auf die Fastnacht hin neue, nachher meist wieder verschwindende Vereine gebildet, die sich sämtlich die Aufgabe stellen, an der Fastnacht einen «Zug» zu veranstalten, durch welchen irgend eine im Laufe des Jahres begangene Thorheit, ein politisches oder Tages-Ereignis oder gar eine Persönlichkeit ausgespottet, oder wie die Basler sagen, «ausgemacht» werden soll. Jedenfalls bewahren die Teilnehmer am Zuge strengste Verschwiegenheit über den darzustellenden Stoff.

Albert Gessler, 1898

Trommeln und Querpfeifen

Wodurch jeder Knabe aktiven Anteil an der Fastnacht nimmt, ist das Trommeln. Es ist vielleicht keine Stadt in der Welt, in der so viele Trommeln gefunden und auch so viele Trommler, wie hier. Jeder Knabe fast, wenigstens jedes Haus, wo Knaben sind, besitzt eine Trommel.
Mehrere Wochen schon vor Fastnachten übt man sich in den Höfen, auf den Estrichen, in den Hausfluren, oft in der Stube sogar oder bei guter Witterung geht's vor's Thor, einzeln und zugweise. Ist aber endlich der Fastnachts Montag angebrochen, dann bricht das wilde Heer der Trommler los, von 4 Uhr des Morgens an (zu meiner Zeit wars erst von 6 Uhr an erlaubt) mit dem sogenannten Morgenstreiche, der durch alle Strassen wirbelt, dröhnend unter den Schwibbögen durch und allmählig sich verlierend am Ende der Strasse, bis wieder ein neuer Zug crescendo einher wogt.
Die darein kreischenden Querpfeifen waren zu meiner Zeit noch nicht üblich, auch noch nicht die hässlichen Vermummungen; es gieng alles weit ordentlicher zu. Nachdem der Morgenstreich vorüber war, und die Knaben sich am Frühstück erwärmt hatten, pflegte man sich, meist quartierweise, auf einem öffentlichen Platze zu versammeln, dann die Fahne abzuholen und so in militärischer Ordnung und wohl organisierten Zügen (Sapeurs voraus, Officiere vor den einzelnen Gliedern) die Runde durch die Stadt zu machen.

Karl Rudolf Hagenbach, um 1850

Meisterhafte Stadttambouren

In Basel bot sich in der ersten Hälfte des vorigen Jahrhunderts noch täglich Gelegenheit, Trommelklängen zu lauschen. Allabendlich durchzog das Spiel der Stänzler, von der Blömleinkaserne aus, die Stadt, den Zapfenstreich schlagend:

> *Drei läderni Strümpf*
> *Und zwei derzue gän fünf;*
> *Und wenn i ein verlier*
> *So hani numme vier.*

Starb ein der Garnison Angehörender, so ging es bei gedämpfter Trommel Klang zum Kirchhof. Galt es die Fruchtpreise, Holzganten und dergleichen Dinge E.E. Burgerschaft anzukünden, so durchzog der Stadttambour, der obrigkeitliche Ausrufer, die Strasse, um unter Trommelwirbel mit gewichtiger Amtmiene die Verfügungen einer hohen Behörde bekannt zu geben.
In der Erinnerung der ältern Generation lebt heute noch die bekannte Figur Christoph Becks, des letzten Stadttambours des alten Basel. Auch sein Sohn, Jakob Friedrich Beck, im Volksmund derb «d'r Schnurebeck» genannt, war ein Meister der Trommelkunst.

Paul Koelner, 1923

---

fen und die Elemente der alten mit denen der neuen Fasnacht zu verschmelzen begannen, gewann das Trommeln die Bedeutung innerhalb des Umzugskarnevals, die ihm, zusammen mit dem Pfeifen, im heutigen Cortège zukommt» (Urs Ramseyer).

Nachdem sich während der «Entwicklungsphase» das Niveau zwischen «Trommelakademikern» und Basis beunruhigend veränderte, sanktionierte das Vereinigte Fasnachts-Comité des Quodlibet und des Wurzengraber-Kämmerli 1908 die Gründung einer allgemeinen *Trommelschule*, welche sowohl das technische Vermögen der «Alltagstrommler» zu verbessern hatte als auch ausreichenden Nachwuchs heranbilden musste. 1911 erlassene verbindliche «Bestim-

mungen über die Einheitlichkeit der Lehrübungen zu Handen der H.H. Instruktoren» sollten der Annäherung und Übereinstimmung der unterschiedlichen Stile und Auffassungen der einzelnen Cliquen förderlich sein. Der Erfolg der «Neuen Methode», die den Schülern während mehrerer Jahre ein ganzjähriges Üben abverlangte, liess nicht lange auf sich warten, obwohl «bestandene» Tambouren «das Verschwinden des Individuellen aus dem Ensembletrommeln» beklagten. 1928 verpflichtete das Comité die von ihm subventionierten Cliquen, den

Trommelunterricht auf der Grundlage der von Fritz Berger erarbeiteten Notation «Das Basler Trommeln» zu erteilen, lag doch nun nicht nur eine vollständige Sammlung der Basler Märsche vor, sondern auch erstmals ein systematisch aufgebauter Trommellehrgang. Obwohl das «internationalisierte Notensystem» des populären «Trommeldoktors», das ebenfalls Nichtbaslern das Trommeln zugänglich machte, während Jahren auch auf leidenschaftliche Ablehnung stiess, eröffnete es der Basler Trommelkunst den Weg in die Welt der anspruchsvollen Musik, und dies ändert auch nichts an der Tatsache, dass gemäss einer aus dem Jahr 1852 stammenden Verordnung das «unbefugte» öffentliche Trommeln in Basel noch immer grundsätzlich verboten ist, mit Ausnahme «der sogenannten Fasnachtstage» und «der vier Wochen vor der sogenannten Fasnachtszeit»!

So ergiebig die Quellen zur Geschichte des Trommelns fliessen, so karg tröpfeln sie zu derjenigen des Pfeifens. Zwar hatte schon Erasmus von Rotterdam 1526 geklagt, der Trommel- und Flötenlärm treibe die Menschen zur Raserei, doch schien sich über Jahrhunderte hinweg die kleine Schar der Querflötenspieler auf den minimalen Bestand der Stadtpfeifer zu beschränken. Noch am Morgenstreich von 1853 fand nur «ein Zug mit 3 Piccolos, welche die alten Baslermärsche spielten», Erwähnung.

Die Regimentstochter

Eine reizvolle Geschichte rankt sich um den Basler Trommel- und Pfeifermarsch «Die Regimentstochter». Der Marsch hat seinen Namen von der Komischen Oper «Die Regimentstochter» des italienischen Komponisten Gaetano Donizetti, wo die Melodie auch vorkommt. In Basel plagte einen lange Zeit das ungute Gefühl, der offenbar der italienischen Oper – ihr italienischer Titel lautet «La figlia del reggimento» – entnommene Marsch sei in höchstem Masse unschweizerisch. Aus dieser Stimmung heraus schloss man im Jahre 1930 den Marsch aus den Basler Trommler- und Pfeifermärschen aus. Doch widerfuhr der «verstossenen» Regimentstochter in schönster Weise Gerechtigkeit. Die Erforscher des Basler Trommelns erkannten nämlich, dass der Marsch in früheren schweizerischen Ordonnanzen, d.h. in militärischen Anweisungen für Trommel- und Pfeifermärsche, vorkommt – in Ordonnanzen, die älter sind als die Oper «Die Regimentstochter». Die Sache muss sich so verhalten haben: Gaetano Donizetti war eine Zeitlang in Neapel Lehrer an der dortigen Musikhochschule und hörte die Melodie von Schweizer Söldnerregimentern in neapolitanischen Diensten. Dass er die Melodie in seine schöne Oper übernahm, war nicht nur sehr sinnvoll, sondern auch sein gutes Recht. Der Marsch «Die Regimentstochter» war also nichts weniger als unschweizerisch; man hat ihn denn auch wieder schleunigst zu Ehren gebracht, und heute ist er in Basel wieder oft zu hören.

Fritz Meier, 1974

Und endlich umfasste noch in den dreissiger Jahren unseres Jahrhunderts der hiesige Notenkatalog kaum ein Dutzend Märsche: Mandolinengruppen, Handharmonikaclubs und Blechmusikvereine spielten neben den Trommelcliquen die erste Geige im Konzert der Basler Fasnachtsmusik! 1931 vermerkten denn auch die «Basler Nachrichten» dezent: «Wir stehen vor einer Pfeiferdämmerung. Wir haben keinen Nachwuchs, und gepfiffen wird fast nur die erste Stimme. So manche Clique tritt mit bloss etwa 6 Pfeifern an, neben 9 oder gar 15 Tambouren. Auf 12 Tambouren sollten aber mindestens 18 Pfeifer kommen, und von diesen sollten etwa sechs die erste, acht die zweite und vier die dritte Stimme pfeifen.» Das Desinteressement am Musizieren mit dem Basler *Piccolo*, der kleinen 125 Gramm schweren Querflöte mit sechs Löchern, sechs Klappen und C-Stimmung, vermochte trotz grosser Hoffnung auch die von der Lälli-Clique betriebene Pfeiferschule vorerst nicht abzubauen. Erst ausgangs der 1950er Jahre kam das Piccolopfeifen in dreistimmigen Sätzen plötzlich gross in Mode. Die Vielfalt von melodiösen Neukompositionen mehrte sich unaufhörlich, so dass heute eine Auswahl von gegen 150 Märschen zum Umgang mit dem «Schreiholz» lockt. Und so ist die Schar der jüngern und ältern Basler und Baslerinnen, die sich mittlerweile das Piccolospielen «zur schönsten Nebensache der Welt gemacht hat», auf nicht weniger als rund 10 000 Fasnächtler angewachsen!

Laternenkunst

Kehren wir nun zum Morgenstreich, der «nicht seines gleichen hat» und der bis 1910 auch in der Frühe des Mittwochs geschlagen worden ist, zurück, und wenden wir unsere Aufmerksamkeit einem neben dem Trommeln und Pfeifen ebenso bedeutsamen fasnächtlichen Attribut zu: den leuchtenden Laternen. Bereits 1897 ist deren Funktion treffend charakterisiert worden: «Das Wichtigste an einem Fastnachtszuge sind die Laterne und die Tambouren. Erstere sind riesige, bemalte Transparente, die auf einer Bahre von je 4 Mann dem Zuge vorausgetragen werden. Ihr Zweck ist, dem schau-

Vorchristliches Brauchtum

In Sevilla wird der «Paso», das Andachtsbild der Bruderschaft, durch die Strassen getragen, in Basel der groteske Transparent, die «Laterne». In Basel wie in Sevilla wetteifern die Cliquen der verschiedenen Quartiere miteinander im Aufwand der Ausrüstung und in der Farbenpracht der Kostüme.

Auch in Basel tragen die Teilnehmer an den Umzügen Masken, auch die Basler Fasnächtler erstreben mit ihrem satirisch-grotesken Narrentum eine Läuterung der gesellschaftlichen Atmosphäre: sie leeren ihren Kropf und ventilieren den während des Jahres angesammelten politischen Verdruss. Wie ist diese Übereinstimmung zu erklären?

In der Basler Fasnacht ist die religiöse, diszipliniert feierliche Oberfläche christlicher Bussfertigkeit von einem ältern Kern heidnischer Ausgelassenheit durchbrochen worden.

Immerhin sind aus den tributheischenden Dämonen neckische Plagegeister geworden. Auf der andern Seite ist das Unheimliche, das Maskiert-Spukhafte der nächtlichen Bussgänge in Sevilla sicher nicht aus dem Geist des Christentums, sondern eher aus solchen vorchristlichen Bräuchen zu erklären, wie sie sich in Basel erhalten haben.

August Rüegg, 1954

Laternen und Verse

Man beschafft sich nach und nach die oft sehr originellen und kostspieligen Kostüme; man entwirft Skizzen zu allegorischen Wagen und ersinnt vor Allem eine «Laterne». Diese ist ein grosses, mit Leinwand überzogenes und mit einer Beleuchtungseinrichtung versehenes Holz- oder Eisengestell und stellt irgend einen auf den «auszumachenden» Stoff bezüglichen Gegenstand dar. Es wird dann einem Dekorationsmaler übergeben, der es mit karikaturenhaften, aber gewöhnlich flott gemalten Bildern und ornamentalem Schmucke versieht. Eine Hauptsache dabei sind die satirischen, oft bissigen Verse, die unter den Bildern stehen.

Albert Gessler, 1898

lustigen Volke zu zeigen, was für ein Sujet die betreffende Gesellschaft behandelt. Auf ihnen erblickt man so ziemlich alles, was die Gemüter der Bürgerschaft während des vergangenen Jahres bewegt hat.» Ihr «gewaltiges Ausmass» hatte zwei Jahre vorher wegen den «störenden» Oberleitungen des eben eingeführten elektrischen Trams von viereinhalb Meter auf vier Meter Höhe redimensioniert werden müssen, wogegen die Breite um sechzig Zentimeter auf drei Meter vergrössert wurde. Mit Erleichterung konnten die Fasnächtler 1913 registrieren, dass «die *Riesendimensionen* von früher zwar durch das Leitungsnetz der Strassenbahnen eingeschränkt worden sind, die Qualität und Wirkung darunter aber nicht gelitten hat. Narrenspott schwingt unbarmherzig seine Geissel, und Witz und Satire lassen an Deutlichkeit oft gar nichts zu wünschen übrig».

Der anfänglich in der Art der Historien- und Dekorationsmalerei gehaltene und vornehmlich von Samuel Baur, Karl Jauslin und Carl Roschet geprägte Laternenbildstil erreichte erst zu Beginn der zwanziger Jahre wirklich künstlerische Qualität; die Gegenstandslaterne der Frühzeit

hatte ausgedient. Die standardisierten Laternengestelle von einst wurden auf das Hauptmotiv ausgerichtet. Ein dem Expressionismus, Kubismus, der Naiven Kunst, dem Karikaturzeichnen, der Sachlichkeit und der Geometrie nachempfundener Stil wies nun der «zeitgemässen» Laternenmalerei den Weg. Burkhard Mangold, Niggi Stoecklin, Otto Plattner, Karl Hindenlang, und etwas später Max Sulzbachner, setzten neue Akzente. «Auch ist man anstatt der einst geliebten trüben und schmutzigbraunen Farben zu jenen hellen Tönen übergegangen, die besonders im Transparent der Laternen eine grosse Leuchtkraft besitzen.» Nach dem Zweiten Weltkrieg setzte sich die Entwicklung fort: Graphik, Pop Art, Photorealismus hinterliessen unübersehbar ihre ersten Spuren.

Dem Zeitwandel angepasst haben sich auch die Laternenverse, die auf keiner Laterne fehlen. Auf deren «unzulängliche Formulierung» ist schon 1913 hingewiesen worden: «Verdient die künstlerische Ausstattung und bildliche Darstellung der Laternen alle Anerkennung, so lässt sich dies in den meisten Fällen nicht auch von den Versen und Inschriften, welche die Laternen zieren, sagen. Vers und Witz lassen da oft recht viel

zu wünschen übrig. Es wäre den Gesellschaften nur zu empfehlen, auch den Laternenversen etwas mehr Bedeutung beizumessen.» Das seriöse «Ladärnevärsli brinzle» ist deshalb vermehrt beachtet worden, obwohl es an spontanen geistreichen dichterischen Einfällen zu keiner Zeit gemangelt hat!

Die von arrivierten Berufsmalern und begabten Dilettanten mit grenzenloser Schöpferkraft und unendlicher Liebe geschaffenen Kunstwerke, oft auch als «Seele des Morgenstreichs» besungen, wurden ursprünglich von Kerzenlicht beleuchtet, wobei das Einstecken, Anzünden und Wechseln der bis zu 280 Kerzen grosse Mühe bereitete. So wurden die «grandiosen Lichtspender» seit Beginn der 1920er Jahre auf Azetylenbeleuchtung «umgerüstet». Überhaupt hat die Frage des Lichts das Aufkommen der Laternen begründet: 1845 sah sich der Rat gezwungen, das bisher übliche Wegweisen mit feuergefährlichem offenen Fackellicht zu verbieten. Deswegen konstruierten die Fasnächtler papierbespannte Stecken- und Rückenlaternen und «erfanden» um die Jahrhundertwende auch das «Kopfladärnli». Möglicherweise durch die bereits in Frankreich bekannten Lampions, Persiennes (bemalte Fensterstoren) und Dioramas (Durchscheinbilder in Guckkasten) angeregt, hat die Fasnacht in Basel erstmals anno 1848 im Schein «wandelnder Transparentbilder» ihren Anfang genommen: «Unser Fasching hat begonnen. Schon um 4 Uhr wirbelten die Trommler den Morgenstreich durch alle Stadtviertel. Dieselben bunten Papierlaternen warfen ihre Schlagschatten auf die grotesken Schaaren von Jung und Alt.»

Der jeweilige unvermeidliche Verlust der Laternen, die sich auf Anhieb einen festen Platz im fasnächtlichen Aufzug gesichert hatten, ist schon früh bedauert worden. Und so hielt bereits 1870 eine Loseblätterpublikation die Erinnerung an «das Abbild dieser *Superdreitagsfliegen* der künstlerisch gestalteten Fasnacht» für die Nachwelt fest. Bald aber übernahm die immer häufiger angewandte Photographie diese Aufgabe, und so bleiben die heute über 200 Zugslaternen, gleichermassen Zeugnis zeitgenössischer künstlerischer Ausdrucksform wie des aktu-

Morgenstraich und Käppelijoch-Laterne. Federzeichnung von Niclaus Strübin, 1858.

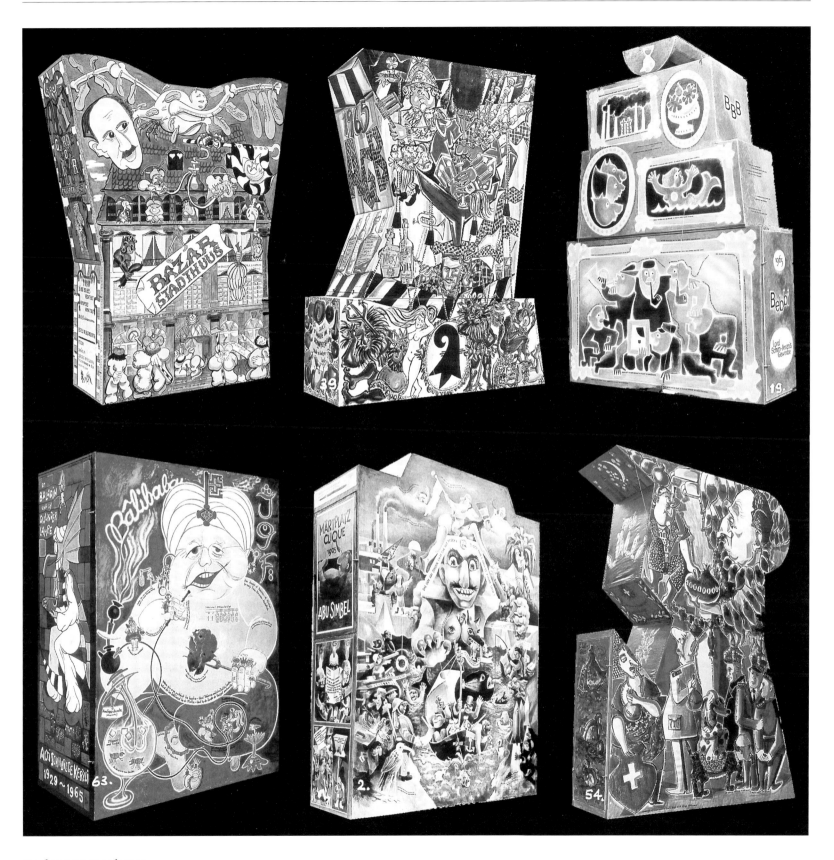

Basler Laternenkunst.

Wahrhafftige Beschrybung

des

wunderbahren schönen Fastnachtzuges zu Basel

Anno Domini MDCCCXLIX

In Hex= und Pentametern, Jamben, Alexandrinern und andern hochdeutschen Knittelversen, bei welchen es mehr auf die Elle als den „Fuß" abgesehn ist, und nach unterschiedlichen ergötzlichen Melodeyen kurzweilig zu singen,

---

Närrisch ist was lebt und schwebt auf Erden
Zu Fuß, im Wagen und auf Pferden.
Närrisch ist der Carneval,
Wird gefeiert überall.
Achtzehn hundert acht und vierzig
Geschichtlich sonderbares Jahr,
Wer's nicht glauben will, der irrt sich
Das ist sonnenklar.

Mit Satyr, Humor und Witz vermischt
Soll dieser bunte Zug Euch bringen,
Was merkwürdiges geschehen ist
In diesen und in jenen Dingen.
Der Zug fängt gleich mit Trommeln an,
Wie Jedermann es sehen kann.
Der schönste Zug wird ohne Trommen
In Basel ganz schlecht aufgenommen.

Der deutsche Michel.

„L'aimable Zuricois" kommt jetzo hergerannt
Als Dämpfer; — durch die Straßen pfeifet er charmant,
Wollt einst zu Basels Aerger bis Baden-Baden gehn.
Blieb jedoch in der Klemme in Ober-Baden stehn.
Für heute soll er nun den deutschen Michel necken
Und ihn, wenn's möglich wär, aus seinem Dusel wecken.
Doch Hopfen, Malz und Geld, ach Alles ist verloren,
Er zieht die Schlafmütz nur noch tiefer über'n Ohren.
Was kümmert ihn die Zeit mit ihren Forderungen,
Frägt er doch nichts darnach, was sie für ihn errungen.
Ob Republik und Freiheit — ob Knut' und Monarchie?
Laßt keine Wahl ihn treffen — verschont ihn dieser Müh!
Er schläft ja so behaglich fort in seiner süßen Ruh
Und sieht dem Weltgetümmel ganz philosophisch zu.
Was sollt er auch sich plagen und kümmern ohne End,
Es ist ja Gänsgeschnatter g'nug im Parlament!
Frankfurt ist ja das neu moderne Capitol,
Beim leeren Strohgedresch ist Michel'n garzu wohl.

Louis Philipp.

Louis Philipp der arme Mann
Schon lang nicht mehr regieren kann.
Er lebt ganz still in Engelland
Als Engros-Epicier-Marchand.
Procura hat sein Erminister
Guizot der schlaue Erzphilister.
Doch heut kömmt er in großer Eil
Und trägt Euch seine Waare feil;
Viel saure Pillen aller Art,
Die er an sich aufgespart.
Das Scepter und die Königskron
Die läßt er Euch um bill'gen Lohn.

Ein Engländer.

Der Britte seinen Esel leitet
Der ganz bedächtig vorwärts schreitet,
Er hat den Spleen*), man siehts ihm an
Weil er so närrisch angethan.
*) Nämlich der Engländer, nicht der Esel.

Die Blechmusik zu Pferd.

Hört ihr die Trompeten schallen?
Die Blechmusik trabt nun herbei
Euren Ohren zu gefallen
Spielet sie aus allerlei.
Bald sind es Märsche, bald Fanfaren,
Auch sonst wohl ein Gesang
Vortrefflich ausgeführt durch Narren,
Von Silbröhren Kurz und Lang.
Als Cuirassier's sind sie verkleidet,
Auf Pferden stattlich ausstaffiert,
Des Helmes Strahl die Sonn' beneidet,
Weil ihren Glanz sie fast verliert.

Lola Montez.

Lola, die flotte Tänzerin,
Ist stolz wie eine Königin,
Man sieht an ihrer Seiten
Den Bayer-König reiten.

Wie hat's dem Manne Müh' gemacht,
Als man von Hof sie fortgejagt;
Viel lieber er vom Throne scheidet,
Als länger noch die Lola meidet.
Der Welt zum Spott — o, König Ludl!
Ruft Jedermann: „fi ägzi pfui!"
Thu Buße und bekehre dich,
Sonst ist's ja spät ganz sicherlich.
Doch er zu seiner Schönen
Entbrannt in schnöder Lust,
Möcht seine Bayern höhnen
Und singt aus voller Brust:

„Ich hatt' ein Kameraden,
„Eine flottere findst ja nie,
„Sie schlief an meiner Seiten,
„Thät mit mir gehn und reiten
„Trotz Ehre, Sitt' und Pflicht.

„Ein Sturm kam angezogen,
„Gilt's mir oder gilt es Dir?
„Sie hat er weggerissen,
„Aus Bayern hat sie müssen,
„Die Schanke folgte ihr.

„Wollt mir die Hand noch reichen,
„Dieweil ich eben kam;
„Kannst ihr nur noch bedeuten;
„Ich lauf dir nach bei Zeiten
„Und opfre alle Schaam."

Madame Struve und Hecker.

Auch Madam Struv' auf hohen Rossen
Belebet diese Faschingspossen;
Viel Thränen hat sie schon vergossen
Doch wird ihr Mann wohl nicht erschossen.
Für heut ist Hecker ihr Genossen
Wüst's Struv' es gäb ihm Stoff zu Glossen.
Doch ist er an die Kett' geschlossen
Das hat schon Manchen Mann verdrossen.
Drum hält sie jetzt an Hecker fest,
Der sie für heute nicht mehr läßt;
Er kam expreß weit über's Meer
Direkt aus Californien her.
Denn, statt im deutschen Parlamente
Verzehrt er dorten seine Rente.

Die deutsche Flotte.

Die Kriegsfregatte nagelneue
Genannt mit Recht „die Wasserscheue",
Hat Aehnlichkeit mit tollen Hunden,
Auch ihr will nicht das Wasser munden.
Die Subscription ist ganz im Stocken,
Drum bleibt sie auf dem Stapel hocken.
Ihr seht zwar heut den Admiral
Und auch Matrosen ohne Zahl;
Auch an den hohen Segelstangen,
Sieht man die deutsche Flagge prangen.
Jedoch damit ist's nicht gethan;
Denn manchem biedern deutschen Mann
Entlockt sie bittre Schmerzensthränen,
Sollt sie sich fürchten vor den Dänen.
Drum deutsches Volk ermanne dich,
Fürcht' Ruß und Dän und Teufel nicht!
Bleibt dir doch noch der Eifele,
Sowie der junge Beisele.

Das Quartett der fünf Großmächte.

Die fünf Großmächte musiciren
Bis sie den Takt vollends verlieren.
Rußland schlägt mit Bärenpfoten
Auf der Trommel seine „Roten."
Oestrich bläst die Clarinette
Duakt mit Preußen um die Wette.
Trompete bläst mit „falschem" Ton
Frankreichs L. Napoleon.
England führt den Fidelbogen,
Hat Volk und Fürsten angelogen.

Die Demokraten-Mühle.

Die Mühle hat vollauf zu mahlen,
Doch muß der Müller viel bezahlen,

Soll er umschaffen den Demokraten
Als funkelneu'n Aristokraten,
Bei solchem Metamorphosiren
Möcht' er beinah den Kopf verlieren.
Mathy — Welker — Wassermann
Führt man bald den Crempel an,
Doch auch bei uns im Schweizerland
Gibt's solche Leute allerhand.

Militär.

Ban Jellachich und Cavaignac,
Soldaten mit dem Haberfack
Aus Paris sowohl als Wien
Marschiren martialisch kühn,
Windisch ließ sich excusiren,
Möcht's mit Ungarn nicht verlieren,
Wo es etwas „Grätzig" steht;
Schreibt: er wolle später kommen —
Dann bleibt es uns unbenommen,
Wer ihm wohl entgegengeht.
Mitten in des Zugs Getümmel
Reitet flott auf schwarzem Schimmel
Präsident Napoleon.
Doch sein Sinn nach Höherm trachtet,
Er die Republik verachtet,
Greift nach Frankreichs Kaiserkron.
Um den Zweck bald zu erreichen,
Mußte Cavaignac ihm weichen,
Auch versprach er vielerlei:
Keine Abgab — keine Steuer —
Alles wohlfeil — nichts mehr theuer —
Sonntags stets ein Huhn im Brei.
Dieß versprach er ohne End
Und so wurd' er Präsident.

Metternich.

Endlich kömmt auch Metternich,
Er flucht schon lang ganz fürchterlich,
Und trinkt den Republik zum Aerger
Von seinem St. Johannisberger.
Er sieht im Geiste schon die Zeit von weitem nahn,
Wo er mit reiner Teufelskäch' es wieder wagen kann;
Im schwer gebengten armen, armen Wien
Mit sammt der Camarilla einzuziehn.
Ihr braucht ja nur das Bild recht anzuschauen,
So seht ihr gleich mit Schrecken und mit Grauen,
Daß, was der Teufel von den Hosen abgeschabt,
In allerlei Façon fein Fummel nachgetrabt.

La spada d'Italia.

Den König Albert von Sardinien
Besinge ich in wenig Linien;
Halb König und halb Jesuit
Fährt er in dieser Kutsche mit.
Die Krone und das lange Schwert
Auf einem Karren nach ihm fährt.
Die „Spada" ist schon längst verrostet
Und hat unendlich Geld gekostet.
Mailand bezahlte Millionen
In baarem Geld und — nicht in Bohnen.
Die Doppelkron war ihm zu schwer,
Er führt sie lieber nicht so her.
Sie drückte ihn zu Boden nieder,
Drum nahm sie ihm Radetzky wieder.

Alle unter einem Hut.

Nun die schwerste aller Fragen
Soll auf diesem bunten Wagen
Zum Schlusse noch gelöset sein.
Republik und Monarchie,
Volkes-Wohl und Dynastie,
Jesuit und Atheist,
Rentier und Communist,
Homöo- und Allopathen,
Oligarch und Demokraten,
Kluge Streich und Eseleien,
Unter einem Hut zu einen,
Solch' ein künstliches System
Ist fürwahr ein schwer Problem.
Möcht' es gelungen sein
Würd es sicher uns erfreun.

Beschreibung des grossen Fasnachtszuges von 1849.

---

ellen Geschehens, in tausendfacher Reproduktion auf alle Ewigkeit erhalten. Die Originale aber werden dem Fundus der Cliquen einverleibt, und einzelne finden als Dekorationsobjekte in einem Cliquenkeller einen adäquaten Platz.

Mehlsuppe und Zwiebelwähe

Nachdem sich der Morgenstreichbesucher ausreichend am «geisterhaften Aufzug» geweidet hat und die Tambouren, Pfeifer und Laternenträger ihre ersten Anstrengungen zu spüren bekommen haben, werden zur Stärkung und Erholung die umliegenden Wirtshäuser und Cafés aufgesucht: Die klassische Verpflegung am Morgenstreich besteht seit über hundert Jahren aus Mehlsuppe und Zwiebelwähe. Die früheste Erwähnung, die auf ein spezielles kulinarisches Angebot zum Fasnachtsauftakt hinweist, bezieht sich allerdings auf «Chocolat, die Tasse à 30 Cents, und Fasnachts-Küchli à la vanille, bei Conditor J. Branger an der Hutgasse», wie der damaligen Basler-Zeitung vom 5. März 1857 zu entnehmen ist. Schon ein Jahr später aber wurde das Fasnachts-Menü durch die Beigabe von Zwiebelwähe schmackhafter, und bald wimmelte es von Anzeigen in den Zeitungen, die «Chocolat à la tasse, Zwiebelwähe, Mehlsuppe, Grogg und Punsch» anpriesen.

Der Cortège

An den beiden arbeitsfreien Nachmittagen des Montags und Mittwochs findet sich die Bevölkerung mit ihren Fasnächtlern wiederum im Stadtzentrum ein: zum Cortège. Dieser wird von Nichtbaslern gerne als «Umzug» bezeichnet, was indessen dem Geschehen auf der Strasse in keiner Weise entspricht. Cliquen, Gruppen, Einzelmasken, Guggenmuusigen, Wagen und Chaisen zirkulieren nämlich ungeordnet, ohne Zeitvorschrift und Reihenfolge, allerdings in zwei geschlossenen Kreisen, oft im Contremarsch. Durch die sogenannte Verkehrsordnung festgelegt sind einzig die Grenzen

Wegleitung zum Chinesenzug von 1844.

der beiden möglichen «Marschrouten», von denen eine vom Harst der prämierungswürdigen Subventionsanwärter einmal zwingend zu begehen ist. Bis ausgangs des letzten Jahrhunderts allerdings ist jeweils ein gemeinsamer Festzug durch Basels Strassen gezogen, wie beispielsweise 1835 der grosse Schauzug «Humoristisches Quodlibet», 1844 ein farbenprächtiger Chinesenzug und 1853 der «Einzug der zweiundzwanzig Kantone zum Karneval in Narrhalle». Letzterer wird als «absoluter Höhepunkt der Fasnachtsgeschichte des vergangenen Jahrhunderts» geschildert: Hoch zu Pferd führte Prinz Karneval den von «über 500 Personen, 200 Pferden und gegen 50 Fuhrwerken, meist kolossalen Wagen, gebildeten Kostümzug» an. Eine ungeheure Menschenmenge von Einheimischen und Fremden bestaunte den vom

Klingental aus in Bewegung gesetzten Prachtaufzug und konnte sich «trotz des unfreundlichen Wetters an den dargebotenen Sehenswürdigkeiten mit Eidgenossen aus allen Teilen des Landes, Sennen, Schwingern, Postkutschen, Zürcher Sechseläuten und dem zukünftigen Bundespalast in Bern nicht sattsehen». Die Zeit der geschlossenen Fasnachtszüge ging indessen langsam aber beharrlich ihrem Ende entgegen, so dass 1889 nur noch von «einzelnen Zügen» und «glänzenden, grossen Zügen» die Rede war.

Das Bestreben der Cliquen, durch die individuelle Präsentation der Züge ihre Spezifität vermehrt zur Geltung zu bringen, führte bald zu einem «chaotischen Zirkulieren, das für das Publikum jeder Übersicht entbehrt». So einigten sich 1906 die Fasnächtler auf eine «Marschroute»: «Diese wird indessen sämtlichen Zügen an beiden Fastnachtstagen vollständig freigegeben, jedoch werden als Endpunkte der Marschroute in Grossbasel der Aeschenplatz, in Kleinbasel das Restaurant Warteck bestimmt. Die Mitglieder des Prämierungscomités sollen sich an beiden Tagen nicht an einem bestimmten Punkt der Stadt aufhalten, sondern zwischen den beiden Endpunkten zirkulieren.» Das 1930 modifizierte «Fasnachts-Regulativ» ist 1992 dahin vereinfacht worden, dass der Vorbeimarsch der Aktiven nur noch am Montag an den neuen Comitéstandorten am Claraplatz und am Steinenberg zu erfolgen hat.

Widmeten sich die von «unbekannter Hand» formierten Züge während Jahrzehnten einem einheitlichen Thema, so setzte sich in der zweiten Hälfte des letzten Jahrhunderts die individuelle Zugsgestaltung durch. Diese stand in engem Zusammenhang mit dem Aufkommen eigentlicher Fasnachtsgesellschaften. Die erste ist im 1858 gegründeten «Quodlibet» zu erkennen, das «durch Gesang und Musik den Mitgliedern auf billige und angenehme Weise fröhliche und genussreiche Abende zu verschaffen» willens war. Die eigentliche Gründung von Fasnachtsgesellschaften erfolgte indessen erst während der 1870er Jahre. Zunächst waren es Gruppierungen aus den Quartieren, wie die «Aeschlemer», «Steinlemer», «Vereinigte Spalemer», «Kleinbasler» und «Santihanslemer», welche sich als sogenannte Cliquen ausschliesslich dem fasnächtlichen Treiben widmen wollten. Als «gesegnete Frucht» der 1884 vom Quodlibet anberaumten «Prämierung der besten Züge und Gruppen, die einen veredelnden Einfluss auf die Fastnacht ausüben soll», schossen dann weitere Gesellschaften «wie Pilze aus dem Boden», von denen jedoch nur die Vereinigten Kleinbasler (1884) und die Breo-Clique (1896) über die notwendige Standfestigkeit zum Überleben verfügten. Prominente Neuzuzüge gab es nach der Jahrhundertwende zu verzeichnen, wie der Barbara-Club (1902), die Lälli-Clique (1902), die Spezi-Clique (1905), die Basler Mittwoch-Gesellschaft (1907), die Olympia (1908), der Central-Club (1911) sowie die Alten Steinlemer (1912). Heute bilden 38 Stammcliquen die tragenden *Säulen* der Basler Fasnacht. Dazu kommen 31 Alti Garde, 41 Jungi Garde, 16 Buebezigli, 59 Pfyffergruppe, 5 Drummelgruppe, 53 Pfyffer- und Tambouregruppe, 38 Wageclique, 81 Waggiswage, 73 Guggemuusige, 37 Chaisen, 30 Gruppe und 16 Ainzelmasgge, so dass gesamthaft «offiziell» nicht weniger als 518 «Fasnachtseinheiten» erfasst sind (1985 waren es noch deren 457)!

Und diese «organisierten Cliquen» also sind die *Hauptdarsteller* des Cortège. Ihre Formierung erfolgt nach allgemein üblicher Usanz: Noch heute werden die Züge der wohlhabenden Stammgesellschaften von drei Vorreitern auf schnaubenden Pferden angeführt. Andere begnügen sich mit dem Aufmarsch von «Junteressli» (künstlichen Pferdchen mit fiktiven Reitern). Dann stellt sich auf jeden Fall der Vortrab ein, welcher der Clique den Weg durch die Menge bahnt. Er ist, je nach Clique und Sujet, einheitlich kostümiert, bringt den Zeedel unter das Volk und präsentiert die auf das Sujet ausgerichteten Requisiten (getragene oder mitgeführte Ausstattungsstücke). Hierauf erscheint das Herz- und Kernstück der Clique: die bei Sonnenlicht in ihrem glänzenden Lack funkelnde *Laterne*. Sie stellt im Bild, und für jeden mit dem Basler Alltag und der einschlägigen Medienlandschaft vertrauten Betrachter interpretierbar, das sogenannte Sujet dar. Das «ausgemachte» Thema der Persiflage und dessen Ausgestaltung ist ganz der Kreativität der Mitglieder der einzelnen Cliquen über-

Die Basler Fasnacht im Bild

Durlibs zem Ylaagere
im Bölche-Auti-Dunnel-
Käller 557m ü/M

Der Fastnachtsnachmittag

Am Fastnachtsnachmittag ist auf allen Geschäften frei, und es beginnt von 12 Uhr an ein Rüsten und ein Eilen. Kostümierte durchziehen die Strassen oder fahren zu ihren Bestimmungsorten. Um zwei sind die Züge fertig. Die Stadt füllt sich mit schaulustigen Menschen; an allen Fenstern der begangeneren Strassen stehen Leute. Da kommt ein Zug. Voran wird die Laterne getragen; dann folgen Reiter, dann Trommler und Pfeifer, dann die Wagen, die oft ganze Bauwerke und viele Menschen tragen. Vielfarbig sind die Kostüme, in denen immer Jünglinge stecken, auch wenn Mädchen oder Frauen darzustellen sind. Es geht lustig zu auf den Wagen; man wirft Sträusschen nach den Fenstern, an denen schöne Zuschauerinnen stehen oder an denen man Bekannte sieht; unter die dichte Menge auf der Strasse werden Zettel und Spottgedichte verteilt und werden Spreu und «Räpplein», kleine runde Kartonstücke, geworfen. Bis in die sinkende Nacht hinein herrscht in allen Hauptstrassen buntes, bewegtes Leben. Bei beginnnender Dämmerung sind die Laternen nochmals angezündet worden; es wird weiter getrommelt; aber um acht Uhr muss der Scherz aufhören, sonst bekommt man's mit der hohen Polizei zu thun. Wie der Morgenstreich, so finden die Tagesumzüge am Montag und am Mittwoch statt.

Albert Gessler, 1898

lassen, unter gebührender Berücksichtigung, dass «alles, was lebendig, konsequent durchgeführt, boshaft, aber nicht bösartig, witzig, aber nicht dreckig, satirisch, aber nicht an den Haaren herbeigezogen ist, an der Fasnacht Heimatrecht hat» (1936). Hinter der von vier kräftigen Männern getragenen oder neuerdings («was noch 1968 jedem fasnächtlichen Gefühl und aller Überlieferung zuwider gelaufen ist») auf Rädern transportierten Laterne marschiert das Spiel: Pfeifer, Tambourmajor, Trommler. Die Kostümierung des Spiels vermittelt einen weitern entscheidenden Aspekt des Gesamtbildes des Zuges. Pfeifer und Tambouren können sich in der Kostümierung unterscheiden oder ergänzen, ist aber immer auf das Sujet abgestimmt.

Seiner führenden Rolle entsprechend, ist die majestätische Erscheinung des *Tambourmajors*, des rhythmisch-dynamischen Gewissens des Trommelspiels, von besonderer Auffälligkeit, Originalität und Pracht. Charakteristisch ist dabei der massiv aufgeblähte Kopfaufbau, denn seine Gestalt, welche das Cliquensujet schlechthin verkörpert, soll von weither sichtbar die Aufmerksamkeit auf sich ziehen.

Orangen und Zeedel

Den Schlusspunkt des Zuges der grösseren Cliquen setzt der Cliquenwagen. Seine «Besetzung» kümmert sich um das «Wohlbefinden» des Publikums, das naturgemäss unterschiedlich beurteilt wird! Zunächst waren es Getreidespreu und Geflügelfedern, mit welchem das «Volk» überschüttet wurde (seit 1961 verboten). Auch das Spicken von Erbsen mit Blasrohren gehörte zu den Unsitten früherer Fasnachten. 1892 erweiterte das Warenhaus Knopf mit farbigen *Papierconfettis*, die aus Paris eingeführt wurden, das «Geschenksortiment». Seit 1950 dürfen aus hygienischen Gründen die federleichten «Räppli» nur «in abgepackter, sauberer Ware gleicher Farbe» verkauft werden; immer verpönt gewesen ist das «blödsinnige» Räppliwerfen gegen Maskierte.

Die *Cliquenwagen* verbreiten (wie die Waggiswagen) nicht nur Ärger, sondern auch viel Freude: Besonders in jüngerer Zeit fällt – im Zeichen des allgemeinen Wohlstandes – das reiche Beschenken auf: es sind nicht nur die traditionellen Orangen, Mimosen und Däfeli, die den Weg zu kleinen und grossen Empfängern finden, sondern ganze Ladungen an Süssigkeiten und Gebrauchsgegenständen jeder Art. Auch das Verteilen der sogenannten *Fasnachtszeedel* geschieht von den Cliquenwagen herab. Diese von Dichterhand in blumigem Stil verfassten Druck-Erzeugnisse haben ebenfalls das Cliquensujet zum Inhalt. Seit dem Jahr 1848, das auch dem gedruckten fasnächtlichen Wort grössere Freiheit brachte, bilden sie einen festen Bestandteil der Basler Fasnachtsliteratur. 1870 erschien der erste Zeedel sowohl in der uns heute geläufigen Form (farbige schmale lan-

Ein «Sandgusti» in Gesellschaft eines «Besenmanns» und einer «Staatshebamme». Strassenfasnacht 1904.

ge Fahnenabzüge) als auch in baseldeutscher Sprache. Wer einen kompletten, heute aus rund 320 Zeedeln bestehenden Satz mit nach Hause nehmen will, kann eine von fleissigen Händen im Waisenhaus gebündelte Rolle gegen bescheidenes Entgelt an der Laternenausstellung oder anderswo behändigen.

Guggenmuusigen

Seit dem Jahre 1820 wird die Basler Fasnachtsmusik durch Blechmusiktöne «aufgelockert». Wie die Trommler und Pfeifer zelebrierten die Blasmusikanten zunächst seriöse Marschmusik. Bei der Umsetzung des Sujets «Humoristische Zukunftsmusik», das 1871 besondere Beachtung fand, war indessen nur noch «Katzenjammergeplärr» zu hören. Und fünf Jahre später ärgerte sich ein Berichterstatter bereits darüber: «Etwas Neues war auch das Auftreten einer Blechmusik. Mehrere gute, echte Basler haben uns aufgefordert, gegen die Verwendung von Blasinstrumenten beim Morgenstreich zu protestieren. Der Morgenstreich ist einzig und allein für das Ruessen da und nicht für das Blasen.» Die Blechmusiker waren durch diesen Aufruf allerdings nicht mehr zu vertreiben, aber noch 1895 wurde abschätzig vermerkt: «Auch einige improvisierte Musikbanden liessen sich hören.» Allmählich aber wich die ablehnende Haltung, und kein Mensch störte sich mehr ernsthaft am Aufmarsch der seit 1906 als «Guggemuusigen» bezeichneten Blechmusiken zur Fasnachtszeit. Diese Feststellung bestätigt gar öffentliches Lob aus dem Jahre 1911: «Gefreut hat sich das Publikum darüber, dass sich speziell unsere drei grossen Musikkapellen Basler Musikverein (Lorbeerclique mit Zukunftskränzen), Jägermusik (das verkrachte Hotel Bären) und der Feldmusikverein (Pfiffebutzer-Clique, Kostüme: gelb-blaue Clowns) in den Dienst des Prinzen Karneval gestellt haben. Letztere Musik führte mitten auf dem Marktplatz ein kleines Konzert auf, das von der sich stauenden Volksmenge dankbar aufgenommen wurde.» Nach dem Ersten Weltkrieg verlor sich die Begeisterung am Musizieren mit «Guggen» (Blasrohre, verbeulte Instrumente)

Altmodisch frisierte Musiker

Meine Eltern hatten mir als ich noch sehr klein war einen Pierrot machen lassen; darin benahm ich mich sehr schlecht. Das ist eine Maske für wilde Buben, die lustig umherspringen, rechts und links mit der Peitsche Schläge austheilen, auch wohl an den Häusern anläuten und den zu erwartenden Prügeln entlaufen. Das alles war nicht nach meinem Gusto. Bruder Jakob nahm sich darin schon besser aus, weshalb auch der Pierrot auf ihn übergieng. Konnte ich aber einen Altfranken darstellen, der gravitätisch eine Prise Tabak nimmt, einen Schulmeister, einen Doctor oder einen Musicanten oder ein herumziehendes Genie, so machte mir diess Spass. So veranstaltete einst der jüngere Tollmann mit seinen «Scholaren» einen Fastnachtszug, von lauter altmodisch frisirten Musikern. Der Kleinste musste den Zug eröffnen, ihm folgte ein etwas Grösserer, und so gieng es, und in aufsteigender Linie wie eine Orgelpfeife, bis zum Grössten. Wir hatten die bekannte Kindersymphonie von Haydn einstudirt. Die Knaben spielten das Quartett (ich hatte die Primviolin) und die Erwachsenen übernahmen die Kinderinstrumente. Wir führten das Ding in mehrern Häusern auf.

Karl Rudolf Hagenbach, um 1850

vorübergehend, was 1931 lebhaft bedauert wurde: «Zu wünschen wäre eine Wiederbelebung des Morgenstreichs durch Musikkorps, wie dies auch noch vor dem Krieg der Fall war. Es brauchen gar keine richtigen Musikkorps zu sein, einige wenige wirkliche Instrumente genügen, das übrige wird durch Lärm und Rhythmus ersetzt und erzielt vollkommen die gewünschte Wirkung. Solche Gruppen und Grüpplein würden den ganzen Betrieb günstig beeinflussen.» Die Meldung verhallte nicht ungehört! Bereits drei Jahre später frohlockte die «National-Zeitung»: «Die erste Guggenmusik! Das gibt es also wieder? Bravo!» Was unter der temperamentvollen Stabführung des legendären Jeisi Migger einen hoffnungsvollen Neubeginn ausgelöst hatte, zerstörte wiederum ein schrecklicher Weltkrieg. Doch die «Guggen» liessen sich nicht endgültig unterkriegen: die «Baggemugge» und die «Schotten-Clique» (1947), die «Wettstai» (1948) und die «Original-Chnulleri», die «Seibi-Schränzer» und die «Sumpf» (1949) leiteten erfolgreich die Renaissance ein.

Was noch 1931 erwünscht war, nämlich das Mitwirken von Guggenmuusigen am Morgenstreich, erwies sich in Fasnachtskreisen zunehmend als störend. Die seit den 1950er Jahren einsetzende rasante Breitenentwicklung der «alles übertönenden Lärmbrüder» stand immer weniger mit dem kultivierten Trommeln und Pfeifen in Einklang. Und die Guggenmusiker, die sich zusehends um die Verbesserung ihres einst wenig erhabenen Rufs bemühten und nun auch ihrem äussern Erscheinungsbild künstlerische Werte beizumessen begannen, brachten Verständnis für das offensichtlich berechtigte Anliegen auf: seit 1962 verzichten die Mitglieder der Gugge-IG ebenso wie diejenigen der Freien Guggenmusiken auf die Beteiligung am Morgenstreich, dafür steht ihnen der Abend des Fasnachtsdienstags für «Galaauftritte» offen. Als anno 1948 in Luzern Basler Guggenmuusig zu hören war, waren die Leuchtenstädter von ihr derart fasziniert, dass sie fortan ähnliche – und mittlerweile ebenso begeisternde – Klangkörper aus dem Boden stampften. Kein Wunder! Denn was ist nach alter Basler Definition eine Guggemuusig? «Ein äusserst wildes Orchester, das seine monstruös her-

gerichteten Instrumente ebenso monstruös benutzt und schränzt, schränzt und schränzt. Wohlwollend schmunzeln gar Mozart, Haydn und Beethoven von ihrem Olymp: Das ist Musik – mindestens für drei Tage!»

Waggisse und Räppli

An den beiden offiziellen Fasnachtsnachmittagen sind auch Fasnächtler unterwegs, die sich vornehmlich durch ihr freches geschliffenes Mundwerk Gehör verschaffen. Es sind die Waggisse, die seit dem Deutsch-Französischen Krieg von 1870/71 bekannten Bauernmasken mit Struwwelpeterfrisuren aus dem Sundgau in ursprünglich blauen Blusen mit grossem weissem Kragen, rotem Halstuch, weissen Drilchhosen, weisser Zipfelmütze, geringelten Socken und Holzpantinen. Die «grobschlächtigen Kerle, deren Larven von Jahr zu Jahr immer gewaltiger und mächtiger werden», stellen das Gros der sogenannten Wagencliquen. Wie die Guggenmuusigen, so hatten auch diese unverdrossen um ihre Anerkennung zu kämpfen. Obwohl ihre Wurzeln bis ins Jahr 1820 zurückzuverfolgen sind, ist ihr Beitrag bis in unser Jahrhundert hinein nicht ernst genommen worden. Zwar brachten auch sie üblicherweise ebenfalls ein Sujet zur Darstellung – mit Ausnahme der «reinen» Waggiswagen, die meist nur mit Stroh und Dekorationsmaterial verkleidet sind –, doch ihre ausschliessliche, oft ungebührliche Beschäftigung mit dem Publikum als «Sprücheklopfer und Alleinunterhalter» reichte zur «Vollwertigkeit» noch nicht aus: die «Wäge-

Radierung von Arthur Riedel, 1924.

ler» hatten lange Zeit als «Zweitklass-Fasnächtler» zu leiden! Immerhin waren schon 1911 in der Kategorie der «Gruppen und Wagen» des Fasnachts-Comités 13 Wagencliquen aufgeführt und damit als subventionswürdig anerkannt. 1930 definierte das Comité deren Funktion präzis, indem unter dem Sammelwort «Wagen-Clique» diejenigen Cliquen zu verstehen sind, die zur Darstellung eines Sujets einen oder mehrere Wagen mit Bespannung (Pferde, Traktoren etc.) benützen. Die Wagen müssen fasnächtlich dekoriert sein mit Inbegriff der Bespannung. Die Insassen müssen Zettel verteilen und einschliesslich des Kutschers kostümiert und maskiert sein». Während die Zeedel gemäss Instruktion nur an Zuschauer abgegeben werden, die eine Fasnachtsplakette tragen, kommt ohnehin jedermann in den Genuss deftiger Wortausbrüche und des mehr oder weniger willkommenen Räpplisegens, wobei mit Vorliebe hübsche Mädchen mit Confettis auch noch «vollgestopft» werden. Was den Wagencliquen besonders aber auch die Gunst des fremden Publikums einbringt, ist die Generosität, mit welcher das erwartungsvolle Menschenheer mit Blumen, Esswaren und Spielzeug beschert wird. So werden durch die mittlerweile gegen hundert Wagencliquen neben Tonnen von Orangen und Blumen 5700 Kilo Däfeli und 31 000 Kilo Räppli «unter das Volk geworfen»!

Chaisen

Von ebensolcher Spendefreudigkeit sind die Chaisen. Im Gegensatz aber steht ihr altvertrautes Bild: Nicht knorrige Pritschenwagen mit skurrilen Aufbauten, die von Motorkraft gezogen werden, prägen ihr Antlitz, sondern elegante Halbkutschen, denen nervöse Edelpferde vorgespannt sind. Auch die «Fahrgäste» unterscheiden sich deutlich: Es sind zumeist kostbar kostümierte Baslerinnen und seltener auch Basler, die in vornehmer Zurückhaltung in die Menge winken, und keine «Alltagsfasnächtler, die sich in der Masse baden». Und auch ihr Gabenkorb ist von anderer Güte: Weder Räppli, Orangen und Gemüse, sondern Veilchensträusschen, Schokolädchen und Por-

zellanfigürchen lassen sich darin finden. Nur die dankbaren und begehrten Mimöschen verbinden Chaisen und Wagencliquen, gleichsam als Ausdruck der schönen alten Basler Tradition, im Schutz der Anonymität Gutes zu tun. Als eigenständige «Einheit» erscheinen die Chaisen (zur Zeit sind es rund deren drei Dutzend) erst seit Beginn der zweiten Hälfte unseres Jahrhunderts in den Büchern des Fasnachts-Comités, bildeten sie doch bis zum Verschwinden der Pferdefuhrwerke aus dem Weichbild der Stadt einen integrierenden Bestandteil der Cliquenzüge.

Gässle und Schnitzelbängg

Die Fasnachtsabende werden sowohl auf den Strassen und Plätzen als auch in behaglicher Wärme verbracht. Wer mag, «gässlet» und geniesst die aus allen Winkeln herbeiklingende Fasnachtsmusik, welche die unentwegt zirkulierenden Cliquen und Grüppchen konzertreif aufjubeln lassen. Das noch vor wenigen Jahren übliche Räppliwerfen unter dem Fasnachtspublikum hat sich überlebt. Und das *Intrigieren*, das Lächerlichmachen und Aufs-Glatteis-Führen von Passanten durch Maskierte, das bis in die Neuzeit hauptsächlich von Waggissen so glanzvoll und erheiternd appliziert worden ist, ist kaum mehr zu hören. Auch von herzlicher Fröhlichkeit oder gar von ausgelassenem Übermut ist auf den Strassen kaum etwas zu verspüren: Besinnlichkeit und Ergriffenheit im matten Schein der Laternen, die wie wundervolle Glasgemälde in die Dunkelheit leuchten, erinnern an die kirchlichen Prunkprozessionen im mittelalterlichen Basel! In vielen Restaurants und Wirtshaussälen dagegen herrscht Hochbetrieb: da werden Witze gerissen und wird Blödsinn getrieben, da wird geplaudert und gelacht. Besonders dann, wenn eine Guggenmuusig eine Einlage gibt oder ein Schnitzelbank «einfährt».

Und damit wären wir bei einer weiteren Basler «Spezialität»: dem mit gedrechselten Reimen und angriffigen, plakativen Helgen (Bildtafeln) fabrizierten spottlustigen Schnitzelbank. Auch wenn der Rat schon in vorreformatorischer Zeit die Schmähsucht einzelner Bürger missbilligte und solches die

Bevölkerung wissen liess – «Gerufft Sampstags der Herren Fastnacht obendene 1526. Dem nach allerley üppige Schand und Schmach Lieder, darinnen geistlich und weltlich Personen ungerechtermassen angezogen, ihrer Ehren geschmecht, geletzt und verspottet worden. Ouch sonst allerley Spey und Spotworten von Jungen und Alten bietzhar by Tag und Nacht gesungen und gereth worden» –, ist der Schnitzelbank nicht als baslerische «Erfindung» zu deklarieren. Vielmehr handelte es sich ursprünglich um ein weitverbreitetes Gesellschaftsspiel, das als «Schnitzelbank», «Hobelbank», «Snydersbank» oder «Lichtputzschere» namentlich an Hochzeitsfeiern üblich war. Die Basler dürften wohl zu Beginn des letzten Jahrhunderts durch umherziehende Moritaten- und Bänkelsänger zu diesem Brauch gekommen sein, so wie er aus dem Jahr 1839 durch Fritz Burckhardt, «der ihn als Knabe unter der Linde beim Bäumlein gehört hatte», überliefert ist: «Isch das nit e Spaletor? Jo das isch en Eselsohr. Ei du schöner, ei du schöner, ei du schöner Schnitzelbank» etc.

Von der *Urform* dieses Schnitzelbanks blieb bald nur noch das Zurücksingen der Endreime erhalten. Das gesungene Wortspiel der kinderwiegenden Grossmütter wurde von Strophen entlarvenden, spottlustigen Inhalts verdrängt: der sarkastisch gefärbte Basler Witz hatte eine neue, dem losen Mundwerk und der angeborenen Formulierkunst entsprechende Ausdrucksform gefunden. Professor Georg Schmidt hat 1964 das wirklich Typische des Basler Schnitzelbanks treffend dargelegt: «Die Schnitzelbänke sind die konzentrierteste Form des Fasnachtswitzes, in ihnen feiert er wahre Orgien. Hier gilt nur die eine Frage: wer führt die schärfste Klinge, und wer führt sie am elegantesten und flinksten und trifft am knappsten, dann ist ihr alles erlaubt. Schlimmer als die Untugend des Schnitzelbankes ist seine Tugend. Als Untugend wird ihm das witzlos Unflätige angerechnet, doch das verletzt nur den guten Geschmack. Wichtigere Dinge werden von seiner unbarmherzigen Schonungslosigkeit verletzt: hinter dem Schild des guten Witzes ist ihm jede Unmenschlichkeit erlaubt. Dennoch: Innerhalb des abendlichen Fasnachtsgetriebes in den Wirtslokalen wirkt die scharfe Luft eines schlagenden Schnitzelbankes als Kontrast erfrischend, wie eine kalte Dusche erfrischend wirkt, wenn dazwischen dann wieder die heisse Woge des Maskenlebens drüber hingeht. Zwischen den Schnitzelbänklern und den Maskierten besteht eine stille Feindschaft: sie sind sich beide gegenseitig lästig, da jeder etwas will, was der andere im Grunde negiert: der Bank will Ruhe, die Maske Bewegung, der Bank braucht passive Zuhörer mit gezücktem Intellekt, die Maske vom Funken der Ausgelassenheit Entzündete. Eine Maske in voller Aktion wird immer flüchten, wenn ein Schnitzel-

bank erscheint, sofern sie nicht die Lust überkommt, den Kampf mit den Bänklern aufzunehmen. Dieser Kampf, im Grunde ein Kampf zwischen Mephisto und Dionysos, gehört in eigenartiger Weise zum Fasnachtsbetrieb in unseren Wirtshäusern.»

Die Fasnachtssänger, die sich bis ausgangs des letzten Jahrhunderts ausnahmslos als «Clique» oder «Club» bezeichneten, handelten ihre Themen und Verse zunächst in Schriftsprache ab, blieben in ihrer Aussage «recht zahm» und liessen gar Belehrendes und Moralisierendes ein-

fliessen, wie etwa die anno 1852 nach der Melodie «Sie hat ihr Kind, sie hat ihr Kind mit einem Löffel umgebrungen» gesungene Persiflage über einen als Hochmutsteufel auftretenden Affen: «Sei fromm und thu' stets deine Pflicht, dann kommst du nie auf's Hochgericht. Leb' immer als ein wahrer Christ, dank' Gott, dass du keine Affe bist!» Dreissig Jahre später tönte es bereits aggressiver und pointierter: «Isch das nit e Schnitzelbank, in dr Stadt Basel wohlbekannt? Isch das nit e Schützefahn', wo verlore gsi isch uf der Isebahn? Isch das nit e guete Träffer? Syphon sufft är us sym Bächer!» Gegen «ungebührliches und zoten-

---

Kindheitserinnerungen

Beim ersten Morgengrauen weckte uns Trommelschall und grelles Pfeifen. Man hatte mein Bett nahe an's Fenster gestellt, und so konnte ich die verschiedenen Maskenzüge sehen, die mit farbigen Papierlaternen auf hohen Stangen und grossen, hell beleuchteten Transparentbildern meist drollige Darstellungen ungewöhnlicher im Laufe des Jahres vorgekommener Ereignisse, vorüber marschierten. Trommler und Pfeifer eröffneten den Zug, den eine Schaar Pierrot's und Harlequin's beschloss. Die Musiker trugen meist nur Hemden über den Kleidern, oder Weiberröcke mit Masken und komischen Kopfbedeckungen. Knaben der verschiedenen Stadtquartiere und Vorstädte bildeten diese Züge, die zuweilen in engen Strassen beim Ausweichen in Conflict gerieten, wobei es leicht zu Prügeleien kam. Manche der grossen Laternen trugen Spottgedichte mit Carrikaturen bekannter, unbeliebter Persönlichkeiten zur Schau. Diese Gedichte wurden massenweise unter die Zuschauer vertheilt. Dies Getriebe dauerte bis zum hellen Tage, wo die Maskierten beschmutzt und garstig aussahen und sich rasch zurückzogen. Dagegen wimmelte es noch lange in den Strassen vom Fremden und Einheimischen. Alles drängte sich in die Kaffeehäuser und Weinschenken. Überall wurden warme Zwiebelwähen verspeist, während die Vornehmeren bei Zuckerbäckern Schokolade tranken mit dem eigens zum Fasching bereiteten leichten Backwerke, den Fassnachts-Küchlein.

Später gingen wir Kinder kostümiert zu Besuch bei einigen Tanten und Grosstanten, die uns auf's Freundlichste aufnahmen und mit Confect beschenkten. Nachmittags fanden meist grossartige geschichtliche Maskenzüge statt, mit vielen Pferden und Wagen. Sogar die uralten Rüstungen und Waffen des Zeughauses kamen bei solchen Darstellungen zu Tage. In den Strassen wogte die dichte Volksmenge, und manch hübsche Dirne des Elsasses oder Schwarzwaldes prangte in ihrer kleidsamen Tracht. Alle Fenster waren besetzt, und laute Jubelrufe verkündeten das Nahen des Zuges. Bei eintretender Dämmerung kamen wieder die kleinen Züge zum Vorschein. Meist anders herausgeputzt, bewegten sie sich nach einem besonderen Trommelmarsche, dem Zapfenstreiche, ganz verschieden von der Weise des Morgenstreiches.
Basels Jugend treibt das Trommeln mit Leidenschaft. Eigene Lehrer, meist alte Soldaten, ertheilten darin Unterricht, und Monate lang vor der Faschingszeit übten sich die Knaben auf Bodenräumen oder abgelegenen Schanzen im Zusammentrommeln. Ein wohlgeübtes Trommlerkorps von 20 bis 30 Jungen mit obligater Pfeife klang höchst vergnüglich früh Morgens durch die stillen Strassen. Abends gingen die Erwachsenen auf die sehr belebten Maskenbälle, während die Jugend, müde von dem so frühe begonnenen aufregenden Tage, das Lager suchte.
Dienstags war nichts besonderes draussen zu sehen. Erst gegen Abend herrschte grosse Geschäftigkeit in den Familien, weil die Jugend

vom vierzehnjährigen Schulmädchen herunter bis zum dreijährigen Kinde kostümiert und auf's Beste herausgeputzt wurde. Um acht Uhr fuhr man zum Balle, wo Hunderte von Kindern in theils reichen und geschmackvollen Costümen einen reizenden Anblick boten. Gegen zehn Uhr kehrten die kleinen Kinder mit den Wärterinnen nach Hause zurück, während die Grösseren mit den Müttern noch länger auf dem Balle blieben.
Mittwoch Morgens erwachten wir wieder bei Trommel- und Pfeifen- Schalle. Später fuhr die Mutter mit uns Kindern in Costümen zu mehreren verwandten und befreundeten Familien, wo nach altem Brauche für die Kinder Leckereien und Silbermünzen bereit standen. Nachmittags war ein prachtvoller Hochzeitszug mit einer grossen Zahl Berittener. Abends schlossen die verschiedenen Zapfenstreich-Züge die Reihe der Faschingsfreuden.
Die Basler Fastnacht hat in spätern Jahrhunderten Anlass zu mancherlei öffentlichem Tadel gegeben. Von den Kanzeln herab eiferten strenge Prediger dagegen. Mehrmals versuchte die Regierung eine Aufhebung oder Änderung anzubahnen, ohne dass es es ihr gelang, die uralte Sitte zu verdrängen. Um so mehr, da das Fest eine zahllose Menge Zuschauer aus den Nachbarländern anzieht, die der Stadt viel Verdienst bringen. Der Kinderwelt bieten die drei Faschinstage lauter Freude, und lange noch zehrt sie an der Erinnerung an All das Schöne und Erheiternde, das sie genossen.

Johann Jakob Burckhardt-Stefani, um 1880

Ausgiebige Schnitzelbänke

Ausgiebiger als früher wird ein anderes Institut der Fastnacht, die Schnitzelbank, gepflegt. Zu einer solchen thun sich eine Anzahl Leute zusammen; sie erdenken ein lustiges Kostüm, man entlarvt sich, streift von Wirtshaus zu Wirtshaus und singt seine Schnitzelbank. Zu einer solchen gehört vor allem eine Bilderrolle, die an einer Stange erhöht wird und die in humoristischer oder satirischer Zeichnung allerhand lustige oder thörichte Begebenheiten erzählt. Zu jeder Zeichnung gehört eine Strophe, die von einem Solisten vorgesungen wird und in deren Refrain die ganze kostümierte Gesellschaft, womöglich auch das Publikum, einstimmt. Die Verse sind auf Zettel gedruckt und werden gratis verteilt; sie sind manchmal sehr scharf; hie und da fallen sie sogar unter das Strafgesetz.

Albert Gessler, 1898

des Verhalten gewisser Bänke» wandte sich 1906 die eben gegründete «Vereinigte Schnitzelbankgesellschaft Basel» entschieden und setzte sich zum Ziel, «die Bänkler mit einschlägigen Richtlinien zu versehen und das grassierende Geld- und Naturalienbetteln in den Wirtschaften zu unterbinden». Und sie erhob bei den zweidutzend Wirten, welche die ihr angehörenden (22) Mitgliedergruppen für Auftritte engagierten und prämierten, «Subventionen».

Die Bemühungen der Vereinigten *Schnitzelbankgesellschaften* blieben offensichtlich nicht ohne Erfolg, wurde doch 1911 der «National-Zeitung» aus der Bundesstadt berichtet: «In Bern trat zum ersten Male eine aus Baslern bestehende Schnitzelbank auf, deren Mitglieder in Bern wohnhafte, alte Basler Schnitzelbänkler sind. Die Gesellschaft trat in hübschen Kostümen auf, und an der Spitze der Truppe marschierte ein urchiger Basler Ruesser. Aufs Tapet kamen die Berner Begebenheiten des verflossenen Jahres. Die grössten Lokale waren mit Publikum überfüllt, und die Bank erzielte ungeheueren Erfolg.» Im selben Jahr feierten auch «die tüchtigen Schnitzelbänkler Seppi und Heiri, bekannt unter dem Namen Trompetenclub,

ihr zwanzigstes Jubiläum. Sie traten 1891 zum ersten Male mit ihrer Frage- und Antwort-Bank auf». Der «nunmalig gewerbsmässige Schnitzelbankbetrieb» führte aber auch zunehmend zu heftiger Kritik, so dass sich das Fasnachts-Comité 1914 gezwungen sah, das «zu entarten drohende Schnitzelbankwesen» durch den Erlass eines entsprechenden Regulativs zu ordnen und «eigenen Bängglern» zu öffnen. Dabei wurden namentlich «die Schnitzelbankbilder und der zu singende Text einer Zensur durch das Comité» unterstellt.

Das durch den Ersten Weltkrieg ausgelöste «spürbare Abserbeln des Schnitzelbanks» vermochte erst zu Beginn der zwanziger Jahre aufgefangen zu werden. Vorerst war es die Basler Schnitzelbank-Gesellschaft (1920), welche «durch alljährliges Vortragen von Schnitzelbänken in den Restaurants die Basler Fasnacht zu fördern» willens war. Dann aber bemühte sich vor allem mit Erfolg das 1921 gegründete Schnitzelbank-Comité, dass «unsere Basler Künstler und all' die witzigen Köpfe, deren Basel ja stets eine schöne Zahl besass, wieder die Schnitzelbänke alten Stils ins Leben rufen»: 15 «junge» Schnitzelbänggler lieferten den Ansatz für eine neue Blütezeit.

Das *Schnitzelbank-Comité* überwachte mit gestrenger Qualitätskontrolle Auftritt und Vortrag. Zunächst im Küchlintheater, später im Stadttheater, jurierten die Comitémitglieder jeweils dreimal den Auftritt der Bänke und «benoteten» sie in Vers, Sprache, Vortrag, Kostümierung und Helgenkunst. So konnte im Jubiläumsjahr 1951 mit sichtlichem Stolz resümiert werden: «Die Schnitzelbänke stehen heute auf einem Durchschnittsniveau, das kaum mehr überboten werden kann. Manchmal wirkt ihre Perfektion fast beängstigend!» Auch die «technischen Komponenten» haben mitgezogen: die einst langatmigen und ausholenden Verse sind kürzer und konzentrierter geworden und beschränken sich zumeist auf anspruchsvolle Zweizeiler und Vierzeiler. Die Mehrstimmigkeit ist durch das wenig musikalische einstimmige Singen oder rezitative Vortragen zurückgedrängt worden, und die Hinwendung zur Persiflierung internationaler Ereignisse und massenmedienkonformer Aktualität nimmt auf

Kosten lokaler und regionaler Vorgänge laufend zu. Aber dies entspricht dem Trend der Zeit. Und so haben die «Doggter h.c.», «Perversarelin», «Schärberichter», «Rysneegel», «Standpauke», «Anggebliemli», «Zyttigsanni» und wie sie alle hiessen, längst ihre Nachfolgerinnen gefunden, die auf der Bühne der bald zweihundertjährigen Basler Schnitzelbanktradition ihre Schlagfertigkeit und Respektlosigkeit – sich an berühmte Vorbilder anlehnend oder eigener Inspiration folgend – famos unter Beweis stellen.

Maskenbälle

Untergegangen ist indessen eine fast ebenso alte Tradition: der Maskenball. Das «rauschende Tanzvergnügen» ist eng mit dem fasnächtlichen Treiben verbunden. Bereits 1784 hatten «Unsere Gnädigen Herren» gegen «ungestüme und zügellose Tänze, die in der Fassnachtswoche von erwachsenen Personen gehalten werden», einzuschreiten. Natürlich auf die Dauer ohne Erfolg! Immerhin wurden nun «die Gesetze der Sittlichkeit» beachtet: «Mit dem Strome treibt man sich fort, bis der Abend herandämmert, sieht und lässt sich sehen, nimmt auch dann und wann in Kaffee- oder Weinhäusern Erfrischungen zu sich. Jetzt verliert man sich in eins der Zunfthäuser, in denen meistens getanzt wird, und wohin von fern her schallende Musik bereits einladet. In der Schlüssel-, Bären-, und Saffranzunft war die beste Gesellschaft, in etlichen andern gemischter; in wenigen unterschied sie sich nicht viel von dem tanzenden Publikum in Berlins Tabagien oder auf Leipzigs Posthörnchen. Schau- und Genusslustige wandern von einer zur andern. In die bessern ist das Eintrittsgeld 1 Gulden» (1809). Mit der Eröffnung des Stadtcasinos im Jahre 1826 bot sich eine wunderbare Gelegenheit, die Maskenbälle offiziell zu etablieren. Jeweils montags und mittwochs wurden nun am Untern Steinenberg «in phantasievollster Weise» während beinahe eineinhalb Jahrhunderten verführerische Fasnachtsbälle inszeniert. Aber auch im 1834 eingeweihten Stadttheater mischten sich während der Fasnacht zahllose Kostümierte unter die

Kostümskizze von Irène Zurkinden.

Fasnachtsball im Theater, um 1795.

Maskenball im Casino, 1926.

Maskenprämierung, 1930.

Der Basilisk, 12. Februar 1839.

Theaterbesucher. Grosse Konkurrenz entstand den Casino- und Theaterbällen anno 1860 durch das *Quodlibet*. Denn dieses brachte versuchsweise «einen Ball in Kostümen» im Kleinbasler Gesellschaftshaus (Café Spitz) zur Durchführung. Die Erwartungen, die das Comité in einen eigenen Maskenball gesetzt hatte, erfüllten sich auf Anhieb, denn «unter den Klängen einer Kapelle aus Marienbad füllte sich der Saal, und eine tanzlustige, bunte Menge wogte auf und nieder in fröhlichem Reigen». 1874 dislozierte das Quodlibet vom Café Spitz in die Burgvogtei (später Volkshaus): «Der Wurf gelang vollständig, denn aus dem bescheidenen bisherigen maskierten Tanzkränzchen ist ein wirklicher, farbenreicher, gut besuchter Maskenball geworden.» 1885 wagte das Quodlibet den Schritt in den Musiksaal des Stadtcasinos, welcher «der optimistischen Anschauung wieder einmal Recht verlieh». Denn gegen Ende des Jahrhunderts war «aus dem Familienball in Kostüm's ein malerisches Maskenfest geworden, das mit den guten Eigenschaften eines bürgerlichen Balles auch den künstlerisch befriedigenden Charakter verband». «Zur Äufnung des allgemeinen Seckels» sind ab 1844 auch durch die Kleinbasler Ehrengesellschaften im «Café Spitz» Fasnachtsbälle durchgeführt worden. In Anbetracht der unterschiedlichen Ergeb-

nisse wurde die Organisation auch befreundeten Vereinen, wie den *Wurzengrabern* oder der Dramatischen Gesellschaft, übertragen. Die Wogen der Begeisterung aber hielten sich dennoch im Rahmen. Um den drohenden Niedergang der Kleinbasler Fasnachtsbälle abzuwenden, ermunterte die Vergnügungskommission die Gesellschaftsbrüder auch dann zu erscheinen, wenn man sich nicht zur Maskierung entschliessen könne, doch möge in diesem Fall wenigstens durch eine Kopfbedeckung etwas Witz und Farbe in den Saal gebracht werden...

Der flammende Appell zündete nicht sonderlich; die Konkurrenz der Muba-Bälle entzog dem «Spitz-Masggi» 1931 endgültig die materielle Grundlage. Bei den grossen, meist von deutschen Regimentskapellen «angeheizten» Maskenbällen im Casino, im Theater, im Café Spitz und in der Burgvogtei hatte es beileibe nicht sein Bewenden, denn auch in den Zunfthäusern zu Safran, zum Schlüssel und zu Schmieden, in der Kunsthalle, im Bellevue, in der Kanne, im Kronenstüblein, im Neubad, im Mostacker, im Clarabad und im Klybeckgarten sowie in den Bierbrauereien Gessler und Thoma wurde zur Fasnachtszeit eifrig das Tanzbein geschwungen. Überall sorgten reich dotierte Prämierungen, die sich über Naturalpreise und Goldvreneli bis zu hohen Barpreisen ausweiteten, für einen lebhaften, kunterbunten Maskenbetrieb. Nach dem durch den Ersten Weltkrieg ausgelösten Niedergang des Maskenballvergnügens setzte zu Beginn der 1920er Jahre eine wahre Renaissance ein, an welcher praktisch alle öffentlichen Lokale ihren Anteil hatten. Besonders die Räumlichkeiten von Stadttheater, Stadtcasino, Küchlin, Safranzunft, Storchen, Métropole, Drei Könige, Volkshaus, Greifenbräu Horburg, Gundeldingercasino, Rialto, Zoologischer Garten, Café Spitz, Goldener Hirschen, Gambrinus, Astoria, Singer, Paradies, Clarahof, Altes Warteck, Odeon, Heuwaage und Malaga standen maskierten wie zivilen Tanzlustigen offen. Dort, wo Gesangs-, Musik- oder Sportvereine als Veranstalter auftraten, war der Andrang besonders stark.

1927 hatte die Genossenschaft der Basler Mustermesse dem Basler Liederkranz, dem Bürgerturnverein und dem Wurzengraber-Kämmerlein die Organisation der sogenann-

ten *Muba-Maskenbälle* übertragen, die in der Folge während vieler Jahre den Dreh- und Angelpunkt des Basler Vereinslebens zur Fasnachtszeit bildeten. Mit 1666 Eintritten am Montag und 2367 am Mittwoch erreichten die Muba-Maskenbälle 1929 ihren Höhepunkt; das Stadtcasino verzeichnete um dieselbe Zeit 1685 bzw. 999 Eintritte. Anfang der 1960er Jahre machten sich dann gewisse «Ermüdungserscheinungen» bemerkbar. Und als sich die Besucherzahlen unablässig verminderten, sahen sich die drei organisierenden Vereine zu Einschränkungen gezwungen: Der Reihe nach wurden der Kinderball am Dienstag, der Montagball und der Mittwochball fallengelassen. Und als 1971 auch der «Kehraus» nicht mehr den erwarteten Erfolg brachte, musste schweren Herzens auf eine weitere Durchführung verzichtet werden: die einst vielbesuchten Muba-Maskenbälle gehörten der Vergangenheit an. Während Jahren mit grösstem Erfolg in der Mustermesse abgehalten wurde ebenfalls der «Maskenball katholischer Vereine», der aus dem seit den 1890er Jahren veranstalteten «Katholikenball» hervorgegangen war. Er wurde (bis 1973) jeweils am Samstag vor Aschermittwoch durchgeführt, wobei Schnit-

---

Bälle und Intrigieren

An den Fastnachtstagen werden abends im Musiksaal und an andern Orten grossartige Bälle abgehalten, an denen für die originellsten Charaktermasken Preise ausgeteilt werden. Sämtliche Wirtshäuser sind angefüllt mit Menschen, zwischen welchen sich einzelne Masken drängen, die Bekannte aufsuchen, um ihnen unter dem Schutze der Anonymität scherzhaft und mit in die Fistel geschraubter Stimme allerlei Wahrheiten zu sagen. Man nennt dies «intriguieren», und wer diese Kunst gut versteht, witzig und schlagfertig ist, der ist des unbedingten Schutzes von Seiten des Publikums gewiss, auch wenn er einmal durch eine Wahrheit allzu sehr verletzen sollte. In neuerer Zeit, seit die Stadt grösser wird, kommt das Intrigieren immer mehr in Abgang.

Albert Gessler, 1898

zelbänke, Laternen und intrigierende Einzelmasken eine wichtige Nebenrolle spielten.

Als 1937 das Quodlibet wegen finanziellen Schwierigkeiten endgültig auf die Organisation der Casinobälle verzichten musste, und die Casinogesellschaft nicht willens war, die Lücke zu schliessen, stellten das Fasnachts-Comité und das Schnitzelbank-Comité im Stadtcasino flugs ein Kostümfest auf die Beine, war doch zu befürchten, «dass dies der Anfang vom Ende der gediegenen Basler Maskenbälle sein könnte, die ob ihrer Kostümpracht weit und breit berühmt sind und einen wesentlichen Teil unseres schönen Volksfestes ausmachen». Mit ihrem vollauf gelungenen «Künstlerfest» inspirierten die Comitéherren die Künstlergruppe der 1933er zu deren sagenhaften «Zyschdigsfest», das jeweils am Fasnachtsdienstag in allen Winkeln der Kunsthalle über die Bretter ging, und welches «die Basler Fasnacht über den Krieg rettete». Obwohl die Presse noch 1972 von einer «Höhl(l)entemperatur am 33er Fest» berichtete, welche das ehrwürdige Gebäude bis unters Dach zum Erzittern gebracht habe, war auch der Untergang des Dreiunddreissiger-Maskenballs nicht aufzuhalten.

Die frühen 1970er Jahre also brachten fast ganz eine Tradition zum Verschwinden, die während Generationen die Massen in ihren Bann gezogen hatte. Die verlängerten Polizeistunden für Musizieren jeder Art lassen die Fasnachtsfreudigen bis in die Morgenstunden auf Gassen und Strassen oder in heimeligen Wirtsstuben verweilen. Die Stadt ist zu gross und verunmöglicht, dass man jeden kennt, das Interesse der «Dalbe» am Casino-Masggi ist dahin geschmolzen, zum Kostümnähen fehlen Zeit, Lust und Können, und die sich durchsetzende Emanzipation mag auf den Maskenball als Ort zwangloser zwischenmenschlicher Kontakte und Begegnungen ohnehin verzichten: Die über die Grenzen hinaus berühmten Maskenbälle unserer Stadt, welche die ganze Bürgerschaft in buntem Treiben fröhlich und unbeschwert vereinigten, sind von einer Zeit verdrängt worden, in der die persönlichen Beziehungen auf die Teilnahme an Radio- und Fernsehkommunikationen reduziert werden, eine Entwicklung,

die den Ansprüchen und Vorstellungen unserer Gesellschaft neue Massstäbe setzt. Was geblieben ist, sind schöne, unauslöschliche Erinnerungen an eine entschwundene Zeit. Der mit grandiosem Erfolg seit 1985 vom Fasnachts-Comité in den Sälen des neuen Kongresszentrums durchgeführte «Ändstreich» lässt mit seinen rund 3500 farbenprächtigen Masggen und gutgelaunten Zivilisten indessen eine Renaissance der einst glanzvollen Basler Maskenbälle als durchaus denkbar erscheinen, auch wenn wohl kaum noch in diesem Jahrhundert. «Vamos a ver» (warten wir ab), sagt der Spanier!

Kinderfasnacht

Der Nachmittag des Fasnachtsdienstags ist noch immer, wenn auch nicht mehr so ausschliesslich wie früher, den Kindern reserviert: In Begleitung ihrer Mütter versuchen sich die Kleinkinder als «nuggische Fasnachtsnarren» und machen sich, mit Rätschen, Trompeten, Kläppere, Trömmelchen oder Confettis ausgerüstet, mit dem Fasnachtsgetriebe vertraut, auf dass es aus ihnen dereinst «richtige» Fasnächtler gebe. Die Schuljugend dagegen erbringt bereits Beweise ihrer Kompetenz zur Gestaltung fasnächtlicher Kunst: sie formiert Buebe- und Maitlizüge, die den Vorbildern der Erwachsenen nacheifern, trommelt und pfeift, dass es eine Freude ist, und führt kleine

[115] Wem kann es wohl nicht mehr erinnerlich sein, daß vor 3 Jahren auf der Eisengasse im Getümmel der Fasnachtslustigen ein Kind verunglückte, wem unbekannt, wie vor wenigen Jahren ein solches an der Freienstrasse stark beschädigt wurde; Vielen sind vielleicht ähnliche Unglücksfälle bekannt.
Um nun aber solchen unglücklichen Ereignissen vorzubeugen, den verehrlichen Eltern Beruhigung und den lieben Kindern Freude zu verschaffen, haben sich mehrere achtbare Familienväter entschlossen, unter ihrer Leitung und Aufsicht einen kostümirten Kinderzug zu veranstalten, worüber eine öffentliche Anzeige das Nähere bekannt machen wird.
Wir bitten alle verehrlichen Eltern, denen die Sorge ihrer Kinder am Herzen liegt, dieser vorläufigen Anzeige ihre Aufmerksamkeit zu widmen und überzeugt zu sein, daß wir Allem aufbieten werden, um Ordnung und Anstand zu handhaben.
Unanständige Verkleidungen, welche in §. 50 der Polizei-Strafordnung des Nähern bezeichnet sind, werden durchaus nicht zugelassen.
Mehrere Kinderfreunde und Familienväter.

Besorgte Eltern rufen zu einem «Kinder-Fasching» auf, 1841.

Laternen vor, die schon 1913 «Humor und guten Witz» gezeigt haben und in ihrer phantasievollen «Originalität, Kreativität und Wirkung» den begabten Malernachwuchs sicherstellen.

Wie alle Basler Fasnachtsbräuche, so ist auch die Kinderfasnacht historisch verankert. Bereits anno 1784 brachte die Obrigkeit ein gewisses Verständnis für die Wünsche und Freuden der Kinder auf, als sie durch ein bereits genanntes Mandat verkünden liess: «Es gehet Unserer Gnädigen Herren und Obern ernstliche Willensäusserung dahin, dass in der Fasnachtswoche den erwachsenen Personen bey empfindlicher Strafe alle Tänze gänzlich sollen untersagt sein und nur denen Kindern am Mittwoch Abends diese unschuldige Freude ferner gestattet seyn.» Die Kinderbälle genossen denn auch besonders im Alten Basel eine unglaubliche Popularität, die jeweils am Fasnachtsdienstag unter grösster Anteilnahme der Bevölkerung in allen grösseren Restaurationsbetrieben der Stadt in Szene gingen und sowohl zahllose Mitwirkende wie Schaulustige von auswärts anzogen. Dieses Ereignis war von solcher Bedeutung, dass 1835 «Der Wanderer in der Schweiz» seine Leserschaft eingehend über den «der Jugend geweihten Tag der Freude» ins Benehmen setzte: «Der Dienstag ist einem in dieser Ausdehnung vielleicht Basels einzig eigenthümlichen Feste, nämlich den Kinderbällen, gewidmet, worauf sich jedoch Alles, was in der Welt nicht abgestorben ist, einfindet bis zu den Grosseltern hinauf, um sich an dem reinen, niedlichen Kinderspiele zu vergnügen. Es gibt wohl auch keinen zierlicheren Anblick, als diese kleinen niedlichen Puppen in ihrer kindischen Lust; wie die ganz Kleinen durch einander hüpfen und springen, und die Grössern komisch anständig und gesetzt einherschreiten. Welche Theilnahme dieses schöne Fest gefunden, mag daraus entnommen werden, dass, neben der Menge anderer in allen Quartieren stattgefundener Kinderbälle, auf dem Kasino allein über 1000 Billette gelöst wurden.» An den Kindermaskenbällen kostümierten sich nur die Knaben und Mädchen bis zum 14. Altersjahr. «Die Eltern, welche das Geschehen beaufsichtigten, und älteren Geschwister erschienen in Balltoiletten und bildeten die Zuschauer, bis die kleinen Tänzer müde sind, nach Hause zu Bette gebracht werden und den erwachsenen Tanzlustigen den Platz räumen.»

1913 «hat es in Küchlins Variété-Theater einen Kindermaskenball gegeben, wie bis jetzt noch keiner in Basel stattgefunden hat: einen Ball abwechselnd mit Variété-Vorstellung. Bei der Polonaise erhielten dann sämtliche Kinder Schweizerfähnlein geschenkt, bei einem cotillonähnlichen Kinderfest spendeten die Kavaliere den Dämchen Blumen, und diese revanchierten sich mit Orden. Endlich beim Stuhltanz gab es vonseiten der Direktion so wertvolle Geschenke, wie sie oft kaum das Christkindlein bringt. Kurz, es war ein überaus gediegenes Fest von vornehmem Anstrich. Es waren auch durchwegs Kinder der besten Kreise als Gäste anwesend, und diese werden sicher nächstes Jahr ihre Eltern bestürmen, sie wieder an diesen köstlichen Ort zu führen». Diese einst so prächtig blühenden Kindermaskenbälle sind leider, wie die Maskenbälle der Erwachsenen, Anfang der 1970er Jahre aus der Mode gekommen.

Bezüglich der Strassenfasnacht der Kinder hat Basel im Jahr 1841 dem grössten Kinderfasnachtszug «aller Zeiten» applaudiert: Der von mehr als 800 kostümierten Kindern formierte Fasnachtszug stellte ein «noch nie gesehenes Faschings-Divertissement» dar. Auch wenn dieser grandiose Zauber verblasst ist, so gilt in groben Zügen doch noch immer, was 1885 Lo-

---

Kinderkarneval

Die beliebtesten Kindermasken sind die Trachten der verschiedenen Kantone, überhaupt Schweizer Kostüme.

Die putzigste Maske ist jedenfalls der Bauernjockeli, weil er nur von den kleinsten Jungen dargestellt wird, die sich denn auch, die Milchbrente auf dem Rücken, mit den gelben Tuchhosen und den rothen Hosenträgern sehr artig ausnehmen. Diese Maske war früher allgemein, jetzt zieht sie nur noch das vierjährige Kind an, oder besser gesagt, sie wird dem armen Kinde aufgenöthigt. Neben den vielen verschiedenen Masken, wie man sie auf allen kostümierten Bällen findet, ist nur noch der Bajazzo (in Basel Bajas genannt) besonders zu erwähnen. Er ist neben dem Bauernjockeli eine stehende Baseler Maske.

Nach Fastnacht wird das Bajaskostüm gewaschen, in die Komode gelegt, und das nächste Jahr trägt es der jüngere Bruder. So hat oft Sohn, Vater und Grossvater denselben Bajas auf dem Leibe gehabt.

Die Waffen, welche zum Kostüm gehören, müssen beim Tanzen abgelegt werden.

Gesichtsmasken werden nicht getragen.

Karnevalsfreund, Stuttgart 1870

---

kalhistoriker F.A. Stocker festgehalten hat: «Die Fasnacht der Kinder ist in weiser Einrichtung auf den Dienstag verlegt, dieser wird dadurch für die Erwachsenen zu einem Ruhetag und zu einem Moment für die Sammlung neuer Kräfte. Der Dienstag ist einzig für die Kinder bestimmt, die denselben auch in aller Fröhlichkeit ausnützen. Schon am Morgen sieht man einzelne Kinderzüge in dem langsamen Tempo des Basler Marsches durch die Strassen ziehen. Aber erst Mittags beginnt offiziell das Wandern der Züge. Der Vater mustert mit ermunterndem, kräftigem Wort die wohlgerüsteten Knaben und erntet der heimlich lächelnden Mutter schalkhaften Dank. Nicht ohne Bangen und erst nachdem sich die mütterliche Sorge an nochmaligem Prüfen beschwichtigt, entlässt man die Kinder in's Freie, da des Winters Tücke wieder schadenfroh droht mit seinem schneeigen Gewande.»

Schyssdräggzügli

Eines aber hat sich seit Stockers Beschreibung gründlich verändert: von einem «Ruhetag der Erwachsenen» kann seit Jahren keine Rede mehr sein: Der Fasnachtsdienstag hat sich zum Tag der Individualisten und der kleinen Gruppen, den sogenannten Schyssdräggzügli (petit cortège de merde) gewandelt. Nun zelebrieren die «angefressenen» Fasnächtler ihren Brauch in seiner eigentlichen Urform: sie ziehen so, wie es ihnen wirklich passt, in den Strassen und Gassen um, ohne einheitliche Kostümierung, ohne Laterne, ohne Routenplan, ohne Zeitdruck. Und auch dem Zuschauer eröffnen sich neue Perspektiven: er kann ohne lästiges Gedränge sein Augenmerk auf die Vielfalt der Masggen richten, die seit alters das Gesicht der Basler Fasnacht prägen. Diese schauen indessen beileibe nicht immer so böse in die Welt, wie Hermann Hesse (1877–1962) sie als vielleicht Fünfjähriger empfunden hat: «Es waren die ‹Masken›, die gefürchteten, sie kamen in einem dichtgedrängten Schwarm die Strasse herab, in einer erschreckenden Wolke von humoristisch gemeintem Lärm, und je näher sie kamen, desto grausiger und dämonischer blickten die starren Maskengesichter mit Bärten, Höckernasen oder überweit geschnitzten Mündern uns an. Mir war todesbange!»

Larven und Kostüme

Obwohl die seit dem Mittelalter üblichen «Schauerfiguren» von Teufeln und Geistern zum traditionellen Fasnachtsbild gehören, überwiegen doch die seit der zweiten Hälfte des 18. Jahrhunderts bekannten Masggen, die «lieblichen, grotesken und clownartigen Typen». So sind schon 1783 neben Hanswursten, Königen, Mohren, Bauern, Eidgenossen, Franken, Beduinen und Harlekinen auch Alte Tanten, Amazonen, Bäuerinnen, Trachtenmädchen und gepuderte Marquisen auszumachen. Dann tauchen neben dem bereits erwähnten Harlekin (Blätzlibajass) weitere elegante Maskenfiguren italienischer Provenienz auf: der Domino und der Pierrot. Mit dem Dummpeter, dem ebenfalls schon erwähnten Waggis und verschiedenartigsten Fratzen- und Tieraufsätzen rundet sich der Aufmarsch der Masggen zu einem mischfarbigen Gebilde dauerhafter Güte. Noch aber beherrschten «die berühmten *Basler Wachslarven* für Clowns» und die «üblichen Schablonenlarven, die als Massenfabrikate jede Fasnacht auf den Markt geworfen werden», die Szene. Erst im Jahre 1925 wird auf eigentliche Basler Larven, welche sich «durch eine wechselnde individuelle Bemalung in kräftigen und leuchtenden Farben» auszeichnen, hingewiesen; Max Bucherer hatte sie für das Spielwarengeschäft Métraux entworfen. Noch im selben Sommer schrieb der Staatliche Kunstkredit mit starkem Widerhall einen Wettbewerb für Fasnachtslarven aus, damit sich «die Larvenherstellung als Zweig des Kunstgewerbes in Basel einbürgere». Und so gehörten baslerische Originalmasken bereits gegen Ende des

Jahrzehnts zum Fasnachtsalltag. Otto Abt, Irène Zurkinden, Willy Hege, Lotti Krauss und Adolf Weisskopf, später auch Alex Maier und Thomas Keller, modellierten im Auftrag des «Larve-Tschudi» Pioniergeschichte. Auch der «Leibeskostümierung» wurde mehr Sorgfalt und Eigenständigkeit zugedacht, war doch um das Jahr 1930 auch «ein Fastnachtszug mit lumpigem Kostüm fast nicht mehr denkbar. Für entlehnte Kostüme, Modejournalfaschingskleider und alles, was nach Konfektion riecht, hat der rechte Basler kein Verständnis (mehr). Er (oder sie) verachtet die redoutenmässigen Kostüme, die zum grössten Teil aus blossem Menschenfleisch bestehen, blickt mit Verachtung herab auf alles, das ‹prachtvoll› aussieht, was blosse Tracht oder historisches Kostüm ist. Was liebt er denn? Er liebt es vor allem nicht, seine körperlichen Reize zur Schau zu stellen, und ist gewöhnlich *zugeknöpft* bis über die Ohren, und wenn er auch dabei vor Hitze fast vergehen muss»! Dieser auch heute noch gültigen

Interpretation entsprechend, sind die unzähligen exklusiven Fasnachtscouturiers sonst keinen weitern Tabus verpflichtet, so dass dem phantasievollen Kostümschöpfen keine modischen Grenzen gesetzt sind. Und noch etwas: «Es gibt kaum eine Maske, die mehr sein will, als was darunter steckt. Wenn man anderswo gerne die Fasnachtsprinzen oder die Prinzessin spielt, bei uns kennt man solche Wünsche nicht. Man bleibt hübsch bescheiden und bei seinen Leisten und amüsiert sich trotzdem besser als alle falschen Prinzen» (F.K. Mathys).

Guggenkonzerte und Laternenausstellung

Am Abend des Dienstags, wenn die Kinder am häuslichen Herd ihre Fasnachtseindrücke und -erlebnisse nochmals aufwärmen, wird der föderalistische Individualismus der – wie wir bereits oben gesehen haben – im Charivari auftretenden Tambouren und Pfeifer durch die gigantische Präsenz der Guggenmuusigen gleichsam aus den Angeln gehoben. Denn ihnen gebührt an diesem Abend der Vorrang: sie bieten seit 1948 sogenannte Platzkonzerte. Auf der Klagemauer des Barfüsserplatzes, auf dem Marktplatz und am Claraplatz schränzen sie ihre Blas- und Lärminstrumente, «dass einem schier die Zähne ausfallen». Eine vieltausendköpfige Menschenmenge beklatscht jeweils frenetisch das Aufheulen der «misstönigen Symphonien und Rhapsodien in Moll».

Die Laternenausstellung bildet schliesslich eine weitere «Attraktion» des Dienstags. Schon 1906 sind im Hof des Steinenschulhauses dem Publikum auf Anregung des «Herrn Fischer-Miville» die «leuchtenden Transparente in ihrer Gesamtheit» zum genüsslichen Studium vorgestellt und «bei Einbruch der Dunkelheit beleuchtet» worden. Der Erfolg war «so allgemein und so glänzend», dass das «Ladärne-Fescht» fortan zu einer festen Institution wurde. Bereits vier Jahre später konnten 374 Eintritte registriert werden. 1921 interessierten sich weit über 2000 Besucher am einmaligen Ausstellungs-

Larvenwerkstatt. Federlithographie von Faustina Iselin, um 1950.

Fasnachts-Helgen von Peter Armbruster

gut, das mittlerweile rund zwei Dutzend Objekte umfasste. Und als der farbenfrohe *Laternenwald* mit seinen 42 Kunstwerken samt der riesigen Ansammlung von skurrilen Requisiten und Wagen 1946 in die Muster-messe verpflanzt werden musste, folgten ihm mehr als 7000 Sympathisanten. So glich die Basler Halle der Muba oft «fast einem Familientag, wo sich tout Bâle in bester Stimmung und vielfach begeistert begegne-te und wo die besten Laternen mit erstaun-licher Selbstverständlichkeit gleich nach dem vollen – gänzlich ‹anonymen›! – Namen ihrer Schöpfer benannt wurden». Als 1987 das Ausstellungsgebäude nicht zur Verfü-gung stehen konnte, landete das Fasnachts-Comité den Versuch zu einer Freiluftpräsen-tation auf dem Münsterplatz. Und diese fand eine derart begeisternde Zustimmung, dass trotz Wetterrisikos und Einnahmeverlusts an der eindrucksvollen «Openshow» festgehal-ten wird.

Kehruus und Bummelsonntage

Radierung von Arthur Riedel, 1924.

Mit dem Verrauschen der dreitägi-gen Fasnachtsfestivitäten, die um vier Uhr früh des Donnerstags ihre offizielle Erfüllung gefunden haben, ist das Konzert der Fasnächtler noch nicht endgültig ausgeklungen, denn noch sind am Samstag-abend und an den drei nachfolgenden Sonn-tagen «die Nachwehen zu verdauen». Ge-legenheit dazu bieten zunächst die bereits erwähnten Kehrausmaskenbälle, die zwi-schen den 1920er und den 1970er Jahren ihre grosse Zeit hatten. Dann aber sind es beson-ders die sogenannten Bummelsonntage, welche die aktiven Fasnächtler nochmals in ihren Bann ziehen. Ihre Vorläufer waren die «*Schluss-Essen*». Der seit 1857 verbürgte Brauch war dem Verzehr des Überschusses der Cliquenrechnung gewidmet, der jeweils bei einem gemütlichen Umtrunk oder einem «richtigen» Nachtessen erfolgte. Wie alles in der Welt, so sprengte auch die als «Sal-dovertilgung» bezeichnete Veranstaltung zu-nehmend den Rahmen: die gemütliche Run-de in der Baiz weitete sich zu ganztägigen Ausflügen aus. Und so war es schon nach dem

Ersten Weltkrieg allgemein üblich, mit dem Tram oder mit dem Zug in die engere oder weitere Umgebung zu fahren, trommelnd und pfeifend, und seit 1957 auch schränzend, durch den Ort des Bummelziels zu ziehen und den Tag mit Trinken, Essen und Sprü-cheklopfen zu verbringen. Nach der Rück-kehr in die Stadt wurde «tambours battants» auf direktem Weg ins Stammlokal marschiert und der Abend bei einem Schlummerbecher zur Neige gebracht. Aber auch beim «Bum-melsonntag», der erst seit 1974 polizeilich le-galisiert ist, blieb die Entwicklung nicht ste-hen: den «*Gladiatoren*» wird an der obern Freienstrasse ein glanzvoller Empfang berei-tet. Und diese bedanken sich mit «einem ge-waltigen Defilee» bei den Tausenden von Zuschauern, die in Basels Paradestrasse dichtgedrängt Spalier stehen und das Ju-bilieren der Trommeln und Pfeifen nochmals in vollen Zügen geniessen, aber auch das Schränzen der Guggenmuusigen vergnügt auf sich einwirken lassen. Mit einem ausgiebigen Rundgang der sich ausschliesslich in Zivil präsentierenden Musikanten durch die

Gassen der Altstadt verglüht um die zehnte Abendstunde der letzte Stern am Basler Fasnachtshimmel: der Alltag nimmt wieder seinen gewohnten Gang!

Comité, Blagette, Cliquenkeller

Nur die Administration kommt nicht zur Ruhe, denn hinter den Kulissen hat das «Comité» die Papierberge abzubauen und die «Subventionen», den «fi-nanziellen Lebensnerv der Cliquen», aufzuti-schen. Und dies seit seiner Gründung im Jahre 1911. Als Nachfolgeorganisation eines von Quodlibet und Wurzengraber-Kämmerli gebildeten «Comités» bemüht sich das Fas-nachts-Comité um «die Förderung der Basler Fasnacht unter Wahrung der Tradition. Es bekämpft alle unfasnächtlichen Auswüchse und beschafft zur Erreichung dieses Zwecks die notwendigen Mittel». In dieser Absicht wurden zunächst «hübsche metallene Medaillen und Schildchen zum Anheften zu 50 Centimes» sowie ein «Zugsverzeichnis der Basler Fasnacht» (Rädäbäng) zum Erwerb angeboten. Unter der Bedingung, dass vom Nettoerlös der veräusserten Stecknadeln und Medaillen «50% der Ferienversorgung armer Kinder» überwiesen würden (was bis 1921 eingehalten werden musste), erklärte sich die Regierung mit dem «Abzeichenverkauf» einverstanden. Die «Plaketten» erfreuten sich bald grosser Beliebtheit, so dass sie erstmals ab 1921 in dreifacher Ausführung (Kupfer, Silber und Gold) herausgebracht wurden. Und ein Jahr später ist auch der Modus der «Sujeteinholung» verändert worden, indem der Entwurf nicht mehr bei einem bestimmten Künstler bestellt wurde, sondern durch einen Wettbewerb seinen Schöpfer findet. Das «offizielle Fasnachtsabzeichen», seit 1939 durch die Graveure Felix und René Müller geprägt, gelangt jeweils anfangs Jahr durch Cliquenmitglieder und Plakettenverkäufer in den Vertrieb und hat längst die Sammlerleidenschaft weiter Kreise geweckt. Nicht käuflich ist die begehrte grosse «Zugsplakette». Die grossformatige, in eine schwarzweisse Rosette gefasste Medaille kann nur als Auszeichnung durch das Fasnachts-Comité verliehen werden, das während des Cortèges die Züge, Gruppen und Einzelmasken unter die Lupe nimmt und die für die Höhe der Subventionierung massgebenden Erhebungen vornimmt.

Wie das Fasnachts-Comité alljährlich im Frühling «das Fasnachtsjahr abschliesst, um fast nahtlos in ein neues überzugehen», so schlafen auch die Aktivitäten der Cliquen nicht einfach ein. Während das «qualifizierte Musizieren» ohnehin während des ganzen Jahres hindurch geübt und geprobt werden muss, laufen neben der üblichen geselligen Vereinstätigkeit bereits im Spätherbst die Vorbereitungen für die nächste Fasnacht wieder an: In den heimeligen Cliquenstuben oder in den Tiefen der zahlreichen zu exquisiten Fasnachtslokalen schick ausgebauten ehemaligen Weinkeller werden in langen und bewegten Sitzungen Ideen für das neue Sujet ausgebrütet. Besteht über das Thema endlich Klarheit, dann wird Hand angelegt: Larven werden kaschiert und bemalt, Hirngespinste

verwandeln sich zu kleineren Requisiten, und Laternchen nehmen Gestalt und Farbe an; die Kostüme werden in der Regel von Schneiderinnen genäht, die Zugslaternen in Künstlerateliers kreiert, und der Zeedel wird von Cliquendichtern in Reime gesetzt («Wer prinzelt so spät bei Nacht und Wind? Es ist der Dichter mit Värse im Grind!»). Dass in der Atmosphäre beschaulicher Gemütlichkeit und freundschaftlichen Arbeitens es an witzigen Einfällen und Bemerkungen nicht fehlt, versteht sich von selbst. Und so kommt auch das «Värslibrünzle» überschäumend zu seinen Ergüssen!

Ritterturniere

Entgegen dem chronologischen Ablauf des «festfreudigen Basel», aber bereits mit dem fasnächtlichen Geschehen vertraut, wollen wir uns noch kurz weiterem fasnächtlichem Brauchtum sowie der sogenannten Vorfasnacht zuwenden.
Da wäre zunächst auf die ritterlichen Turniere hinzuweisen, die uns seit dem 26. Februar 1376 bekannt sind. Die Schmach jener «Bösen Fasnacht» vergällte Basel während Jahren – wie wir bereits gesehen haben – alle Fasnachtsfreuden. Erst 1428 erlaubte der Rat mit etwelchen Bedenken wieder einen «Ritterschlag» zur Fasnachtszeit. Er liess auf dem Münsterplatz eine Tribüne mit «zwivaltigen Schranken» aufstellen, verbot jedoch gleichzeitig den Zutritt der Frauen, «wand es nit Sachen sind, die Frowen zugehörten ze sehende»!
In Gegenwart zahlreicher vornehmer Zuschauer aus dem köstlich herausgeputzten Adel sowie 500 mit Waffen ausgerüsteter Zünfter lieferten sich die beiden Kontrahenten, der Spanier Juan de Merlo und der einheimische Heinrich von Ramstein, ein äusserst lebhaftes Gefecht, das sich auf einen Wurf oder Schuss mit der Glene (Schleuder), 50 Streiche mit der Streitaxt, 40 mit dem Schwert und 30 mit dem Degen ausrichtete. Als der Zweikampf begann, «legte sich lautlose Stille auf den Platz. Dumpf dröhnten die Streiche der Mordäxte und hell klirrten die Schwertschläge durch die reine Winterluft. Ritterlich und mannhaft fochten

die beiden kühnen Degen. Dabei wurde dem fremden Herrn aus Hispanien vor dem Basler einigen Vorzug gegeben, und dieser erhielt als Dank einen Edelstein zugesprochen».

In allen Einzelheiten über den Ablauf ritterlicher Turniere hat sich 1434 und 1435 Aeneas Silvius Piccolomini, Schreiber des Basler Konzils und späterer Papst Pius II., geäussert: «Um Euch die Sache bekannter zu machen, bemerke ich, dass die Gemeinde Basel auf dem Domplatz eine Abschrankung machen liess, und auf einer Seite derselben einen um drei Fuss erhöhten Boden, auf welchem 400 vom Kopf bis zum Fuss bewaffnete Männer standen, und so standen sie zwei Tage. Das geschah wegen zweier Turniere, die am Montag und Dienstag der Fasnacht stattfanden, an welchen je 30 Kämpfer teilnahmen, lauter Ritter und grosse Herren, alle wohl ausgerüstet, die einen mit Tuch, die andern mit Taffet, die Dritten mit Sammet angetan. Als die Turniere vorbei waren, gingen die, welche bewaffnet dabei aufgestellt gewesen waren, alle in das Gemeindehaus, um eine Mahlzeit einzunehmen, und am Abend gingen die Frauen, welche dem Feste zugesehen hatten, in das genannte Haus zum Nachtessen, und nach dem Essen wurde getanzt bis in den Morgen. An diesem Feste waren die Barone prachtvoll gekleidet, mit goldenen Gürteln nebst Glöcklein oder Schellen.»

Dass aber auch hartes männliches Kräftemessen die Turniere prägte, erfahren wir an der Fasnacht 1467, als Herzog Sigismund von Österreich, Sohn Friedrichs mit der leeren Tasche, und der junge Walter von Hallwil mit scharfer Lanze «weydlich zusammen ritten». Erst auf Bitten von Eleonora von Schottland, des Herzogs Gemahlin, liessen die beiden Gladiatoren von ihrem gefährlichen Tun ab und verfügten sich auf den grossen Ball in der Mücke. Zur Vermeidung von Ausschreitungen erliess der Rat genau hundert Jahre nach dem verhängnisvollen Blutbad der Bösen Fasnacht von 1376 ein fügliches Turnierverbot, indem er die Bevölkerung durch einen Ruf in Kenntnis setzte, «dass niemand sich uff dis Vasnacht mit einander stechen solle».

Fasnachtstheater

Wie die Turniere des in der Stadt oder in ihrer Umgebung ansässigen Adels, so gehörten auch Theateraufführungen zu den «gehobenen» Basler Fasnachtsfreuden. Die von Laienspielern aus allen Schichten des Volkes dargebotenen Fasnachtsspiele lebten vom Volkswitz und gestatteten in weitgehend freiem Wort die allgemein verständliche satirische Darstellung bekannter Begebenheiten aus dem Alltag, die allerdings selten von Lokalkolorit gefärbt waren. Ausnahmslos aber stand das Anprangern und Geisseln der Unvollkommenheit des Menschen im Mittelpunkt von Sprache und Spiel. Das älteste Fasnachtsspiel ist aus dem Kleinbasler Kartäuserkloster überliefert und stammt aus dem Jahre 1434. Ein Kloster im Kleinbasel war es auch 1504, das an der Fasnacht von beschwipsten Spielgesellen aufgesucht wurde. Obwohl diese offenbar nur mit übermütiger Vorstellung die Nonnen ergötzen wollten und «kein Unfug noch üppig Handlung daselbst vollbracht» hatten, verhängte der Leutpriester den Bann über die ausgelassenen Komödianten. In Buchdrucker Pamphilus Gengenbach, dem ältesten Dramatiker des 16. Jahrhunderts, besass Basel einen berühmten *Fasnachtsspieldichter*. Seine Stücke trugen, im Unterschied zu den andern Fasnachtsspielen der Zeit, ernsten, aufbauenden Charakter und hatten durchwegs das Gute zum Ziele. 1515 wurde «uf der Herren Fasnacht von ethlichen ehrsamen und geschickten Bürgern einer löblichen Stadt Basel» das Stück «Von den zehn Altern der Welt» (Dialog zwischen einem Einsiedler und Personen jeden Alters) zur Aufführung gebracht, in den beiden nachfolgenden Jahren «Die Gouchmatt der Basler», welche sich gegen Ehebruch und Unkeuschheit richtete («Lass vom Ehbruch, ist min Rot. Lig nit drin wie die Sau im Kot»!), und der sich mit den Schwächen der verschiedenen Stände auseinandersetzende «Nollhart». Die Fasnachtsspiele wurden, wie dasjenige der Druckergesellen anno 1511, meist auf dem Kornmarkt (Marktplatz) gegeben, wo dafür eigens eine riesige «Brügi» (Podium) aufgestellt wurde. Die Warnung des Re-

formators Wilhelm Farel im Jahre 1523, ein Christ solle sich hüten vor dem Fasnachtsspiel und vor Götzen, dämpfte die Spielfreude dann entscheidend. Spott und Hohn wurden von Moralitäten und biblischen Dramen verdrängt, ohne aber ganz auf derblustige Szenen und die typischen Fasnachtsfiguren (Narr, Teufel, Bauer) zu verzichten. Noch gelangten 1546 das Theaterstück von Abraham (unter Ausschluss von Maskierten) und 1550 das Volksschauspiel «Der Weltspiegel» des Spitalpfarrers Valentin Boltz zur Aufführung, dann erlosch die Tradition der Fasnachtsspiele, bis sie 1939 durch die Inszenierung von Gengenbachs «Gouchmatt» im Treppenhaus des Kunstmuseums durch ein vornehmlich von Studenten gebildetes Ensemble nochmals aufflackerte.

Fasnachtsfeuer

Ein Vergnügen, welches die jungen Leute zur Fasnachtszeit immer wieder reizte, war das Abbrennen von Pulver und Feuerrädern, das Schiessen mit Büchsen, das Werfen von Raketen, Lustkugeln, Granaten und Feuerteufeln sowie das Legen von Schwärmern und Kästenen (eine Art Feuerwerk), was immer wieder zu Klagen Anlass gab. So verordnete die Vorstadtgesellschaft zum hohen Dolder auf den «bevorstehenden Fasnachts Kinder Umzug» 1783: «Dass aller Unordnung und Unglück mit dem schädlichen Bettelschiessen, wie es leider seit vielen Jahren im Missbrauch erwachsen, wodurch alle Umzüge zerstöret worden, vorgebogen werde, als wollen wir solches nicht nur gänzlichen verbotten, sondern wann wider Vermuten ein oder mehrere Knaben während dem Umzug bettelweise vor den Häusern zu schiessen sich erfrechen würden, derselbe sogleich ohne Nachsicht von dem Zuge verstossen und angezeigt werden solle.»

Beliebt war auch das Umgehen mit Fackeln auf der Pfalz und das Anzünden von Fasnachtsfeuern. Das Abbrennen von Höhenfeuern und Frühlingsfeuern auf möglichst weithin sichtbaren topographischen Erhöhungen, welches über ganz Europa verbreitet ist und den nahenden

Frühling begrüsst, ist nicht besonders an die Fasnachtszeit gebunden. Wenn aber, dann meistens am Sonntag nach Aschermittwoch (Invocavit, Funkensonntag). In Basel ist dieser Brauch erstmals 1416 bezeugt, als im Kleinbasel «an der alten Vasnacht» den Knaben, welche «mit den Faklen zusammen gand», ab «dem Brett» (Staatskasse) ein Imbiss spendiert wurde. 1447 sah sich die Obrigkeit genötigt, «den jungen und alten Knaben» zu untersagen, Fackeln zu tragen, weil «in disen (Zeit) löuffen solichs grossen Schaden bringen möchte». 1476 verschärfte sie das Verbot auf «das Für machen wie es vorher in Gewonheit gebrucht ist». Doch zu unterdrücken war das beliebte Volksvergnügen mit der Angst vor Feuersbrünsten nicht. Im Gegenteil: Acht Jahre später musste die Obrigkeit erneut zum Mittel des öffentlichen Ausrufs greifen, um die mit dem Abbrennen von Fasnachtsfeuern verbundenen *Auswüchse* abzustellen: «Demnach und bisher in Übung gewesen ist, dass uff der alten Fassnacht zu Nacht uff der Pfalz uff Burg (Münsterplatz) die jungen Knaben mit Fackeln und Für gezogen sind, uff der Schyben sich mit einander geslagen hand, davon zem dicken (öftern) Mol Uffruor erwachsen sind, so haben die bed Röd (Kleiner und Grosser Rat) erkannt, dass hinfür zu ewigen Zitten nit me gestattet werden soll, dass kein Vassnacht Für, noch kein Schlagen uff der Schiben noch Pfalzt noch sust an keinem End in der Statt» geschehen. Mit den «Schiben» mögen die sternförmig ausgezackten und in der Mitte mit einem Loch versehenen Feuerscheiben aus Ahorn- oder Buchenholz gemeint sein, die von den Teilnehmern am lodernden Feuer entzündet und, von Segenswünschen begleitet, mittels einer Haselrute in die Nacht hinaus geschleudert wurden. Trotz Verbots entzündeten 1554 auch die Kleinbasler ein Fasnachtfeuer. Als Amtmann Bastian Grieb «das Vasnacht Für hat wellen abstellen», ist ihm der Karrer Ueli Gebhart «mit ungeschickten Worten kommen, ist an ihn geroten, hat ihn gschlagen und ihm ouch den Bart halber usgroufft». In dieser Sache einvernommen, erklärte der Müller Ueli, «man hab schon vor hundert Joren do ein Für gmacht». War es 1808 «muthwillige Holzverschwendung», welche die Regierung zum erneuten Verbot des «zur Zeit der Fastnacht vermeintlichen Freudenfeuers» veranlasste, so standen 1845 feuerpolizeiliche Gründe im Vordergrund, die das Tragen offener Fakeln als unstatthaft erklärten. Polizeidirektor Landerer lieferte die Begründung für die für das Aufkommen der Laternen entscheidende Verfügung: «Wir haben zu berichten, dass bereits seit mehreren Jahren die Züge, welche den *Morgenstreich* schlagen, sich zum Theil der offenen Fackeln zur Beleuchtung bedient haben. Im vorigen Jahr sah sich die Polizei veranlasst, das Tragen von offenen Fackeln des gänzlichen zu untersagen. Wir halten dafür, dass es immerhin mehr oder weniger gefährlich sey, wenn bei früher Morgenzeit, namentlich durch eine grosse Zahl lustiger Knaben, bei ihren Morgenstreich-Zügen unsere Strassen begangen werden und glauben hiermit, dass es dem Interesse der allgemeinen Ordnung und Sicherheit jedenfalls angemessen sei, das Tragen von Fackeln zu jener Zeit zu untersagen; den Betreffenden überlassend, sich, behufs der Beleuchtung, verschlossener Laternen zu bedienen.»

Die Tradition der Fasnachtsfeuer wurde durch das Verbot des Fackeltragens nicht beeinträchtigt; sie blieb bis Anfang unseres Jahrhunderts erhalten. Die letzten Bewilligungen sind für die Standorte Schützenmatte, Innere Bachlettenstrasse, unterhalb der Eisenbahnbrücke auf der Breite, Holeelettenfeld, Festplatz ob Gundeldingen, Klosterfiechten, Bachgraben und im Rheinbett beim Bläsiringweg erteilt worden. Noch 1911 wusste die Tagespresse zu berichten: «Einem althergebrachten Volksgebrauche gemäss fand wieder das alljährliche Abbrennen der sogenannten Fastnachts-Feuer statt. In mächtigen Feuergarben loderten die Flammen zum Nachthimmel empor; sowohl an der Peripherie der Stadt wie in der nähern und fernern Umgebung in der Schweiz und der elsässischen und badischen Nachbarschaft konnten diese Flammenzeichen beobachtet werden.»

Im Scheine glühender Fasnachtsfeuer drehte sich auch die Jugend im *Tanze*. Die glimmende Glut vermochte manchen Liebesschwur zu entzünden, und nicht jeder führte in den Ehegerichtssaal wie jener der Barbara Fy und des Lorenz Biedermann, die sich anno 1568 wegen eines bei diesem Anlass abgegebenen Heiratsversprechens zankten; in der Zeit vor Fasnacht wurden übrigens damals die meisten Ehen geschlossen. Das oft nur bei bestimmten Ereignissen tolerierte Tanzen war jedenfalls als Ausdruck unbeschwerter Freude wie als «hürische» Zügellosigkeit ein fester Bestandteil der Fasnacht. Als 1435 Herzog Wilhelm von Bayern auf Verlangen des Basler Konzils das Tanzen zur Fasnachtszeit untersagte, berichtet Rudolf Wackernagel in seiner Geschichte der Stadt Basel, erhoben die Basler Frauen, obwohl sie sich nicht an das Tanzverbot hielten, ein grosses Geschrei und klagten: «Wäre unser Herr, der Kaiser, selbst hier, er hätte uns unsere Freude nicht verdorben. Aber weil der Herzog selbst keine Freude hat, so will er sie uns auch nicht gönnen.» Dass es viele Narren gebe, stellte Pfarrer Gast 1548 geringschätzig fest, beweisen manche Bürger, die maskiert in der Stadt herumliefen und ebenso die, welche Rundtänze aufführten; eingewurzelte Jugendtorheiten liessen sich eben kaum mehr meistern! Den eher sittsamen Tanzvergnügen der Bevölkerung auf den Stuben der

---

Kostspielige Fastnachten

Dass Unsere Gnädigen Herren, die Regierung also, sich die fasnächtlichen Lustbarkeiten im Zusammenhang mit Besuchen aus der Eidgenossenschaft etwas kosten liessen, belegen die obrigkeitlichen Rechnungsbücher. So wurden beispielsweise als Ausgaben notiert:
1504: *«64 Pfund 17 Schilling 9 Pfennig so über die Vasznacht unser lieben Eydtgenossen von Zürich by unns gehept hand.»*
1520: *«16 Schilling für ein Schenkkannen der Landtschriberin, ist uff der Vasznacht verloren worden».*
1521: *«4900 Pfund 13 Schilling 11 Pfennig so über die Vasznacht unser getruwen lieben Eydtgenossen von den dryen Waldstetten, namlich Lutzern, Ure und Switz, und ander unser lieben Eydtgenossen, in Win, so ihnen geschenckt, und in Kleidungen, so ihren Dienern worden. Desglichen si uff unser Richthus (Rathaus), den Zünften und Herbergen verzert hand.»*

Zünfte und Gesellschaften standen zuweilen höchst verwerfliche Exzesse gegenüber. 1531 trieben einige Kleinbasler «in Sonderheit in Geists Wys, in wyssen Kleyderen den Todten Tantz, davon etliche, so das gehört und vom Schlaf uffgestanden, übel erschrocken und der Dingen in Kranckheit kommen». Ein Jahr später produzierte eine über 15 Mann starke Gruppe auf der Zunftstube zum Bären (Hausgenossen) und auf dem Kornmarkt (Marktplatz) zu den Weisen des Pfeifers Ulrich Frauenknecht «by Nacht und Nebel» einen Nackttanz, der heftig empörte. Bei Androhung des Schwerts (Todesstrafe!) im Wiederholungsfalle waren Gefängnis und eine gesalzene Geldbusse von fünf Pfund für jeden Übeltäter der Lohn für solch urtümlich wüste Maskerei.

Eidgenössische Fasnachten

Ein festliches Gepräge vermittelten der Fasnacht dann und wann auch eidgenössische Besuche, die nicht nur der Belustigung der Bevölkerung dienten, sondern auch die Freundschaft mit den einzelnen Orten festigen sollten. Am 21. Januar 1503 wurde eine Schar Zürcher, die sich in Mumpf «in Bögen Wis anleittend» und per Langschiff Basel erreicht hatten, bei der Kartause von 500 Baslern mit allen Ehren empfangen und in die Stadt geleitet. Dabei waren Gassen und Häuser derart mit Zuschauern besetzt, dass der Zürcher Chronist Edlibach rühmend vermerkte: «Und lugt da ein so gross' Welt, dass ich die Zahl nit schreiben will, dafür ich sie gehört schätzen, man find' wohl einen, der es nit glaubte.» Im «Storchen» erschienen Bürgermeister und zahlreiche Räte und «fingen an, mit solchem Fliss die Zürcher Gott wilkomm sin, also mit köstlichen hübschen langen Worten, also dass ich sie nit schriben kann, nit anders, als ob sie liblich Brüder wärend»! Fünf Tage verweilten die Gäste, die sich auf den Strassen in den Farben der zwölf andern Orte zeigten und auch mit Trinkgeldern nicht sparten, in unserer Stadt und erfreuten sich herzlicher Sympathie. Der Besuch der Luzerner, die auf die Fasnacht 1508 ihre heroische Maskenfigur, den greisenhaften *Bruder Fritschi*, der ihnen «zur Mehrung fasnächtlicher Kurzweil» im vorausgegangenen Spätjahr von den Baslern durch Jacob Meyer zum Hasen heimlich entführt worden war, hätten heimholen sollen, ist allerdings auf Gesuch der Waldstätter um einige Monate verschoben worden. Doch blieb der fasnächtliche Habitus der Einladung bestehen, hatten die Luzerner doch den «getrüwen lieben Eidtgenossen» am Rheinknie ans Herz gelegt: «Damit Ihr Bruoder Fritschin, unsern eltesten Burger, gespisen und in Gsundheit ouch bim Leben bhalten mögent, so gebent ihm Sprüwer ze essen. Das ist sin Narung!» Den 150 Gästen wurde ein glänzender Aufenthalt mit grossem

Ball auf dem Petersplatz und vergnügten Büchsenschiessen geboten. Bei der offiziellen Mahlzeit, zu welcher auch die Bürgerschaft Zulass fand, wurden nicht weniger als 1764 Hühner, 53 Lachse und 50 Stockfische verzehrt; den notwendigen Wein spendeten der Bischof, der Weihbischof und der Abt von Lützel. Zwei Mann von jeder Zunft sorgten mit Bengeln und Knebeln für Ordnung während der feuchtfröhlichen Lustbarkeiten und hüteten mit Argusaugen Bruder Fritschi. Als die Luzerner und ihre zugewandten Orte nach fünf Tagen sich zum Rückmarsch rüsteten und sich mit «grosser Danksagung und freundlichem Begnaden» verabschiedeten, gab ihnen der Rat 80 Karpfen mit auf den Weg, und der baumstarke, aber «nit vast witzige» (einfältige) Brunnknecht, der die in den Luzerner Standesfarben gekleidete Strohpuppe des Bruder Fritschi auf den Schultern trug, erhielt einen Rock aus Londoner Tuch. So nahm der berühmte Fritschizug, von dem ein Chronist nicht zu Unrecht behauptete, dass er ewigen Gedächtnisses würdig sei, ein glückliches Ende.

Müülhauſer werden in Baſel zu Recht gewieſen.

Mülhauser Fasnächtler in Basel, 1842: «Es ist lange her, dass Mühlhausen ein zugewandter Ort der Schweiz war. Einige junge Fanten scheinen dies vergessen zu haben, als sie im letzten Jahre die Maskenbälle in Basel besuchten. Sie wollten den guten Bürgern von Basel begreiflich machen, dass sie Franzosen seien und unter diesem Titel das Recht haben, den Ton anzugeben und ihren Muthwillen zu treiben. Die Zeit ist aber nicht mehr, wo, wie im Märzbild zu sehen, der Musje Franzos quelle heure fragt, und dem Bonhomme Schweizer die Uhr für eine lange Nase austauscht. Baslerstab ist Trumpf, hiess es, als die Knaben von der grossen Nation durch unverschämte Spässe die bekannte Baslergeduld auf die Probe setzten. Ein ächtes Baslerbürgerkind kann viel ertragen, aber nur von seinen eigenen Herren. Gegen den Fremden und was es darunter versteht, da macht es kürzern Prozess als irgend wer im Schweizerlande. Und das haben denn auch die Franzosen erfahren, wie hier Figura zeigt. Was das für gesunde Fäuste sind! Welche Überzeugung in dieser Beweisführung! War wohl der Holzach auch dabei, der letzthin einem ganz ehrenfesten Gericht seine nervigen Fäuste als Rechtsbeleg unter die Nase hielt? Recht so, Bürger, wehrt euch für Weib und Kind, lasst euch von keinem fremden Propheten an der Nase führen.»
Lithographie von Gustav Affolter.

Ehe die Reformation die freundeidgenössischen Beziehungen trübte, stellte sich noch eine grosse Delegation Innerschweizer mit dem Uristier sowie zahlreichen, teils eigenartigen Musikanten (vergleichbar mit den heutigen Guggen) und einigen Narren und dubiosen Frauen – jedenfalls «das richtige Personal» zu fasnächtlichen Umzügen und Tänzen – bei uns ein. Dieser Besuch galt als Revanche für den Kilbenbesuch der Basler anno 1517. Die Grosszügigkeit, mit der die Basler ihre Gäste aus den Waldstätten bewillkommneten, schlug sich deutlich in den Ausgaben nieder: Die prunkvollste der eidgenössischen Fasnachten verschlang nicht weniger als 4900 Pfund, mehr als der Jahresertrag der grössten damaligen Steuer, des Weinumgeldes, einbrachte! Immerhin liessen die Gäste als Gegengabe hundert Gulden zurück, die aber sogleich auf den Zünften im Gedenken an die lieben Miteidgenossen verschmaust wurden: «So bitt ich Gott, dass es werd' wahr, dass wir von jetzt dann über ein Jahr einander wieder finden. Mit g'sundem Leib und frischem Muth, mit mehr Freuden und minder Sünden!»

Vorfasnächtliche Veranstaltungen

Anno 1879 sind die vorfasnächtlichen Veranstaltungen neuzeitlichen Zuschnitts in Mode gekommen und haben besonders während der letzten Jahre enorm an Bedeutung zugelegt. Die Wiege dieser Anlässe stand in der Brauereiwirtschaft «Glock» in der Aeschenvorstadt. Dort also ging in jenem Jahr ein grosses *Preistrommeln* über die Bühne, das von einem Basler gewonnen wurde. «Dieser verstand die Trommel und die Herzen der Zuhörer so zu rühren, dass nicht allein unendlicher Beifall den Wackern lohnte, sondern der Lorbeerkranz samt Beilage einstimmig ihm zuerkannt wurde.» Bald wurden durch private Initiative in den stadtbekannten Wirtshäusern «Löwenfels», «Löwenzorn», «Salmeck», «Gundeldingerhalle», «Clara» und «Greifen» weitere Wetttrommeln durchgeführt. Und die Presse stellte anerkennend fest, die Preistrommeln hätten so viel zur Hebung der Basler Lieblingskunst beigetragen, dass von Jahr zu Jahr Fortschritte zu verzeichnen seien. 1912 entschloss sich das Fasnachts-Comité erstmals zur Durchführung eines «Grossen Offiziellen Preistrommelns» in der Burgvogtei. Die Konkurrenten hatten kostümiert aufzutreten, damit in der Beurteilung keine Beeinflussung erfolgen konnte, und wurden in der Reihenfolge der gezogenen Nummern aufgerufen; als Preise winkten zehn silberne Becher. Die Organisation aber lag weiterhin bei den Cliquen, die indessen darauf zu achten hatten, dass «nicht zwei Trommelkonzerte am gleichen Tag stattfinden». Erst 1930 wurden die zahlreichen Einzelanlässe auf ein einziges «Preistrommeln und Preispfeifen» konzentriert und dem Patronat des Fasnachts-Comités unterstellt. Die eklatante Zunahme der Anwärter-innen auf die Königswürde stellte höchste Ansprüche an den technischen Ablauf der Konkurrenz. 1977 führte die organisierende «Olympia» Vorentscheidungen ein, um «die Hauptveranstaltung, an welcher nur noch die 20 Besten jeder Kategorie zu hören sind, auf ein erträgliches Zeitmass zu reduzieren». Der 1983 neu eingeführte Modus übertrug die Verantwortung einem aus Vertretern von fünf Cliquen gebildeten Organisations-Komitee, das mit wechselnder Beteiligung der Stammcliquen für den jeweiligen «Mammut-Anlass» verantwortlich zeichnet. Die gewohnte Atmosphäre ist deswegen aber nicht beeinträchtigt worden. Noch immer «erinnert das Ganze ein wenig an Spitzensport. Die Pfeifer gurgeln vor dem Start mit Weisswein oder befeuchten die Lippen mit Zitronenschnitzen, die Trommler schlenkern ihre Handgelenke oder lassen sie massieren. Und beim Auftritt der Virtuosen ist es so still wie im Theater».

Seit 1889 lässt die Studentenverbindung «Zofingia» alljährlich ihr sagenhaftes «Konzärtli» steigen. Im Unterschied zu den vom Klang der Trommeln und Pfeifen geprägten «modernen» vorfasnächtlichen Veranstaltungen findet beim *Zofingerkonzärtli*, das jeweils nur in zwei Aufführungen gegeben wird, die traditionsreiche baslerische Volksmusik kaum Anwendung. Vielmehr sind es einerseits kammermusikalische Darbietungen und andererseits komödiantenhafte Auftritte lokalen Kolorits, welche die typischen Akzente setzen. Zentrales Geschehen ist dabei das sogenannte Stiggli, ein von beissender Satire durchzogenes Theäterlein in drei Akten, das von Protagonisten, welche stadtbekannte Persönlichkeiten verkörpern, dargestellt wird. Wer sich hinter den von den rund 30 Konzärtli-Gestaltern makaber als «Konzärtli-Leichen» bezeichneten Honoratioren verbirgt, ist aus der jeweiligen Programmanzeige zu erraten.

Auf Initiative des «Fasnachts-Comités des Quodlibet und des Wurzengraber-Kämmerli» wurde am 26. Februar 1906 im grossen Saal der Burgvogtei erstmals ein *Monstre-Trommelkonzert* dargeboten. Trommler- und Pfeifervorträge prägten neben Auftritten eines Musikvereins und der Mandolinengesellschaft glanzvoll das Geschehen. Und damit ward gleich die Basis für eine traditionelle Veranstaltung gelegt, ohne welche die Basler Fasnacht nicht mehr denkbar wäre. Die National-Zeitung berichtete schon nach der ersten Vorstellung keineswegs überrascht: «Schon lange vor 8 Uhr war die Halle gepfropft voll, wie sich übrigens voraussehen liess, und noch immer wollte sich ein Menschenstrom von beängstigender Wucht Einlass verschaffen. Die Leute harrten in den Gängen und sogar im nassen Garten wacker aus. Noch nie war die Jungmannschaft so zahlreich zugegen, wie bei diesem Anlass, aber auch alle alten Trommel- und Fastnachtskoryphäen Basels waren erschienen.» Und so wurden bis 1910 jeweils am Montag vor Aschermittwoch in der Burgvogtei weitere Konzerte abgehalten. Als 1911 das Fasnachts-Comité nun für die Veranstaltung verantwortlich zeichnete und das «Monschter» in den Musiksaal des Stadtcasinos verlegte («was auch eine Anerkennung des Trommelns als ernstzunehmende Musikgattung bedeutete»), wurde dies in der Öffentlichkeit zustimmend aufgenommen. Denn «auch die obern Zehntausend schenken diesem gediegenen Anlass von Jahr zu Jahr ein steigendes Interesse, was für unser altes Volksfest wirklich nur begrüsst werden kann». Zur begeisterten Resonanz beigetragen hatte zweifellos die Bereicherung des musikalischen Programmteils, waren nun doch auch die Trommelschüler und ein Schnitzelbank zu hören. Orchestermusik aber war noch immer gefragt, wie dem zwei Jahre später mit *Karl Küchlin* abgeschlossenen Vertrag über die inskünftige Benützung seines Variété-Theaters an der Steinenvorstadt zu entnehmen ist. Und eine solche war auch notwendig, denn «bei rund ein Dutzend Märschen, die es gibt, kann logischerweise nicht jede der 18 Gesellschaften einen andern Marsch trommeln». Während der Jahre des Ersten Weltkrieges wurden die Trommelkonzerte zugunsten wohltätiger Zwecke durchgeführt. Demjenigen von 1916 ging ein grosser unkostümierter Zapfenstreich voraus, «gewissermassen als Gratiskonzert für diejenigen Schichten unserer Bevölkerung, die sich eine Eintrittskarte in das Variété-Theater nicht leisten können. Zehntausende von Zuschauern säumten den Weg».

1922 erkannte das Fasnachts-Comité, dass «ein Bindeglied in komischem Rahmen hergestellt werden muss, und dass auf diese Weise den einzelnen Cliquen in Form einer Revue Gelegenheit geboten wird, aufzutreten». So wurden die nachgehend berühmten Figuren des Haimlifaiss und des Dipflischysser aus der Taufe gehoben, die «mit ihren durch Schwerhörigkeit bedingten Miss-

Fasnachts-Helgen von Dany Gignoux

verständnissen Lachstürme entfesselten».
Und als 1944 «sogar eine lärmende Guggenmuusig unangemeldet durch den vollen
Küchlin-Saal platzte», hatte das «Drummeli»
seine wohl endgültige Form gefunden: «Das
Trommelkonzert wurde durch den Ausbau
des ‹Rahmens› äusserst populär. Der Prolog
wurde gekürzt, und Zwischenspiele wurden
eingesetzt, die auf fasnächtliche Sujets Bezug nehmen.»

War noch 1908 «die Mitwirkung für alle
Zugstambouren obligatorisch erklärt und von
64 Tambouren und 10 Pfeifern befolgt worden», so wuchs die Zahl der Cliquen im Verlauf der Jahre derart an, dass 1962 «Pau-
sierungen» eingeschaltet werden mussten.
Auch die Anzahl der Konzerte vermehrte sich:
von 1918 bis 1925 wurden jährlich zwei
Aufführungen dargeboten, dann deren drei.
1940 waren bereits sechs und 1948 acht
Konzerte notwendig, um der Nachfrage einigermassen zu genügen, und 1956 wurde
nochmals um eine Vorstellung erweitert.
Auch mit dem erhöhten Kartenangebot blieb
das Verteilen der «Billijes» noch immer pro-
blematisch. Während Jahren fand der Vorverkauf jeweils am frühen Morgen an zehn
Schaltern der Mustermesse statt. Wer zu
Karten kommen wollte, hatte eine stundenlange Wartezeit auf sich zu nehmen. Seit
1971 gehören die legendären *Riesenschlangen*
und nächtlichen Heerlager, die sich vor dem
Messegebäude aufstauten und zu endlosen
Kontroversen führten, der Vergangenheit an:
die Billets gelangen durch eine Verlosung in
den Vorverkauf! Trotz aller Kritik, die vornehmlich immer wieder die «Rahmestiggli»
anvisierte, welche «zugunsten des äussern,
raffinierten Technik-, Tonband- und Kulissen-
aufwands an Inhalten verlieren», findet der
von jeweils mehr als tausend Mitwirkenden
getragene «herrliche Fasnachtszauber» allgemeine Akzeptanz: Prolog, Epilog, Trommler-
und Pfeiferkunst, Schnitzelbangg und Guggemuusig vermögen im Einklang mit dem
Schauspielensemble (man denke ans Rösli
Rybyse, Fridy Rumpelsuri, an Jogi Bär und
Bubu Wunderfitz, an die Balkonszene mit
Gläppersämi, Glepfgatter, Olga Hübsch,
Guggehyrli, Kohldampf, an den Lumpen-
sammler und den Verkäufer) und dem Büh-
nenbild den stetem Wandel unterworfenen
Zeitgeist trefflich auszuleuchten. Und das ist

Zeugnis empfindsamer, einfühlender Regie
und reifer musikalischer und dramaturgischer
Auseinandersetzung.

Mit einer gewissen Regelmässigkeit
gelangt seit 1971 in den Aus-
stellungsräumen des Museums für
Völkerkunde das sogenannte *Museumskonzärtli*
zur Aufführung. Das Typische an diesem kon-
zertanten Anlass ist die Konzentration auf ein
einmaliges thematisch aufgebautes Trom-
mel- und Pfeiferkonzert, das beispielsweise
Festspielmärschen oder Militärmärschen gewidmet sein kann. Für den aussergewöhnlich
hohen Grad musikalischer Virtuosität garan-
tieren führende Tambouren und Pfeifer (ursprünglich Old Stars), die sich über alle
Cliquengrenzen hinweg zusammenfinden
und ihre Musik als eigenständige Kunstform,
als die Basler Volksmusik, vorführen.

1976 verzeichneten die vorfasnächtlichen
Veranstaltungen nicht weniger als drei Neuzuzüge: Neben dem von der Ueli-Clique ini-
tiierten «Ensemble-Preistrommeln», welches in erster Linie witzige Originalität im
Auftritt prämierte (bis 1991), erwiesen sich
das «Pfyfferli» und das «*Charivari*» als «Dau-
erbrenner». Als eine Art Parallelveranstal-
tung zum «Monster» wurde am 16. Februar
1976 im Volkshaus das Kleinbasler «Charivari» aus der Taufe gehoben, das seither mit
grösstem Erfolg in bunter Mischung fasnäch-
liche und auch einige fasnachtsfernere Darbietungen auf die Bühne bringt. Von «Ba-
schi» (Marcel Liechti) erdacht und von «Am-
medysli» (Armin Faes) im Teamwork umgesetzt, finden sich im reichhaltigen Programm
immer auch musikalische Experimentier-
nummern, temperamentvolle Schnitzelbänke (wie diejenigen der Luggebiesser) und
feinsinnige literarische Beiträge. Unter dem
Motto «uus em Volgg, fir s Volgg» versuchen
die mit ansteckender Begeisterung auftretenden Darsteller «eine etwas volkstümliche
Stimmung in den ernsten Unterton der Fasnacht zu bringen». Und dies gelingt ihnen,
wie der unaufhaltsame Zulauf zeigt, immer
auf Anhieb. Ein eigens arrangiertes Kinder-
programm möchte die in Vergessenheit geratene Tradition der Basler Kinderbälle wieder aufleben lassen.

«'s ligt aifach öppis in dr Luft. Dr Föhn, dr
Näbel isch ewäg. Es tönt us alle Gasse:

kumm Bebbi, jetz goht s los!» Mit diesem
Prolog ging 1976 das erste «Pfyfferli» im
«Fauteuil» über die Bühne. Denn, Jahr für
Jahr von Frau Fortuna vergessen zu werden
und infolge Billetsmangel mit nassen Augen
abseits vom Drummeli stehen zu müssen,
rufe nach Alternativen, sinnierte Roland
Rasser. Und so erfreut mit vorwiegend kaba-
rettistischem Programm und durch glanzvol-
le musikalische Surprisen bereichert, das
Kleintheater am Spalenberg im zweijährigen
Turnus die Fasnachtsfreudigen.

Eine «*Stubete*» zu geben, also Freunde und
Bekannte unmittelbar vor oder während der
Fasnacht zu einem Umtrunk in seine schöne
Stube zu bitten, ist eine zwar neuzeitliche,
aber doch überaus sympathische Erscheinung im Basler Fasnachtsleben. Sind es so
viele Gäste, dass die Wohnstube zu wenig
Platz bietet, dann mag es eben die Wirts-
stube sein, welche die befreundeten Fasnächtler aufnimmt. «Sir Francis», stadtbe-
kannter Glaibasler Baizer, tritt seit 1981 in
seiner Ueli-Stube bei der Mustermesse als
umschwärmter Gastgeber auf. Musikalische
Begabung, «Sprüch am Laufmeter» und temperamentvolle Mimik wären für eine Ein-
mannschau völlig ausreichend. Aber da sind
noch die Barogg-Harmonigger, die Griene
Hünd, altgediente Rahmenspieler des Mon-
schters und viele andere, die zündende Beiträge liefern. Was einst der Stammtischidee
zu Grunde lag, «Ausweichstelle» für ausver-
kaufte vorfasnächtliche «Grossveranstaltun-
gen» zu sein, hat sich längst als trügerisch
erwiesen: ein begehrtes Eintrittsbillet zu
ergattern, ist ein besonderer Gunsterweis
der Göttin Fortuna!

Das eben noch durch das «Mimösli» im
«Häbse-Theater» erweiterte Programm der
vorfasnächtlichen Veranstaltungen wird im
nächsten Jahr (1993) insofern eine wesentliche Veränderung erfahren, als das «Monschter» nach achtzig Jahren «Küchlin» inskünftig in der Mustermesse über die Bretter
gehen wird. Dies hat nicht das Ende der so
beliebten Veranstaltung zu bedeuten, sondern kann auch Chance sein, dass neuer
Wein die alten Schläuche füllt. Und damit
wäre einmal mehr unterstrichen, dass unsere
Fasnacht keine verstaubte museale Institution darstellt, sondern eine lebendige Tradition bleibt.

St. Gregoriusfest, Rutenzug und Büchleinlaufen

Am 12. März wurde alter Übung gemäss auch in Basel das Fest des heiligen Gregor gefeiert. Gregor der Grosse († 604), «vielleicht der genialste und einflussreichste Papst des ersten christlichen Jahrtausends», wird wegen seiner profunden Gelehrsamkeit und Musikalität (u.a. Begründer des Gregorianischen Chorals) als Patron der Schüler, Schulen, Studenten, Lehrer, Gelehrten, Musiker, Sänger und Maurer verehrt. Aber nur die Schüler begingen den Gregoriustag besonders festlich; das war ihr Feiertag zu Beginn des neuen Schuljahres: Die Schuljugend erkürte aus ihrer Mitte einen Bischof und zwei niedere Geistliche. Diese wurden in priesterliche Gewänder gekleidet und hielten unter dem Geläute der Glocken in der St. Theodors-Kirche oder im Münster Einzug. Denn «sidmols der (Valentins) Altar ouch in Sant Gregorien er gewihet ist, wöllent die Schüler daruf ein Mess singen, die wille si uff den Tag gewohnlich anvochent, zu Schul gon und ir Fest ist», wie das im 15. Jahrhundert angelegte Jahrzeitbuch der Kleinbasler Pfarrkirche aussagt. Während nun der Schülerbischof und die beiden Diakone unter «allerlei lächerlichen Geberden» auf den Chorstühlen vor dem Altar Platz nahmen, begann der ordentliche Pfarrer mit seiner Predigt an die Schülerschaft, worauf der Knabenbischof das Wort zur freien Ansprache ergriff, die gewöhnlich in Reimen gefasst war. Nach dem allgemeinen Gesang des Gregoriusliedes begaben sich die Pseudogeistlichen und ihr Gefolge in langer Prozession auf die Strasse. Voran die Bubenfähnlein, dann der verkleidete Bischof hoch zu Pferd, schön geziert und angetan mit Mitra und Krummstab, an seiner Seite die beiden «Diakone». Die kleineren Schüler waren phantastisch herausgeputzt als Engel, Apostel, Heilige, Könige, Priester, Edelleute, Schneider, Narren und Heiden. Auf ihrem Gang durch die Stadt wurden den Schülern alsdann Brezel, Wecken und Wein gereicht. Anstatt der Kreuze und Kirchenfahnen wurden dem Kinderbischof aber auch Brezeln an buntbebänderten Stangen vorangetragen. Die Aufführung einer geistlichen Komödie beschloss jeweilen den St. Gregorius-Tag.

Das Rutenfest

Ein weiteres Schulfest, das allerdings weniger bedeutend als dasjenige des Tages des heiligen Gregor war, wurde im Sommer abgehalten: das Rutenfest. Die Rute war, wie wir alle wissen, ein gefürchtetes Instrument in der Hand des Lehrers! Und

Bildnis eines Schülers aus dem Waisenhaus. Zweite Hälfte letztes Jahrhundert.

es brauchte herzlich wenig, bis der gestrenge Schulmeister zur Fitze griff und den Hinterteil seiner Zöglinge mit saftigen Schlägen versohlte gemäss dem «pädagogischen» Grundsatz: «Nominativo: leg di. Genitivo: streck di. Dativo: über d' Bank. Accusativo: mach nit lang. Vocativo: o weh. Ablativo: 's isch scho g'scheh.» Die Schulordnung von 1540 hatte dem der Münster- und Petersschule gemeinsam gestellten Vorsteher aufgetragen, bei heischender Notdurft die Rute selber zu handhaben. Versäumnisse und andere Pflichtverletzungen wurden unnachsichtig bestraft; auch noch an den ältern Zöglingen, denen verboten war, mit halbangezogenen Mänteln, zerhauenen Stiefeln, mit Degen, mit Soldatenmützen oder Reisehüten in der Schule zu erscheinen. Das erklärte Ziel des Unterrichts auf Burg war, «die Knaben unter der Ruoten also lang zu üben, bis sie in der lateinischen Sprache reden und schreiben und auch im Griechischen nicht unerfahren sind»! Da «machte der Schulmeister einen rechten Glaubensartikel draus, dass die Ruthe fromme Kinder mache, weswegen auch die Kinder die Ruthe, auch wenn sie schon fünzigmal sie berührt, mit grosser Andacht herzen und küssen mussten, wobei ihnen der Schulmeister das schöne Sprüchlein vorbetete: ‹Ach, du liebe Ruthe, du thust mir viel zu gute›»!

Einmal im Jahr aber durften die Schüler die Rute nach allen Kanten mit Spott und Hohn überschütten. Sie zogen in den grünen Wald und banden Zweige und Äste unter allerhand Spässen zu sonst so verwünschten Plagegeistern. Diese fröhlich über den Köpfen schwingend, wurde triumphale Rückkehr in die Stadt gehalten und dabei voller Übermut gesungen:

Ihr Väterlein und ihr Mütterlein,
Nun sehend, wie wir gehen herein,
Mit Birkenholz beladen,
Welches uns wohl dienen kann,
Zu Nutz und nit zu Schaden.

Euer Will' und Gottes Gebot
Uns dazu getrieben hat,
Dass wir jetzt unsre Rute
Über unsrem eignen Leib
Tragen mit leichtem Mute.

Der Rutenzug wird 1578 in der Ordnung für die Schule auf Burg ausdrücklich als Festtag bezeichnet; verfügt wurde 1770 die Abschaffung für Mädchen.

Das Büchleinlaufen

In die Reihe der Schülerbräuche gehörte auch das sogenannte Büchleinlaufen. Der Wettlauf um Bücher wurde alljährlich an irgend einem Tag abgehalten. Die Schüler zogen, begleitet von ihren Lehrern und einem Zinkenisten, wohl geordnet und singend vor die Tore der Stadt. Dort liefen sie in hart umkämpfter Wette um Bücher, die an Stangen aufgesteckt waren. Mit diesem Wettlauf wurde bezweckt, dass dem angehenden Nachwuchs für Handwerk und Handel eine zusätzliche sportliche Betätigung zuteil wurde, statt ihn «mit dem Griechi-

schen in der Hoffnung der Vergessenheit zu plagen»; deshalb sind die Gymnasiasten von diesem Vergnügen ausgeschlossen worden.

Noch 1888 liefen die Schüler der Theodorsschule auf der Schützenmatte um Bü-

«Das Universalzuchtmittel dieser Zeit (1588) war im allgemeinen die Ruthe, daneben in Basel der Esel. Es gab eine Eselstrafe für schlechtes Betragen und Unfleiss, damit der Jugend ein Zaun eingelegt wird, damit sie nicht nach Gelüsten schwätzt und allerlei Muthwillen treibt. Für unruhige, böse, muthwillige Buben eine Gattung der Pein und Schmach. In den obern Klassen, damit man die Jugend gewöhnt, sich in- und ausserhalb der Schule der Muttersprache zu enthalten und sich allgemachst gewöhnt an die schöne lateinische Sprache.»

Die Radierung von Daniel Burckhardt-Wildt aus dem Jahre 1789 zeigt den Schuldiener des Gymnasiums, der die von der Lehrerschaft ausgesprochene Strafe vollzieht und einem Schüler die Eselskappe aufsetzt.

cher, die auf verschiedenen Distanzen in oben aufgeschlitzte Stäbe gesteckt waren. So konnten sich der schwächere wie der stärkere Schüler einen Preis erlaufen. Im entferntesten Stab war jeweils eine Bibel als Kampfpreis eingeklemmt.

Der Lehrer züchtigt am Lesepult einen ungenügenden Schüler mit der Rute. Aushängeschild eines Schulmeisterehepaars. Gefirnisste Tempera von Hans Holbein d.J., 1516.

Palmsonntag

Am Palmsonntag flammten ein letztes Mal vereinzelte Exzesse im Fastengebot auf, wie beispielsweise anno 1522 bei der berüchtigten «Spanferkelfresserey» im Schlösschen Klybeck, dann floss das städtische Leben, getränkt von Trauer und Busse, gleichmütig dahin. Wurden am «Balmtag Balmen» auch in den Kirchen der Parochien und Klöster geweiht und ausgeteilt, so fand doch die feierliche Palmweihe im Münster seitens von Regierung und Volk den grössten Zuspruch. Die immer wiederkehrende Erneuerung des Jubels, der Jerusalem durchbrauste, als Christus im Triumph in die Stadt einzog, erinnerte an die Worte des Evangelisten Matthäus: «Sehr viele vom Volke breiteten ihre Kleider über den Weg, andere hieben Zweige von den Bäumen und streuten sie auf den Weg.» Domkaplan Hieronymus Brilinger, der 1517 seine Aufzeichnungen zum «Ceremoniale Basiliensis Episcopatus» einleitete und damit die liturgischen Zeremonien des katholischen Basel auf einzigartige und verdienstvollste Weise der Nachwelt überlieferte, widmete auch der kirchlichen Feier des Palmsonntags eine ausführliche Betrachtung. Wir wollen ihr uneingeschränkt folgen: «Der Stiftsschaffner verteilte an diesem Sonntag während des Singens der Sext im Chore der dic im Süden gebräuchlichen Palm- oder Ölzweige ersetzen den Stechpalmen. Die Gehilfen des Schaffners nahmen die Verteilung unter den Schülern in der Schule vor.

Zur Weihe der Palmzweige stieg man dann in folgender Reihenfolge zum Lettner empor: Voran der Dormentarius (Kirchendiener in priesterlicher Stellung, Sigrist), dann ein Ministrant im Chormantel mit der grossen Kerze der Wirte, ein Rauchfassträger, der Subkustos (Verwalter der Kirchenzierden) mit dem Kreuz, der Subdiakon mit dem goldenen Evangelienbuch, der Diakon und der Zelebrant, mit Alba und Chormantel bekleidet. Der Glöck-

ner hatte auch Weihwasser bereitzustellen. Sobald der Zug oben angelangt war, verlas der Subdiakon auf der Epistelseite die Lesung ohne Einleitung, nach deren Beendigung der Vorsänger das Responsorium ‹Collegerunt› begann. Dann sangen zwei Kapläne in Chorrock und Kapuze am Sängerpult im Chore den Vers ‹Unus autem›. War dieser beendigt, so sang der Diakon das Evangelium nach Markus XI: ‹Als Jesus sich Jerusalem näherte.› Daran schloss sich die Palmweihe, indem alle bösen Geister im Namen der Heiligen Dreieinigkeit ausgetrieben wurden. Nach Beendigung verschiedener Gebete stiegen alle auf der rechten Chorseite herunter und schritten über die Chorstufen zum Hochaltar. Dann begann der Gesang ‹Asperges›. Nachdem der Chor mit Weihwasser besprengt worden war, zog man in Prozession über den Münsterplatz. Der Dormentarius mit dem werktäglichen Stabe schritt voran, dann kamen zwei Chorsänger in Alba und Chormantel mit zwei Fahnen, nicht den kostbaren, hinter ihnen der Subkustos mit dem kostbareren Kreuz, das nicht verhüllt war, weiter der Subdiakon, das goldene Evangelienbuch tragend, und schliesslich der Zelebrant und der Diakon. Am Schluss der Prozession schritten zwei ältere Prälaten. Sie trugen zwei Rohrstöcke aufrecht in den Händen. Damit schlugen sie nachher den die Person Christi darstellenden Zelebranten, der sich auf die Erde niedergeworfen hatte. Die Verteilung der geweihten Palmzweige unter das Volk erfolgte unter dem Gesang der Antiphon ‹Und die Kinder der Hebräer trugen Ölzweige und kamen dem Herrn entgegen und riefen Hosianna in der Höhe›. Bei der Prozession über den Münsterplatz trat man nicht in die Johanneskapelle ein, sondern ging an ihr vorbei gerade auf den Sitz des Bischofs vor dem Münster zu. Die Assisii (Hilfsgeistliche) zogen über den Domplatz, ihre Responsorien singend. Wenn man dann vor dem Münster angekommen war, legte

«Palmsonntagslied» von Abel Burckhardt, 1845.

der Subkustos sein Kreuz auf das Kissen nieder, das dort auf einer Stufe bereitgelegt worden ist, desgleichen der Subdiakon das Evangelienbuch. Der Zelebrant trat vor dem Kreuze auf einen dort ausgebreiteten Teppich. Zu seinen Seiten standen die Ministranten. Der Chor stellte sich beiderseits auf. Wenn alle so dastanden und die Responsorien beendigt waren, begannen die Knaben, die im Turme in der Nähe der Glocken aufgestellt waren, den Gesang ‹Gloria laus›. Es war das Lied des Bischofs Theodulf von Orléans.

Pfarrer Hans Baur zu St. Leonhard widmet Flora Schweizer ein Gedenkbild zur Konfirmation. Palmsonntag 1917.

In jüngster Zeit ist der Palmsonntag als Termin der Konfirmation durch den Sonntag vor Christi Himmelfahrt abgelöst worden. Im Bild: Konfirmandin Rosina Bruderer, 1916.

Später traten zwei Vorsänger vor die bei- den rohrtragenden Prälaten hin, empfingen die Rohre ehrerbietig aus ihrer Hand und schlugen damit dreimal behutsam den Zele- branten, der sich auf die Erde niedergewor- fen hatte. Nachdem der Zelebrant die Anti- phon ‹Pueri Hebraeorum› angestimmt hatte, warf er den ersten Palmzweig gegen das Kreuz, ebenso nach ihm die Priester und das Volk. Während dann der Chor die übrigen vier Antiphonen sang, las der Zelebrant vor dem Kreuze kniend aus dem Buche leise das Gebet ‹Deus qui miro›. Wenn die übrigen Antiphonen alle gesungen worden waren, stimmte man das Responsorium ‹Ingre- diente domino› an, die Prozession ordnete sich, wie sich's gehörte, und zog in üblicher Weise durch die Galluspforte in die Kirche und begab sich in den Chor, ohne im Schiff der Kirche halt zu machen. Konnte aber an diesem Sonntag wegen drohender schlech- ter Witterung die Feier nicht gut vor dem Münster abgehalten werden, dann ging die Prozession nicht über den Münsterplatz, sondern man zog durch die Kanonikertür

beim Dreifaltigkeitsaltar des Münsters in den Kreuzgang hinaus und unter dem der Kanonikertür nächsten Gewölbebogen hin- durch gegen die Kapelle des heiligen Nikolaus, von dort gerade auf den Sitz des Bischofs zu.»

Konfirmation und Palmesel

Die Reformation brachte auch die weihevollen Feierlichkeiten des Palmsonntags zum Erliegen; sie wur- den von der Evangelisch-reformierten Kirche durch die Aufnahme der Jugendlichen in die Gemeinde der Erwachsenen, die *Kon- firmation*, ersetzt.

Seit Mitte letztes Jahrhundert gehört die Palmweihe wieder zur regelmässigen kulti- schen Handlung in den katholischen Kirchen der Stadt.

Die an verschiedenen Orten im Bis- tum Basel an den Palmsonntagspro- zessionen mitgeführten «*Palmesel*», die «aus Holz geschnitzten bemalten vollpla- stischen Bildwerke, die Christus beim Ein- zug in Jerusalem auf einer Eselin reitend dar- stellen», sind für unsere Stadt nicht nachge- wiesen. Albert Burckhardt hatte dazu aller- dings in seiner 1887 erschienenen Beschrei- bung der «Charwoche im alten Basler Mün- ster» bemerkt: «In früherer Zeit wurde auch ein sogenannter Palmesel mitgeschleppt. Da jedoch mit dieser Sitte häufiger Unfug ein- riss, wurde derselbe vollkommen verboten.» Von den fünf prächtigen «Palmeseln», die im Historischen Museum in der Barfüsserkirche zu ihrem Gnadenbrot kommen, verdankt ver- mutlich immerhin einer dem um die Mitte des 15. Jahrhunderts in Basel tätigen Holz- bildhauer Hans Tussmann sein Leben.

Karwoche

Die «drei österlichen Tage vom Leiden, vom Tod und von der Auferstehung des Herrn» nahmen im katholischen Basel mit der Abendmahlsmesse des *Gründonnerstags* ihren Anfang und fanden ihre Kulmination in der Feier der Osternacht zwischen Karsamstag und Ostern. «Die Heiligkeit ihrer Festtage gebietet, der Charwoche einige Aufmerksamkeit zu schenken.» Als Besonderheit wurden im liturgischen Ablauf, wie wir von Domkaplan Hieronymus Brilinger wissen, während der Karwoche die sogenannten Düstermetten nicht wie gewöhnlich am frühen Morgen gesungen, sondern sie begannen schon um die sechste Stunde des Vorabends. Dabei sind in der Mitte des Chores 13 Kerzen angezündet worden, von denen jedesmal am Ende eines Psalmverses eine ausgeblasen wurde. Die grösste Kerze aber wurde beim letzten Psalm brennend in die Sakristei getragen und erst nach Beendigung des Hymnus' «Rex Christe factor omnium» wieder zurückgebracht, damit der Chor nicht völlig im Finstern liege. Nach dem «Benedictus» entfachten die Priester und Domschüler viermal ein Getöse, um den Lärm, der Judas zum Verrat an Christus antrieb, zu markieren. Zwischen

«Kreuzigung.» Linolschnitt von Burkhard Mangold, um 1925.

den einzelnen Radauszenen wurden längere Wechselgesänge eingestreut. Zum Abschluss sangen die Domschüler dann in deutscher Sprache: «Nun ist alle Welt gar wunnenklichen froh, dass sy Gott erlöst hat von der Hölle mit synem heiligen Blute, do er leid Todesnote ze Calvario. Kyrieleyson.» Dieser Vers wurde sechsmal vorgetragen, jedesmal von einem andern Orte aus. Während der Matutin des Karsamstags dagegen wurde gesungen: «O du armer Judas, was hast du gethon, dass du Gott den Herren also verroten hast? Darumb must du lyden in der Hölle Pin, Lucifers Geselle musst du ewig sin. Kyrieleyson.»

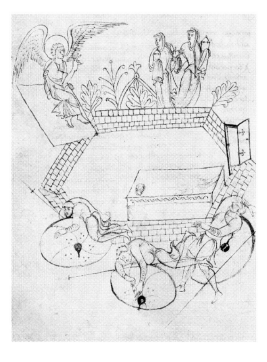

«Die Frauen am Grabe Christi.» Braune Federzeichnung in der ehemaligen Klosterbibliothek der Kleinbasler Kartäuser. Zweite Hälfte 10. Jahrhundert.

Kirchliche Marathonfeier

Ein tüchtiges Mass an geistiger und körperlicher Präsenz forderte die kirchliche «Marathonfeier» des Gründonnerstags, an dem die öffentlichen Büsser vorgestellt und das Sterbeöl, das Chrisam (Salböl) und das Tauföl geweiht wurden. Die geistlichen Würdenträger erwarteten bei der Pforte des Paradieses die Büsser und Büsserinnen, die – barfuss und eine brennende Kerze sowie eine Rute, Waffe oder den Gegenstand, mit dem sie gesündigt hatten, tra-

gend – laut bekennen mussten: «Wir haben gesündigt und unrecht gehandelt. Herr, erbarme dich unser!» Nach dem Gesang der sieben Busspsalmen wies der Bischof die Büsser einzeln ins Münster, wo sie sich auf den Boden zu werfen hatten und bitten mussten: «Gott sei mir gnädig nach deiner Güte und tilge meine Sünden nach deiner grossen Barmherzigkeit». Waren dann auch Litanei und Kollekten fertig gebetet, so besprengte und beweihräucherte der Gnädige Herr die Büsser, richtete jeden mit dem Stabe wieder auf und entliess ihn nach kurzer Mahnpredigt. Nun begann der Bischof unter Assistenz von 16 Priestern mit dem Zelebrieren des Hochamtes. Dabei wurden drei Hostien miteinander konsekriert: eine

Karfreitag

Nicht durch Matten
und blaue Fluren
geht unser Weg.

Der Himmel wirft Schatten,
wenn Wolken dran hängen.
Und Schatten ist schwarz.

Lies, o Seele, im Schatten!
Er lehrt dich, die Helle
mit hellen Augen geniessen.

Doch ständig bedenke:
Auch Schatten muss sein, und auch er
braucht Augen, ihn zu ertragen.

F.D. *Fischer*, 1930

VIII. Noch eins am Karfreitag.

«Karfreitagslied» von Abel Burckhardt, 1845.

Karfreitag
Und um die Stunde, da die Straßen voll
und voll der Markt war, ging der kleine Zug
so wie ein Schiff unsicher schwankt, sich biegt.
Wie das die Seele brach! Die Augen gingen
von einer Häuserkette zu der andern
und längs den Wänden aufwärts, die am Rand
den Himmel trugen. Wenn nur eine Seele
gekommen wäre mit demselben Schmerz,
der erst am Hügel stand und weit hinauf
bis vor die Sonne noch zu steigen hatte.
Denn große Wehen schleppt man nicht durch Straßen.
Und war denn keine Hoffnung irgendwo!
Ach, Hoffnungen sind heiß wie junge Mädchen,
die durch Berührung peitschen ohne Ahnung,
und deren Schönheit vor den Armen flieht.
Wie das den Leib zerbrach! So müder schwerer Zug,
dem Augen und Gerede hinterher
endlose Furchen schufen. Alles, was
das eigne Herz dem Pfad zu streuen hatte,
war bald verbraucht. Da stieg der Schmerz die Höhen,
die keiner steigt, leuchend und blutend an.
Und zerrte schreiend an dem Glanz des Tages,
und wollte aus den Wolken Mitleid rütteln.
Und Giebel, Hügel, Seen starrten kalt
aufwärts. Denn Erdenblick ist kalt und kurz.
Und vor den Gott warf sich der unsagbare
Schmerz. Da zerbröckelte das dürre Leben.
Und um die Trümmer weinten stille Frauen.
Und alle andern wußten nicht darum.
Die Märkte waren und die vollen Straßen.
Und eine Lücke fühlte nicht die Stadt.

Fritz Liebrich, 1923.

für das Hochamt, eine für den Karfreitag und eine für das Heilige Grab des Herrn. Unmittelbar nach der Erhebung der Hostien weihte der Bischof das Sterbeöl; die Weihe von Chrisam und Tauföl erfolgte erst nach der Reinigung des Kelchs. Kommuniongesänge, Gebete und Antiphone beschlossen sodann die heilige Handlung.

Mit dem letzten Stundenschlag um 12 Uhr mittags wurde mit der Klapper, dem «Mettinholtz», das erste Zeichen zur Fusswaschung gegeben. Um 13.15 Uhr zog der Dompropst mit seinen Dienern zum Münster. Je zwei Laienbeamte trugen einen Korb mit Opfergaben, Früchten, Tellern und Bechern oder einen Krug mit Wein in den Chor.

Zur *Fusswaschung*, dem Akt demütiger Liebe, wurden 12 Priester aus dem Register des Domdekans beordert. Ihre Füsse mussten vorher mit einem Medizinalkraut oder mit wohlriechendem Wasser gereinigt werden, damit die Prälaten und Domherren, welche die Waschung vorzunehmen hatten, «nicht Ekel empfinden»! War die Waschung beendet, dann wurden die mitgebrachten Gaben an geistliche und weltliche Würdenträger verteilt und verspiesen. Mit der Komplet klang die Feier des Hohen Donnerstags aus.

Auch am Karfreitag wurde eine ausgedehnte gottesdienstliche Handlung im Münster vollbracht. Im Mittelpunkt standen die Aussetzung und Verehrung des Heiligen Kreuzes und die Grablegung des Herrn, zu welcher der Rat Kerzen stiftete.

Osterfeuer und Osterkerze

Um die Mittagszeit des Karsamstags wurde alsdann auf dem Kirchhof bei der Katharinenkapelle mit einem Funken, der auf geheimnisvolle Weise mit dem Feuerstein aus dem Stahl geschlagen wurde, das *Osterfeuer* entflammt. Nach der Weihehandlung liess der Zelebrant zwei Kerzen am Feuer entzünden, und der Glöckner legte glühende Kohle ins Weihrauchfass. Die Weihe der grossen *Osterkerze*, des sogenann-

ten Osterstocks, die dann während der ganzen Festzeit Licht spendete, erfolgte unter dem wunderschönen ambrosianischen Gesang «Exultet iam angelica». Hierauf brachte der Diakon fünf Weihrauchkörner in der an der Kerze in Kreuzesform eingelassenen Vertiefung an. Ehe der eigentliche Gottesdienst begann, erteilte der Bischof niedere Weihen, und der Hebdomadar (der mit der Wochenleitung des Gottesdienstes im Chor beauftragte Priester) weihte unter dem Gesang des Psalms «Wie ein Hirsch schreiet nach frischem Wasser» am Taufbrunnen das *Taufwasser*. Nachher vollzog der Gnädige Herr die Ordination neuer Diakone und Priester. Mit dem «Benedicamus domino» ging die kirchliche Feier des Karsamstags zu Ende. Und Kapläne hielten bis zur Auferstehung des Herrn am Heiligen Grab einsame Wache.

«Um die dritte Stunde der Nacht oder vorher» aber hatte der Dormentarius dem Bischof die Zeit anzusagen, derweil der Gehil-

Besinnlicher Familienspaziergang ausserhalb des Spalentors. Zeichnung von Sophie Linder. 1891.

fe des Glöckners alle Prälaten, Domherren, Assisii und Kapläne aus dem Schlaf zu wecken hatte. Denn zur Auferstehungsfeier hatte sich die gesamte Geistlichkeit des Münsters zu versammeln. Mit gedämpfter und tiefer Stimme wurde beim Verlassen der Sakristei das Responsorium «Cum rex gloriae» angestimmt. Anschliessend erklang in der Marienkapelle die feierliche Antiphon «Regina», etwa wie sie im «Salve regina in tüsch» in einem Gebetbuch der Kartäuser vorliegt: «Gegruesset sigest du Küngin der Erbarmherzigkeit, ein Leben und ein Süessigkeit. Unser Zuoversicht sis tu gegrüesset. Zuo dir ruffent wir ellende Kinder eve. Zuo dir süfzend wir, clagend und weinend in disem Tal der Trehnen. Darumb, so bitten wir unser Fürsprecherin, kehr zuo uns die

herbarmherzigen Ougen, und Jhesum, dine gesegnete Frucht dines Libs, erzeug uns noch diesem Ellende. O senftmuetige, o milde, o süesse Magt Maria. Amen.» Hierauf entnahm am Heiligen Grabe, das der Subkustos zuvor aufgeschlossen hatte, der Bischof den Kelch mit dem hochwürdigsten Gut und trug ihn zum Altar hinan. Und dort wurde der Leib des Herrn etwa ein Vaterunser lang mit grosser Andacht emporgehoben. Dann rief der «ergreifende Schlag» der Papstglocke das Volk zur Ostermette, die kurz, aber überaus feierlich gestaltet und gerne besucht wurde.

Das «Wiederaufleben katholischer Gebräuche» in der 1798 der Katholischen Gemeinde für «gottesdienstliche Belange» überlassenen St. Clarakirche erregte 1820 das Missfallen von Pfarrer Faesch zu St. Theodor. Ihm war zu Ohren gekommen, dass während der Passionszeit zwölf Stationenbilder aufgehängt worden waren, die «keine Meisterstücke darstellen, ganz im katholischen Geschmacke und bey dem protestantischen Cultus nicht üblich sind». So musste der (schliesslich 1859 nach Neuwiller verkaufte) Leidensweg Christi entfernt werden. Gegen das Aufstellen des Heiligen Grabes (farbigen, mit Öllichtern beleuchteten Transparentbildern) wurde hingegen kein Einwand erhoben, damit «die Katholiken in ihren üblichen Gewohnheiten nicht weiter eingeschränkt werden».

Fastengebot und Mysterienspiele

Die bereits im Kapitel «Fasnacht» beobachtete willkürliche Einhaltung des *Fastengebots* gab 1522 dem gelehrten Erasmus von Rotterdam Anstoss, in einem ernsthaften Bedenken gegenüber dem Bischof die Fragwürdigkeit der kirchlich geforderten Abstinenz zur Sprache zu brin-

gen: «Die Fasten sind nur ein geringfügiger Zaum für das arme Volk, für die Reichen aber ein Anlass zur Abwechslung in den Speisen und zur Befriedigung der raffiniertesten Leckerhaftigkeit. Die Möglichkeit, sich in Rom Dispens vom Fasten zu erkaufen, ist nur herabwürdigendes Mittel, Geld zu machen.»

Auch nach der Reformation hatte sich während der Fasten «mencklich in unserer Statt und Landschaft aller ärgerlichen Lichtfertigkeiten abzuthun und allein Gott und nit der Welt zu dienen». Und im Münster wurde täglich eine Predigt gehalten. Anno 1692 bestimmte der Rat den *Hohen Donnerstag* wieder zu einem Feiertag, was «der Ehrenburgerschaft auf allen Zünften durch Zedul notificirt» wurde. Oft aber wurde «die Heiligkeit des Karfreitags» durch Unruhe und Lärm gestört, wie anno 1842, als zu St. Leonhard während des Gottesdienstes «mit dem Abbruch des dicht an die Kirche stossenden Kreuzganges ohne alle Schonung fortgefahren wurde und das beständige Gerumpel und Geräusch der herabgerissenen Balken und Sparren für die in der Kirche Befindlichen ein eigentlicher Skandal war». Erst im Jahre 1860 erhoben die reformierten Kantone anstelle des Gründonnerstags den *Stillen Freitag* zum Hauptfeiertag der Karwoche, damit «der Todestag unseres göttlichen Erlösers auf eine dem grössten Opfer, das je gebracht worden ist, würdige Weise begangen wird».

Der Wandel der Zeit führte 1992 zu einer neuen Gestaltung des Karfreitags der Basler Kirchen: An mittelalterliche Mysterien- und Passionsspiele erinnernde Ausdrucksformen sollen «eine Brücke zwischen den Alltagssorgen und der Ostergeschichte bauen». Und die «Offene Kirche» verlässt den schützenden Kirchraum am Karfreitag zu einem Kreuzweg, wobei «an den einzelnen Stationen zur Darstellung kommt, was viele Menschen in unserer Stadt ängstigt. Im weiteren gibt es eine Vielfalt von Liturgien, Wanderungen und Feuern in der Osternacht sowie gemeinsame Essen, Lieder, Tanz, Theater und Musik an den Ostertagen».

Ostern

eingelegt wurde. Noch trugen zwei Chorsänger in Kapuzen den Vers «Crucifixum» vor, ehe im Münster Geistlichkeit und Volk in grosser Festlichkeit das österliche Hochamt feierten.

Nach der Reformation «fieng man an, das Volk zu den Predigten durch das Läuten der Glocken zu berufen, welches bey den Katholiken nicht üblich war». Auch hat zum Entsetzen der Altgläubigen am Osterfest 1526 «das Volk angefangen, Psalmen zu singen. Dabei haben viele Leute eine so grosse Andacht empfunden, dass ihnen vor Freude und Andacht die Augen übergingen, wie es ja auch geschah, als beim Wiederaufbau der Stadt Jerusalem die Kinder Israel vor Freude weinten» (Johannes Oekolampad). Zur «Stärkung der Herzen und zur Verherrlichung des Auferstandenen» ist sodann am Abend des Osterfestes 1872 «auf dem Gottesacker auf dem Kannenfeld eine Versammlung von einer grossen Menge von Protestanten und Katholiken abgehalten worden, welche unter Posaunenbegleitung schöne Osterlieder aus dem Kirchengesangbuch gesungen haben, der wohltönend gewesen ist.» Die Feier entsprach offensichtlich einem öffentlichen Bedürfnis, wurde sie doch während Jahren wiederholt. So hatte die 1880 von der Gesellschaft zur Sonntagsheiligung veranstaltete Osterfeier «auf dem Kannenfeld-Gottesacker wiederum eine unabsehbare Menschenmenge angelockt; es wird nicht zu hoch gegriffen sein, wenn wir die Zahl der Anwesenden auf acht bis zehn Tausend beziffern. Nach einem einleitenden Gesang hielt Pfarrer Linder eine Ansprache. Dann wurden abwechslungsweise Lektionen gehalten und Choräle gesungen, die von einem Blasorchester begleitet wurden. Störend wirkten indessen bei der Feier die vielen Kinderwagen, die sich im Gedränge breit machten. Im Übrigen verlief der Abend ohne Zwischenfall».

Festtagsprozession der Cluniacenser zu St. Alban. Historienmalerei von Constantin Guise. 1841.

Wahrhaft «heilig und hochfestlich ist der Sonntag der Auferstehung des Herrn zu nennen, weil Christus in den Tiefen der Erde die ewigen Fesseln des Todes zersprengte und nach drei Tagen aus dem Grabe mit Allmacht auferstanden ist». Mit diesem Ausruf sichtlicher Erlösung hat Domkaplan Brilinger die Darstellung des Osterfestes, das 1291 in Gegenwart von König Rudolf von Habsburg gefeiert worden ist, eingeleitet. Wiederum formierte sich eine grosse Prozession zum Heiligen Grabe. Chorsänger in Engelsgewändern, mit Blumengewinden geschmückt und

auf silbernen Leuchtern brennende Kerzen tragend, sowie Schriftenleser in roten Chormänteln begleiteten sie. Bei der Grabesgruft angelangt, wurde der ambrosianische Lobgesang angestimmt, worauf der Bischof als erster der geistlichen Würdenträger auf den Boden niederkniete und in betonter Demut die göttliche Huldigung verrichtete. Nachdem in der Mitte des Kreuzgangs noch das frohe Lied «Salve festa dies» gesungen worden war, verneigten sich alle Teilnehmer vor dem gekreuzigten Christus. Hierauf zog die Prozession über den Münsterplatz in die St. Johanneskapelle, wo wiederum eine Station

Osterscherz

*Einem hiesigen Wirth hat ein Spassvogel einen
Streich gespielt, der zwar etwas weit ging,
immer aber seiner Originalität wegen erwähnt
zu werden verdient. Mit Einverständnis der
Köchin wusste sich der Betreffende einen Theil
derjenigen Eier zu verschaffen, welche auf
Ostern gefärbt und gesotten werden sollten.
Mit einer spitzen Nadel bohrte er an dem
stumpfen Ende ein kleines Loch in die Schale,
und durch dieses Loch schob er in jedes Ei ein
Pferdehaar. Nachher wurde das Löchelchen
mit einem wasserfesten Kitte verstopft.
Die Gäste und nicht minder der Wirth waren
höchlich erstaunt, in den hart gesottenen Eiern
ein durch Weisses und Gelbes sich schlän-
gelndes Haar zu finden. Niemand konnte sich
das Räthsel erklären, ja ein anwesender
Ornithologe meinte sogar, es könne nichts
Anderes sein, als die Hühner müssten
Pferdehaare gefressen haben!*

Schweizerischer Volksfreund, 1879

**Geniesserischer Kapuziner vor kapitalem
Fischessen. Lithographie von Hieronymus
Hess. 1827.**

Österliche Schlemmereien

Die entsagungsvolle, von strengen Fa-
stengeboten und endlosen Gottesdiensten geprägte Karwoche von
einst drängte geradezu nach Entspannung
und Freude. Nachdem die Erlösung von der
«christenlichen Marter Peyn» am Morgen
des Ostertages durch stundenlange sakrale
Handlungen in der Kathedralkirche auf Burg
erdauert worden war, folgten der ausgedehnten christlichen Pflichterfüllung unmittelbar
die weltlichen Freuden. Das heisst, besonders die 24 Domherren – ihre Anzahl entsprach der doppelten Zahl der Jünger Christi
– unter den rund 120 Geistlichen, die im mittelalterlichen Basel am Münster wirkten,
bekamen einen sagenhaften Osterschmaus
vorgesetzt, der die leeren Mägen «in stereo-
typer culinarischer Einförmigkeit» bis zum
Platzen füllte. Gemäss einem um das Jahr
1185 erlassenen Statut über die Festmahl-
zeiten am Basler Domstift wurden an vier
aufeinanderfolgenden Tagen drei wohl ge-
mästete Schweine zur Schlachtbank geführt,
was pro Tag ein Säuli für acht Domherren
ausmachte! Das eigentliche Festmenü bestand aus nicht weniger als neun Gängen.
Zum ersten wurde eine schmackhafte Gallerte, in welche zwei Schinken mit Schweins-
füssen und ein in zwei Teile gespaltener
Schweinskopf eingelegt worden waren, aufgetragen. Dann folgte mit neun verschiedenen Gewürzen zubereitetes gehacktes
Fleisch, reich garniert mit Magenwurst, Lun-
genwurst, Bratwurst, Schüblig, Hamme, Zunge, Huhn, Rückenstück und Kinnbacken;
alles wohl gepfeffert. Der dritte Gang bestand aus trockenen Schweinskeulen mit
Essig, der vierte aus dem feisten Fleisch von
den Seiten eines Schweines, alles reichlich
mit Pfeffer bestreut. Im fünften Gang «para-
dierten» die Schluchbraten und Schmerbra-
ten, im sechsten eine Platte mit Lammfleisch
und Eiern, welche in Schweinefett gebraten
waren, und etwas Wildfleisch. Zum siebten
Gang wurde wieder feisses Fleisch serviert,
diesmal aber mit Senf. Hirse, mit Eiern,

Ostersprüche

*Ich gebe Dir ein Osterei
zu einem Angedenken.
Und wenn du es nicht haben willst,
so kannst du es verschenken.*

*Kommt Ostern so spät wie es will,
Immer ist es noch April.*

*Es ist besser, Ostern erst zu Pfingsten feiern,
als Pfingsten schon zu Ostern.*

Ostern im März verheisst ein gutes Brotjahr.

*Ostern komme früh oder spath
Es kommt etwas im grünen Staat.*

*Zwischen Ostern und St. Veith
Ist die beste Butterzeit.*

Ein Osterkind ist auch stets ein Sonntagskind.

*Wenn's Ostern regnet, ist die Erde den ganzen
Sommer durstig.*

*Woher zu Ostern der Wind kommt gekrochen,
Daher kommt er sieben Wochen.*

*Zwischen Ostern und Pfingsten ist halt
fröhlich Zeit:
Da paaren sich die Vöglein und auch die
jungen Leut.*

Der Basilisk, 1924/1928

Milch und Blut gekocht, folgte als achter
Gang. Und zu guter Letzt gab's gespickte
Schweinskeulen, welche zuerst gekocht und
dann gebraten wurden. Zum Dessert taten
sich die Domherren dann noch an Waffeln,
Klosterwecken und Obst gütlich. Als Trank-
same standen jedem Geistlichen ein grosser
Humpen Weisser (Schiltberger) und zwei
Liter Gewürzwein zu!
Gegenüber dem Mittagessen nahm sich
das Abendbrot geradezu bescheiden aus. Es
bestand lediglich aus einem halben Huhn,
einer Semmel, einem Stück Kuchen, etwas
Obst, zwei Becher Wein und zwei Liter
«Claret» (süss gewürzter Rotwein). «Das

Kinder beim Eierspiel. Um die Mitte des 18. Jahrhunderts pflegte die Basler Jugend auch «auf einen Stock gefärbte Eier zu binden und den Vorübergehenden nachzulaufen, damit sie ihnen etwas Kleingeld hinwerfen». Malerei in Wasserfarben von Cathrine de Speyr. 1793.

waren die leiblichen Übungen, unter welchen die geistlichen Herren Ostern zubrachten»!

Osterlamm, Ostereier, Osterfladen

Auch wenn der Osterschmaus des einfachen Volkes keinen Vergleich zu den solennen Schlemmereien der vornehmen Domherren unserer Münsterkirche aushielt, so war doch auch der Tisch des Kleinen Mannes am Auferstehungstage besonders reich gedeckt. Wie es indessen «Leichtfertigen» ergehen konnte, die sich «an einem Osteressen vergnügten», ist aus dem Jahre 1548 überliefert, als «ein dummstolzer Mensch» nach der festlichen Mahlzeit plötzlich vom Tod ereilt wurde.

Zu einem guten Osteressen gehörten jedenfalls fein zubereitete *Osterlämmer*. Und solche bekamen die Bürgermeister, Räte und Beamten der Stadt gratis und franko ins Haus geliefert. Die «osterlammberechtigte» Beamtenschaft war recht dünn dotiert. Sie bestand neben dem Stadtschreiber nur noch

aus Ratsschreiber, Oberstknecht, Ratsknecht, Richthausknecht, Scharfrichter, Torwächtern, Zöllnern und vier geschworenen Frauen. 1520 liessen die Klingentaler Nonnen ein Osterlamm in den Bischofshof schicken. Denn das Lamm war als Naturalgabe Bestandteil der Entlöhnung, wurde aber laut einer um das Jahr 1397 erlassenen Verordnung nur an diejenigen abgegeben, die «ihre Opferkertzen am Karfritag» am Heiligen Kreuz im Münster dargebracht hatten. Noch 1462 wurde die Spende von Osterlämmern ausdrücklich als Entgelt für die Leistung der Karfreitagsandacht bezeichnet. Im Jahre 1405 gelangten 127 Osterlämmer zur Austeilung und 1584 deren 102. Später wurde der Anspruch auf ein Osterlamm mit Geld entschädigt. Damit der Preis der Lämmer und Gizzi zur Osterzeit nicht über Gebühr anstieg, war den Metzgern drei Tage vor Ostern der Ankauf von «Lember und Kitze» in der Stadt verboten. 1738 finden wir den letzten Beleg über die offizielle Vergabung von Osterlämmern.

Neben dem Osterlamm gehörten seit frühester Zeit auch Ostereier und Osterfladen zum grossen Festtagsschmaus. Und weil im Alten Basel mit seinen zahlreichen Rebäckern vor den Toren der Stadt funkelndes Traubenblut zuweilen in Strömen floss, liess man die Becher im Refektorium der Domherren wie in den Stuben der Bürgerschaft gleichermassen fröhlich und fidel zu Ehren der Frühlingsgottheit Ostara erklingen ...

Der früheste Beleg für *Ostereier*, christliche Symbole der Auferstehung, datiert unseres Wissens aus dem 14. Jahrhundert in Verbindung mit dem Sigristen zu St. Martin, dem für Ostereier ein Schilling zugesprochen wurde. Ausgaben für «Ostereyger den geistlichen Lüten» erscheinen 1444 im Rechnungsbuch der Klingentalerinnen. Um 1500 spendeten Bischof und Domkapitel Ostereier in die Klöster, den Dombeamten und der Bauhütte. 1714 und 1725 «war es so kalt, dass man die Ostereier hinter dem Ofen essen musste». 1786 sodann ist der Münstersigrist angewiesen worden, «an den hohen Ostertagen, während der Mittagspredigt, diejenigen welche sogenannte Ostereyer und allerhand Naschwerk feilbieten, von der Kirche wegzuweisen».

Ein Einblick in die Memoiren von J. J. Burckhardt-Stefani (1821–1903) gibt über das ursprüngliche *Eierfärben* Auskunft: «Onkel Johann Jakob Bischof brachte Seidenabfälle in den buntesten Farben. Diese wurden kunstvoll so um die Eier gewickelt, dass sie hübsche Zeichnungen bildeten.» Die «Vischers» färbten die Eier mit Blau- und Rotholz. «Wir sammelten Blätter und Blümlein, banden sie um die Eier, legten Zwiebelschalen darüber, banden alles fest in Tüll ein, und dann wurden die Eier in Blauholzextrakt gekocht. Die fertigen Eier wurden mit Speckschwarte glänzend gerieben. Die Blumen blieben weiss, die Eier selbst waren braun-bunt marmoriert. Das Verfahren ähnelte echter Batik.» Bis «in unsere Zeit hinein erhalten hat sich das sogenannte *Eiertupfen*. Dabei ist es verboten, mit Gänse- und Perlhühnereiern zu tupfen. Wessen Ei sich beim Tupfen als das stärkere erweist, der gewinnt das Ei seines Partners» (1888). Am Ostersonntag 1842 «waren während des Nachmittagsgottesdienstes wenigstens 40 bis 50 Handwerksburschen und Knaben auf dem Markte mit Dupfen von Eiern beschäftigt und verführten die ganze Zeit hindurch einen nicht sehr erbaulichen und der feiertäglichen Stunde unangemessenen Lärm. Landjäger waren da, die Buben

Oschtere

D'Oschtere isch nit numme Hoffnig,
d'Oschtere-n-isch Erfillig, isch Friehlig, Liebi,
blaue Himmel, Gloggeglang, Ufferstehig,
Uffotme vo der Seel und e Blick in d'Freihait
und d'Unändligkait.
Friehner, wo no jede-n-aständige Mentsch e
Huet trait het, isch vo dr Oschtere-n-a der
wyss Strauhuet mit em schwarze Band und em
schwarze Neschtel um der Rand fire gholt oder
kauft worde.
D'Maitli hän e schwarze Sammetbändel und e
Gränzli vo kinschtlige Haagreesli druff gha.
Und d'Mamme het, wenn der Karsamschtig
e blaue Himmel versproche het, die wysse
Wäschglaidli glettet.
(...)

Theobald Baerwart, 1939

aber wurden trotz Polizeiübertretung, wodurch der Gottesdienst gestört wird, nicht fortgeschickt». Auch J.J. Burckhardt berichtete über das «Eierpöpperlen»: Die Knaben «belustigten sich auf dem Münsterplatz mit Eiertupfen und gewannen oder verloren dabei ihre Ostereier.»

Bereits im 18. Jahrhundert bekannt war das *Eiersuchen.* Dies geht aus einem chronikalischen Eintrag makabren Inhalts aus dem Jahre 1750 hervor: «Als zur Osterzeit der Haas bey Herrn Gerichtsherr Abraham Ott Eyer legte und einige Kinder solche im Hoof suchten, fanden sie unter einigen dort befindlichen Rebwellen ein todtes Kind, welches eine bey ihm arbeitende hergeloffene Zürichbieterin in der Charfreytags Nacht bekommen hat, dahin gelegt und sich flüchtig gemacht.» Dann versiegt der Nachrichtenstrom bis erneut J.J. Burckhardt in seinen Aufzeichnungen «die Kindergesellschaften mit dem Eiersuchen und den althergebrachten Reisbroten, den Osterfladen», erwähnt. Und erst bei Johanna Von der Mühll ist 1944 vom beliebten Kinderbrauch wieder die Rede: «Am Ostersonntag ist nach dem sonntäglichen Mittagessen grosses Eiersuchen für alle Kinder. Auch heute werden die Ostereier im

Garten gesucht. Das Wetter muss sehr schlecht sein, bis man sich entschliesst, die Eier im Sommerhaus, in den Hausfluren und den Wohnstuben zu verstecken. Wenn man nach sorgfältigem Nachzählen festgestellt hat, dass wirklich alles gefunden ist, werden Eier und Leckereien gerecht unter die Kinder verteilt.»

Die seit dem Jahr 962 bekannten *Osterfladen* sind in Basel bereits im 14. Jahrhundert dem Leutpriester zur Segnung dargereicht worden. Auch wurden zu dieser Zeit die Aussätzigen zu St. Jakob am Osterabend mit Osterfladen beschenkt. Im folgenden Jahrhundert werden im Rechnungsbuch der Münsterbauhütte kleinere Beträge für «allerhand Züg zu den Fladen» ausgewiesen. Die Nonnen im Maria Magdalena-Kloster an den Steinen leisteten sich 1513 «uff den Oster Oben» neben Ostereiern auch Fladen. Jeweils «von bescheidener Art war die am Ostermontag stattfindende Zusammenkunft der Vorgesetzten zu Safran, um sich bei Osterfladen zu erlustigen». Als Liebhaber des Osterfladens erwies sich um die Mitte des letzten Jahrhunderts auch Kirchenhistoriker Karl Rudolf Hagenbach, hat er doch dem österlichen Gebäck ein hübsches Gelegenheitsgedicht gewidmet:

Zu süssen Osterfladen
sind wir nun eingeladen;
schon ist das Mahl bereit.
Da lassen wir uns schmecken
die Fladen und die Wecken.
Vivat die Osterfeier,
die Fladen und die Eier!

Heute sind die Osterfladen offenbar nicht mehr so geschätzt, stellte -minu doch schon 1978 fest: «Die Nostalgie der Osterflädli ist am Abflauen. Vielleicht sind die Leute linienbewusster geworden. Oder sie sind vom Angebot her ganz einfach überfüttert. Tatsache: Ein Osterflädli-Run ist nicht zu verzeichnen, Wurst-Eier sind mehr gefragt!» Und so schadet es gewiss nicht, das Rezept aus dem Kochbuch der Valeria Huber von 1773 zu dieser «köstlichen Süssspeis» in Erinnerung zu rufen: «20 Eier, ½ Maas Rahm, 2 Pfund Zucker, 1 ½ Pfund Mandeln, 5 Paar

Festlich geschmückter Osterhase am Hasenberg. 1965.

Zigerlin, welche über Nacht in einer Servieten wohl vertropft sein. ½ Pfund Trauben, ½ Pfund Rosinlein, ½ Pfund süsser Butter. Erstlich rührt man die Mandeln und den Zucker wohl unter einander. 2. Rührt man die Eier darin, weiss und gelbs. 3. Den Anken verlassen, aber nicht heiss. 4. Die Zigerlin. 5. Die Trauben und Rosinlein. 6. Den Ruhm. Zu dem Teig ¾ Pfund Mehl, ½ Pfund Anken.»

1896 brachte der Bäckermeisterverein als «Erweiterung des Sortiments der Osterfladen» ein «*Osterbrot*» zum Verkauf, das mit dem Zusatz von Eiern «alle Fabrikate ähnlicher Art übertraf».

Osterhasen im Stadtbild

Wenn wir die Topographie des Stadtbildes betrachten, dann stossen wir auf mancherlei Flur- und Hausnamen, die uns an Ostern bzw. an

Der Osterhase.

—

Der Has, der Has, der Hase,
Hat uns gelegt im Grase
Viel Eilein, gelb und roth,
Will hinter Stauden und Hecken
Er eilig sich verstecken,
So hat es keine Noth,
Wir suchen ihn im Grase,
Da liegt er schon, der Hase.

Auf bunten grünen Matten
Guckt er aus jungem Schatten
Des Blüthenbaums hervor,
Hier bei den Tulpenbeeten,
Dort hinter den Staketen
Beim hohen Gartenthor,
O kommt, o kommt zu schauen,
Die bunten, die grünen, die blauen.

Im jungen Tannenwuchse,
Im hohen, schlanken Buchse,
Dort bei dem Veilchenstrauch,
Hier in dem weichen Moose,

Karl Rudolf Hagenbach, 1863.

Osterhasen, die seit der letzten Jahrhundertwende auch in Zucker oder Schokolade zu haben sind, erinnern: Der eierlegende Osterhase, seit 1789 in der Schweizer Literatur nachweisbar, gilt als Symbol der Frühlingsfruchtbarkeit und wird daher auch Lampe (Lamprecht) genannt, was soviel wie fröhlicher Bote oder Briefträger bedeutet. Ein solcher, von Alabasterhändler Nicolo Serafini gelieferter, niedlicher *Osterhase* sitzt seit 1867 auf dem *Brunnstock* des Hasenbrunnens an der Ecke Holbeinstrasse und Hasenberg. 1953 berichtet die kenntnisreiche Volkskundlerin Johanna von der Mühll, es sei seit langem Sitte, dass der etwas kurzohrig geratene, unendlich gutmütig das Männchen machende Osterhase am Ostersonntag einen frischen Blumenkranz um den dünnen Hals trage.
Wer diesen netten Brauch eingeführt habe und aufrecht erhalte, verrate niemand, doch würden alle Kinder des Quartiers zu Ostern jeweils nachschauen, ob «ihr» Hase wiederum seinen Kranz bekommen habe.
Der Hasenberg auf dem Mostacker existierte noch 1854 unter dieser Flurbezeichnung nicht, obwohl am sonnigen Hang ausserhalb der Stadtmauern seit über einem Jahrzehnt die ersten Wohnbauten standen. Die Liegenschaft «zur Schnabelweide» (Nr. 5) des Ofenfabrikanten Friedrich Ludwig Schlöth-Georg gehörte zur oberen Binningerstrasse und die Häuser von Georg Ludwig Dubied-Pfannenschmied (Nr. 12) und von August Haas-Georg (Nr. 9) zum Lohstampfeberg. In der Haasschen Liegenschaft begegnet uns bereits die erste «*Hasenburg*». Und auch diese diente wie das heute weitbekannte «Château Lapin» als Gaststätte, betrieb doch Gusti Haas im romantischen Schlösschen hoch über dem Zolli die Speisewirtschaft «zum Lustbergli». Prominentester Gast dieser «Hasenburg» war Fräulein Charlotte Kestner (1788–1877), die Tochter von Goethes Lotte in «Die Leiden des jungen Werthers» (Charlotte Kestner-Buff) und Tante der Caroline Bischoff-Kestner im Kirschgarten. «Täntli Kestner», wie die ganze Stadt die überaus gebildete Dame nannte, galt nicht nur als fanatische Goethe-Verehrerin, sondern auch als fromme, weise Ratgeberin gemäss ihrem Losungswort «Sei nur aufrichtig, geh vor Gott deinen geraden Weg, dann wirst du auch klug sein».

Eine weitere «Hasenburg» befand sich an der Aeschenvorstadt 11. Dieses «Huse und Gesesse genante Hasemburg, bitzhar von etlichen Hohenrupf genant, mit dem Hoffe darhinder innwendig der vier Muren gelegen» ging anno 1492 aus dem Eigentum des bischöflichen Notars Johannes Saltzmann in dasjenige der Vorstadtgesellschaft zum Rupf einschliesslich der Zinslast von jährlich 4 Schilling neuer Basler Pfennig zugunsten der Bruderschaft der St. Johanneskapelle am Münsterplatz. Die Liegenschaft verblieb der Gesellschaft zum Rupf, der u.a. die Wache, der Weidgang und die niedere Gerichtsbarkeit im Aeschenquartier oblag, bis ins Jahr 1918. Dann übernahm der Schweizerische Bankverein die Hasenburg (1929 abgerissen), um sich frühzeitig einen günstigen Bauplatz für ein neues Bank- und Verwaltungsgebäude zu sichern.

Basler Nachrichten, 1890.

Die dritte «Hasenburg» lag am Heuberg 48. Sie wurde am Donnerstag vor Maria Himmelfahrt 1388 von Propst und Kapitel zu St. Leonhard an Johann Zoller, Schulherr zu St. Peter, verliehen zu einem jährlichen Zins von zwei Pfund und acht Schilling samt zwei Ring Brot und fünf Schilling Erschatz (Steuer). Um 1645 wurde das schmale Häuschen mit dem Pfarrhaus zu St. Leonhard (Leonhardsgraben 63) vereinigt. Die vierte «Hasenburg» stand an der St. Albanvorstadt 33 und ist 1395 als Eigentum Wilhelms von Hasenburg erstmals urkundlich erwähnt. Die Herren von Hasenburg (d'Asuel) gehörten zu den bedeutendsten Dynastengeschlechtern des Bistums Basel und stellten in Hugo (†1180), Bischof von Basel, und Heinrich (†1190), Bischof von Strassburg, zwei hohe Geistliche. Mit Johann Lütold, Domherr zu Besançon, der 1479 das ganze Vermögen der Familie dem Bischof von Basel vermachte, starb 1481 das Ge schlecht der Jurassier von Hasenburg aus. Das Haus neben dem «hohen Dolder» aber behielt den Namen und ging in den Besitz des «Gotshus zu S.Alban»; später diente es vornehmlich Rebleuten und Küfern als Heimstätte.

Mit der fünften «Hasenburg» kommen wir endlich zum berühmten «Château Lapin» an der Schneidergasse 20. Den Akten nach ist die heute aus drei Liegenschaften (dazu Andreasplatz 1 und 2) bestehende «Hasenburg» ehemals «zum Kestlach» genannt, die jüngste, wurde doch erst gegen Ende des letzten Jahrhunderts das schon 1319 erwähnte Haus umgetauft. Vor 1768 ist das bescheidene Handwerkerhaus am Eingang zu St. Andreas zu einer Kaffeewirtschaft umgebaut worden. Während der Helvetik erhielt der damalige Wirt, Johann Jakob Steiger-Bruckner, die obrigkeitliche Erlaubnis, «alle Sorten Speisen und Getränke zu verwirten, jedoch so, dass er keine Reisenden beherberge, von dem zu verwirtenden Getränke die gesetzliche Abgabe zu vier von Hundert richtig alle Monate dem Einzieher der Getränkeabgabe abstatte und in seiner Wirtschaft auf Sittlichkeit und Ordnung halte». 1893 erlangte Louis Philipp Schlienger-Berlinger das Recht zur Führung einer Pintenwirtschaft, und dieses eröffnete der nunmehrigen «Hasenburg» den Aufstieg in die Galerie der berühmtesten Basler Wirtschaften. Hier treffen sich seit Jahr und Tag alle Schichten der Bevölkerung zum gemütlichen Trunk: man fühlt sich wohl in der besondern Ambiance des «Château Lapin», die namentlich während der Fasnacht unvergleichbaren Reiz ausströmt.

Neben den «Hasenburgen» zierten auch zwei gewöhnliche Häuser «zum Hasen» unser Stadtbild. Das ältere stand im Herzen der Stadt, unmittelbar rechts an das Rathaus angebaut, und ist bereits 1317 als «zem Hasen» bezeichnet. Die ausgedehnte Liegenschaft, die auch den «hintern Hasen» an der Martinsgasse 4 und einen Ziehbrunnen umfasste, galt anno 1545 genau 1050 Gulden. Die «beiden Hüser und Hofstett, nemlich das vorder Hus am Kornmergckht zwüschen der Statt Basel Richthus (Rathaus) und dem Hus grossen Nüwenburg, und das hinder Hus uff Sant Martinsberg,

Die beschneite und kalte Ostern im Jahr 1837,

ein

Gedicht in Hebel'scher Manier.

Seh, Früehlig! wo bisch ane cho?
Mer hei scho g'meint, du sigisch do,
Und Alles het si herzlig g'freut.
Wer hätt' au denkt, dass 's hür meh schneit?

Scho hei si d' Vögel luftig g'macht,
Ebb chuum no recht der Tag verwacht.
E jede het sis Lied probirt,
Und g'meint, er dörf's jetz unschiniert.

Und sunnehalb hei d' Matte drüeiht,
Und d' Märze-Blüemli au scho blüeiht;
Jo, d' Veieli, de Hege noh,
Hei au scho welle füre cho.

Uff alle Stroße Märzestaub;
Und nebe dra het 's Bluest und Laub
An alle Bäume füre drückt,
Und g'luegt, ebb's hür nit besser glückt.

Gedruckt bei Niklaus Müller sel. Erben, 1837.

zwüschen dem Hus Gylgenstein und Eptingerhoff glegen, sind zinsfrei». Die Erweiterung des Rathauses (1898 bis 1904) brachte dann das spätere Geschäftshaus «zum Hasen» am Marktplatz 11 zum Verschwinden. Das andere Haus «zum Hasen» erhob sich bis 1956 an der Aeschenvorstadt 18 zwischen dem Haus «zum Drachen» und dem Haus «zum Widderhorn». Dass es zwischen einem ungeheuerlichen feuerspeienden Drachen und einem launischen, stinkenden Schafbock einem blitzsaubern Hasen nicht wohl sein konnte, war vorauszusehen. Und so thronte bereits anno 1671 ein angriffslustiger «roter Krebs» über jener Haustüre in der Aeschen. Trotz dieser gefährlichen Nachbarschaft bauten sich Lamprechts an der Ecke Aeschenvorstadt und Sternengässlein ein wahres Osterhasennest. Nämlich die «drei vorderen Hasen» an der Aeschenvorstadt 40 und die «drei hinteren Hasen» am Sternengässlein 2. Während sich

die «vorderen Hasen», von denen sich der Osterhase im mächtigem Sprung keck an der Hausfassade produzierte, bei ihren Meistersleuten, die zumeist Weissbäcker waren, sicher fühlten, schien es den «hinteren Hasen» bei Schuhmacher Johann Bientz, der es offenbar auf ihre Pelze abgesehen hatte, weniger gemütlich, denn sie tauchten nur einmal, 1770, in der Hausgeschichte auf. Dann gab's auch ein Haus «zum Häsli», am Totentanz 12. Kurioserweise hat diese Liegenschaft gegenüber des Predigerklosters «zur Hölle» geheissen und erst lange nach dem Wegzug der gelehrten Dominikaner Bettelmönche den neuen Namen erhalten.

Für einige wenige Jahre durften etliche blütenweisse Hasen auch auf dem vornehmen Nadelberg mit seinen reich ausgestatteten Adelshöfen hausen und dort in das Hausschild des Engelhofs hüpfen. «Zum Hasenhoff» war natürlich für den feudalen Sitz an der Ecke Nadelberg und Stiftsgasse, wo Junker, Prinzen, Finanzgewaltige, Grosskaufleute und Geistesgrössen zu Tische sassen, viel zu bescheiden, und so mussten sie 1563, nach «ein kurtz Zyt», das Feld wieder dem «Engel» freigeben. Vielleicht kehrten sie ins «Hasenloch» am Spitalgässlein (Barfüssergasse 2) zurück, hatte sich hier doch aus dem «Huslach» (1399) ein «Haseloch» (1401) entwickelt. Aber schon 1629 gab's für Meister Lampe auch da keine Bleibe mehr: das Haus hörte fortan auf den Namen «zum blauen Berg», das von Johann Müller, «dem blöden Knaben», ans Spital gekommen war.

Zum allgemeinen Stelldichein aber mögen sich die grossen und kleinen Hasen unserer Stadt im Haus «zum Hasenklee» an der Spalenvorstadt 43 eingefunden haben. Offensichtlich hatten in nächster Nähe «unserer lieben Frau vom Spalentor» Ulrich Hasenschiesser, Kaplan an der Münsterkathedrale, und Hufschmied Heinrich Schwingdenhammer ihren Namen Ehre gemacht, wandelte sich die Hausinschrift im Laufe der Jahre doch zur «Hasenklaue»! Im 18. Jahrhundert aber ward «zur Hasenklaue» in die schöne Hausbezeichnung «zum Engelsgruss» abgeändert, was den Basler Hasen zweifelsohne wieder ein sorgenfreies Leben sicherte. Vom Namen her unvermutet, spiel-

Ostergruss vom Markt

*Es ist, als hätte der Osterhase all seine
Farbkessel über den Markt ausgeschüttet.
So farbenfreudig leuchtet es da allenthalben!
Richtige Ostereier hat er allerdings bloss an
zwei Ständen abgelegt. Dafür handelt es sich
dabei um gefärbte, frische Landeier, von denen
sich drei Stück für einen Franken erstehen lassen. Wer Eier selbst färben will, hat die Wahl
zwischen Schweizer Land- oder Trinkeiern zu
25 bis 30 Rp. das Stück oder Import-Eiern, die
je nach Grösse 22 bis 30 Rp. gelten.
Neben den Eiern trägt man einen Ostergruss
im wahren Sinne des Wortes mit nach Hause
in Form der zarten, langen, rosafarbenen
Ostergruss-Rettiche (ca. Fr. 1.30 die Buschel
zu 3 Stück). Mit ihnen konkurrieren an
Zartheit die weissen Eiszäpflein zu 85 Rp. das
Büschel und die kugeligen, tiefroten
Radieschen (80 Rp.). Pfaffenröhrli gibt es gelbe
und grüne, wovon die letzteren, die mit 45 Rp.
pro 100 g etwa einen Zwanziger billiger sind
als jene, die von der Marktfrau als besonders
gesund gepriesen werden. Zwischen die
Rettichpracht schlängeln sich geschmeidig und
glustig hellgrüne Schlangengurken. Kenner
bevorzugen aber vielleicht einen Bärlauch-
Salat. Er wird wie Brüsseler zubereitet, und
auch in der Suppe soll Bärlauch sehr delikat
sein. Wenn sie in Strässe zu 40 Rp. gebün-
delt sind, könnte ein Nichtfachmann glauben,
Maiglöckchen-Blätter vor sich zu haben.
Maiglöckchen allerdings sind auf dem Markt
noch nicht zu finden. Sie sparen ihre Blüte
ihrem Namen gemäss bis zum Wonnemonat
Mai. Statt dessen feiert, wie es sich gehört,
die Osterglocke Triumphe. Die im Jura wild
vorkommenden Jonquilles verkaufen sich in
Strässchen je nach Stiellänge zu 40 und
50 Rp., die grossen Garten-Osterglocken zu
Fr. 1.60.*

Basler Nachrichten, 1953

Der Osterhase

*Kommt Ostern, so legt Eier der Has'
Sowohl in Häusern als im Gras.*

Basler Nachrichten, 1896

Ostergrüsse aus der letzten Jahrhundertwende.

ten sich im Haus «zum Kränzlin» am Marktplatz 6 wahre Hasengeschichten ab. Sein
Besitzer, der Seidenkrämer Andreas Ryff,
hatte aus diesem Grunde ein die Hasenjagd
darstellendes Wandgemälde anbringen lassen und den von drei Hunden gejagten
Hasen mit dem Sprüchlein getröstet:

   O Has, o Has, du schöner Has
   Spring wol über daz grüne Gras,
   Domit dem Jeger mögst entgehen
   Und vor den Hunden sicher sein.

Der Ostermontag

Der erst im Jahr 1887 zum staatlichen
Feiertag erklärte Ostermontag ist
von der Bevölkerung seit alters als
zusätzlicher arbeitsfreier Tag, als der auf
den hohen Festtag folgende *Gute Montag*, in
Anspruch genommen worden. «‹Guete
Määntig› hiess im letzten Jahrhundert der
freie Nachmittag, den in Basel die Arbeiter
nach Ostern und Pfingsten und in der
Messezeit zugute hatten – im Gegensatz zu

den blauen Montagen, die sich manche
Handwerksgesellen und Fabrikarbeiter
durchs Jahr nicht selten herausnahmen. Sie
zogen auch von auswärts Volk an: ‹Amme
guete Määntig, do isch Läbe gsi z Basel. Do
sind si ab der Landschaft ko und us em
Badische›» (Eduard Strübin).

Ausgehend vom «Emausgang», als am
Ostermontag Christus sich zweien seiner
Jünger auf dem Weg von Jerusalem nach
Emaus offenbarte, nachdem sie das Grab
ihres Herrn leer gefunden hatten, wurde der
Tag nach Ostern schon früh gerne auch für
Zusammenkünfte und gemeinsame Ausflüge
benützt. So ist bereits anno 1789 im Grossen
Rat festgestellt worden, der Ostermontag
solle insbünftig aller Orten still gefeiert werden, obwohl die fremden Zuschauer viel
Geld in die Stadt brächten. Dieser Tag sei
nämlich nicht für ein solch unnützes Geläuf
bestimmt, das zu allerhand Ausgelassenheiten Anlass gebe. Denn die Basler vergnügten sich am Ostermontag mit Vorliebe
auf dem Münsterplatz, wo die Müller ihren
Eierlauf, die Maurer ihr Münsterturmsteigen,
die Feuerwehrleute ihre Wasserspritzen und
die Metzger ihre Ochsen vorführten.

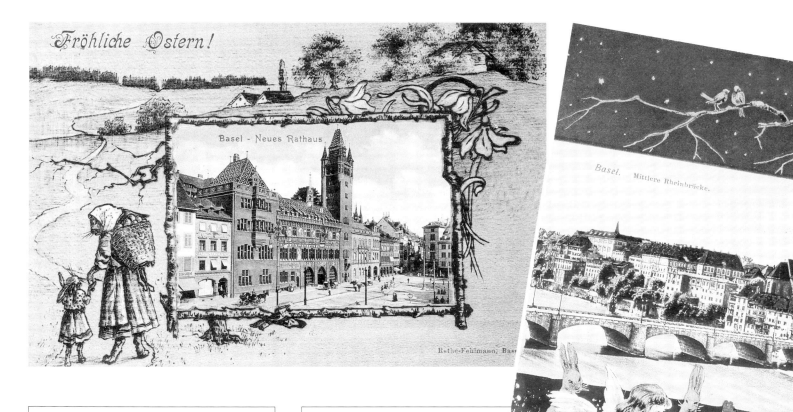

Ostermontag

Da gab es dreierlei: die Osterochsen, die Maurer auf dem Münsterturm und das Eiertätschen.

Schon vor Ostern hiess es einmal: der Metzgermeister St. zeige an Ostern die schönsten Osterochsen. Richtig, da kamen sie vor sein Haus, schön geschmückt und bekränzt wie Brautjungfern, der stattlichste mit einem Spiegel zwischen den Hörnern, die Metzgerburschen in schönen Gewändern mit weissen Schürzen angetan. Feierlich wurden sie und die der andern Metzgermeister durch die Stadt geführt. Aber der Metzgermeister W. in der Aeschen liess sich auch nicht lumpen. Mehrere Tage wogte in der Schule der Streit hin und her, wer die schönsten Ochsen gezeigt habe. Die Aeschlemer waren für W., für St. die Steinlemer.

Punkt 11 Uhr lief dann die Jugend auf den Münsterplatz. Vorher aber holte man sich auf dem Markt einige Ostereier, 10 Rappen das Stück, denn all die vielen auf dem Münsterplatz sich sammelnden Kinder hatten solche, um zu tätschen.

Karl Stückelberger, 1937

Am Ostermäntig

's isch Sunneschin, e schöne Tag,
Und 's lauft, was numme laufe mag
Vo Buebe gross und kleine,
Vo Maidli, Mägde mit em Kind
Im Münsterplatz zue. Hyte sind
Die Trägste-en-uf de Beine
Und laufe gschwind.

Wie d' Muschle glänze längs em Meer,
Lit uf em Münsterplatz e Heer
Vo bunte-n-Eierschale.
Dä schällt und isst, dä schlot, verliert,
Dä gwinnt, dä nimmt 's an d' Zähn, probiert
Eb er der Jux muess zahle
Und sis risquiert.

Jetz goht e Gmurmel dur der Platz;
Und bald tönt Jubel – Wie-n-e Katz
Isch ein dört obe z' bschaue
Am Münster, wo dr Thurm afangt.
Lueg, wie-n-er an de Zacke hangt!
's erfüllt ein ganz mit Graue,
Denn, wenn er wankt. (…)

Jacob Maehly, 1856

Ostermontag

Als in den Achtziger Jahren des letzten Jahrhunderts der Grosse Rat sich mit der Frage befasste, ob Ostermontag und Pfingstmontag zu Feiertagen gestempelt werden sollten oder nicht, warnte Georg Kiefer energisch davor, den Ostermontag zu feiern.

Lieber sollte man drei Pfingstfeiertage schaffen. Denn der Ostermontag sei von jeher ein launenhafter Geselle gewesen und habe seine Freude daran gehabt, die Menschen zu begiessen. Wenn man ihm nun gänzliche Freiheit einräume, so werde er ganz ausgelassen.

National-Zeitung, 1908

Die Erstkommunikanten von St. Clara in Begleitung von Schwester und Pfarrer beim Kirchgang, 1983.

Während die Waisenkinder traditionsgemäss am Ostermontag die «allgemeine Wallfahrt» zum «Nasenstrich» in St. Jakob eröffneten, gönnten sich andere einen ausgiebigen Spaziergang in die Umgebung mit anschliessender Einkehr in einen der zahlreichen gut geführten Landgasthöfe. Und so geschah es 1826, dass ein Bäckerjunge und ein Kostbube, statt die Abendkirche zu besuchen, sich des Weidlings von Johann Jakob Hindenlang bemächtigten und mit diesem nach Grenzach hinaufstachelten, um nach Fahrgästen Ausschau zu halten. Gegen sieben Uhr abends hatten sie denn auch richtig den Kahn voll. Alle Passagiere sprachen tagsüber ausgiebig dem Alkohol zu, und so stiess die Gesellschaft mit Gesang und Lärm vom Lande ab. Nach kurzer Zeit aber entfachte sich ein Streit, der Weidling geriet in eine Untiefe und kenterte. Drei der berauschten Ausflügler konnten das rettende Ufer nicht erreichen und ertranken. Das schwere Unglück hatte, nebst der Bestrafung der Verantwortlichen, insofern ein Nachspiel, als die Behörden das Verbot, an Feiertagen zu wirten, lockerten, damit die Ess- und Trinklustigen am Ostermontag nicht mehr

über die Grenzen laufen mussten und sich dadurch einer gewissen Gefahr aussetzten. Der zweite Ostertag erwies sich jedenfalls «im Allgemeinen als ein günstiger zu allerlei Unternehmungen. Eine riesige Menschenmenge wogte jeweils in den Strassen auf und ab. Tausende benützten den Tag zu einem Ausflug, und die Eisenbahnen hatten ansehnliche Einnahmen. Abends waren die Tanzlokale überfüllt, und die fröhliche Menge verliess diese nur ungerne, als die Zeit vorgeschritten war» (1897).

Der Weisse Sonntag

Die Tradition der christlichen Urkirche lässt eine Woche nach Ostern den Weissen Sonntag folgen, an welchem die in der Osternacht Getauften zum letzten Mal ihre weissen Taufkleider getragen haben. Um dessen Bedeutung wusste schon Christian Wurstisen, der in seiner im Jahre 1580 erschienenen Basler Chronik darüber vermeldete: «Es pflegen die Päpste im ersten Jahr ihres Papsttums, und darnach

je im siebenden, Herrgotts-Lämmlein zu machen und zu weyhen, folgender Gestalt: Sie nehmen von dem Osterstock, mit sondern Ceremonien dazu beschworen, Wachs, vermischen das mit Balsam, dem heiligen Öl und Chrysam, machen daraus ungefehr zehen tausend Partickel, in der Grösse eines Priesters Hostien, auf welchen Agnus Dei (Lamm Gottes) gedruckt seynd, theilen dann dieselbigen unter ihre Leut, sie zu Sicherung vor Feur- und Wasserfäll, vor Donnerschläge, Gespänste und andere Unfäll, am Hals zu tragen. Also consecrierte auch Papst Felix zu Basel in des Bischoffs Hof, Samstags nach Ostern, so man nennet Sabbatum in albis (Weisser Samstag), den 22. Aprillens, im 1441. Jahr, solche wächsene Agnos.» Dem Brauch, am Weissen Sonntag nicht nur das Agnus Dei, das symbolische Osterlamm, zu weihen, sondern mit den Kindern zur Ersten Kommunion zu gehen, wird seit einigen Jahren auch in Basel nicht mehr konsequent nachgelebt. Ungünstige Ferienzeit oder die Verlegung des Beginns des neuen Schuljahrs in den Spätsommer sind Gründe, dass einzelne Pfarreien nun andere Termine wählen, wobei die Erstkommunion mit Vorliebe am Palmsonntag gespendet wird.

Osterochsenumzug

Bereits im Jahre 1707 ist durch 130 «Metzger und Kälblistecher», unter Beteiligung der Kleinbasler Ehrengesellschaften, ein festlicher Umzug durchgeführt worden. Während dabei festgehalten wurde: «Man hält insgemein dafür, die Metzger seyen grob, allein bey diesem Zug muss man ihnen geben grosses Lob», war von mitgeführten Schauochsen noch nicht die Rede. Die Absicht, am Ostermontag die Ochsen «mit Schellengetön» in einer farbenprächtigen Parade durch die Strassen zu führen und damit einerseits die Bevölkerung zum Fleischgenuss zu animieren und andererseits von der Leistungsfähigkeit des Gewerbes öffentlich Zeugnis abzulegen, dürfte erst in der zweiten Hälfte des letzten Jahrhunderts verwirklicht worden sein. So erbrachte 1880 «Herr Metzgermeister Langenbuch mit stattlichen Repräsentanten, von denen das grösste Exemplar 21 Zentner wog, den Beweis, dass die in jüngster Zeit punkto Qualität des Fleisches etwas stark mitge-

Die am Ostermontag vorgeführten Ochsen wurden von den hiesigen Metzgermeistern vornehmlich im obern Baselbiet eingekauft, wo «sie in grosser Zahl aufgezogen, angespannt und gebraucht, bis sie ausgewachsen waren, dann gemästet und auf Ostern mit Gewinn in der Stadt losgeschlagen wurden». Im Bild: geschmückter Osterochse aus Sissach, 1923.

Farbenreicher Umzug

Ein farbenreicher Umzug fand am letzten Ostermontag statt, an dem sich eine stattliche Anzahl flott kostümirter Metzgerburschen mit 67 prächtigen, hübsch bekränzten Osterochsen betheiligten. Voraus zogen fünf Berittene, worauf die Metzgerbanner folgten und der lange Zug der Metzger mit ihrem Handwerkszeug. Die Thiere, obwohl sie Ochsen waren, schritten ziemlich selbstbewusst einher und schienen zu merken, dass etwas Aussergewöhnliches an der Tagesordnung war. Es hätten etwa 85 Osterochsen sich betheiligen sollen. Allein die fehlenden anderthalb Dutzend waren zumeist so schwere Thiere, dass man ihnen die Promenade durch die Stadt nicht wohl zumuthen konnte. National-Zeitung, 1892

nommenen Metzgermeister Kleinbasels die Ehre ihres Handwerks auf glänzende Weise gerettet haben». Wie sich im einzelnen der Osterochsenumzug der handfesten Metzgerburschen, denen «an den Plätzen, wo die Züge hielten, gern ein Trunk verabreicht wurde», abspielte, ist besonders ausführlich aus dem Jahre 1890 überliefert:

Wer «am Ostermontag auf den Strassen, Brücken und Plätzen der Stadt promenirte, hätte glauben können, es werde ein grosses Fest gefeiert oder die Fastnacht sei um einige Wochen hinausgeschoben worden, so drängten sich die Leute überall, dass man Mühe hatte, durchzukommen. Ein festlicher Umzug fand nun allerdings statt, und zwar ein Zug so origineller Art wie ihn Basel noch nie gesehen hat: 78 schöne Ochsen, alle reich mit Kränzen

und Blumen geschmückt, bewegten sich in dem hübsch arrangierten Zug. Dazwischen marschirten Abtheilungen von 130 Metzgern in vollem Wichs und uniform gekleidet, das Haupt mit einer Art rothen Jockey-Mütze bedeckt und bewaffnet mit Beilen und Schlaghämmern. Der Zug selbst wurde eröffnet durch eine Anzahl Berittener in weissen Hosen, rothen Jacken und rothen Mützen, durch einen Bannerträger, auf der Fahne die Insignien des Schlächterberufs, nebst der dazu gehörigen Fahnenbegleitung und durch die in Uniform befindliche Feldmusik. An der Spitze der zweiten Abtheilung der sehr langen Kolonne liess die Knabenmusik ihre Weisen erschallen. Unter den 78 Ochsen befanden sich wahre Prachtexemplare an Grösse und Schönheit, und wohl nicht ohne Absicht hatte man einige Riesenexemplare an den Schluss der imposanten Thierko-

Osterochsenumzug

lonne gestellt. Ein hübsch ausgestatteter Wagen mit bunt gekleideten Angehörigen des Metzgergewerbes beschloss den originellen Umzug. Das Publikum hat demselben ein grosses Interesse entgegengebracht und wir wollen hoffen, dass am künftigen Osterochsenumzug Ähnliches zu sehen sein wird». Ein solcher fand schon im folgenden Jahr statt, doch «musste die bekränzte Schaar der mächtigen Osterochsen leider aus sanitätspolizeilichen Gründen wegbleiben». Über's Jahr aber waren es wieder 67 Ochsen, die im prächtigen Kostümumzug mitgeführt wurden; «es war die einzige öffentliche Zerstreuung an diesem nasskalten Ostermontag». Vor der Jahrhundertwende liessen sich die «weissärmeligen und weissgeschürzten Metzgerburschen mit berechtigtem Stolz in den Mienen» nochmals mit 55 «wunderschönen Thieren vor einer ungeheuren Menschenmenge zeigen». Dann hatte es mit «dem einzigartigen Schauspiel der Promenade der Osterochsen» sein Bewenden. Noch versuchte der Verein schweizerischer Metzgerburschen 1923, den spektakulären volkstümlichen Brauch unter Mitwirkung zahlreicher Cliquen und Vereine wieder aufleben zu lassen: Angeführt vom Reiterclub beider Basel, «wohl an die dreissig Reiter auf dampfenden Pferden in der prachtvollen Uniform der Schweizerregimenter von 1760 und der Mittwochgesellschaft in ihren bekannten Stänzleruniformen, eröffnete eine lange Reihe von Wagen mit den Zeichen des Frühlings überreich geschmückt, fahrende Blumengärten, weisse Schafe und ein Rudel junger Schweine den Korso. Und dann kam, was die Basler wohl selten zu sehen bekommen, das Qualitätsvieh: nahezu vierzig mächtige Ochsen, peinlich sauber geputzt und die Hörner und Nacken reich mit Blumen geschmückt, auf den Lenden in grossen Buchstaben die Namen der Metzgermeister aufgemalt, geführt von Älplern, Sennen und Metzgern, begleitet von melodiösem Glockengeläute». Der Rückgang der Schlachtungen in Privatbetrieben und die «Angst der Tiere vor den Motorwagen» verbauten dem Osterochsenumzug die Zukunft, was auch «letztere eindrucksvolle Manifestation» nicht zu ändern vermochte.

Turmsteigen und Eierlaufen

Peter Pee (Kurt Haegler) hisst auf dem Martinsturm des Münsters das Basler Banner, während Karl Dettwyler den Georgsturm mit der Schweizer Fahne beflaggt. 1921.

«Vorstellung wie ehmahls die Müller in Basel am Ostermontag um die Eyer geloffen sind und zwar Ao. 1791 zum letzten mal.» Gouache von J.J. Schwarz.

Turmsteigen und Eierlaufen

Am Vormittag des Ostermontags strömte jeweils die Bevölkerung «massenhaft» zur frohen Belustigung auf den Münsterplatz. Diese wurde einerseits von den Maurergesellen und Zimmerleuten, andererseits von den Müllerknechten dargeboten und fand mit einem beschwingten Tanzanlass einen vergnügten Abschluss. «Zuerst waren die Maurer und Zimmerer an der Reihe»: Zwei der wagemutigsten Vertreter hatten, angespornt vom Krachen der Böllerschüsse, punkt 10 Uhr von aussen den 66,5 Meter hohen Georgsturm und den 64,7 Meter hohen Martinsturm zu besteigen und dabei den baulichen Zustand der Dächer und Türme zu überprüfen. «Da sie zum Auf- und Absteigen keine anderen Staffeln haben, als die auswärts hervorragenden Käpfer, so hat der Anblick dessen etwas Schauderhaftes an sich.» Auf der Turmspitze tranken die beiden Maurer dann ein Glas Wein auf das Wohl des Rats, liessen Flaschen und Gläser in die Tiefe fallen und feuerten zum Zeichen der Freude einige Granaten in die Luft. Beim Abstieg «schauderten die Untenstehenden von blossem Zusehen, weil es leicht hätte geschehen können, dass ihre Füsse ausgeglitten wären und sie nie mehr gegessen hätten», doch soll bei «dieser gefährlichen Inspektion des Domes nie ein Unglück» passiert sein. Für die couragierte Leistung verehrte die Obrigkeit jedem Turmsteiger einen grossen Taler. Mit Handgelübde hatte jeder neugewählte Sigrist im Münster zu versprechen, am Ostermontag nur Maurer- oder Zimmergesellen auf die Türme steigen zu lassen.

Übermütige Jugend

Zu Ostern 1584 liess Münsterglöckner Gregor Spiess trotz dieser Weisung «vil Personen und Buben» durch das Glockenhaus auf die Türme. Die Jugendlichen verübten in ihrem Übermut allerlei Unfug. Auch manipulierten sie an der Glaslaterne, die «Winters Zit von der Bühne an einer Schnur herab gelassen» wurde, bis diese mit grossem Getöse in den Kirchraum sauste und bei einem Haar ein Mädchen zu Tode geschlagen hätte. 1635 «stiegen drey Zimmergesellen auf den Münsterturm und standen auf dem Kopf nebeneinander». 1689 «stiegen zwey Mann auf die beiden Münstertürme und schossen zwey Pistolen los. Im Hinuntergehen fiel dem einen eine steinerne Stütze unter den Füssen hinweg und zerbrach sehr viele Ziegel auf dem Kirchendach». 1744 «ist Julius von Känel aus dem Bernbiet, welcher etwas über 70 Jahr, welcher 54 Jahr in Unserer Gnädigen Herren Arbeit im Werckhof gestanden und 36 Jahr nacheinander am Ostermontag auf die Münstertürme gestiegen war, allhier gestorben». 1766 schlossen sich den beiden Maurergesellen zwei weitere Männer an, die ebenfalls «hintereinander auf die beiden Münster Thürm bis auf den Knopf gestiegen sind».

Gemäss Zeitungsberichten aus dem ersten Jahrzehnt unseres Jahrhunderts «musste die Ersteigung bekanntlich vom obersten Gängli aus von Aussen, den sogenannten Krabben nach, erfolgen, wenn die oberste Kreuzblume erreicht werden sollte. Es fanden sich nun bei dieser Gelegenheit auch zahlreiche Freiwillige ein, die dieses Wagnis mitzumachen wünschten, und es waren deshalb oft zu gleicher Zeit mehrere Besteiger auf demselben Turme zu zählen. Die grösste Zahl der Besteigungen konnte wohl der Oberturner Cramer des hiesigen Bürgerturnvereins nachweisen; er war es auch, der bei festlichen Gelegenheiten die baselstädtische und eidgenössische Flagge oben an der Kreuzblume befestigte. War die fachmännische Untersuchung der Dächer beendet, so durfte auch das übrige Publikum die Türme besteigen, und es fanden sich waghalsige Burschen genug, welche diesen Sport mitmachten. Ein junger Spengler hatte nicht genug an der gewöhnlichen Besteigung und stellte sich auf dem höchsten Punkte des Georgsturms auf den Kopf. Trotzdem geschah nie ein Unglück».

Von einer eigentlichen *Entlöhnung* der beiden «offiziellen» Maurergesellen, die im Auftrag der Behörden jeweils am Ostermontag den Zustand der Bedachung des Münsters zu überprüfen hatten, ist im Jahre 1668 erstmals die Rede. Die Rechnungen der Kammerei und der Domprobstei führten auch Ausgaben für Brot und Wein auf. Im April 1807 beschwerten sich die beiden Maurer beim Deputatencollegium, weil sie anstelle der ehemaligen Leistungen für die notwendigen Seile, Gläser, Bouteillen und Pulver zum Schiessen nur sechs Franken erhielten; dies sei zu wenig, umsomehr als auch die von den Häuptern der Stadt (Bürgermeister und Oberstzunftmeister) die einst an diesem Tag gereichten Trinkgelder nun wegfallen würden. Obwohl dem Gesuch der «Münsterbesteiger» der Erfolg versagt blieb, «dauerte der Brauch selbst unverändert fort». 1834 führte Antistes Falkeisen Klage darüber, dass am Ostermontag beim Besteigen der Türme durch die Maurer auch viele andere Leute hinaufzusteigen pflegen, was Lärm und Unordnung und eine erhebliche Störung des Gottesdienstes zur Folge habe. Er empfahl daher, die Besteigung auf einen Tag zu verlegen, an dem kein Morgengottesdienst stattfinde. Das Baucollegium lehnte das Begehren ab mit dem Hinweis, dass die «althergebrachte Gewohnheit» nicht geändert werden solle. Untersagt wurde hingegen 1863 das gleichzeitige Besteigen der Türme «durch andere Leute als die dazu geordneten Maurer». Am Ostermontag 1879 konnte Basels Bevölkerung zum letzten Mal das Besteigen der Münstertürme verfolgen: «Die Maurer kletterten an den Pyramiden des Georgturms herum. Als sie auf der Kreuzblume standen – der Aufschwung da hinauf war besonders schwierig – stiessen sie mit den Gläsern an, und Schuss um Schuss krachte herunter, jeder vom Jubelgeschrei der unten versammelten Jugend empfangen. Der Examentag für unsere beiden Münstertürme stammte aus dem Mittelalter. Wie hat er doch die Arbeit zu weihen gewusst und ihr einen festlichen, feierlichen Duft gegeben!»

Grandioses Schauspiel

Traditionsgemäss folgte dem Schauspiel der Besteigung der Münstertürme durch die Maurergesellen das Eierlaufen der Müllerknechte. Hiebei stellten sich etwa sechs bis zwölf Wettkämpfer, die in blendendweissen Anzügen und grün gestickten Schärpen sich zum Start einfanden. Die einen markierten die Läufer, die andern die Eierleser. Jeder erhielt einen im voraus bestimmten Partner zugeteilt, gegen den er um die Wette zu laufen beziehungsweise Eier aufzulesen hatte. Bevor der Start freigegeben wurde, sind entsprechend den teilnehmenden Paaren drei bis sechs Reihen Eier ausgelegt worden; jede Reihe zu 100 Eiern im Abstand von 40 bis 60 Zentimetern von Stück zu Stück. Während die Läufer nun im Höllentempo zum Mäuseturm bei der Festung Gross-Hüningen eilten und sich dort von einem unparteiischen Wachsoldaten als Beweis, dass der Lauf nicht abgekürzt worden ist, das «Retourbillet» zum Münsterplatz aushändigen liessen, machten sich die Eierleser an Ort und Stelle wieselflink an die Arbeit. Ihre Aufgabe bestand darin, alle Eier möglichst rasch aufzulesen und sie in dem am Kopf jeder Eierbahn plazierten, mit Wasser gefüllten Zuber zu sammeln. Zerbrach dabei auch nur ein einziges Ei, so war die Wette bereits verloren. Sieger waren die schnellsten Läufer oder die beweglicheren Eierleser. Die Gewinnquote, die meistens den Läufern zukam, betrug je nach Übereinkunft einen Taler, einen Dukaten oder einen Naturalpreis. Ob die Eierleser einst gar *Masken* getragen haben? Eine Notiz aus dem Jahre 1546, der Münsterschaffner Hein-

rich Staehelin sei am 21. April beim öffentlichen Spiel unter der Maske halb gelähmt zusammengebrochen, lässt eine solche Annahme durchaus zu.

Ursprünglich spielte sich das Eierlaufen auf dem Petersplatz ab. Dort stritten sich anno 1556 zwei Zwerge, Klaus Guldenknopf und Kaspar Schwitzer, die beide das Alter von siebzig Jahren bereits überschritten hatten, um die Wette: Guldenknopf hatte vom Petersplatz nach der Schützenmatte und zurück zu laufen, während Schwitzer auf dem Petersplatz inzwischen fünfzig Eier aufzulesen hatte. Nach der Verlegung dieser Volksbelustigung auf den Münsterplatz kam es 1761 zu einem besonders spektakulären Eierlauf, als ein Läufer auf dem Festplatz keinen freien Zugang fand, weil das dichtgedrängte Volk ihm den Weg versperrte. Als der weissbedresste Läufer sich schliesslich durch die Menge geboxt hatte, hob sein Gegenspieler gerade das

letzte Ei in den Zuber und gewann so die Wette um 101 Eier: «Die alljährliche österliche Ceremonien auffem Münsterplatz mit dem Thurmsteigen und denen Müllern, welche um die Eyer laufen, hat bey schönem, lieblichen Wetter glücklich ihren Vortgang gehabt. Diesmalen hatten 5 Pardeyen miteinander gewettet, allwo 4 mit Aufheben und nur einer mit Laufen gewunnen. Es ist merckwürdig, dass einer von denen Läufern 3 überloffen und der erste dagewesen, allein aber vor Gedräng denen Leuthen nicht hinein konnte, wurde ers gewiss gewunnen haben, weilen sein Camerad das letzte Ey aufhebte, als er zu ihm kam. Diese Zwey hatten auf 101 Ey gewettet.»

Amüsant gestaltete sich das Eier-Laufen im Jahre 1766 durch die «Mitwirkung» des als «kurzweiliger Mensch» geschilderten Johannes Rubli, der schon seit vierzehn Jahren als Müllerknecht bei Johann Jacob Minder in der Kleinbasler «Drachenmühle» diente und sich am grossen Tag seiner Gilde als «Mül-

---

Ergötzliche Volksbelustigung

Nachmittags war ich mit andern auf dem Münsterplatz, wo ich zwei Volksbelustigungen, die am Ostermontag stattzufinden pflegen, angesehen habe. Die eine bestand darin, dass am Münsterturm, der auf gleiche Art wie der St. Stephansturm in Wien gemacht ist, nur viel kleiner, ein Maurer über die am Turm hinausragenden Steine hinaufkletterte und auf die Turmspitze stieg, wo er zu Ehren der Häupter der Stadt und auf die Gesundheit des Rats ein Glas Wein trank und dann einige Male Granaten schoss; das geschah auf jedem der beiden Türme. Man tut dies jedes Jahr, um nachzusehen, ob am Turmdach nichts fehlt; die Gesellen bekommen für die Besteigung einen grossen Taler.
Der Brauch, der sich gleichzeitig abspielt, ist der folgende: Acht Müllergesellen machen miteinander eine Wette, vier bleiben auf dem Münsterplatz, die vier andern aber laufen bis zur Wache der Festung Gross-Hüningen, die nah beim Rheinufer gelegen und von Gross-Hüningen selbst noch sehr weit entfernt ist, und von dort wieder zurück. Die andern 4, die

auf dem Platz geblieben sind, beschäftigen sich unterdessen wie folgt: sie legen, noch bevor die andern fort sind, vier Reihen Eier auf die Erde, in jeder Reihe 100, jedes Ei einen kleinen Schritt weit vom andern entfernt, und sie müssen nun diese Eier alle nacheinander aufsammeln, ehe die andern von der Hüninger Wache zurückkommen. Jeder Müllergeselle hat einen Partner, mit dem er wettet. Wenn er die hundert Eier aufsammelt, bevor sein Partner zur Wache gelaufen ist, so hat er gewonnen, wenn aber nicht, so hat er die Wette verloren, die je nach der Übereinkunft einen Taler, einen Dukaten oder einen Louisd'or beträgt. Wenn er aber ein Ei zerbricht, so hat er auch verloren. Sie werfen aber die Eier in eine grosse mit Wasser gefüllte Wanne, die an einem Ende der Eierreihe steht. Alle diese acht Müllerburschen sind in leichten, weissen Gewändern sehr schön angezogen. Diesmal zerbrachen zwei ein Ei, und es schien mir, dass auch die beiden andern nicht fertig wurden, bevor die Läufer zurückkamen, sodass alle die verloren, welche die Eier auflasen. Ich schaute von dem Hause des Herrn Bachofen zu.

Joseph Teleki, 1760

«lermajor» aufspielte. Hoch zu Ross zog er, als Kurier mit grossen Postillionsstiefeln und weisser Müllerkluft angetan, seinen Kameraden voran, und auf dem Münsterplatz ritt er, eine Peitsche in der Hand, beständig um die Reihen der ausgelegten Eier herum, machte Platz und kommandierte das ganze Zeremoniell mit humorvollen Einfällen. Drei Jahre später nahm der Eierlauf einen aufregenden Auftakt: Zwei französische Husaren jagten auf ihren Pferden durch die Stadt und forderten mit frevelhaftem Benehmen den Zorn der Bevölkerung heraus. Beim Otterbach schlugen sie in ihrer «Vollheit» mit blanken Degen auf den Lehenmann ein, der geistesgegenwärtig sich mit einer Hacke zur Wehr setzte und die Hiebe mit dem «Hauen Stihl» auffangen konnte. Darauf zog einer der Missetäter einen Revolver und feuerte auf den jungen Hermann Schneider, doch zerfetzte das Geschoss glücklicherweise nur dessen Basler Hütlein. Dann endlich konnten die beiden üblen Burschen verhaftet und ins Gefängnis gesteckt werden. Trotz dieses unerhörten Ereignisses wurde der Eierlauf nach alter Sitte durchgeführt, der dann zur grossen Überraschung von den vier teilnehmenden Läufern gewonnen wurde.

Zeitgenössische Schilderungen

An farbigen zeitgenössischen Schilderungen liegen uns wiederum Aufzeichnungen von Samuel Teleki und Carl Gottlob Küttner vor. Der Ungare notierte 1760: «Am zweiten Ostertag jeden Jahres pflegt der Magistrat die beiden grossen, schönen roten Türme des Münsters, die sehr hoch sind und die so durchbrochen sind, dass man durchsehen kann, durch Maurer untersuchen zu lassen. Die Rosen auf den Türmen sind auch aus Stein, und auf die obersten Rosen klettern am zweiten Ostertag zwei Maurer und trinken, auf den Rosen sitzend, je ein Glas Wein, und nachdem sie noch einige Schüsse abgegeben haben, klettern sie wieder herunter und erhalten vom Magistrat je einen Taler.

Am selben Tag kommen 8 Müllergesellen auf den Münsterplatz in leichtem weissen Gewand und mit roten Bändern geschmückt.

Ihr Anzug ist ähnlich dem von Landboten. Auf dem Münsterplatz legen sie in vier Reihen von je ein Fuss Distanz viele Eier auf die Erde, und nachdem die Eier so in eine Ordnung gebracht sind, laufen 4 von den Gesellen nach Hüningen, welches ca. eine Stunde von Basel entfernt ist, und von dort mit einem Zeichen wieder nach dem Münsterplatz zurück, manchmal so erschöpft, dass einige von ihnen auf den Boden fallen etc. Die Sieger werden mit Musik und Trompetenschall nach Kleinbasel geleitet, und dort wird getrunken und getanzt.»

Der Sachse dagegen liess sich 1776 besonders durch den riesigen Zuschaueraufmarsch beeindrucken: «Auf einem grossen Platze vor der Hauptkirche liest eine gewisse Anzahl Müllerknechte Eyer auf, die in einer abgemessenen Entfernung auf dem Boden liegen, während dass eine andere Anzahl bis auf eine gewisse Entfernung von der Stadt läuft und wieder zurückkommt. Die Partey, die am ersten ihr Werk vollendet, gewinnt. Sie sind alle in weiss gekleidet, mit blassrothen Bändern und machen einen artigen Aufzug. Tausende kommen, dieses Schauspiel zu besehen. Ich konnte alles aus einem Zimmer sehen, wo ich mich in einer zahlreichen Gesellschaft befand, der ich so fremd war, als sie mir. Wir sahen einander an, ohne einander viel zu sagen zu haben. Und jede Partey schien im Gesichte der andern lesen zu wollen, was von ihr zu erwarten sey: und dieses machte vielleicht beide nur stillschweigender.»

!Ostereier Wettlauf!

(3367) Die Gesellschaft „zur Wiederherstellung alter guter Sitten und Gebräuche" wird heute Nachmittag zwischen 1 und 2 Uhr am Claragraben, Klein Basel, ein

großes Ostereierwettlaufen

abhalten lassen; zu welchem Schauspiel, Alt und Jung, hiemit freundlichst eingeladen wird. Die Ostereier werden nach beendigtem Wettlaufe an die anwesende liebe Jugend vertheilt werden.
Die Commission.

P. S. Löbl. Polizeidirection wird höflichst gebeten, das Trottoir längs dem Teiche am Claragraben für diese Stunde frei zu halten.

Schweizerischer Volksfreund, 1872.

Die österlichen Zeremonien auf dem Münsterplatz wurden auch bei dem kalten, windigen und stürmischen Regen- und Schneewetter, das zu Ostern 1759 und 1766 herrschte, abgehalten. Besonders begünstigte sie aber die «schöne Witterung» am 7. April 1760, acht Tage vor der Feier des 300jährigen Bestehens der Universität: «Viele vornehme Herren und Grafen» waren bereits im voraus zu diesem Jubiläum in Basel eingetroffen und benützten nun die Gelegenheit, «mit ihrer hohen Gegenwart in den Häusern Unserer Gnädigen Herren Häupter auf dem Münsterplatz die Bräuche in Augenschein zu nehmen».

Das bedauerliche Ende

Für die Durchführung der Zeremonien und die daran anschliessende Tanzbelustigung musste Jahr für Jahr die Bewilligung der Obrigkeit eingeholt werden. 1756 wurde sie «der leidigen Zeiten» wegen verweigert und 1766 wurden nur die Schauspiele auf dem Münsterplatz gestattet; das Tanzvergnügen sollte erst eine Woche später stattfinden. Zwei Jahre zuvor hatte der Rat den Müllerknechten, die «für ihr Wettlaufen um die Eyer um ein Gnaden Geschenck in Wein nachsuchten», eine Abfuhr erteilt. Mit den «schlechten Zeiten» begründete der Rat seine Absage auch im Jahr 1771, doch widerrief er sie bald, weil er auch den Beckenknechten eine öffentliche Veranstaltung erlaubt hatte. Am 15. Juni 1789 erkannten die Ratsherren, dass der Eierlauf der Müller und das Turmsteigen der Maurer nicht mehr am Ostermontag stattfinden solle, sondern, nach eingeholter Erlaubnis, acht Tage später. Auch wurde bei dieser Gelegenheit verfügt, dass ebenso die *Feuerwehr* mit dem österlichen Umziehen und dem Ausprobieren der Wasserspritzen jeweilen noch eine Woche zuzuwarten hätte. Es scheint, dass der althergebrachte Basler Osterbrauch des Eierlaufens trotz seiner «unvergleichbaren Beliebtheit» tatsächlich nach dem durch den Kunstmaler J.J. Schwarz überlieferten Datum des 25. April 1791 nicht mehr durchgeführt worden ist.

Namenstage und Nasenstrich

Der «Kuriosität halber mag erwähnt sein, dass sich unter den geselligen Vereinen Basels auch eine *Fritzengesellschaft* befindet, zu welcher nur Solche Zutritt haben, die auf den Namen Fritz getauft sind. Ihr Hauptzweck besteht in der gemeinsamen Feier des Namenstags. Übrigens weist Basel auf dem Gebiet des Vereinslebens eine noch grössere Merkwürdigkeit auf, nämlich einen Hundertkiloverein. Wer da Mitglied werden will, muss wohlgemessen zweihundert Pfund wiegen; wehe dem, der zu leicht erfunden würde! Doch befände man sich sehr im Irrtum, wollte man annehmen, die Mitglieder dieses Vereins seien recht schwerbeweglicher Natur. Wer sich vom Gegenteil überzeugen will, muss nur einmal dem Hundertkilo-Vereinsball beiwohnen, und er wird staunen ob der Behendigkeit dieser gewichtigen Männer» (1898).

Wie in Paris die ledigen Arbeiterinnen aus den Modehäusern den *Katharinentag* mit allerhand Lustbarkeiten feierten, so war der Tag der heiligen Nothelferin auch den Basler «Catherinettes» von besonderer Bedeutung: «Vor Jahren, als noch die alten Schwibbogen standen, hinterm schwarzen Pfahl Hühner herumspazierten und der Stadttambour entlaufene Kinder und verlorene Geldbeutel gefühlvoll austrommelte, vor Jahren also war der Katharinentag von grosser Wichtigkeit für die Hausfrauen und Mägde; an diesem Tage war nämlich grosse ‹Wandlete›. Die Köchin, die Sehnsucht nach einem andern Herd empfand; das Stubenmädchen, das sich verändern wollte; die Kindsmagd, die das Gebrüll der bisherigen Kinder zur Genüge genossen hatte; die Hausfrau endlich, die ihrer bisherigen Stütze aus triftigen Gründen nicht mehr traute: sie Alle kündigten auf den Katharinentag. An diesem folgenschweren Tag fand der Szenenwechsel auf der häusli-

National-Zeitung, 1898.

chen Bühne statt. Das ist heutzutage (1894) nicht mehr der Fall: die Dienstmädchen kommen und gehen zu allen Jahres-, Tages- und Nachtzeiten. In einzelnen Häusern wechseln sie so rasch wie die Nummern eines Cirkusprogramms. Freilich giebt es auch genug dienstbare Geister, die noch ungezogener sind als die Nachtglocke eines frisch etablierten Arztes.

Der zweite wichtige Heilige für das Volk ist der brave *St. Andreas*. Nach diesem richten sich die Mädchen weit mehr als nach der heiligen Katharina. St. Andreas erfreut sich des unbegrenzten Vertrauens aller heiratslustigen Weiblein. Ihm schütten sie unbedenklich ihr gepresstes Herz aus und fragen ihn in der letzten Novembernacht mit kindlicher Offenheit um Rat, wie einen himmlischen Briefkastenonkel. Was er Alles in dieser Novembernacht zu hören bekommt, das ist gar nicht zu beschreiben. Die gesamte ledige Weiblichkeit von 16 bis 60 Jahren will vom heiligen Andreas wissen, ob und was für ein Mann für jedes Einzelne zu erhoffen sei. Ein Glück ist's für ihn, dass er nicht mehr auf Erden wandelt, also nicht direkt, sondern nur vermittelst geheimnisvoller Bleiorakel befragt werden kann. Hätte er auf unserm Planeten ein Domizil, so würde er unter dem Berg der ihm zugesandten Briefe längst erstickt sein. Er ist ein gutmütiger Heiliger, der nicht viel auf der Cölibat hält»

Nach dem Zweiten Weltkrieg hielt auch in Basel der namentlich in England gefeierte, auf den 14. Februar fallende *Valentinstag* Einzug. Der «Tag der Freundschaft, an dem man Blumen schenkt», soll «die Floristen und Gärtner mit ihren schönen Blumen vermehrt an die Öffentlichkeit treten lassen, um zu zeigen, was sie arbeiten und können». Auch halten zur Erinnerung an den Tag ihrer Gründung im

Jahre 1354 die beiden Halbzünfte zu Schiffleuten und zu Fischern traditionsgemäss das sogenannte Valentinsmähli ab.

Der 1914 vom amerikanischen Kongress zum «Muttertag» erklärte zweite Maisonntag wird durch einen Beschluss des Verbandes der Schweizer Floristen aus dem Jahre 1930 auch bei uns als «allgemeiner festlicher Anlass» begangen. Die 1950 in Basel lancierte Idee eines «Vatertages» kam indessen nicht über ein Fasnachtssujet hinaus:

Pletzlig duet me z Basel no vernäh.
dass es au e Babbedag soll gäh,
mit em Unterschiid zum Mueterdag,
dass der Babbe Babbe frisst am
Babbedag!

Schweizerblut

Jedes Jahr, wenn der erste Frühling wieder Basels Fluren begrüsst, wallen die buntgemengten Schaaren des Volkes, unter ihnen aber am ehrwürdigsten die biedern Hausväter mit Frau und Kindern nach St.Jakobs freundlichen Gefilden, und lagern sich, wenn die Tische in dem mit der Mauer umzäunten Hofe vor dem Wirtshause schon besetzt sind, auf den frischen, von der Birs bewässerten Matten, in langen Reihen. Mag es auch sein, dass manchen kein anderes als das «Schweizerblut», welches dort in reichlicher Fülle aus den Flaschen vergossen wird, zur Theilnahme an diesem Volksfeste ladet, und der Boden oft vergessen wird ob des Gewächses, das er trägt, so wird doch der edlere Vaterlandsfreund diese Gelegenheit nie vorbeiziehen lassen, ohne sich und die Seinigen aufs Neue zu erinnern an der Väter Zeiten, an der Helden kühne That, an der Eidgenossen Kampf und Tod. Ehe er noch in die bunten Kreise in der Ebene sich menget, bleibt er an dem Hügel stehen vor der Mauer, die hinter dem Kirchhof und dem Krankenhause sich erhebt: «Hier haben sie es ausgefochten, hier sind sie geblieben», sagt er zu den ihn begleitenden Seinigen, und erzählt ihnen mit kurzen Worten den Hergang der Schlacht; mit aufmerksamem und kühn aufstrebendem Sinne vernehmen es die Knaben, mit weiblicher Theilnahme hören es die Mädchen.
Karl Rudolf Hagenbach, 1824

Nasen und Schweizerblut

Während der Katharinentag und der Andresentag ganz im Zeichen von Basels Damenwelt standen, gestaltete sich bis zur letzten Jahrhundertwende der Rudolfstag am 17. April vornehmlich zu einem Familienfest. Einem unerklärlichen Drang folgend, kam nämlich um diese Zeit eine Unmenge Nasen vom Rhein her die Birs – und gelegentlich auch den St. Albanteich – herauf geschwommen und «gestrichen» und verfing sich in den Netzen der hiesigen Fischer, wobei es beispielsweise im Jahre 1626 deren 40 000 und 1664 gar deren 200 000 waren! «Man konnte die sich in ungeahnten Mengen einfindenden und in Schichten über einander schwimmenden Weissfische am Wehr mit blossen Händen ergreifen. Sie reckten gewöhnlich die Köpfe ein wenig aus dem Wasser hervor, wovon sie wahrscheinlich den Namen ‹Nasen› haben.» Am Morgen des jährlich wiederkehrenden Schlemmertages zu Ehren des heiligen Rudolf von Bern wurden die Nasen von einem zusätzlichen Aufgebot an Fischern eingefangen, von renommierten Gasthofköchen zubereitet und den hohen Autoritäten der Stadt zum Schmaus vorgesetzt. Denn gemäss einer anno 1617 erlassenen Erkanntnis standen sowohl jedem Ratsherrn als auch gewissen Beamten jährlich sechs Nasen zu. Wer nicht zum «monstruösen Stadtbankett» geladen war, pilgerte vor die Tore der Stadt und liess sich gebackene Nasen mit Rotwein im Wirtshaus von St. Jakob schmecken oder «auf den Wiesen in der umliegenden schönen Gegend, wenn im Wirthshause und dem sehr kleinen Platze um dasselbe nicht Raum ist». Besonders gut mundeten die gebackenen Nasen, wenn sie «im Schweizerblut schwimmen konnten». Mit «Schweizerblut» bezeichnet wurde der seit spätestens 1744 im «ummauerten Rebacker zu St. Jakob wachsende Scherkessel Rotwein». Seine Qualität

(3424) **Anzeige und Empfehlung.**
Wer gut geback'ne Nasen will
Auf dem Mostacker essen,
Möcht' den siebenzehnten April
Am Samstag nicht vergessen!
Es ist der grosse Rudolfstag,
An welchem Viele kommen;
Es isst und trinkt da, wer nur mag,
Denn Jeder ist willkommen
bei   **Theobald Nech.**

Einladung zu einem Nasenessen auf dem Mostacker, 1855.

(3949) Willkomm' sei mir der Rudolfstag zu jeder Zeit von heute angenommen,
Günstig allzunächst sei mir, wie schon vernommen,
Der grosse Nasenfang am Birs-St.Jakobsthal,
Dabei geschichtlich quillt das Schweizerblut; verwendet es zur Kraft,
Ernsthaft bekannt, auf's hohe Wohl der lieben Bürgerschaft,
Zahlreich berufene Gäste, zu lieb geordnet, dass wer sich ehrbar lustig macht,
Vom Kopf die Nase umgewandt, mit Appetit gebacken, wo hellauf so nah' am Bach
Der rothe Wein, so edel und geläutert, vor dem Regennass im Monat April besorget Schirm und Dach,
Dass jedes Schärflein wirksam sei, bevor im Lenz rekommandirt mit Lust,
Bedürfniss mein Verheiss, ein ehrenwerthes Publikum besprochen von der Brust,
Zum Dank bevor der Ehr' und Treu, ausser lieblos wie der alte Eidgenoss,
Hängt nicht allein von gut gebacknen Nasen ab auf unserm Erdgeschoss,
Fühlbar, dass wer auf diesem klassischen Boden trefflich denkend wohlgeruht,
Wie noch heut' zu Tag! Zahlreichem Zuspruch hoff' ich froh entgegen; würdevolles Schweizerblut!
Mit Ausnahm' auch durch's ganze Jahr zum Frohsinn und Vergnügen ist zu haben.
Nehmt Theil an frischer, süsser Butter, nicht nur in diesem Nasenstrich zu laben.
Komplett' Familien werd'n erfrischt; insgesammt sei mir zur Pflicht,
Vor Gästen jeden Standes; zur hohen Gunst, auch das ist meine Zuversicht,
Sie werde mir auf jedem Weg zum besten Honorar,
Wie's mit dem Oelkrug jener Wittwe zu Elisä Zeiten war,
Wo ringsumher ein grosser Raum gereinigt, auf dem Rasen viele Tisch'
Auf Schweizerdeutsch; den Anken nicht gespart zu den gebacknen Fisch;
Schliesslich höflichst eingeladen Jedermann   zur W..... K......n.

«Poesie zum Rudolfstag 1846.»

Zugunsten wohltätiger Organisationen führte die Pestalozzigesellschaft 1910, 1911 und 1912 Blumentage durch, wobei «mehrere hundert weissgekleidete Mädchen in der ganzen Stadt den Verkauf von Blumen besorgten und dabei bemerkenswerte Sammelergebnisse erzielten».

Frohe Gesellschaft beim «Schweizerblut-Pokalieren» zu St. Jakob. Aquatinta von Marquardt Wocher, 1787.

wurde unterschiedlich beurteilt. Die einen konnten sich am «köstlichen roten Wein» nicht satttrinken, die andern fanden ihn «sauer und garstig, aber billig». So auch der deutsche Reiseschriftsteller G. H. Heinse, der anno 1808 berichtete: «Mit diesem grosse Erinnerungen erweckenden Weine füllte die Helvetische Gesellschaft ihren bei einem Rundgange herumkreisenden Becher, als sie sich nach vorübergegangenen Stürmen der Revolution zum erstenmale wieder versammelte. Auch ich trank zu St. Jacob von solchem Weine, und in ihm den wohl feilsten, der jemals über meine Zunge gekommen ist. Die Bouteille kostete nur sechs Kreuzer. In Wahrheit liess er sich aber auch nur zu Ehren seines Namens trinken, denn der Gaumen protestirte kräftigst gegen das Räsonnement des Verstandes. Mancher Jahrgang soll indess geniessbar seyn.»

Auch W. Th. Streuber, der 1856 durch das historisch- topographische Basel führte, brachte für den auf dem «Campo santo» angebauten Wein kein Lob auf: «Der zu St. Jakob als Schweizerblut verabreichte rothe Wein dürfte meistentheils gerade aus dem (Pfeffer) Lande stammen, woher 1444 die Feinde der Schweizer gekommen sind.» Item, das «Schweizerblut» erfüllte seinen Zweck als Freudenspender, den schon 1787 Apotheker Wernhard Huber zu besingen vermochte:

Hier schwangen einst ihr tapfer Schwert
Die Väter – ach da floss zur Erd
Ihr Blut zum Heil der Söhnen.
Wir schwingen hier recht tapfer auch
Die Gläser – ha dann fliesst in Bauch
Uns Wein – aufs Wohl der Schönen!

Auch die sich jeweils zahlreich im alten Zollhaus am St. Albanteich einfindende Jugend, der sich traditionsgemäss am Ostermontag ebenso die Waisenkinder anschlossen, störte sich nicht daran, dass «die zahllose Menge der Gräten die gebackenen

Nasen zu einer so rauhen Speise macht, wie es der Wein vom Scherkessel als Trank ist». Denn «es sollte auch vorkommen, dass am Nasenfest mitunter auch Ungebackenen Nasen gespendet und Nasen gedreht und aufgeheftet werden»!

Tag der Arbeit

Ein merkwürdiger Zufall liess den 1. Mai schon im Alten Basel als einen für das «Volk» aussergewöhnlich bedeutsamen Tag erscheinen: Am Vorabend der Reformation sass am 1. Mai des Jahres 1525, «den die Zünfte in Fröhlichkeit und Wohlleben zu begehen pflegten», im Zunfthaus zu Webern der angesehene Gewandmann Ulrich Leiderer beim Zechen und verlangte klipp und klar nach politischen Veränderungen. Auch die Untertanen von Basel begannen sich gegen die Obrigkeit zu erheben. Der Rat beorderte deswegen Bürgermeister Adelberg Meyer mit einigen Begleitern auf die Landschaft, um abzuklären, was die Bauern in den Ämtern im Schilde führten. Und tatsächlich verschafften sich im Benediktinerkloster Schöntal bei Langenbruck Landleute und Wallfahrer gewaltsamen Zugang zu Kloster und Kirche und zerstörten wertvolle Kunstschätze.

Kampf um den Achtstundentag

Anno 1890 waren es wiederum «Revolutionäre aus der sozialen Grundschicht», welche am 1. Mai der Stadtgeschichte einen Markstein setzten: Dem 1889 in Paris gefassten Beschluss des Internationalen Arbeiterkongresses, zur Durchsetzung des Achtstundentags in allen Ländern sozialistische und gewerkschaftliche Kundgebungen durchzuführen, folgten auch Basels Arbeiter. Mit dem vom hiesigen Posamenterverein herausgegebenen roten Seidenbändel mit der eingewobenen Aufschrift «Acht Stunden Arbeit, acht Stunden Musse, acht Stunden Schlaf» am Revers «versammelte sich die Basler Arbeiterschaft nach Feierabend zu einer Demonstration auf dem Todtentanz. An Zahl etwa 1000, zogen die Leute unter Fackelschein mit einer Reihe von Fahnen, begleitet von einer grossen Menge Neugieriger, auf den Petersplatz, wo eine Rede angehört werden sollte. Infolge eines Missverständnisses marschirte aber der grössere Theil der Demonstranten mit der Musik an der Rednertribüne vorbei direct durch die Stadt nach der Burgvogteihalle, und nur verhältnismässig Wenige genossen die Worte des Herrn Wullschleger. Nachher vereinigten sich die Getrennten wieder in der überfüllten Burgvogtei, wo die Rede nochmals zum Besten gegeben und bei Musik des Feldmusikvereins und Gesang des Männerchors des Deutschen Arbeitervereins und des Bäckervereins der Donnerstag in den Freitag verlängert wurde. Einstimmig angenommen worden war auch folgende Resolution: ‹Die heutige, vom Arbeiterbund Basel einberufene, von ungefähr 2000 Personen besuchte öffentliche Versammlung erklärt die Forderung des gesetzlich festzustellenden achtstündigen Normalarbeitstages als eine Lebensfrage für das arbeitende Volk›.»

Bereits im folgenden Jahr nahm die Maifeier mit einer Tagwacht ihren Anfang, und der Arbeiterbund verlieh ihr «die Form, die sie im wesentlichen bis in die zwanziger Jahre prägen sollte: Morgens zwischen 5 und 6 Uhr sorgten die Aktivisten in den Quartieren mit Musik für Tagwacht. Um 9 Uhr trafen sich diejenigen, die ihre Arbeit ruhen liessen, zu politischen Reden und Geselligkeit in der Burgvogtei. Allgemeine Besammlung auf dem Barfüsserplatz hiess es um 14.30 Uhr. Anschliessend führte ein Festzug durch die Stadt zum Platanenhof im Klybeck, wo Festrede, Musik, Gesang und andere Unterhaltung auf dem Programm standen. Um 19 Uhr ging es geschlossen zurück zur Burgvogtei. Dort fand der Tag nach weiteren Reden und unterhaltenden Beiträgen um 23 Uhr seinen offiziellen Abschluss» (Bernhard Degen).

Repressionen am Arbeitsplatz

Die Teilnahme am Maiumzug blieb nicht frei von Schwierigkeiten, konnte die Abwesenheit vom Arbeitsplatz doch zu Massregelungen, Bestrafungen und gar zu Entlassungen führen. Immer aber waren materielle Einbussen in Kauf zu nehmen. Auf ein Gesuch des Staatsarbeiterverbandes, sämtliche beim Staat beschäftigte

Bildpostkarte zum 1. Mai 1910.

Arbeiter von der Arbeit am Nachmittag des 1. Mai ohne Lohnabzug zu dispensieren, antwortete 1899 die Regierung, «dass soweit der Dienst es gestattet denjenigen Arbeitern, die das Begehren stellen, freigegeben wird, und zwar den ständigen Arbeitern ohne Lohnabzug, jedoch unter Anrechnung als Urlaub, den nicht ständigen Arbeitern unter Lohnabzug». In der Privatwirtschaft scheint «die wachsende Zahl von Feiernden nicht zu schwerwiegenderen Konflikten geführt zu haben, da sie für ausgefallene Stunden keinen Lohn erhielten». Dementsprechend war an Maifeiern, die auf einen Sonntag fielen, die Beteiligung weit höher als an Werktagen. Letzteres war besonders 1898 der Fall: «Weil diesmal der 1. Mai auf einen Samstag fiel, ist

Arbeiterfeste

Eine ganze Reihe von Anlässen der jungen Basler Arbeiterbewegung wiederholte sich regelmässig. Die Typographen gedachten jeden November an der Johannisfeier Johannes Gutenbergs, der den Buchdruck erfunden hat. Verschiedene Arbeiter begingen jährlich ihr Stiftungsfest, das heisst ihren Geburtstag. Die Grütlivereine pflegten anlässlich der Novemberfeier die Erinnerung an den Rütlischwur. Einer der grossen Gestalten der deutschen Arbeiterbewegung war die auch in Basel regelmässig durchgeführte Lassallefeier gewidmet. Die Vorbehalte, die bürgerliche Kreise gegen die Teilnahme von Arbeiterorganisationen am St. Jakobs-Fest hegten, führten mehrmals zu Verstimmungen. Wichtigster Anlass vor dem 1. Mai war die Märzfeier, die sich mit meist stattlicher Beteiligung bis nach dem Ersten Weltkrieg halten konnte.
Christbaumfeiern und Silvesterfeiern gehörten ebenfalls in den Arbeiter-Festkalender. Dazu kamen noch einmalige Anlässe wie Fahnenweihen. Beliebt waren im Sommer auch die Waldfeste. Im Winter erfreuten sich die gemütlichen Abendunterhaltungen regen Zuspruchs.

Bernhard Degen, 1986

die Maifeier der Arbeiterpartei mit Umzügen und Festreden nicht so grossartig ausgefallen, wie die Führer hatten geglaubt hoffen zu dürfen. Nationalrat Wullschleger tadelte scharf die Lauheit der Parteigenossen in einer am Nachmittag auf der Schützenmatte gehaltenen Festrede.» Der eindringliche Appell des «unumstrittenen Arbeiterführers» an «das Wertgefühl und das Selbstbewusstsein der arbeitenden Klasse» verhallte nicht ungehört. Die Maiumzüge entwickelten sich zu «respektabeln Aufmärschen», welche die sozialen Anliegen der «breiten Masse» machtvoll zum Ausdruck brachten. So fanden sich 1905 «schon zur Tagwacht in Grossbasel 800 Personen mit 11 Fahnen und in Kleinbasel weitere 700 ein. Am nachmittäglichen Festzug vom Marktplatz zum Landhof beteiligten sich 52 Vereine mit 45 Fahnen oder Vereinstafeln mit insgesamt 3000 Personen.

Erstmals dabei waren ‹farbige Brüder›, wie Chemiearbeiter wegen ihrer Farbflecken genannt wurden. Die Fabriken hatten ihnen auf persönliche Anfrage gegen Lohnabzug freigegeben, wovon sie vor allem bei Sandoz Gebrauch machten».

Wie Bernhard Degen in seiner grundlegenden Studie «Hundertmal 1. Mai in Basel» ausführt, waren mittlerweile «in die Maifeiern Elemente älterer Frühlingsfeste eingeflossen, die sich in den üppigen Bildern in Zeitungen und Zeitschriften und im Festbetrieb ausdrückten. Auch benutzte man die Gelegenheit gerne für rituelle Handlungen wie 1892 für die Fahnenweihe des Staatspersonals oder 1904 für die Staufacherinnen, der Pflästerer und der Handlanger. Schon vor dem Ersten Weltkrieg setzten sich jedoch strengere Formen durch. Zum letzten Mal öffnete die offizielle Festwirtschaft 1912 in den Langen Erlen. Auf Kosten des Vergnügens führte der Umzug 1913 über eine längere Route. Der Arbeiterbund hielt 1917 rückblickend fest, ‹dass entgegen der früheren volksfestähnlichen Durchführung der Maifeier die jetzige Form ihrer Aufgabe als Demonstration zweifellos mehr entspricht›».

Gesetzlicher Ruhetag

Der am 10. Juni 1920 durch den Grossen Rat beratene und auf den 11. Januar 1923 zum gesetzlichen Ruhetag erklärte 1. Mai eröffnete der Feier neue Dimensionen, aber auch neue Anfechtung. Der noch im selben Jahr durch ein bürgerliches Komitee dem Volk vorgelegten Initiative zur Abschaffung des 1. Mai als staatlicher Feiertag wurde indessen mit 9507 zu 6359 Stimmen eine Abfuhr erteilt (dasselbe Schicksal – mit 22072 gegen 14244 Stimmen – widerfuhr auch der Vorlage von 1935, welche den 1. Mai durch den 1. August ersetzen wollte). Auf der andern Seite wurde der zusätzliche arbeitsfreie Tag eher zu vergnüglichen Anlässen und Ausflügen verwendet als zu vermehrter Präsenz am «Tag der Arbeit». Umzug und Kundgebung wurden deshalb auf den Vormittag verlegt. Doch das Problem ist damit nicht gelöst worden, so

Der erſcht Mai.

Was trummle-n-und trumpete ſi?
Der Maiezug goht um.
Und b'Männer laufe Schritt und Tritt,
und b'Fraue gehn und b'Kinder mit.
Si ſtoße 's Tor zuem Friehlig y,
hän Fähne mit Maie drum.

Was treit bä Zug ſo fraibig mit?
Voruus und hindenoh,
do goht e friſche Hoffnigſſtrahl,
er flatteret ber iberal:
So himmeltruurig blyht's boch nit,
mir wiſſe, 's mueß beſſer fo.

Was hän bie Manne fir ſtarki Händ?
Si packe 's Läbe-n-a.
Syg's ruuch und ſchmirzt's: 's ney Johr fot a,
ſi gehn bruf los und friſch vora.
Und alli wiſſe, was ſi wänd:
e Hoffnig wän ſie ha.

Und häng ſi uf em hegſchte Baum,
im Mond, an der Sunne, brum
ſo renne ſi ber Himmel y.
E Hoffnig mueß uf ber Aerde ſy
vom erſchte biß an letſchte Saum.
Der Maiezug goht um.

Fritz Liebrich, 1924.

dass nach einer andern Form gesucht werden musste, «so lange wenigstens, bis die Maifeiernden wieder mehr Disziplin an den Tag legen». Mit Spiel und Sport am Nachmittag durch die Arbeitersportvereine fanden die Veranstaltungen zum I. Mai schliesslich eine Ergänzung, welche sich belebend auf Interesse und Teilnahme auswirkten.

Politische Auseinandersetzungen und Richtungskämpfe unter der Arbeiterschaft veränderten auch den äussern Rahmen der Maidemonstrationen. Diese wurden von 1928 bis 1935 jeweils in zwei getrennten Veranstaltungen abgehalten: Das Gewerkschaftskartell und die Kommunistische Partei führten ihren Zug mit Unterstützung der Bildungs- und Sportorganisationen auf den Marktplatz, Arbeiterbund und Sozialdemokratische Partei auf den Münsterplatz. Nach der Beilegung der Doppelspurigkeit wurden 1938 neben den roten Fahnen auch Schweizer Banner mitgetragen. Jede der vier Gruppen marschierte hinter Baselstab und Schweizer Kreuz, und die öffentlichen wie auch einige private Gebäude zeig-

An der I. Mai-Kundgebung 1985 setzte sich Nationalrat Helmut Hubacher namentlich für die 40-Stundenwoche und für die Bankeninitiative ein.

ten sich im Flaggenschmuck. 1945 trat mit Ernst Nobs der erste bundesrätliche Mairedner auf. Und ein Jahr später erreichten die Maifeiern einen markanten Höhepunkt, indem sich auf dem Marktplatz rund 14 000 Männer und Frauen zu «einer gewaltigen Manifestation vereinigten». Die Distanzierung von der «extrem linken PdA» sowie eine gewisse «Angleichung an bürgerliche Formen» erklärten 1950 die Begleitung der SP-Behördemitglieder durch eine Trachtengruppe. «Neben die Arbeiter-Musikvereine traten bürgerliche, anstelle traditioneller Arbeiterweisen erklangen landesübliche Defiliermärsche. Redner begrüssten offen die militärische Aufrüstung. Zuvorderst fuhren 1954 Arbeiter-Motorradfahrer, ihnen folgten Radfahrer, Arbeiter-Turner, kommunistische freie Jugend, Strassenbahner-Musik, uniformierte Strassenbahner und übriges öffentliches Personal, Rote Falken und sozialdemokratische Jugend, Eisenbahner-Musik, Metallharmonie Binningen, Gewerkschaft Druck und Papier, Arbeiter-Musikverein, Verband der Handels-, Transport- und Lebensmittelarbeiter, Musikverein Allschwil, Schalmeienmusik, Tessiner und Italiener, Musikfreunde Breite und Schweizerischer Metall- und Uhrenarbeiterverband. Die Route führte vom Claragraben zur Mustermesse und im Kontremarsch zurück Richtung Marktplatz, wo die Schlusskundgebung stattfand.»

Atomgegner und Ausländergruppen belebten als neue Elemente zu Beginn der sechziger Jahre die zu «Pflichtmärschen der Getreuen von Partei und Gewerkschaft gewordenen Demonstrationsmärsche». 1974 fanden erstmals zwei Maifeiern statt: diejenige des Gewerkschaftskartells am Vorabend mit Bundesrat Willi Ritschard als Hauptredner und einem Volksfest auf dem Münsterplatz und diejenige der in der «Intercommission» zusammengeschlossenen Gruppen mit ihrer Solidaritätskundgebung mit den Ausländern auf dem Marktplatz. Anfang der achtziger Jahre stürmten autonome Frauen wegen Verweigerung der Redezeit das Podium, radikale Jugendliche übten sich in wilden Protestrufen und Mitglieder des Autonomen Jugendzentrums zettelten schwere Krawalle an. So hatte sich «die innere Sendung des I. Mai zusehends verfärbt und die ursprüngliche Bedeutung verloren». In Erkenntnis dieser Wandlung ist der I. Mai 1992 unter dem Motto «Vom Kampftag zum Feier- und Festtag» nach neuem Konzept durch 25 Organisationen durchgeführt worden. Geblieben sind der traditionelle Umzug und die Kundgebung auf dem Marktplatz. Dazugekommen ist ein gemeinsames Mittagessen für 2000 Festteilnehmer auf dem Barfüsserplatz mit Musik, Unterhaltung und Informationsbeiträgen.

Bannritt und Bittprozessionen

Bis ins Jahr 1807 begingen Grossbasel und Kleinbasel am Auffahrtstag unter den Auspizien der über die Grenzen von Feld und Flur wachenden Gescheidherren ihre Bannumritte.

Im Grossbasel gehörten dem Gescheid der Meier des Dompropsts, der sogenannte Scheidmeier, und fünf Rebleute sowie «sunst fünf erber Mann» an. Sie hatten im Stadtbann vor den Mauern die Aufsicht über die Reben, Äcker, Matten, Weiden, Wälder und Wege zu führen, mit Schnurziehen Grenzstreitigkeiten zu schlichten, über Zehntenpflicht, Häge, Zäune und Marksteine zu befinden und Missbau, Beschädigungen und Feldfrevel zu bestrafen. Die Mitglieder des richterlichen Gescheids mussten geloben, den Armen und Reichen, dem Fremden wie dem Heimischen, gerechte Richter zu sein und das Gescheid zu Nutz und Frommen des Gemeinwesens getreulich und ohne Gefährde zu handhaben.

Religiöses Gepränge

Die Festlichkeit der Bannumritte trug im mittelalterlichen Basel – wir folgen weitgehend den 1918 publizierten Forschungsergebnissen Paul Koelners – noch ganz das Gepräge religiösen Ernstes, gemäss der geistlichen Herrschaft des Grund und Bodens und eingedenk des namentlich im Herzen des Landmannes tiefwurzelnden Gefühls, dass der Felder Segen nur von höchster Hand gespendet werde. Das schiedsgerichtliche Übereinkommen vom Jahr 1469 über die Handhabung und Machtbefugnisse des grossen Gescheides rückte denn auch beim Bannritt das religiöse Moment mit feierlicher Flurweihe und Wetterprozession in den Vordergrund. «Gott dem Allmechtigen ze Lobe und Eren, der Frucht

ze schirme und der Gemeyn zu Troste für Ungewitter», so vollzog sich der Bannritt.

Am Vorabend des Himmelfahrtstages boten die Bannwarte die Verwaltung aller Klöster, Gotteshäuser, des Spitals, der Elenden Herberge, die Scheidrichter, sämtliche Acker- und Rebleute, überhaupt «wer das Velde buwet und zu dem Buw gewidmet ist», zur Feier auf den kommenden Tag auf. Reich und arm, jung und alt war zur Teilnahme verpflichtet bei zehn Schilling Busse im Falle unentschuldbaren Ausbleibens.

Am Auffahrtsmorgen – bei schlechtem Wetter am nächstfolgenden Sonntag oder Feiertag – versammelten sich unmittelbar nach der Frühmesse alle Teilnehmer beritten vor der bei der Rittergasse gelegenen St. Ulrichskapelle, dem Gotteshaus des Dompropstes, des ursprünglichen Zehnten- und Gerichtsherrn des Bannes. Auf dieselbe Stunde hatte der Spitalmeister ein gutes Pferd bereitzuhalten, das vom Leutpriester von St. Ulrich mit dem heiligen Sakrament bestiegen wurde, alsdann setzte sich der Zug in Bewegung. Voran ritt ein Beamter mit einer brennenden Laterne, zu welcher die Bannwarte Kerzen und Licht stiften mussten. Hierauf folgten zwei Berittene, von denen der eine ein Kreuz trug, während der andere mit einer Schelle läutete. Nun kam der Priester; ihm schlossen sich unter Vorantritt des bischöflichen Meiers die Scheidleute und die ganze Gemeinde an.

Züchtiglich und ehrbar bewegte sich die Gesellschaft hinaus vor die Tore zur Besichtigung der Gemarkung, auf dass die Jungen und Alten unterrichtet würden über Weite, Ferne und Länge von Zwing und Bann. Was unterwegs argwöhnisch und strafbar erfunden wurde, büsste man nach Recht und Herkommen. Den einen Teil der Strafgelder erhielt der mitreitende Leutpriester, den andern Teil verwendete man zu dem Mahl, welches nach vollzogenem Umritt gehalten wurde. An diese «Ürten» steuerten auch

Bürgermeister und Rat jeweilen ein Pfund Stebler bei, während der Haushalt des Domprobstes für alle Mitwirkenden Suppe, Fleisch, Brot und Wein lieferte. Zur Feier des Tages zierte man etwa auch den Kornmarktbrunnen mit einem «Meigen» (Maienbaum), einer Tanne oder mit dem jungen Grün einer Linde. Bis 1598 «war es üblich, die Auffahrt nebst dem Bannritt auch mit Schiessen zu feyern, dann ward dieses ernstlich abgestellt».

In ähnlicher Weise ging der Bannritt jenseits des Rheins, im Kleinbasel, vor sich. Hier war der Tag der Kreuzauffindung (3. Mai) oder auch der Philipp- und Jakobtag (1. Mai) der Tag des jährlichen Bannrittes; nur wenn an diesen Tagen ungünstige Witterung ihn zu halten verhinderte, wurde er auf den Auffahrtstag verschoben.

Schon des Morgens früh um sechs Uhr verkündeten die beiden grössern Glocken der Theodorskirche den Beginn des Festes. Das gläubige Volk strömte in die Kirche zur Anhörung der Messe. Unmittelbar nach Beendigung derselben wurden die Anstalten zur Feier getroffen, zu welcher der Rat jeweils Wachs für Kerzen stiftete. Der eine Priester enthob das Allerheiligste mit seinem Gefäss dem Altar, verschloss es in einem Behälter und befestigte denselben mit einem Riemen an die Stola und um den Hals. Ein anderer Geistlicher öffnete den Schrein, in welchem der Arm des heiligen Theodor oder Theodulus lag, und zeigte ihn emporhaltend der andächtigen Menge. Dann setzte sich die Prozession – Priester und Schüler, mit Kreuz, Fahne und Stange mit grossen Kränzen, «in welchen die ersten reifen Kirschen prangten, falls solche um diese Zeit zu haben waren, sonst hatte man welche aus Wachs», an der Spitze – unter dem Geläute der Glocken und unter Absingen geistlicher Gesänge «sub tuam protectionem» gegen das niedere Basel in Bewegung; die Rheingasse hinunter, bei der Niklauskapelle vorbei die Burgergasse (Greifengasse) hinauf, dem niederen Tor (Bläsitor) zu. So weit ging alles zu Fuss. Unterdessen hatten, einem alten Verkommnis gemäss, die Knechte der beiden Frauenklöster zu St. Clara und im Klingental gesattelte Pferde unter das Tor gebracht. Der Priester mit dem Sakrament bestieg das eine, der Kaplan mit der Reliquie das andere Ross. Begleitet von Kirchendienern und berittenen Kleinbasler Bürgern, gleichsam als wollte jeder seinen Teil beitragen, den Schaden vom Weichbild zu wahren, wandte sich der Zug die Strasse hinunter gegen Kleinhüningen und von da der Grenze des Bannes entlang, um durch das obere Tor (Heiligkreuztor), wie damals das spätere Riehentor genannt wurde, in die Stadt zurückzukehren.

Während dieses Umrittes bewegte sich die Prozession der Fussgänger, die singenden Schüler mit ihrem Schulmeister voran, in einem engeren Kreise, den Rebgeländen und Gärten entlang, um die Stadt herum unter beständigem Gebet für den Segen der Felder. Am Tore des heiligen Kreuzes angelangt, zelebrierte der die Prozession begleitende Priester eine Messe, worauf die Bittgänger mit dem Gesang «regina coeli» weiterzogen.

Den Schluss der Feierlichkeit bildete der Empfang der Umreitenden bei ihrem Eintritt in die Stadt durch das Kreuztor. Sobald sie sich der Stadt näherten, setzte sich der Zug der Schüler in Bewegung, den Reitern entgegen, um bei ihrer Ankunft sich auf die Knie zu werfen und den Gesang «hoc signum crucis» anzustimmen. Unter Glockengeläute geleitete die Schar Priester und Heiligtümer zur Theodorskirche zurück. Des Mittags ergötzte sich die berittene Begleitung bei einem gemeinsamen Mahle, dessen Kosten dem zum Kirchenbau bestimmten Fonds enthoben wurden. Aber auch die Obrigkeit leistete ihren Beitrag an die Unkosten, wie beispielsweise im Jahre 1517: «1 Pfund 11 Schilling 4 Pfennig gegeben für 11 Personen zue ürten (verpflegen), als sy corporis Christi enet Rins zue Imbis gessen haben usz Gnaden ein Rats», oder drei Jahre später «1 Pfund 10 Schilling für das Mol an unseres Hergotztag dem Schultheissen und Anderen in der

Kleinen Stadt». Dass beim festlichen Umritt auch die praktische Seite nicht ausser acht gelassen wurde, bewiesen Meister und Vorgesetzte der Drei Ehrengesellschaften im Jahre 1771, als sie «wegen nicht allzu vielen vorhandenen Eichlen einem Bürger nur ein Schwein um die Mastung zu laufen erlaubten».

Äussere Verhältnisse, namentlich Kriegsläufe, veranlassten in der Art und Weise der Abhaltung gelegentlich auch Abweichungen. So wagte sich 1499 während des Schwabenkrieges die Prozession nicht zum Tore hinaus, sondern begnügte sich innerhalb der Mauer mit dem Besuch von St. Clara, Klingental und St. Niklaus.

Nach der Einführung der Reformation entbehrte die Bannrittzeremonie des geistlichen Beistandes; sie blieb fortan durchaus weltliche Funktion der beiden Gescheide der Schaffner und Lehenleute und wuchs wider den Willen der Obrigkeit mehr und mehr zu einer heitern Volksbelustigung aus, deren oft lärmende Abhaltung am Auffahrtstage der baslerischen Geistlichkeit mehrfach Anlass zu Klagen gab. Im Jahre 1698 beantragte das Ministerium die Verlegung des Bannrittes auf den ersten Montag oder einen anderen Wochentag im Maien, damit der Himmelfahrtstag mit besserer Andacht gehalten und nicht durch allerhand Üppigkeiten profaniert werde. Allein die Eingabe wurde «aufs Schäfftlin gestellt», dh. der Rat entsprach dem pfarrherrlichen Begehren nicht. «Denn wo bliebe die alte Vertraulichkeit, wenn man, um den Geistlichen zu gefallen, dergleichen Ehrenanlässe abthun wollte.» Erst die Reformations- und Polizeiordnung von 1716 sah für den Bannritt den ersten Maimontag vor, stiess aber bei beiden Gescheiden auf geeinten Widerspruch, da diese von einer Änderung «verschiedene Obstacula und böse Consequentien» befürchteten. Die Scheidrichter machten geltend, dass nicht nur im Baselbiet, sondern in allen benachbarten Gebieten wie Solothurn, Sundgau, Markgrafschaft und vorderösterreichischen Landen die Visitierung der Bänne stets am Himmelfahrtstage geschehe. Wenn man ferner die Festlichkeit auf den Montag verschiebe, so werde der vorangehende Sonntag sowohl

von den Teilnehmern als auch von den Wirten in und ausser der Stadt zur Vorbereitung missbraucht und entheiligt, der Montag aber von Meistern und Gesinde zu einem Feiertag gemacht, wodurch viele an der Arbeit und damit auch an der Nahrung verkürzt würden. Man habe einige Jahre vorher ausnahmsweise einmal den Versuch gemacht, aber wegen «vorangegangenen vielen Insolentzien, eingerissenen Confusionen und veruebtem Muethwillen» die Neuerung sofort wieder abgetan. Die Regierung liess sich überzeugen, und man verblieb weiterhin beim Auffahrtstag.

Eigentliche Schauzüge

Mitunter nahmen in der Folgezeit die Veranstaltungen den Charakter eigentlicher Schauzüge an. Im Mai 1634 «war ein schöner Bannritt von Bürgern und Soldaten. Indessen passten ihnen die im Land liegenden Schweden auf, doch verhinderte glücklicherweise Nebel ein Rencontre». 1702 ward, wie der Chronist Johann Heinrich Philipert meldet, ein prächtiger Bannritt, von jungen Leuten ausgeführt und männiglich bestaunt. Der Anführer war Leutnant Ramspeck, welcher in Ungarn als Rittmeister gedient hatte. Die Mitwirkenden, deren Hüte mit bunten Bändern geziert waren, führten «Standarten und Paukhen» aus dem Zeughause mit sich und zogen in schöner Ordnung durch die ganze Stadt auf den Münsterplatz, wo sie sich vor dem Mentelinhof, der Amtswohnung der Herren Häupter, dem gerade anwesenden zürcherischen Gesandten und Statthalter Werthmüller präsentierten. 1760 notierte der Ungare Samuel Teleki in seinem Tagebuch: «Jedes Jahr an Himmelfahrt reiten die Junggesellen und jung verheirateten Männer aus Gross- und Kleinbasel getrennt mit grosser Pracht unter Trompetengeschmetter aus, was Bannritt genannt wird, um die Grenzen von Basel nachzuprüfen. Sie reiten frühmorgens um sechs aus, und um zehn kommen beide Gruppen nach Grossbasel zurück, wo sie einmal um den Brunnen auf dem Fischmarkt herumreiten und dann nach Hause gehen.

Bei diesem Anlass ist der Fischmarkt voll von besseren und gewöhnlichen Bürgern, und auch die vier Häupter erscheinen jedesmal dazu. Am folgenden Montag veranstalten die Reiter ein grosses Gastmahl, die Grossbasler in Grossbasel, die Kleinbasler in Kleinbasel. Wein und Brot liefert der Magistrat gratis, für alles weitere zahlt jeder selbst. Früher wurde das Gastmahl am Abend des Himmelfahrttages abgehalten, wegen der Opposition der Geistlichen wurde es dann auf den folgenden Montag verlegt. An diesem Anlass kann teilnehmen wer will, und jeder rüstet sich dazu so prächtig als möglich her. Bemerkenswert ist, dass die Basler für gewöhnlich kein Gold tragen dürfen. Nur an diesem Tag kann sich jeder so kleiden wie er will, und die Reichen versäumen auch nichts, um glänzend erscheinen zu können. Man sah dabei auch wirklich schöne Pferde.»

Einige Jahre später zeigte sich der Sachse Carl Gottlob Küttner höchst erstaunt, was sich da am Auffahrttag in Basel abspielte: «So eben hab ich den seltsamsten Aufzug gesehen! Man muss ein Republikaner seyn, um ganz ernsthaft dabei zu bleiben. Glieder des grossen und kleinen Raths, Kaufleute, Gelehrte, Handwerker, Männer in Uniform, Leute in der Standeslivree, und hinternach ein ganzes Heer von Bedienten, alles bunt durcheinander und alles zu Pferde, eine Reiterey von zweyhundert Mann. Was das bedeutet? Ein alter Gebrauch; und jeder alte Gebrauch erhält sich in den Republiken und freyen Reichsstädten länger als in den Monarchien. Dieser Aufzug heisst der Bannritt. Er versammelt sich früh beym Bannherrn, das heisst, beym Präsidenten derjenigen Commission, welche die Besorgung der Gränzen des Cantons hat, denn Gränzen heissen hier Bann: Der Zug begleitet den Bannherrn mit Musik und aufgeputzten Bäumen zur Stadt hinaus bis an den Bann (Gränzsteine) gegen Frankreich usw. und untersucht, ob noch alles richtig ist. Bey einem dieser Gränzsteine hält der Bannherr eine Rede; dann frühstückt man, reitet wieder in der Stadt herum, wo auf einem öffentlichen Platze die vier Häupter oder Ersten des Staates sitzen und den Bannritt erwarten. Es ist eine Höflichkeit, die man dem Bannherrn erzeigt, mitzureiten, und je zahlreicher der Ritt ist, desto mehr Ehre und Freude für ihn.

Viele, die nicht selbst mitreiten wollen, schicken ihren Kutscher, um den Zug wenigstens zahlreicher zu machen.»

Eine über das Mass des Üblichen hinausgehende Festlichkeit muss auch der «seit einem Säculo niemahlen so kostbar und prächtig gewesene Gross Basel Bahnritt» von 1764 dargeboten haben. Ihm sang in einem schwülstigen Gedicht der Basler Bürger Ecklinus in den höchsten Tönen das Lob, allerdings seinen dithyrambischen Schwung am Schluss zu der Mahnung zügelnd: «Ihr Herren lebt dann mässig am grossen Bahnritt Mahl, so deckt man euch den Tisch auch einst im Himmels Saal!»

Seit der Mitte des siebzehnten Jahrhunderts fehlte die Musik beim Bannritt nie. Jedes Gescheid führte einen offiziellen Bläser mit sich, an dessen Trompete Quasten und ein Standartentuch in den Stadtfarben prangten. Dem Grossbasler Trompeter hatte der städtische Marstaller das Pferd zu liefern; der Kleinbasler Musikus erhielt zur Anschaffung eines Reittieres jeweilen eine Geldentschädigung. Als sich 1748 Carl Pfannenschmid, der Bläser enetrheins, weigerte, am Bannritt teilzunehmen, unter dem Vorwand, es koste Geld, wurde er durch eine Ratserkanntnis bei Strafe der Entsetzung zur Mitwirkung gezwungen. Man legte demnach obrigkeitlicherseits dem Vollzug des alten Brauches immer noch Bedeutung bei. Gleichwohl kann man sich kaum des Eindruckes erwehren, als ob Morgensuppe und Mahl mindestens so grosse Anziehungskraft auf die Teilnehmer ausübten, wie der mehr und mehr zurücktretende, ureigenste Zweck der Zeremonie selbst. Im mindern Basel steuerte zur Morgensuppe und zum Mittagsmahl das Direktorium der Schaffneien jährlich zwölf Pfund in Geld, anderthalb Saum vier Mass Wein sowie acht Sester Korn. Beiträge leisteten ferner die Wirtshäuser zum «Schaf» und zum «Ochsen» mit je acht Mass und die «obere Klybeck» mit zwölf Mass Wein.

Die Scheidrichter, beide Amtleute, Bläser und Bannwarte wurden bei beiden Mahlzeiten gastfrei gehalten, ebenso die Wirte von Kleinhüningen und vom Neuen Haus, «weilen selbige dem

ganzen Bahnritt mit einem Ehrentrunk aufwarten». Alle übrigen Teilnehmer wurden gegen Bezahlung einer «leidenlichen Irrten», d.h. mässigen Rechnung, ehrlich und anständig traktiert. Dass bei diesem Anlass oft über die Gebühr dem Wein zugesprochen wurde, betrachtete man als eine unumgängliche Begleiterscheinung, gegen die vorzugehen die Behörden nur bei Ausschreitungen Veranlassung fanden.

In nicht gelinde Aufregung geriet beispielsweise der Rat im Jahre 1745, als ihm hinterbracht wurde, französische Husaren hätten am Kleinbasler Bannritt teilgenommen. Nach dem sofort einverlangten Bericht der Scheidherren war der Vorfall aber ganz harmloser Natur gewesen. Die Husaren hatten am Auffahrtstag beim «Neuen Haus» ein Glas Wein getrunken, sich in der Stille der Basler Kavalkade «angehenkt» und den Umzug in die Stadt bis ins Klingental mitgemacht. Nachdem sie dort mit den Säbeln das «Exercitium» vorgeführt, waren sie wieder zum Bläsitor hinausgeritten, ohne einen Streit anzuzetteln oder jemand zu beleidigen ...

In die jahrhundertelang geübte Gepflogenheit des Bannrittes brachte die Revolutionszeit eine Änderung. Im Jahre 1792 geboten Bürgermeister und Rat die Bannumgänge «in möglichster Stille» vorzunehmen, und besonders alles Schiessen zu unterlassen. So wurde es auch in den folgenden Jahren gehalten. Erst nachdem sich die Stürme der Helvetik gelegt hatten, erwachte in Basel für kurze Zeit aufs neue die Lust, den uralten Brauch der Altvordern, «eines der beliebtesten Volksfeste überhaupt», wieder zu Ehren zu ziehen.

Rettungsversuch der Kleinbasler

Nachdem 1807 der letzte der von «grosser Pracht unter Trompetengeschmetter von bis zu 400(!) Reitern» durchgeführten Bannritte stattgefunden hatte, verstärkte sich im Kleinbasel während der der bewegten Zeit von Mediation und Restauration folgenden Jahre

Schwer bewaffnete Basler Bürger verlassen unter Anführung bewehrter Reisiger das Spalentor, um sich dem Zug der Eidgenossen für Papst Julius II. anzuschliessen. Auch der Stadttrompeter und der obrigkeitliche Bannerträger ziehen selbstbewusst in den Krieg. Kopfstück eines Glasgemäldes. Um 1540.

Freudentanz vor dem Rathaus aus Anlass des neuen Bürgerrechtsgesetzes.
Die fröhlichen zukünftigen Bürgersleute tanzen zu den Klängen einer Blasmusik um einen Freiheitsbaum. Denn trotz der Bundesverfassung von 1848, welche die Niederlassungsfreiheit für christliche Schweizer garantiert, wurden in Basel bis anhin keine Katholiken ins Bürgerrecht aufgenommen, weil «katholische Bürger Übelstände und Schwierigkeiten mit sich bringen».
Bleistiftzeichnung von Eduard Süffert. 1866.

Der Bannritt der Klein-Basler

im 15ten Jahrhundert.

Vorgetragen am Auffahrtstage.

Schon bei den Römern war die Sitte,
Daß bei des Frühlings Wiederkehr
Sie um die eig'nen Marken zogen,
Mit ihren Priestern vornenher
Und dem bekränzten Opferthiere:
Sie fühlten, wem der Dank gebühre,
Und flehten um des Segens Glück,
Für Feld und Land mit frommem Blick.

So kam es, daß in spätern Zeiten
In deutschen Gauen überall
War diese Sitte heimisch worden
Beim Schlag der ersten Nachtigall:
Das Volk, die Priester an der Spitze,
Bat Gott, daß er sein Weichbild schütze.
Gewappnet zog es, wie zum Streit,
Zum Schutz der Marken stets bereit.

6*

Philipp Hindermann, 1853.

«das Bedürfnis nach der uralten Übung des Auffahrtsfestes» von neuem. Offenbar weil «ungeübte Reiter nicht gern sich den Bemerkungen des Publikums preisgaben, ist jedoch aus dem *Bannritt* ein *Bannumgang* geworden». Nun waren es vornehmlich Güterbesitzer und deren Gäste, die sich dem vom Bannwart, der «als schönes Frühlingssymbol ein Blumenpanner vorantrug», angeführten Zug anschlossen. Und es blieb dem Gescheidmeier vorbehalten, beim letzten Grenzstein «auf die Herrlichkeit der Schöpfung hinzulenken, belehrende Betrachtungen an wichtige Zeitereignisse zu knüpfen oder tröstende Worte bei Ungewitter und Misswachs zu spenden. Es waren diese Reden immer eine Hauptzierde des Festes, das im Bürgermahle fortgesetzt wurde bis

die Sonne sank» (1829). Trotz aller Bemühungen aber mochte der Glanz der traditionellen Bannritte nicht mehr aufleuchten. Und so beschworen 1863 die Meister und Vorgesetzten der Drei Ehrengesellschaften «um dem traurigen Ende alter guter bürgerlicher Feste entgegen zu arbeiten», die Gesellschaftbrüder, dem Bannritt, der «das Herannahen des Frühlings bezeichnet und in geselligem Kreise die bürgerlichen Elemente verschiedenen Standes der kleinen Stadt vereinigt», die Sympathie nicht ganz zu versagen. Man bemühte sich, die mangelhafte Verproviantierung in den Gasthäusern Kleinhüningens durch eine gute Verpflegung im Gesellschaftshaus zu ersetzen. Trotz den verzweifelten Anstrengungen des Vorsitzenden Meisters war «das nahende Erlöschen» des einst so populären Banntags indessen nicht mehr aufzuhalten. Der Geschmack des Publikums hatte sich gewandelt, doch die Hinwendung zur aufblühenden freien Natur blieb bestehen. «Denn mit dem Himmelfahrtstage tritt die Periode der Vereins- und Massenwanderungen und der Stadtentvölkerung, der Berg- und Thalfahrten, in ihre Rechte. Deshalb pflegen viele Gesellschaften an der Auffahrt ihren ersten gemeinsamen Spaziergang oder die erste Ausfahrt im Jahre zu unternehmen, wobei die Theilnehmer ihre neuen Kleider zur Schau tragen» (1886).

Nach über hundertjährigem «Scheintod» ward dem Bannumgang 1981 wiederum neues Leben eingehaucht. Die Wiederbelebung ist jedoch «kaum als Nachahmung der äusserst populären Baselbieter Banntage zu verstehen, sondern wohl eher als ein Rückgriff auf die alte städtische Übung» (Eduard Strübin). Bei dem auf Initiative der Basler Bürgergemeinde in zweijährigem Turnus jeweils im Spätsommer durchgeführten «Banntag» handelt es sich aber nicht um eine eigentliche Grenzbegehung, sondern eher um einen Stadtspaziergang in die Quartiere für alle Einwohner, an welchem «jeweils 300 bis 400 mit Kind und Kegel» teilnehmen. Anlässlich des 350. Jahrestages der Zugehörigkeit zur Stadt versammelten sich 1990 auch die Kleinhüninger zu einem Umgang ihrer Banngrenze.

Anstrengende Bittprozessionen

Zu den kirchlichen Pflichten, die der Bürgerschaft auferlegt waren, gehörte auch die Teilnahme an den alljährlichen Bittprozessionen nach St. Jakob und nach Hüningen, die mit beträchtlichen körperlichen Strapazen verbunden waren, und den «wie ein Blitz aus heiterem Himmel» einberufenen Fürbitten gegen drohende Unwetter. Auch hier sind uns die vom Klerus angeordneten Stationen und sakralen Zeremonien von Domkaplan Hieronymus Brilinger überliefert: «Die Bittgänge, welche wir mit einem griechischen Worte als Litaneien bezeichnen, hat als Erster Bischof Mamertus von Vienne wegen häufiger Erdbeben angeordnet. Man nennt sie auch die kleinen Litaneien zum Unterschied von der grossen, die Papst Gregor der Grosse eingeführt hat. Da sie, wie einige berichten, von der römischen Kirche gutgeheissen wurden, kam die Gewohnheit auf, sie alljährlich durchzuführen. In Basel werden sie an den drei auf den Sonntag ‹Vocem iucunditatis› unmittelbar folgenden Tagen in folgender Weise abgehalten: Am Montag findet eine Prozession statt nach St. Alban und St. Margarethen ausserhalb der Mauern der Stadt. Wenn der Zug beim St. Albantor angelangt ist, biegen die Domschüler beim äusseren Stadtgraben nach rechts ab, die Träger der Kreuze aber, die Chorsänger und die Priester schreiten geradewegs durch das Tor hindurch nach aussen. Bei der Kapelle, die vor dem Tore am Scheideweg steht, beginnen zwei Vorsänger, von denen der zweite jeweils die Antworten vorträgt, die Litanei und fahren fort, wie es in den Prozessionalbüchern aufgezeichnet ist. Wenn sie an der Richtstätte mit dem Galgen vorüberkommen, betet der Vorsänger mit den übrigen Priestern die Psalmen ‹Miserere› und ‹De profundis› sowie die Versikel und die Kollekten ‹Deus in cuius miseratione› und ‹Fidelium› zum Seelenheil der dort Hingerichteten und aller Gläubigen. Haben sie weiterziehend die freie Ebene bei St. Jakob fast ganz überquert, so machen sie auf offenem Felde Halt. Der Subkustos, mit dem Chormantel angetan und das Kreuz, das er von der Stange abgehoben hat, in den Händen haltend, spricht zusammen mit den übrigen Priestern, die niedergekniet sind, während er selbst stehen bleibt, jene Stelle des Psalmes, nämlich ‹Deus misereatur nostri› mit dem ‹Gloria patri›, am Schluss ‹Kyrie eleison, Christe eleison, Kyrie eleison› und die Kollekte: ‹Strecke aus, o Herr, Deine Rechte und sende Deinem Volke Hilfe vom Himmel, dass sie mit ganzem Herzen Dich suchen und das, um was sie gebührend bitten, auch zu erlangen verdienen. Durch Christus, unsern Herrn. Amen. Sie mögen glücklich leben. Amen.› Dann erteilt er den Segen nach allen vier Himmelsrichtungen mit den Worten: ‹Der Name des Herrn sei gepriesen.› ‹Unsere Hilfe ist im Namen des Herrn.› ‹Lasset uns beten. Der Segen Gottes, des allmächtigen Vaters und des Sohnes und des Heiligen Geistes, komme auf euch und die Früchte der Erde herab und bleibe da allezeit. Amen.› Hierauf ziehen sie in die St. Jakobskirche hinein und machen hier Station. Dabei werden der Psalm ‹Miserere›, Versikel und Kollekte vorgetragen wie bei der grossen Litanei am St. Markusfeste.

Wenn der Zug die Kirche von St. Jakob wieder verlassen hat, wendet er sich Gundeldingen zu, wo er mitten im ebenen Felde in gleicher Weise wie vorhin eine Station macht. Zu St. Margarethen angelangt, singt man das Bittamt, dessen Introitus mit ‹Exaudivit› anhebt. Die Messe soll der Leutpriester von St. Ulrich zelebrieren. Ist diese zu Ende, folgt noch der schon genannte Psalm ‹Miserere›. Bei der Rückkehr in die Stadt lässt der Subkustos auf der Ebene beim Fluss (Birsig), nicht weit vom Kalvarienberg, wiederum Station machen. Von da zieht man auf das Steinentor zu. Hier ordnet sich der Zug noch einmal und begibt sich dann zum Frauenkloster von St. Maria Magdalena an den Steinen, wo man wiederum Halt macht und den Psalm ‹Miserere› vorträgt. Nachher soll der Vorsänger nicht das Responsorium oder die Antiphon vom heiligen Kreuz anstimmen, da die Klosterfrauen selbst die Antiphon ‹Regina celi› oder etwas anderes singen mit Orgelbegleitung. Nach dem Verlassen der Kirche wenden sich die Herren von St. Peter und St. Leonhard nach links, überschreiten die kleine steinerne Brücke und kehren zu ihren Kirchen zurück.

Am folgenden Dienstag ziehen die Herren von der Domkirche vereinigt mit denen von St. Leonhard und St. Peter nach dem Augustinerkloster, wo sie Station halten, von hier nach St. Martin, wo ebenfalls Halt gemacht wird, von da über die steinernen Stufen hinunter an der Rheinbrücke und dann an der St. Brandamskapelle vorbei bis zu den Dominikanern. Hier wird wieder Halt gemacht. An der St. Antoniuskapelle vorbei gelangen sie zur Kirche St. Johann, von wo sie nach einer Station durch das dortige Stadttor hinausziehen und dem obern Weg folgend die Richtung auf das Dorf Hüningen zu nehmen unter Absingung der Litanei. Wenn sie die Hälfte der Strecke zurückgelegt haben, lässt der Subkustos abermals Halt machen auf offenem Felde, wie oben beschrieben. In der Kirche von Hüningen angelangt, singen sie – aber nicht zu langsam – das Bittamt ‹Exaudivit›, das vom Hüninger Leutpriester zelebriert wird. Wenn dieses und die Station mit dem Psalm ‹Miserere› zu Ende sind, kehrt der Zug auf dem untern Weg dem Rheine entlang zur Stadt zurück. In der Mitte des Weges hält der Subkustos die letzte Station. Beim Stadttore angelangt, wird die Prozession noch einmal geordnet und bewegt sich dann geradewegs auf den innern Stadtgraben zu, ohne noch eine Kirche zu besuchen. In der Nähe der Löwenburse (Blumenrain 34) biegen die Herren von St. Leonhard und St. Peter nach rechts gegen das Dominikanerkloster (Predigerkirche) hin ab und kehren zu ihren Kirchen zurück. Vom Rest des Zuges steigen dann die Herren von St. Martin die Treppe zu ihrer Kirche hinauf, während die Herren vom Münster den Hang hinan am Universitätsgebäude (im ehemaligen Augustinerkloster) vorbei zum Münster ziehen.»

Fürbitten in den Kirchen

Neben den sich alljährlich regelmässig wiederholenden Bittprozessionen waren bei drohenden Unwettern «nach Massgabe der Wetterpropheten» augenblicklich Fürbitten in den Kirchen der Stadt einzuschalten: «Wenn ein Sturmwind sich erhoben hat, so sprengt ein Priester Weihwasser aus gegen denselben. Er wirft sich dann mit anderen Geistlichen vor dem Altare nieder und spricht sieben Psalmen oder, wenn er will, einen Stufenpsalm. Dann sich erhebend spricht er: ‹Adiutorium nostrum in nomine domini› etc. Hierauf ‹Herr, erhöre mein Gebet›, ‹Der Herr sei mit euch›, ‹Lasset uns beten: König des himmlischen Reiches, allmächtiger Gott, der Du allen Lebewesen Speise gibst, der Du den Himmel mit Wolken bedeckst und für die Erde den Regen bereitest, der Du ihn aus den Wolken herabsendest und die Schleusen des Himmels öffnest, der Du den Südwind vom Himmel her treibst und den Südwest mit Deiner Kraft heranführst, der Du die Berge bewässerst von den Höhen herab. Von der Frucht Deiner Werke wird die Erde satt, der Du dem Engel befohlen hast, weder der Erde noch dem Meere noch den Bäumen zu schaden, schone die, die Dich fürchten und sei gnädig denen, die Dich anflehen. Inständig bitten wir Dich, ewiger Herr, dass fern von uns bleibe der Ansturm der Wirbelwinde, der unglückbringende Sturm, Hagelschauer und Blitzschlag und jegliche Hinterlist des Feindes, dass das bedrohliche Donnerrollen gedämpft, der schädliche Regen und das Wehen der Winde gemässigt und der Geist des Sturmes und die Macht der Winde durch Deine starke Rechte überwunden werden. Es steige, wir bitten Dich, o Herr, herab der Heilige Geist und, wie einst, als der Richter Samuel ein Lamm zum Brandopfer für Dich tötete, das Getöse der Sturmwinde die Schar der Feinde zurücktrieb, so möge Dir unter dem Schutz der Engel das Volk der Gläubigen Früchte und Seele und Leib darbringen, nachdem alle feindlichen Mächte in die Flucht geschlagen sind und, da nun der Ansturm der Wetterwolken aufgehalten worden ist, möge die Fortdauer der Macht Gottes sich in der Vermehrung unseres Lobpreises, unserer Hingebung und geistlichen Liebe äussern. Der Du lebst und herrschest usw.› Hierauf folgt als weiteres Gebet: ‹Herr Jesus Christus, der Du die Fluten des Jordans gesegnet hast und in ihm getauft werden wolltest, segne gnädig diese Wolken und befiehl ihnen, dass sie uns keinen Schaden tun. Der Du lebst und herrschest mit Gott dem Vater in der Einheit des Heiligen Geistes, Gott von Ewigkeit zu Ewigkeit. Amen.›»

Pfingsten

Pfingsten, der «hochfeierliche Festtag» zum Gedenken an die der Auferstehung des Herrn folgende, von aussergewöhnlichen Erscheinungen begleitete Herabkunft des Heiligen Geistes, gehörte zu den grossen kirchlichen Feiertagen im vorreformatorischen Basel.

Der prachtvollen Prozession über den Münsterplatz mit Stationen im Kreuzgang und in der St. Johanneskapelle schloss sich am Nachmittag in der Hauptkirche der Stadt eine erhebende allgemeine Gebetsandacht an, wie uns Domkaplan Hieronymus Brilinger überliefert hat.

«Nach deren Beendigung verliessen die Domschüler den Chor am Sakramentshäuschen vorbei über die hintere Treppe. Während der Oktav wurde auch vom Pult aus intoniert. Im Chore wurde Weihrauch gebraucht. Die Chorsänger amtierten und kamen zur Matutin. Desgleichen wurde während der zweiten Vesper nach der Komplet das ‹Regina celi› gesungen mit der Kollekte ‹Omnipotens sempiterne deus›. Auch sang man an den sechs folgenden Tagen bei der Messe das ‹Kyrie› wie an Ostern. Pfingstmontag, Dienstag und Mittwoch sind nicht Duplexfeste, an denen ein doppeltes Brevieroffizium, nämlich das Tages- und das Festoffizium, zu beten ist.»

An Pfingsten, dem ursprünglichen Erntedankfest des Alten Bundes, aber hatten auch die Augustinerchorherren den obrigkeitlichen Auftrag zu erfüllen, eine Jahrzeit (Totenmesse) für die auf den Schlachtfeldern ums Leben gekommenen Mitbürger zu lesen: «Ein Pfund zwölf Schilling geben den Augustinern by uns für das Jarzitt, so wir jerlich in den Pfingstvyrtagen begand, vigilg gesungen und andere Selmesz, so wir da selbst gestifft hant zu ewigen Ziten zu halten für alle, die inn vergangnen Kriegen und Slachten umbkomen sint und – davor uns Gott behüten welle – umbkomen möchtent».

Pfingstbotschaft

Die Reformation setzte auch dem aufwendigen «hochheiligen» Pfingstfest ein Ende, und der fünfzigste Tag nach Ostern ward keiner besonderen Aufmerksamkeit mehr würdig. Immerhin fanden es «Burgermeister und Neue und Alte Rähte der Stadt Basel» anno 1765 für nötig, auf den Pfingstmontag eine neue Reformationsordnung in Anwendung zu bringen und die Mitbürger ernstlich zu «wahrer Frömmigkeit, guter Sitten, bürgerlicher Bescheidenheit und anständiger Mässigung» anzuhalten: Der «Gott geheiligte Tag» solle mit Andacht und christlicher Anständigkeit gefeiert werden, weshalb «alles Karren und Fahren mit Kutschen und Wägen während dem Gottesdienste» verboten sei. Zum Gottesdienst «sollen alle verehelichten Manns- und alle Weibs-Personhen in schwarzer anständiger wollener, die Hindersässen (Land-leute) und andere, welche sich eine schwarze nicht anschaffen können, sonst in anständiger Kleidung sich einfinden». Und wer sich erlaube, während des Gottesdienstes «in einem öffentlichen Hause, als da sind Zünfte, Gesellschaften, Wein-, Wirts-, Pasteten- und Caffee-Häuser und Taback-Kämmerlein zu sitzen oder sich auf den Gassen und Plätzen oder auf der Rheinbrücke» herumtreibe, habe schwere Strafe zu gewärtigen. Sodann stellte der Rat «mit wahrer Betrübniss fest, wie Pracht, Üppigkeit und Verschwendung in unserer Stadt von Tag zu Tage anwachsen». Gold, Silber und Edelsteine an Kleidern und Schmuckstücken sollen aus dem Stadtbild verschwinden. Die Männer hätten auf Röcke aus Samt und Seide zu verzichten, die Frauen auf Zobel und «anderes kostbares Pelzwerck». Einzig den «Kindern unter sechs Jahren war der Gebrauch von seidenen und faden Spitzen auf den Köpfen (Krönlein) erlaubt. Wie über «die ausschweifende Kostbarkeit in den Kleidungen», so beklagten sich die Rats-

Initiale auf Pergament, das Pfingstfest darstellend, aus den kanonischen Stundengebeten Bischofs Friedrich ze Rhin. 1438.

herren auch «über die Verschwendung in Gastereyen und Mahlzeiten» und forderten strikte Mässigkeit, was auch hinsichtlich des «Tanzens zu Stadt und Lande» Gültigkeit habe. Mit dem Wunsch, «von dem Seegen, der uns Gott verleiht, mehr einen gutthätigen und gemeinnützigen als einen glänzenden und verderblichen Gebrauch zu machen», und der Warnung, es möge sich «männiglich vor Schaden hüten», beschloss die Obrigkeit ihre eindringliche Pfingstbotschaft an die Bevölkerung.

Der Pfingstmontag

D er Pfingstmontag galt in Basel bis 1886 offiziell als Arbeitstag. In der Praxis aber hatte sich in dieser Beziehung längst eine sorglose Larschheit eingebürgert. Schon anno 1760 ist dem ungarischen Grafen Joseph Teleki, der längere Zeit in unserer Stadt zu Besuch weilte, aufgefallen, dass man zwar an Pfingsten, wie an anderen Feiertagen, nur den ersten Tag feiere; an dem andern aber arbeite nur, wem es passe.

Wenn wir ins letzte Jahrhundert zurückblättern und lesen, was im Alten Basel an Pfingsten alles «los» war, dann dürfen wir aus Telekis Bemerkung ableiten, dass es im Laufe der Zeit immer mehr Leuten passte, sich im Wonnemonat Mai auch ohne gesetzliche Verankerung einen zusätzlichen Ruhetag zu leisten: «Nachdem der ungewöhnlich harte Winter die Stadt verlassen und die Natur sich in ihrer vollsten Pracht entfaltet», drängte es unsere Altvordern förmlich aus den engen Stuben hinaus in Gottes freie Welt und auf die Tanzböden unserer Gastwirtschaften. Die nötige Frische dazu holte man sich bei Doktor Benjamin Siegmund in der Badeanstalt am Gerbergässlein 1. Hier konnte man im klaren Quellwasser sich zu 50 Rappen den Strassenstaub vom Leibe schrubben und anschliessend zu billigem Preis via «Aromatisches Dampfbad» oder durch Schröpfen, das «mit neuem perfektioniertem Apparate auf's Beste und schmerzloseste besorgt» wird, zu neuen Lebensgeistern kommen. Solchermassen im Vollbesitz der Kräfte, liess man sich beispiels-

weise in zweistündiger Reise im Bernhardschen Pferdeomnibus nach «Flühen» fahren; der Platzpreis beträgt für Hin- und Rückfahrt Fr. 2.–». Im dortigen Bad bot sich ausgiebig Gelegenheit zu fröhlichem Tanz. Doch hatte man sich zu hüten, die Reise in den nahen Sundgau fortzusetzen. Denn «die Leichenfelder des Elsasses haben Wölfe herbeigelockt. Im Walde von Epsig hat man vor kurzem fünf junge Wölflein (etwa 4 Wochen alt) aufgefunden, denen man sofort den Garaus machte. Der Mutter konnte man nicht habhaft werden»! Keiner Gefahr durch heulende Wölfe dagegen war man in Stadtnähe ausgesetzt. In Muttenz im «Bären» konzertierte die Knabenmusik. Im Wirtshaus «zum Neubad» ging ein «Grosses Concert des Basler Cäcilien-Vereins» über die Bühne. In der «Holee-Schlosswirtschaft» gastierte Musikdirektor und Cornetvirtuose Koch aus München mit seiner Kapelle. In der Bierbrauerei Bürklin in Birsfelden wurde «Humoristische Zukunftsmusik» geboten. Und im «Storchen» in Grosshüningen, im «Löwen» in Grenzach, im «Ochsen» in St. Louis, in den «Drei Königen» in Kleinhüningen, im «Hirschen» in Binningen und im «Schwänli» in Birsfelden konnte man nach Herzenslust das Tanzbein schwingen.

W er nicht in die engere oder weitere Umgebung hinaus wandern oder fahren wollte (sogar Baden-Baden lockte mit grossartigen Militärkonzerten und dezenter Kammermusik), fand in der Stadt genügend Möglichkeiten, sich köstlich zu vergnügen: bei Musik und Tanz im «Augarten», in der Bierbrauerei Vogt, im «Café Spitz» oder beim Kegelschub bei Joggi Schaub beim Steinentor (Gewinnsumme 5 Schafhämmel). Konnte jemand trotz dieses verschwenderischen Angebotes seine Schüchternheit gegenüber dem anderen Geschlecht nicht ablegen und hatte den «Schritt zur Zweisamkeit» weiterhin mit bangem Herzen herbeizusehnen, so wurde zum ungewöhnlichen Weg der Zeitungsannonce gegriffen, auf dem man den Kummer einer weiteren Öffentlichkeit mitzuteilen in der Lage war, wie jener «Mann von 32 Jahren, Mitbesitzer einer schönen und bedeutenden industriellen Anlage am Rhein, evangelisch, Witwer, eben aus Frankreich zurückge-

kehrt». Getragen von überzeugter Zuversicht, beschwor der Inserent die «ledigen Damen und gediegenen Jungfrauen im vernünftigen Alter oder junge Witwen, welche häusliches Glück schätzen und suchen und durch ihre persönlichen Eigenschaften vollauf zu begründen verstehen, ihre Offerte ohne jedes Misstrauen an Haasenstein und Vogler einzusenden».

Pfingsten 1871 war auch der Zeitpunkt, an dem unsere «Strandbäder» ihre Tore öffneten. An öffentlichen Badeanstalten standen zur Auswahl diejenige «am Holzplatz vor dem St. Albantor», diejenige «am Riehenteich herwärts der Schorenbrücke» und die «Schwimm- und Badanstalt am Rhein». Im St. Albanteich durften die Frauen und Mädchen am Dienstag und Donnerstag und im Riehenteich am Mittwoch und Freitag baden, die Männerwelt an den übrigen Tagen. Wer kein Badekostüm besass, konnte sich ein solches mit Vorteil (à 50 Cts. bis Fr. 2.–) bei M. Maerklin an der Freien Strasse 45 erstehen.

Bestandene Leute aber, die sich an Pfingsten in Wohltätigkeit üben wollten, statt sich den verschiedensten Lustbarkeiten hinzugeben, pilgerten nach Riehen zum Jahresfest der Taubstummenanstalt: «Die Dorfkirche war mit theilnehmenden Zuhörern aus allen Ständen, aus Basel, Riehen und der badischen Umgebung angefüllt. Und nun, welch ein rührender herzerhebender Blick, die laute, vernehmliche Unterredung dieser 50 taubstummen Kinder mit ihrem liebevollen Pflegevater Arnold. Gesundheit, Freude und Lernbegierde strahlten aus den jugendlichen Angesichtern. Und wenn natürlich das Gespräch sich auch in den allereinfachsten und ganz kurzen Sätzen bewegte, so zeugte es doch von ganz richtigem Verständnis und Denken der Kinder. Beim Anblick des Taubstummenunterrichts lernt man für die herrliche Gottesgabe des Gehörs und der Sprache für sich selbst und die eigenen vollsinnigen Kinder aufs neue recht dankbar zu sein und nimmt gern zu Herzen, wozu die Festreden am Pfingstmontag uns kräftig ermahnt haben, dass wir diese Gottesgaben, Ohren und Zungen, zu rechtem guten und gesegneten Gebrauch sollen weihen und heiligen lassen von dem heiligen Geist der Pfingsten.»

Fronleichnam

Vermutlich seit Mitte des 14. Jahrhunderts fiel das prunkvollste Fest im baslerischen Kirchenjahr auf Fronleichnam (Corpus Christi, die geweihte und in den Leib Christi verwandelte Hostie). «1351 galt seine Begehung durch eine feierliche Prozession als bekannt, und seitdem war es das grösste Fest jedes Jahres und als so unentbehrlich geltend, dass der Bischof gelegentlich mit der Drohung, diese Festfeier ausfallen zu lassen, die Stadt zu seinem Willen zu zwingen suchte» (Rudolf Wackernagel).

In der Frühe des «Hergottstags» fanden sich die Angehörigen aller Pfarreien und Klöster mit ihren Reliquienschreinen im Münster ein. Offiziell nicht vertreten waren Bürgermeister und Rat, die dagegen Wachs für Stangenkerzen oder «Krentzelin pro festo corporis Christi» stifteten; so 1452 für «sieben Jahre zu unseres Herr Gotts Tag alle Jahre 8 Pfund Wachs geben». Nach der Feier der heiligen Messe und dem Segen mit dem Allerheiligsten ordneten sich die zahllosen Gläubigen zu einer gewaltigen Prozession. Die gesamte Geistlichkeit in kostbaren Chormänteln mit Kirchendienern und Ministranten-, Barfüsser-, Prediger- und Augustinermönche, der Oberstzunftmeister, die Zünfte und Bruderschaften und, nach Rang und Stand eingestellt, Männer, Frauen und Kinder, die gut zu Fuss waren, nahmen daran teil. Unter dem von vier adeligen Vasallen des Bischofs getragenen Baldachin wurde das Heiligtum des Münsterhochaltars mitgeführt. Einzigartige Heiligenreliquien, von purem Gold glitzernde Monstranzen, flatternde Kirchenfahnen, schwere Kreuze, wertvolle Evangelienbücher, Hunderte von Rosenblüten, weihevolles Räucherwerk, das Klingeln der Glöckchen und der Gesang der Männer- und Schülerchöre verliehen der Fronleichnamsprozession bei ihrem Umzug durch die Stadt eine ergreifende Feierlichkeit und unvergleichbaren Glanz.

Bedeutsames Kirchenfest

Der hohen Bedeutung des Fronleichnamsfestes entsprechend, ist dessen Verlauf in allen Teilen präzis von Domkaplan Hieronymus Brilinger aufgezeichnet worden: «Am Vortag von Fronleichnam konsekriert der Hebdomadar beim Hochamt drei Hostien: diejenige, die er bei der Kommunion selbst geniesst, eine zweite zum Einsetzen in die Monstranz und eine dritte, die vorsichtshalber zurückgelegt wird, um sie nötigenfalls in die Monstranz einsetzen zu können, wenn die andere zerbrechen würde. Wenn die Kommunion vorüber ist, schreitet der Subkustos aus der Sakristei zum Altare etc. Wenn das Amen am Schluss der Verse gesungen ist, beginnt in feierlicher Weise die Vesper. Nach Beendigung der Komplet wird das Allerheiligste nicht weggetragen und eingeschlossen wegen der darauf folgenden Matutin, welche um die sechste Stunde beginnt. Ist sie zu Ende, so wird das ‹Salve› gesungen. Wenn die Stelle ‹Agnus pascae deputatur› gesungen wird, erteilt er den Segen und trägt dann das Sakrament zum Sakramentshäuschen zurück. Von den begleitenden Ministranten lassen die einen ihre Schellen erklingen, die andern tragen die grossen Wachskerzen. Hierauf besprengt der Assisius, der in der Marienkapelle die Kollekte gesungen hat, wie üblich das Volk mit Weihwasser, ohne vorher vor der ‹Bitt› den Segen zu erteilen.

Am nächsten Tage beim Morgengrauen wird nach der Elevation in der ersten Messe das Allerheiligste abermals zum Altare getragen. Nach dem Absingen der Sext beginnt die Fronleichnamsmesse, in der alle Zeremonien in feierlicher Weise auszuführen sind. Bei diesem Hochamt kommen die Angehörigen aller Pfarreien und der Klöster im Chor des Basler Münsters mit ihren Reli-

Fronleichnamsfest.

Durch die reich geschmückten Gassen
Hallen aller Glocken Klänge
Zu des Herrn Fronleichnamsfeste;
Hallen in des Frommen Seele,
Der in wortlos tiefem Beten
Von der hohen Brücke Wogen
Hinstarrt in die klaren Wogen.

Denn ihm sind der Wogen Rauschen
Und die klangbewegten Lüfte
Stimmen eines hohen Liedes,
Ueber dem die blauen Welten
Sich in heil'ger Weihe breiten.

Franz August Gengenbach, 1830.

quien zusammen. Die Kreuze und Fahnen, die sie mit sich führen, bleiben im Schiffe der Domkirche, die Kerzenträger aber vor den Türen stehen. Die Schüler biegen in der Nähe des Bildes ‹Maria an der Krippe› nach dem Kreuzgang ab. Die aber in den Chor eintreten, sind in folgender Ordnung auf die Sitze zu verteilen: die geistlichen Herren von St. Alban und St. Leonhard auf die obern Sitze der rechten Chorseite, die Chorherren von St. Peter auf die obern Sitze der linken Seite, ihre Kapläne auf die untern Sitze daselbst, die Herren von St. Martin auf die untern Sitze der rechten Seite, der Prior, der Lesemeister und einige ältere Angehörige des Augustinerklosters auf Sitze der linken Seite, die andern Mitglieder des Klosters auf die Bänke, die im Chore bereitgestellt sind; der Guardian, der Prediger und einige der ältern Brüder des Barfüsserklosters werden nach den untern Sitzen der rechten Chorseite gewiesen und die übrigen auf die Bänke ebendort. Wenn die Messe zu Ende und der Segen mit dem Allerheiligsten erteilt worden ist, kehrt der Zelebrant mit seinen Ministranten in die Sakristei zurück und wartet dort, bis die Prozession geordnet ist. Dies soll folgendermassen geschehen:

Vorerst nehmen vier Beamte des Schultheissen den bei den Weihwasserkesseln bereitgestellten Baldachin, unter dem nachher das hochwürdigste Gut herumgetragen wird, in Empfang und stellen sich, ihn aufrecht haltend, in der Mitte des Chores vor dem Altar auf. An der Spitze der Prozession schreitet der Dormentarius. Es folgen ihm zwei Ministranten in Chormänteln, werktägliche Fahnen tragend, dann zwei von den jüngern Kaplänen in Chormänteln, der jüngere das St. Andreaskreuz, der andere das minder kostbare Evangelienbuch haltend. Wenn diese über die Stufen auf der rechten Chorseite herabsteigen, stösst beim Altar der Marienbruderschaft die Gesamtheit der Schüler zu ihnen und schliesst sich ihnen an. Die Schüler haben sich zuvor in bester Ordnung aufgestellt, voraus die Schüler von St. Martin, dann die von St. Peter, von St. Leonhard und endlich die Domschüler, die vom Lettner herabkommen. Auf sie folgt die Geistlichkeit: an der Spitze die Barfüsser mit ihrem Kreuz, ihren Fahnen und Kerzen, die Prediger, die Augustiner, die Herren von St. Martin, von St. Peter, St. Leonhard und St. Alban, alle mit ihrem Kreuz, ihren Fahnen und Kerzen. Hinter ihnen kommen die Kerzen der Zünfte nach ihrer Reihenfolge, hierauf zwei Ministranten in Chormänteln mit zwei grössern Kirchenfahnen, der Subkustos im Chormantel mit dem kostbaren Kreuz und mit ihm der Ehrendiakon, der das goldene Evangelienbuch trägt, die Domkapläne, alle angetan mit den kostbaren Chormänteln und einzelne unter ihnen heilige Reliquien tragend, hierauf die Assisii, Domherren und Prälaten in Chormänteln. Diese tragen nichts. Es sind aber die Domherren und Prälaten mit ihren Kapuzen bekleidet. Dann folgt der Schultheiss, dem seine Beamten vorausgehen. Hinter ihm schreitet der Zunftmeister allein. Nach ihm kommen die Sänger und der Organist, hierauf zwei Schüler mit brennenden grossen Wachskerzen, weitere zwei, die ihre Schellen erklingen lassen, dann noch zwei mit Blumen, mit wohlriechendem Räucherwerk oder Räucherkerzen und ein Ministrant mit der kleinen Fahne, alle mit Chormänteln bekleidet. Sie sind gefolgt vom Zunftmeister der Wirte, welcher die lange Kerze der Zunft trägt, von einem Bürger, sofern einer dafür zu haben ist, der vor dem Allerheiligsten Rosen streut, und schliesslich von zwei Ministranten, vom Diakon und dem Subdiakon.

Wenn nun die Prozession in dieser Weise geordnet ist, wirft sich der Priester, der nachher den hochheiligen Leib des Herrn tragen soll, angetan mit dem Messgewand, von dem Hochaltare nieder und beginnt die Antiphon ‹Veni, sancte spiritus›, die dann die Sänger zu Ende singen. Er selbst fügt dann noch den Versikel und die zugehörige Kollekte an. Hierauf nimmt er das Sakrament vom Altar, singt, indem er es dem Volke zeigt, ‹Ecce panis angelorum› und erteilt damit, wie zuvor der Subkustos, den Segen. Nun tritt er mit dem Allerheiligsten unter den Baldachin, den vier adelige Vasallen des Bischofs aus den Händen der Beamten des Schultheissen in Empfang genommen haben. Wenn solche Vasallen nicht zugegen sind, werden wenn möglich andere adelige Herren oder dann Vornehme aus der Bürgerschaft herangezogen, welche der bischöfliche Kanzler nach reiflicher Erwägung bestimmen soll.

Während der Zelebrant so mit dem hochwürdigsten Gut unter dem Baldachin voranschreitet, gehen zu seinen beiden Seiten zwei höhere Prälaten oder Domherren im Chormantel; etwas seitwärts folgt ein Priester mit dem Tenaculum (Untersatz für die Monstranz). Hierauf kommen alle Kerzen der Zunft ‹zum Schlüssel› und am Schluss das Volk, Männer und Frauen, nach ihrem Rang und Stand. Nach alter Gewohnheit bewegt sich der Umzug durch die Stadt und kehrt nachher wieder zum Münster zurück, wo die Kreuze, die Fahnen und die Kerzen vor den Pforten bleiben. Die Schüler ziehen durch die Kirche, verlassen sie aber durch die Galluspforte wieder. Alle Priester mit ihren Reliquien machen im Schiff der Kirche Halt. Der Träger des Allerheiligsten betritt dann die Kirche unter dem Baldachin und bleibt etwas oberhalb des Grabmals vor dem Paradiese stehen. Der Vorsänger beginnt das Responsorium ‹Homo quidam fecit›, aber nicht in schleppendem Tempo; es sind nämlich Alle von der Prozession ermüdet und wünschen nicht, dass man die Zeremonien zu sehr in die Länge zieht. Wenn das Responsorium bis zum Versikel gesungen ist, kommen zwei Vorsänger vor dem Baldachin zusammen und singen gemeinsam mit dem Träger des Allerheiligsten den Versikel. Ist auch die Wiederholung gesungen, so stimmen sie auf dem gleichen Platze das ‹Salve, festa dies› an. Sobald dessen Versikel zu Ende und durch den Chor wiederholt worden ist, wenden sie sich gegen das Sakrament und singen den Vers ‹Et cibus et potus›. Hierauf sich wieder dem Chore zukehrend, fahren sie fort, wie es in den Prozessionalbüchern geschrieben steht. Zuletzt erteilt der Zelebrant mit dem Sakramente den Segen. Die Antiphon ‹O sacrum convivium› singend, steigt der Zug zum Chore hinan. Die Angehörigen aber der andern Kirchen verlassen das Münster. Nachdem das hochwürdigste Gut wieder auf den Altar gestellt worden ist, kehrt man in die Sakristei zurück. Der Expektans (Hilfsgeistlicher) beginnt dann mit der Non. Das Allerheiligste wird nicht verwahrt, sondern bleibt bis zum Ende der Komplet auf dem Altare ausgesetzt.

Es ist zu beachten, dass der Diener der Bruderschaft vor der Münsterpforte die Angehörigen der Pfarreien und Klöster zu erwarten und zu ihren bestimmten Plätzen zu führen hat. Nach der Messe aber liegt ihm ob, den Zug zu ordnen; bei der Prozession soll er in der Nähe der Domherren schreiten. Während des Umzugs soll auch der Dormentarius da und dort Halt machen lassen. Die schwereren Reliquien, nämlich die Häupter der Heiligen und die grösseren Monstranzen, haben die jüngern Kapläne zu tragen.»

Empfänge und Festessen

Andrea Gattaro von Padua, venetianischer Konzilsgesandter, hat in seinem Tagebuch den Glanz der Fronleichnamsprozession des Jahres 1434 festgehalten: «Es wurde eine Prozession durch die ganze Stadt gehalten, das heisst durch alle

Pergamentstreifen mit den Namen der Heiligenreliquien vom Hochaltar des Münsters, wie solche jeweils während der vorreformatorischen Fronleichnamsprozessionen in der Stadt umgetragen wurden.

Geistlichkeit, Ministranten, Mandatare und Gläubige zu St. Marien bei der Fronleichnamsprozession am Herrgottstag 1917. «Eine grosse Menschenmenge bestaunt in Anstand und Würde den religiösen Vorbeizug.»

Fronleichnamsandacht der Gläubigen von St. Clara vor aufgebautem Hochaltar im Hattstätterhof am Lindenberg, 1931.

Pfarreien derselben, indem man in den Strassen den Leib Christi unter grossem Aufwand von Lichtern und Reliquien ausstellte. An diesem Umzug beteiligten sich alle Kardinäle, Patriarchen, Erzbischöfe, Äbte, mit weissen Mitren angetan. Und es waren zusammen 83 Mitren, die alle dem Leib Christi vorangingen, mit einer wunderbaren Menge von Lichtern, welche ihre Diener trugen, mit ihren Wappen darauf abgebildet. Hinter diesen kamen viele Prälaten, mit Reliquien in den Händen, hinter diesen unser Bischof von Padua unter einem Baldachin von Goldstoff, welcher den Leib Christi in der Hand trug. Alle Strassen waren mit frischem Gras bestreut, und an den Fenstern waren Vorhänge in vielerlei Farben angebracht. Es waren im Ganzen 800 Lichter. Der Zulauf des Volkes war gross.» Die Fronleichnamsprozession von 1522 hingegen entbehrte bereits der ungetrübten Feierlichkeit, waren doch erste Anzeichen der Auflehnung einzelner Priester wahrnehmbar: Pfarrer Reublin von St. Alban trug nicht Reliquien, wie es Brauch war, sondern die Bibel, und erklärte dazu: «Das ist das rechte Heiltum, das andere sind Totengebeine!». Der schockierende Auftritt blieb für den «wüsten Ketzer» nicht ohne Folgen: er wurde unverzüglich der Stadt verwiesen.

Dem sakralen Prachtaufzug folgten jeweilen grosse Empfänge auf den Zunft- und Gesellschaftsstuben, wo die Geladenen mit Braten, Geflügel und Reisbrei bewirtet wurden. So fanden sich seit 1466 die Zunftbrüder zum Schlüssel regelmässig auf ihrem Zunfthaus zum gemeinsamen Imbiss und Nachtmahl ein; der Stadtschreiber, sein Unterschreiber und der Kaplan der Andreaskapelle waren stets unter den Gästen. Ebenso gehörte es zur guten Sitte, Meister und Vorgesetzte mit Reismus und einem Huhn zu beschenken. Auch den Kleinbasler Ehrengesellschaften war die glanzvolle Begehung des Fronleichnams ein echtes Anliegen. Damit das Mitmachen am grössten Fest kirchlicher Prachtentfaltung für alle Gesellschaftsbrüder «schmackhaft» war, hatte jeder, der «am Fronlichnams Tag Gott ze Lob und Ehren Kertzen umbtrage», Anrecht auf Verköstigung und auf «ein Scheppelin» vor dem

Nachhausegehen. Die Unkosten wurden aus Bussengeldern bestritten, welche die «Unzüchterherren» (Sittenrichter) für «des selben Mols oder Imbis nach unser Herrn Fronlichnams Tag über Rin, wie das von altem Harkomen ist», zur Verfügung stellten. Und auch der Rat stiftete «Wachs zu Stockkerzen zu Sant Theodor zu unseres Herren Gottes Tage».

Im Zuge der Reformation «ward die Procession uff unseres Herrgotts Tag auch abgestellt, und blieben all doheim». Denn der Rat hatte 1527 beschlossen, das «Hochfest des Leibes und Blutes Christi» dürfe wohl noch gefeiert werden, doch sei der Umgang mit dem Allerheiligsten zu unterlassen: «Soll an demselbigen Tag kein gemeiner Umbgang mit dem Sacrament beschehen. Ursach, dass auf denselbigen Tag vil zuo Hochfart und Sünden gehalten werden. Wöllen aber die in den Stiften und Pfarren in beiden Stetten Basel umbgehn, soll ihnen zuogelassen sein, doch nicht weiter, dann in ihren Kirchhöfen und Creutzgängen. Und soll zu denselbigen Umbgängen keine Zunft oder Bruoderschaft ire Kerzen tragen, sonder die anheimisch auf iren Zunfthäusern behalten.» Die Kirchspiele der Münstergemeinde, von St. Alban, St. Peter und St. Theodor machten indessen von dieser Möglichkeit kaum mehr Gebrauch. Das Fronleichnamsfest hatte trotzdem noch nicht ganz ausgedient: Die Universität hiess 1535 in grosser Freude den auf diesen Tagen nach Basel zurückkehrenden Erasmus von Rotterdam mit einigen Flaschen Süsswein (Hypokras, Claret und Malvasier) sowie einer Lade Konfekt willkommen.

Zunehmende Toleranz in religiösen Belangen ermöglichte der Römisch-katholischen Gemeinde 1798 auch die Wiederaufnahme der Fronleichnamsfeier. Ein «von Solothurn verehrter Rauchmantel verherrlichte die Prozession und reizte das Volk zu Liebe und Andacht». Die Gläubigen brachten ihr ein derart grosses Interesse entgegen, dass die protestantischen Prediger in der noch immer von ihnen mitbenützten St. Clarakirche «wegen der Menge des zuströmenden Volkes nicht einmal die Kanzel betretten konnten». So war «das

Fronleichnamsfest, wenngleich es nur innerhalb der St. Clarakirche mit einer Prozession begangen werden durfte, für die damaligen Katholiken eine alljährliche Möglichkeit der Selbstdarstellung. Kirchenzier und Prozessions-Ordnung scheinen sich an vertraute Formen, wie sie in katholischen Nachbarkirchen üblich waren, gehalten zu haben» (Theo Gantner).

Nachdem 1911 das Prozessionsverbot, der letzte konfessionelle Vorbehalt aus dem neunzehnten Jahrhundert, aufgehoben worden war, hielt 1917 die Heiliggeistpfarrei erstmals wieder eine öffentliche Fronleichnamsprozession ab, «die bahnbrechend wirkte und wesentlich dazu beigetragen hat, die ängstlichen Gemüter in den eigenen Reihen zu beruhigen». Schon im folgenden Jahr berichtete das Basler Volksblatt stolzerfüllt: «Ermutigt durch den ersten Versuch, wurde die diesjährige Prozession im Gundeldingerquartier in grösserem und feierlicherem Rahmen abgehalten. Jedes Alter und jedes Geschlecht, alle sozialen Schichten der Bevölkerung waren zugegen. Dazu kamen noch einige Hundert Angehörige aus andern Pfarreien». Rund dreitausend Teilnehmer schlossen sich dem feierlichen Umgang an, der zwei Stunden dauerte. Mit ebenso eindrücklichem Erfolg wurden auch in St. Marien, St. Clara und St. Josef Fronleichnamsprozessionen durchgeführt, wobei die «durchwegs korrekte und respektvolle Haltung der Andersgläubigen und andersdenkenden Mitbürger» unter der katholischen Bevölkerung sichtlich Genugtuung fand.

Nun gehörte die sonntägliche Fronleichnamsprozession – nur die Heiliggeistpfarrei hielt am werktäglichen Termin fest – zum regelmässig wiederkehrenden Erscheinungsbild in den mit Altären, Blumen, Fahnen und Heiligenbildern geschmückten Strassen im Einzugsgebiet der katholischen Kirchen. Unüberwindbare Verkehrsprobleme drängten in jüngster Zeit die «zur innern Einkehr aufrüttelnden» Prozessionen in die Abgeschiedenheit stiller Park- und Grünanlagen (Kannenfeld, Brüglingen, Hirzbrunnnen), wo sich der heiligen Eucharistie bei Aperos und Picknicks, bei Musik und Gesang gesellige Unterhaltung anschliessen.

Regimentserneuerung und Schwörtag

Galt das Fronleichnamsfest als des Kirchenjahrs bedeutsamster Feiertag, so verkörperten Regimentserneuerung und Schwörtag «die wichtigste Staatssolennität der alten Republik bis an deren Ende» im Jahre 1798. Wie Paul Koelner 1918 in seiner grundlegenden Arbeit über «Ratswahl und Schwörtag» ausführte, begab sich jeweilen schon um Pfingsten eine Ratsabordnung zum Bischof mit dem Ersuchen, der Stadt wieder ein Ehren-Regiment zu geben. Den Auftakt zur eigentlichen Feier bildete am Vorabend des Wahltages ein Empfang der im Amt stehenden Häupter und Räte in des Gnädigen Herrn Hof und Burg. Indem die Ankommenden dem Bischof zwei von der Stadt gespendete Schenkkannen Ehrenwein überreichten, wiederholten sie ihr Begehren um eine Ratsbesatzung und nannten die am Morgen durch den Rat ausgezogenen drei Männer, von denen nach ihrem Dafürhalten «ein jeder zu dem Erenampt des Burgermeister Thumbs wol dugentlich was.» Aus diesem Dreiervorschlag traf der Bischof die Wahl, wobei gewohnheitsmässig die Wünsche des Rats derart berücksichtigt wurden, dass die Wahl durch den Bischof faktisch nur eine Bestätigung war.

Würdevoller Wahlakt

Auf den nämlichen Samstagnachmittag hatten die mit den bischöflichen Hofämtern des Schenken, des Kämmerers, des Marschalls und des Truchsessen belehnten Adelsgeschlechter der Bärenfels, Reich, Eptingen und Schönenberg vier gesattelte Pferde vor das Rathaus zu stellen. Auf diese setzten sich die vier Gerichts-Amtleute; jeder hielt einen weissen Stab aufgerichtet in der Hand. Gass auf, Gass ab ging ihr Ritt durch die ganze Stadt, abwechselnd unter hellem Ruf, die Bevölkerung für den morgigen Sonntag zur Wahlhandlung auf den Münsterplatz aufzufordern mit den Worten: «Ich bütt üch morn uff den Hoff, für min gnedigen Heren, den Bischof, Knecht und die Meister, das sind Edel und Burger, wan man die Glocken am morgen hört lütten, bim Eyd!» Während die Gerichtsleute ihres Amtes walteten und Häupter und Rat als Gäste des Bischofs auf dessen Hof tafelten, wurde für die Stadtknechte im Rathaus ein Nachtmahl zugerüstet. Nach dessen Beendigung zogen die Stadtknechte im obrigkeitlichen Kleid durch die Stadt und Vorstädte, und durch die Stille der Nacht widerhallte zum letztenmal der Mahnruf zur Ratswahl.

In der Morgenfrühe des Sonntags versammelte sich beim ersten Läuten mit allen Ratsglocken der Magistrat auf dem Richthaus (Rathaus). Umgeben und gefolgt von allen Beamten, Schreibern, Ratsdienern und Wachtmeistern ging der alte Rat beim zweiten Läuten in geordnetem Zug nach dem Bischofshof zur Morgensuppe, an welche die Stadt vier Schenkkannen Wein spendete. Alsdann zog der Bischof, begleitet von seinen Lehenträgern und Domherren, denen sich die Stadtbehörde anschloss, über den Münsterplatz nach dem nahen Stiftshause (heute Lesegesellschaft) zur Wahl der acht Kieser, denen die Wahl des neuen Rates oblag. Durch die steilen Gassen strömten indessen unter dem Geläute der Münsterglocken das Volk in festlichem Putz heran, um Zeuge des kommenden Vorganges zu sein. In dem mit hölzernen Schranken abgegrenzten, mit Grün und Blumen bestreuten Raum vor der Nordseite des Domes stand der steinerne bischöfliche Thron, drei Staffeln hoch über der Erde, mit köstlichen Kissen bedeckt und gewobenen Teppichen behängt. Hier liess sich nach vollzogener Kieserwahl der Bischof nieder. Aus dem Munde des Stadtschreibers hörte die gedrängt stehende Bürgerschaft ihrer Stadt Privilegien, welche aus dem mit goldener Bulle geschmückten kaiserlichen Freiheitsbrief abgelesen wurde; anschliessend vernahm die Menge den Wortlaut der Handveste und die Namen der eben erwählten Wahlmänner, deren Vereidigung nun vollzogen wurde. Drei Schritte vor dem Bischofssitz erhob sich eine niedere Steinsäule, auf welcher an diesem Tag das von Kaiser Heinrich geschenkte Evangelienbuch auf goldgewirkter Decke ruhte. Auf diese schwuren die zwei Domherren, die als Kieser amteten, mit aufgelegten Fingern den Wahleid; die kiesenden Laien leisteten den Schwur mit erhobener Hand. Nun zogen sich Bischof und Kieser in die obere Stube des Stiftshauses zurück zur Wahl der Ratsherren, unter dem Gebot, ewiglich zu hehlen (geheimzuhalten), was geredet und geratschlagt werde.

Nach erledigtem Wahlgeschäft schritt der Bischof in vollem Ornat durch die Menge zu seinem Thron, um den sich die Domherren gruppierten, und gebot, die Namen der neuen Räte der harrenden Gemeinde zu verlesen. Dann trat der alte Bürgermeister herfür und bat den Oberherrn um Häupter für das beginnende Amtsjahr. In eigener Person verkündete hierauf der Bischof der Versammlung den neuen Bürgermeister und Oberstzunftmeister, deren Haupt durch den obersten Ratsknecht mit einem Kranz aus frischen Sonnenblumen gekrönt wurde. Alsbald traten alle Gewählten, Häupter und Räte, in die Schranken zur Eidesleistung auf das goldene Reliquienkreuz des Münsterschatzes, nach den Worten: «Wir schweren unserem Herren dem Bischof, der hie gegenwärtig ist, unsern Herren den Domherren, den Gottshausdienstmannen, den Burgern gemeinlich, armen und reichen, ze ratende und zu helfende, des besten so ferre wir uns verstehend, jeglichem zu seinem Rechten, dass uns Gott so helf und alle Heiligen.» War «dises vollendet, kam der Hohen Schul Rector mit seinen Studenten herbey und liess durch den Rahtsschreiber der Universität Freiheitsbrief verlesen, der hierum von ihm einen Gulden empfieng».

Der Schluss der eindrucksvollen Feier vollzog sich mit der Einführung des neuen Rates im Augustinerkloster und im Richthaus. Auch hier fehlten die belebende Zier der «Krentzlin» und «Meylin» sowie das heitere Mahl keineswegs, bis der kommende Werktag mit der Fülle der Geschäfte den Stadtvätern ins Bewusstsein rief, dass Würde auch Bürde bringt.

Nach der Reformation, die den Bischof auch seiner politischen Rechte entmachtet hatte, wählte der abtretende Rat in eigener Kompetenz den neuen Rat, während die Wahl des Bürgermeisters und des Oberstzunftmeisters durch den alten (stillstehenden) und den neuen (amtierenden) Rat erfolgte.

Gebet und Gottesdienst

Das Wahlzeremoniell vollzog sich nach den umfassenden Darlegungen Alfred Müllers von 1954 noch immer in feierlichem Rahmen:

Am Samstag vor dem Fest des heiligen Johannes des Täufers begaben sich die beiden Räte morgenfrüh um sechs Uhr ins Münster, wo die Feierlichkeit mit Gebet und Gottesdienst ihren Anfang nahm. Hierauf zogen die Räte in feierlicher Prozession auf das Rathaus, wo hinter geschlossenen Türen die eigentliche Formalität der Ratserneuerung vorgenommen wurde.

Zu dieser Sitzung musste der Rat vollzählig erscheinen. Jedes Mitglied hatte bei geschworenem Eide daran teilzunehmen. Andere Geschäfte durften nur bei ausserordentlicher Dringlichkeit behandelt werden.

Zu Beginn der Sitzung wies der Stadtschreiber auf ihren Zweck hin, und nach einem Gebet und geschworenem Eid wurde zur Wahl, beziehungsweise zur Bestätigung des neuen Bürgermeisters und Oberstzunftmeisters geschritten. Darauf trat der alte Rat ab, und der Stadtschreiber las dem neuen Rat die wichtigsten Wählbarkeitsbedingungen und Ausschlussgründe vor; hierauf wur-

den die Ratsherren der Zünfte ihrem Range nach neu bestätigt. Dies ging folgendermassen vor sich: Zunächst geschah über den Vertreter der Kaufleutenzunft, dann über denjenigen der Hausgenossenzunft usf., eine Umfrage und Zensur, wobei jeder mit seinen eventuell im Rate sitzenden Verwandten auszutreten hatte. Nach Gewohnheitsrecht wurden jeweils die vorjährigen Ratsherren der fünfzehn Zünfte, wenn sie noch lebten und keine triftigen Gründe gegen sie vorlagen, neuerdings bestätigt und wieder in Amt und Regierung eingestellt.

Über die Namen der Neuernannten musste beim Eide strengstes Stillschweigen bis zur morgigen feierlichen Proklamation des neuen Regimentes auf dem Petersplatz bewahrt werden. Der dem Samstag der Ratswahl folgende Sonntag brachte dann die feierliche Verkündung und Vereidigung der neuernannten Häupter und Ratsherren, die nach der Verfassung von 1521 nicht mehr wie bis anhin auf Burg, dem Münsterplatz, angesichts von Bischof und Domstift stattfanden, sondern an der Stätte, welche dem bürgerlichen Basel so recht ans Herz gewachsen war: auf dem Petersplatz.

Feierliche Eidesleistung

Das bei der Proklamation und Eidesleistung beobachtete Zeremoniell blieb bei nur ganz unbedeutenden Abänderungen bis 1798 bestehen: Am frühen Sonntagmorgen nach halb sieben, nachdem zum zweiten Male eine Viertelstunde mit dem Ratsglöcklein geläutet worden war, versammelten sich Häupter, Ratsherren und Meister in Amtstracht auf dem Ratshaus. Nach dem Verläuten wurden die Ratszettel mit den neuen Ratsherren verlesen. Hierauf erhoben sich Häupter und Ratsherren, und ein jeder nahm aus der auf dem Ratstisch stehenden Platte einen «Maien» (1675 wurden die «kostbaren Maien» abgeschafft und stattdessen Rosmarinschosse abgegeben). Dermassen mit Blumen geschmückt, formierten sich die Honoratioren zu einem feierlichen, farbenprächtigen Zug, an der Spitze die Häupter, dann die Ratsherren in der Rangordnung der fünfzehn Zünfte, begleitet

vom Personal der Kanzlei. Der Weg zum Petersplatz war mit Binsen statt Blumen bestreut, und die Ankunft des Festzuges wurde durch Bläser und Zinkenisten angekündigt.

Auf dem Petersplatz vor dem Stachelschützenhaus angelangt, wohin sich ebenfalls zu begeben die gesamte Bürgerschaft beim Eide verpflichtet war, hielt der abtretende Bürgermeister nach Verlesung der alten Freiheitsbriefe vom Fenster des ersten Stockes des Stachelschützenhauses eine Ansprache, worin er seinen Mitbürgern anzeigte, dass am gestrigen Samstag durch die Gnade Gottes ein neuer Rat erwählt worden sei, und dabei «eine Oration ohngefährlich folgenden Inhalts vortrug: Edle, Gestrenge, Ehrenveste, Hoch- und Wohlgelehrte, Fromme, Fürsichtige, Ehrsame, Weyse, insonders günstige ehrende Herren, gute Freundt und getreue liebe Burger! Wir haben grosse Ursach, ihnen die neu erwählten Herren Häupter und Räthe zu solchem ihrem hochwichtigen Stand, Amt und Beruf viel Glück, Heyl, Gesundheit, langes Leben, zeitlich und ewigen Segen von Herzen zu wünschen und Gott den Allmächtigen inbrünstiglichen anzurufen und zu bitten, dass er sich bey diesen noch immerzu währenden höchstbeschwärlich und gefährlichen Läuffen von oben herab mit dem Geiste der Weisheit und des Verstandes, des Rahtes und der Stärke, der Erkanntnis und Furcht seines heiligen Namens anziehen und begaben wolle, damit deren künftige Verwaltung und Regierung diene und gereiche zu seines allerheiligsten Namens Lob, Ehr und Preis, zu Erhalt und Fortpflanzung unserer wahren, christlichen, seligmachenden Religion, wie wir die aus Gottes Wort erlernet und bis dahin öffentlich bekannt haben, zu Aeuffnung der Kirchen und Schulen, zu Handhab und Beförderung der lieben Justitien, Abstrafung des Bösen und Belohnung des Guten, zu Nutz und Wohlfahrt des gemeinen Wesens und gesamter Ehren Burgerschaft, nicht weniger auch zu Fried und Ruhe und Einigkeit unseres geliebten Vaterlandes zu Stadt und Land Basel, auf dass wir also noch fürbas under dero Schutz, Schirm und Regierung ein still, ruhig und Gott wohlgefälliges Leben führen mögen, in wahrer Gerechtigkeit und Ehrbarkeit etc.

Durch unseren Herrn und Heyland Jesum Christum. Amen!»

Herren und Meister

Nach Beendigung der Antrittsrede des neuen Bürgermeisters gab der Stadtschreiber der Bürgerschaft die Namen der neuerwählten Häupter und Ratsherren bekannt, wobei er nur die Vertreter der vier ersten Zünfte (Schlüssel, Hausgenossen, Weinleuten, Safran) mit dem Prädikat «Herr» anredete, alle übrigen aber mit «Meister» betitelte. Nun setzte der abtretende Bürgermeister dem neuen Amtskollegen zum Zeichen des Übergangs der Regierungs- und Amtsgewalt den eigenen Kranz aufs Haupt. Die gleiche Zeremonie wiederholte sich beim alten und neuen Oberstzunftmeister. In wohlgesetzter Rede dankte stets der Ratsherr der ersten Zunft namens aller Miträte den abgehenden Häuptern für ihre Mühe und Arbeit und begrüsste hierauf die neue Regierung. An das gegenseitige Beglückwünschen und Händeschütteln schloss sich die feierliche Vereidigung der Neugewählten in der unteren offenen Halle des Stachelschützenhauses an.

Der Eid, welcher den neugewählten Häuptern und Ratsherren abgenommen wurde und den sie mit erhobenen Schwurfingern nachzusprechen hatten, lautete folgendermassen: «Dass wir die Ehre Gottes befördern, unseren heiligen, christlichen Glauben, wie wir aus göttlichem Worte erlernt und öffentlich bekannt, handhaben. Auch der Stadt Basel, dem gemeinen Wesen und den Bürgern gemeinlich, armen und reichen, beholfen und beraten sein, zumalen sie, die Bürger, bei allen ihren wohlhergebrachten Rechten, Gerechtigkeiten und Freiheiten handhaben, auch jedermann zu seinen Rechten förderlich verhelfen und der Stadt Nutz und Ehre fördern und Schaden abwenden wollen, nach unserem besten Vermögen, Wissen und Gewissen. Das schwören wir, als Gott uns helfe.»

Nicht auf dem Petersplatz vereidigt wurden die erstmals in den Kleinen Rat (Regierungsrat) erwählten, bis anhin nur designierten Ratsherren, sowie die Zunftmeister. Diese wurden anlässlich der Einführung des neuen Regimentes auf dem Ratshaus vereidigt. Zum Abschluss der Solennität ermahnte der neue Oberstzunftmeister die Ratsherren, am Nachmittag auf den Zünften einen neuen Meister und neue Sechser (Vorgesetzte) zu wählen. Der nachfolgende gemeinsame Besuch des Gottesdienstes zu St. Peter mit entsprechender Predigt und Musik bildete einen würdigen und ernsten Ausklang des Wahlaktes. 1720 «haben Meine Gnädigen Herren den Eid unter Donner und Blitz abgeleistet. Gott gebe, dass es dermalen deren steinharte Herzen erweiche, die immer ihres theuren Eides vergessen und darwider handeln»! Als hingegen «auf Johanni 1755 der neue Rath eingeführt wurde und sich Sänger Torsch wie gewöhnlich in der St. Peters Kirche hätte hören lassen sollen, blieb er, von dem tags zuvor eingenommenen allzu vielen Weine berauscht, in dem Bett liegen und wollte nicht einmal die zu diesem End verfertigten Cantaten herausgeben. Hierauf hat der Rath erkannt, er solle noch das Jahr ausdienen und alsdann fortgeschafft werden».

Die Ratseinführung

Die Einführung des neuen Rats erfolgte am Montag nach Johannis Baptiste: Nach dem Besuch der Frühpredigt im Münster versammelten sich die Zunftvorgesetzten auf ihren Zunfthäusern, wo man «ein Löffel mit Suppen und ein Trunkh» zu sich nahm. Ungesäumt begaben sich sodann die Ratsherren, Meister und Sechser aller fünfzehn Zünfte nach dem mit frischem Gras ausgelegten Ratshaus, auf dem sich alle Turmbläser hören liessen. Während nun der neue Rat eingeführt wurde, warteten die Sechser im Ratshaushof oder auf dem Kornmarkt, um nach erledigtem Amtsgeschäft ihre Vorgesetzten zu einem gemeinsamen Imbiss auf das Zunfthaus zurückzubegleiten. So wurden 1516 im «Schlüssel» zum Mittagsmahl aufgetragen: «Rüben und Fleisch, halb Rindtfleisch, halb Spinnwiderfleisch (Schafbockfleisch), ein gut Ge-

brottes und je zweyen ein Huhn, Kirsen, Rettich und Kes.»

Die eigentliche Einführungsfeier des neuen Regimentes spielte sich wie folgt ab: Nachdem sich der alte Rat, der jetzt neu werden sollte, in die Ratsstube begeben hatte und die Ratsbesoldungen vom vergangenen Jahr verteilt worden waren, führte der nunmehr alte Bürgermeister seinen neuen Amtskollegen an seinen Sitz und gratulierte ihm nochmals; ebenso verfuhren der alte Oberstzunftmeister sowie die alten Ratsherren und Meister. Nachher wurden die erstmals in den Rat Gewählten von ihren im alten Rat befindlichen Kollegen in die Ratsstube geholt, beglückwünscht und ebenfalls vereidigt. Nachdem dies geschehen war, verlas der Stadtschreiber die Häupter- und Ratsordnung sowie die Ordnungen der Kanzleibeamten, welche von den Betreffenden ebenfalls beschworen wurden. Beendet wurde die feierliche Festsitzung wiederum mit Gebet, erneuten Reden, gegenseitigen Komplimentierungen, Glückwünschen und Beschenkungen.

Bürger erweisen einem Magistraten vor dem Rathaus Reverenz. Zeichnung von Sophie Linder. 1891.

Gratulationsbesuch beim neugewählten Bürgermeister. Aquarell. Um 1790.

< «Zu Ehren Ihro Exelenz Herren Andreas
Merian reg. Bürgemeister in Basel
u. erster Landaman der Schweiz von da Ao.
1805.»

Das Trommelkorps der Basler Waisen-
knaben in ihren traditionellen historischen
Kostümen. Ölgemälde von Jean Jacques
Lüscher. 1911.

Schwörtag.

Ein ratsher, der ins rabthaus tritt,
Seine affect nem er nit mit;
Sunder verbunst, nübt, haß und grim
Fründschaft und gunst leg er von im
Und urtheile gleich wie er wolt
In gleichem fal im geschehen solt,
Dan nach dem er urtheilt und richt
Wirt er gericht am jüngsten gricht.

Basler Sinnspruch aus dem 16. Jahrhundert.

Der Bürger Schwörtag

Der erste Sonntag nach der Ratseinführung galt dann als «Schwörtag» der Eidesabnahme der Bürger durch den amtierenden Oberstzunftmeister. Bereits anno 1417 hatte der Rat einen «Ruf» erlassen und alle Zünfte aufgefordert, dem Bürgermeister, dem obersten Zunftmeister und den Räten Gehorsam zu schwören. Nichtzünftige, Edelleute, Bürger und dienende Handwerksknechte hätten getrennt zu schwören. Wer den Eid nicht leiste, müsse eine Mark Silber Busse entrichten und würde der Unterstützung durch den Rat bei auftretenden Schwierigkeiten verlustig gehen.

Um die elfte Morgenstunde des Schwörtags holten Ratsschreiber und Oberstknecht, begleitet von ihren Untergebenen im weiss und schwarzen Standeskleid, den Oberstzunftmeister in seiner Wohnung ab. Dann begann der Besuch von Zunfthaus zu Zunfthaus. Vor dem ersten angekommen, trat der Oberstzunftmeister mit dem Ratsschreiber und dem Substitut zur vollzählig versammelten Zunftgemeinde, während der begleitende Tross draussen wartete.

Nach der begrüssenden Ansprache des Oberstzunftmeisters und der Gegenrede des betreffenden Zunftmeisters setzten sich Oberstzunftmeister, Ratsherren, Meister und Ratsschreiber und der Substitut verlas die Bürgerordnung, die von den Zunftbrüdern stehend angehört

wurde. Alsdann erhob sich die ganze Versammlung zum Eidschwur, der durch den Ratsschreiber vorgesprochen wurde, wobei männiglich sein Haupt zu entblössen hatte. Nach der Eidesleistung wurde dem Oberstzunftmeister jedesmal aus den schönen Silberbechern ein Trunk kredenzt. Jeder Zunftvorstand gab dem Abziehenden so weit das Ehrengeleit, bis vom nächsten Zunfthause Vorgesetzte und Meister nahten, um den Stellvertreter der Obrigkeit ebenso respektvoll zu empfangen und in gleicher Weise weiter zu geleiten. An die sechs Stunden währte dieser Umgang, während dessen Dauer sämtliche Stadttore geschlossen blieben. Die sich fünfzehnmal wiederholende Handlung mag auch an die Nerven und Trinkfestigkeit eines Oberstzunftmeisters nicht geringe Anforderungen gestellt haben! Dass die Basler jener Zeit sich dem anvertrauten Amt aber auch in dieser Hinsicht gewachsen zeigten, bezeugt der Brauch, dass der Oberstzunftmeister zuguterletzt Ratsschreiber und Ratsdiener zu sich zum Abendbrot einlud, das sich, wie die Ratsbücher melden, gewöhnlich zu einem «ansehnlichen» Mahl verlängerte, besonders wenn ein Oberstzunftmeister zum erstenmal sein Amt versah.

Kleinbasler Eid

Während im Grossbasel die Eidesabnahme vom Oberstzunftmeister auf den Stuben der Zünfte vorgenommen wurde, hatten die Kleinbasler ihr Treuebekenntnis auf eigenem Boden abzulegen: «Der Schwörtag der Bürgerschaft der Mindern Stadt fällt immer 8 Tage nach dem Schwörtag der Bürgerschaft der Mehrern Stadt, hiermit auf den zweiten Sonntag nach der Einführung E.E. Regiments. An selbigem Sonntage begiebt sich der neue Herr Oberstzunftmeister oder sein Stellvertreter Morgens um 7 Uhr in Begleit des Rahtsschreibers und noch eines Canzlisten, wie auch sämtlicher obrigkeitlicher Bedienten, nach der Mindern Stadt, allwo die sämtlichen Angehörigen der Drey E. Gesellschaften im Richthause (Kleinbasler Rathaus am Ort des heutigen Café Spitz) versammelt

Predigt

über die

Grundpfeiler eines Republikanischen

Staates

und

die sichersten Erhaltungsmittel desselben

nach

Offenb. Joh. 3. v. 2.

gehalten

am Schwörtage der Mindern Stadt

den 10 Heumonat 1796

von

Joh. Jakob Faesch, Diacono.

Basel,

gedruckt bey Samuel Flick.

Predigt zum Kleinbasler Schwörtag, 1796.

werden. Der Schultheiss (Gerichtspräsident) der Mindern Stadt, begleitet von den Rähten und Vorgesetzten der Drey E. Gesellschaften, gehet dem Herrn Oberstzunftmeister oder seinem Statthalter bis zur Capelle auf der Rheinbrücke entgegen und hohlt denselben ein. Im Richthause hält der Herr Oberstzunftmeister eine Anrede an die daselbst versammelte E. Bürgerschaft, eröffnet die Ursache seines Daseyns und fordert zu Handen Unserer Gnädigen Herren von denselben den Eid ab. Der Schultheiss oder in seiner Abwesenheit der erste Oberstmeister erwidert die Anrede des Herrn Oberstzunftmeisters mit einer Gegenrede und zeigt an, dass die E. Bürgerschaft willig sey, den Jahr-Eid zu schwören, welcher auch wirklich hierauf derselben vorgelesen und von ihren beschworen wird. Nach geleistetem Eide zieht der Herr Oberstzunftmeister mit seinem Gefolge in Begleit des Schultheissen, der Rähte und der Vorgesetzten der Drey E. Gesellschaften nach der Kirche bey St. Theodor, allwo ebenfalls eine auf die vorgenommene Handlung gerichtete Predigt gehalten wird» (Jakob Friedrich David Huber, 1792). 1796 wurde «zur Ablegung des jährlichen Bürger Eyds, der bisher auf dem Richthaus vorgegangen, ein Ort, wo mehr Reinlichkeit und Platz ist, ausfindig gemacht und die St. Klara Kirche dazu bestimmt». Und 1805 «verabredete Meister Merian neue Maasregeln auf den bevorstehenden Schwörtag». Wie im Jahre 1521 zum Schwörtag «Obst und Krentzlin» gespendet wurden, so warfen die mit Sommerkränzen geschmückten Amtleute noch immer Äpfel und Birnen unter die Kinder.

Der Tag des Volkes

Über die traditionelle Einsetzung des neuen Rates an Johannis Baptistae, die sich die Obrigkeit 1626 die stolze Summe von 28 Pfund 15 Schilling 4 Pfennig für «Unserer Gnädigen Herren Kränze, Blumen, Rosmarin, Grün, Gold, Silber, Spis und Tranck» kosten liess, liegen verschiedene authentische Aufzeichnungen vor. Ihr Inhalt widerspiegelt die Bedeutung des wichtigsten Ereignisses im öffentlichen Leben der Stadt, «das vom Volke, wenn es auch nur passiver Zuschauer war, als sein Tag empfunden wurde.» (Paul Roth).

1606 verfügte sich Storchenwirt Joseph Socin «auf gedachten Sonntag am Morgen auch auf St. Petersplatz, hörte daselbst die Freiheiten dieser löblichen Stadt Basel verlesen» und wurde unversehens in den Rang der Ratsherren erhoben: «Do es nun kommen, dass mein Herr Stadtschreiber die regierenden Herren Häupter und Rotsherrn verliest und zu Gartnern mich nambset, bin ich bei etlichen Herren gestanden, so mir Glück gewünschet, und bin also erstaunet, dass ich nit gewusst, ihnen zu antworten. Den Tag meines Lebens hatte ich mir keine Rechnung gemacht oder in meinem Sinn gedacht, an solches Ort zu kommen. Also ich ohngezweifelt hoffe, dass solches von Gott angeordnet worden, welchen, meinen Gott in den Himmeln, ich us Grund meiner Seelen, meines Herzens und us meinen Kräften

«Zechende Herren zu Tisch.» Federzeichnung von Hieronymus Hess, um 1840.

anrufe, dass er mir also jungen (35 Jahre alten Mann) die Zeit meines Lebens seine Gnad mit guter Gesundheit und solchem Verstand durch seinen heiligen Geist verleihe, dass ich solchem Ehrenamt also vorstehn möge, dass es diene, erstlichen zu Lob seines theuern Namens, zu gutem dem Vaterland und mir und den Meinen zu Ehren in alle Ewigkeit.»

Um 1760 erregte die Regimentserneuerung die besondere Aufmerksamkeit des ungarischen Grafen Samuel Teleki, der zu Studienzwecken in unserer Stadt weilte: «Am Namenstag des H. Johannes wechselt hier der Magistrat. Hier in Basel gibt es zwei Magistrate und zwar der grosse Raht und der kleine Raht, wovon der kleine Raht hat den Vorzug und bestehet aus vier Herren Häuptern und ohngefehr aus 48 Rahtsherren, der grosse Raht aber bestehet ohngefehr aus 300 Personen, worunter auch die besagten Herren Häupter und 48 Rahtsherren zu rechnen sind, und die übrigen Glieder werden nur Sechser genat. Von den vier Häuptern sind zwei die Bürgermeister und zwei die Oberstzunftmeister, von denen der eine Bürgermeister und der eine Oberstzunftmeister in dem einen Jahr, die andern in dem andern Jahr ‹regens› (regierend) genannt werden. Gleicherweise ist auch die eine Hälfte der Ratsherren in dem einen, die andere in dem andern Jahr ‹regens›.

Der Wechsel der Häupter und Ratsherren geht jedes Jahr unter grosser Feierlichkeit auf dem Petersplatz

vonstatten, in dem neben dem Auditorium physicum befindlichen grossen Saal und unter demselben. Ich habe selbst diese Zeremonien mitangesehen, die folgendermassen vor sich gingen: Morgens um 7 Uhr erschien zuerst diejenige Hälfte des kleinen Rats, die in diesem Jahr ‹regens› war, vor dem Gebäude, und dann kam in einer Kalesche der damalige regierende Oberstzunftmeister Faesch zusammen mit dem anderen ‹regens› werdenden Oberstzunftmeister Battier. Diese Häupter wurden mit Trompetenschall empfangen. Der Kalesche voraus schritten die Stadtbedienten (halb in weissem, halb in schwarzem Mantel), die in ihren Händen Lorbeerkränze trugen, zwei von ihnen zwei silberne Szepter und einer eine prächtige Krone. Auch die andern führenden Persönlichkeiten der Stadt versammelten sich in den übrigen Sälen des Gebäudes. Auf dem vor den Fenstern befindlichen Rasen drängte sich die Bürgerschaft, dann hielt, in dem grösseren Fenster stehend, der bisher regierende Oberstzunftmeister Faesch an die Versammlung eine deutsche Ansprache; trotzdem er über 80 Jahre alt ist, redete er sehr gut. Hierauf wendete er sich von dem Fenster ab und nahm vor dem Stadtwaibel die Krone, welche aus vergoldetem Silber war, und legte sie mit kurzer, deutscher Ansprache auf das Haupt des ‹regens› werdenden Oberstzunftmeisters Battier, der sie mit ähnlich kurzer Rede übernahm. Hierauf gratulierte diesem ein Ratsherr aus dem abdankenden Magistraten im Namen desselben. Alsdann las der Staatsschreiber Franz Passavant im selben Fenster stehend den Versammelten die Namen des neuen Magistraten, des neuen Bürgermeisters und Oberstzunftmeisters vor. Der neue Bürgermeister war Merian, der neue Oberstzunftmeister Battier.

Als dies geschehen war, gingen wir in die unter diesem Saal liegende grosse Laube, der abdankende Magistrat kam aber nicht herein, nur der ‹regens› werdende und der neue Oberstzunftmeister Battier mit dem gewesenen Faesch. Hier las der Staatsschreiber nach dem iuramentum formula den Eid vor, Battier mit dem regierenden Magistrat zusammen leistete den Eid, hierauf gratulierte der erste Ratsherr aus dem neuen regierenden Rat im Namen desselben dem Oberstzunftmeister Battier in kurzer Rede, der mit einer ähnlichen Rede antwortete. Hiernach gingen wir in die St. Peterskirche, wo der Hauptpfarrer dieser Kirche, Herr Bruckner, eine gewaltige Predigt hielt. Dieser ist ein sehr alter Mann (70), aber auch sehr gebildet. Bei diesen Zeremonien wird der Fussboden da, wo die Einweihung des Magistrats vor sich geht, überall mit Gras bestreut. Diese Sitte stammt vielleicht von den alten Römern, die es ähnlich machten und das Gras ‹sagmina› (Grasbüschel) nannten.

Am 30. Juni, um 7 Uhr, wurde dieser neue Magistrat im Rathaus eingeführt. Damit ich diese Feierlichkeiten besser sehen könne, wandte sich Professor Iselin an die Häupter, und diese liessen mir ein an der Strasse liegendes Zimmer im Rathaus öffnen. Von dort konnte ich alles gut sehen, nämlich die Zünfte oder Tribus, die zwei Oberstzunftmeister und den ganzen Magistraten, den kleinen und grossen.

Unter Trompetenschall versammelten sie sich im Rathaus, nachdem sie schon vor 6 Uhr alle im Münster gewesen waren, wo der Antistes die Rede gehalten hatte. In jeder Zunft sind zwei Ratsherren und zwei Meister, die Mitglieder des Kleinen Rates sind, und ausserdem noch 12 Sechser, die Mitglieder des Grossen Rats sind. Um 9 Uhr trat auch ich in den grossen Saal, wo beide Räte, der grosse und der kleine, beisammen waren, und blieb kurze Zeit dort, um den Rat zu sehen. Als ich herauskam, liess der erste Kanzlist, Dienast, auf Anordnung der Häupter die 4 gemalten Tafeln bringen, auf denen der berühmte Maler Holbein die Leiden Christi sehr schön dargestellt hat.»

Krönung der Häupter

Mit grösstem Interesse verfolgte 1794 auch der Berner Albrecht Friedrich May, der zum Schutz der Landesgrenzen als Aidemajor das Kommando über ein eidgenössisches Artilleriekontingent führte, die Neubestellung des Regiments und den anschliessenden Schwörtag: «Sonntag d. 22. Juni gieng ich morgens

um 8 Uhr auf den Petersplatz, um die Beeydigung des neuen Raths zu besehen. Auf dem Haus der Bogenschützen waren in einem grossen Saal Stühle für denselben bereit, und der Boden war mit Schilf bestreut. Neben auf einer Laube waren Musikanten mit Posaunen und Hörnern von verschiedener Art, welche bey der Ankunft des Raths einen Psalmen anstimmten und spielten, bis der Rath, der aus 15 Mitgliedern besteht, im Saal angelangt war. Die Rathsherren stellten sich in einen Kreis, und um sie her waren die Zuschauer. Nun trat Hr. Burgermeister Burkhard ans Fenster, und nach vielen Titeln hielt er eine Rede an die unten versammelte Bürgerschaft, in der er ihr zeigte, was die wahre Freyheit sey. Er kündete ihnen an, dass nun die Zeit sey, wo der Rath abgeändert werde. Hierauf wurde Hr. Stadtschreiber Ochs eine silberne vorgoldete und mit Blumen gezierte hohe Krone aufgesetzt, und er verlas unterm Fenster die Nahmen der neuen Ratsherren. Die nehmliche Krone ward nun Hrn. Zunftmeister Buxdorf, der an die Regierung kommt, aufgesetzt. Dieser hielt im Nahmen Hrn. Burgermeisters Debary, der auch an die Regierung kommt, aber wegen seinem Alter von 85 Jahren der Ceremonie nicht beywohnte, eine Rede an die alten Häupter und den Rath. Hierauf hielt noch Hr. alt Meister Hagenbach eine Rede, dankte dem alten Rath und wünschte dem neuen Glück. Als er damit fertig war, zog der ganze neue Rath mit den alten und neuen Häuptern hinunter in eine offene Galerie, Hr. Stadtschreiber las den Eyd ab, und alle sprachen nach. Sie schwuren, die Religion aufrecht zu erhalten, der Bürgerschaft ihre Rechte zu schützen und Reichen und Armen gleich gut Recht zu halten. Jetzt hielt noch der neue Hr. Rathsherr Schorndorf eine Rede an die Bürgerschaft im Nahmen des neuen Raths. Von da zog man in die Peterskirche, wo vor und nach der Predigt Vokal- und Instrumental-Musik war. Sie war zimlich gut, aber zu schwach für eine Kirche. Hr. Pfarrer Burkhart hielt eine Predigt über diesen Anlass.

Montag d. 30. Juni. Um 8 Uhr Morgens gieng ich auf das Rathhaus, um die Ceremonie der Rathseinführung zu sehen. Der Hof war ganz mit Schilf

bestreuet, und viele Leute waren als Zuschauer da. Um halb 9 Uhr kam der kleine und grosse Rath aus der Kirche; die Häupter in ihrem Wagen, die übrigen zu Fuss. Als sich gegen 9 Uhr jedermann eingefunden hatte, so geboth man Stillschweigen, denn die ganze Rathsstube war mit Zuhörern von allen Klassen angefüllt. Hr. Oberstzunftmeister Buxdorf hielt eine Rede, in der er zuerst den Anlass der heutigen Versammlung darstellte, nehmlich die Abänderung des kleinen Raths. Hierauf kam er auf die Erzehlung der Thaten unserer Voreltern und erzehlte die Aussöhnung der Eydgenossen zu Stanz durch Niklaus von der Flüe und die Errettung der Belagerer von Solothurn, als sie mit der Brücke in die Aare stürtzten. Aus beydem suchte er den Hrn. Repräsentanten ein Compliment zu machen, nehmlich Hrn. v. Flüe, weil er ein Abkömmling des Eremiten, und Hrn. Glutz, weil er ein Solothurner sey. Er schloss, dass Basel nichts zu befürchten habe, wenn es solche Repräsentanten besitze. Das Ganze dünkte wenigstens mich sehr platt. Hierauf hielt Hr. Rathsherr Le Grand eine vortreffliche Rede über den gegenwärtigen Zustand der Schweiz und wie man sich zu betragen habe. Doch gieng er in der Schilderung der Tapferkeit zu weit, welche von der Freyheit erzeugt werde, indem er behauptete, dass selbst wenn uns Österreich die Zufuhr des Getreides abschneiden würde, man uns doch dadurch nicht bezwingen könne, zur Coalition zu treten.

Als er geendet hatte, redete noch mein Hausherr im Nahmen des grossen Raths. Er legte die Pflichten eines Richters auseinander und mahlte mit lebhaften Farben das Bild eines verehrungswürdigen Magistrates. Nun war noch die Wahl eines Mitgliedes an das Finanzkollegium, welche öffentlich war; hernach giengen die Zuhörer weg. Sonderbar ist es, dass wenn die Mitglieder beyder Räthe um ihre Meinung gefragt werden, man ihren Taufnamen, nicht das Geschlecht nennt.»

Bündelitag und Holztag

Holzschnitt von Johann August Hagmann, 1936.

Am Bindelidag.

I.

's isch Bindelidag! Der Jubel
By Jung und Alt isch groß;
Der Bappe, d'Mamme, d'Buebe
Und d'Maitli schiebe los.

Die ganzi Familie frait sich
Uff d'Freihait und d'Nadur;
Am Bahnhof obe zellt schnäll no
Der Bappe sy Progenitur.

„Sä̱ Ganzi und vier Halbi!"
Brielt er zem Schalter y.
„Und dummle Si sich e bitzli!
„I glaub, der Zug fahrt y!"

Bald suuse si dur d'Landschaft
Gläggtrisch wie der Blitz;
Der Bappe raucht e Pfyffe
Und 's Glainscht stoht uff em Sitz.

Der Hansli speit dur's Fänschter,
Im Myggi isch's nit guet,
Der Fritzli lähnt z'wyt use
Und furt isch sy neie Huet.

Theobald Baerwart, 1928.

Zu den gesetzlichen schulfreien Tagen im Alten Basel gehörten anno 1588: die Nachmittage des Donnerstags und Samstags, des ersten Montags nach Fronfasten, des Tages nach Neujahr und des Namenstages des «Ludimoderators» (Rektors), die Nachmittage während der Fasnacht, die Tage nach den kirchlichen Hauptfesttagen und der halbe Montag der jährlichen Einführung des neuen Rates sowie sechs Montagnachmittage im Verlauf der Hundstage. Während der 14tägigen Herbstmesse und 14 Tage zur Zeit der Weinlese wurde nur eine Morgenstunde täglich Schule gehalten. «Endlich gewährte das Schulfest des sogenannten Ruthenzuges einen sömmerlichen Ferientag.» Von einem «Bündelitag» also konnte noch nicht die Rede sein. Denn erst mit dem Schulgesetz von 1852 wurden «im Sommer für sämmtliche Schulanstalten während vier auf einander folgenden Wochen Ferien» eingeführt.

Über den Bündelitag im Alten Basel liegen zahlreiche reizvolle Schilderungen vor. Wir wollen uns in diejenige von Hans Schlosser, dem einst bekannten Grossbasler Arzt und Zahnarzt, aus dem Jahre 1943 vertiefen: «Dem Bündelitag hatte unscr ungeduldiges Bubenherz mit wachsender Sehnsucht (heute sagt man Schulmüdigkeit) entgegengeschlagen, und endlich war er da! Früher als sonst und eiliger hüpften wir aus den Federn, denn unser Programm war stark belastet: acht bis zwölf Uhr Schule, und schon um zwei Uhr Abreise in die Ferien. Neben der Verabfolgung der Zeugnisse, die manchem unter uns die Ferienfreude noch vergällte, wurde nichts Erspriessliches gearbeitet. Darum war es gerechtfertigt, dass in späteren Jahrzehnten der Unterricht an diesem Morgen wegfiel.

Es herrschte damals noch der Brauch, dem Lehrer am Bündelitag ein Geschenk zu verabreichen, ein Brauch, der leicht zu einem Wettbewerb in Captatio benevolentiae (der Versuch, Wohlwollen zu gewinnen) führte, und der von vielen Lehrern als Unsitte empfunden wurde. Dieser Segen bestand etwa in einem Buch, einer Wurst, einer Torte, Blumenstöcken und Blumensträussen.

Als wir dann in schnellem Tempo von der Schule nach Hause kamen, durfte nach einem kurzen, picknickartigen Mittagessen eines von uns am nächsten ‹Stand› eine Droschke requirieren. Das Telephon gab's ja noch nicht. In dem Vehikel wurden unsere Siebensachen und wir verstaut, und dann ratterte das vollbepackte Gefährt, wir nannten es ‹Tannlifuehr›, dem Centralbahnhof entgegen.

Wie sahen die *Siebensachen* einer Familie auf Reisen aus? Das Prunkstück war ein lan-

Der Bündelitag

*Reiset fröhlich. Und sofern auch
Diess und das missglücken sollte,
Die Gamaschenknöpfe platzen,
Die Salami Durst erregen,
Knapp sein eure Wanderbatzen.*

*Junge Welt, verlier' den Muthe nicht:
Wandern in der Berge Wildniss,
Wandern in der Sonne Glut,
Ist des Lebens wahres Bildniss,
Stärkt das Herz und stählt den Muth. (…)*

Basler Nachrichten, 1888

AUFRUF
zugunsten des Waldhortes.
(Von Fritz Liebrich)

Bindelitag! Juhe! 's git Ferie! Packt isch der Bindel!
Auto sure. 's Trämli kunnt, 's isch gsteckt voll vo Mensche.
's graglet uf der Stross, und alles rennt uf der Bahnhof,
rennt us der heisse Stadt und will uf-em Land go verschnufe.
D'Kolonie rucke-n-a mit Buebe-n-und Maitli,
gehn ins Baselbiet und hole sich dert roti Backe.
D'Gymnasiaschte gehn uf Brugnasco. A rivederci!
D'Relleli gehn ufs Morgeholz wie d'Stare-n-in Räbbärg.
D'Buebesekundar het der Haslibärg pachtet und reist ab.
D'Maitli gehn uf Prêles, sie spektakle-n-und schwänzle scho jetze.

Aber z'Basel, o je! Do sitzt der Hansli und s Bethli.
D'Stadt isch ganz verbrennt, und d'Fensterläde sin gschlosse.
Und der Teer uf de Strosse wird pappig, und alles isch staubig.
's git fascht niene-n-e Platz, wo ein ka sy und verschnufe.
Und der Wald isch wyt, er isch vo der Stadt halt ewäggrutscht,
sit me Hyser baut und Strosse, Bahne, Fabrike.
Und der Hansli und 's Bethli — was wän si mache? (Der Vater
schafft vo de Morge bis z'Obe, und d'Muetter muess au in d'Fabrik go)
Nu, si gehn in Kinderhort und spiele-n-im Schuelhof.
Aber die gueti Luft? Wo isch si? He, in de Wälder,
uf de Bärge-n-und Weide! Der Kinderhort ka nit dert ane.
Und die arme Kleine mien do sy. Mer kenne nit hälfe!

Aber d'Sunne seit: „Jo fryli! Do kennt me scho hälfe!
Naime gsch-n-i e Platz, me seit em d'Rynacherheid. Dert
allerdings isch's fein: Es ruuscht e Wald in der Neechi,
d'Birs lauft dure, me kennt nur d'Kleider abzieh und bade.
Und der Gämpestolle luegt dry und Kirche-n-und Burge.
Donnschtigsnät isch dä Platz! Gehnd, tiend en pachte und stellet
juscht im Schatte vom Wald e Hitte-n-ane und grindet

«Bettelaktion» zugunsten eines Waldhorts auf der Reinacherheide, 1928.

Holzschnitt von Johann August Hagmann, 1936.

ger, sargförmiger Holzkoffer, dessen Verschlusslinie ein roter, zierlich gelappter Lederstreifen verdeckte. Sämtliche Stöcke, Bergstöcke, Sonnen- und Regenschirme, darunter des Familienoberhauptes unvermeidlicher grauer ‹Entoutcas› (Schirm für zweifelhaftes Wetter) füllten vereint eine reichbestickte Hülle mit Tragband. Ferner lagen da mindestens zwei sogenannte Plaids (wurstförmige, mit bunten Ornamenten besetzte Segeltuchsäcke). Nicht selten sah man noch die hohen und unergründlichen Reisetaschen früherer Generationen. Die zeigten, in Kreuzstich auf schwarzem Grunde, meist einen lässig hingestreckten Bernhardiner auf der einen Seite, auf der andern prangte, von einem artig stilisierten sehr hohen Blumenkranz umgeben, in grossen Buchstaben die Inschrift ‹Gute Reise!›. Die persönliche Ausrüstung der Kinder war: ein breitrandiger Binsenhut, die grüne *Botanisierbüchse*, der Schulsack aus Seehundfell und eine kleine Feldflasche. Den Rucksack kannte man bei uns noch nicht.

Auf dem Bahnhof grosses Gedränge. Vater erkämpfte sich die Billetts (Fahrkarten waren bei uns noch nicht genehm), und dann ging's auf den Perron hinaus. Nach und nach wurden unter viel Lärm die Fahrgäste mit ihrem Gepäck in den Wagen untergebracht. Erst wenn ein Wagen wirklich und wahrhaftig vollgepfropft war, wurde der nächste geöffnet. Der Bahn-

hof hatte damals nur einen langen Perron, auf dem nacheinander die Züge der NOB, der SCB und der JB abgefertigt wurden. Die ‹Schweizerbahnen dem Schweizervolk› kam erst später. Die Dampflokomotiven stampften und fauchten abfahrtsbereit und spien stinkende Rauchwolken in die Halle. Hässlicher Kohlenstaub legte sich auf alles und drang in die feinsten Poren ein.

Bahnhofvorstand war ein aufreibender Beruf, denn der Mann mit der roten Mütze spielte Mädchen für alles. Überall sollte er sein, überall Weisungen geben, schlichten, beruhigen. Träger dieser Bürde war ein Herr Minder, und in Basel kannte man allgemein die Scherzfrage: Was ist der Unterschied zwischen dem Centralbahnhof in Basel und der Riviera? Antwort: Die Riviera hat einen milden Winter, Basel einen wilden Minder. Herr Minder stürmte am Bündelitag in höchster Aufregung auf und ab. Einmal überrannte er mich, und als ich mich von unserem Gepäckhaufen emporrappelte, hatte er schon

dreissig Meter weiter einen am Kragen, der nicht so wollte, wie er wollte. Wenn dann der Zug gefüllt war, trat erwartungsvolle Stille ein. Zum xten Mal zählte man die Gepäckstücke und auch uns. Und als weit und breit auf dem Perron kein rennender, schwitzender, gestikulierender Nachzügler mehr gesehen wurde, kam das Abfahrtszeremoniell: Der Chef stand wichtig unter der Glocke. Der Zugführer ihm gegenüber zückte seine Trillerpfeife und pfiff. Die Lokomotive antwortete kurz. Der Vorstand machte mit der Bahnhofglocke einen Höllenlärm, die Lokomotive antwortete lang. Mit grandioser Geste liess Herr Minder sein ‹Abfahren› erschallen, und langsam setzte sich der Zug in Bewegung. Nun erst wischte sich der Vater den Schweiss von der Stirne und erklärte, dass die Ferienfreude für ihn immer erst beginne, wenn der Zug wirklich rolle.»

So herrschte auch 1893 am Bündelitag, «an dem seit einigen Jahren nicht mehr Schule gehalten wird, eine allgemeine Stadtflucht, und sämtliche Basel verlassenden Bahnzüge waren trotz ihrer ungewöhnlichen Länge gefüllt und überfüllt». Denn das Aufkommen der Eisenbahn hatte den Radius der Ferienziele erweitert: es musste nicht mehr bei Landgasthöfen, Landgütern, Pfarrhäusern, Burgruinen, Doktorgärten und Alpweiden in der nahen Landschaft bleiben. Mondäne Kurorte und einsame Bergdörfer, romantische Seen und ewige

Die «Chemin de fer de Mulhouse à Basle» eröffnete dem Bündelitag neue Dimensionen. «Fir in Wage-n-ine z'ko het me miesse-n-e Schritt nä wie-n-e Bärgstiger in de-n Alpe. En Erwachses het kuhm kenne-n-ufrächt stoh. E halb Dotzed het miesse näbe-n-enander sitze und derbi het's rächts und links vom zwelfplätzige Coupé en-ainzig Fänsterli ka, nit gresser als e Schiefertafele. D'Kundigdehr händ alli franzesisch gschwätzt. Und wo's an's Abfahre gange-n isch, sind d'Wäge und d'Lit ummenander grittle worde ass es e Schand gsi isch!» Kreidelithographie von Niklaus Weiss, um 1845.

Schneegipfel rückten in die Nähe und lockten die unternehmungslustigen Basler in die weite Ferne. Denn «wer von den Einwohnern keine Geschäfte in den Sommermonaten zu machen hat oder sich denselben auf kürzere oder längere Zeit entziehen kann, sucht die Stadt zu verlassen, die um diese Zeit gleichsam wie ausgestorben ist».

Aber es gab auch Zeiten, wie wir 1909 erfahren, «da während der Sommerferien kein Auszug zum Land hinaus mit Sack und Pack stattfand. Denn dazumal war das *Reisefieber* noch nicht Mode, man blieb daheim, denn hinter den Stadtmauern war's fidel und gemütlich, besonders für die

Schuljugend. Der Petersplatz war tagtäglich der Sammelplatz für die Ferienkinder. Da konnte man sich in den alten Röckli und Hüetli herumtummeln. Da waren auf allen Bänklein Kinder, die spielten nach Herzenslust. Auch waren lustige, übermüthige Buben da, die spielten viel mit der Balle ‹zieh sie, zieh sie›, und wenn ein gewisser alter Herr im grauen Zylinder und mit dickem Meerrohrstock so langsam über den Petersplatz wackelte, so war er sicher, dass ihm die Buben ‹Krattehocker, Krattehocker› nachriefen. Von Zeit zu Zeit kam auch der Fideli, der hatte einen Guckkasten (nobler gesagt: Panorama) auf seinem vom Alter gebeugten

Rücken. Der stellte dann seinen Kasten auf eine Bank, und wer fünf Centimes im Sack hatte, durfte in das Glas schauen».

Als am 10. Juli 1911 «die (seit 1906 üblichen) fünfwöchigen *Hundstagferien* begannen, setzte auch die Ferienversorgung ein, die Aufenthalte jüngerer Schüler bei Bauern im Baselbiet, der Gymnasiasten und der Realschüler in ihren Ferienheimen zu Brugnasco (seit 1908) und Morgenholz (1895 als erstes Basler Ferienheim durch den RTV 1879 errichtet), die Fussreisen durch die Schweiz unter der Leitung von Lehrer Rudin, für die Zurückbleibenden die Milchverteilung der Pestalozzigesellschaft, die Jugendhorte und

Ein besonders idyllischer Spielplatz bot sich den Kindern auf dem «hohen Wall» beim heutigen Bernoullianum, wo zur Ferienzeit «halb Basel» im Schatten mächtiger Bäume anzutrefffen war. Ölgemälde von Ludwig Adam Kelterborn, um 1870.

Die «Ziegenmilch Kuranstalt J. Moser-Huber» im Schützenmatt-park. Sommerferien 1906.

«Bluestfahrt der Basler Damengesellschaft V.e.H. im Wonnemonat 1918.»

Stadtkinder erleben während der Ferien auf einem Bauerngut den Alltag «ihrer» Lehenleute, um 1935.

Ferienstimmung bei frohem Spiel und volkstümlicher Unterhaltung auf den Hofstetter Bergmatten, um 1948.

Bündelitag 1972.

unzählige andere wohltätige und gemeinnützige Veranstaltungen»: Der Weg zum populären «*Basler Ferienpass*», dem 1975 von der Freizeitaktion begründeten und mittlerweile während der Sommerferien von gegen 3000 Kindern beanspruchten Freizeitvergnügen mit jeweils weit über 50 faszinierenden Programmangeboten, war vorgezeichnet.

Landleben

Während der heissen Sommermonate genossen viele Familien die Beschaulichkeit ländlicher Idylle. Denn «der Besitz eines *Landgutes* vor dem Tor, in Riehen oder im Baselbiet gehörte fast zu den Selbstverständlichkeiten im Leben der reichen Basler» (Emilie Forcart-Respinger, 1936). Der jährliche Umzug in die Abgeschiedenheit einer friedlichen Dorfwelt «steigerte sich gewöhnlich zu den Ausmassen einer Grosstat». Das Landhaus musste in wochenlanger Putzerei instand gesetzt werden, und Kalesche oder Break, die «in jeder Herrschaftsremise neben den herrlichen, in weiten Landen berühmten Basler Equipagen» standen, wurden zur Abreise auf die Fahrtüchtigkeit überprüft. «Dazu gehörte die ‹kleine Livree› und ein schmuckloses Pferdegeschirr, ohne Silber- und Nickelbeschläge.» War der Umzug überstanden, dann galt es meist noch, einen zweiten Haushalt im Stadthaus für die Herren der Familie und die schulpflichtigen Kinder einzurichten, bis das freie Wochenende ihnen ebenfalls einen kurzen Landaufenthalt gönnte. «Nun dehnte sich vor den Frauen eine friedliche, sorglose Zeit aus: sie verlebten die langen Sommertage in ihren Gärten, umblüht von ihren Blumen, die schwülen Sommernächte in ihren grossen, kühlen Zimmern, in denen nur das Rauschen der hohen Bäume vor den Fenstern und das Plätschern des Brunnens im Hofe die lautlose Stille unterbrach. Die Landgüter waren das Reich der Frauen, die Männer liessen sie gern darin walten nach ihrem Gutdünken. Je nach der Persönlichkeit der Frau drückte sie dem Leben auf dem Gut ihren Stempel auf. Ereignislos verflossen die Monate, aber es waren glückliche Zeiten.»

Der Holztag

Hätte unser Gewährsmann Hans Schlosser 1943 in seiner Betrachtung über den «Festtag», der «für die Jungen zu einem solchen werden kann, wenn er den Alten nur Mühe und Unrast bringt», nicht auch den «Holztag» miteinbezogen, er wäre, wie so vieles andere, völlig in Vergessenheit geraten:

«Der Holztag galt dem Einbringen und der Zurüstung des Holzes für die Winterfeuerung. Uns war er schon deshalb Festtag, weil er Gelegenheit bot, den uralten Aufzug in der Dachlukarne (an der Augustinergasse 13) noch ein paarmal in Betrieb zu setzen.

In der Morgenfrühe kam der Holzbauer von Hobel (Hochwald) mit seiner Fuhre von trockenen Buchenspälten angefahren. Auf der Strasse wurde am Trottoirrand sofort das Klaftermass aufgerichtet, ein aufrechtstehendes Quadrat von Latten, die am Ende gelenkig miteinander verbunden waren. In diesem Quadrat nun schichtete der Lieferant die Scheiter auf. Dabei musste man ihm auf die Finger sehen, denn, auf seinen eigenen Profit bedacht, legte er in unbewachtem Moment mit grosser Geschicklichkeit die Scheiter so hin, dass sie vorhandene Winkel nicht ausfüllten, sondern überbrückten. Nun traten auch die Holzmannen mit ihrem Instrumentarium auf den Plan: zwei Säger und ein Spalter. Zwei Sägeböcke und ein Spaltklotz wurden am Rande der Fahrbahn aufgestellt. An den Sägeböcken baumelte eine Speckschwarte oder ein Saunabel, womit das Sägeblatt, wenn es zu kreischen anfing, jeweils geschmiert wurde.

Die Männer machten sich sofort an die Arbeit und sägten und spalteten ohne Unterlass, dass es eine Freude war, ihnen zuzuschauen, aus angemessener Entfernung natürlich, denn die Scheiter flogen nur so herum. Im Laufe des Nachmittags türmte sich ein mächtiger Scheiterhaufen teils auf dem Trottoir, teils auf der Strasse. Der Verkehr richtete sich ohne Murren nach den Bedürfnissen des Bürgers. Ich habe als Schulbub derselben Prozedur in der engen Freiestrasse zugeschaut, etwa vor dem Hotel ‹zum Wilden Mann› (heute Schild AG). Die

Hälfte der Fahrbahn genügte für den Verkehr vollauf!

Waren die Scheiter aufgearbeitet, so kam für uns der Höhepunkt des Tages: Die Holzmannen, und wir mit ihnen, begaben sich auf den Dachboden. Der Holzladen, der die Laternenöffnung nach aussen abschloss, wurde entfernt, der Schlitten mit der Seilrolle und dem Zugseil mittels einer hölzernen, wunderbar quietschenden Maschinerie in die Luft hinausgeschoben. In der Mitte des Dachbodens stand senkrecht ein mächtiger drehbarer Balken als Seiltrommel. Er war in der Brusthöhe zweimal durchbohrt, so dass man durch Hineinschieben von zwei Rundhölzern ein kräftiges Drehkreuz herstellen konnte. Das Seil, das am Ende einen ansehnlichen Haken trug, wurde auf die Strasse hinuntergelassen. Unterdessen hatten die weiblichen Hausinsassen einen hohen Korb mit Scheitern gefüllt. Der wurde nun an den Haken gehängt. Wenn dann von unten das Kommando ‹auf!› ertönte, dann legten sich die Mannen in das Holzkreuz und trabten in der Runde wie weiland die Ochsen, die da dreschten, und denen man das Maul nicht verbinden durfte. Übrigens wurde es auch den Holzmannen nicht verbunden bei ihrer schweren Arbeit, denn das Herkommen garantierte ihnen ein reichliches Znüni und Zvieri, bestehend aus Brot, Käse oder Wurst und Wein, und die Essenspause durfte unter keinen Umständen gestört werden.

Das Aufziehen des Holzes war übrigens durchaus nicht ungefährlich, denn wenn der Korb nicht gleichmässig geladen war, neigte er sich bei seiner Himmelfahrt zur Seite und liess einen Scheiterregen auf das Trottoir herunterprasseln, und wenn die drehenden Mannen nicht stoppten, sobald der Korb in der Dachluke sichtbar wurde, dann klemmte sich der Haken in die Seilrolle, der Holzkorb klinkte aus und stürzte mit lautem Krach auf die Strasse hinunter.

Als dann in späteren Jahren das Holz fertig vermacht und in Eisenreifen gebunden vom Zuchthaus vors Haus geliefert wurde, da führten die erwähnten Gefahren beim Fehlen einer geübten Mannschaft dazu, den Aufzug, wie das Fallgatter vom Spalentor, zu pensionieren!»

Jugendfeste

In tiefer Sorge um das Wohl der Kinder äusserte sich 1823 Professor Rudolf Hanhart in den «Schweizerischen Jahrbüchern» «Über den Zweck und die Einrichtung schweizerischer Jugendfeste». Dabei führte der Rektor des Pädagogiums u.a. aus: «Unsre Kinder haben weit weniger gemeinschaftliche Vergnügungen, als wir hatten; es ist unter denselben kein öffentliches Leben mehr. Selbst die Fastnacht, das einzige gemeinsame Fest, wo der Knabe des Millionärs mit dem Knaben seines Kutschers unter derselben Verlarvung sich herumschlägt, unterbricht das traurige Stilleben nur auf kurze Zeit, und wenn auch hie und da ein Trupp nach einer verständigen Anordnung sich gesellig freut, so bleibt doch, weil in der ganzen Feier aller Plan und Geschmack, ja oft alle Rücksicht auf Anstand und Sittlichkeit vermisst wird, die Nachfreude aus, die jedes Fest begleiten sollte, und an ihre Stelle tritt die wüste Leere des übernächtigten Zechers, der seinen Rausch ausgeschlafen.»

So überzeugend sich die Argumentation des «besorgten Kinderfreundes» anhörte, so wenig «revolutionär» war die Absicht, eigentliche Kinderfeste zu begründen: Hans Georg Wackernagel hat 1942 festgestellt, dass «aus ganz sichern schriftlichen Zeugnissen nämlich einwandfrei hervorgeht, dass letzten Endes die heutigen baslerischen Jugendfeste in direkter Folge auf die uralten und brauchtümlichen Umzüge der bewaffneten und mannigfach maskierten kriegerischen Jungmannschaft zurückgehen». In diesem Zusammenhang ist denn auch auf den von Rudolf Wackernagel erwähnten mittelalterlichen «Georgstag» hinzuweisen, «das grosse Jugendfest mit dem Auszuge nach Haltingen oder an einen andern muntern Ort der Nachbarschaft».

1824 jedenfalls hatte Rektor Hanhart den «Wohlweisen Herrn Bürgermeister» namens der Gemeinnützigen Gesellschaft in Kenntnis gesetzt, dass «die Ausführung eines bürgerlichen Jugendfestes, wie solche in mehreren Städten der Schweiz üblich sind», geplant sei. Diese «allgemeinen Feste sollten die einander oft sehr fern stehenden Kinder der verschiedenen Stadtquartiere befreunden und die Ausbildung des Gesanges, der körperlichen Übungen und Spiele sowie eine allgemeine Erfrischung und Erholung des Gemütes bewirken». Als Termin wurde zunächst die jeweils auf den 26. August fallende St. Jakobsfeier in Betracht gezogen, um damit «an eine der herrlichsten Waffenthaten der Schweizer zu erinnern und so die Gefühle und Entschliessungen in dem für Vaterlandsliebe empfänglichen Gemüthe der Jugend zu wecken und zu erhalten».

Geteilte Meinungen

Über den Ausgang des schliesslich auf den 1. September 1824 anberaumten und minutiös vorbereiteten ersten Jugendfestes liegen unterschiedliche Angaben vor. Während gewisse Berichterstatter von einer erfolgreichen Veranstaltung mit einer Beteiligung von rund tausend Buben und Mädchen sprechen, die «aus allen Quartieren auf den Auen zu St. Jakob in beglückenden Wettkämpfen sich austoben», überliefert Johann Heinrich Munzinger in seiner «Haus Chronik» ein anderes Bild:

«Ein Kadettenkorps von wenigstens 100 erwachsenen Knaben wurde angekündigt (die aber bis auf 20 kleine Bübli herunterschmolzen), die das Exerzitium lernen mussten, mit neuen Uniformen versehen, exerzieren lernten und am Fest doch nicht exerzierten; gymnastische Spiele und Wettrennen, die nicht gehalten wurden; Hymnen, Lieder und Gesänge, welche den Mädchen fleissig eingeübt, gedruckt und verkauft, von den schön geputzten und mit Blumen bekränzten Mädchen aber gar nicht abgesungen wurden. Die liebe Jugend hatte Langeweile, wartete und passte bis der Anfang von dem geschehen sollte, was nicht geschah. Die schon vorausbezahlte Mahlzeit wird dann also wohl die Hauptsache gewesen sein? Eine grosse bretterne Hütte war da, 150 Fuss lang, und viele Zelte für die Kinder, meint ihr? – O nein! Die Alten sassen drin und zechten und die Kinder mussten den ganzen Nachmittag bei der grössten Hitze an der Sonne braten, und lange Reihen gedeckter Tische mit Blumenvasen ausgeschmückt standen an der Sonne.

Da war dann aufgetragen worden: 1. ein Blättli mit Konfekt, das zur Not den Boden fast bedeckte. 2. Wieder ein Stückchen Schinken, so dünn geschnitten, dass man dadurch hätte lesen können und auch ein Blättli Salat dazu, welches alles 2 Stunden von der Sonne durchgekocht wurde, nebst Wein mit Wasser vermischt und noch ein Bouteillechen klares Brunnenwasser dazu, das ebenfalls an der warmen Sonne zu kräftigem Tee destilliert worden ist, und Brot dazu, das versteht sich! Das war nun alles, und so zogen endlich die guten Kinder müde, hungrig und vom Schweiss durchdrungen, von diesem solennen Feste wieder heim. Alle Einübungen in der Singkunst, die Vorübungen des wohlgedachten Kadettenkorps in militärischen Evolutionen, samt den mühsam erlernten kunstreichen olympischen Spielen und Luftsprüngen der übrigen Knaben waren vergebens gewesen, sie konnten ihre Kunstfertigkeit nicht zeigen und den gehofften Beifall nicht einernten. Wer hinauslief nach St. Jakobs Gefilden, um alle die durch gedruckte Zettel angekündigten Herrlichkeiten zu sehen, fand sich betrogen. Auf 1500 Fr. waren die Kosten berechnet, und niemand fand seine Rechnung besser dabei, als die, welche in der bretternen Hütte die Beine unterm Tisch hatte.»

Trotz des zweifelhaften Erfolgs des ersten Jugendfestes stellte die Obrigkeit für weitere Auflagen zwei Festspielplätze im Klingental zur Verfügung. Doch den Organisatoren ging der Schwung bald verloren, auch wenn 1838 begeistert vermerkt wurde: «Jugendfeste im Schweizerlande werden fast in jedem Dörfchen einheimisch, und wo sie noch nicht sind, da werden sie von Jahr zu Jahr überall hingepflanzt. So kommt's, dass man sie als einheimische Pflänzchen kennt und schätzt, wie Alpenrosen und Vergissmeinnicht».

Unschuldige Kinderfreuden

Auch Basel zeigte wieder vermehrtes Interesse an «unschuldigen Kinderfreuden», so dass die Stadt 1841 «zwei Jugendfeste von ungeahnter Pracht und Grösse» sah. Zunächst wurde als «Einleitung von anständigen allgemeinen Jugendfesten» ein von über 800 Kindern und Erwachsenen formierter «Kinderfastnachtszug» veranstaltet: «Unter Vortragung der Fahnen sämmtlicher Zünfte und Gesellschaften umfasste der reiche Zug sinnig nach Costümen eingetheilte grössere Schaaren und bedeutsame Gruppen. Die wichtigsten historischen Erinnerungen der Schweiz und zumal des engern Vaterlandes und der Vaterstadt sahen wir angemessen repräsentiert, die leider immer mehr einer faderen Mode weichenden malerischen Costüme schweizerischer Bergvölker in schönen kräftigen Jugendgestalten vorgeführt. Damit wechselten die Trachten fremder Nationen und die mannigfaltigen Costüme, wie sie auf der Bühne uns ergötzen. Die Haltung, in bester Übereinstimmung mit dem Äussern und Ganzen, hätte von Erwachsenen und Geübtern kaum übertroffen werden können. Die Trommel stand auch hier in ihrem althergekommenen Rechte und wurde von den jugendlichen Händen mit einer sehr bemerkenswerthen Sicherheit und Gewandtheit gerührt. Aber das freundlichste Zwischenspiel gewährte ein starkes, nur aus Knaben bestehendes Musikkorps, welches ebenso von dem eigenen Talent der jungen Violinisten usw., als von dem Fleisse und der Tüchtigkeit ihrer Lehrer das erfreulichste

«Das grosse Basler Jugendfest 1841.» Lithographie von G.M. Schmidt.

Zeugnis ablegte. Eine Abtheilung Harnisch-Männer, grosser schöner Gestalten, schloss die fast unübersehbare Reihe.»

Neben dem «Kinderfastnachtszug» brachte der «Verein zur Veranstaltung von Jugendfesten» 1841 auch noch ein «allgemeines Jugendfest» zur Durchführung. Dieses litt zunächst allerdings unter der Unbill schlechter Wetterverhältnisse, musste die grosse Kinderschar doch nach der Eröffnungsfeier im Münster «in Folge heftiger Regenschauer für heute traurig entlassen werden». Als dann am folgenden Dienstag das Fest seinen Fortgang nahm, «konnten die 1721 Kinder, reinlich und anständig gekleidet, mit Blumensträusschen in den Händen, angeführt vom Kadetten-Artillerie-Corps, das auf dem Münsterplatz die von der Nachbarstadt Olten verliehenen zwei hübschen Dreipfünder-Kanonen gezündet hatte, in farbenprächtigem Zug auf die Schützenmatte ziehen. Tausende begleiteten sie hinaus und kamen nach, um ihre frohen Spiele auf 42 Spielplätzen mitanzusehen. Nach einem frugalen Abendessen in der grossen Speisehütte erhielt jedes Kind ein schönes Festgeschenk. Dann kehrte die liebliche Kinderschar durch das Spalenthor wieder in die Stadt zurück. Auf dem Petersplatz wurden die Kinder unter Freudengejauchze von ihren Führern wieder entlassen. Am Feste theilnehmen durften übrigens nur diejenigen Kinder, die von ihren Lehrern *gute Zeugnisse* hatten».

Zauberhafte Sommerfeste

Gewährte die Obrigkeit den Kindern zunächst einen «Extrafreitag» zur Teilnahme an den Jugendfesten, so verfügte das Erziehungskollegium 1852, als die Sommerferien von drei auf vier Wochen erhöht wurden, dass die Jugendfeste hinfort während der Sommerferien abzuhalten seien. In der Folge erfreute sich Basel einer Reihe von wohlverlaufenden Jugendfesten kleineren und grösseren Umfangs. 1862 «war es wiederum Zeit für ein besonders aufwendiges Jugendfest, das über alles Erwarten gelungen ist. Der sinnig geschmückte und wohlgeordnete Zug von über 3000 Kindern, der sich nach gemeinsamem Absingen des Liedes ‹Rufst du mein Vaterland› vom Münsterplatz durch die beflaggte und bekränzte Stadt nach dem Festplatz bewegte, machte einen überaus günstigen Eindruck, und Alle, welche etwa früher über die vielen Sitzungen und Vorbereitungen die Nase gerümpft hatten, gestanden nun gerne zu, dass die Mühe eine sehr lohnende gewesen und dass mit unbedeutenden Mitteln Schönes, ja Ausgezeichnetes geleistet worden sei. Nachmittags war denn auch die Stadt öde. Alles war auf die Schützenmatte hinausgeeilt, um dem muntern Treiben und Spielen der Knaben und Mädchen, oder den Manövern der Kadetten zuzuschauen. Alles ging in der grössten Ordnung, Munterkeit und Fröhlichkeit vor sich. Auch die Aufgabe, so viele Tausende von Kindern gehörig zu speisen und zu tränken, wurde zur allgemeinen Zufriedenheit gelöst, und in freudiger Stimmung, um einen schönen, erinnerungsvollen Tag reicher, zog gegen Abend die Jugend, begleitet von Tausenden und aber Tausenden Alten vom Festplatze wieder in die Stadt zurück. Kein Unfall trübte den schönen Tag».

D em «Frieden» gewidmet war das grosse Jugendfest von 1875. 470 Kinder aus dem St. Albanquartier führten den glanzvollen Festzug an und verstanden ihren Beitrag (Kunst, Wissenschaft, Handel und Industrie) «mit grosser Ergötzlichkeit» darzustellen. Die 721 Kinder des Steinenquartiers präsentierten eine «gewaltige Dampflocomotive». Das Spalenquartier liess sich mit seinen 720 Kindern zu einem «verschwenderischen Erntedankfest hinreissen». Die 723 Kinder des Stadtquartiers «symbolisierten anmutig die 22 Schweizercantone». Das St. Johannquartier bildete mit seinen 600 Kindern das eigentliche Kernstück des ganzen Zuges, in dem es «das Sinnbild, den Frieden, verherrlichte». Die 436 Kinder des Aeschenquartiers verkörperten die Vier Jahreszeiten. Und die 1334 Kinder Kleinbasels, welche das Motiv der Jagd und der Schiffahrt ausgewählt hatten, «liessen einen Dreimaster mit aufgerafften Segeln vorfahren». Dem «Zuge voran marschirten die Sammler für die Überschwemmten in Südfrankreich mit Klingelbeuteln auf langen Stangen und Kästchen. Sie haben die Summe von 2600 Franken eingenommen». Nach reichlicher Verpflegung in der grossen Fest-

Publikation des Jugendfest-Vereins, 1862.

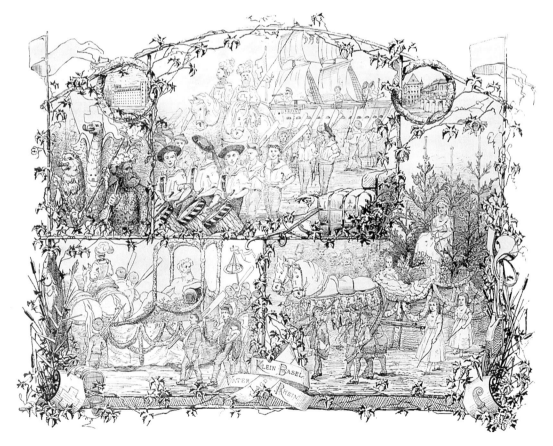

Die Kleinbasler am Jugendfest 1875.

halle auf dem Petersplatz, die aus Anlass des Eidgenössischen Sängerfestes errichtet worden war, verschob sich der farbenprächtige Zug «der fünftausend Kinder, alle festlich geputzt, alle mit frischen, strahlenden Gesichtchen, alle mit Blumen, Bändern und Kränzen geschmückt», auf die Schützenmatte. «Auf dem zehn Jucharten grossen Platze tummelte sich die Jugend in ihren mannigfaltigen Kostümen nach Herzenslust in Wettspielen und Tänzen aller Art. Die Knaben sprangen theils um die Wette, theils am Bock, zogen am Seil, machten Purzelbäume, kletterten an den kahlen Mastbäumen hinauf, standen auf die Köpfe und dergleichen mehr. Der Preis für die beste Leistung war gewöhnlich ein Geldbeutel, ein Messer, ein

Federrohr. Die Mädchen tanzten in fröhlicher Weise auf dem Rasen herum, und wenn die Musik ertönte, entstand ein allgemeiner Tanz, ungesucht und unbefohlen. Eine gewaltige Zuschauermenge, worunter namentlich viele Frauen, gab dem Ganzen den Charakter eines Volksfestes.» Ohne «ruhmredig zu sein, darf behauptet werden, dass das von der Jugend Basels dargestellte Fest so mannigfaltig und schön war, dass selbst der griesgrämigste Stadtphilister seine Freude daran haben musste»!

Grosse Pause

Nun vergingen Jahrzehnte, bis die Stadt wieder ein Jugendfest von aussergewöhnlichen Dimensionen zu realisieren vermochte. Denn erst 1912 konnte sich die Bevölkerung in Gegenwart Zehntausender Gäste wieder an einem überwältigenden Kinderaufzug erfreuen: «Getragen von der Sympathie der Bevölkerung, werktätig unterstützt von Regierung, Zünften und gemeinnützigen Gesellschaften, haben die Jugendfestvereine Basels die günstige Gelegenheit des Eidgenössischen Turnfestes mit seinen für Tausende berechneten Bauten benützt, um durch Zusammenschluss aller Quartiere und mit vereinten Kräften ein

Wetterregel

Ist der Hornung hell und klar
So ist's ein schöner Februar.
Ist der Juli feucht und nass
Füllt er dem Bauer das Regenfass.

Jugendfest 1875

«Eröffnungsgruppe des Allgemeinen Festzuges des Jugendfestes 1912.»

**Allgemeines Jugendfest 1912. Aquarell von
Carl Roschet.**

Mit em «Saubi» am Jugedfescht Santihans,
1990.

Auf dem Weg zum Jugendfest auf der Breitematte, 1946.

grossartiges Kinderfest abzuhalten. Monate-
lang haben die Komitees beraten; es wurde
geschneidert, genäht und geübt, die alten
Bestände ergänzt und in neuem Glanze eine
Ausstattung geschaffen, damit Basels Vergangenheit und Gegenwart in festlichem Zuge sich spiegle. Der Schmuck, den unsere
Stadt den Turnern zu Ehren angelegt hatte,
verschönte nun auch noch das Fest der Kinder, und wie der Vorbeimarsch der Turner
am Sonntag nimmer enden wollte, so musste
auch jetzt der Zuschauer volle fünf Vier-
telstunden ausharren, bis der ganze, mehr
als 8000 Kinder zählende Zug vorüber war.
Trotz dieser gewaltigen Länge hatten die
künstlerischen Leiter die Gefahr der Ein-
tönigkeit ebenso glücklich wie die der Un-
übersichtlichkeit vermieden und das Ganze
in klug berechneter Abstufung zur wandeln-
den Geschichte Basels gestaltet. Auf dem
Festplatz traf der Zug um 1/2 1 Uhr ein. Die
Kinder wurden in die Festhütte geführt, die
trotz ihren riesigen Dimensionen nur knapp
ausreichte. Dort entwickelten sie eine un-

glaubliche, durch nichts zu dämpfende Lebendigkeit, und während sie ihren Tee tranken und ihr Fleisch und Kartoffelstock assen,
liefen die Plappermäulchen, dass es tönte
wie in einem ausfliegenden Bienenstock, bis
sie auf die Festwiese hinaus kamen und in
der warmen Sonne nach Herzenslust springen, singen und tanzen konnten. Die Mädchen bildeten überall Reigen und sangen
dazu:

Wir wandern, wir wandern,
Von einer Stadt zur andern.

Da kam der lustige Springherein
Schittelt mit dem Kopf,
Stampft mit dem Fuss,
Rüttelt mit dem Rock.

Komm wir wollen springen gehn
Andre müssen stille stehn.

Jugendfest-Helgen
von Peter Armbruster

Die Knaben drängten sich an den Ballwerfbuden, erkletterten die Stangen, von denen herab Gaben lockten, oder vergnügten sich mit Wannen- und Sackgumpen, Seilziehen und Wettlauf.

Jedes Quartier hatte seinen eigenen, mit Seilen abgegrenzten Spielplatz, und als die Sonne gar so heiss brannte, legten die Basler Ritter und Bürger, die Eidgenossen und Armagnaken Harnisch und Obergewand ab

und tollten in Hemdärmeln herum. Es ging bereits auf 8 Uhr, als Polizei und Vorunterricht einen Keil in die dichtgedrängte Menge trieben und der Zug sich zur Rückkehr durch die Allee der Bundesstrasse entfaltete. Noch sah man wenig müde Gesichter, ja viele Kinder tänzelten und hüpften sogar in fröhlichen Sprüngen. Als dann die Sonne verglühte, der Tag in Dämmerung überging, und die vielen Lämpchen der Bundesstrasse

eine Lichterkette bildeten, da entwickelte sich ein wunderschönes, traumhaftes Bild im Zwielicht der grünen Allee, die, soweit man blickte, durchwogt war von einem Walde von Fahnen und Fähnchen, bekränzten und bebänderten Stäben und Girlanden. Nochmals trippelte das Kinderheer vorüber, mit der Vergangenheit zugleich auch die Zukunft der Stadt in sich beschliessend.»

Friedenslandsgemeinde

Anno 1918 stellten sich weit über 5000 Kinder in den Dienst der Schweizer Nationalspende, indem sie am Jugendtag der Armeewoche «in einem herrlichen Zug defilierten. Die jugendlichen Krieger in Wehr und Waffen, die lustig flatternden Banner und die langen Reihen weissgekleideter Mädchen, die Blumensträusschen und Friedenspalmen trugen, boten ein malerisches Bild voll Anmut und Reiz. Auf dem Münsterplatz hielt Pfarrer Baur eine von patriotischem Geist getragene Ansprache. Er begrüsste die Kinder als Friedenslandsgemeinde. Dann bewegte sich der unabsehbare, farbenschöne Zug durch die Innerstadt, wobei der Vorbeimarsch nahezu eine Stunde brauchte. In den Strassen bildete eine gewaltige Volksmenge Spalier. Nach dem Defilé vor dem Rathaus zogen die einzelnen Abteilungen wieder heimwärts in die Quartiere, wo jedem Kind noch ein künstlerisch ausgestelltes prächtiges Erinnerungsblatt ausgehändigt wurde».

1936 bot das Eidgenössische Trachtenfest den «Vereinigten Basler Jugendfestvereinen» wiederum Gelegenheit zu einem Grossauftritt: «In 17 Gruppen zogen die beherzten Jugendfestler vom Münsterplatz aus zur Mustermesse. Stramm marschierten, begleitet von flatternden Fahnen, russenden Trommlergruppen, farbig gewandeten Handörgelern und freudig losschmetternden Knabenmusikanten, die verschiedenen Jugendfestvereine durch die Strassen der Innerstadt, die in reichstem Flaggenschmuck prangte. Dann konnte man sehen, was das Herz nur begehrte: Waffentüchtige erzbeschiente Knappen in starrender Waffenrüstung und jugendliche Schweizer Söldner in den Basler und anderen eidgenössischen Standesfarben mit Morgenstern und Hellebarde rückten aus, ebenso wie die mit ihren Insignien geschmückten Vertreter friedlicher Gewerbe und Handwerke, und zwischen handfesten Sennen und Sennerinnen mischten sich gelegentlich zierliche Biedermeierfigürchen, die sich in ihren bunten Fräcken und bauschigen Reifröcken gar artig

---

Am Jugedfescht

Warm blinzlet d'Sunne dur e Baum,
Macht d'Härze-n-uff und wyter
Und weggt e-n-alte Kinderdraum
Vo scheene Johannyter.

Lueg, wie däm sydig' Maiteli
Sy Drachtereggli stoht,
Wie's Bliemli nääbem Schaiteli
Und uff em Myli 's Root.

S het Ehredaame, Kemmifääger,
Au Begge-n-und Madroose,
Und d'Muusiger in Hoosedrääger
Dien zämme-n-aine bloose,

Und flattere-n-im Wind dien d'Fähne,
Si drummle scho, 's goht loos,
E Mueter butzt sich ab e Drääne,
Und's Glainscht fiehlt sich scho grooss.

Me stoht am Rand und frait sich mit,
Loost's Drummle-n-in de Stroosse,
Und loost, was aim d'Erinn'rig git,
So gniesse's au mir Groosse.

Gérard Saubermann, 1986

---

ausnahmen. Ganz Basel war auf den Strassen und an den Fenstern, als der Zug über den Strom ins Kleinbasel hinüberwallte. Beim Käppelijoch erschienen dann zur besonderen Freude aller noch Leu, Greif und Wildermann, die mit ihren Ehrentänzen den Gruss der mindern Stadt entboten. In der weiten Halle VI der Mustermesse wartete der Jungen und Mädchen eine kräftige leibliche Stärkung. Dann vergnügten sich die einzelnen Gruppen zu einem hübschen freien Unterhaltungsprogramm.»

Die Organisation der Jugendfeste oblag zunächst der von Professor Rudolf Hanhart 1824 im Schosse der GGG gegründeten «Jugendfestkommission». 1842 konstituierte sich unter Polizeigerichtspräsident Rudolf Wölfflin-Mengis «aus dem Kreis verschiedener Corporationen»

---

der «Verein zur Veranstaltung von Jugendfesten» (Allgemeiner Basler Jugendfestverein). Trotz einiger Bedenken des Erziehungskollegiums, dass «durch häufige Veranstaltung grosser und allgemeiner Feste die Ordnung und der Fleiss in den Schulen einigermassen leiden dürfte», sanktionierten Bürgermeister und Stadtrat deren Statuten. «Als dann bei dem allzugrossen Umfang die Feste» mehr quartierweise organisiert werden mussten, übernahmen einzelne Vorstadtgesellschaften und Quartiervereine, wie der Hohe Dolder, der Nazarener-Verein, das Spalenkämmerlein und der Johanniterverein, die Durchführung von Jugendfesten.

So entstanden die Jugendfestvereine von Kleinbasel (1845), St. Alban-Breite (1855), Aeschen-Gundeldingen (1757/1860), Johanniter-Verein (St. Johann, 1862), Spalen (1862), Sevogel-Verein (Stadtquartier, 1862) und Nazarener (Steinen-Bachletten-Neubad, 1862), die sich alle «dem Wohl der Kinder» verschrieben und neben den sporadisch durchgeführten Quartierjugendfesten, spontanen Hilfsaktionen und vielfältigen Unterhaltungsprogrammen regelmässig auch um Ausflüge mit Erwachsenen in die Hard und in die Langen Erlen, ins Neubad und auf die Schauenburg besorgt waren.

Obwohl die Jugendfeste – den veränderten Bedürfnissen und Angeboten entsprechend – in jüngster Zeit an Attraktion eingebüsst haben, lassen sich noch immer einige hundert Kinder alljährlich gegen eine symbolische Gebühr zum «Tag der unbeschwerten Kinderfreude» einschreiben.

Der Fundus an reizvollen historischen Kostümen wird nach wie vor sorgfältig gepflegt und erneuert, so dass jedes bis vierzehnjährige Kind sich nach seinen Wünschen einkleiden darf.

Getragen werden die Jugendfestvereine von effizienten, mit engagierten Idealisten besetzten Vorständen, welche den Grundsätzen Professor Hanharts nachleben und besorgt sind, dass Basels Kinderwelt traditionsgemäss vor und nach den Sommerferien mit farbenprächtigen Umzügen durch die Quartierstrassen und frohem Spiel in den einladenden Grünanlagen der Stadt in neuem Glanz ersteht: «Fi-fa-fo. 's Jugendfescht isch do!».

Jungbürgerfeier

Am 9. Dezember 1937 hat Grossrat Karl Hackhofer den Regierungsrat eingeladen, «zu prüfen und zu berichten, auf welche Weise den jungen Kantons- und Schweizerbürgern bei Gelegenheit ihres Eintrittes in das stimmberechtigte Alter die Bedeutung dieser Tatsache in unserer Demokratie besser als bisher zum Bewusstsein gebracht werden könnte».

Die Regierung versuchte dem Anzug insofern zu entsprechen, als in Aussicht genommen wurde, mit der Zustellung des ersten Stimmrechtsausweises jedem neuen Stimmbürger eine Urkunde, die Bundes- und Kantonsverfassung und ein von Paul Burckhardt zu verfassendes Heimat- und Bürgerbuch zu überreichen. Als 1942 das Manuskript für die vorgesehene Publikation vorlag, lehnte der Grosse Rat den Druckkostenbeitrag ab in der Meinung, dass noch eine Schilderung der Arbeiterbewegung eingebracht werden müsse. Die Wirren des Zweiten Weltkriegs verhinderten dann endgültig die Verwirklichung der vom Grossen Rat genehmigten Jungbürgeraktion.

Anfang Februar 1951 nahm Grossrat Leo Hänggi die «unerledigte Einführung eines besondern staatsbürgerlichen Aktes für Jungbürger» auf, und der Regierung erschien die 450-Jahr-Feier zur Erinnerung an die Aufnahme Basels in den Bund der Eidgenossen als idealer Zeitpunkt, dem Anliegen gerecht zu werden. Sie betonte allerdings, dass «nur eine Feier mit persönlicher Begrüssung als Mitbürger geeignet ist, einen dauernden Eindruck zu erwecken und damit die Bindung an unser Gemeinwesen zu verstärken». Auch vertrat sie «die Auffassung, dass zu dieser Feier auch die Jungbürgerinnen einzuladen sind, ungeachtet des Umstandes, dass ihnen die vollen politischen Rechte noch nicht zuerkannt sind. Denn die Frau trägt in weitem Ausmass die Verantwortung für unsere staatliche Ge-

Die Baselstädtische Jungbürgerfeier 1966 bei «vollbesetzten Rängen» im Musiksaal des Stadtcasinos.

meinschaft mit und muss daher unsere Einrichtungen kennen und ebenfalls zum Staate eine Bindung haben».

Mit der Durchführung wurde eine besondere Kommission beauftragt, die unter der Leitung des jeweiligen Regierungspräsidenten die notwendigen Vorarbeiten zu treffen hatte. So fand am 8. Juli 1951 im Musiksaal des Stadtcasinos die erste Baselstädtische Jungbürgerfeier statt. Gegen tausend (!)

junge Basler und Baslerinnen spendeten Regierungspräsident Fritz Ebi reichen Beifall, als «er betonte, dass im Schweizervolk die Einsicht Raum gewinne, dass endlich mit der Einführung des Frauenstimmrechts der männliche Rechtsvorteil auszugleichen sei». Auch Nationalrat Nicolas Jaquet fand mit seiner Ansprache die begeisterte Zustimmung des jugendlichen Auditoriums, indem er «die Tragweite des Über-

Einladung des Regierungsrates zur Jungbürgerfeier, 1952.

Das 50-Jahr-Jubiläum des Schweizerischen Pfadfinderbundes, das 1963 auf dem Münsterplatz rund 2000 Pfadfinderführer-innen aus dem ganzen Land zusammenströmen liess, stand im Zeichen der zunehmenden politischen Verantwortung der Jugend. Bundesrat Hans Peter Tschudi führte in seiner Festansprache aus, man habe sich im Alter des Pfadfinders und der Pfadfinderin das Rüstzeug des stimm- und wahlberechtigten Schweizerbürgers zu erwerben. Und so hätten sich die als Vorbilder auftretenden Pfadfinder auf diese verantwortungsvollen Rechte und Pflichten, die bald in allen Kantonen wahrgenommen werden könnten, gewissenhaft vorzubereiten.

gangs in eine neue Lebensstufe charakterisierte, wo die gewohnten bevormundeten Gewalten urplötzlich wegfallen und es gilt, sein Leben selbst mit voller Verantwortung in die Hand zu nehmen».

Die anfängliche Begeisterung der Jugendlichen aber verflachte bald. Eine zunehmende Interesselosigkeit machte sich breit, so dass bereits 1973 die Regierung in der Abhaltung einer Jungbürgerfeier keinen Sinn mehr sah. Mit diesem «inbezug auf das staatsbürgerliche Heranziehen unserer Jugendlichen unbefriedigenden Zustand» vermochten sich auf die Dauer namentlich die E. Zünfte und Gesellschaften nicht abzufinden, und sie ergriffen mit Erfolg die Initiative zu einer Wiederaufnahme der Jungbürgerfeiern.

In einer «fröhlich-unterhaltsamen und dennoch seriösen Form» wurde 1984 der Neustart gewagt. Mehr als 400 junge Baslerinnen und Basler folgten dem Aufruf zu

einer besinnlichen Feier mit anschliessender vergnüglicher Unterhaltung. Auf zehn verschiedenen, freigewählten Routen zogen die erwartungsfrohen Jungbürgerinnen und Jungbürger auf einem «lässigen» Bummel durch Vergangenheit und Gegenwart via Münsterplatz zum gemeinsamen Treffpunkt in die Predigerkirche. Nach aussergewöhnlichem Auftakt mit amerikanischem Swing durch Pat's Big Band zeigte der Vorsitzende Meister der Basler Zünfte und Gesellschaften, Eugen A. Meier, anhand der neugestalteten Jungbürgerfeier auf, dass Traditionen und Überlieferungen nicht zwangsläufig phantasielos und verknöchert zu sein brauchen. Claudia Henrich brachte die Wünsche und Erwartungen der jungen

Generation an unsere Gesellschaft zum Ausdruck. Und Regierungsrat Kurt Jenny forderte die aufmerksame Zuhörerschaft zu vorurteilsfreiem Dialog und zur Veränderung des Gemeinwesens ohne Gewalt auf. Mit einer Rheinfahrt, an welcher sich die 20jährigen in angeregten Gesprächen mit bestandenen Zunftbrüdern auseinandersetzten, fand die erste «zünftische» Jungbürgerfeier einen harmonischen Ausklang. «Einzelne sollen noch bis spät in die Nacht hinein anderswo fröhlich weitergefeiert haben.» Das Modell der Zünfte und Gesellschaften bewährte sich, so dass die alljährliche Neuauflage, zu welcher seit 1991 auch die 18jährigen eingeladen werden, jeweils in ähnlichem Rahmen durchgeführt wird.

Tierverlosung und Hirschessen

Mit dem Entscheid, die «Langen Erlen» zu entsumpfen und die linksufrige Flusslandschaft der Wiese in eine Parkanlage umzugestalten, anerkannten die Behörden 1863 das im Zeichen der aufkommenden Industrialisierung geweckte Bedürfnis der Kleinbasler Bevölkerung nach einem ausgedehnten, durch Spazierwege erschlossenen Naherholungsgebiet. Die Freude an den Wasservögeln, die vermögende Bürger am Weiher des neuen Stadtparks angesiedelt hatten, führte 1871 zur Gründung des Erlen-Vereins. Unter der Massgabe, «einen Thiergarten zu halten, bestehend aus einer Anzahl lebender Thiere, Säugethiere und Vögel, und dafür zu sorgen, dass dieselben vom Publikum bequem und unentgeltlich besichtigt werden können», überliess die Stadtgemeinde den initiativen Tierfreunden ein Areal von 226 Aren. Zugleich erhielt der Verein die Bewilligung, «eine Sommerwirthschaft zu betreiben und in seinem Nutzen an einen ordentlichen Wirth zu verpachten». Dieses «Privilegium» erwies sich zunächst allerdings als schwere Bürde, denn «die Hauptbelastung des Erlen-Vereins ist nicht die Anschaffung von Thieren, die ja meist geschenkt werden, sondern die Errichtung einer Cantine». Zur Beschaffung der hiezu notwendigen Mittel ist bereits 1880 «eine Tierverlosung auf Grund einer numerierten Mitgliederkarte» durchgeführt worden. «Die Enttäuschung aber war gross, denn die viel versprechende Idee warb keine neuen Mitglieder.» Der Vorstand entschloss sich deshalb erst acht Jahre später zu einer Neuauflage und stellte als ersten Preis einen stolzen Wapiti in Aussicht. Das in Verbindung mit einem grossen Feuerwerk durchgeführte Sommernachtsfest vermochte aber wiederum nicht zu befriedigen: «Denn hätte der Erlenverein 30 Cts. statt einen halben Franken Eintritt verlangt, würde er das bessere Geschäft gemacht haben. Die ganze Parkrestauration war mit einer Menge buntfarbigen Lampions prächtig erleuchtet. Recht wirkungsvoll hoben sich auch die Bäume in dem bengalischen Feuer ab. Der Basler Musikverein konzertierte begeisternd, und die Wirthschaft des Herrn Manz lieferte nur ausgezeichneten Stoff. Der glückliche Gewinn eines Wapiti-Hirschen mit Los Nummer 604 ist indessen nicht abgeholt worden.»

So blieb auch dieses Mal der grosse Erfolg aus, so dass erst nach dem Ersten Weltkrieg die Veranstaltung von Tierverlosungen wieder aufgenommen wurde. Die 1922 geplante Verbindung mit Konzerten bekannter Blasmusiken, die seit 1870 zur schönen und erfolgreichen Tradition gehörten, konnte wegen «der schlechten Bestuhlung in der Parkwirtschaft» erst im folgenden Jahr verwirklicht werden: «Die Veranstaltung fand bei prächtigem Wetter statt. Den musikalischen Teil übernahm in freund-

Mit der «Hirsch-Wappenscheibe» von Otto Plattner begleitet der Erlenverein die Verleihung der Ehrenmitgliedschaft.

schaftlicher Weise der Feldmusik-Verein. Die Lose, die zugleich zum Eintritt berechtigten und zu 50 Cts. verkauft wurden, fanden zufriedenstellenden Absatz. Als Gewinn waren ausgesetzt:

1 Damhirsch oder den Gegenwert von Fr. 40.– in bar, 2 Zwergziegen oder Fr. 20.– bzw. Fr. 15.–, 1 Gans oder Fr. 12.–, 1 Bisamente oder Fr. 10.–, 1 Peckingente oder Fr. 10.–, 2 Perlhühner oder je Fr. 6.–, 2 Paar Pfauentauben oder je Fr. 5.–, 2 Enten oder je Fr. 5.–, 2 Hühner oder je Fr. 5.– und 2 Paar Meerschweinchen oder je Fr. 3.–. Die Ziehung fand abends 7 Uhr in der Parkwirtschaft unter amtlicher Aufsicht statt. Diese erste Veranstaltung dieser Art muss als sehr gut gelungene bezeichnet werden, belief sich doch der Reinertrag auf rund Fr. 600.–.» Nun war der Durchbruch geschafft: Zwei Jahre später wurde die zunehmend volkstümlicher werdende Tierverlosung gar zweimal durchgeführt und «brachte den unerwartet hohen Betrag von 4300 Franken ein». Seither gehört die nunmehr hauptsächlich mit einer prächtigen Blumen- und Spielzeugtombola bestückte «Verlosung zugunsten des Tierparks», die dem Erlen-Verein alljährlich derzeit rund Fr. 20000.– einbringt, zu einem nicht nur von Kleinbaslern mit Begeisterung besuchten «wahren Volksfest», das mit seinen vielen Attraktionen und den Möglichkeiten zum lebensnahen Kontakt mit Tieren besonders auch die Kinder in seinen Bann zieht.

Fisch- und Hirschessen

Am 26. November 1932 ist «in Erinnerung an die vor Jahrzehnten beliebten Fischessen im Erlenpark ein zahlreich besuchtes Edelhirschessen im Restaurant zum alten Warteck abgehalten

Tafelfreuden am Hirschessen 1972.

Während die ersten Tierverlosungen im Zoologischen Garten von grossem Erfolg begleitet waren, konnten sich die Kleinbasler an solchen Veranstaltungen während der 1880er Jahre noch nicht begeistern.

An einem schönen Sommersonntag werden an der Verlosung zugunsten des zu den bedeutendsten Hirschgehegen Europas zählenden Tierparks Lange Erlen gegen 45000 Lose abgesetzt.

worden. Der eigentliche Zweck war die Förderung eines engern Kontakts zwischen den Mitgliedern und die Subventionierung eines greifbaren Äquivalents für die Leistungen der Mitglieder. Der Präsident begrüsste die Versammlung. Er wies auf den idealen Zweck des Erlen-Vereins hin, der den Erlentierpark unterhält. Er zeigte die besonderen Schönheiten dieses Kleinods von Basel an, die dazu angetan sind, dem Besucher wirkliche Zerstreuung und Erholung zu bieten. Das überaus splendide und würzige Mahl, das der Küche Herrn Ringiers alle Ehre einlegte, kam pro Mitglied auf Fr. 1.50 zu stehen, welchen Betrag die Teilnehmer als bescheidenen Obolus erlegten. Zwei Orchester verschönerten den Abend durch gediegene Beiträge, und abwechslungsweise boten Mitglieder und Papa Thoms beifallsichere Solo-

einlagen. Der Anlass war von fast 100 Mitgliedern besucht».

Die allseitige Anerkennung des «einmaligen Festanlasses von erlesener Güte» drängte zur Wiederholung und entfaltete sich schliesslich zu einem gesellschaftlichen Ereignis, das seit Jahrzehnten aus dem Basler Festkalender nicht mehr wegzudenken ist.

Schon nach wenigen Jahren fand sich zum «Hirschessen», dem jeweils die gut besuchte Generalversammlung vorausgeht, vornehmlich auch die politische Prominenz der Stadt ein. Ob einst im Café Spitz oder heute im grossen Festsaal der Mustermesse, immer herrscht(e) ein frohes Gedränge unter der festlich aufgemachten Mitgliedschaft. Im Mittelpunkt des genuss-

vollen Abends steht naturgemäss das eigentliche Hirschessen. Für die rund 650 Gedecke werden gegen 250 Kilo zartes Fleisch von unverkäuflichen männlichen Junghirschen zubereitet. Dann aber gehören auch die obligaten Reden des Vereinspräsidenten und des Präsidenten des Grossen Rats oder des Regierungsrats, dezente musikalische Untermalung, ein reichhaltiges Unterhaltungsprogramm und eine rauschende Ballnacht zu den traditionellen Attributen des glanzvollen Hirschessens, das die vielschichtige und motivierte Trägerschaft des Tierparks Lange Erlen in freundschaftlicher Verbundenheit zusammenhält.

St. Heinrichstag

Neben der Gottesmutter Maria, der von der religiösen Bevölkerung der Stadt seit ihrer Christianisierung innig verehrten himmlischen Beschützerin und Fürbitterin, gelten Kaiser Heinrich II. (973–1024) und dessen Gemahlin, Kaiserin Kunigunde (†1037), als eigentliche Stadtheilige Basels. Durch unschätzbare Verdienste und reiche Vergabungen beim Wiederaufbau des 917 durch die Ungarn zerstörten Münsters hatte das Herrscherpaar dem Gemeinwesen seine besondere Zuneigung erwiesen und durch Weisheit, Güte und Frömmigkeit der Bürgerschaft eine gottgefällige Lebenshaltung vorgeführt. Der Heiligsprechung Heinrichs im Jahre 1146 durch Papst Eugen III. und derjenigen Kunigundes im Jahre 1200 durch Innozenz III. folgte 1347 die von Basel sehnlichst erwünschte Überführung gnadenreicher Reliquien aus dem Dom zu Bamberg, was mit einem glanzvollen Volksfest gefeiert wurde.

lichkeit begangen werde, wie er es verdiente: «Die Matutin dieses Festes wird am Abend vorher nach der ersten Vesper um die sechste Stunde feierlich gesungen. Am Festtage selbst findet nach der Terz eine Prozession mit den Reliquien der heiligen Heinrich und Kunigunde statt. Sie geht mit diesem Gepränge und in folgender Ordnung vor sich: Voraus geht der Dormentarius mit dem Stabe, gefolgt von zwei Schülern mit Fahnen, von der Kerze der Wirte und der kleinen Fahne. Es folgt der Subkustos mit dem kostbaren Kreuz, an dessen rechter Seite der Subdiakon, angetan mit der Dalmatika (liturgisches Obergewand) und das goldene Evangelienbuch tragend, schreitet, hierauf die Schüler, die Kapläne und die Domherren. Hinter ihnen kommen die Kerzen der Zünfte, deren einzelne Träger mit Kränzen geschmückt sind, dann zwei Chorsänger in Alba und Chormantel, zwei

Fahnen tragend, und nun der Zelebrant. Er ist angetan mit Alba und Chormantel, hat um die Schultern ein flatterndes seidenes Tuch geschlagen und trägt so die Monstranz mit den heiligen Reliquien St. Heinrichs. An seiner Rechten schreitet der Diakon in der Dalmatika, seine Schultern ebenfalls mit einem seidenen Tuch bedeckt und die andere Monstranz mit den Reliquien der heiligen Kunigunde haltend. Dahinter folgen noch Ehrenleviten und schliesslich, zwei Kerzen tragend, Ratsherren aus der Zunft zum Schlüssel. So zieht die Prozession geradewegs mitten durch die Kirche, geht vor dem St. Agnesenaltar vorbei, steigt auf dieser Seite wieder empor und tritt beim Dreifaltigkeitsaltare durch die Kanonikertür auf den Kreuzgang hinaus. Von hier aus die Prozession über den Münsterplatz fortsetzend, betritt der Zug die St. Johanneskapelle nicht, macht aber im Münster Halt.»

Reliquienprozession

Die Ankuft des Reliquienschatzes veranlasste Bischof Johannes, dem Stadtklerus aufzutragen, dieses Datum fürbass mit roten Buchstaben in den Kalender einzuschreiben und die Gläubigen zur Feier des jeweils auf den 13. Juli fallenden Namenstags Heinrichs anzuhalten sowie allen Teilnehmern einen Ablass von vierzig Tagen zu gewähren. So wurde am St. Heinrichstag zu Ehren der beiden Stadtheiligen eine feierliche Prozession zelebriert, die über den ganzen Münsterplatz führte.

Während sich das Kunigundefest nicht durchzusetzen vermochte, gezieme es sich, ruft Domkaplan Hieronymus Brilinger der Nachwelt verpflichtend in Erinnerung, dass das Fest des heiligen Heinrich von Geistlichkeit und Volk mit der höchsten Feier-

Der Basler Heinrichstag.

Was klangen durch die Lüfte und schwangen himmelwärts
So helle, volle Töne von aller Glocken Erz,
Vor drei mal hundert Jahren und mehr noch in der Stadt?
Sag' an, was all' dieß Läuten gewollt, bedeutet hat?
Ist das ein Feuerstürmen, wälzt Wasserfluth den Tod,
Bedrauen grimme Feinde die Stadt mit schwerer Noth?
Nicht rauschen Wasserfluthen, nicht raset Feuerbrand,
Nicht dräuen grimme Feinde; es klingt: «Hie Schweizerland!»

Es ist ein Festgeläute, ein schön'res gab's nie mehr;
Es ist der Sang der Freiheit, des Friedens und der Ehr'.
Mit jedem Schlag entschwebet ein Jubellied der Brust,
Es wirbeln diese Töne: Leb hoch, du Tag der Lust!
Die Sonn' des Heils erglänzet, und köstlich ausgeschmückt
Dem Bund der Liebe einet die Stadt sich süß entzückt;
Dem holden stolzen Freier reicht sie der Treue Hand;
Er naht in Kraft und Schöne. «Hie Heil! Hie Schweizerland!»

Am Fest des Stadtpatrones — 's war schicklich Heinrichstag —
Erkiest das Volk den Schirmer, der's tapfer schirmen mag:
Die Krieger von den Bergen, das stolze Heldenheer,
Die frommen Eidgenossen mit ihrer Kraft und Ehr.
Vergebens buhlten Viele um ihre Lieb' mit Kunst;
Denn sicher war, geborgen, wer kam in ihre Gunst.
Drum jubelt was da fühlet an unsres Rheines Strand:
«Hie Rettung, Heil und Segen! Hie Trost, hie Schweizerland!»

«Loblied auf den Eintritt Basels in den Schweizerbund», 1888.

Das Kaiser Heinrichs-Lied.
Aus dem Festspiel 1901: „Der Basler Bund".
Von Rudolf Wackernagel.

Wenn an Kaiser Heinrichs Tage
letzter Strahl des Lichts verglomm,
da erwacht ein nächtig Leben
rings am alten heilgen Dom.

Von den steinernen Gestellen
heben die Gestalten sich,
und es zieht die ganze Reihe
um das Münster feierlich.

Wallen auf und wallen nieder
in des Mondes Dämmerschein,
leise rührend, leise prüfend
jede Fuge, jeden Stein.

Mit des Werkes erstem Meister
schwebt Sanct Heinrich still voran;
sorglich schaut er, was die Zeiten
seinem Münster angetan.

Und dann hebt er froh die Hände,
weihend den geliebten Bau,
segnend, Gottes Hut befehlend
Burg und Stadt und Strom und Au.

Der Basilisk, 1924.

So nahm sich die Reliquenprozession am St. Heinrichstag prächtig aus. «Da scharten sich die Gläubigen aller Stände zu Gefolgsleuten eines Heiligen zusammen, um seine heilskräftigen Gebeine zu beschauen und durch ihr Herumtragen einen weiten öffentlichen Bezirk zu heiligen» (Carl Pfaff). Der Prozession folgte mit feierlichem Zeremoniell die Zelebration der St. Heinrichsmesse. Dabei richteten unmittelbar vor der Präfation die Vorsänger an die Prälaten und Kanoniker die Bitte um den traditionellen Festwein. «Es war nämlich Brauch, dass die Herren des Domkapitels aus besonderem Wohlwollen an einigen Festtagen, besonders dann, wenn eine Prozession um den Münsterplatz stattfindet, den Herren Kaplänen aus ihren Kellern Wein stiften. Auf die Ermahnung des Dormentarius begeben sich die Vorsänger, um gegen diese Wohltat nicht undankbar zu erscheinen, zu den Domherren auf der rechten Chorseite, verneigen sich vor ihnen und bitten höflich um den Wein für die Kapläne, das gleiche tun sie auf der andern Chorseite. Darauf verkündet der Dormentar, mit dem Stab von Chor zu Chor schreitend, mit fröhlicher Miene den Kaplänen, sie könnten den Wein holen. Die im Jahre des Heils 1347, am 4. November, erfolgte Überführung der heiligen Partikel von den irdischen Überresten des heiligen Ehepaares Heinrich und Kunigunde feierte die Basler Kirche alljährlich am ersten Sonntag nach Allerheiligen ebenfalls in festlicher Weise. Man zog in Prozessionen mit den Reliquien und den Kerzen der Zünfte über den Münsterplatz und machte im Münster Station, wie wir es schon oben beim St. Heinrichsfest geschildert haben. Auch diese Messe ist im Pallium St. Heinrichs zelebriert worden.

Das St. Heinrichsbankett

Die Bedeutung des Heinrichstages, welche 1501 durch die Beschwörung der Aufnahme in den Bund der Eidgenossen auch von den weltlichen Autoritäten anerkannt worden war, blieb nicht auf den liturgischen Bereich beschränkt. Als Rechts- und Zahlungstermin erfreute sich der 13. Juli im Spätmittelalter steigender Beliebtheit. Auch feierte die Obrigkeit das Patrozinium des Basler Heiligen mit einer herrlichen Mahlzeit und rüstete zu diesem Zweck jeweils auf den 13. Juli im Rathaus bis an die zwanzig Tische. Die zum festlichen Bankett geladenen Magistraten, Gerichtsherren, Beamten und Kirchendiener entwickelten dabei einen gesegneten Appetit, wurde «das Brett», die Staatskasse, doch beispielsweise 1521 mit der erklecklichen Summe von über 54 Pfund belastet. «Zum Gedenken an den um unsere Stadt hochverdienten Kaiser Heinrich» sind auch 1545 alle Ratsherren samt den Zunftvorgesetzten und den Dienern der Kirche sowie den Beamten der Republik zu einem reichen Mittagsmahl ins Rathaus gebeten worden.

Trotzdem der Rat im Sinne des reformatorischen Gedankengutes am 2. Juni 1527 verfügte, dass zusammen mit 23 weitern Feiertagen auch das St. Heinrichsfest für immer abgetan sei, «blieb diese dem fröhlichen Genuss geweihte Tafelrunde auch in Übung, als dem einstigen Schutzherrn und seinen Gaben (wie der Reliquienschatz des Hochaltars, das Heinrichskreuz oder die Goldene Altartafel) die öffentlich-kirchlichen Ehrungen längst nicht mehr gezollt wurden» (Paul Koelner). Die Bilder Heinrichs und

Medaillon mit Kaiser Heinrich, dem Schutzpatron der Stadt. 16. Jahrhundert.

Kunigundes an der Fassade des Münsters, an der Pfalzmauer und an der Front des Rathauses blieben als Staatsaltertümer auf ihren Postamenten stehen. Und so lebte Kaiser Heinrich im Gedächtnis der Basler weiter, weniger als fürbittender Heiliger am Throne Gottes denn als unvergänglicher Wohltäter unserer Stadt.

Im zweiten Jahrzehnt unseres Jahrhunderts ist im Basler Proprium, dem täglich wechselnden Messetext, das Gedenken an Kaiser Heinrich vom 13. auf den 15. Juli verlegt worden. Dies aber «änderte nichts an der Tatsache, dass das Fest unseres Schutzherrn und Kirchenpatrons nicht anders als ein anderer Tag im Jahr begangen wird, weil sich auch Basels Geistlichkeit beim Beten des Breviers am 15. Juli über den Schutzheiligen der Stadt keine besonderen Gedanken mehr macht». Und so wurden 1935 «die echt baslerisch empfindenden» Priester und Gläubigen durch das Pfarreiblatt der Römisch-Katholischen Gemeinde aufgerufen, fortan «den Kaiser Heinrichstag nicht mehr wie irgendeinen uns nicht so nahe liegenden Heiligentag abzutun, sondern diesen wieder vermehrt zur Geltung zu bringen». Es blieb aber grosso modo beim «frommen Wunsch».

Glanzvoller Heinrichstag 1901: 400 Jahre Basel im Bund der Eidgenossen.

Bundesfeier

Der am 13. Juli 1501 auf dem Marktplatz feierlich geleisteten Beschwörung der Aufnahme Basels in den Bund der Eidgenossen folgte im Turnus von fünf Jahren im Münster die festliche Erneuerung des Ewigen Bundes. «Als am 4. Juli 1520 wiederum fünf Jahre des Bundes der Basler mit der Eidgenossenschaft verflossen waren und der gegenseitige Bundesschwur erneuert werden musste, waren vorgängig der Eidesleistung, die vor dem Rathaus auf dem Kornmarkt stattfand, die Gesandten der eidgenössischen Orte und der Rat von Basel im Münster zusammengekommen. Hier begann man nach Schluss der Marienmesse und nach dem Absingen der Prim die Messe vom Heiligen Geist, welche wie an einem hohen Festtag mit aller Pracht und Feierlichkeit würdig zelebriert wurde. Der Altar war nämlich geschmückt mit der goldenen Altartafel Kaiser Heinrichs II. und den Reliquienbehältern der Heiligen, und es wurde bei der Messe der ganzseidene rote Ornat des Herzoges von Österreich getragen. Die Sänger sangen mehrstimmig, und alles ging mit grösster Feierlichkeit vor sich, nicht ohne der Kirche zu grossem Lobe zu gereichen. Die mitwirkenden Kantoren und Chorsänger wurden dann auf die Herrenstube ‹zum Brunnen› zu beiden Mahlzeiten geladen und dort in grossartiger Weise und unter zahlreichen Huld- und Dankesbezeugungen bewirtet.»

Wenig Begeisterung

Die von Hieronymus Brilinger geschilderte öffentliche Bekräftigung der Verbundenheit mit der Eidgenossenschaft, die nach der Reformation ohne Wiederholung blieb, fand ihren Übergang erst im ausgehenden letzten Jahrhundert, als der 600-Jahr-Feier der Eidgenossenschaft der schweizerische «Nationalfeiertag» erwuchs. Der Empfehlung der vom Bundesrat einberufenen Abgesandten der Kantone nachkommend, fand am 1. August 1891 in Basel die erste Bundesfeier statt. Im Gegensatz zu andern Kantonen aber verzichtete die Regierung auf eine offizielle Feier, so dass «Sozialdemokraten und Arbeiterbund in die Lücke sprangen (!). Sämtliche öffentliche Gebäude sowie zahlreiche Privathäuser waren mit Fahnen und Flaggen geschmückt. Die Fabriken, Comptoirs und Werkstätten wurden meist schon Mittags geschlossen. In einem Festzug begaben sich einige hundert Personen vom Marktplatz durch Gross- und Kleinbasel zum Platanenhof. Der Musikverein Kleinhüningen, einige Tambouren, die Männerchöre des Grütlivereins und des Posamentervereins sowie mehrere kostümierte Gruppen – darunter Helvetia mit den 22 Kantonen, dargestellt vom Arbeiterinnen-Verein – lockerten den Zug auf. Abends 7 Uhr läuteten die Glocken sämtlicher Kirchen der Stadt. Die feiernden Arbeiter erfreuten sich mit ihren Familien an beganglischer Beleuchtung und lebenden Bildern, in denen der Rütlischwur, Winkelrieds Tod usw. dargestellt wurden. Um 9 Uhr flammten auf der Batterie, St. Chrischona und beim Wenkenhof mächtige Festfeuer empor, während in der Stadt von privater Seite Illuminationen einzelner Häuser und Veranstaltungen von Feuerwerken stattfanden».

Die Begeisterung an einer offiziellen Feier zum 1. August hielt sich zunächst in Grenzen. Erst anno 1900 «gewann die ursprünglich von Bern angeregte Bundesfeier auch in Basel Eingang. Wie schon letztes Jahr, läuteten am Abend sämtliche Glocken, und verschiedene Vereine veranstalteten patriotische Zusammenkünfte». Drei Jahre später hatte sich der neue Brauch soweit konsolidiert: «Die Bundesfeier nimmt in Basel nach und nach feste

Einladung der Landsmannschaftlichen Vereinigungen zur Bundesfeier 1907.

Gestalt an. In den Hauptstrassen hatten einige Häuser geflaggt. Am Abend ertönte eine Viertelstunde lang Geläute aller Glocken. Nach Einbruch der Dunkelheit wurde hie und da gefeuerwerkt, und die schweizerischen Niedergelassenen anderer Kantone trafen sich zu gemeinsamer Feier in der Burgvogtei. Die baslerische Bundesfeier aber wurde beim Kantonalschützenfest in Liestal begangen, wo der sogenannte offizielle Tag auf diesen 1. August verlegt war. Ausser den Regierungen beider Halbkantone hatten sich eine Menge hochgestellte und gewöhnliche Bürger mit Extra- und Fahrplanzügen eingefunden».

1920 erliess ein von Regierungspräsident Rudolf Miescher angeführtes «Initiativ-Comité» einen Aufruf an «die ganze vaterländische Bevölkerung unserer Stadt zu einer machtvollen, würdigen Kundgebung zu Ehren des Schweizerischen National-Feiertages». Dem Appell folgte ein zahlreiches bürgerlich gesinntes Publikum auf den Münsterplatz, während «die Sozialdemokraten zu Ehren der Opfer vom 1.August (Generalstreik 1919) demonstrierten».

Prominente Festredner, Fahnenburg und Musikvorträge lockten fortan das Publikum besonders an Sonntagen in hellen Scharen zum patriotischen Aufzug, dessen Organisation nun in den Händen der «Kommission zur Feier des 1. August» lag. Eingeleitet wurde der Festakt auf dem Münsterplatz mit einem Kranz- und Bannerzug und militärischem Geleit zum St. Jakobsdenkmal. Kommunistische Gegendemonstrationen zu Beginn der 1920er Jahre vermochten den feierlichen Gedenkstunden keinen Abbruch zu tun.

Quartierfeiern

Neben der offiziellen Feier etablierten sich zunehmend weitere Veranstaltungen am Abend des 1. August. 1937 sprachen die Nationalräte Gottlieb Duttweiler auf der Kunsteisbahn und Albert Oeri im Zoologischen Garten. Zum 650. Geburtstag der Eidgenossenschaft am 1. August 1941, welcher in schlichter, dem Ernst der Zeit angepasster Weise auf der Schützenmatte begangen wurde, folgten rund 20 000 Bürger und Bürgerinnen dem Ruf der Regierung; Basler Stafettenläufer entzündeten mit dem Rütlifeuer das grosse Bundesfeuer. Als 1949 im Hinblick auf die St.Jakob-Schlachtfeier die Abhaltung einer offiziellen Bundesfeier unterblieb, «sollen auf dem Bruderholz 25 000 Basler mitgefeiert haben». Im Erlenpark, auf dem Buschwilerhof und an den Uferwegen des Rheins gestalteten kreative Vereinsfunktionäre die Bundesfeier zu eigentlichen Quartierfesten. Folkloristische Darbietungen «brachten Stimmung unter das Volk, lokale Berühmtheiten redeten den Leuten ins Gewissen und imposante Feuerwerke machten die Nacht zu einem Freudentag».

Holzschnitt zum 1. August 1939 von Johann August Hagmann.

1968 wurde die offizielle Bundesfeier erstmals am Abend durchgeführt. «Unter grosser Anteilnahme der Bevölkerung formierten sich von verschiedenen Plätzen der Innenstadt Züge mit Fackeln und bunten Lampions zum Münsterplatz. Musikvorträge, Bildszenen und die Ansprache von Professor Heinrich Ott über das aktuelle Thema ‹Revolution der Jugend› bildeten ein abgerundetes Programm. Der gemeinsame Gesang der Landeshymne und ein grosses Feuerwerk auf dem Rhein schlossen die Feier ab. In der Stadt wurden 47 026 Bundesfeierabzeichen verkauft.»

Der hoffnungsfrohe Neubeginn aber setzte sich nicht durch: «Das seit einigen Jahren nachlassende Interesse an der offiziellen Basler Bundesfeier führte 1970 zu einem Verzicht einer solchen Feier. Es fanden jedoch bei schönem Wetter verschiedene Quartier-Bundesfeiern statt. Traditionsgemäss wurden beim St. Jakobs-Denkmal und beim Wehrmännerdenkmal auf dem Bruderholz grosse Kränze niedergelegt.» Nachdem auch diese «Lösung» nicht zu befriedigen vermochte, bewährte sich bis zur Gegenwart sowohl die Durchführung einer «offiziellen» baselstädtischen Bundesfeier auf dem Bruderholz als auch einer «inoffiziellen» am Rhein, welche in die Zuständigkeit des Verkehrsvereins fällt und mit ihren wassersportlichen Attraktionen an die einst glanzvollen Basler Rheinsporttage erinnert.

Die 700-Jahr-Feier der Eidgenossenschaft im vergangenen Jahr mit offiziellem Festakt im Münster, verschiedenen öffentlichen Ver-

Bundesfyr

D'*Flamme lodre-n-uff de Bärge,*
D'*Schwyzerhärze lodre mit,*
Und im Dal dien d'Glogge lyte;
D'*Schwyz fyrt der Giburtsdag hit.*

D'*Dämmerig stygt in my Gärtli,*
Wo-n-i loos de Glogge zue,
Wo mer strychlet um my Stirne,
Wyt vom Alldag, d'Oberueh.

Näbedra in d'Himmelskupple
Aichestarg und gsund im Holz
Ruuscht dr Wald sy trotzig Sturmlied:
Schwyzerfreihait, Schwyzerstolz. (...)

Theobald Baerwart, 1931

Traditionelles 1. August-Feuer, 1979.

**Einladung des Verkehrsvereins zur
1. August-Feier am Rhein, 1991.**

anstaltungen auf dem Barfüsserplatz in Verbindung mit dem Partnerkanton Tessin (Risottata) und Schlusszeremonie im «Botta-Zelt» auf dem Bäumlihofareal brachte auch eine aussergewöhnliche Bundesfeier hervor. Der von der Regierung zum arbeitsfreien Ruhetag erklärte 1. August «begann bereits um 06.55 Uhr mit einer Alphorn-Tonstafette vom Marktplatz zur Hohlen Gasse in Küssnacht, und schon um 14.00 Uhr bildete der von Festbeizen und Tausenden von Schaulustigen gesäumte Rhein die Arena für Drachenboote, Ski-Akrobaten und eine Flottenparade. Eigentliche Höhepunkte bildeten gegen 22.00 Uhr die Wasserlichtspiele und die mit Musik untermalte Laser-Feuerwerk-Show».

Moderne Ausdrucksformen am Nationalfeiertag, 1992.

Erstaunlicherweise hat sich bis heute der 1. August nicht als offizieller Nationalfeiertag behaupten können. Nachdem die Kantone auf eine Anregung des Bundesrates hin schon 1899 und 1916 sich für einen solchen nur hätten erwärmen können, «wenn ein Nationalfeiertag die Stärkung der patriotischen Gefühle im Schwei-

zervolk und eine Förderung der Eintracht und der Einigung unter den Eidgenossen bewirken würde, was kaum zu erwarten ist», blieb 1936 auch ein Vorstoss des Basler Regierungsrates in Bern ohne Erfolg. Erneutes Bemühen, den 1. August zu einem eidgenössischen Feiertag zu erheben, verliefen ebenso 1977 im Sande, indem der Bundesrat erklärte: «Es entspricht unserer Überlieferung am besten, den 1. August mit schlichten, würdigen Veranstaltungen am Nachmittag oder Abend eines Arbeitstages zu feiern». Ob diese Meinung auch dem Volksempfinden entspricht, wird sich weisen, wenn die Schweizerinnen und Schweizer sich demnächst an der Urne zu dieser Frage äussern.

St. Jakobsfest

Auch wenn die Zeit machtvoller patriotischer Manifestationen vorbei ist, so gehört die Gedächtnisfeier zu Ehren der Helden der Schlacht von St. Jakob nach wie vor zu den populären Daten im Basler Festkalender. Die Tradition der feierlichen Begehung des Erinnerungstages an das heroische Ereignis von 1444 reicht allerdings nicht ins ausgehende Spätmittelalter zurück. Denn erst im Jahre 1748 ist die erste öffentliche Gedächtnisrede gehalten worden. Es war Johann Jakob Spreng, Professor der «teutschen Poesie und Wohlredenheit», der im Doktorsaal des Münsters den Waffengang von St. Jakob einem Vergleich zwischen dem Heldenkampf der Eidgenossen an der Birs und dem Treffen der Spartaner unter Leonidas an den Thermopylen unterzog. Der Beifall, mit dem die Rede aufgenommen wurde, veranlasste Spreng zum Vorhaben, seine Ausführungen vor dem Grossen Rat zu wiederholen. Doch die Obrigkeit lehnte das Begehren des gelegentlich scharfzüngigen Inhabers des ersten Lehrstuhls für deutsche Sprache an der Universität ab, mit der Begründung, «dass in dieser Lobrede sich höchst bedenkliche Expressionen befinden».

Eine St. Jakobsfeier «von volksfestähnlichem Charakter» ist erstmals 1823 abgehalten worden, nachdem die neugegründete Sektion des Zofingervereins im Vorjahr in Frenkendorf des schicksalshaften Kampfes in aller Stille gedacht hatte: Wiederum trafen sich die patriotisch gesinnten Studenten im stadtnahen Baselbieter Dorf zu einem frohen Mahle. Auf dem Rückweg aber «hielt unfern St. Jacob Heusler eine Rede, alles zur Erhöhung des Festes. In St. Jacob selbst wurden die Studierenden unter Gesang von der Künstlergesellschaft mit ‹Schweizerblut› (lokale Weinsorte) empfangen. Nachdem auf der nahen Wiese noch mehrere Lieder gesungen worden waren, beschloss Professor Snell die Feier mit wenigen aber kräftigen Worten, die in jegliches Herz drangen. Und dann zog alles, Künstler und Studierende, so wie die anderen anwesenden Bürger Arm in Arm unter fröhlichem Gesang in die Stadt zurück».

Erstes St. Jakobsdenkmal

Bereits im folgenden Jahr (1824) bot die Einweihung des von Marquard Wocher entworfenen neugotischen Denkmals an der Gabelung der Landstrassen nach St. Jakob und Münchenstein Gelegenheit zu einem «eigentlichen Volksfest»: Nach einer kirchlichen Feier im Münster, an welcher Obersthelfer Jacob Burckhardt die

Ha! welch ein Jauchzen, welch ein fröhlich Leben!
Wie blitzt die Sonne auf den Wiesenplan!
Wie grünt es rings, wie schwellen schon die Reben!
Wie strebt so stolz die Pappel himmelan!
Wie rauscht der Fluß in Mitten grüner Hecken
Und brüstet sich in hellem Silberkleid!
Wie stolz sich ringsumher die Berge recken
Und niederschaun auf diese Fröhlichkeit!

Ist dies Sanct-Jakob? Wölbt an dieser Stätte
Sich unsrer Väter ruhmvoll Heldengrab?
Und dies die Birs, die einst in ihrem Bette
Ein Blutstrom schoß zum grünen Rhein hinab?
Geschah das Wunder einst an diesem Berge,
Daß rastlos man die edle Rebenart
Behieb und stach in einem Tagewerke
Und Abends schon der Wein gekeltert ward?

Wohl hör' ich sie in siegestrunknem Muthe
Der weisen Führer Warnung überschrein
Und wie sie lechzend nach dem Frankenblute
Ein Bergsturz tosen in die Fluth hinein.
Doch weh! die gähnenden Geschütze knallen,
Manch Einen stürzt die Eisenkugel hin,
Und durch den Rauch seh' ich Helmbüsche wallen
Und Panzerreiter in dem Flusse drin.

Jetzt fahre wohl, gehoffte reiche Beute!
Ruhmvoller Tod bleibt hier die einz'ge Wahl.
Ob's Manchen nicht des Ungestüms gereute,
Als er getroffen sank vom Todesstahl?
Dort um das Kirchlein, drunten auf der Aue,
Allüberall wie ärntet man der Tod,
Nie raffte er wohl hin mit gier'ger Klaue
An einem Tag so reichlich Abendbrot.

Baslerische Mittheilungen, 1849.

Festansprache hielt und «ein sehr langes Gebet» gesprochen wurde, marschierte «unter dem Donner der hiezu aufgestellten Artillerie» der von tausend Milizsoldaten zu Fuss und zu Pferd angeführte Festzug zum Denkmal, wo in freiheitlichem Geist die Übergabe des Monuments erfolgte. «Alles geschah ohne Pomp und Glanz, in echt republikanischer Einfachheit.» Dann aber wurde auf dem Schlachtfeld ausgiebig gefestet, gesungen und getanzt. Auf dem Rückmarsch in die Stadt brachte das Militär «dem mit der Inschrift ‹Es dankt euch Vater Tell, das ihr der Tapferkeit, der Helden an der Birs, ein Denkmal habt geweiht› geschmückten und festlich beleuchteten Tellsbrunnen in der Aeschenvorstadt Ovationen dar».

Auch im Jahre 1827 wurde der 26. August «von den Baslern auf dem Schlachtfeld gefeiert, das durch schweizerische Tapferkeit und Todesverachtung von den Vätern zum heiligen Orte für die Enkel geweiht worden ist. Nach dem Abendgottesdienst verfügte sich der Zug vom Aeschentor zum Monumente, auf dessen Stufen der vom hiesigen Zofingerverein zum Redner erwählte Herr Rumpf eine Rede hielt, die von zweckmässigen Gesängen begleitet worden ist. Dann zogen die Versammelten nach der Ebene von St. Jakob, wo zu einem frugalen Mahl in der aufgeschlagenen Hütte sich eine noch grössere Zahl sammelte. Der sinnige Spruch des Herrn Stadtpräsidenten Bischoff wurde mit der Wärme erwidert, mit welcher er ausgesprochen worden ist. Je heiterer das Mahl wurde, desto klarer trat die Bedeutung des vaterländischen Festes hervor.»

Bald aber wurde das St. Jakobsfest nur noch «von einer kleinen Anzahl Bürger ohne alles Festgepränge gefeiert». Dem «hiesigen Männerchor» war dies nicht gleichgültig, und er rief dazu auf, «dem Fest wieder eine höhere Weihe zu geben». Zu diesem Zweck veranstaltete er 1837 ein «allgemeines Bürgerfest». Dieses nahm mit einer eindrücklichen musikalischen Feier im reich geschmückten Münster einen erhebenden Auftakt. «Durch eine dichtgedrängte Hecke von Zuschauern ging hierauf die festliche Schar von Behörden und Zunftbrüdern beim Schalle eines kriegerischen Marsches zum Thor hinaus. Als man sich dem seinem Charakter als Todten- und nicht als Siegesdenkstein angemessen mit Kränzen gezierten Monumente näherte, begrüsste Kanonendonner die herbeiströmende Menge. Dem ersten Theil der Feier vor dem St. Jacobsdenkmal folgte ein fröhliches Fest im Garten des Sommercasinos. Trotz des heftigen Regens, der den Wein in den Gläsern zu taufen begann, erhöhte sich der allgemeine Frohsinn. Und auch die vom Kleinen Rath bewilligten zwei Feuerschlünde liessen sich durch den herabströmenden Regen nicht zum Schweigen bringen. Mit einbrechender Nacht zog der Zug bei Fackelschein und Musik wieder in die Stadt, um vor der Wohnung des Herrn Amtsbürgermeisters diesem ein Ständchen und der Vaterstadt ein Lebehoch zu bringen.»

Die St. Jakobsfeste im Spiegel der Zeit: 1902...

Glanzvolle Feste

Anno 1844 gelangte das nächste grosse St. Jakobsfest zur Durchführung. Der Zufall wollte es, dass das 400-Jahr-Gedächtnis mit dem grossen Eidgenössischen Schützenfest zusammenfiel, das in jenem Jahr in Basel stattfand. Die unumgängliche Verbindung der beiden Grossanlässe blieb nicht frei von Spannungen und Zwischenfällen, waren es doch von gereizten politischen Auseinandersetzungen getränkte Gewitterwolken, die sich bald hernach in den Freischarenzügen entluden. Trotzdem waren die Festlichkeiten zur vierten Säkularfeier «von einmaliger Pracht und Herrlichkeit». Traditionsgemäss wurde der Gedächtnistag im Münster eröffnet. Unter Einbezug der gesamten politischen Prominenz, freundeidgenössicher Delegationen, der Zünfte, der Universität, der Wirtschaft, der Schützengesellschaften und einer riesigen Sängerschar formierte sich nach dem feierlichen Gedenkgottesdienst ein «gewaltiger

Festzug, der sich gemessenen Schrittes nach St. Jacob hinaus bewegte. Rechts und links säumten den Weg gedrängte Schaaren von Zuschauern; aus den Fenstern der Häuser schaute Kopf an Kopf.

Als der Zug die Stadt verliess, wurden ihm vom Aeschenbollwerk 22 Kanonenschüsse nachgefeuert, und gar bei St. Jacob selbst aus den Zwölfpfündern oben am Rande des Hügels. Auf der grossen Matte zwischen dem St. Alban-Teich und der Birs, die erst in neuerer Zeit dem alten Sumpfland abgewonnen worden ist, wurde an der Stätte, welche das Blut ihrer Väter für alle Zeiten geheiligt hat, ein ruhmvolles Gedenken zelebriert. Dann nahm das Festgeleite wieder den Rückweg in die Stadt auf, sich aber nur mit Mühe einen Weg durch das Menschengewühl bahnen konnte. Sowie die Spitze des Zuges sich der Stadt näherte, entrollte sich über den Zinnen des Aeschen-Thors, das hochgethürmt die Doppelreihe der Gärten und Landhäuser abschliesst, die Eidgenössische Fahne, gross, roth, mit weissem Kreuz. Die Glocken aller Kirchen wurden geläutet, auch die Papstglocke des Münsters, die sonst nur

dreimal im Jahr ertönt. Vom Denkmal an bis zum Thore waren auf beiden Seiten des Wegs hundert Mastbäume aufgepflanzt, mit den Flaggen der Eigenössischen Stände, Tannenwipfeln und Gehängen von grünem Laub geschmückt. So kam man endlich von der heissen staubigen Landstrasse in die kühleren Strassen der Stadt. Auch diese zeigten sich für den Empfang der ersehnten Gäste reich und zierlich geschmückt. Viele Gebäude waren auf das Fest neu herausgeputzt, manche sogar in den Erdgeschossen stattlich umgebaut worden. Gewinde von Laub und Blumen, Inschriften, Fahnen und Fähnchen schwebten und flatterten an den Häusern. Im Rathhause, dem schönsten und grossartigsten Gebäude Basels, wurde den auswärtigen Gästen nochmals gebührend Aufwartung gemacht. Dann ordnete man sich wieder in den allgemeinen Zug ein, um der Eröffnung des Freischiessens beizuwohnen.»

Zu «einem Fest, wie es Basel noch nie gesehen hat», gestaltete sich das St. Jakobsfest 1872. Und zwar deshalb, weil das neue, von Bildhauer Ferdinand

Die St. Jakobsfeste im Spiegel der Zeit: 1909 und 1911 ...

Schlöth geschaffene St. Jakobsdenkmal eingeweiht worden ist. «Zahlreicher Besuch war aus allen Gauen des Schweizerlandes, aus dem nahen Elsass und Süddeutschland herbeigeströmt. Ganz Basel war bekränzt und beflaggt, mit Bildern und Sprüchen geschmückt, jung und alt auf den Füssen, um an der Feier theilzunehmen. Die Stadtbehörden, Vereine und Zünfte hatten alle Anstalten getroffen, um ihrem Ansehen und ihrer Würde gemäss zu erscheinen. Von den Zünften thaten Gärtner, Schmiede und Metzger sich durch alte Tracht und stattliche Haltung hervor. Die oberste eidgenössische Behörde hatte in den Herren Bundesräthen Cérésole und Knüsel Abgeordnete geschickt. Auch Vertreter der neun Orte, die Basel von der Schmach gerettet hatten, waren anwesend, und mit ihnen Bannerträger in ihren alten malerischen Schweizertrachten. An auswärtigen Vereinen war kein Mangel. Die Berner hatten ihren lieben Mutz mitgebracht, dessen Aufgabe es überall ist, das Volk durch seine Sprünge zu belustigen.

Auf dem Münsterplatz wurde von dem als Dichter bekannten Herrn Pfarrer Friedrich

Oser ein Dankgottesdienst gehalten. Wie gegen fünf Uhr abends die Enthüllung des Denkmals vor einer unübersehbaren Menge erfolgte, erscholl ein vieltausendfaches Hoch, und ein allgemeiner Jubel brach los. Damit war die schöne patriotische Feier noch nicht beendet. Auf einer nahen Wiese, der Luftmatte, wurden den Theilnehmern des Festes durch lebende Bilder nach den Gemälden bekannter Künstler Hauptmomente der Schlacht von St. Jakob vergegenwärtigt. Am Abend war die ganze Stadt taghell illuminirt und in ein Glanzmeer verwandelt, wie denn zu den schönsten Erinnerungen auch die Beleuchtung des Denkmals durch bengalische Flammen gehört, die eine wahrhaft magische war.»

Staatliche Gedenkfeier

Auf «gewissen öffentlichen Druck hin» entschloss sich die Regierung 1894, die bisher von privater Seite durchgeführten Feiern zu einem staatlichen,

in Intervallen von fünf Jahren anstelle des 1. August zu wiederholenden St. Jakobsfest zu erklären, «während zwischenhinein lediglich kleine private Erinnerungsakte stattfinden sollen». So wurde bereits das «voluminöse» 450-Jahr-Fest «unter staatlicher Leitung zu allgemeiner Zufriedenheit abgehalten».

Obwohl ohne besonderen historischen Anlass, gestaltete sich auch das St. Jakobsfest 1909 zu «einer glanzvollen Manifestation bürgerlicher Einheit»: Am frühen Morgen des «tüppigen Augstentages» verkündeten 22 Kanonendonner den Anbruch des St. Jakobsfestes; eines Festes, wie es Basel bisher noch nie gesehen haben soll. Um 06.15 Uhr vereinten sich alle Glocken der Stadt zu einem viertelstündigen Geläute, auf den Münstertürmen liessen Posaunisten geistliche Choräle zur Ehre Gottes erschallen, und vom Marktplatz marschierten der Musikverein (heute Stadtmusik), die Feldmusik, die Jägermusik und die Amicitia mit klingendem Spiel zur Tagwache in die Quartiere hinaus. Die Stadt erwachte aus ihrem Schlaf. Aus den umliegen-

Die St. Jakobsfeste im Spiegel der Zeit: 1944 und 1979...

den Städtchen und Dörfern diesseits und jenseits der Grenzen strömten Tausende von Besuchern nach Basel, um dieses einzigartige Schauspiel mitzuerleben. Nur der Himmel trug ein düsteres Anlitz. Doch «selbst wenn's Katzen hagelt» war man gewillt, aufs Schlachtfeld nach St. Jakob zu ziehen!

Um halb zwei Uhr ordnete sich im Hof der Kaserne ein riesiger Festzug, der von gegen 8000 Teilnehmern aus 161 städtischen Vereinen und Gesellschaften gebildet wurde. Die ganze Prominenz der baslerischen «Vereinsmeierei» war vertreten: Sänger, Musikanten, Landsmannschäftler, Zünftler, Politiker, Gewerkschafter, Studenten, Militärs, Turner, Kegler, Schwinger, Hornusser, Schützen, Fischer, Wasserfahrer, Radfahrer, Fussballer sowie sämtliche Behördemitglieder und zahlreiche Ehrengäste, unter ihnen der Basler Bundesrat Ernst Brenner und alt Bundesrat Emil Frey.

Der «gewaltige Festzug setzte sich um drei Uhr in Bewegung. In den Strassen wogte die Menschenmenge wie ein Ährenfeld im Wind,

und an den Fenstern grüssten die Anwohner die Bekannten im flutenden Menschenstrom. Keiner hatte es zu bereuen, der dem Festzug entgegeneilte, denn diesmal fehlte der Allerletzte nicht; es war eine gewaltige Heerschau, zirka achttausend Männer marschierten mit patriotisch klopfendem Herzen in strammer Ordnung nach dem Takt der Musik oder der Trommel hinaus auf den Festplatz. Prächtige historische Gruppen gingen den Züften voran, und über den Köpfen rauschten die schwerseidenen Zunftbanner ihr vornehmes und stolzes Lied: ‹Hie Basel, hie Schweizerboden›!

Als die erste Abteilung beim St. Jakobsdenkmal angelangte, wurde ein mächtiger Lorbeerkranz am Fuss des Denkmals niedergelegt. Die Artillerie war mittlerweile mit ihren Geschützen vorausgefahren und hatte auf der Höhe beim Hohlweg Aufstellung genommen. Beim Vorbeimarsch des Zuges donnerten von den Höhen herab die Kanonen den Festgruss. Auf dem Schlachtfelde angelangt, nahmen die Zugteilnehmer vor der mit Tannengrün und dem Schweizerwappen dekorierten Rednertribüne Aufstellung.

Die drei grossen Kunstgesangvereine Basels (Liedertafel, Liederkranz und Männerchor) stimmten das Lied ‹Das weisse Kreuz im roten Feld› an, und mächtig rauschten die weihevollen Klänge über die weite Wallstatt. Hierauf bestieg Herr Nationalrat Dr. Chr. Rothenberger die Rednerkanzel und hielt eine Ansprache. In das Hoch auf das Vaterland stimmte die nach Tausenden zählende Zuhörerschaft begeistert ein. Der allgemeine Gesang ‹Trittst im Morgenrot daher› schloss die Feier, die den traditionell einfachen, aber gerade deswegen umso würdigeren Verlauf nahm».

Nach Beendigung der offiziellen Feier «waren im Nu alle Tische der fliegenden Wirtschaften besetzt und ein lustiges Festtreiben begann. Es war 5 Uhr geworden, da zogen hinter dem Bruderholz schwarze Wolken herauf wie mächtige feindliche Heerscharen und nahten sich unter furchtbaren Drohungen. Schon hatte die Vorhut den Festplatz erreicht: wie Nadelstiche wirkte der leicht rieselnde Regen, aber den Humor und die Feststimmung liess sich nie-

Die St. Jakobsfeste im Spiegel der Zeit: 1984.

mand nehmen. Unter den geöffneten Regenschirmen sass es sich so wohl bei Wein und Bier, und um das Geplänkel der Wolken kümmerte sich niemand. Doch es blieb nicht beim Geplänkel, die schwarzen Heerscharen am Himmel schickten das Gros in die Schlacht und bald sausten die Regenpfeile vernichtend herab. Mit Wucht klatschte der Regen auf die Schirme und Tische, und in wilder Flucht eilten die Festkämpen, aufgelöst in verworrener Unordnung, nach der gedeckten Festhütte. Bald war die umfangreiche Hütte von Tausenden angefüllt; eine Mauer aus Menschenleibern hinderte weiteren Zuzug. Nach eintretender Dunkelheit durchzogen noch einzelne Gruppen die Stadt.

Auf dem Marktplatz hatte sich eine grosse Menge angesammelt, wohl in Erwartung des Festzuges, dem es nicht einfiel, zu kommen! Die vergeblich Harrenden hatten dafür den Genuss des bengalisch beleuchteten Rathauses: feurige Lohe klammten im Rathaushofe um die Statue des alten Munatius, und vom Dache strahlte die brennende Röte zum Regenhimmel empor»!

Begleitet worden war die glanzvolle 1909er St. Jakobsfeier von einigen unerfreulichen Nebengeräuschen. So bildete die Wahl des Festredners einen weite Volkskreise brennend interessierenden Vorgang. Denn der von der Regierung dazu bestimmte Regierungsrat Eugen Wullschleger, der «anlässlich der Volksabstimmung vom 3. November 1907 (Annahme der Militärorganisation) die schweizerischen Wehrmänner schwer gekränkt hat», stiess auf starke Ablehnung. Namentlich der Artillerieverein und die Zunft zu Safran, der Wullschleger als Zunftbruder angehörte, stellten ultimative Forderungen. Unter dem Druck der öffentlichen Meinung übertrug die Regierung das Mandat schliesslich Nationalrat Rothenberger.

Eine gewisse Nervosität verbreitete auch der Gedanke der Katholiken, die anstatt bei «Käseduft, Wurstgeruch, Biergestank, Schweiss und Staub ohne geistige Eindrücke» zusammenzusitzen, die St. Jakobsfeier durch einen Gottesdienst begehen wollten. «Denn wenn das Vorhaben auch seine Berechtigung haben mochte, so wollte man

doch nicht hoffen, dass Basel wiederum in die Macht Roms käme. Die Bürgerlichen haben eben recht sonderbare Heilige unter ihrer Bruderfahne»!

Fasnachtssujet

Das verregnete St. Jakobsfest von 1909 in einer politisch unruhigen Zeit geriet an der folgenden Fasnacht gebührend unter Beschuss: «Am 26. August findet in Basel immer das St. Jakobsfest statt. Die Basler müssen da furchtbar viel Bier trinken und lustig sein, weil an diesem Tag vor vielen hundert Jahren eine Menge Eidgenossen totgeschlagen wurde. Man könnte es sonst vergessen. Man macht deshalb einen grossen Zug nach St. Jakob, wo auf einer Matte lauter Wirtschaften stehen und den Zunftbrüdern Gratiswürste ausgeteilt werden. Diese heisst man Festklöpfer. Der Zug ist sehr schön.

Letztes Jahr war es besonders schön, weil so viele Verkleidete dabei waren, denn die Regierung hatte ihn gemacht. Zuerst kam der neue Polizeiinspektor auf dem Pferd die Freiestrasse heraufgeritten und stand bei jedem Landjäger still und sagte ihm, er solle die Ordnung aufrecht erhalten. Dann kamen die Regierungsräte, welchen es teilweise zuwider war, und sie hatten Zylinderhüte auf, und unser Herr Oberst Emil Frey, welcher extra von Bern hergekommen war. Alle Zünfte hatten Verkleidete bei sich. Sie hatten Plüschmäntel an mit Kingelipelz und Kartonhelme auf den Köpfen und Zwicker und Stumpen im Gesicht. Und sie stellten Eidgenossen vor. Einige sahen aus wie Papageien und einige wie Paradiesvögel. Man nennt das farbenprächtig. Dann kamen die Studenten, welche weisse Unterhosen anhatten. Und sie waren alle sehr mager, da sie schrecklich viel studieren müssen. Manchmal wollten sie etwas singen, weil die Studenten immer singen müssen, wenn sie über die Strasse gehen. Sie konnten aber alle vor Aufregung fast nicht gehen, weil man sie doch so stark anschaute, weil sie so schön waren. Einige trugen Reitpeitschen und Blumensträusschen in der Hand und mehrere hatten einen Sabel bei sich und stolperten manchmal darüber. Ein paar hatten auch grosse Tabakspfeifen, aber sie rauchten nicht, weil es ihnen schlecht geworden wäre. Da die Studenten so viel Bier trinken müssen, hatten sie einen extra Gorpsdiener bei sich.

Als der Zug in den Hohlweg bei St. Jakob kam, da standen die Kanoniere und schossen mit Kanonen auf ihn. Es krachte so, dass einigen im Zug das Trommelfell in den Ohren platzte und sie sagten, es sei eine Schweinerei. Aber man muss es, damit es die Vaterlandsbegeisterung weckt. Nachher fing es an zu regnen. Und dann fing es an zu schütten, und nun rannten sie alle in die Festhütte, weil sie Angst hatten für die Plüschmäntel und den Kingelipelz, weil es Flecken gibt, wenn sie nass werden. Und alle sagten, wie schade es sei um das schöne patriotische Fest und tranken Bier. Am meisten fuxten sich die Turner, weil sie hätten sollen auf dem Münsterplatz eine Vorstellung geben und zeigen, was sie können. Sie hatten sich weiss verkleidet und wollten aufeinanderstehen und das St. Jakobsdenkmal und den Winkelried nachmachen. Aber da es regnete, ging es nicht. Einer sagte, es ist gut, dass die Mehlwürmer sich nicht produzieren können, dadurch wird nur dem Volk sein Geschmack verdorben. Aber sie verhauten ihn, weil er das gesagt hatte und sagten, er sei ein verdammter Schwob. Es war aber keiner. Das St. Jakobsfest ist etwas sehr Schönes»!

Von aussergewöhnlichem Ablauf erwiesen sich in der Folge auch die St. Jakobsfeste 1911 (Herztod eines Zugteilnehmers auf der Mittleren Brücke und tödliche Verletzung eines zehnjährigen Knaben durch das Empfangsschiessen auf dem Schlachtfeld) und 1939 (erstmalige offizielle Teilnahme der Gewerkschaften und Festansprache von Professor Edgar Bonjour vor 50000 Zuhörern).

Nationales Ereignis

Zu einem «Ereignis von nationaler Bedeutung» erhoben worden ist der 500. Jahrestag der Schlacht von St. Jakob. Mit einer Festsitzung des Grossen Rats, Festgottesdiensten im Münster und in

Sankt Jakobsfest

Sankt Jakobsfest! Ein Sonnentag
In unsern Schülerjahren!
Hei, mit Musik und Trommelschlag
Wie stolz wir angefahren!

Im Bürgerzuge ging's hinaus.
Wie keck die Fahnen flitzten!
Die Magern schritten schwungvoll aus,
Die Dicken weidlich schwitzten.

Und draussen auf der Festeswies:
Welch patriotisch Leben!
Der Herr Regierungsrat lobpries
Das ideale Streben.

Am Abend immer höher schwoll
Die Flut der Festeswogen:
Wir soffen uns kanonenvoll
Samt unserm Pädagogen.

Dominik Müller, 1920

der St. Clarakirche sowie der Première des Festspiels «St. Jakob an der Birs» von E.F. Knuchel und C. Beck in der Mustermesse wurde am Vorabend das offizielle Gedenken mit grosser Feierlichkeit eingeleitet. Um sechs Uhr früh des 26. August 1944 haben sodann «die Glocken aller Basler Kirchen die Bevölkerung zum grossen Festtag aufgerufen. Unter dem tiefen Eindruck des gewaltigen militärischen Geschehens des Zweiten Weltkriegs gedenkt Basel, und mit ihm die ganze Schweiz, dankbar der Helden von St. Jakob. Dieser Dank gilt aber auch unserer Armee, die während der vergangenen fünf Jahre in erwähnenswerter Aufopferung unsere Grenzen beschützt hat. Zu ihren Ehren wird ein St. Jakobs-Fonds im Betrage von 100 000 Franken für die Unterstützung der Nachkommen verunglückter Wehrmänner gestiftet. Zu Tausenden und Abertausenden verfolgen die Zuschauer während mehr als zwei Stunden den farbenprächtigen Festzug auf der Route Clarastrasse – Marktplatz – Freiestrasse – St. Jakobsstrasse – St. Jakob. Die Landesregierung ist im Umzug durch Bundespräsident Stampfli sowie die Bundesräte Etter

und Kobelt, die Armee durch General Guisan vertreten. Das Défilée der am Festzug beteiligten Truppenteile vor dem General verleiht der Feier einen besonderen Akzent. Anschliessend ergreifen auf dem Stadion St. Jakob Regierungspräsident Brechbühl, Bundespräsident Stampfli und Professor Bonjour das Wort. Nach dem Gedenkakt wird auf dem Festplatz ein Volksfest abgehalten. Die Zünfte marschieren indessen in die Stadt zurück, während Organisationskomitee und Ehrengäste sich zu einem Bankett auf der Safranzunft einfinden».

1959 entwickelte das für die Organisation zuständige «Komitee für die St. Jakobsfeier» ein «völlig neues Konzept, indem anstelle eines Festzuges zum Denkmal und auf das Schlachtfeld von St. Jakob vier Sternmärsche nach dem Münsterplatz traten».

Mit den Erinnerungsfeiern an die Mobilmachungen vom 1. August 1914 und 3. September 1939 verknüpft wurde das St. Jakobsfest 1964: Am Vormittag gedachten mehr als 2000 Veteranen vor dem Wehrmännerdenkmal auf der Batterie der beiden Ehrentage der Armee. Nachmittags wurde auf dem Münsterplatz in besonders würdigem Rahmen und einer Ansprache von Bundesrat H.P. Tschudi die Gedenkfeier zu Ehren der Helden von St. Jakob abgehalten. Anschliessend empfing die Regierung die Soldaten der Grenzbesetzungszeit in der Kongresshalle zu einem gemütlichen Umtrunk. Und schliesslich vergnügte sich die Bevölkerung abends in der für den Verkehr gesperrten Innenstadt bei einem frohen Volksfest, wobei «im Freien bis gegen Mitternacht getanzt wurde».

Fünf Jahre später «konnte sich die Regierung nicht mehr entschliessen, den Nachmittag des 26. August als arbeitsfrei zu erklären und die Organisation des Festes selbst an die Hand zu nehmen». Damit «die schöne und sinnvolle Tradition in unserer gewandelten Welt aber trotzdem bewahrt bleibt», sorgen sich seither die E. Zünfte und Gesellschaften. Mit der sogenannten *St. Jakobsspende*, welche ebenfalls in fünfjährigem Turnus dem von allen Korporationen gespiesenen Fonds zur Unterstützung bedeutsamer baslerischer Werke und Institutionen entnommen wird, erhält der innere Gehalt des St. Jakobsfests besonderes Gewicht.

Dank-, Buss- und Bettag

Die Anfänge der Institution des Allgemeinen Dank-, Buss- und Bettages gehen in Basel ins Jahr 1451 zurück. Am 13. August dieses Jahres erkannten Rat und Geistlichkeit, dass «man uff morn Sambsstag eynen gemeynen Krützgang und andechtige Procession fürnemen wil in solicher masz, dz uff den Tag meniglich fru umb die Sechse yederman in sin Kilchspile (Pfarrei) kommen und da by dem heiligen Ampt der Messen, die da gesungen und gelesen werden sollent, sin und darnach mit der Procession uff den Hoff by dem Münster gan sollent. Daselbst mit Ernst und Andacht ze hören die götliche Vermanunge und das Gots Wort.» Auf eidgenössischer Ebene ist im Jahre 1480 erstmals von einem Bettag die Rede, wurde doch auf der Tagsatzung zu Luzern am 31. August beschlossen: «Jeder Bote soll heimbringen und seine Herren ernstlich ermahnen, dass man in gemeiner Eidgenossenschaft allenthalben Gott dem Allmächtigen zu Lob, seiner würdigen Mutter und dem ganzen himmlischen Heere zu Ehren und den Unsrigen, die jetzt in Frankreich sind, zu Trost etwas Gutes oder Gottesdienst nachtun soll, damit es ihnen im Felde und uns zu Hause desto besser ergehe.»

Zum Bettag

Kein Mensch noch Stand mag hie bestahn,
Der Gott nicht wird zum G'hilfen han,
Dass er ihn leit all Tag und Stund;
Drum wünschen wir aus Herzensgrund:

Der Obrigkeit, dass die Gewalt
Von Gott sie nehm und recht verwalt;
Es geb ihr Gott viel Ehr und Fleiss,
Dass fromm sie sei, aufrecht und weis.

Der ganzen G'meind Gehorsamkeit,
Zu fördern Zucht und Ehrbarkeit
Und Bruderliebe, Fried und Treu,
Dass Leib und Glied gesund hier sei.

Und jedem Haus und was darin,
Dem wünschen wir den rechten Sinn,
Zu Gottes Preis und Ehr geübt,
Der Haus und Hof und alles gibt.

Johannes Zwick, um 1530

Zum Bettag

O Land, Land, Land, höre des Herren Wort!
Jeremia 22, 29.

Gebet.

Herr, allmächtiger Gott! Laß deine heilige Ehre um unsrer Sünde willen nicht geschmäht werden. Wohl haben wir vielfältig wider dich gesündigt; denn wir sind deinem heiligen Wort nicht gehorsam, wir reizen durch innere Blindheit, Undankbarkeit und Murren deinen Zorn täglich wider uns. Darum strafst du uns billig.

Aber, o Herr, sei eingedenk deiner heiligen Barmherzigkeit und erbarme dich unser. Gib uns Erkenntnis, Reue und Besserung unserer Sünden. Erhalte und mehre deine Kirche. Zerstöre alle falschen und bösen Ratschläge, die wider dein Wort und deine Kirche erdacht werden. Insonderheit wehre allen unchristlichen und widerchristlichen Mächten und Gewalten und halte ihr grausames Wüten und Toben zurück. Stürze sie durch deinen mächtigen Arm. Gib aber deinem Volk Kraft und Sieg, daß wir deine Macht und Hilfe sehen und uns mit deinen Auserwählten freuen.

Behüte uns vor Teuerung und böser Zeit. Gib deinen Segen zu der Frucht der Erde, daß wir dich als den Vater und Ursprung alles Guten erkennen. Wir bitten dich auch für alle Obrigkeit der Welt und für unseres Volkes Diener und Oberen. Laß sie das weltliche Schwert mit Gerechtigkeit und Billigkeit führen. Behüte uns vor aller Falschheit und Untreue. Stärke alle schwachen und betrübten Gemüter und sende uns deinen Frieden durch Jesus Christus, unseren Herrn. Amen.

Basel 1541.

Basler Kirchenbote, 1940.

Grosse Gebete und Bittgänge

Zu Grossen Gebeten, Bittgängen, Prozessionen und Wallfahrten wurde indessen noch nicht regelmässig aufgerufen, sondern nur dann, wenn Kriegsgefahr, Seucheneinbrüche, Teuerung, Missernte oder katastrophale Witterung Land und Volk bedrohten und es deshalb des Allmächtigen Schutz und Beistand herbeizuflehen galt. So auch im Jahre 1541, als einerseits durch die Pest «hie mercklich viel Volck, jung und alt, Wib und Mann, dahinsturb», und andererseits «die greulichen Türcken» Angst und Schrecken verbreiteten. Während des auf jeden Dienstag angesetzten wöchentlichen Gottesdienstes, «welcher ein gemein Kirchengebätt sampt einer Buosspredig» ist, hatte «niemand kein Werck andersz zu volfieren oder zthun, bisz sollich Predig vollbrocht wurt, wie an einem Sunntag mit gemeinnem Bet Got den Herren zu ermanen».

Mit welcher Strenge und Würde die Bürgerschaft den Bettag zu begehen hatte, zeigt deutlich das gedruckte Mandat vom 4. September 1620: «Hierauff befehlend, dass selbigen tags sich jedermeniglich von Manns- und Weibspersonen, alten und jungen, Knecht, Mägt und Handwerksgesellen zu besagten Pfahrkirchen unfehlbarlich verfüge und mit Übung wahrer Buessfertigkeit den Tag biss auff den Abend zubringe. Den dreyen Predigten, welche zu disem End gerichtet, und morgens von acht biss zehen, mittags von zwölffen biss gegen halb zweyen und abends von dreyen biss gegen fünff Uhren angestelt, wie auch den Gebett, so abgelesen werden sollen, mit gottseligem Eyfer zuhöre und unablässig abwarte.» Die Zeit zwischen den Predigten war mit Gesang und mit dem Anhören von Gebeten und Versen aus der Heiligen Schrift sowie mit dem Katechismusunterricht für Kinder auszufüllen. Zu den Gottesdiensten hatte jedermann in einfacher, anständiger Kleidung zu erscheinen. Die Männer und musterungspflichtigen Burschen mussten zudem das Seitengewehr tragen. Auch liessen die Pfarr-

PRIERE
POUR LE
JOUR DE JEUNE,
Qui doit être célébré
DANS L. L. CANTONS
EVANGELIQUES,
Le 6. Septembre M D CC LXX.
Traduite de l'Allemand, pour être luë
après chaque Sermon,
Dans l'Eglise Françoise de Bâle.

ESAIE Chap. IX. ℣. 11. 12.

Pour tout cela le Seigneur ne sera point cesser sa colere,
mais sa main sera encore étenduë : Parce que ce Peuple ne sera
point retourné jusques à Celui qui le frappoit, & qu'ils n'au-
ront pas recherché l'Eternel des armées.

Chez JEAN HENRI DECKER, Imprimeur de l'Académie.

Bettagsaufruf der Französischen Kirchgemeinde Basel, 1770.

herren zu billigem Preis ein Bettagsbüchlein auflegen, aus dem gemeinsam gelesen wurde. Das gleichzeitige Umblättern der Seiten verursachte jeweils ein störendes Geräusch, das «ähnlich dem Rauschen grosser Flügel durch die Kirche schallte». Auch das Fastengebot war pünktlich einzuhalten. Essen und Trinken wurden erst am Abend, und zwar mit gehörigem Mass, erlaubt. Deshalb hatten die Gastgeber, Weinschenke, Kochwirte und Pastetenbäcker ihre Stuben und Läden während des Tages geschlossen zu halten. 1640 wurden die Bürger und Einsassen nach der Morgenpredigt mit der Ermahnung nach Hause entlassen, sich nicht mit Speis und Trank zu überfüllen, sondern nur mit dem, «was zu eines jeden Herzensstärkung die Noth erfordert».

Der mitunter recht massive obrigkeitliche Vorschriftenwall, der den «Fast-dauer- Buss- und Bätt- Tag» schützend umgab, wurde nicht selten von List und Schalk durchbrochen. So ermöglichten die in einem «Strickseckel» mitgebrachten Süssigkeiten, den neunstündigen Gottesdienst auf christliche Weise abzusitzen. Damit das Volk nicht auf durstige Gedanken kommen konnte, wurde

WIR Bürgermeister
und Rath der Stadt und Republic
Basel entbieten Unsern lieben und getreuen Bürgern und Angehörigen zu Stadt und Lande Unsern geneigten und gnädigen Willen und dabey zu vernehmen:

Daß Wir mit den übrigen evangelischen Ständen Lobl. Eydgenoßschaft einen allgemeinen Fast = Buß = Bet = und Danksagungstag auf Donnerstags den 8. Herbstmonats nächstkünftig angesehen haben. Wir ermahnen zu diesem Ende Unsere lieben und getreuen Bürger und Angehörigen, sich zu der würdigen Feyer dieses wichtigen Tages auf eine Weise vorzubereiten, wie es wahren Christen geziemend und anständig ist; und denselben also zu begehen, daß dadurch ihre wahre Besserung wirksam möge befördert werden. Damit aber diese gottselige und Uns mit dem äussersten Ernste angelegene Absicht durch keine Hindernisse gestöhret werde, so ergehet an sämtliche Lobl. Collegien, denen die Handhabung der Policey in der Stadt obliegt, und an alle Unsere Oberbeamten auf der Landschaft, Unser ernstlicher Befehl, durch sich selbst und durch ihre Nachgesetzten die behörige Anstalten zu treffen, daß sowohl an diesem Tage als Abends vorher alle Wirths = und Weinhäuser (ausser so viel es die Beherbergung der Durchreisenden erfordert) geschlossen, und alle Anlässe zu Unordnungen, die Uns zu allen Zeiten höchst mißfällig sind, verhütet werden; Massen alle Diejenige welche wider diese Verordnung zu handlen sich unterstehen würden, zu ernstlicher Bestrafung sollen gezogen werden. Wornach sich also Männiglich zu richten wissen wird, und solle diese Unsere Ernstgemeinte Warnung und Verordnung, alljährlich vor dem Bettag, auf allen Canzlen zu Stadt und Land verlesen, und mit fernerer Ermahnung der Herren Predigern begleitet werden.

Sign. den 24. Augstmonats 1774.

Canzley Basel ssst.

Obrigkeitliches Bettagsmandat, 1774.

1663 der grosse Wassertrinker Peter Maltois, der aufs Mal einige Eimer Wasser schlucken und wieder von sich geben konnte, auf den Bettag nicht in die Stadt eingelassen. Bei gewissen Leuten auf wenig Verständnis stiess auch der Scherz Samuel Schneiders. Denn als der fröhliche Musikant auf der Münsterorgel als Nachspiel die Arie aus der Zauberflöte «Seid uns zum zweitenmal willkommen» intonierte, «fand die tonkundige Frau Passavant-Passavant ein so profanes Präludium höchst unangemessen, und der gute Magister erhielt seitens der Geistlichkeit einen herben Verweis»!

Einen tragischen Verlauf hatte der Bettag 1727 genommen, «nachdem der Professor Buxtorf zu St. Peter eine Predigt, die über zwey Stunden (!) währte und herrlich genannt wurde, gehalten hatte. Nach derselben beweinte (betrank) sich

aber ein hiesiger Bürger so sehr, dass er Händel mit einem Wachtmeister anfing, den Degen zuckte und ihm etliche Wunden ins Gesicht beybrachte. Der Wachtmeister gab ihm aber einen Stich, woran der Trunkenbold den folgenden Morgen starb. Der Wachtmeister wurde zwar in den Thurm geführt, aber nach dem ersten Verhör als unschuldig entlassen». Ebenso traurig verlief der Bettag 1826: «Einige Handwerksgesellen verfügten sich nach Weil. Dort wurde tüchtig gefestet und ausgiebig geistigen Getränken zugesprochen. Völlig betrunken fuhren die Burschen dann abends in einem grossen Leiterwagen in die Stadt zurück. Und wie es kommen musste, wurde unterwegs eine wilde Rauferei vom Zaun gerissen, die schliesslich mit dem Tod eines der übermütigen Zechbrüder ein überaus tragisches Ende nahm.»

Gemeinsame Bettage

Anno 1639 einigte sich die «Conferenz der vier evangelischen Städte» (Zürich, Bern, Basel, Schaffhausen) auf die Durchführung eines gemeinsamen «Tag des Herrn der löblichen Eidgenossenschaft», «um dem Herrn der Heerscharen mit demütigem Fussfall und geistlicher Bewaffnung für die gnädige Verschonung von den ringsum drohenden Kriegsgefahren zu danken». 1643 hielten es auch die Katholischen Orte für angebracht, gemeinsam Andachten und Bettage anzuordnen, weil «durch die Gnade Gottes das Vaterland bis dahin in Ruhe, Frieden und Wohlstand erhalten worden ist»; die kirchlichen Mandate wurden seit 1828 durch den Bischof von Basel erlassen. Zum Beten kam nun als neues Motiv das Danken hinzu. Die von der Obrigkeit publizierten Mandate gliederten sich im allgemeinen in zwei Teile. Zum einen in Betrachtungen über die Arglist der Zeit und die sündhafte Welt sowie mit dem Aufruf zu tätiger Busse, vermehrtem Glauben und tiefer Dankbarkeit, und zum andern mit Hinweisen auf polizeiliche Vorschriften und allgemeinen Mitteilungen.

1650 wurde «ein ausserordentlicher Buss- und Fasttag gefeiert, nachdem man verschiedene Erdstösse verspürt hat und der Mensch sich so leicht vor dem Tode fürchtet, obwohl er sich bisweilen unsterblich glaubt». Und im folgenden Jahr ist ein Dankgottesdienst gehalten worden, in welchem «Gott sonderlich gedanket, dass er uns gnädiglich in dem Dreyssigjährigen-Teutschen Krieg unangefochten erhalten und uns so väterlichen Frieden verliehen hat». 1664 «ist ein erschrecklicher Comet mit einem lang ausbreitenden Schweif, der gegen Mittag zog, gesehen worden. Zwölf Tage hernach wendete er sich mit dem Schweif gegen der Sonne Aufgang. Er wurde am Himmel unseres Horizonts während dreyssig Nächten gesehen. Deshalb ist auf den 5. Januar 1665 zu Stadt und Land wie auch in den übrigen evangelischen Orten der Eidgenossenschaft wiederum ein Fast-, Bet- und Busstag gehalten worden».

1756 «ist wegen diesmahligen betrübten Zeiten – es ereigneten sich viel und schädliche Erdbeben, starcke Wassergüsse, grosse schädliche Sturmwinde und ausserordentliche nasse und ungesunde Wütterung – ein expresse angestellter ausserordentlicher Bätt-Tag gehalten worden. Gott segne diese und alle andern Predigten und Gebätter. Auch wolle er uns künftighin mit seinen göttlichen Strafgerichten verschonen und solche in Gnaden von uns abwenden». 1760 «wurde in allen protestantischen Kantonen ein grosser Buss- und Fasttag abgehalten. An diesem Tag pflegt man dreimal in die Kirche zu gehen, erstens um 8 Uhr morgens, zweitens um 11 Uhr und drittens um 2 Uhr nachmittags. Aber es gab Leute, die nicht nur alle drei Predigten bis zu Ende hörten, sondern von 8 bis 4 Uhr in der Kirche sassen, bis alles vorüber war. Die ganze Bevölkerung hielt das Mittagsmahl um 4 Uhr ab». Und 1771 «erwirkte Antistes Emanuel Merian, dass anstatt des ziemlich schlechten Gesangs ein besseres, erweckliches Lied aus dem Gesangbuch gewählt wurde. Am Bettagnachmittag wurde nämlich seit langer Zeit das Lied von Lobwasser gesungen ‹Erheb dein Herz, thu auf die Ohren›».

1794 beschloss die Tagsatzung, erstmals einen gesamtschweizerischen Bettag einzuführen, ohne allerdings ein bestimmtes Datum der jeweiligen Feier festzulegen. Ein solcher Entscheid wurde erst 1832 gefasst, indem die in Aarau versammelte Eidgenössische Tagsatzung verfügte: «Der gemeineidgenössische Dank-, Buss- und Bettag soll künftig in allen Ständen der Eidgenossenschaft immer gleichzeitig am 3. Sonntag des Herbstmonates (September) gefeiert werden.»

Bettagsproklamationen

Der Erlass der Bettagsproklamationen blieb aber weiterhin Sache der Kantone. In Basel wurden die Mandate oft vom Antistes oder vom Obersthelfer entworfen, was nicht immer allen Kreisen gerecht zu werden vermochte. Wohl aus diesem Grund liess sich 1874 der Kleine Rat beim Bundesrat vernehmen, «ob er von sich aus eine Ansprache an das Schweizervolk erlassen werde». Der ablehnende Bescheid aus Bern bewog den Regierungsrat schliesslich, «in Betracht der gegenwärtigen (zerstrittenen) Stellung der kirchlichen Gemeinschaften hierorts vom Erlass einer Publikation abzusehen, was dem *Kirchenrat* anzuzeigen ist». In der Folge zeichnete der Evangelisch-reformierte Kirchenrat für die Redaktion der Bettagsmandate verantwortlich. Erst 1957 wandte sich die Regierung wieder mit einem offiziellen Bettagsaufruf an die Öffentlichkeit. Aber nur für kurze Zeit, wurde doch schon 1971 wieder auf eine obrigkeitliche Proklamation zum Bettag verzichtet. «In einer Zeit, da die innern Werte menschlichen Daseins immer mehr äusserem Glanz zu weichen haben», versuchte drei Jahre später Grossrat E.A.M. die Regierung von ihrem Entscheid abzubringen. Doch «da es kaum mehr möglich ist, die Einheit von Regierung und Volk durch den Erlass einer in religiös-patriotischem Tone gehaltenen Bettags-Proklamation glaubhaft zum Ausdruck zu bringen», blieb es beim gefassten Beschluss. Immerhin «mochte sich die Regierung die Möglichkeit dazu nicht selber verbauen, von ihr aber nur Gebrauch machen, wenn besondere Gründe dafür

---

Bettagmorgen

Grauer Puritanerhimmel,
Bettagmorgen, trüb und kalt,
Kirchenglockgebommbammbimmel:
Alles Geist und nichts Gestalt.

Frisch gebürstet den Zylinder,
Das Gesangbuch im Glacé,
Wallen jung und alte Sünder
Zum Herrn Pfarrer Salathé,

Lauschen seiner schönen Predigt,
Seinem sauersüssen Seim.
Kein Interesse ist geschädigt,
Und befriedigt geht man heim.

                        Dominik Müller, 1920

Wohin am Bettag?

Unter der in die Augen fallenden Ueberschrift ladet die Direktion der Birsigtalbahn zu «Bettagsausflügen» ein, und empfehlen neun Wirtschaften in der nähern oder weitern Umgebung Basels die Genüsse ihrer Küchen und Keller: lauter Schweizer Wirte! Ausser diesem Sammel-Inserat finden sich sieben weitere Wirte in und ausser der Stadt, die sich für den Bettag in besondere Empfehlung bringen: «Auf Bettag: Hasenpfeffer, gebackene Hähnchen, Rippli mit Kraut, prima neuer Süsser, Nüsse», ruft einer; «auserwähltes Bettags-Menu», lockt ein anderer. Und da die Schweizer Wirte für den Gaumen der bettagfeiernden Landsleute so gut sorgen, ladet derselbe badische Hotelbesitzer von früher wenigstens zu einem Tanz-Bummel ein, weil doch diese Belustigung am Bettag bei uns nicht genossen werden kann. Die Bettagsproklamation findet wirklich ihre Illustration in diesen Inseraten. Auf die Wirte wollen wir deswegen nicht besonders schelten. Sie bieten nur an, was das Publikum will. Es gibt eben so viele, die auch nicht einen stillen Sonntag im Jahr mehr ertragen, die überhaupt keinen Festtag mehr denken können, der andern als rein materiellen Genüssen gewidmet ist, und auf diese Gäste gehen eben jene Wirte mit ihrem «Bettag-Menu» ein.

                        Schweizer Sonntagsfreund, 1926

Basler Gesellschaft auf feiertäglichem Kirchgang. Aquarell von Caroline Bernoulli, 1831.

∧ **«Predigt im alten Basel. Nur bei wenigen entsteht der Eindruck, dass sie ihr folgen, denn viele der zuhörenden Frauen scheinen dabei eingeschlafen zu sein …». Lavierte Federzeichnung von Daniel Burckhardt-Wildt, 1787.**

Festlicher Gottesdienst im Münster. Im Vordergrund die von der Obrigkeit besetzten Häupterbänke. Ölgemälde von Johann Sixt Ringler, 1650.

sprechen». In diesem Sinne richtete sich 1987 Regierungspräsident Mathias Feldges «an die Bevölkerung unseres Kantons, um unsere Einstellung zur Natur und zur Umwelt zu überdenken und zu erkennen, dass wir Verantwortung für die Gemeinschaft tragen und dass wir abhängig sind von dem, der am Anfang und Ende allen Lebens und des ganzen Universums steht». Und 1991 beanspruchte Regierungspräsident Karl Schnyder im Rahmen der 700-Jahr-Feier der Schweiz «die willkommene Gelegenheit, das am diesjährigen Bettag erstmals gemeinsame Auftreten der christlichen Konfessionen und die

Begegnung mit den jüdischen und muslimischen Religionsangehörigen» als «ein ermutigendes Zeichen des Dialogs und der Solidarität, aber auch als Suchen nach der überirdischen Macht» zu werten. Ein in diesem Jahr unter freiem Himmel vor dem Münster erstmals durchgeführter Bettag «im ökumenischen Sinn und Geist» vereinigte mit den politischen Behörden gegen 3000 Personen, welche «dankbaren Herzens eine wunderbare Feier erlebten».

Für einen *autofreien* Bettag, das von der Regierung 1978 «als untauglich erachtete Fahrverbot für alle Motorfahrzeuge», setzt sich seit 1988 der «Arbeitskreis Luft» ein, indem er an der für den Verkehr gesperrten Dufourstrasse ein Bürgertreffen mit Zmorge, Kinderspielecke, Gottesdienst und Unterhaltung durchführt.

«So wird der Eidgenössische Dank-, Buss- und Bettag auf ernsthaft-heitere Weise jeweils für Hunderte von Baslerinnen und Baslern zur Besinnungs- und Begegnungsstätte.»

Musterungen, Familientage, Kinderspiele

Wie «das Kirchenjahr im September neu beginnt mit dem Bettag, so hob die Reihe der weltlichen städtischen Freudenzeiten mit der beliebten Landwehrmusterung im September an». Mit grosser Spannung fieberte die Bevölkerung denn jeweils auch den militärischen Inspektionen, die von der hiesigen Infanterie auf der Schützenmatte durchgeführt wurden und sich unvermeidlich zu herrlichen Familientagen ausweiteten, entgegen.

Zunächst beherrschte militärisches Treiben die Szenerie: Ein Defilee vom Zeughaus am Petersplatz zum Münsterplatz bildete den Auftakt. Dann wurden die schweren Waffen in Zeltwagen auf die Schützenmatte verbracht, wo die Geschütze zu präsentieren, Scheingefechte zu demonstrieren und Proben der Schiesskunst abzulegen waren. Hierauf kamen die Volksspiele zu ihrem Recht: Basels Frauen und Kinder hatten sich bei der Truppe eingefunden und sie reichlich mit Essen und Trinken versorgt, worauf die Scharen sich mit allen möglichen Familien- und Kinderspielen vergnügten.

Ernst und Kurzweil

Die erste Schilderung eines solchen «Musterungszuges» stammt aus dem Jahre 1742. 160 Grenadiere und Füsiliere zogen in schönster Ordnung auf die Schützenmatte und übernachteten dort in 40 Zelten. Den militärischen Übungen folgte unbeschwerte Unterhaltung: Die Soldaten «machten sich mit den aus der Statt in grosser Zahl anwesenden Jungfrauen durch Tantzen und Springen lustig. Nachts um 10 Uhr zündete man zwey grosse Wachtfeuer an und liess zur Kurtzweil viele Raquettes in die Lufft steigen. Des morgens kam bald da, bald dort eine Magdt mit einer Milch gesotener oder anderer Suppe, Thé, Caffée, Brauthmuess und Weinwaren herzu, welche die ihre Söhne liebhabenden Eltern zur Erwärmung ihrer erkalteten Mägen herausgeschickt hatten. Nachdem das Schiesset vorbey war und die Zelte wieder eingepackt waren, zog man nach Hause und divertierte

sich beim Nachtessen zu guter Letzt.» 1760 fand eine weitere glänzend verlaufene Musterung statt, wie nebenstehendem «Rapport» entnommen werden kann. Fünf Jahre später «machten 145 Mann der löblichen Frey Compagnie rühmlich und glücklich auf dem Münsterplatz vor Unseren Gnädigen Herren Häuptern und einer grossen Menge Volcks ihre Exercitia und Manoeuvres. Dann nahmen sie ihren Marsch nach der Schützenmatte, alwo sie den Tag über mit Essen, Trincken, Tantzen und Springen wohl divertirten und sich auch im Scheiben zu schüessen exercirten». Weil die militärischen Übungen diesesmal bei schönstem Wetter durchgeführt werden konnten, und nicht wie bisher immer bei Regen, durfte «man wohl sagen, dass nicht nur die Menschen, sondern auch der Himmel ein sattsames Vergnügen an ihnen hatte. Si Deus pro nobis quis contra nos» (Ist Gott für uns, wer mag wider uns sein?).

Am 23. September 1861 fand der *letzte Familientag* der Basler Infanterie statt. 1460 Mann stellten sich auf dem ausgedehnten Schützenmattfeld und in den Rübenäckern des Lettenfeldes zum traditionellen Manöver und begeisterten anschliessend mit einem währschaften Truppenaufmarsch die vielen Zuschauer. «Ganze Familien waren dort auf den Beinen. Vater, Mutter und Kinder. Man fühlte sich! Es war ja das einzige Mal im Jahr, wo die Frau das Recht hat, als Vaterlandsvertheidigerin mitzufechten. Wehe dem Manne, welcher es wagte, diese edlen Gefühle zu unterdrücken, an diesem Tage seine Ehehälfte abzuspeisen, sie daheim zu lassen. Grosse Feindschaft könnte daraus entstehen, unabsehbares Unglück!» Der mit Hopfen und Malz vermengte glühende Patriotismus aber überschäumte an jenem goldenen Herbsttag derart masslos und nahm mit «sechsmal vierundzwanzig Stunden Arrest für jene Fehlbaren, welche nach dem Einrücken ihre geladenen Gewehre noch los-

---

Lustlager der Frey-Compagnie

Am 1. September war die circa 200 bis 250 Mann starke Frey-Compagnie in Basel zu sehen. Sie besteht aus freiwilligen, jungen Bürgerssöhnen, die in kriegerischen Übungen exerziert werden. Sie waren ausserhalb des St. Paulstores (Spalentor) auf eine grosse Wiese, die man Schitz-Matt nennt, hinausgezogen, in gleichartiger Uniform, mit eigenen Offizieren, Kanonen und Bagagewagen. Kurz, in vollständiger militärischer Ausrüstung, und schliefen auch dort in einem Lager. Am folgenden Tag, früh um 6, teilten sie sich in zwei Gruppen und schossen gegeneinander mit Kanonen, Kleingewehren und Granaten, als wären sie Feinde. Als die Gefechtsübung zu Ende war,

schossen die Soldaten bis zum Abend auf Scheiben, wozu der Magistrat (die Regierung) Preise ausgesetzt hatte. Zu dieser Übung kam soviel Volk aus der Stadt heraus, dass vielleicht nur ein Viertel der Einwohnerschaft zurückgeblieben war! Die Soldaten hielten sich sehr gut, abends um 8 zogen sie dann mit einer schönen Musik samt Bagage und Kanonen wieder in die Stadt. Diese Soldaten sind zu keinerlei Dienst verpflichtet, sondern wenn im Sommer schönes Wetter herrscht, exerzieren sie jeden Sonntag gegen Abend aus eigenem Antrieb mit Feuerwaffen auf dem Petersplatz, und der Magistrat sieht es gern, dass sie sich im Kampf üben, wozu dieses Volk grosse Neigung besitzt.

Samuel Teleki, 1760

Landwehrmuschterig

Jetz aber mit verscherftem Ton,
Heisst's pletzlig: Achtung Bataillon!
Rechts in Kolonne ufmarschiert.
D'Tamboure ruesse, 's wird musiziert
Und Alles lauft. Doch wie's halt goht,
Wenn ein s'Kommando nit verstoht:
Vo de Kumpeniee eis bis vier
D'Soldate und d'Gader mit sannt de Fourrier,
Alles lauft zämme in e Kneiel!
Im Kummedant wird das zum Greiel.
Er ka sich kum halte uf sim Schimmel,
Er rieft als Zige d'Höll und der Himmel!
Erstellt euch! Himmelsaperment!
Und rumbedibum, das bikannti Zaiche,
Fahrt wie ne Blitz in d'Landwehrschaiche!
Juhe, jetz aber wird exerziert:
Mit Fläsche und Gleser maneveriert!
Im Schaki si Frau ihn am Schwalbeschwanz
fasst. Sie sait: Scho lang hani uf die passt.
Nimmt us der Täsche e Giggel, e Tibli.
Im Haiki sini het Waie-n-und Stribli.
Und im Emil sini, die dicki Frau Maier,
Die bringt e Kratte voll hartgsotteni Aier!
Natirlig fehlts nit an Bier und an Wi.
Se nimm au Fritz. Du Hans schenk i!
Ein singt: Heil dir Helvetia,
Freut euch des Lebens, ezettera! (...)

Schweizerischer Volksfreund, 1880

gelassen haben» ein so ungefreutes Ende, dass die Regierung inskünftig auf die weitere Durchführung von Familientagen verzichtete.

Baslerisches Grossereignis par excellence

Die Erinnerung «an diese Weltereignisse, vor welchen sich selbst Hannibals Zug über die Alpen beschämt verkriechen musste», überdauerte Jahrzehnte und wurde auch wieder aufgefrischt, als 1915 General Ulrich Wille auf der Schützenmatte vor einer riesigen Zuschauermenge eine Inspektion der Basler Truppen vornahm. Nur wenige Jahre zuvor hatte in einem längern Beitrag auch die National-Zeitung das «Gedenken an diese Unvergänglichkeit» erneuert. Und weil diese Schilderung auf feuilletonistische Weise die letzten Jahre des sich leicht verändernden volkstümlichen Aufzugs beschlägt und amüsant baslerische Kulturgeschichte nachzeichnet, wollen wir sie in extenso folgen lassen:

«Die Landwehrmusterung war für das alte Basel ein Hauptereignis, wie etwa heute das St.Jakobsfest. Da sammelte sich jeweils nach dem Zimmis-Mittag-Essen das Landwehrbataillon am Petersgraben vor dem Zeughause. Voran der Kommandant mit seinem Stab hoch zu Ross, dann der Tambourmajor in hoher Bärenmütze, den silberbeknauften Stock schwingend, über der Brust das scharlachrote Bandalier mit dem silbernen Basler-Wappen. Ihm zur Seite schritten Sappeure mit Bärenmützen, weissem Schurzfell und der blinkenden Axt auf der Schulter. Hinter den Tambouren die Stadtmusik mit wehenden Federbüschen, und dann die Mannschaft in weissen Zwilchhosen, dem blauen, zugeknöpften Fracke mit den roten Epauletten, darüber Säbel und Patronentasche an weissen, gekreuzten Bandalieren, den hohen, kübelartigen Tschako auf dem Kopfe, das Gewehr mit dem dreikantigen Bajonette geschultert, so zogen sie bestaunt und umjubelt feierlich zum Spalentore hinaus, an dem die wachthabenden Stänzler das Gewehr präsentierten.

Durch die Wiesen und Reben des Mostackers ging es auf der Landstrasse, der heutigen Schützenmattstrasse, zum Fröschenweiher, der hinter dem Schützenhaus lag, und dann auf den grossen Exerzierplatz, die Schützenmatte. Hier wurde eingeschwenkt, und nun begann das Exerzieren. Oder es wurden Jägerketten gebildet, die Vorläufer unserer Schützenlinien, und hin und wieder ein Laufschrittchen probiert, wobei dann mit der einen Hand krampfhaft der Tschako und mit der andern die Patronentasche gehalten werden musste, um ein Ausreissen der beiden zu verhindern. Die Hauptsache war natürlich das Schiessen, stehend auf mächtige Scheiben und kurze Distanz, etwa 120 Meter. Geladen wurde in elf, später in acht Tempos. Die

Die grossi Musterig

An dr grosse Musterig uf der Schitzematte,
em grosse Familietag, het alles mitgmacht,
was Bai gha het. Z'erst sind d'Sappeurs mit
Schurzfäll, Beil und Bäremitze ko, d'Musik mit
Glecklispiel und Tschinnerette nit z'vergässe.
Der Her Kapällmaischter Lutz, wo dirigiert
het, isch aim vorko wie-n-e Gott. Lengs der
Schitzematte, der Stross no, sind Tisch und
Bänk ufgstellt gsi, an dene sich no-n-em
Exerziere-n-und Schiesse d'Mannschaft nieder-
glo und gsterkt het. Wär e Vatter oder e-n-
Unkle-n-oder e Brueder derbi gha het, isch
persee au an Tisch gsässe. Sälbstverständlig
händ au d'Fraue-n-und sogar d'Kinderwägeli
nit gfehlt. Me het allerdings kaini finseligi
Stosswägeli kennt, wie hitte, sundere strammi
Korbwäge zuem Zieh, solid baut, so dass me-n-
im Notfall het au kenne der Ma druf haim-
fiehre... Zue däm isch's allerdings an dr Mu-
sterig nie ko. Mir händ maistens bi der Spittel-
schire der Vatter erwartet. D'Mueter het is e
Krueg Wi, e Fläsche Wasser, drei langi Wirst
vom Metzger Vonkilch und e Laib Brot ipackt.
's het iberhaupt alles Proviant usegschlaipft,
was numme het kenne trage. Das isch e Fest
gsi! Mir händ dert d'Wirstschibli unzellt biko,
was sunst nie der Fall gsi isch. Aber erst dr
Haimwäg in d'Stadt! Het ain am Gobeschiesse-
n-ebbis gwunne, ebbe-n-e Bettfläsche-n-oder
e Kupferziber, so het er's an's Bajonnet
ghängt. Der Haimmarsch d'Spale-n-i isch
zuem e Triumpfzug gstaltet gsi, und mängmol
het's no zmitts in der Stadt inne klepft. 's isch
aifach e grosse Firtig gsi, die grossi Musterig.
Kai Mensch het gschafft, und bim zuenachte
het me Lit mit eme Dämpis (Räuschchen)
gseh, wo sunst so niechter gsi sind, wie-n-e
Wasserguttere! National-Zeitung, 1911

papierene Patrone wurde auf das Kommando ‹Beisst ab Patron!› mit den Zähnen zerrissen, deshalb befreiten auch Zahnlücken von der Wehrpflicht. Pulver, Papier und Kugel in den Lauf gestopft und alles mit dem Ladstocke tüchtig zusammengedrückt. In der Hitze des Gefechtes vergass wohl auch der eine oder andere seinen Ladstock wieder aus dem Lauf herauszuziehen, der dann

Landwehrmusterung auf der Schützenmatte. Wandbild von Rudolf Weiss im Schützenhaus. Um 1885.

beim Losdrücken den Kameraden an den Ohren vorbeisauste auf Nimmerwiedersehen. Beim Feuersteinschloss sprang der Funke in die aussen am Verschluss angebrachte Pulverpfanne, die sogleich trocken gehalten werden musste. Zischend schnellte das Pulverflämmlein durchs Zündloch, der tapfere Krieger schloss die Augen und muckte, d.h. er riss das Gewehr in die Höhe. Pumps! ging der Schuss los, und statt ins schwarze Scheunentor (die Zielscheibe) flog die Kugel in den grünen Rasen des Zielwalles. An Stelle des Feuersteins traten dann später die Käpselein, heiss begehrt von den Buben, die sie erbettelten oder auch stahlen, um sie dann wie heute noch, zwischen Steinen zu zerknallen oder gar mit Patronen der Mutter ins Herdfeuer zu werfen, um von der Erschreckten Ohrfeigen einzuheimsen, wenn sie dann mit einem Pf! Pf! plötzlich losgingen.

Alles was Beine hatte, war natürlich draussen, auch viele Kinderwägelein, die damals noch nicht gestossen, sondern vorne an der Deichsel gezogen wurden, wie die Wagen unserer Neudörflerinnen, und bei denen der Korb in Erman-

gelung der Federn in vier Ledergurten hing, so dass das liegende Kind, dem die Mutter oder Schwester beim Ziehen den Rücken kehrte, oft hinten hinauspurzelte, während jene ahnungslos weiter zog. Um sie lagerte sich dann in der grossen Pause die Familie und verzehrte den mitgebrachten Käs oder Speck, ihn mit Wein oder Schnaps befeuchtend, der an Buden oder im Schützenhaus erhältlich war. Dass dann die Sammlung des Bataillons etwas gemächlich vor sich ging, ergibt sich schon aus dem Charakter der guten alten Zeit. Nach erfolgter Besichtigung wurde wieder heimwärts gezogen. An den Bajonetten hingen jetzt Düpfi und gelbe Pfannen, Kaffeemühlen und Mausefallen, die Prämien für gutes Schiessen. Etwas weniger fest war der Schritt, und das Spalentor erwies sich für manchen als zu enge. Ja, das waren noch andere Zeiten, als unsere Väter noch mit Bambusstöcklein nasse Leimkügelchen auf die schaulustige Menge fitzten und dem ahnungslosen Bürger ein Bein stellten, oder vor dem wütenden Verfolger bockten, d.h. rasch vor ihn niederknieten, dass der Ehrsame unter allgemeinem Gelächter in den Dreck flog, während unsere Grossväter, die jetzt aus Vatermördern, geblümter Weste

und Bratenrock steif auf ihre Enkel schauen, mit gelben Pfannen und Kaffeemühlen am Bajonett, den Tschako etwas schief auf dem geröteten Kopfe, durchs Spalentor zurückkehrten von ihrem militärischen Tagewerke...»

Apfelhauet

Einen ähnlich populären «militärischen» Anlass stellte der Übungstag der Kavallerie der Basler Guidenkompagnie dar, der mit dem sogenannten Apfelhauet abgeschlossen wurde. Das vergnügliche Reiterspiel, bei welchem der Dragoner einen mit einer Schnur an einem Galgen aufgehängten Apfel mit einem Säbelhieb zu teilen hat, «war der Glanzpunkt der Dragoner-Musterungen unserer Voreltern und hat sich in vielen Reiterexerzitien erhalten und ist für den Kanton Basel z.B. zu einer Art Volksfest geworden (1862)». Noch gegen Ende des Jahrzehnts hatten die städtischen Militärreiter am Apfelhauen der Guidenkompagnien auf der Schützenmatte ihre Geschicklichkeit zu beweisen. Sechs Äpfel waren im Galopp zu zerschlagen, wobei Gangart, Hieb und Schnitt taxiert wurden und dem Sieger ein englischer Sattel zustand. Dann verlor sich der Apfelhauet aus dem militärischen Aufgebot. Der 1879 gegründete Reiterclub beider Basel aber hielt am alten Brauch fest und brachte ihn im Baselbiet, namentlich in Benken, zu neuer Blüte.
Karl Stückelberger hat 1937 poetisierend den besonders auch die Bubenwelt interessierenden Ablauf des einst in der Stadt beliebten Reiterfestes überliefert:

Trapletla, trapletla, trapletla, pletla...
E Gitrampel vo Huefe uf Bsetzigstai,
Tratera, tratera, tratera, trara...
's kemme d'Guide zue Viere durch
d'Stross, juchhai!

Und si ritte so vernehm uf stolze Ross,
Vorne-n-a ihre Hauptma mit glitzrige
Knepf,
Hindedra e Schar Buebe, e ganze Tross,
Uffem Trottior stehnd d'Birger Kepf an
Kepf.

Ihri Gsichter, si strahle, als giengs in e
Schlacht,
Doch erschreckt sie kai Angscht und kai
Todeslaid.
Nur bim Find gits hit Toti, doch ihne lacht
Hite 's Herz und gar apartigi Fraid.

Uf dr Schitzematt usse siehste drei Galge
stoh,
Und im Herbstwindli schwanke drei
Epfeli dra,
Und e Mengi Lit stehnd dert usse scho.

D'Guide kemme und ordne sich ufs Trara.
Jetz springe si ifrig uf d'Epfel zue,
Mit eme zogene Sebel si haue dri.
De Meischte tuets fehle um etligi Schueh,
Si treste sich nochher bim Käs und bim
Wi.

Menge Epfel kunnt um uf e grausami Wiis,
Denn si Helfti kugelet im griene Gras.
Druf empfange die Sieger e scheene Pris,
D'Buebe d' Epfel und d' Mannschaft unter
de Baime e Glas.

Au e Kinderspiel us dr alte Zit!
Und me lächlet ob all däm Tue.
Wie het sich nit alles g'änderet hit,
Wie steckt me in andere Schueh!

Familientage

Unter «Familientag» verstand das
Alte Basel aber auch eine Zusammenkunft von Familienangehörigen
am häuslichen Herd. Schon um das Jahr 1785
war dem Reiseschriftsteller Carl Gottlob
Küttner aufgefallen, dass «die Gesellschaften hier mehr Familiengesellschaften sind,
als von irgend einer andern Art. Leute von
einem gewissen Alter haben gewöhnlich alle
Wochen einen Tag, an dem ihre Kinder,
Nichten, Neffen, Vettern und Enkel den
Abend bey ihnen zubringen und speisen.»
Und ein Vierteljahrhundert später fügte
Berufskollege G.H. Heinse hinzu: «In den
meisten grössern Familien ist es gebräuchlich, wöchentlich einmal einen Familientag
zu geben, wo alle Mitglieder sich bei dem
Haupte der Familie zu einer Mahlzeit versammeln, auf welche sich in manchen Häu-

«**Apfelhauen in der Hardt bei Basel.» Federzeichnung von Otto Mähly, 1896.**

sern der Luxus beinahe ausschliesslich
beschränkt. Eine ehrenwerthe, aus der Vorzeit beibehaltene Sitte, welche gewiss zur
Erhaltung der Familieneintracht nicht wenig
beiträgt.»

Neben den eigentlichen Familientagen, die mit einer gewissen Unre-
gelmässigkeit stattfinden konnten
und, je nach Möglichkeit und familiärer Verbundenheit, die nähere und weitere Verwandtschaft miteinbezogen, fanden «wie ein
Ührlein» *Kindertage* statt. So erschienen etwa
die Schulbuben am Dienstagnachmittag, die
Kleinkinder mit ihren Müttern am
Mittwochnachmittag und die Grosstöchter
am Samstagnachmittag bei ihren Grosseltern. Da wurde bei schönem Wetter im
Garten Verstecklis, Räuberlis und Fangis
gespielt oder bei unfreundlicher Witterung
in der guten Stube die Zeit mit Würfel-
spielen (Gänslispiel, Sesselspiel), Puzzles,
Erratespielen, Rätselraten, Schattenspielen,
Käsperli, Zeichnen und Malen oder mit
Handarbeiten vertrieben. «Bei allem kam
natürlich aber auch der Magen nicht zu kurz.»
Zum Mittagessen «gabs nach dem obligaten
Rindfleisch mit Zwiebelsauce zwei verschiedene Menus, abwechslungsweise Wurstweg-

gen oder gefüllte Muscheln, dazu oft süsse
Apfelschnitze». Äusserst beliebt war in gewissen Häusern «die Vieruhrschokolade, die
eine in der Kochkunst erfahrene heiss geliebte Tante nach einem uralten Familienrezept im Esszimmer zubereitete. Sie machte zuerst aus Tafeln bitterer und süsser Schokolade auf dem ‹Brennetewiämpeli› (Spiri-
tuskocher) einen Brei, der dann sorgfältig mit
der heissen Milch gemischt wurde. Dazu gab
es die berühmten ‹Schildwecken› aus der
Spalenvorstadt oder ‹Schneckennudle›. Um
½ 6 Uhr folgte die zweite Abfütterung mit
‹Blancmanger›, einem Reismehlköpfli mit
geschnittenen Mandeln, oder die sogenannte Marmorcreme. Dieselbe bestand aus
einem weissen ‹Sidemiesli› und einer dunkeln Schokoladecreme, welche die Kinder
dann auf dem Teller zu möglichst effekt-
vollen Marmorzeichnungen durcheinander-
mischten. Dazu wurden die herrlichen Man-
delstengel, ‹Totebeinli› genannt, serviert,
oder auch ‹Teebretli› oder ‹Zimmetsterne›».
«Enfin, was an den Familientagen besonders zu schätzen war, war nicht nur das wertvolle kameradschaftliche Verhältnis, das sich
durch das regelmässig alle vierzehn Tage
stattfindende Zusammentreffen mit Cousi-
nen und Vettern ergab, sondern im beson-

«Spielende Kinder.» Wandmalerei von Hans Sandreuter im grossen Zunftsaal zu Schmieden, 1889.

Kinder beim Kegelspiel. Aquarell von Cathrine de Speyr, 1793.

deren die Möglichkeit für die Jungen, den interessanten Gesprächen der älteren Generation zuzuhören. Da wurden oft die wichtigen Tagesfragen besprochen oder solche der Politik, über Handel und Bankwesen. Dies weitete den Horizont und gab der reiferen Jugend Anregung und wertvolle Orientierung fürs ganze Leben».

Bubenvisiten

Bildeten ausserhalb der Familie die «Kämmerlein» die erholsame Begegnungsstätte der Herren, so wurden freundschaftliche Beziehungen unter Knaben aus dem Bekanntenkreis durch sogenannte Bubenvisiten gefördert. Auch die Mädchen erfreuten sich an gegenseitigen Besuchen, schlossen sich aber nach dem zehnten Lebensjahr mit einigen gleichaltrigen zu einem «Vereinli» zusammen. Gastgeber dieser phantasiereich und lebhaft ausgestalteten *Kindervisiten* waren nicht in erster Linie die Grosseltern, sondern die Eltern. Und sie bemühten sich, die Erwartungen der jugendlichen Gäste zu erfüllen, erschienen diese doch jeweils mit der Begrüssung: «I bi so frey und kumm, und dr Ässmantel ha-n-i grad im Sack»!

Doch zurück zur «Buebevisite». Hier zeigte sich mit dem «*Soldätle*» eine Anlehnung

an die oben beschriebenen Musterungen. «Denn Soldätlis-Spielen war bei den Bubenvisiten besonders beliebt. Jeder nahm von zu Hause ein Gewehrchen, eine alte Reiterpistole oder einen Säbel mit, setzte eine Policemütze oder einen Tschako auf. Dann wurden zwei Lager gebildet, die sich den Nachmittag über in schwerer Schlacht bekämpften ohne jeglichen Verwundeten. Besonderem Interesse begegneten die alten Waffen aus Grosspapas Waffensammlung, speziell wenn mit der kleinen Messingkanone oder einer alten Vorderlader-Vogelflinte geschossen oder mit Pulver eine vorher bereitgestellte Schanze in die Luft gesprengt werden durfte. Dass dabei ein Schutzengel die Kinder behütete und über sie wachte, war ein wichtiger Umstand, denn sonst hätte es manchmal schlimm herauskommen können.»

Das Basler Spieljahr

Kinderspiele und Jugendvergnügen «erhalten sich und pflanzen sich von Jahrhundert zu Jahrhundert fort, denn so absurd sie auch dem reiferen Alter erscheinen mögen, Kinder bleiben doch Kinder und sind sich darum zu allen Zeiten ähnlich. Darum soll man sie auch nicht verbieten und den lieben Kindern die Freude

daran nehmen.» Ungeachtet dieser Empfehlung Johann Wolfgang von Goethes hat Basel das Kinderspiel stets mit Verständnis und Förderung bedacht. Denn schon Erasmus von Rotterdam hat das Spielen mit Reif, Ball, Märmel und Kegel als Stärkung des vom Lernen ermüdeten Geistes gelobt, das der ehrbaren Bedächtigkeit, Fröhlichkeit, Lebhaftigkeit, Energie, Ordnung und gegenseitigen Liebe förderlich sei, wenn es offen und rechtlich vonstatten gehe. Alsdann solle der Besiegte tun, was der Sieger befehle: den Boden wischen, Wasser zum Händewaschen holen oder Gedichte rezitieren. Zur Störung von Sonntagsruhe und Gottesdienst aber durfte das Spielen nicht führen, ist dieses doch 1631 während der Predigt zwischen Spalentor und St. Johanntor obrigkeitlich verboten worden.

Bereits 1857 hat das «Basler Spieljahr» durch einen anonymen Verfasser eine eingehende Betrachtung gefunden, welche von der Schweighauser'schen Verlagsbuchhandlung unter dem Titel «Baslerische Kinder- und Volksreime» der Öffentlichkeit zugänglich gemacht worden ist. Die reizvolle Sammlung von Beschreibungen, Anleitungen, Kinderverslein und Liedern ist von nachfolgenden Ausführungen begleitet: «Die hauptsächlichsten Knabenspiele, man könnte sagen, die baslerischen Nationalspiele, fallen in den ersten Dritttheil des Jahres, kehren immer in gleicher Rei-

«Nodelbärger Kinderleben.»
Bleistiftzeichnung von Sophie Linder, 1868.

«Basler Familie.»
Federzeichnung von Sophie Linder, 1891.

henfolge wieder, und lösen nach gleichem Zeitverlauf eines das andere ab, als sei das mit im natürlichen Lauf der Dinge begriffen, und ohne dass der einzelne Knabe darüber Rechenschaft ablegen könnte, wer das Zeichen gegeben und den Anfang gemach.

Gleich nach Neujahr beginnt das ‹Gluckern›, das Werfen von Steinkügelchen in den ersten besten Strassenwinkel. Wer ein schon da liegendes trifft, gewinnt alle übrigen. Man fordert sich zu diesem Spiel auf durch den Ruf: ‹Letzt, Glucker letzt›. Ein nicht spielender grösserer Knabe nimmt etwa im Vorbeigehen raubrittermässig einige Glucker, das heisst ‹Bodenzinslen›.

Vor der Fastnacht, mit dem Einüben des Trommelns, geht das ‹Kläppern› an. Der Einzelne kläppert auf seinem Schulwege, und Abends duchziehen die jüngern Knaben in Zügen von Zwanzig und mehr kläppernd die Strassen, bis sie am Fastnachtsmorgen um vier Uhr die Leute mit Trommelschlägeln wecken dürfen. Hat diese Herrlichkeit ein Ende, so wird sie noch eine Zeit lang durch Kläppern in Erinnerung erhalten. Schon seit mehrern Jahren sind die guten alten Basler Kläppern aus gewöhnlichem Holz von den Knaben selbst verfertigt, unten angebrannt oder mit Nägeln beschlagen, zu jeder Seite des Mittelfingers, oft beider Hände, durch einen Einschnitt gehalten. Schon aber sind sie theilweise durch die spanischen Castagnetten verdrängt.

Sobald aber die Sonne durch die noch kahlen Baumäste den Boden etwas zu trocknen vermag, beginnen auf allen nur etwas freien Plätzen, nach und vor jeder Schulzeit, die beliebtesten und ältesten Basler Knabenspiele, die Ballspiele, all die verschiedenen ‹Fulzi›: Bahrefulzi, Eckefulzi, Rösslifulzi, Löchlifulzi oder schlechtweg ‹Fulzi›. Und wenn nur zwei sich zusammenfinden, so machen sie doch: ‹Henkersknecht – Triff mi nit’ – Henkersknecht – Triff mi› oder: ‹Eis, zwei, dry uf’s Händli›. Diese Ballspiele werden alle bloss mit einem einfachen faustgrossen Ball von Wolle gespielt und bestehen wesentlich alle im gegenseitigen Auffangen und Anwerfen (‹Aufsohlen› oder ‹Aufsalzen›) des Balles. Aber nach bestimmten, sehr verschiedenen und nicht immer nach den einfachsten Regeln.

Sie werden oder wurden noch vor kurzem auf allen Stufen des Schulalters, so lange man einem noch Du sagt, gespielt. Die grössern Gymnasiasten der neuesten Zeit freilich fühlen sich darüber erhaben seit sie Conzerte und Conditoreien besuchen oder gar, Studenten nachäffend, paragraphierte Vereine bilden für schöne Literatur.

Das ‹Asyl›, wo man nicht mehr darf gefangen oder getroffen werden, heisst bei allen Spielen ‹Bahre›. Wenn eine Regel gilt, ruft man ‹dinge›, wenn nicht ‹botte›. Wenn man jeden Einspruch beseitigen will: ‹dinge, botte noche sage›.

D'Visite

Emole muess es si im Johr,
So will 's die gueti Sitte,
Und jedi Husfrau nimmt sich 's vor
Und ladet in d'Visite.

Cousine, Gschwei und Nochbersfrau
Müend seh, dass 's jährlig Budget au
Vermag sie z'regaliere
Und mit Comfort z'serviere.

Und isch me sunst im Lebe spröd,
Hyt holt me-n-alles füre.
Hyt kunnt e Luxus uf's Tapet
An Grichte-n-und an Gschirr.

Jo, 's Kostberst, vo der finste-n-Art,
Was nur e gheime Schrank bewahrt,
Muess hyt vor alle Blicke
Der Tisch und 's Zimmer schmücke. (...)

Jacob Maehly, 1856

Tänze und Spiele

In milden Frühlingsstunden pflegten die Kinder sich auf dem Münsterplatze und der daranstossenden Rheinterrasse, der luftigen Pfalz, zum gemeinsamen Spiele einzufinden. Mädchen und Knaben führten Reigentänze mit Gesang auf unter den grünen Bäumen oder belustigten sich mit Springseilen und Ballspiel, während ältere Knaben in den düstern Hallen des Kreuzganges sich versteckten und suchten. Es ging um so heiterer zu, da meist Verwandte oder eng befreundete Familien rings um den Platz wohnten und wir unsere besten und liebsten Freunde beim Spiele fanden. Nur an den Samstag-Nachmittagen trübte der Anblick einer Schar von Sträflingen mit Ketten an den Füssen, welche das Strassenkehren besorgten, unsere Freude. Oft bettelten sie um eine Gabe, und da wir kein Geld mit uns trugen, theilten wir ihnen von unserem Abendbrote mit.

Johann Jakob Burckhardt-Stefani, um 1835

Kinder in Wohnstube, sich mit prächtigen Spielsachen beschäftigend. Kolorierte Lithographie, um 1880.

Buben beim Drächle, Raifle, Windredlidraage und am Schifflibach. Kolorierte Lithographie, um 1880.

Die Ballspiele währen bis die zunehmende Wärme die Knaben vom Münsterplatz hinab in die Schwimmschule lockt, oder weiter an ‹andere Fall›, an ‹Galge›, an ‹Felse›, in's ‹Schindelhöfli› und in's ‹Enteloch go bade›.

Im Herbst Feuerwerke und Schiessen wie überall, Papierdrachen seltener. Im Winter Schlittenfahren, ‹Schlyfe› und Schlittschuhlaufen, wobei man die Vordern durch ‹haup, schelle haup› vor dem Überranntwerden warnt. Zu allen Jahreszeiten wird ‹Händel› getrieben: Mit Stöcken bewaffnet ziehn die Knaben der einzelnen Quartiere und Strassen, oft 30, 40 und mehr an der Zahl, Abends durch die Gassen und befehden sich gegenseitig. D'Spahlemer, d'Schnydergässlemer etc. passen sich auf und drohen einander. Selten aber ist das Ding gefährlich. Auch an andern Neckereien fehlt es nie. Papierklappen werden den Mädchen von Knaben und den Knaben von Mädchen an die Ohren losgelassen. Am Aschermittwoch machen die Knaben mit angebrannten Korkzäpfen oder Kohle den Mädchen Schnurrbärte, wogegen die Mädchen sich mit Stecknadeln wehren.

Wie im Freien das Ballspiel, so ist in den Schulklassen das Tauschen und Sammeln von Wappen die beliebteste Unterhaltung und kehrt immer wieder, wechselt aber auch mit allerlei kleinen Hazardspielen, mit Steinsammlungen, Werfen von Papierpfeilen u.A.m.»

Der Kinder Nationalspiele

Eine Fülle variantenreicher Spiele hat neben dem schon 1588 bekannten Ballspielen, Gluckern, Wettlaufen, Schneeballenwerfen und Schlittenfahren im Verlauf der Jahre in Basels Kinderwelt Aufnahme gefunden und Anregung zu vergnüglicher Unterhaltung und körperlicher Betätigung geboten. Manche sind inzwischen in Vergessenheit geraten, andere sind noch immer in Mode und erfreuen sich weiterhin verdienter Aufmerksamkeit. Der umfangreiche Katalog der bei uns bevorzugten Kinderspiele lässt jedenfalls keine Zweifel offen an ihrer eminenten Bedeutung, die Jugend durch freigewählte geistige und körperliche Aktivität vor seelenloser Motorik zu bewahren.

An beliebten *Bewegungsspielen* sind zu nennen: Drächle, Barlauf, Fangis, Versteckis mit Aschlo, Katz und Muus, Zwai Maa hoch, Reigentanzen, Nummernwettlauf, I dritt em Herr uf's Fiessli, Klettern, Hinde-n-ewäg und vorne-dra, Tauziehen, Sackgumpen, Böckleinspringen, ferchte-n-er dr schwarz Maa, Schnitzeljagd, Fähnchenraub, Bändelikampf, Hüpfen (Himmel und Höll, Wuchetägle, Paradiesspiel), Seilgumpen, Ziebelesetze, Es geht ein böses Ding herum, Steinmännlein, Häslein in der Grube, Eierlesen, Büchlein-

laufen, Purzelbaum, Fässlidrohle, Kopfstand, Überschlag, Radschlagen, Ergrätschen (jemanden im Lauf einholen), Gigampfen, Herr Böpperle (Platzwechselspiel), Eisenziggi (Fangspiel), Tuechwermer stähle (Raubfangspiel), wildes Ringen, Bahremache.

Ballspiele: Wanderball, Völkerball, Jägerball, Faustball, Kriegsball, Brennball, Schnurball, Grenzball, Linienball, Schnappball, Fussball, Himmel und Erde, Stehball (Kaiser, König, Bettler, Lump), Faulball, Federball, Ballfischen, Zieh-si (Balltreffspiel), Rösslifulzi (Reiterballspiel), Barefulzi (Schlagballspiel), Schlegelfulzi, Eggefulzi, Löchlifulzi, Kanteenlis (Ballspiel gegen die Hauswand), Hänggersknächt, Händlispiel.

Geschicklichkeitsspiele: Gluckern, Spachteln, Schissle verschlo, Reifeln, Kreiseln, Stelzenlaufen, Büchsenwerfen, Steckenpferdchenreiten, Jojo, Steinschleudern, Fingerziehen, Gleggli-Muschee (Blinde Kuh), Räpple (Geld um die Wette gegen eine Wand werfen), Möbberle (mit Stock und Stücklein Holz jonglieren).

Seit 1983 findet das Basler Spieljahr durch ein alljährliches Spielfest seinen Höhepunkt: Hunderte von Teilnehmern und Teilnehmerinnen jeglichen Alters vergnügen sich jeweils auf den Anlagen der «Grün 80» am frohen, variantenreichen Spiel miteinander, an dem nicht Leistung und Wettkampf bestimmend sind und deshalb weder Sieger, gefeiert noch Besiegte bedauert werden.

Hanfreiten, Sichellegi, Weinlese

Das in vielen ländlichen Gegenden beliebte Hanfreiten brachte auch in den Alltag der städtischen Jugend im spätmittelalterlichen Basel willkommene Abwechslung: Nach der Ernte im Herbst wurde der Hanf abends vor den Häusern unter grosser Heiterkeit mit der Hand gebrochen und entfasert. Die bastfreien Hanfstengel wurden dann den Kindern überlassen, die auf Strassen und Plätzen riesige Feuer entfachten und fröhliche Ringeltänze aufführten. Weil das Vergnügen aber mit grosser Feuersgefahr verbunden war, ist es um das Jahr 1606 verboten worden.

Auch die Sichellegi (Sichellöse, mit der Sichel legen) gehörte zum Brauchtum der Erntezeit und ist in Basel ebenfalls verbürgt. Allerdings kennen wir nur einen Beleg dafür. Dürftig sind auch die Nachrichten über das Kränzleingeld, das wahrscheinlich ebenfalls zur Erntezeit zum Unbehagen der Bürgerschaft von der Jugend zusammengebettelt worden ist.

Ertragreicher verhält es sich in der Quellenlage in bezug auf die Weinlese. Die Stadt war reich an Rebäckern. Auf dem Mostacker vor dem Spalentor und an den Abhängen zu St. Alban, bei der Kartause und im Klingental, in St. Jakob und am Grenzacherhorn gedieh Jahr für Jahr der «Baselwein». Über seine Qualität war man sich nicht immer einig, aber der Ertrag nahm mitunter geradezu unglaubliches Ausmass an. So sind im schönen Herbst 1539 im Grossbasler Bann nicht weniger als 10 358 Saum und im Kleinbasler Bann 4202 Saum (zusammen rund zwei Millionen Liter) in die Fässer der Stadtbasler geflossen!

Nahte die *Weinlese*, dann galt es, die zuständige Herbstordnung einzuhalten. Zu St. Jakob war 1788 folgendes zu beachten: Erstens war soviel als möglich auf gute Witterung zu sehen, besonders wegen der roten Trauben, die in der Nässe

---

Über das Stauchen

In der Umgebung von Basel treiben sich zu dieser Jahreszeit bald jeden Abend Knaben verschiedenen Alters herum, deren Eltern in der Fabrik oder auf dem Taglohn beschäftigt, sie nicht beaufsichtigen können. Sie berauben die Gärten vor den Thoren und richten ihre Streifzüge besonders in die Nähe des Bruderholzes. Die Nussbäume dieser Gegend, doch auch Anderes, was essbar ist, wird das Ziel ihres Strebens, was sie mit dem Wort «Stauchen» belegen, das in ihren Ohren etwas besser klingt als das Wort «Stehlen».

Es geschieht dies zwar in Folge eines alten Irrthums, nach welchem die Plünderung eines Baumes, einer Rebe, eines Mohnfeldes, Rübenfeldes usw. weniger entehrend für den Plünderer ist als das Stehlen eines Geldstücks oder eines Geräthes. Um so vielmehr ist zu wünschen, dass man die sogenannten Staucher, wo sie etwa betroffen werden, durch einleuchtende Gründe eines Andern bekehre und dieselben nöthigenfalls mit Strenge von dieser ungebundenen Lebensweise zurückführe.

Baslerische Mittheilungen, 14. Oktober 1826

---

nicht gelesen werden durften. Zweitens, dass am Morgen vor zehn Uhr keine roten Trauben geherbstet und abends um sechs Uhr mit dem Lesen eingehalten wurde, damit das rote Gewächs trocken und warm zusammenkam. Drittens war darauf zu achten, dass der rote Most nicht auf das Trottbrett geschüttet wurde, er hätte denn seine natürliche Farbe erreicht. Der weisse Most musste ebenfalls etwas gären. Viertens durften keine Kinder im Trottenhaus geduldet werden, wie auch den Trottern einzuschärfen war, kein Brot im Trottgeschirr zu essen. Fünftens hatten die Trotter ihre Trottschuhe jeweilen

im Trotthaus stehen zu lassen, damit ja kein Unrat in den Most kommen konnte.

Uraltem Brauch entsprechend, waren jedem Insassen des Siechenhauses während der Weinlese täglich vier Schilling, eine halbe Mass neuen Weines, ein Pfund Brot und zwei Trauben zu verabreichen. Bei einem guten Herbst hatten die Bannwarte dem Herrn von Basel, dem Bischof, und später dem Werkmeister der Münsterfabrik, einen mächtigen Henkelkorb voller Trauben, «die besten, die si in allen Bann von jederman gemeinlich schniden», an einer mit Reblaub gezierten Stange ins Haus zu tragen. Mit einem Winzergruss bedacht wurden auch Frauen gesegneten Leibes, wenn sie sich vom Bannwart zu St. Alban Früchte von den nahen Rebäckern anwünschten. Drohten Frost, Sturm und Hagel den Trauben Schaden anzurichten, dann ist die Bevölkerung durch den Ruf der Glocken zu Gebet und Fürbitte ermahnt worden. Dabei wurde namentlich der Segen des heiligen Urban herbeigefleht. Dem volkstümlichen Schutzpatron der Rebleute hatte die Obrigkeit zur Bekrönung des stattlichen Brunnens am Blumenrain anno 1448 ein steinernes Standbild gestiftet. Und 1532 verhiess Thomann Wolff «den Stadtinsassen, die den Wein als eine Gottesgabe in Zucht und Ehren geniessen, wie auch denen, die als des Bacchus weinselige Dauerdiener des Guten zu viel taten»:

Wölcher hätte vil Wynräben
Und gsäch gern, das s'ihm vil Wyn gäben,
Der muss S. Urban in guter Fründschaft han,
Der selb Heilig wirt vil Wyn wachsen lan.

Zur harten Arbeit der Weinlese, die in ertragreichen Jahren nicht allein durch die in städtischem Sold stehenden Rebknechte und die selbständigen Rebleute zu bewältigen war, wurden auch Frauen und ältere Kinder, die während der

Weinlese im Schlipf bei Riehen, um 1902.

Die Darstellung der «Sichellegi» am grossen Festumzug der Erinnerungsfeier zum Eintritt Basels in den Schweizerbund 1901. Steinzeichnung von Burkhard Mangold.

Meister und Vorgesetzte zu Schmieden geniessen den edeln Rebsaft, der ihnen aus grossen Schenkkannen gereicht wird. Wandmalerei von Hans Sandreuter, 1889.

14tägigen Weinlese täglich nur während einer Stunde die Schule besuchen mussten, aufgeboten. Zu eigentlichen «Freudenfesten» gestaltete sich das «Herbsten» indessen in den Rebgärten hablicher Bürger. Anna Sarasin-Von der Mühll hat dem «Basler Herbst» einen «wehmütigen Nachruf» hinterlassen: «Man gibt sich nicht gern den Anstrich eines borrnierten Lobredners vergangener Zeit. Aber wer in diesem Jahr 1913 durch das herbstliche Land ging und die Leere und Stille in den Rebbergen mit Betrübnis wahrnahm, der musste unwillkürlich entschwundener Tage gedenken, da kein Aprilfrost die Hoffnungen knickte, und man noch herbsten konnte nach alter Väter Sitte.

Von allen Formen, die der Basler Familientag annehmen kann, war doch von jeher der ‹Herbst› die erfreulichste. Wie spekulierte man von anfangs September darauf, ob wohl die Trauben geraten und ob wohl wirklich ‹ein Herbst eingeladen› werde. Kamen dann die erhofften Aufforderungen, so ging das Hangen und Bangen von neuem los, diesmal wegen des Wetters, denn ein ‹Herbst› im Regen ist undenkbar. Der grosse Tag bricht an. Der Grossvater klopft am Wetterglas, die Grossmutter gedenkt mit Bedauern all der guten Dinge, die so appetitlich bereit stehen und die vielleicht, anstatt ihre Gäste zu laben, nach rechts und links verschickt werden müssen, um ‹us em Schade› gegessen zu werden. Aber um elf Uhr herum durchblitzt ein Sonnenstrahl den Nebel, und bald erglänzt der herrlichste Herbsttag.

Das einfache und doch stilvolle Haus draussen vor dem Dorf steht mit weitgeöffneter Tür da. Auch das Gartentor ist offen, und zu Fuss und in Wagen strömen die Gäste herein. Die Kinder werden von der Vrene mit dem nötigen Werkzeug versehen. Das ist nun genau nach Altersstufen eingerichtet: Die ganz Kleinen werden mit runden Scheren und winzigen ‹Bikti› (Krätzchen) ausgerüstet, Grössere mit zierlichen Rebmessern und ansehnlichen Kübeln. Die Gymnasiasten bekommen währschafteres Werkzeug. Aber die Backfische begnügen sich, den hellen Kleidchen zuliebe, wieder mit Körbchen, die man nicht auf dem Rücken zu tragen braucht.

In den Reben summt und wimmelt es. Das violette, scharlachrote, goldene Laub beach-

Ausgedehnte Rebgelände

Früher zog sich eine ununterbrochene Reihe von Rebgeländen vom St. Albantor bis hinunter zum alten französischen Bahnhof bei der St. Johanns-Ringmauer.

Jeder bessere Bürger hatte sein «Güetli». Und es war ihm eine Ehrensache, den Keller mit selbstgepflanztem Wein füllen zu können.

Abstinenz und Phylloxera (Reblaus) waren damals noch nicht erfunden, wohl aber gehörte der Durst zu den von den Vätern ererbten heiligsten Gütern, und so gab es noch vor einem halben Jahrhundert in Basel keinen schöneren Monat als den Oktober, den man gar wohl Wonnemonat hätte taufen können.

Da lud jeder Rebbesitzer Freunde, Bekannte und auch Fremde zum Herbsten ein. In den vielen Rebhäuslein, die Basels engste Umgebung garnierten, wurde nach der Arbeit gegessen und getrunken.

War nicht Platz genug, so stellte man Tische auf die Strasse und verstieg sich wohl auch zu einem Tänzchen nach den schluchzenden Tönen einer Flöte mit obligater Gitarren-Begleitung, bis zu St. Leonhard die Torglocke ertönte und zur Heimkehr mahnte.

War das ein Leben in der äussern Holbeinstrasse, an der Halde zwischen Strasse und Rümelinbach, oder in der Gegend des Mostackers oder an der Mittleren Strasse, wo Rebe an Rebe stand. Sogar hinter der alten Elisabethenkirche, gegen den damaligen Hof des Steinenklosters hinunter, war ein Rebberg.

Trotz der Nähe der Standestruppe krachten dort, wie überall, wo Reben waren, im Herbste die Frösche und Schwärmer, dass es eine Freude war.

Jetzt sind die städtischen Weinberge längst verschwunden.

Am längsten hat der verstorbene Meister der Safranzunft, Herr Brüderlin, sein Rebgelände zwischen Friedensgasse und St. Johannsring gepflegt, trotzdem Spatzen und naschhafte Buben den Trauben von Jahr zu Jahr mehr zusetzten.

Nun ist der Basler Herbst verschwunden …

Zeitungsnotiz, 1910

tet niemand, alles ‹herbstet› emsig, möglichst bald das gefüllte Gefäss zur Kelter zu bringen. Die Erwachsenen herbsten nicht offiziell; sie gehen auf dem Kiesweg zwischen den Reben auf und ab, helfen da und dort einem kleinen Ungeschickten, picken sich erlesene ‹Zinkli› heraus und betrachten sich gegenseitig, denn ein ‹Herbst›, diese Kombination von grossem Familientag, Gartenfest und Landpartie, bedingt eine sorgfältig abgewogene Auswahl der Toilette, und es wird fast mehr missbilligt, wer sich ‹viel zu schön› gemacht hat, als wer sich ungenügend ‹gmutzt› hat. Unterdessen sind die Herren angelangt, und man bittet zum Abendessen. Vrene versammelt die Kinder zu ausführlicher Händewaschung, während die Erwachsenen langsam den Garten herauf kommen. Im niedrigen Esszimmer steht der lange Tisch für die älteren Herrschaften bereit, während das ‹Mittelalter› im Wohnzimmer seinen Platz findet und die Kleinen in der hintern Stube tafeln. Vergnüglich überblicken die Gastgeber die schmausende Gesellschaft und konstatieren mit Befriedigung, dass sie heute, wenn man die Kutscher mitrechnet und die Bonnen, welche die jüngsten Familienmitglieder begleiten, über sechzig Personen bewirten. Länger als bei einem ‹Obedrinke› üblich, verweilt man bei Tisch. Denn zum eisernen Bestand dieser Mahlzeit kommt bei einem ‹Herbst› allerlei hinzu: rosiger Schinken, frisch gepflückte Trauben, Herbstkäse und Neuer. Endlich kehrt man in den dämmerigen Garten zurück, und die Buben machen sich mit Begeisterung an die Vorbereitungen zum Feuerwerk. Denn bengalische Lichter tauchen alles ringsum in grelles Grün und Rot. Aber im dicken Gebüsch und hinter den alten Tannen sitzen die schwarzen Schatten, und der Rebberg liegt ganz dunkel und stumm. Es folgt der Sturm des Abschiednehmens und Dankens. Die Gastgeber bleiben allein. Von der Tüllinger Höhe scheinen Lichter, vom Dorf her hört man Gesang. So wars früher im ‹Herbst›. Und die Gäste früherer Jahre denken wehmütig daran, dass ihre Kinder vielleicht nie einen richtigen, altfränkischen Basler ‹Herbst› erleben, und seufzen resigniert: ‹Ach, wenn es noch wie ehmals wär, doch kommt die schöne Zeit nicht wieder her!›.»

St. Lukastag

Am 18. Oktober 1356 legten zwei gewaltige Erdstösse Basel in Schutt und Asche. Die innere Stadt brannte vollständig aus und «lag da wie Sodom und Gomorrha». Während die Reuerinnen des Nonnenklosters Maria Magdalena an den Steinen mit feierlichem Litaneigesang ihren Kreuzgang begingen, damit der Hergott die Stadt fortan von solchen Prüfungen verschone, ordnete der Rat zum ewigen Gedenken an das schreckliche Ereignis «einen Krützegang uf an Sante Lucasdag an, daz man solt unsers Herrn Lichnam tragen. Und solltent alle die, die do werent in dem Rote, mit Krützen gon barfus in growen Menteln und Kugelhüten und pfundige Kertzen an den Henden tragen. Und so der Krützegange zerginge, so soltent sy die Kertzen unsere Frowen (der heiligen Maria) opfern in dem Münstere und die growen Kleider armen Lüten geben.»

Wurde der Vorsatz zur Abhaltung einer alljährlichen Gedenkprozession nur wenige Male in die Tat umgesetzt, so fiel der obrigkeitliche Aufruf zur Kleiderspende an die Armen auf fruchtbaren Boden. «Denn die Bewohner Basels, die Gott fürchteten, betrachteten diese seine schwere Heimsuchung als eine kräftige Aufforderung zur tiefsten Beugung und Demütigung vor ihm, dem Allmächtigen, als einen lauten Ruf zur ernsten Busse, zur heilsamsten Sinnesänderung und Lebensverbesserung.»

Die Bereitschaft der Bevölkerung zu tätiger Barmherzigkeit war weiter nicht erstaunlich, übten doch schon seit 1280 die Konventualen zu St. Alban die wohltätige Abgabe von wollenem und leinenem Tuch an Bedürftige zu Beginn der kalten Winterszeit. Um die Mitte des 14. Jahrhunderts errichtete der begüterte und caritative Tuchhändler Niclaus Berner zum Tor († 1390) eine Stiftung, deren Erträgnisse durch den Schaffner des Domkapitels für den Ankauf von Kleiderstoff zugunsten der ärmsten Schüler der Domschule, der Schule zu St. Leonhard und des Stifts zu St. Peter zu verwenden waren. Nach dem Grossen Erdbeben gaben «die Ratsglieder der Bürgerschaft ein gutes Beyspiel: sie widmeten nämlich ihre grauen so geheissenen *Luxröcke* oder Mäntel, wenn sie diese drey Jahre an der Prozession würden getragen haben, den Armen.»

Wahrscheinlich zu Ende des 15ten Jahrhunderts vergabte eine Wohltäterin Namens Sibenthaler jährlich auf St. Lukas des Evangelisten Tag hundert Paar Schuhe zur Austheilung an die Armen». Das «aus dem täglichen Almosen ausgetheilte Paar Schuhe sammt 6 Ellen leinen Tuch zu einem Hemd soll nach Vorgeben jedoch sehr gering, schlecht und grob seyn».

Auch zwanzig arme Schüler der lateinischen Schule auf Burg wurden «mit Mus und Brot erhalten, und giebt man ihnen etwan zum Jahr einmal Tuch zu einem Kleidlein und ein Paar Schuh» (1597). Grossherzige Werke edler Menschlichkeit erbrachten 1635 die Dienstmagd Sara Burgund und 1644 die verwitwete Sara von Speyr, welche «zur Bekleidung der armen Schüler» wohl dotierte Legate aussetzten. 1723 verordneten die Almosenherren, dass das Schülertuch von gelber Farbe sei; später wurde der Beschluss revoziert und die Abgabe von braunem und blauem Stoff erlaubt. Als Lieferant des Schülertuchs konnte nur das Waisenhaus, «wo das Wollenspinnen und Tuchmachen die Beschäftigung der Waisen und Züchtlinge war», in Frage kommen. «Denn man hielt es für Pflicht, dass eine Armen-Anstalt der andern ihre Fabrikate abnehme.»

Schülertuch.

«Medaillon zur Jubelfeier der Gesellschaft zur Beförderung des Guten und Gemeinnützigen», 1877.

Das Schülertuch

*Luege, do bringt-er's jo scho! Er kunnt
mit firige Backe und mit freidige Blicke und
rennt vor luter Frohlocke fast der Kaffitisch
um und juchzget der Mueter entgege:
«Lueg, lieb Mieterli, lueg, do han-i- der wider
e Messkrom!» Seit's und wirft-er' in d'Schoss
sechs Ellen elbfarbig Halbtuech, wie-me's halt
ebe verteilt den arme, flissige Schieler.
's Mieterli nimmt's und b'schaut's und
b'schaut au wider ihr Biebli. Und es fallt e
Träne-n-uf's Tuech und eini uf's Biebli.
Und si seit zuem Biebli und git-em derzue
no-n-e Schmitzli: «Halt-di nur allewil wohl
und folg dine Lehreren ordli! Lueg, sie meine's
jo guet und 's isch di eigene Nutze. Bätt au
flissig, mi Kind, so hesch der Sege vom
Himmel, wie-n-i der jetze mi Sege mit
menschlige Worte erteilt ha». (...)*
Karl Rudolf Hagenbach, 1863

Das Grosse Erdbeben von Basel am St. Lukastag 1356. Historienmalerei von Ernst Stückelberg, 1885.

D ie Abgabe der Bekleidungsstücke geschah allerdings bis nach der Reformation auf den Allerheiligentag; zum Tag der bedürftigen Schulkinder wurde der Lukastag erst im Jahre 1600 erhoben. Die Verwaltung des Stiftungsvermögens, das neben Vergabungen insbesondere durch regelmässige Kollekten in den Kirchen geäufnet wurde, lag beim Almosenamt. Als im 18. Jahrhundert «man zuerst in der St. Theodorsgemeinde und nachher auch zu St. Leonhard und St. Peter die Billigkeit und Nothwendigkeit einsah, das Luxtuch nicht nur den armen Schülern in den Gemeindeschulen, sondern den ebenso bedürftigen Schülerinnen und Kindern, welche die Fabrikstunden und Hauskinderlehren besuchten, zufliessen zu lassen, so wurden im Jahre 1801 für die armen Kinder zu St. Alban und St. Elisabethen besondere Steuern einge-

sammelt, um diese zu trösten und zu Fleiss und Sittsamkeit zu ermuntern. Diese Wohlthat ist eben nur lernbegierigen, folgsamen und gesitteten Schülern bestimmt. Der Unfleissige und Ungesittete schliesst sich durch sein Betragen selbst aus». So übten auf den Verteilungsmodus die einzelnen Kirchgemeinden und die Universität entscheidenden Einfluss aus, was zu einseitiger Berücksichtigung der Armengenössigen führte. Um dieser Ungerechtigkeit entgegenzutreten und «fördernd auf das leibliche und geistige Wohl der ärmern hiesigen Schuljugend einzuwirken», wurde im Erdbebengedenkjahr 1856 unter dem Banner der Gesellschaft des Guten und Gemeinnützigen die mit einem Grundkapital von Fr. 28542.36 dotierte Lukasstiftung gegründet, die das wohltätige Werk unserer Altvordern ausbaute und bis zum heutigen Tag segensreich fortsetzt.

Fassadenentwurf für das Gesellschaftshaus zur Krähe an der Spalenvorstadt. Aquarell von Maximilian Neustück, 1816.

Grosse Erdbebenfeier

Zum 500-Jahr-Gedächtnis des Grossen Erdbebens von Basel initiierte die GGG anno 1856 auch eine Gedenkfeier. Diese war der Bedeutung des Tages in jeder Beziehung angepasst und «verwandelte die übliche Betriebsamkeit der Bürgerschaft für einmal in besinnliche Nachdenklichkeit»: Nachdem sich die Honoratioren der Stadt unter den Bannern der Zünfte in der Martinskirche zu stiller Andacht versammelt hatten, «bewegte sich der stattliche Zug von gegen zweitausend Personen, unter dem Geläute sämtlicher in ihrer Mehrzahl damals noch nicht sehr harmonisch klingenden Kirchenglocken der Stadt die Freiestrasse hinauf nach dem Münster. Eine Harmoniemusik an der Spitze desselben spielte den Trauermarsch aus Händels Samson. Auch eine Anzahl Waisenknaben ging vor dem Zuge her; sie trugen die Kistchen, in welchen unter dem Portal des Münsters freiwillige Beiträge an die Lukasstiftung sollten gesammelt werden. Die Festpredigt hielt Professor Hagenbach über die Worte des Propheten Jeremia (31,4): ‹Wohlan, ich will dich wiederum bauen, dass du sollst gebauet heissen.› Der Abend brachte allgemein zugängliche Gottesdienste in den vier Hauptkirchen, wobei sich das Münster durch seine besonders festliche Beleuchtung auszeichnete. Später wurden auch noch die Türme mit bengalischem Feuer und die Galerien mit kleinen Lampen von verschiedenen Farben beleuchtet. Der Sonntag brachte Morgenpredigten und Jugendgottesdienste. Abends fand im Münster ein Konzert statt, dessen Hauptnummern Beethovens ‹Eroica› und Mendelssohns ‹Lobgesang› waren. Das Orchester war verstärkt, und Gesangverein und Liedertafel trugen zum Gelingen des Ganzen wesentlich bei».

Neben den offiziellen Feierlichkeiten war die GGG auch um die Herausgabe einer «kürzeren Darstellung des Erdbebens für die schulpflichtige Jugend durch Obersthelfer Abel Burckhardt» und die Prägung und Verteilung einer Gedenkmünze besorgt. Die Historisch-Antiquarische Gesellschaft dagegen ermöglichte die Publikation des wissenschaftlichen Werks «Basel im vierzehnten Jahrhundert», das «im Volksmund einfach als ‹Erdbebenbuch› bezeichnet wurde».

Hundert Jahre später war das Gedenken an das Grosse Erdbeben keines aussergewöhnlichen Aufwandes mehr wert. Immerhin hielten die Zünfte und Gesellschaften im Münster eine von Musikvorträgen umrahmte Gedächtnisfeier ab, und der Grossratspräsident ermahnte seine Miträte im Rathaus, «auch im Zeichen der Hochkonjunktur in Wachsamkeit und Bereitschaft zur Abwehr äusserer Bedrohungen nicht nachzulassen».

Beim Schülertuchverteilen

Wie gewohnt, so wurde auch am Sankt-Lukas-Tag 1804 an bedürftige Gymnasiasten Schülertuch verteilt. Unter den Bewerbern befand sich unter anderen auch Heinrich Bienz, Sohn des gleichnamigen Küfermeisters und Pintenschenks in der vorderen Elisabethen. Das Ansuchen dieses aus nicht unvermögendem Hause stammenden Schülers machte Pfarrer Daniel Krauss so nervös, dass er vor der ganzen Klasse ausrief: «Heiri, sage deinem Vater, ich könne dich nicht für das Schülertuch aufschreiben. Denn wenn er nur einmal weniger in der Woche in den Schlüssel nach Binningen gehe, könne er dir alle Jahre ein neues Sonntags- und Werktagskleid machen lassen!» Diesen Vorwurf liess der junge Bienz nicht auf sich sitzen. Er ging nach Hause und brachte anderntags ein weisses Plakat mit, auf dem in grossen Buchstaben zu lesen war: «Die geistliche Knackwurst, der Herr Pfarrer Krauss.» Dieses heftete er hastig über das Katheder und verschwand eilends aus dem Klassenzimmer. Wie nun Schlag 8 Uhr der kurzsichtige Lehrer in die Schulstube trat und zu seinem Pult ging, konnten sich die Mitschüler von Bienz kaum des Lachens erwehren: Krauss erblickte voller Zorn die Aufschrift und entzifferte nach kurzem Räuspern mit bebender Stimme den Text. Dann verlangte er sofort nach Rektor Johann Friedrich Miville, um ihm das unverschämte Werk des gottlosen Buben zu zeigen. Dieser aber hatte ebenso Mühe, sein Vergnügen an dem Spass zu verbergen und wies, um den gekränkten Lehrer zu beschwichtigen, pro forma die anwesenden Schüler zurecht, weil sie das Schandblatt nicht umgehend zerrissen hätten.

Bei der Austeilung des Schülertuchs musste streng gerechnet werden, damit alle dringenden Gesuche berücksichtigt werden konnten. Es war Usance, dass die Schüler in die vorjährige Gabe gekleidet zur Austeilung der neuen erschienen. Nun stellte sich einst ein Mädchen in ganz neuem Kleid vor, weil es zum alten grosse Sorge getragen hatte. Mit Tränen in den Augen musste das Mädchen deshalb von Pfarrer Johann Jakob Bischoff anhören, dass es diesmal keinen Stoff erhalte, weil es ein so gutes Kleidchen besitze. Als es nun weinend das Schulzimmer verliess, wurde Theodor Zaeslin-Bleyenstein von Mitleid gerührt, und er steckte der Kleinen drei Taler zu, mehr als genug, um das entgangene Schülertuch zu verschmerzen. Über den an sich gerechten und gewissenhaften Entscheid Pfarrer Bischoffs lässt sich immerhin sagen: «Allzuscharf macht Scharten!»

Anders handelte Bischoffs Amtsvorgänger, Pfarrer Johann Jakob Faesch. Unter den Anwärtern für Schülertuch befand sich auch ein Niclaus, welcher Sohn eines nicht gerade reichen, aber doch verhältnismässig wohlhabenden Vaters war. Pfarrer Faesch erklärte dem Knaben, dass das Tuch nur für arme Kinder sei und nicht eine Belohnung für Fleiss und gutes Betragen darstelle, obwohl dies auch ins Gewicht falle. Wie der Schüler nun diesen Bericht seinem Vater weitergab, eilte dieser in den Tuchladen von Johann Rudolf Vest-Wenk bei der Rheinbrücke und kaufte dort 10 Ellen gutes Tuch, das er Pfarrer Faesch überbrachte mit der Bitte, die eine Hälfte seinem Sohn für dessen gutes Zeugnis und die andere einem ebenfalls fleissigen Schüler zu schenken. Allerdings herrschten unter Pfarrer Faesch auch gewisse Missstände bei der Vergebung von Schülertuch. So wurden an die Magd des Sigristen zu «Santjooder» 5 Ellen für eine Winterjunte und an den Läuter, den Grabmacher und den Bettelvogt je 3 Ellen von dem für arme Schüler bestimmten Lukastuch abgegeben.

Johann Jakob Uebelin, um 1850

Kilbe und Herbstmesse

Zu «den beliebten Belustigungen von Alt und Jung gehörten die Kirchweihen (Kilbenen). Es wurde rings um die Stadt keine Kirchweihe gefeiert, zu der nicht eine Menge Volk aus der Stadt herausströmte. Die Belustigungen scheinen daselbst so roh und derb gewesen zu sein, dass der Rath zu wiederholten Malen vom Rathause herunter den Besuch dieser Kirchweihen zu untersagen sich veranlasst sah, ‹da die Leute auf solchen Kirchweihen fast muthwillig und unzüchtig sind, so dass davon einst grosser Kummer und Unlust wachsen und uferstan möchten.› Eine Kirchweihe der Nachbarschaft dagegen wurde offiziell besucht und begangen, und das war die Kirchweihe von Liestal im Jahr 1510. In kriegerisch geordnetem Zuge zogen unter dem Banner der Stadt die Bürger Basels aus, Trommeln und Pfeifen an der Spitze des Zuges, geführt von ihren Hauptleuten. Diese, so wie die Venner, die Trommler und Pfeifer besoldete für diesen Tag der Rath. Das war nun eine Festlichkeit, an welcher auch die Knaben Theil nahmen; ihre Yben (Armbruste) auf der Schulter, schlossen sie sich dem Zuge der Alten an, um an der ‹Kurzweil› Theil zu nehmen, und erhielten vom Rathe eine Gabe an Schürlitztuch».

Kirchweihfeste und Patrozinien

Die Besuche von Kilben, wie solche 1858 von Daniel Fechter skizziert worden sind, gehörten tatsächlich zu den «grossen Ergötzlichkeiten der breiten Volksmassen». Denn «wenn einer das Volk wie es weint und lacht studieren will, so gehe er an eine Kilbi» (1879). Doch zunächst soll von den sakralen Kirchweihfesten und Patrozinien der Basler Kirchen die Rede sein. Dabei war die «kalte Kirchweih» der Domkirche selbstverständlich von vorrangiger

Bedeutung. Kaplan Hieronymus Brilinger hat die «Route» des jeweils zu begehenden festlichen Umgangs präzis festgehalten und führt uns im selben Atemzug auch die «Weitläufigkeit des Kathedralbezirks» bildhaft vor Augen:

«Am Kirchweihfest des Basler Münsters (11. Oktober) findet keine Prozession über den Münsterplatz statt, dagegen ein dreimaliger Umgang um die Kirche, einmal aussen herum und zweimal innen herum. Nach der Sext ordnet sich dieser Zug wie folgt: Voraus geht der Dormentarius mit dem Stab, dann folgen zwei Ministranten im Chormantel mit zwei minder kostbaren Fahnen. Nach ihnen kommen zwei Kapläne, die erst seit kurzem im Besitz einer Pfründe sind, beide im Chormantel, der jüngere das St. Andreaskreuz, der andere das sonntägliche Evangelienbuch tragend, hierauf ein Zug von Schülern und Chorsängern, hinter den Schülern zwei Chorsänger in weissen Chormänteln mit den grössten Fahnen, dann die Kerze der Schenkwirte, eine kleinere Fahne, der Subkustos mit dem kostbaren Kreuz, ein Ehrendiakon mit dem kostbaren Evangelienbuch, der Zelebrant mit dem Diakon und schliesslich zwei Knaben in Chormänteln, brennende grosse Wachskerzen haltend. An der Spitze dieses Zuges steigt der Dormentarius auf der rechten Seite über die Chorstufen hinab und führt ihn durch das Schiff der Kirche bis zum Agnesenaltar. Inzwischen reichen der Subkustos und der Glöckner den Herren Prälaten, Domherren und Assisii ihre Chormäntel. Einige Kapläne nehmen vom Altar Reliquien in Empfang und stellen sich, ohne Kapuze, in der Mitte des Chores auf. Diese werden dann vom Subkustos und vom Glöckner mit farbenprächtigen Chormänteln bekleidet. Den Kaplänen folgen die Assisii; sie tragen keine Reliquien, sondern die Prozessionalbücher, aus denen sie singen. Ihnen schliessen sich die Domherren und Prälaten an, bekleidet mit Chormantel und Kapuze. Sie schreiten im Zuge durch das Schiff der Kirche, ziehen vor dem St. Agnesenaltar vorbei, biegen nach links ab, steigen beim Glockenturm wiederum empor und treten durch die Pforte beim Dreifaltigkeitsaltar auf den Kreuzgang hinaus. Dann durchschreitet der Zug den Kreuzgang wie an Feiertagen, verlässt ihn durch die vergitterte Pforte bei der Fruchtschütte der Domherren und zieht aussen um die Kirche herum bis zur Pfalz, dann durch das Pfalztor bei der St. Nikolauskapelle in den Kreuzgang und durch die andere Pforte, diejenige beim Dreifaltigkeitsaltar, wieder in die Kirche hinein. In der Kirche bewegt sich der Zug auf den Glockenturm zu und dann vom Agnesenaltar zum Allerheiligenaltar, von wo er geradeaus emporsteigt, die Krypta durchschreitet und wie vorhin wiederum herabsteigt auf den Glockenturm zu. Man zieht am Agnesen- und am Allerheiligenaltar vorbei, steigt beim Altar der Unschuldigen Kindlein über die Chorstufen empor, geht hinter dem Hochaltar durch und dann wieder auf der anderen Seite über die Chorstufen hinunter auf den Glockenturm zu. Im Schiffe der Kirche sodann verteilen sich die Zugsteilnehmer nach beiden Seiten und machen Station. Ist diese beendigt, so kehren sie in den Chor zurück; die Ministranten mit den grossen Wachskerzen bleiben zu beiden Seiten auf ihren Plätzen stehen. Nun beginnt die Messe.

Folgendes möge niemand übersehen: Wenn der Bischof von Basel oder sein Weihbischof an diesem Tage die Messe zelebriert, dann trägt ein Ehrendiakon zusammen mit dem Subkustos das kostbarere Evangelienbuch. Der Bischof schreitet am Ende der Prozession hinter allen übrigen Prälaten; ihm voraus gehen Diakon und Subdiakon, gefolgt ist er von seinen Kaplänen. Auch wenn er nicht zelebriert, sondern nur an der Prozession teilnimmt in seiner üblichen Gewandung, bleibt ihm der letzte Platz in der Prozession vorbehalten. Spät am Abend nach der Vesper und dem Absingen des ‹Benedicamus› hebt der Vorsänger in üblicher Weise mit den Vigilien für die Abgestorbenen an. Sind diese beendigt, so findet eine Prozession durch den Kreuzgang statt mit Weihwasser und Weihrauch. In der Kirche wird Station gemacht. Nach dem ‹Miserere› fährt der Hebdomadar fort mit den vorgenannten Kollekten.»

Weltliche Festtage

Anno 1469 hatten Bürgermeister und Ratsherren «des Vyrtags halb erkannt, dass hinfür die Kilchwihe unseres Gotzhuses des Stifts ze Basel als ein hochzittlicher Tag geehrt und menglich gehalten wird, denselben Tag der kalten Kilchwihe als für der Statt Jarmergkt zu gebruchen und solcher Merkt uff den nechsten Werktag darnach uff Burg (auf dem Münsterplatz) ze halten». Mit diesem Entscheid wurde das Weihefest der Stadtkirche auf den Montag ausgedehnt und mit dem Herkommen der

Unsinnige Kirchweihfeste

Der junge Respinger war am 5. Juli mit den Eltern im nahen Dorf Weil, wo Kirchweih gefeiert wurde. Dabei wurde getanzt, wie dies bei diesen unsinnigen Kirchweihen der Brauch ist. Da kam es, dass unter andern auch ein gewisser Sylvester, Müller zum Sternen aus Kleinbasel, tanzte, ein sonst braver und wackerer Mann. Als ihm nun jener übermütige Jüngling ein Bein stellte, damit er zum allgemeinen Gelächter hinfalle, regte er sich anfangs nicht stark auf, sondern sagte zu jenem: Lass mich in Ruhe.
Aber als er es zum zweiten Mal tat, geriet der Müller in Zorn und gab ihm einen Faustschlag an den Hals mit den Worten: Was machst du, du Strolch? Aber sofort packte Respinger den Müller, der vollständig unbewaffnet war, und stiess ihm seinen Dolch so stark in den Nacken, dass er bis zum Heft darin stecken blieb.
Aber gleich darauf entfloh der Schurke, dieser Totschläger oder vielmehr Mörder. Und das sind die Früchte der Tanzereien und Kirchweihen!

Johannes Gast, 1552

Bettelnder Kapuziner

Ausser unsern gewöhnlichen Menschnurranten, Taschenspielern usw. sieht man an der Herbstmesse wieder den Capuziner von Dornach mit einem Klosterknechte von Haus zu Haus ziehen und betteln.
Einsender dieses hat schon früher darauf aufmerksam gemacht, wie schlecht es unserer Regierung ansteht, diesen Unfug noch fortwährend zu dulden. Und es ist nur erfreulich, dass die Spenden wenigstens beim Publikum immer kärglicher ausfallen. Hie und da hat man den Burschen zur Antwort gegeben, sie sollten arbeiten statt betteln, und irgend jemand soll dem Capuziner einen Nagel geschenkt und ihn zu einem in der Nähe wohnenden Seilermeister geschickt haben, damit dieser ihm noch ein Produkt von seiner Arbeit gebe…

Schweizerische Nationalzeitung, 1842

Landleute aus der ganzen Umgebung verknüpft, das bei dieser Gelegenheit auf dem beflaggten Münsterplatz zu einem Volksfest zusammenzuströmen pflegte und sich am Jahrmarkt mit Dingen des täglichen Lebens versah. Noch aber wurde am weltlichen Fest der kirchliche Inhalt der Kirchweihe nicht vergessen, auch wenn die «Messe», der Gottesdienst, nun eine weitere Bedeutung gefunden hatte. Als nämlich 1530 siebenhundert «wohl bekleidete Bürger» einen «Freudenzug» nach Liestal unternahmen und an der Kilbi allerhand Kurzweil trieben, «ist auch Dr. Oekolampad uff der Külbi gsin, der uns das göttlich Wort verkündet, domit wir wissen, wie wir die Külbi halten sollen: Nit mit Föllerey, Essen und Drinken oder schandtlicher Üppigkeit, sondern in göttlicher Furcht und brüderlicher Liebe und derglichen christlicher Ler».

Offenbar zur Wahrung der Interessen der einheimischen Kaufleute und im Einverständnis der Pfarrherren, welche das Ausschwärmen der reformierten Bevölkerung in katholische Orte nicht gerne zur Kenntnis nahmen, verbot die Obrigkeit des öftern den Besuch auswärtiger Kilben. Denn «niemand soll uff Kilchwihen laufen, so jerlichs uff beiden Siten des Rins, derwil die Lüte gemeinlich fast muotwillig und unzuchtiglich sind». Und 1539 erklärten Unsere Gnädigen Herren wutentbrannt: «Niemand soll die Kirchweihen und Mahlzeiten zu Weil, Hüningen, Binningen und dergleichen Orte besuchen, weder Einzelne noch in Haufen und Scharen, ausgenommen Krämer, die dort ihren Kram feilhalten und keinen dortigen Pfarrer brauchen wollen.» In den eigenen Mauern jedoch «war es einem jeden unverboten, an der Kirchweihe, die man Kilby heisst, auf seinem Zunft- oder Gesellschaftshause oder bei sich zu Hause mit den Seinigen und mit Bekannten züchtiglich und mässiglich zu essen und zu trinken». Und an solchen Kirchweihen mangelte es in der eigenen Stadt wahrhaft nicht, war doch alljährlich auch zu St. Andreas, St. Anna, St. Leonhard, St. Martin, St. Maria Magdalena, St. Niklaus, St. Peter, St. Theodor und St. Antonius, zu Augustinern und zu Barfüssern, in der Kartause sowie in der Kapelle zum Heiligen Kreuz vor dem Riehentor die Er-

Die Kilbe in St. Louis «übte immer eine grosse Anziehungskraft aus, namentlich auf die Basler». Zeichnung nach Johann Rudolf Weiss, um 1885.

Messebetrieb auf dem Münsterplatz. Aquarell von E.B., 1829.

> Messe auf dem Barfüsserplatz. Radierung von Arthur Riedel, 1923.

neuerung der Kirchweihe zu begehen! Dann aber gaben «armselige und kummervolle Zeiten gemeinlich Anlass, einige Missbräuche abzustellen. Die Kirchweihe des Spittals wurde bis anhin auf Weihnacht, Fassnacht und Ostern gehalten, jederman wollte sich darbey etwas zu gute thun lassen; und es wurde bey diesen Feyerlichkeiten nicht übel geprasst. Es ward also die Obrigkeit bewogen, diesen Überfluss abzuerkennen» (1588). Das «Unwesen» indessen ging fröhlich weiter, und die Geistlichkeit musste sich immer wieder beschweren, dass auch in Bourglibre und Riehen sowie im Neuen Haus (Otterbach) der Tag mit Volltrinken, Spielen, Kegeln, Springen und Tanzen profaniert werde. Die Basler aber waren vom Kilbenbesuch nicht abzubringen. So wurde denn auch 1923 der erste offizielle Messeball der Schweizer Mustermesse durch das Quodlibet als «Sundgäuer Kilwe» durchgeführt: «Es wimmelte in den Casinosälen von echten und unechten Waggissen. Da jubelte das Publikum einem witzigen Elsässerkasperli zu und freute sich an den hierzulande wohlbekannten Elsässerausdrücken».

Herbstmesse

Als am 11. Juli 1471 Kaiser Friedrich III. unserer Stadt mit prächtiger Urkunde das Privileg erteilte, jeweils im Frühjahr (zwei Wochen vor Pfingsten) und im Herbst (zwei Wochen vor Martini) eine Warenmesse abzuhalten, hatte ein lange gehegter grosser Wunsch der Basler seine Erfüllung gefunden. Denn es galt, mit aller Kraft den einst bedeutenden und einträglichen Ruf als mittelalterliche Weltstadt am Schnittpunkt wichtiger internationaler Handelsstrassen, der seit der Auflösung des Konzils viel an Glanz verloren hatte, wieder aufzuwerten. Und dazu bot die Durchführung von Messen, die magnetisch Kaufleute aus aller Herren Ländern herbeibrachten, beste Gelegenheit.

Für den Verkauf von in- und ausländischen Waren wurde den Handelsleuten das städtische Kaufhaus (heute

---

Hauptpost), der Kornmarkt (Marktplatz), der Fischmarkt, der Blumenplatz (beim Hotel Drei Könige), der Hof des Rathauses, das Tuchhaus «zur Mücke» am Münsterplatz und einzelne Zunfthäuser zugewiesen. Im Laufe der Jahrhunderte ergaben sich verschiedene Neudispositionen in der Standortpraxis, so dass die Messeplätze immer wieder neu umschrieben werden mussten. Von 1821 bis 1876 war der Münsterplatz Zentrum von Warenmesse und «Budenzauber», welche dann

---

«wegen Störung des Schulunterrichts» auf den Petersplatz verlegt wurden. Weitere Verkaufsbuden standen an der Augustinergasse und an der Barfüssergasse. Der Holzmarkt und der Handel in Küblerwaren, Holzschuhen, Bürsten und Holzgeschirr fand am St. Albangraben statt. Das «Erdengeschirr» dagegen wurde am Petersgraben gehandelt. Dem Vergnügen stand der Barfüsserplatz offen. Hier reihten sich «Schaubuden, Caroussels, Schiesshütten, Zucker- und Waffelbäckereien usw. usw.». Dies alles aber nur während des Herbstes, denn auf die Durchführung der Pfingstmesse hatte die Obrigkeit schon 1494 verzichtet, «ward doch der Kaufleuten Mess, welche man in Basel jährlich zu Pfingsten pflegte zu halten, durch offenen Ruf abgeкündet, nachdem sie neben der andern Mess drey und zwanzig Johr in Übung gewesen.» 423 Jahre später, am 14. April 1917, erinnerte sich Basel in der Zeit der durch den Ersten Weltkrieg ausgelösten Warenknappheit des «stillgelegten» kaiserlichen Messeprivilegs und eröffnete im Stadtcasino und in den Turnhallen an der Theaterstrasse und an der Rittergasse wie auch auf dem Areal des alten Badischen Bahnhofs am Riehenring die erste *Schweizer Mustermesse*.

Als um die letzte Jahrhundertwende in «der Stadt gemunkelt wurde, die Messe würde aufgehoben, war nicht nur mit dem Protest der älteren Bürger, die an dieser Einrichtung zähe hängen, zu rechnen, sondern namentlich mit jenem des jüngsten Basel. Gelassener würde es die Jugend ertragen, wenn der andere Teil der Messe, die auf dem Petersplatz für zwei prächtige Wochen erstellten hölzernen Buden, einginge. Nur die Landleute sind noch gewohnt, dort ihre Einkäufe zu machen, und darum wohl lässt man die Messe bestehen, gleich wie die Fronfastenmärkte, die jedes Vierteljahr auf dem Barfüsserplatz abgehalten werden und die nur zwei Tage dauern». 1910 brachte die Messe die Neuerung, dass nicht nur auf dem Barfüsserplatz, sondern auch auf dem alten Kohlenplatz beim Bundesbahnhof Schaubuden aufgestellt wurden. 1913 «zeichnete sich die Messe dadurch aus, dass sich die Schaubuden und Lustbarkeiten, einem Wunsche *Kleinbasels* entsprechend, auch auf dem Platz vor dem alten Badischen Bahnhof entfaltete». 1927 ist erstmals ein Teil des «Vergnü-

Fronfastenmarkt auf dem Marktplatz.
Aquarell von Jakob Senn, 1828.

⌐ Härdöpfelmärt im Gundeli, 1910.

Fronfastenmarkt auf dem Barfüsserplatz,
1901.

> Herbstmesse beim Zeughaus am
Petersgraben, 1907.

gungsparks» in der Mustermesse am Riehenring (Halle IV) aufgerichtet worden. Mit dem Einläuten der Messe 1930 «wurde seit dem Jahre 1500 wohl zum erstenmal der Barfüsserplatz nicht mehr benützt; die Schaubuden befanden sich nun auf den Plätzen vor und hinter der Mustermesse, sowie teilweise in deren Maschinenhalle». Zur «grossen Befriedigung der Grossbasler kehrte dann (1944) ein Teil der Messe aus dem mindern Basel wieder auf den Seibi zurück». Dafür wurde im Kleinbasel die Messe vorübergehend auch auf der Claramatte abgehalten. 1973 ist mit 271 Ausstellern in der Mustermesse die erste Herbstwarenmesse eröffnet worden. Seit 1982 steht auch der Münsterplatz wieder dem Messevergnügen offen.

Ideale Volksgemeinschaft

Während der Messe wurde der Grossmarkt in die «Steinen» verlegt. Da lernte man aus nächster Nähe die Leute aus dem Volke kennen. Wir ahmten ihre Sprache und Gesten nach, wie sie die Käufer anlockten und ihnen ihre Ware anpriesen, wie sie da standen und «Maulaffen» feil hatten, wenn nichts ging. Das schönste war, dass die Einwohner denen, die vor ihrem Hause ihren Handel betrieben, etwas warmes «Z'nüni» herausbrachten oder sie gar zum Mittagessen einluden. So entstand eine ideale Volksgemeinschaft zwischen Stadt und Land, der Basler, Baselbieter, Markgräfler und Elsässer. Wir Kinder aber wurden mit Äpfeln, Birnen und Trauben beschenkt. Das Unterhaltendste für uns bot die Abfahrtszeit, wenn die Marktleute mit viel Lärm und Geschrei, «hüst» und «hott» ihre Gäule an die meist geleerten Wagen spannten. Unter Hundegebell und Peitschenknall ging es entweder zum Steinentor hinaus oder gegen den «Seiplatz». Wenn nun die einen «hüst», die andern «hott» wollten, so dass oft die Wagen ineinanderfuhren, gabs neuen Lärm. Aber je grösser der Wirrwarr sich gestaltete, desto mehr reckten wir unsere Hälse und schrien mit. Von einer Verkehrspolizei hatte man noch keine blasse Ahnung.

Karl Stückelberger, 1937

Jahrmarktbetrieb

Die Bestimmung von Münsterplatz und Barfüsserplatz zum Rummelplatz lässt deutlich werden, dass die «Messe» nicht nur Gross- und Kleinhandel in

Strassenverkäufer

Zu den Zeitgenossen der Fahrenden Leute gehören nicht nur die Schausteller und Universalkünstler, sondern auch die Strassenverkäufer, die ihre Mitmenschen mit seltener Ware und noch seltsamerer Kunst beglücken. Sie schmelzen zusammen, die Männer mit dem gewaltigen Rednertalent, die über eine Schachtel Bartpomade zwei Stunden lang schwungvoll schwadronieren können und die hervorragenden Eigenschaften eines Wichsebürstchens in den kühnsten Superlativen zu schildern wissen. Mir schwebt als Vorbild eines solchen Warenanpreisers immer der selige Walcot vor, der so ums Jahr 1866 Basel mit seiner Gegenwart beglückte. Auf der hinteren Plattform seines grossen mit grellen Farben angestrichenen Wagens stehend, empfahl er dem Publikum mit eindringlichen Worten und gewaltigen Gestikulationen seine Prima-Messerschärfer, mit denen man in einer Minute einen alten eisernen Schuhlöffel in ein haarscharfes Rasiermesser verwandeln konnte. Kein Schleifstein und kein Abziehstein mehr, jeder ist sein eigener Messerschmied, so lautete die Parole, die er austeilte. Dann schlug er mit einem Hammer auf die Schneide des Metzgermessers, dass die Funken sprühten, und nachdem das Messer gründlich ruiniert war, zog er es durch seinen Apparat und verlieh im wieder die ursprüngliche Schärfe. Hu, wie drängte sich dann das Publikum herbei. Alles wollte einen «Walcot» zu 2 Fr. 50 haben, und man schlug sich förmlich um die Ware. Monsieur Walcot machte ein Bombengeschäft. Vierzehn Tage später aber waren in Basel sämtliche Tisch- und Taschenmesser so gründlich ruiniert, dass man wieder herzlich froh um die alten Schleifer und Messerschmiede war.

Fritz Amstein, 1904

Waren aller Art bedeutete, sondern, wie wir oben gesehen haben, seit eh und je auch mit Volksbelustigungen, «Kilchwyhen», verbunden war: das aus nah und fern herbeigeeilte Landvolk wollte auch seine Freuden haben. Die diesbezüglichen Ansprüche waren ursprünglich allerdings bescheiden genug: Man gab sich mit Wettläufen über 350 Schritt für Frauen und 400 Schritt für Männer, Gabenschiessen, Pferderennen, Kegeln und Lotterien zufrieden. Besonders die Glücksspiele, die sogenannten *Glückshafen*, lockten zahlreiche Gäste in die Rheinstadt. Zur Messezeit wurden die in Aussicht stehenden Gewinne am Rathaus und an der Rheinbrücke angeschlagen. Hatte die Messe ihre Pforten geschlossen, dann erreichte die unter obrigkeitlicher Aufsicht und Garantie stehende Lotterie mit der Ziehung ihren Höhepunkt: Eigens dazu bestellte Notare ermittelten anhand der im Glückshafenrodel eingetragenen Namen öffentlich die glücklichen Gewinner.

Glückshafenspiele, auch «Obenthür» genannt, und sportliche Wettkämpfe wurden schliesslich von fröhlichem Jahrmarktbetrieb aufgesogen. Fahrendes

Die Velozipedbude

Unbedingt das Fidelste auf der ganzen Messe ist die Velozipedbude. In einem weiten Schienenkreise laufen zirka zwanzig Velozipede (Fahrräder), alle zusammengekoppelt. Da setzen sich nun Männlein und Weiblein darauf, und alles bearbeitet auf Tod und Leben die Kurbeln der Triebräder mit den Füssen. Begreiflicherweise kommt die Geschichte kolossal in Schwung, und nichts ist ergötzlicher, als der ganzen Komödie zuzusehen. Das Orchester befindet sich in der Mitte des Kreises und besteht aus einer Drehorgel, einem Trompeter und einem heulenden Hund. Diese drei Faktoren feuern mit ihrem herzbrechenden Ensemblespiel die Velozipeter zu energischem Laufe an, wie ja auch die Kamele in der Wüste um so energischer laufen, je gediegener die Musikbegleitung ihrer Führer ist.

Schweizerischer Volksfreund, 1879

«Messefreuden anno 1873 und 1875 von Niclaus Strübin gesehen und auf Leinwand und zu Papier gebracht.»

Volk mit wilden Tieren, Seiltänzer, Gaukler, Taschenspieler, Quacksalber, Bänkelsänger, Seiltänzer, Hexenmeister, Leierkastenmänner, Flohdresseure, Marionettenspieler und Musikanten kamen ins Land und erfreuten die Besucher mit fremden Sitten und Gebräuchen, mit Akrobatik, Dressur und Zauberei, mit Missgeburten, Theater und orientalischen Klängen. Schon 1602 «wurde an der Basel Mess einem Comoedianten erlaubt, drey Tag zu spielen». 1649 versetzte «ein wunderlicher Wassertrüncker» das Volk in Staunen. Dieser «tranck fast ein Züber mit Wasser aus, gab hernach anstatt des Wassers allerhand anderes heraus, wie Wein, roth und weiss, Bier, Rosenwasser, Brandtenwein (Schnaps) usw.». Dann war es 1693 ein Elefant, der «in allerhand Künsten geübt war. Konnte mit dem Rüssel einen Thon von sich geben, gleich einer Trompeten. Item mit demselben schoss er ein Pistolen los, zog auch Gelt und anderes den Leuthen aus den Säckhen und liess 8 bis 10 Männer auf sich sitzen, legte dieselben auch, so ihm sein Meister bedeutete, fein hübsch alle zusammen auf die Seithen am Boden, dass jedoch keinem nichts geschah!»

Einige Jahre später rissen zwei französische Luftspringer die Basler von den Stühlen: «Unter anderem war sonderlich mit Verwunderung zu sehen, wie einer dieser Luftspringeren zwei Gläser voll Wasser auf sein Angesicht gestellt, dieselben eine ganze halbe Stund (!) ohnverrückt und ohnverschüttet gehalten, in beiden Händen blosse Degen und an beiden Füess auch dergleichen gebunden, mit diesem allem modo miraculoso sich durch einen kleinen Reif gezogen, sambt vier Degen, da doch kein Tröpflein Wasser verschüttet worden.» Zur selben Zeit (1696) gastierte im Ballenhaus an den Thorsteinen (Theaterturnhalle) eine deutsche Theatergruppe. «Als die Comedianten den Faust spielten, begab es sich, dass nach geendeter Tragödie der Harlequin zu Webern auf der Zunft nächst dem Ballenhaus, wo gespielt worden, zu Gast geladen wurde von etlichen Herren dieser Zunft. Als dieser, wohl bezecht, heimgehen und die Treppe hinuntersteigen wollte, tat er ein Misstritt und fiel Häuptlings hinunter auf den Kopf, dass er bis auf die Hirnschale

blessiert wurde, in ein Bett getragen und morndrist tot war. Hieraus ist zu merken, dass es sich nicht schimpfen lasse, so gottlose Comedien zu spielen und den Satan so viel mal anzuziehen!»

An «der Mess 1710 war eine seltsame Postur hier, die ohne Hände und Füsse kunstreiche Sachen machen konnte». Anno 1714 ist es dann ein grandioses Feuerwerk gewesen, das unsere Altvordern die Sorgen der Zeit für einen Moment vergessen liess: «Sah man nachts von 7 bis 8 Uhr auf dem Rhein zwischen Pfalz und Baar (beim Waisenhaus) ein schönes Feuerwerk, so Unsere Gnädigen Herren durch den neuen Kunstabler verrichten lassen, so von viel 1000 Personen gesehen. Erstlich ein Stuck (Kanone), woraus 10 Schütz (Schüsse) nacheinander geschehen. Ein feuriger Drache fuhr von der Pfalz hinüber den Rhein an einem Seil. Item gegen 200 allerhand Raggeten und endlich sogenannte Wasserenten, so in dem Wasser wie Enten daher schwammen, über einander sprangen und endlich in die Luft flogen und kleine Raggeten ausspeiten. War in der Luft wie ein grosser Maien verspeiet und gab in dem Wasser einen grossen Klapf von sich.» Während «der Messe 1767 liess ein grosser chinesischer Künstler durch einen Zuschauer seinem Compagnon den Kopf abhauen, worauf der grosse Meister dem Geköpften das Haupt wieder aufsetzte, als wäre nichts geschehen!» 1781 «war eine junge Riesin aus der Bretagne zu sehen. Ihr Leib war vollkommen so dick wie drei starke Männer und ein Arm von ihr so starck wie der Leib eines andern, auch konnte sie mit dem Daumen einen Neuthaler bedecken». In der Neuzeit (1861) erregte ein 21jähriger Riese von zwei Meter 28 Zentimeter Länge grosse Aufmerksamkeit: Der Kanonenmann lud ihm ein 660 Pfund schweres Artilleriegeschütz auf die Schultern und feuerte einen «Scheibenschuss» los. Und endlich war es 1908 «der Riese Pisjakoff, der auf der Messe debütierte und der grösste Mensch der Welt war. Er wog nicht weniger als 188 Kilo. Seine Schuhnummer war 77. Sein Spazierstock wog 3¾ Pfund. Im Gasthof beanspruchte der Riese zwei Betten und verschlang die dreifache Portion eines normalen Menschen».

Künstlicher Schachspieler

Anno 1869 war auf dem Barfüsserplatz ein künstlicher Schachspieler zu sehen, ein mechanisches Werk, das mit jedermann ein Partie Schach aufnahm und meist gewann. Die Figur sah aus, wie ein alter, tief verschuldeter Perser. Er sass hinter einem grossen Schachbrett. Vor Beginn des Spiels knöpfte der Budenbesitzer dem Perser das Oberkleid auf, und da sah man in der Tat eine Fülle von Rollen, Saiten und messingenen Schwarzwälder-Uhrenrädchen. Dann wurde das Gewand wieder geschlossen, und das Schachspiel mit irgend einem Besucher begann.

Mechanisch packte der Automat bald einen Bauern, bald einen Springer, bald die Königin; er spielte ganz korrekt und sicher. Die Zuschauer waren starr. Die einen glaubten, mit dem Abstellen der Schachfiguren würden elektrische Kontakte hergestellt, die anderen fahndeten nach Fäden, die von aussen gezogen würden. Da kam ein Praktikus auf die Idee, den mechanischen Perser mit Schnupftabak auf die Probe zu stellen. Er blies ihm in den lächelnden offenen Mund ein ganzes Schächtelchen «Schneeberger». Und siehe da: urplötzlich vernahm man im Bauche des künstlichen Schachspielers ein gewaltiges Niesen, das die Leistungen aller bisher bekannten Bauchredner tief in den Schatten stellte. Das Publikum war einen Augenblick verblüfft, dann aber ging ein Geschrei los, wie man es selten erlebte. «Schwindel!», «I will mi Gäld zrugg!», «Mer wänd dä Kärli usehole!», so tönte es in wildem Durcheinander und gleichzeitig packte einer den Perser beim Kopf und hob dessen obere Partie ab. Heraus kroch ein schlankes, schmächtiges Bürschchen, dessen Gesicht ganz mit weissem Schnupftabak gepudert war. Durch zwei Glasknöpfe des Perser-Gewandes hatte er bequem aufs Schachbrett gesehen und danach die Bewegung der Figuren eingerichtet. Die Entrüstung der Anwesenden war unbeschreiblich gross, und wenig hätte gefehlt, so wäre die ganze Bude demoliert worden. Das war aber nicht nötig: am andern Tage war der automatische Schachspieler ohnehin spurlos verschwunden; der kluge Mann baute vor!

National-Zeitung, 1910

Häfelimärt

Dr Häfelimärt isch wieder do,
Wie schwänzle d'Fraue hit dervo.

Und usstafiert mit Kerb und Krätte,
Als ob si d'Stadt izkrome hätte.

Stross uf und ab, Gass us und i,
Wie zottle d'Kechene hintedri!

Potzdausig, was isch das e Wahl,
Vom schenstem Gschirr die gressti Zahl:

Pruntruterplatte, Tüpfli, Kanne,
Und roth und bruni Brotispfanne.

Und Häfe, Schissle, Kaffeegschirr,
Me luegt sich schier gar hinterfir! (...)

Beilage zum Volksfreund, 1861

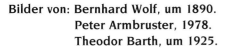

Bilder von: Bernhard Wolf, um 1890.
Peter Armbruster, 1978.
Theodor Barth, um 1925.

Messefreuden

Der für die Stadtjugend wichtige Teil der Messe befand sich, nicht zur Freude der Lehrerschaft, auf dem Münsterplatz und dehnte sich über die Kaufhausgasse aus bis zum Barfüsserplatz. Das Aufschlagen der vielen Messhisli lockte schon viele Tage vorher zu polterndem Spiel auf dem Brettermaterial. Da gab es aber auch unbeschreibliche Herrlichkeiten: neben den Ressliritene, wo der Ehrgeiz antrieb, mit dem «gestochenen Ring» eine Freifahrt zu ergattern, das Wachsfigurenkabinett, wo man schaudernd den Judas oder den Kopf des Holofernes sah, das Panorama, wo man Napoleon und den russischen Kaiser bestaunen konnte, wo sich drehende Männlein den Mund öffneten, ja und nein sagen konnten. Da war das Welttheater und die Menagerie, der Mann mit den roten Augen und die Riesin, die ein Zentnergewicht hob. Für die Kleinsten gab es die Lebkuchenmänner, die Frösche und Hexenwibli oder Peitschen. Zwischenhinein rannte man geschwind zum Käsperlitheater, stand ein wenig still vor dem Murmelitierführer oder lachte über den Paraplüverkäufer. Unten am Münsterberg lockten die Buben im Flegelalter die Käsestände; man bat um ein Schnäfeli zum Versuchen und liess es dabei sein Bewenden haben. Wecklibuben schoben sich durch das Gedränge, Studenten und Commis suchten Begegnungen mit Mädchen.
Anders auf dem Petersplatz. Beim Helgema erstand man die beliebten Münchnerhelgen, weiterhin Bleisoldaten, Zeichen- und Malmaterial. Die Grossen interessierte anderes: Weisszeug, Kleider, Haushaltungsartikel und dergleichen.

Ernst Jenny, 1949

Gemessen an der Zahl der Krämer waren die Schausteller aber immer stark in Minderheit. Anno 1848 kamen beispielsweise 523 «Messfiguranten» nach Basel, aber nur 35 von ihnen waren «Künstler und Musikanten». Von diesen betrieben Caesar und Kaspar Heuterkes und Caspar Sutter «je eine Ressliryrtti», Jean Jou-

vin zeigte «ein fettes Kind», P. Huber Wachsfiguren, Anastasius Thurner Steinadler, Monsieur Dumanche ein Riesenpferd, Marc de Serf einen Elefanten, Georg Hemrig ein Wundertier und Henry Matzallerai ein «monströses Schaf». Jean Cravatte präsentierte sich als Jongleur, Amelin Amand als Artist und Franz Söpp als Krautschneider. Louis Percoire lud in sein Kunsttheater ein, J. Huber in seine Menagerie, Anton Bauer in sein Panorama und Pons-Poisseau in sein Merkwürdigkeitenkabinett. Dazu spielte der blinde Josef Bucher Musik.

Gesindel und Gauner

Dass sich zur Messezeit «viel herrenloss Gesind alhier einschleichen möchte», war weiter kein Wunder. Denn Gelegenheit, sich auf Kosten anderer zu bereichern und zu vergnügen, war im Übermass vorhanden. Die Obrigkeit erliess deshalb besondere Vorsichtsmassnahmen. Dazu gehörte das Überwachen der Durchreisenden: «Man möge wissen, was für fremde Leut den Rhein auf und ab kommen und allhier übernachten wollen. Sollen die Land-Officirer auch so wol an den Rhein-Thoren als an der Schifflände die Meszeit durch alle Fremden ihres Namens, ihrer Geburtsstadt und wo sie hier übernachten oder logieren, auch was sie hier verrichten wollen, befragen. Was angezeigt wird, ordentlich beschreiben und dann solche Verzeichnuss alle Abend auf die Hauptwacht lüfern.»

Trotz dieser zusätzlichen Kontrollen gelangten immer wieder allerhand «Vögel» in die Stadt. Wer aber bei Diebereien oder andern Ungesetzlichkeiten erwischt wurde, hatte harte Bestrafung zu gewärtigen. 1759 wurden «in der Mess drey Weibsbilder, welche aus einer Diebsbanden gewesen, wegen weilen sie etlichen hiesigen und fremten Kaufleuthen für 200 Pfund Geltswert Wahren gestohlen, an den Pranger gestellt, mit Ruthen gestrichen, ein Zeichen an die Stirn gebrannt und von Statt und Land verwiesen.» Wegen «grosser Theurung und andern üblen Folgen» mussten 1770 «alle fremden Musicanten, Raritäten-Männer und Murmel-

thierli-Buben zur Statt hinaus». Und 1798 schaltete sich gar «der Minister der Justitz und Polizey der einen und untheilbaren Helvetischen Republik» ein und wies die Kantonsregierungen an, keinen «verdächtigen Leüten mit Bären, Camelen, Affen etc., die in der Schweiz herumziehen und die Thiere zur Schau stellen und auf Abwegen Reisende berauben», die Einreise mehr zu erlauben. Aus verständlichen Gründen dagegen musste 1720 allen Fremden der Zutritt in die Stadt verweigert werden: Der Grosse Rat hatte wegen der Gefahr des Einschleppens der Pest die Durchführung der Messe abgesagt, obwohl schon einige Warensendungen eingetroffen waren. Die bereits aufgestellten Messehäuslein mussten deshalb zum grossen Bedauern wieder abgebrochen werden, und jeder Kontakt mit Auswärtigen hatte zu unterbleiben.

Messglöcklein und Messwünschen

Das Einläuten und Ausläuten der Basler Messe entspricht alter Tradition. Zunächst zeigten zwei Glocken im Ratshaustürmlein der Bevölkerung ihren Auftakt an, dann ward diese Aufgabe dem Sigristen von St. Martin, der ältesten Pfarrkirche der Stadt, übertragen. Seine Arbeit wurde von der Obrigkeit jeweils, wie es für gewisse Beamte üblich war, mit Tuch oder einem Kleidungsstück abgegolten. Schliesslich blieb es bei der Zueignung eines Paares Handschuhe, von denen der eine beim Einläuten am Sabinentag (seit 1926 am letzten Samstag vor dem 30. Oktober) und der andere am Tag vor Martini (am dritten Messesamstag wiederum um 12 Uhr, obwohl Messeschluss erst Sonntag abends ist) überreicht wird. Mit der spätern Zuwendung von Handschuhen ist wohl an das uralte Rechtssymbol erinnert worden, mit welchem die Übergabe von Handschuhen als Zeichen der Verleihung von Gütern oder Machtbefugnissen bekräftigt wurde. Seit 1936 liegt die Obhut des schönen Brauchs bei der Freiwilligen Basler Denkmalpflege. Die Farbe der Handschuhe wurde ursprünglich in weiss gehal-

Mäss-Helge von Peter Rudin.

D' Mäß.

D' Mäß lytet y! Der Minschterbärg durab
Jagt im Galopp dailwys, dailwys im Trab
Wildwasserglych e Schuelerbuebegwiehl,
Rast uff der Seibi dure mit Gibriel.

's prässiert bygoscht! E jede will an Start
Zer erschte Reßlirytigratisfahrt;
Wohi me luegt, isch alles uff de Sogge,
Fir uff e Reßli, in e Gytschli z'hogge.

Si styge-n-uff mit Pfyffe-n-und mit Lärme
Und hange dra wie d'Bine, wenn si schwärme,
Am nägschte Baum; der Bsitzer wird verruggt,
Het Angscht, sy Reßliryti wärd verdruggt.

An alle-n-Egge heert me d'Orgelemännli,
Und d'Wafflebegge rischte-n-ihri Pfännli;
Me luegt, wär ächt die beschte Waffle haig,
Dert ähne zieht scho aine Moggedaig.

Dä Stand isch fix und fertig, fälle nonig,
Do het ain Nougat, aine Dirgehonig,
Ain ordnet in der Uslag gfillti Mogge,
D'Schießjumpfere stehn parat mit brennte Logge.

Theobald Baerwart, 1928.

ten, «wechselte dann aber aus praktischen Gründen in grau oder schwarz, denn schliesslich ist ein Sigrist ja kein Verkehrspolizist!». Überhaupt «sind die Messglöcklein das schönste, was in Basel zu hören ist. Das hat sich am Sabinentag wieder einmal deutlich erwiesen. War das eine Freude, als diese Glöckchen das erlösende Wort sprachen: Einem dem Bogen entschwirrten Pfeile vergleichbar flogen von allen Schulhäusern die Buben und Mädchen nach dem Barfüsserplatz, diesem heissersehnten Messmocken-Mekka der jungen Welt. Die Ressleritene, die in altgewohnter Liberalität die ersten (drei) Runden der Schuljugend gratis zur Verfügung stellen, wurden im Sturm genommen» (Fritz Amstein, 1920).

Begleitet wurde das Einläuten der Messe bis zum Ausbruch des Zweiten Weltkriegs «von Buben, die am Affenbrunnen auf dem Andreasmarkt sangen:

Häfelimärt

Das isch e Jux gsi, wenn d'Mamme uf der kestlig Häfelimärt isch. Do het d'Käthri an jedem Arm e grosse Korb gha, der aint fir d'Kinderstube, der ander fir d'Kuchi. Z'erscht isch me-n-allewil uf d Mämmeli los, denn me het immer e paar miesse ha fir im Misli si Aruruttbäbbli abzkiehle. Derno het si an d'Wäschbeckeli dänkt und denn an andri Nethigkeite, vo dene me-n-in gueter Gsellschaft nit redt, und wo doch alli Bott Handhiebli abgschlage wärde. D'Käthri het ihrersits uf dr Kuchibstand hig'laitet: «Zwei Kasserole muess i no ha-n-und Schissle-n-und e Pruntruterplatte-n-und an Milchhäfe fählt's au.» Der Käthri ihre Korb wird immer schwerer und der Mamme-n-ihr Geldseckel lichter. Aber nie isch me heimko ohni härzige Dittiplättli und nuggische Milchhäfeli zuem Gfätterle. Wie das e Fraid gsi isch bim uspacke. Do het als d'Mamme d'Schissle no ne mol uf d'Hand gstellt und dra klopft und d'Käthri het miesse sage: «Nai, die tent ganz guet.» Hindedri isch sie als doch wieder mit eme Riss fireko.

Basler Nachrichten, 1881

D'Mäss lytet y vom Martinsturm:
Bimmebim, Bimmebim!
Do Sigrischt hesch, do Sigrischt nimm
E lingge Händsche-n-efange.
D'Mäss lytet uus vom Martinsturm:
Bimmebim, bimmebim!
Do Sigrischt hesch, do Sigrischt nimm
Dr rächt derzue, de wirsch blange.
So griegt dr Sigrischt Johr fir Johr:
Bimmebim, bimmebim!
Sy schwarze Wullefingerling:
Er het scho-n-e ganzi Sammlig!

Aus dem Jahre 1923 verdanken wir Paul Koelner, nach Quellen von 1850, die Überlieferung des «alten, gutbürgerlichen Basler Brauchs des nun längst ausgestorbenen *Messwünschens*. Dieser hatte eine gewisse Ähnlichkeit mit dem heutzutage noch gebräulichen (und inzwischen ebenfalls verblichenen) ‹Vielliebchen›, bei welchem die in Krachmandeln vorkommenden Doppelkerne von zwei guten Be-

kannten geteilt gegessen werden, worauf die Beteiligten sich beim Wiedersehen mit ‹Guten Tag, Vielliebchen› zu begrüssen haben und derjenige, welcher dies zuerst tut, vom andern ein Geschenk erhält.

So war vormals beim Messwünschen diejenige Person eines Geschenks sicher, welche nach eingeläuteter Messe einem guten Freund oder einer lieben Freundin mit dem Ausruf ‹Kromet!› (kramt mir) zuvorkam. Zu den Verehrern dieser weiland geübten anmutigen Gepflogenheit gehörte vor mehr als dreihundert Jahren kein Geringerer als Basels Stadtarzt Felix Platter. Zum intimen Bekanntenkreis des gelehrten und menschenfreundlichen Doktors zählte Dorothea, des Herrn Hieronymus Gemuseus eheliche Hausfrau, eine witzige Dame. Wie sie nun einmal an einem Sabinentag auf dem Marktplatz ahnungslos zusah, wie die Häscher einen armen Sünder an den Schandpfahl banden, überraschte Platter die Neugierige inmitten der Menge mit seinem lauten ‹Kromet!› und machte dadurch die Freundin geschenkpflichtig. Scherzhaft klagend schrieb die Dame hierauf an Platter:
   ‹Ich glaub, dass Ihr die schwarze Kunst
   Erst lernet in den alten Tagen.
   Wer hätt Euch sunst an Kornmarkt tragen,
   Als ich do stund by andren Frauwen
   Und thet den armen Sünder bschauen?
   Mit dem war ich betrübet sehr,
   Da betrübtend Ihr mich gar noch mehr
   Und rufftend underem Volk herfür:
   Frau Dorothen, kromend mir!
   Das thet mir auch länger meh
   Wol acht Tag in dem Herzen weh.›

Die Überlistete war verlegen, was sie dem reichen Herrn Doktor und Rektor der Universität schenken könnte:
   ‹Ich konnte gar ersinnen nit,
   Denn Ihr seid nit wie ander Lüt.
   Dan ich nit gloub, dass hie uff Erden
   Etwas mög gfunden werden,
   Das nit auch sey in Eurem Hus,
   Welches sich dan verglicht überus
   Gar wol eim rechten Paradis.›

So ging sie auf die Messe und kaufte nach langem Suchen zwei zierliche silberne Löffelchen:

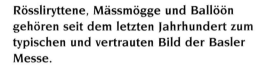

Rössliryttene, Mässmögge und Ballöön gehören seit dem letzten Jahrhundert zum typischen und vertrauten Bild der Basler Messe.

‹Dass ich aber zwei genom,
Das soll der Herr also verstohn:
Wann der Herr brauchen will das sin
Dass dan auch die Frau Doctorin
Dem Herrn könn ein Gesellen geben
Und mein Gedenken auch daneben.›

Den Dank für das reizvolle Messegeschenk stattete Felix Platter auf das folgende Neujahr ab: Er schenkte der liebenswürdigen Geberin einen kostbaren Marzipan» (der Reim, welcher die damals nur Wohlhabenden zugängliche Süssigkeit begleitete, ist uns bereits bei der Beschreibung des Neujahrs begegnet).

Auch an der Messe 1593 gelang es dem populären Stadtarzt, der sich einst an der Messe bei einem Streit um das «Lebkuchendrücken» eine blutige Nase geholt hatte, Frau Dorothea mit dem «Kromet!» zu überraschen. Noch öfters wechselten zwischen den beiden gereimte Sendschreiben hin und her (die wir hier jedoch nicht publizieren können), blühte doch auch Dorothea das Glück, bei drei Malen im Messwünschen zu siegen. Bereits im Jahr 1557 hatte sich der junge Platter gegenüber seiner Braut, Madlen Jeckelmann,

Messgeld und Messkram

Überhaupt waren die drei Messwochen eine freudige Zeit für die Jugend. Am 27sten Oktober, mittags beim Einläuten der Messe, gab uns der Vater das Messgeld, und an den darauffolgenden Tagen erhielten wir den Thaler von den beidseitigen Grossvätern. Noch herrschte in Basel die alte Sitte, dass Verwandte, denen man auf der Messe begegnete, den Kindern Geschenke, den sogenannten Messkram, einkauften. Wir waren deshalb hocherfreut, wenn ein besonders freigebiger Grossonkel uns bei den Buden traf, denn dann stand reiche Beute in Aussicht. Gewisse Lieblingsspielwaren, die wir längst bewunderten, deren Preis aber uns abgeschreckt hatte, wurden nun dem guten alten Herrn gezeigt, der unsere Wünsche stets noch allzu bescheiden fand. Und er ruhte nicht, bis wir förmlich beladen mit Schätzen verschiedener Art nach Hause trollten.

Johann Jakob Burckhardt-Stefani, um 1835

im Messwünschen versucht. Zu diesem Zweck versteckte er sich im Estrich des Hauses seines zukünftigen Schwiegervaters. Als er nach drei Stunden langen Wartens und Frierens in die Wohnstube hinabschlich, «wart nieman da, und sagte die Magd, sy (Madlen) wäre hinweg gangen». Aber das listige Töchterlein hatte sich hinter der Treppe verborgen und überrumpelte nun Felix ihrerseits. So schenkte man sich eben gegenseitig einen Kram!

Der Wunsch Paul Koelners, es möchte das anmutige Messkromen auch in unserer nüchternen Zeit wieder lustig Blust treiben, hat sich bis heute leider nicht erfüllt. Und so wollen wir ihn erwartungsfroh erneut zum Ausdruck bringen…

Damit sich die Jugend auch ohne Messwünschen eine vergnügte Messe leisten konnte, liessen sich die Basler den «Messbatzen» einfallen. Zuständig für diesen waren wohlwollende Verwandte und Bekannte, in erster Linie aber Eltern, Grosseltern, Gotte und Götti. Mit einem Messbatzen beschenkt wurde ebenso die Hausfrau durch den Ehemann und die Schwiegermutter, und auch «die Dienstboten bekamen etwas Kleingeld zum Verjubeln»! Wer mit leeren Händen dastand, suchte mit eigener Kraft nach den notwendigen Quellen. So 1751, «als dem Andreas Eglin an der Mess einer seiner armen Lehrjünger begegnete und einen Messkram von ihm forderte. Der Meister nahm diesen mit nach Hause und setzte ihm auf einen Zettel alle Verwandten von Leonhard Stocker auf der Eisengass, dessen Frau hoch schwanger war. Er bedeutete dem Jungen, er solle aller Orthen in deren Namen einen schönen Gruss ausrichten und sagen, Frau Stocker sey glücklich mit einem jungen Knaben niedergekommen. Auf diese Weise ist der Knab aus einem andern Säckel zu einem schönen Messkram gekommen. Frau Stocker aber kam erst 14 Tage hernach ins Kindbett!» Frei von solchen Einfällen, war es den Schulkindern bequemer, sich der altbewährten Messereime zu erinnern und an erfolgversprechendem Standort zu singen: «D'Mäss lytet y. Wär mir nyt groomt, däm schloo-n-i d'Schybe y!» oder «D'Mäss het e Loch. Wär mer grome wott, dä grom mer noch!»

Hart um ihr Messegewohnheitsrecht, den sogenannten *Viertelblauen* am zweiten Messesamstag, dagegen kämpfen mussten die Arbeiter. Anno 1868 kam es deswegen in der Seidenbandfabrik de Bary zu einem Konflikt. Und Wortführer Amsler erklärte seinem Arbeitgeber: «Herr de Bary, die Zeit ist vorbei, wo sich die Arbeiter vor den Herren fürchteten. Wir dulden keine Willkürlichkeiten mehr. Wir sind in einem freien Land, und die Zeiten der Gessler dürfen nicht wiederkehren!»

Moggedaig und Mässmogge

Der «Moggedaig», ein warmer Zukkerteig für Messmocken, in welchen «der letzte Centime investiert wurde», gehörte einst zum «Muss» eines jeden Schulkindes. Aber schon zu Beginn der 1930er Jahre hatte die «klebrige Masse» dessen Gunst fast ganz verloren, beklagte sich doch Basels berühmter und beliebter Goldschmied Adolf Zinsstag: «Isch aigetlig der Moggedaig scho entthroont? Me kennts fascht maine. Emmel zue myner Zytt sind

während alle vierzäh Daag alli Direfalle gläbrig gsi im ganze Huus, und jetz, wo-n-i sälber Säggsi ha, isch mer aigedlig eso ebbis no nie uffgfalle, also mues doch ebbis dra sy mit däm ‹Niedergang›. Vo de Moggeständ waiss i no e baar Nämme: der Goldinger, der Birgi, der Aicheli, der Buechma und der Odeff. Vom Buechma hänn d'Buebe gsait, er speiji als hinter der Brätterwand no schnäll in d'Händ, vor er der Daig rolli. Aber wäge däm sinn syni Megge ainewäg gkauft worde. S'isch als e feine Duft uus dem digge Babbe-n-aim in d'Nase gschtiege, wenns frischi Megge gä hett und wemme hett kenne zueluege, wie dr Daig an e Hooge-n-an der Wand gschlage und in d'Lengi zooge worde-n-isch und me derno-n-e glainere dingglere Daig dry grugelet hett, dass-me-n-e scheeni spyralfermig gwundeni Moggeform uusebrocht hett. Bivor er hart worde-n-isch, hett derno der Zuggerbegg mit ere Schäär e Stigg abgschnitte, und dä warm Daig isch derno in unsere Händ, wo-n-em maischtens no-n-e weeneli e-n-anderi Nüangsse gä hänn, in alli meeglige Forme und Fäde zooge worde.»

Über das Herkommen des von Goldschmied Zinsstag geschilderten Mockenteigs, aus dem dann die *Messmocken* (Schläggstängel) fabriziert wurden, gibt ein «Augenzeugenbericht» aus dem Jahre 1900 erschöpfend Aufschluss: «Der Basler Messmocken spielt im Basler Volksmund eine so grosse Rolle und ist mit der Entwicklung unserer Messe so eng verbunden, dass wir ihm die Ehre erweisen wollen, ihm einen Heimatschein zu geben. Es war gegen Ende der 1860er Jahre, als zwei alte Franzosen, der Père Lazzari und der Père Leonard, aus Lyon und Nancy stammend und regelmässig die grossen Jahrmärkte im Elsass besuchend, auch auf der Basler Messe eintrafen. Beide waren Zukkerkocher und bereiteten aus gekochtem Zuckerbrei lang gezogene dünne Zuckerstengel.

In Basel fanden die zwei Alten ein sehr lohnendes Arbeitsfeld, denn an der Grenze von zwei Ländern, wo die Rohware bedeutend teurer war als hier, konnte sich bei gleich hohem Verkaufspreis, aber viel billigerer Beschaffung des Rohmaterials ein sehr einträgliches Geschäftchen machen lassen.

D'Reßliryti.

In Sammet, in Gold und Silber,
uf Reßli mit Sattel und Bis,
mit Zotzle, Juchhe und Muusik
fahrt d'Juged ins Paradys.

Der Bueb isch im sibte Himmel,
Und 's Meitli gytschelet em no.
Und jetz: Läng uuse! 's will jedes
der golbig Ring biko.

Und allewyl, allewyl umme.
O! Uuse-n-und uuse bä Ring!
Wär en het, het 's Glick in de Finger.
Zringsum! Und streck bi! Schwing!

's groß Los hesch, Bueb, wenn d'en lasch länge,
bä Ring im Paradys.
O Meitli, Galopp! Gib b'Spore,
bä Ring verwitschisch mer gwiß!

Und allewyl, allewyl umme.
Was rennt me nit allem no!
O Juged: Gold, Silber, Himmel! —
E Pfiff — und 's Reßli blybt stoh.

Fritz Liebrich, 1924.

In einer Zeltbude aus Segeltuch wurde da äusserst primitiv fabriziert, und die zwei alten Leute zogen den warmen Zuckerbrei in dünne Stengel von ca. 15 cm. Länge. Die ungeduldig harrende Schuljugend wurde auf unangenehme Geduldsprobe gestellt. Bald wurde die Rentabilität des Geschäftes besser bekannt, und da erschienen erstmals im Jahre 1869 eigentliche Confiseurs, nicht nur Zuckerbäcker, auf unserer Messe. Der erste war ein gewisser Adam, dann Odeph ainé und Odeph jeune, alle aus Frankreich. Nun waren allerdings Produktion und Nachfrage in ein besser geregeltes Verhältnis gebracht, aber das Ausziehen in lange dünne Stengel erforderte noch viel mehr Zeit, als die stürmische Jugend zur Verfügung hatte. Und da kamen die Confiseurs, nicht die Zuckerkocher, auf die Idee, um rascher bedienen zu können, kurze und dafür dickere Stengel zu machen. Und erstmals an der Messe 1879 rannten die frohen Kinder nach Hause mit dem freudigen Ruf: ‹Vater, Muetter, lueget dä Mässmogge›.» Um die Jahrhundertwende sind die beliebten «Glasmögge» durch Confiseur Leonz Goldinger an der Ryffstrasse mittels Eingiessens einer Haselnussmasse verfeinert und zum «gefüllten Messmocken» entwickelt worden.

Allerheiligen und Allerseelen

Allerheiligen zählt seit alters zu den bedeutendsten Feierlichkeiten des katholischen Kirchenjahres und ist gemäss dem «Ceremoniale Basiliensis Episcopatus» von Domkaplan Hieronymus Brilinger auch in Basel während Jahrhunderten nach den vorgegebenen Regeln begangen worden: «Im Jahre 614 nach der Erlösung der Welt hat Papst Bonifatius IV. den Tempel, der seit alter Zeit, weil er einst den heidnischen Göttern heilig war, Pantheon hiess, mit Einwilligung des Kaisers Phokas der allerseligsten Jungfrau Maria und allen Märtyrern geweiht. Hieraus entstand das Fest Allerheiligen. Es wird mit der grössten Feierlichkeit begangen, weil es eines der vier Hochfeste ist. Wenn es nun auf einen Sonntag fällt, findet über den Münsterplatz eine feierliche Prozession statt mit Stationen in der St. Johanneskapelle und im Münster und mit dem Zeremoniell bei der Messe. Wenn in der Vesper sodann das ‹Benedicamus› vorgetragen worden ist, singt der Chor das ‹Deo gratias›; dieses wird nicht auf der Orgel gespielt. Hierauf singt man die Vesper für die Seelen der Gläubigen nach Noten, wie es in den Antiphonarien angegeben ist. Die Chorsänger tragen den Versikel ‹Requiem eternam dona eis domine› und die Vorsänger vor dem Pult bei der Chortreppe das ‹Magnificat› vor. Nach Beendigung der Antiphon fährt der Hebdomadar fort mit ‹Dominus vobiscum›, ‹Oremus› und der Kollekte ‹Fidelium› und schliesst mit ‹Requiescant in pace›. Unmittelbar daran anschliessend singt man auf Grund einer Stiftung des hochwürdigen und edeln Herrn Hartmann von Hallwil, weiland hochverdienten Dompropstes der Basler Kirche, die Vigilien für die Abgestorbenen nach Brauch und Gewohnheit des Chores. Die Versikel werden nicht von den Chorsängern, sondern von den Kaplänen gesungen. Sind diese und die sie abschliessende Kollekte ‹Fidelium› zu Ende, so zieht man in Prozession durch den

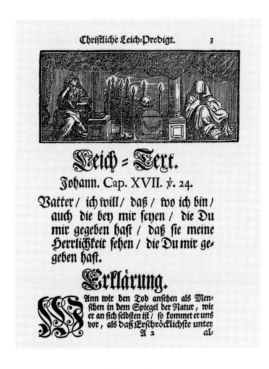

«Christliche Leich-Predigt», 1786.

Kreuzgang mit Weihrauch und Aussprengung von Weihwasser und macht in der Kirche halt. Nach dem ‹Miserere› spricht der Hebdomadar, noch in der Station verharrend, nur die Kollekte ‹Fidelium deus›. Es folgt darauf das Responsorium ‹Libera me, domine›. Wenn dieses und der Vers ‹Dies illa› samt Wiederholung beendigt ist, schliesst sich der Vers ‹Judex clementissime› an mit nochmaliger Wiederholung. Dies soll in allen Prozessionen für die Verstorbenen so gehalten werden. Nach Beendigung der Komplet für die armen Seelen wird mit heller und feierlicher Stimme die Antiphon ‹Salve, regina› angestimmt, die, auf Grund einer Stiftung, immer am ersten Tage eines Monats nach der Komplet gesungen werden soll, gleichgültig, auf welchen Tag oder welches Fest dieser Tag fällt. Am folgenden Tage aber, dem Gedächtnistage der Armen Seelen,

Allerseele.

Und 's Lied isch uus. Der Näbel deckt is zue,
und 's freschtelet und herbschtelet z'ringsum.
E Blueme? 's isch mer wie-n-e scheene Traum.
So friehner het's es gä: e Maiebaum,
und jetz sin b'Escht verrisse, lär und krumm.

So friehner hesch no kenne lache, weisch,
und alles um di umme het no blieht,
e Matte voll, 's het ein, der ander gstupft,
us Bluemebletter hesch der b'Liebi zupft
und 's Glück azellt. Jetz bisch ellei und mied.

E Grab, e Stei, e Nummere-n-isch derby.
Und jetz stohsch do und dänksch, was drunter lyt.
Der Näbel trepfelet. 's isch alles uus.
's verrhüst bi fascht. Lueg: 's Läbe-n-isch e Huus,
me kunnt und goht. Und mit em Glück isch's nyt!

Jetz legsch e Kranz ufs Grab. De gohsch, luegsch zruck.
Uf was wartsch no? 's nimmt alles doch e-n-Aend —
Nei! In dym Härz stehn alli Tote-n-uf,
du treisch ihr Läbe, si gän Säge druf,
und wenn de läbsch, so drucke si der b'Händ.

Fritz Liebrich, 1924.

besuchen die Chorsänger die Matutin nicht; die Verse singen die Kapläne, wobei die Jüngern beginnen. Bei den Nokturnen werden die dritten Responsorien nicht wiederholt. Nach der Kollekte, die auch am Pulte gesungen wird, spricht der Hebdomadar an Stelle des ‹Gloria patri› nicht ‹Dominus vobiscum›, sondern, unmittelbar nachdem der Chor das ‹Amen› gesungen hat, schliesst einer von den Kaplänen vor dem Pult im Chore das ‹Requiescant in pace› an, worauf der Chor mit ‹Amen› antwortet. So wird die Matutin beendet. Nach dem Absingen der Sext findet wieder eine Prozession über den Münsterplatz statt. Die Messe wird am Pult im Chor in schwarzem Chormantel intoniert. Die Chorsänger amtieren nicht mit dem Chormantel, sondern nur mit der Alba bekleidet, desgleichen auch die Leviten. Es wird weder der Altar beräuchert noch sonst

Allerseelen

Vielleicht ist am Tag und in der Nacht von Allerseelen in uns die Trauer um geliebte Tote gerade deshalb so gross, weil sie eine reiche, weite Seele in sich trugen. Mit ihr haben sie uns im Leben beschenkt und unser Dasein in tiefer Weise mitgestaltet. Doppelt kann uns deshalb die Erfahrung belasten: Dass Menschen, die uns so viel gaben, in ein schweres Leiden geführt wurden. Der Tod griff vielleicht erst nach ihnen, nachdem sie jahrelang schwer leiden mussten. Oder sie, deren Seele nicht nur reich, sondern auch besonders empfindsam und verletzbar war, ertrugen das Leben nicht mehr und setzten ihm selbst ein Ende. Umso bedrängender bricht in uns die Frage auf: Warum mussten gerade sie so leiden, so sterben? Viele trösten uns mit dem Hinweis, wir sollten doch dankbar sein für das, was wir von ihnen, den seelisch Reichen und Grosszügigen, geschenkt erhielten. Wir sind dafür auch zutiefst dankbar. Aber niemand kann uns den Schmerz von der Seele nehmen, dass sie nicht mehr unter uns leben. Denn grosse Liebe – über den Tod hinaus – ist auch ein grosser Schmerz. Weil auch solche Gefühle in unserer Seele aufbrechen, kann es gut sein, wenn wir uns als trauernde Gemeinschaft auf dem Friedhof in der Nacht von Allerseelen zusammenfinden.

Erwin Anderegg, 1989

im Chore Weihrauch gebraucht, wie es der Bischof Wilhelm Durantis für richtig fand. In der zweiten Vesper wird der Armen Seelen nicht mehr gedacht.»

Während auch nach der Reformation in der nahen «papsttreuen» Umgebung der Brauch bis in die Gegenwart hinein lebendig blieb, an Allerheiligen, «an welchem alle die Glorreichen zusammengefasst werden, die am Throne Gottes stehen in der ewigen Seligkeit», und Allerseelen, dem Gedenktag «aller Abgestorbenen», die Gräber aufzusuchen und zu schmücken sowie abends in den Kirchen, zum Seelenheil der Verstorbenen den Rosenkranz zu beten, stand die Evangelische Kirche solchem «typisch katholischen Totenkult» ablehnend gegenüber.

An seine Stelle trat der «Ewigkeitssonntag», der letzte Sonntag im Kirchenjahr, der der Vollendung gewidmete «Totensonntag».

Gegen Ende der 1920er Jahre «wurde in Basel der Gräberschmuck zu Allerheiligen immer mehr zum allgemeinen Volksbrauch, und dem ist gut so».

Seit 1988 wird in der Nacht vor Allerseelen auf dem Friedhof am Hörnli im Anblick der Osterkerze, dem ewigen Symbol der göttlichen Auferstehung, ein ökumenischer Gottesdienst gehalten. Pfarrer Erwin Anderegg und Laientheologe Xaver Pfister kleiden ihn aus reicher Erfahrung heraus in eine besonders menschennahe Liturgie, welche von unendlichem Leid und Schmerz geplagte Trauerschicksale begleiten und zu ertragen helfen will. Das gemeinsame Einstecken von brennenden Kerzen, die sich in den mit Erde angefüllten Gefässen in Rauch auflösen und trotzdem weiter leuchten, mildert Verzweiflung und Wehmut und entlässt die hart geprüfte Gemeinschaft mit Trost und Zuversicht in den Alltag.

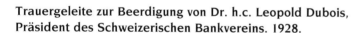

Trauerzug zum Staatsbegräbnis von Regierungspräsident Fritz Brechbühl im Münster. 1963.

Trauergeleite zur Beerdigung von Dr. h.c. Leopold Dubois, Präsident des Schweizerischen Bankvereins. 1928.

Wehrmännerentlassung

Die erfüllte Militärdienstpflicht wird durch den Militärdirektor mittels einer Urkunde schriftlich verdankt.

General Guisans «Befehl», feierliche Augenblicke im Leben des Soldaten durch militärische Zeremonielle zu würdigen, blieb über die Tage des Aktivdienstes hinaus in Wirksamkeit. Und so brachte die Nachkriegszeit die feierliche Entlassung aus der allgemeinen Wehrpflicht hervor. Auch die Basler Regierung schloss sich «dieser sinnvollen Tradition» an und verfügte am 12. Dezember 1952 «auf die mündliche Anfrage der Herren Regierungsräte Fritz Brechbühl und Carl Peter: Wird der Einführung einer Entlassungsfeier für die aus der Wehrpflicht Entlassenen zugestimmt und wird die Militärdirektion ermächtigt, bei diesem Anlass jeweils den Teilnehmern eine einfache Kollokation anzubieten, wozu der Wein aus dem Keller des Blauen Hauses zum Selbstkostenpreis zu liefern ist, und soll der erforderliche Kredit jeweilen zu Lasten der Militärdirektion verbucht werden».

Die Umsetzung des regierungsrätlichen Beschlusses erfolgte bereits zehn Tage später: 230 Offiziere, Unteroffiziere und Soldaten des Jahrgangs 1892 wurden in die mit den Wahrzeichen des Füs Bat 99 und des Ter Bat 129 geschmückte Halle III b der Mustermesse (der spätern «militärischen Abdankungshalle»!) zur «Schlussinspektion» aufgeboten. «Mit Ausnahme des Helms durften die Soldaten die ganze Ausrüstung behalten. Nur Vereinzelte machten von der Gelegenheit Gebrauch, das Gewehr dem Bund zu verkaufen.» Kreiskommandant Robert Saladin kommandierte «die grüne Schar zum letzten Ausrichten und zur letzten Achtungstellung, die in 40 Jahren und Hunderten von Diensttagen tausende Male erprobt worden war».

Nachdem mit Handschlag und *Urkunde* jeder Wehrpflichtige einzeln aus der Dienstpflicht verabschiedet worden war, erfolgte «sprungweise» die Dislokation ins Grossbasel.

Der Weg in den Keller des *Blauen Hauses* zog sich allerdings «lang und feucht» dahin. Dementsprechend aufgeräumt und beschwingt war die Stimmung an der offiziellen «Schlussfeier»:

Das mit Kerzen und Tannenzweigen weihnachtlich ausstaffierte mächtige Kellergewölbe erzitterte unter dröhnendem Beifall, als «Fahrer-Korporal» Brechbühl das Wort ergriff und namens der Regierung den «im Aktivdienst ergrauten Troupiers» den Dank des Vaterlandes abstattete. «Die Einladung der entlassenen Wehrmänner zu einer kleinen Feier soll zu einer ständigen Einrichtung werden», betonte der populäre Magistrat, «wodurch auch das Volk unsern Staatskeller näher kennenlernt».

Bald «schallten bekannte und traute Soldatenlieder durch die von Stumpenrauch geschwängerte Runde, und verschiedene spontan steigende Produktionen trugen das ihre zu einem heitern letzten Kompagnieabend bei».

Die an zwei aufeinanderfolgenden Tagen durchgeführte Entlassungsfeier fand inskünftig im bewährten Rahmen statt: 14.00 Uhr Schlussinspektion in der Mustermesse mit Auslegeordnung, Ansprachen des Kreiskommandanten und eines Feldpredigers, Fahnenmarsch, Überreichung der Entlassungsurkunde. 18.00 Uhr Schlussfeier im Keller des Blauen Hauses mit Imbiss, Ansprache des Militärdirektors und Abgabe eines Erinnerungsgeschenkes in Form eines Whiskyglases.

Seit 1955 wird die Entlassungsfeier – anstelle eines Kinderchors – durch das sogenannte *Militärspiel* musikalisch eingebettet, das auf Anregung von Oberstleutnant Albert Wellauer als Baselstädtisches Entlassungsspiel anfänglich aus dem Kreis der Musiksektion des Evangelischen Arbeitervereins rekrutiert worden war.

1963 wurde die Schlussinspektion wesentlich vereinfacht, indem die «Abrüstung» nun während gewissen Tagen im Zeughaus vor-

1903 – 1904 – 1905

Jetz träffe sich drey Johrgäng zämme
In Uniform zem letschtemool,
Wo vonenander Abschid nämme,
Zem nomool aine zämme stämme,
Und nochhär sait me sich: Läbwohl!

Wie mänggmool het me kaibt und gwätteret,
Wie mänggmool wieder zämme glacht,
Wie mänggmool zackig Tacktschritt
gschmätteret,
Wie mänggmool hett e MG tschätteret
Dur Näbel- und Manövernacht!

Und doch – me strychlet's Waffereggli
Und legt dr Helm no aimool a,
Uff syni hit vyl grauere Leggli,
Und dänggt im Stille – gopfridsteggli –
Häm-mir e scheeni Dienschtzyt gha! (…)

Fritz Grogg, 1963

Das letzte Aufgebot zur Achtungstellung.
1978.

«Jahrgang 1896! Achtung! Steht!
Fahnenmarsch! Abtreten!»

genommen wird; gleichzeitig erfolgte die Verlegung der nun freiwilligen Schlussfeier in die *Mustermesse.*

Im Jahre 1976 erhielt der «letzte Appell» mit dem Amtsantritt von Regierungsrat Karl Schnyder ein neues Gesicht: die Ansprache des Militärdirektors vermittelt jeweils eine interessiert aufgenommene historische Rückblende in die Zeit von Jahrgang und Rekrutenschule der entlassenen Soldaten und mündet in einer dem Duktus der Männergesellschaft angepassten Causerie, die Verehrung eines *Zinnbechers* an die bestandenen Wehrmänner bildet einen weitern Höhepunkt, die Ausdehnung der *Polizeistunde* «bis zu dem Zeitpunkt, an dem sich noch mindestens ein uniformierter Angehöriger der Armee in der fraglichen Wirtschaft befindet», wird mit grossem Hurra aufgenommen und das von prominenten Entlassenen und Ehrengästen formierte «*Schyssdräggzüglein*», welches sich tambour battant bis in die Morgenstunden hinein von einer Kleinbasler Baiz zur andern bewegt, wird von zahllosen Sympathisanten eskortiert. So hat sich die Wehrmännerentlassung, welche

in der Regel von derzeit rund 600 Teilnehmern getragen wird, im Verlauf der letzten Jahre zu einem eigentlichen Kleinbasler Volksfest, zur «*Grünen Fasnacht*», entwickelt, das eine unvergleichbare Atmosphäre von Soldatentum, Geselligkeit und Kameradschaft verbreitet.

Rekrutenunfug

Polizeidirektion theilt Akten mit betr. den am 20. März stattgehabten Rekrutenkrawall vor dem Claraposten und fügt bei, dass die hiesigen neuen Rekruten seit einigen Jahren bei der Einschreibmusterung die übeln Gewohnheiten der französischen Conscripierten nachzuahmen pflegen, singend und lärmend in der Stadt herumziehen und sich betrinken.

Dieses Jahr sei eine besonders grosse Schaar junger Leute in der Stadt herumgezogen und schliesslich wegen starken Strassenlärms mit der Polizei in Konflikt gekommen, der sich bis zu einem Angriff auf den Claraposten gesteigert habe.

Höchst bedauerlich sei es, dass ein so roher und tumultarischer Geist unter so vielen jungen Leuten herrsche.

Die Strafuntersuchung sei bereits dem Staatsanwalt übergeben.

Ratsprotokolle, 1871

1955 wird die militärische Entlassungsfeier erstmals durch das sogenannte Kreiskommandospiel musikalisch umrahmt.

Militärdirektor, Kreiskommandant und Feldprediger in angeregter Unterhaltung. 1974.

«Am Anfang und am Ende steht der Schüblig!» 1966.

Kurze Reden – lange Würste

Der Slogan «Hesch dr Schüblig scho ka?» ist in Basel unter Feldgrauen eine gebräuchliche Redewendung, die den Angesprochenen befragt, ob er bereits aus der Wehrdienstpflicht entlassen worden sei. Die schöne Tradition, dem verdienten Vaterlandsverteidiger den Dank der Nation mittels eines mordslangen Schübligs samt Härdöpfelsalat und Tranksame abzugelten, erinnert an die erste Verpflegung in Rekrutenschule und Wiederholungskurs, welche bekanntlich in frugaler Zweckmässigkeit aus Suppe und Schüblig besteht. So gehört der Schüblig zum militärischen Inventar wie der Waffenrock und die Patronentasche. Schon «beim ersten Fassen im Blauen Keller sagte ein ergrauter Gefreiter, dass er in 1462 Diensttagen noch nie eine so lange Wurst erhalten habe wie der Basler Schüblig».

Dieser «Basler Schüblig», nach geheimnisvoller Rezeptur zunächst von Metzgermeister Adolf Laub und dann in der renommierten Wurstküche der 1869 gegründeten Bell'schen Metzgerei würzig und saftig zubereitet, hatte bisher in seiner äussern Grösse eine dreifache Wandlung durchzumachen: Das architektonische Meisterstück, heute 350 Gramm schwer, wies ursprünglich die dreifache Länge eines Suppentellers auf (!), reduzierte sich dann auf das zweieinhalbfache und gibt sich derzeit mit dem doppelten Längenmass zufrieden. Ob diese Verkleinerung mit den veränderten Essgewohnheiten oder mit dem strapazierten Staatsseckel in Zusammenhang zu bringen ist, lässt sich nicht genau nachweisen. Sicher aber ist, dass der Schüblig auch weiterhin beträchtlich über den Tellerrand zu «lampen» hat, auch wenn er auf einem Dessertteller serviert werden müsste…

Dass ein «Schüblig» aber nicht einfach ein «Schüblig» ist, erstaunt bei der Vielfalt unserer Sprachenlandschaft nicht. Wohl bezeichnet der Schüblig, der unbestreitbar als König unter den Schweizer Würsten gilt, in erster Linie eine «äusserst geschmackvolle geräucherte Wurst».

Ein Schüblig kann aber auch ein Delinquent oder ein Vagabund sein, der polizei-lich abgeschoben wird, oder ein Stopfmittel (Er het e Schüblig in de Ohre: hört schlecht, will nicht verstehen) umschreiben, kann aber auch ein Holzstück zum Unterlegen darstellen.

In concreto ist der Schüblig bei uns «eine Art Speckwurst», wie es die «Basler Mundart» von G.A. Seiler aus dem Jahre 1879 versichert. Nach altem Rezept aus dem «Schweizerboten» von 1805 «wird zu dem Schüblig das raueste von allem Wurstfleisch bestimmt. Wird das Fleisch nicht ganz so fein wie zu Mortadella gehackt. Nimmt man Gewürz und Wein, aber kein Blut, etwa zwei starke Handvoll ziemlich grob geschnittenen Speck. Die dünnern Würste wie Schwarten und Krägli werden ohngefähr nach acht, die dickern wie Mortadellen nach zwölf Tagen durchgeräuchert sein. Die Schüblig bleiben am längsten, bis weit in den Frühling hinaus, gut.»

Die Rekordliste des «Schüblig-Festivals der Basler Soldateska» wird von einem bärenstarken Pontonier angeführt, der zu Zeiten des legendären «Brech-Fritz» unter Beigabe von drei Litern Rotwein nicht weniger als sechs Exemplare vertilgt haben soll…

St. Martinstag

Am 11. November, dem Tag des heiligen Martin von Tours (†397), nimmt das landwirtschaftliche Jahr sein Ende. Die letzten Feldfrüchte sind eingebracht, der Weidebetrieb wird eingestellt, der Wein, dessen Preis von der Obrigkeit zu dieser Zeit festgesetzt wurde, beginnt sich «in Most zu kehren», das Gesinde durfte die Stelle wechseln, und die Pachtzinse für Haus, Grund und Boden wurden fällig. Dieser markante Abschnitt im bäuerlichen Jahreslauf fand auch in unserer Handels- und Universitätsstadt seinen Niederschlag.

Martini – Zahltag

Der St. Martinstag war einerseits ein Festtag für die Anwohner von St. Alban, die unter der Linde mit lebhaftem Interesse der Wahl ihres Gescheids beiwohnten, und der für die Erprobung des Weins und das Waschen und Eichen der Fässer zuständigen Sinnknechte, welche auf diesen Tag von der Obrigkeit mit fetten Martinsgänsen, oder aber auch mit Kleidern und Schuhen, entlöhnt wurden und ihren Zahltag selbstverständlich gebührend feierten. Andererseits bedeutete Martini bis 1523 auch «Zahltag» für den obersten Herrn der Stadt, den Bischof. Ihm stand, mit Ausnahme weniger Liegenschaften, von jeder Hofstatt in der innern Stadt ein Zins zu, und den liess er sich nun von seinen Amtleuten bei den Lehensträgern erheben. Dieser war aber nicht als Pachtabgabe zu verstehen, sondern stellte ein Entgelt dar für den durch den Bischof gewährten Schutz. Vor dem Einzug der Zinse spendierte der Gnädige Herr den beauftragten städtischen und bischöflichen Beamten im Bischofshof ein «guet Mol». Dazu geladen wurden der Vogt, der Schultheiss, der Freiamtmann und die drei Amt-

«St. Martinus auf einem Pferd reittend. Gezeichnet von Emanuel Büchel im July 1774.»

leute (Fürsprecher) des weltlichen Gerichts, die Beamten am geistlichen Gericht und alle Wachtmeister und obrigkeitlichen Knechte der Stadt. Dann ritten der Freiamtmann und die drei Amtleute auf den Pferden, welche der Marschalk, der Truchsess, der Schenk und der Kämmerer hatten satteln lassen, die andern auf eigenen Pferden, in die Stadt und vollzogen das bischöfliche Dekret. Begleitet wurde der Zug von den Wachtmeistern, die mit aufgerichteten Stäben neben den Berittenen einherschritten. Zinsen wurden erhoben ab den Wohnhäusern, Höfen, Wirtshäusern, Kochhäusern, Handlungen und Badstuben, die zwischen dem St. Johannschwibbogen, dem Spalenschwibbogen, dem Eselturm, dem Aeschenschwibbogen und dem

St. Albanschwibbogen lagen. Wer den geforderten Zins nicht entrichtete, wurde «uff morndrist in des Bischoffs Hof gebotten, und stund eine grosse Straff daruff». Wurde die ausgesprochene Busse nicht bezahlt, dann erfolgte Enteignung der Liegenschaft. 1355 wurden beispielsweise 31 aus Stein und fünf aus Holz erbaute Häuser durch Gerichtsentscheid dem Bischof zugesprochen, nachdem diese während drei Gerichtstagen nicht anderweitige Käufer gefunden hatten. Und so war es verständlich, dass am äussern Glanz und Gepränge des St. Martinstages nicht alle Bürger helle Freude empfanden. Glück und Not, Gönnertum und Hartherzigkeit lagen auch in unserer Stadt nicht immer weit auseinander!

Studentenbräuche und Dies academicus

«Gaudeamus igitur – Lasst uns fröhlich sein»: Burschenherrlichkeit im Alten Basel. 1897.

Sowohl der Gründungstag der Universität am 4. April 1460 als auch ihre Säkularfeiern 1660, 1760, 1860 und 1960 gestalteten sich für die Stadt zu glanzvollen Festtagen, an welchen die ganze Bürgerschaft ihren Anteil hatte. Denn «wenn sich die Dozenten und Studenten von Zeit zu Zeit aus der werktäglichen Arbeit festlich vereinigen, so liegt solchen gemeinsamen Feiern ein berechtigter Sinn zugrunde: Der akademische Körper tritt vor die Bürgerschaft in Erscheinung, lässt sie an seiner Feier teilnehmen und festigt so das Band mit dem Gemeinwesen, auf dessen Interesse, Wohlwollen und Opferfreudigkeit er angewiesen ist» (Edgar Bonjour).

Studentisches Brauchtum hingegen blieb dem Kreis der akademischen Jugend und dem Lehrkörper vorbehalten und drang weniger an die Öffentlichkeit. Aber es war knisternd genug, hin und wieder ein Licht aufzusetzen, das allgemeine Aufmerksamkeit entzündete. Rektor Basilius Amerbach hatte

allen Grund, 1580 die Studenten zur Mässigkeit zu ermahnen: «Unter den Gründen, die das Vorwärtskommen aufhalten, sind der Rausch und die Trunksucht die wichtigsten, heisst es doch in jenem Sprichwort ‹Ein voller Bauch studiert nicht gern›. Es ist eine alte und allgemein anerkannte Meinung der Weisen, dass der im Übermass genossene Wein die Körperkraft schwächt, die Sehfähigkeit herabsetzt, die Verstandesschärfe beeinträchtigt und das Gedächtnis gänzlich zum Erliegen bringt.»

Fleiss und gutes Betragen von ihren Jüngern hatten Rektor und Regenz schon 1544 erwartet: «Es sollen die jungen Studiosen, deren aus unsern Baselkindern zwölf in das Stipendium angenommen sind, alle Fronfasten einmal examiniert werden und ihnen gesagt sein, dass sie in ihren Studien mit Furcht fortfahren, dass sie gute Sorge und Acht haben, dass die grossen und schweren Kosten, die man mit ihnen hat, nicht vergeblich angelegt werden»!

Doch die rektoralen Ermahnungen wurden oft in den Wind geschlagen. So «fanden im Jahr 1579 widerum mehrere blutige Raufereien statt. Auf dem Kirchhof zu St. Peter stiessen drei Schmiedgesellen mit vier Studenten zusammen, von welchen letztern, der Hesse Laurent Hoel, einen Gegner schwer am Arm verwundete. Tags darauf brachte Gyot einem Glaser auf der Brücke eine ebenso bedeutende Stichwunde zu. Jetzt sah sich der academische Senat bewogen, gegen diese muthwilligen Ausschreitungen einzuschreiten. Er verbot den Studenten das ungebührliche neumodische Tragen ihrer Schwerter, nämlich unter den Achseln und über den Armen, und gebot, die Studenten sollen ihre Waffen entweder zu Hause lassen oder, wenn nicht, dieselben an der Seite hangend tragen nach Art der übrigen Bewohner.» Wie Edgar Bonjour nachwies, fanden Duelle, die an den deutschen Hochschulen eine ständige Plage der Universitäten bildeten, in Basel indessen kaum statt. Von einem eigentlichen studentischen Zweikampf mit ernsthaften Folgen war nur im Jahre 1621 die Rede, als auf der Schützenmatte ein Duellant sein Leben verlor. Während der Gegner aus der Stadt floh, verfielen die Sekundanten einer hohen Busse. Antistes Wolleb benutzte die Leichenfeier im Münster, um in geharnischter Predigt gegen die studentische Unsitte loszuziehen. Anlass hiezu böten «die Alamodisten, welche mit ihren hässlichen Kleidungen, scheusslichen Haaren, stutzerischen Bärten und spitzigen Rapieren zu erkennen geben, dass sie gantz begierig seyen, einem Andern sein Hertz abzustechen oder das ihrige zu wagen». Neben Fressen, Saufen, leichtfertigen Spielen und üppigem Tanzen gehöre auch das teuflische Laster des Wäschens, Schwätzens, Verleumdens und Ohrentragens zum täglichen Unfug der Hochschüler: «Solche Leuth seind wol des Teuffels Blasbälg zu nennen!» Den seltenen blutigen Schläge-

Trauernde Studentenschaft

Mit feierlichen Fackelzügen und ergreifender Trauermusik begleitete die Studentenschaft in der zweiten Hälfte des letzten Jahrhunderts die Grablegung der Professoren

1868: Chr. Fr. Schönbein
1877: Emil Hoffmann
1880: Ludwig De Wette
1883: Peter Merian
1886: Wilhelm Vischer
1886: Albert Burckhardt
1887: Friedrich Miescher
1888: Karl Steffensen
1892: J.J. Bischoff
1894: Immanuel Stockmeyer

reien standen harmlose Scherze gegenüber. Etwa dass Studenten ihre Gebühren in ganz kleinen und schlechten Münzen abführten, zu nächtlicher Stunde die Bürger von Hausdächern herab mit Zaubersprüchen und Verwünschungen in Unruhe versetzten oder während der «Mordnacht» verbotenerweise auffällige Flächen mit Plakaten für das vorfasnächtliche Zofingerkonzärtli bekleben. Von der guten Seite zeigten sich die Studierenden insbesondere dann, wenn sie mit feierlichen Fackelzügen Magistri und Professores an Ehrentagen an ihrem Wohnsitz aufsuchten oder ihnen an den Gräbern, wie verstorbenen Kommilitonen, ein respektvolles Gedächtnis widmeten.

Sonderbare Deposition

Wie an allen andern Universitäten, so mussten sich auch in Basel bis 1798 die «jungen Studierenden beim Übertritt aus den untern Schulen in die öffentlichen Hörsäle der auffallend sonderbaren» Zeremonie der sogenannten Deposition unterwerfen. Dabei ist der «Lehrling» nach abgelegtem Examen vor versammelter Fakultät in seltsame Kleider, oft Ochsen-

Glanzvolle Doktorfeier

Der Abschluss der Studien mit der Erlangung des Magistergrades, d.h. eines Meisters der freien Künste oder gar der Doktorwürde, wurde öffentlich gefeiert. Dies geschah manchmal unter Entfaltung grossen äussern Prunkes. Als 1464 der Italiener Bonifacius de Gambarupta sein Examen bestanden hatte, ritt er, begleitet von Trompetern, durch die Stadt und lud den Bischof, die höhern geistlichen Würdenträger, Bürgermeister und Ratsherren zu seiner Doktorfeier ein. Nachdem die Geladenen mit Konfekt und köstlichen Weinen bewirtet worden waren, zog man in das Münster, voran der Rektor der Universität, die Doktoren und Magister, denen Studenten Bücher vorantrugen. Dort wurden dem Gefeierten die Abzeichen seiner neu erlangten Würde überreicht. Man übergab ihm ein geschlossenes Buch, das Sinnbild tiefer Weisheit und Lehre, legte ihm einen Ring, das Bild seiner künftigen Verpflichtungen, an den Finger und setzte ihm das Abzeichen seiner Würde und Ehre – den Doktorhut – auf sein Haupt. Den hohen Prälaten und Würdenträgern der Universität schenkte der neue Doktor einem jeden ein doppeltes Barett, den Ratsherren Handschuhe, und zuletzt wurde noch eine Anzahl Handschuhpaare in der Kirche unter das übrige Geleite geworfen. Der Universitätsdiener erhielt ein Kleid. Damit aber war die Feier noch nicht zu Ende. Nachdem die Gäste an reicher Tafel bewirtet worden waren, zog man wiederum auf den Münsterplatz, um einem Turnier beizuwohnen, das der neue Doktor zu seinem Ehrentag veranstaltete. Vornehme Damen verteilten an die Sieger kostbare Preise, während den Zuschauern Zuckergebäck und gewürzter Wein gereicht wurde.

Paul Koelner, 1929

häute, gehüllt und mit einem mit grossen Hörnern gespickten Hut bedeckt worden. Auch wurden ihm riesige Zähne in den Mund gepflanzt, die der Depositor, der Senior des Alumneums, dann mit Säge, Beil, Schere, Hobel und Bohrer aus Holz «behauen und behobelt» musste. «Dies sollte beweisen, dass die wahren Studenten nicht Klötze, Steine oder faule und unnütze Drohnen sein

wollen, sondern ihren Verstand durch Wissenschaft und Künste bilden, zur Ehre Gottes, zum Besten der Mitmenschen und zum eigenen Nutzen. Auch wurde den Jünglingen damit zu Gemüthe geführt, dass sie nach Ablegung der groben Sitten einer feinen, wohlziemenden Lebensweise nachstreben, den Lehrern keine verschlossenen, sondern offene lernbegierige Ohren darreichen, dass sie vor dem Barte Gelehrsamkeit erlangen und die Hörner des Hochmuths, welche halbwissende Klüglinge aufrichten, von sich thun sollen.» Nach diesen von «den Vorfahren hinterlassenen Gebräuchen» (1588) hielt der Dekan eine Rede, in welcher er den Sinn der Zeremonie erklärte und dem neuen Studenten das hier übliche Universitätsleben vor Augen führte. Beschlossen wurde die öffentliche Deposition mit dem Namenseintrag in die Matrikel, die Vereidigung auf die Satzungen der Universität und guten Ermahnungen an die Adresse des frischgebackenen Hochschülers.

Disputation und Promotion

Nach absolviertem Studium, bestandenem Tentamen (Vorprüfung) und erfolgreichem Examen wurde der Doktorand zur öffentlichen Disputation zugelassen. Die zur Diskussion vorgesehenen Themata wurden an den Türen der vier Pfarrkirchen angeschlagen und allen Doktoren und Professoren durch den Pedell ins Haus geschickt. Der Tag der Disputation begann früh morgens in der Aula des untern Kollegiums, wo dem Petenten zwei Promotoren zugeordnet wurden; der eine hatte ihm die Themata zu stellen, der andere vollzog die Überreichung der Insignien: Die Prüfung konnte in Gegenwart der Herren Häupter, Deputaten, Akademiker und der guten Freunde des Doktoranden, die alle durch die Promotoren und den Pedell persönlich aufgeboten worden waren, ihren Anfang nehmen.

Wenig später endlich folgte die Promotion, die Hauptfeierlichkeit. Die geladenen Persönlichkeiten versammelten sich im Hause des Dekans, wo zur Stärkung Malvasier

Die «Magistri und Professores» der «Alma Mater Basiliensis», die seit 1939 (Einweihung des neuen Kollegiengebäudes) einen Talar tragen, angeführt von Pedell, Rektor und Prorektor, bei ihrem feierlichen Einzug in die Martinskirche. 1981.

Praktische Gründe liessen die Durchführung des Jahresfestes der Universität zeitweilig im Münster als zweckmässig erscheinen, so dass der Aufmarsch vom Museum an der Augustinergasse über den Münsterplatz (oder auch nur vom Bischofshof her) erfolgte. Als die Universitätsbehörden aber den «akademischen Triumphmarsch» gänzlich einstellen wollten, erhob sich 1972 die «Stimme des Volkes» und begehrte samt dem «eingeschlafenen feierlichen Glockengeläute» die weitere Beachtung des traditionellen Brauchs.

Gäste und Dozentenschaft der Universität formieren sich unter dem ehrwürdigen Szepter des Meisters Andres von 1461 im Chor der Martinskirche zur Begehung des feierlichen Dies academicus.

oder anderer Süsswein ausgeschenkt wurde. Dann streifte sich der zukünftige Doktor das Festgewand über, das je nach Fakultät in den Farben unterschiedlich war; die Mediziner trugen beispielsweise einen schwarzen mit Samt eingefassten «Schamelot» (Umhang), rote Hosen und ein rotes Seidenwams. Nachdem der Zug in der «stattlich tapessirten» Aula Einzug gehalten hatte, eröffneten vier Bläser den Festakt. Hierauf hielt der eine Promotor eine Rede und proponierte die Themata, auf welche der Doktorand einzugehen hatte. Dann bestiegen die beiden mit dem Pedell, der das Szepter trug, das hohe Katheder. Und dort erklärte der Dekan den strahlenden alt Studenten feierlich zum Doktor, setzte ihm das samtene Barett auf und steckte ihm einen Ring an den Finger. Schliesslich erstattete der junge Doktor gebührenden Dank, womit die gewöhnlich vier Stunden dauernde Zeremonie ihren Abschluss fand.

Wiederum formierte sich ein Zug, voran die Bläser und der Pedell, dann der junge Doktor mit dem Rektor, die weiteren Akademiker und die übrigen Geladenen, der zu einer solennen Nachfeier in einen der renommierten Gasthöfe zog. Und bald bestimmten in der «Krone», im «Engel», im «goldenen Sternen», im «Wilden Mann», im «Storchen» oder in den «Drei Königen» Freude und Heiterkeit den Gang der Dinge. Im Mittelpunkt stand nun das leibliche Wohlbefinden, und so war das «Doktoressen» denn auch von erlesener Güte und Reichhaltigkeit. Die «tractatio conviviorum» (Bewirtung der Gäste), heisst es da, «soll von dem Oeconomo recht, sauber und wie es sich gebührt, angestellt werden. Für das erste Gericht soll in die Hauptblatten aufgestellt werden: gut Fleisch und neben der Suppe gute Feisste, und nicht alte magere Hiener, wie dann auch ein Gerichte Zungen, Würst, Kräglin-Mäglin (Innereien), Köhl, Kägten (Rüben), Kraut, Senf u.s.w. nach Gelegenheit der Zeit. Das andere Gericht soll sein von dreyer Gattung guter Fischen in die Hauptblatten und zweier Nebenblättlin als Barbelen, Fören (Lachsfisch), Eschen, Hecht, Salmen, Grundelen, Karpfen, nach der Zeit. Das dritte Gericht in die Hauptblatten gut frisch gebraten Kalbs-, Lambs- oder Hammelsfleisch, und nicht Geissbraten. In den

Nebenblättli Hahnen, Tauben und junge Hiener, und auf des Herrn Rectoris Tisch, wie es die Zeit giebt, ein Hasen oder Capaunen, oder Gans oder Vögel. Neben dem Braten Quetsquen (Zwetschgen, Pflaumen) und Reis. Für das letzte Gericht sollen die Hauptblatten gewalte Kiechlein, daneben ein guter Käs, Anken, Obs und dergleichen aufgetragen und dargestellt werden. Solche Traktation soll auf allen Tischen durchaus gleich sein, ausgenommen, dass auf des Herrn Rectoris runder Tafel neben etlichen Speisen der Nebenblättlein, als Suppe, Köhl, Kräglin-Mäglin, Geflügels, Quetsquen, Reis u.s.w. drey sein sollen. Ein guter Tischwein soll der Oeconomus aufstellen. Im Fall es aber nicht geschehe, soll der Prytanis (Vorsteher des Speisesaals im obern Kollegium) oder sein Statthalter Gewalt haben, in einem öffentlichen Weinhaus Wein holen zu lassen. Er soll auch neugebachen Brot oder Wecklein auf Tisch geben.»

Eine Doktorpromotion bot der Studentenschaft jeweils Gelegenheit zur Aufführung lateinischer *Komödien*, «die als ein vorzügliches Mittel zur Bildung des Styls und zur Erwerbung von Gewandtheit im lateinischen Ausdruck allgemein anerkannt und selbst in den Schulen eingeführt waren». Wie bei der Einführung des neuen Rektors oder bei Anwesenheit hoher Standespersonen wurden die Komödien im Augustinerkloster oder auf der Pfalz hinter dem Münster dargeboten und vermochten mitunter, das oft angeschlagene öffentliche Ansehen der Universität wieder in ein besseres Licht zu rücken.

Im Verlauf der Zeit verblasste der Glanz der Doktorpromotionen zusehends. Und so ist 1905 mit Bedauern festgestellt worden: «Es wurde im Militär wie im Zivilleben früher viel mehr auf Prunk und äusserliche Dokumentierung der innern Würde gesehen. Es war zum Beispiel an den jährlichen Promotionen gebräuchlich, dass die hochgeachteten Herren Ratsherren in Frack und Zweispitz, den Degen zur Seite, unter Vorgang der Ratswaibel, dem Zuge voranmarschierten. Das war gewiss viel feierlicher als heute, wo man glauben könnte, es sei aus Versehen eine Deputation zünftiger Seestädter-Zimmerleute dem Zuge vorangestellt.»

Eidesleistung und Rektoratsessen

In festlich-zeremonieller Weise manifestierte sich die Universität nach der Wahl des Rektors vor der Öffentlichkeit. Den 1971 von Wolfgang Wackernagel angestellten Erhebungen folgend, wurde das alljährlich neu gewählte Oberhaupt der Universität unter Begleitung von Trompetern und Pfeifern von seinem Hause in die Peterskirche geführt. Auf einer Tribüne sitzend, hörte er sich sodann die ihm von seinem Vorgänger zugedachte Lobrede an, übernahm anschliessend Statutenbuch und Szepter der Universität und leistete hierauf den feierlichen Eid auf das Evangelium. Nach der Reformation wurden während einer festlichen Regenzsitzung der Rektor und die übrigen Universitätschargen gewählt. Dann folgte um den 15. Juni das «convivium rectorale» (Rektoratsessen), das zu Ehren des neuen Rektors gegebene Festessen im sogenannten Prytaneum, dem eigens für derartige Anlässe eingerichteten Saale im obern Kollegium an der Augustinergasse. Geladen wurden sowohl die Deputaten und Professoren als auch auswärtige Gäste. «Das Essen war keine üppige Schwelgerei mehr wie im 16. Jahrhundert, dürfte aber nicht gerade frugal gewesen sein, denn wenn es nicht abgehalten wurde, was wegen der Pest, wegen politischer Unruhen oder wegen allgemeiner Teuerung nicht selten vorkam, wurden die Professoren mit einem Neutaler aus dem fiscus rectoris entschädigt» (Andreas Staehelin). Nach den Aufzeichnungen Felix Platters «haben die Studenten allzeit, wann der neu Rector das Mal gegeben, mit Pfeifen und Trommeln in der Herberg ihn sampt der Regenz geladen, und ist man in der Procession in die Comödie gezogen».

Am Mittwoch vor Johannis Baptistae (24. Juni) fanden dann die feierliche Amtsübergabe, die von Reden begleitete «traditio sceptri», und die zeremonielle Nachhauseführung des neuen Rektors statt. Am nächstfolgenden Dienstag endlich wurde die Öffentlichkeit, sonntags durch Anschlag in allen Kirchen eingeladen, in den

Die Füxe der Zofingia: «Fux ist jeder, der neu zur Universität kommt. Als solcher hat er eine Lehrzeit von zwei, höchstens drei Semestern auszustehen. Die Füxe haben die ihnen von Natur anhaftenden Fehler, als da sind: Dummheit, Frechheit, Gefrässigkeit, Dünkel und Ignoranz mit allem Eifer zu bekämpfen, den Burschen, insbesondere dem Fuxmajor, jederzeit ein aufmerksames Ohr zu leihen und ihnen durch bescheidene, willige Oboedienz das mühsame und dornenreiche Amt nach Kräften zu erleichtern.» 1897.

Doctorsaal des Münsters (heute Münstersaal im Bischofshof), gebeten. Hier erwarteten, nach einem Morgengottesdienst im Münster, Bürgerschaft und Behördevertreter sowie die Angehörigen der Universität (Studenten, Lehrer der niederen Schulen, Geistliche, Ärzte, Apotheker, Buchdrucker) die Professoren, die sich im obern Kollegium besammelt hatten und nun in feierlichem Zug, angeführt vom Pedellen mit dem Szepter, in den Doctorsal einzogen. Nach dem Verlesen der Statuten der Universität betrat der Rektor den mit Blumen geschmückten Katheder und hielt seine Inauguraloration, gewöhnlich über ein gelehrtes Thema aus seinem Fachgebiet. Der Würde des Anlasses angepasste musikalische Darbietungen beschlossen den Ehrentag der Universität.

Gelegentlich konnten die mit der Einsetzung des neuen Rektors verbundenen Zeremonien auch einen abweichenden Verlauf nehmen, wie der aus dem Jahre 1761 von Samuel Teleki überlieferten Schilderung zu entnehmen ist: «Am frühen Morgen des 26. Juni pflegte der Rector magnificus den Professoren und der Akademie den Schwur zu leisten und eine kurze deutsche Rede zu halten, und die Professoren und sämtliche zur Akademie gehörenden Personen leisten ebenfalls dem Rector magnificus den Schwur. Am Mittag desselben Tages pflegt der Rector und die amplissima Regentia (die hoch verehrte Regenz) im Collegium Erasmianum ein Mittagessen zu geben, dort wo gewöhnlich die Konzerte stattfinden. Zuerst wird auf die Gesundheit

des Magistrats (Regierung) und des Rektors getrunken, dann auf die der andern. Es ist Sitte, bei diesen Anlässen zu trinken, doch wird niemand stark dazu genötigt.»

Nach der Reorganisation der Universität von 1818 wurden die traditionellen Feierlichkeiten insofern reduziert als die «traditio sceptri» und das Nachhausebegleiten des neuen Rektors abgeschafft wurden, «da der Rector als Präsident der Regenz gar wenig mehr zu bedeuten hat». Stattdessen sollte der neue Rektor einige Wochen nach seiner Wahl «durch einen öffentlichen Actus» eingeführt werden. So blieb die öffentliche Feier mit der Antrittsrede des Rektors, die spätere «*Rektoratsrede*», erhalten.

Das leere Fass

*Schon früh muss am Rektoratsessen für das
immer leere Fass der Akademischen Zunft
gesammelt oder kollektiert worden sein.
1924 machte der Schreiber den Vorschlag,
«aus dem 870 Franken betragenden Konto
‹Zunftfass› für die Zunft ein Quantum
Ehrenwein anzuschaffen, um von denselben
Flaschen mit eigenen Etiketten am nächsten
akademischen Essen aufzustellen». 1932
wurde gar «die Anregung gemacht, die Frage
zu prüfen, ob das gesellige Leben an der Basler
Universität nicht dadurch angeregt werden
könnte, dass die Zunft alle Docenten zu einem
Bierabend einlade». Dieser Bierabend hat
denn auch im Schützenhaus stattgefunden,
allerdings ohne eine Wiederholung zu finden.
Die Symbiose von Zunft und Universität, wie
sie sich am Rektoratsessen symbolisch zeigt,
kam 1973 zu besonderer Bedeutung, als es
darum ging, für das aus Sparzwecken abge-
schaffte Rektoratsessen einen würdigen Ersatz
zu finden. Am Abend des Dies veranstaltete die
Zunft ein eigenes Dies-Essen im Café Spitz.
Der vir magnificus, Professor Bombach, betonte
in seiner Rede, dass er nun wisse, «was ihm
und uns das Rektoratsessen wert ist. Dieses
gerettet zu haben, wird dereinst für die
Akademische Zunft zu buchen sein. Denn die
Uni ohne Akadem'sche Zunft, ist machtlos
gegen Unvernunft!».*   uni nova, 1986

**Fackelzug der Studentenverbindung Zofingia durch die Rittergasse. Aquarell von
Theodor Barth. Um 1930.**

D ie seit Mitte des letzten Jahrhunderts jeweils im November durchgeführte sogenannte Rektoratsfeier
oder «Jahresfeier der Universität», die nun
zusehends «Dies academicus» genannt wurde, fand in der Folge durch Verkündungen
von Preisausschreiben und Ehrenpromotio-
nen eine weitgehende Ausgestaltung. Abgehalten wurde die Rektoratsfeier von 1844 bis
1905 in der Aula des Museums an der Augustinergasse. Dann erforderte Platzmangel
eine Verlegung in die in unmittelbarer Nähe
des Kollegiengebäudes am Rheinsprung liegende Martinskirche. «Aus der Geschichte
des Dies academicus ergibt sich indessen,
dass der Dies stets ein profaner Universi-
tätsakt gewesen ist und nie mit einem Gottesdienst gekoppelt wurde. Jene Leute, die

**Die «fliegende Polizei» eskortiert den Fackelzug der Studentenschaft nach dem
Dies academicus 1953.**

«Einladung zum Festcommers der Akademischen Gesellschaft», 1885.

Menükarte zum Dies academicus 1907.

heute behaupten, er habe nach alter Tradition stets in einem sakralen Raum stattgefunden und über ihm liege überhaupt eine Art religiöser Weihe, befinden sich im Irrtum» (Andreas Staehelin, 1962).

V on besonderer Bedeutung für «die Stiftungsfeier, womit die Universität ihrer Gründung gedenkt», war die Angliederung eines (seit 1950 im Stadtcasino gegebenen) Festessens, zu dem nicht nur der Lehrkörper der Universität, sondern auch die Universitätsbehörden und die Mitglieder der 1836 gegründeten Akademischen Zunft (mit der berühmten Meisterrede auf das leere Fass) eingeladen werden. Der den Tag durch die farbentragenden Studentenverbindungen beschliessende «Dies-Kommers», der jeweils im Anschluss an die Brandfeier auf dem Münsterplatz und einen Fackelzug durch die Stadt in der Kleinbasler Burgvogtei (Volkshaus) über die Bühne ging, hat in jüngster Zeit viel von seiner einstigen Anziehung verloren und «versprüht nun nur noch einen Abglanz der ursprünglichen Burschenherrlichkeit».

Schulpromotion und Schulgeldlein

Wie die Doktorpromotion dem Studenten den heiss ersehnten Abschluss seiner Ausbildung bedeutete, so bildete die sogenannte Schulpromotion, die mit einer kleinen Geldspende verbunden war, für den Schüler das erstrebenswerte Ziel.

Bis ins Jahr 1593 «sind zwar die Schüler auf Burg (die Gymnasiasten) auch von einer Classe zur andern befördert und öffentliche Schul-Promotionen gehalten worden, sie empfiengen aber noch keinen Preis-Pfennig. Erst den 19. Merzen dieses Jahres fieng der damalige oberste Pfarrer an, so der beständige Promotor ist, den Schulknaben etwas in Geld aus dem Seinigen zu schencken, weil er, Johann Jakob Grynäus, hoffte, es werde dieses zu Auffrischung des Fleisses gereichen. Aus diesem Anlass sind nachwerts die sogenannten Schulgeldlein entstanden, welche die Obrigkeit aus dem gemeinen Gut prägen lässt».

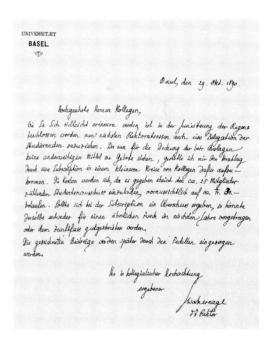

Rektor Jakob Wackernagel erbittet von seinen Kollegen einen persönlichen Beitrag zur Deckung der Auslagen für die erstmalige Einladung des Studentenausschusses zum Dies academicus, 1890.

Barbaraschiessen

Seit dem Jahr 1835 wird der 4. Dezember, der Namenstag der legendären heiligen Barbara, durch den Artillerie-Verein «mit unüberhörbarem Gedonner versehen». Denn der Schutzheiligen der Kanoniere und Mineure, welcher im Münster und in der St. Niklauskapelle im Kleinbasel Altäre geweiht waren, hat «jede mögliche Ehre zu widerfahren». Während eines guten Jahrhunderts ist der «patriotische Anlass» als vornehmer «Artillerieball» durchgeführt worden: «Beim Tagesanbruch wurde die Barbara durch einige Canoniere mit 21 Schüssen begrüsst. Die Kosten für Pulver etc. wurden auf gefallene Unterschriften für dasselbe auf die Betreffenden repartirt.» Im Stadtcasino oder auf der Zunftstube zu Safran ist «dann abends das Nachtessen abgehalten und durch einen fröhlichen Tanz der Frauen und Jungfrauen gewürzt worden».

Auch anno 1909 «versammelten sich die Artilleristen, um die heilige Barbara ihrer schnauzbärtigen Liebe zu versichern. Jeder drückte sie im Geiste an sein Bomben- und Granatenherz und flüsterte ihr ins Ohr: ‹Gäll, Bäbeli, du alti Klepfgattere, du hesch mi

lieb!› Und die Kanoniersfrau wurde darob nicht einmal eifersüchtig, sondern sie dachte, da ihr Mann vier Herzkammern habe, so dürfe eine derselben wohl als Pulverdampf mit der guten Barbara als Pulververwalterin eingeräumt und verwendet werden...»

Keinen Sinn für ein harmloses Scherzchen übrig hatte dagegen 1929 das Polizeidepartement, als es darum ging, das Eidgenössische Schwing- und Älplerfest mit Salutschüssen zu eröffnen. Denn der Polizeidirektor äusserte «die Ansicht, dass die Bewilligung zum Abfeuern von 22 Kanonenschüssen am frühen Morgen nicht erteilt werden soll. Schon bei Anlass der Barbarafeier wegen des damit verbundenen obligaten Schiessens mit Reklamationen überschüttet, möchten wir im Interesse der Bevölkerung vermeiden, dass die Gewohnheit einreisst, jedes Fest mit einer unnötigen Schiesserei zu eröffnen. Wenn das Barbaraschiessen zugelassen wird, so ist zu beachten, dass es sich hier um eine feste baslerische Tradition handelt, gegen die wir nicht glauben anlaufen zu können.» Und Herr Niederhauser hatte Recht mit seiner Mei-

Die heilige Barbara. Scheibenriss von Urs Graf, 1515.

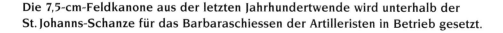

Die 7,5-cm-Feldkanone aus der letzten Jahrhundertwende wird unterhalb der St. Johanns-Schanze für das Barbaraschiessen der Artilleristen in Betrieb gesetzt.

Die bombenfeste Heilige

*Stürmischer und geräuschvoller als die heilige
Barbara ist noch nie ein Frauenzimmer geliebt
und verehrt worden. In die bombenfeste Heilige
sind die Artilleristen des ganzen Erdenrunds,
wie man zu sagen pflegt, eigentlich verschos-
sen. Nicht mit zarten Gefühlen und schmach-
tenden Mandolinenklängen darf man ihr kommen. Ihr Herz gerät nur dann in zarte Schwin-
gungen, wenn Mörser und Kanonen krachen.
Ein Ständchen mit Vierundzwanzigpfündern
versetzt sie in Ekstase.
Auf dem Toilettentisch der heiligen Barbara
wird man auch vergeblich Eau de Cologne oder
Ylang-Ylang suchen. Ihr ist in diesen Düften
nicht wohl, sondern nur im qualmenden
Pulverrauch. Dagegen ist das Gerücht, dass sie
die Zähne nicht mit Schlemmkreide, sondern
mit rauchschwachem Schiesspulver putze,
absolut unwahr: sie reinigt nämlich die Zähne
gar nicht, da sie gar keine mehr hat. Das hindert sie aber absolut nicht, die Busenfreundin
aller Artilleristen zu sein, und ewig wird sie es
bleiben. Das ist erfreulich. In einer Zeit, wo so
Vieles unter der Kanone ist, wirkt es ungemein
tröstlich, zu wissen, dass auch etwas über der
Kanone schwebt, nämlich die heilige
Barbara!*

National-Zeitung, 1894

**Die Spitzen des Schweizerischen Militärvereins treffen sich 1851 in Basel. In Anwesenheit
von 320 Offizieren und zahlreicher Politiker findet auf dem Münsterplatz die zeremonielle
Fahnenübergabe statt, der sich ein grosses Volksfest anschliesst.**

nung: Einzig die während Jahrzehnten von
den Artilleristen praktizierte Dislokation mit
Fackellicht und Marschmusik vom Vereins-
lokal in die Festsäle der Stadt überdauerte
nur noch die Zeit bis zum Ausbruch des
Zweiten Weltkriegs. So entbehrt seither die
Barbarafeier des Glanzes alter Zeit. Geblieben aber sind die traditionellen «23 Salven
zu Ehren der Heiligen und zur Bewahrung
der Vollkantone der Eidgenossenschaft», die
unterhalb der St. Johanns-Schanze seit 1972
am Abend des 4. Dezembers abgefeuert
werden, und das einfache St. Barbara-Essen
der Artilleristen im St. Johanns-Tor. So werden auch die innern Werte des 1834 gegründeten Artillerie-Vereins Basel-Stadt erhalten
bleiben, «die Kameradschaft zu pflegen,
Weiterbildung zu betreiben und den Wehr-
gedanken dem Bürger näherzubringen».

**Eidgenössische Artilleristen, die im Winter 1856 wegen des drohenden Konflikts mit Preussen
die Landesgrenzen zu schützen hatten, ziehen durch die Aeschenvorstadt in die Stadt.**

St. Nikolaus

Niklaus von Myra aus der ersten Hälfte des 4. Jahrhunderts, einer der meistverehrten Heiligen des Morgen- und Abendlandes, genoss wegen seiner vielen Wunder und wegen seiner Freigiebigkeit schon im mittelalterlichen Basel tiefe Verehrung. Dem Schutzpatron der Kinder, Schiffer, Gefangenen, Bäcker, Kaufleute, Apotheker und Juristen sind im Münster, zu St. Peter, in St. Alban, an der Schifflände und an der Rheingasse Kapellen benediziert worden, welche die Gläubigen besonders zur Adventszeit aufsuchten. Und im berühmten Heinrichskreuz des Münsterschatzes, das nach der Staatstrennung von 1833 unglaublicherweise ins Ausland verschachert worden ist, bewahrte unsere Kathedrale Reliquien des populären Heiligen. «Die grosse Bedeutung, die der Niklauskult in Basel hatte, und der wahrscheinlich von hier aus in den Schwarzwald vordrang» (Hans Reinhardt), wurde indessen durch die Schiffahrt begründet. Die enge Verbindung zur waldreichen Nachbarschaft am Oberrhein ist durch Flösser hergestellt worden, die auf

Stahlstich aus dem Jahre 1848.

dem Wasser ihre grossen Tannenstämme am Kleinbasler Ufer bei der St. Niklauskapelle landeten. Gefeiert aber wurde der Tag des heiligen Nothelfers und Kinderbeglückers hauptsächlich von der Schuljugend: «Darnauch so sol man ehren, Niklaum den Bischof und Herren. Den begont die Schüler lobelich. Und dunt sich an und zierent sich in engelscher Wot und lond sich schauwen.»

Wie beim Gregoriusfest und am Tag der Unschuldigen Kindlein (28. Dezember) bestimmten die Schüler einen mit Inful und Bischofsstab ausgestatteten Bischof, dem zwei Diakone beigegeben waren. Diese wurden in festlichem Umzug, von den Schülern des Domstifts und des Stifts zu St. Peter gebildet und von einem Fähnrich angeführt, in die Münsterkirche geleitet. Nach dem Gottesdienst zogen die Schüler singend durch die Strassen und Gassen und liessen sich beschenken, wobei sie die Spenden nicht Almosen, sondern Steuer für den Bischof nannten. Zudem stand dem in vollem Ornat fungierenden Schülerbischof eine «Bischofspräbende» als zusätzliche Abgeltung durch das Domstift zu. Aber auch die Angehörigen des Domstifts hatten ihren Anteil am Fest. Die Domherren erhielten zur Feier des Tages je zwei Semmeln, vier Wecken «aus feinem Bolmehl» und ein Quartel Weisswein. Den Beamten und Dienern, dem Priester, «der im Chore sang», dem Schulmeister sowie denjenigen Schülern, welche beim Gottesdienst ministrierten, wurden je eine Semmel und zwei Mass Wein verehrt. Auch die fremden Geistlichen, die eigens zum St. Niklausfest in die Stadt gekommen waren, mussten nicht «ungetröstet von dannen ziehen» und wurden, wie die Advokaten, Notare, Procuratoren, Briefträger und Briefträgerinnen des Bischofs, mit Wein und Backwaren beschert. In den Augen der Geistlichkeit war das Umziehen der Knaben in sakra-

---

St. Niklaus

Willkumm, willkumm, du liebe Ma,
Du find'sch e jungi Gsellschaft do.
I hoff, du hesch e G'falle dra,
Je mehr, je lieber isch's der jo.
Und au di Schritt isch ziemli schwer,
I glaub emol, du kunsch nit leer.
Es hudderet e Mängem do,
Wenn du wit g'naue B'richt verneh.
Doch denk i, du wirsch 's eppe scho
Mit kleinem Volk so g'nau nit neh.
Nur möcht' i bitte, loss mer's hit
Jo ame Zuespruch fehle nit.

Basler Nachrichten, 1873

Kinderfreund

Heute hat St. Niklaus eine grosse Arbeit zu bewältigen, denn an allen Enden und Ecken harrt die ungestüme Jugend auf den alten Graubart, genannt Klaus. Neben einigen mehr oder weniger glücklichen Interpretationen der St. Niklaus-Rolle verdient der prächtige alte Klaus besondere Erwähnung, welcher mit einem Eselchen, beladen mit zwei Körben voll allerlei Nützlichem für die kleine Welt, die Strassen Kleinbasels durchzieht und da und dort durch ein Geschenklein einen Sonnenstrahl in dunkle Stuben trägt. Dem Silberton seines Glöckleins folgt eine ganze Kinderarmee. *Zeitungsnotiz, 1900*

Der Santiglaus, gelegentlich von Knecht Ruprecht begleitet, stapft aus dem tiefen Schwarzwald in die Stuben der Basler Kinder.

len Gewändern jedoch ein Ärgernis, das nicht geduldet werden durfte. Und so beschloss das Konzil von Basel anno 1435: «Ferner ward der Missbrauch aberkannt, da etliche auf gewisse Festtage mit Infeln, Stab und Kleidung wie die Bischöff den Segen geben.»

Der Kinderfreund

Als Kinderfreund und Geschenkebringer erschien der heilige Niklaus den Basler Kindern schon im 16.

Jahrhundert. Denn Felix Platter, dessen blumig geführte Tagebücher uns immer wieder einzigartige Einblicke in das vergangene Basler Volksleben gewähren, gedachte in seinen Erinnerungen an die frühe Jugendzeit «noch der Freuden, so ich gehapt, won S. Niclaus Nacht mir gesteurt wardt (beschenkte), do ich lang gemeint, er kem uf einem Esel» (1540). Auch wenn der «Santiglaus» nun der Zierden des katholischen Bischofs entkleidet war, so entbehrte seine Gestalt nicht der Züge eines noch immer frommen, sanftmütigen Eremiten. An seiner Seite befand sich oft ein brummiger Geselle, ein «Knecht Rupprecht» oder ein «Schmutzli»,

der das Böse verkörperte und an eine wilde Flössergestalt mit geschwärztem Köhlergesicht erinnert haben mag. «Es ist nicht ausgeschlossen, dass der ‹Santiklaus› einst mit seinem Begleiter auf dem Rhein in Basel einkehrte. Sollte also der Wilde Mann, der jeweils im Jänner auf dem Rhein hernieder gefahren kommt, einst den hl. Nikolaus mitgebracht haben und erst seit der Reformation, seit der Abschaffung der Heiligen, allein fahren?» (Reinhardt).

Seit der zweiten Hälfte des letzten Jahrhunderts ist der «reformierte Santiklaus» mit der schwarzen Kapuze

Der Santiglaus.

Es schällt an alle=n=Egge,
Es galoppiert dur d'Stroß
Und brielt und pfyfft und jodlet. –
Was isch denn wider los?

's isch Nacht und kalt vorusse,
Me gseht bym Liecht der Huuch;
Bym Begg stehn d'Grättimanne,
Rosinli uff em Buuch.

Das isch der säxt Dezämber!
Der Santiglaus kunnt hit,
Dä, wo de beese Kinder
Zer Strof als d'Ruete git.

Er het e Bart vo Rysschte,
Het e Kabuze=n=a,
Derzue e bruuni Kutte,
Fascht wie=n=e Grättima.

Er schällt und rennt dur d'Stroße,
Vorus e Buebegschrei;
Der Santiglaus ka zäpfe,
Er het si: ains zwai drei.

Dail griege d'Ruete, andri
Die paggt er flugs am Fragg
Und steggt si mit Bihage
Am Buggel in sy Sagg.

Das isch der säxt Dezämber!
Der Santiglaus isch los,
Er suecht die beese Buebe
Und holt si ab der Stroß.

Theobald Baerwart, 1928.

und dem langen weissen Bart am 6. Dezember wieder regelmässig in Basel anzutreffen, und die kleinen Kinder erwarten seine Ankunft mit klopfendem Herz. Denn der greise Mann aus dem Schwarzwald, gelegentlich in Begleitung eines finstern Gesellen und eines Esels, erscheint mit seinem Glöcklein nicht nur als gütiger Vorweihnachtsbote, der liebe Kinder mit bebilderten Lebkuchen, Grättimannen, Äpfeln, Nüssen und Mandarinen beschenkt, sondern auch als gefürchtete Autoritätsperson, die mit rauher Stimme und drohender Rute (die ursprünglich Segen verhiess!) den Wissensstand um den Lieben Gott erforscht und aus seinem goldenen Buch das Sündenregister zieht. Mit dem Vortrag von Gedichtchen oder Liedchen und dem Versprechen, den Tadel zu beherzigen, wird der Besuch des Santiklaus verdankt.«Während sich die Kinder über die ausgeschüttete Bescherung

hermachen, um alles aufzusammeln und zu verteilen, verschwindet der Santiklaus still und geräuschlos, im Gegensatz zu vorher, da er doch mit feierlichem Pomp empfangen worden war. Es gilt als streng einzuhaltendes Ehrengebot, dass man ihm nicht nachschauen darf. Denn sonst, heisst es, kommt er nochmals, aber diesmal als Zürnender, zurück.» (Louise Vöchting-Oeri, 1942). An diese ungeschriebene Regel mögen sich 1946 auch unsere Herren Regierungsräte gehalten haben, als sie zu später Stunde im Rathaus von drei Santikläusen aufgesucht und «mit väterlichen Ermahnungen an ihre Pflichten erinnert wurden», denn die Annalen wissen von keinem weitern «Levitenverlesen» mehr zu berichten…

Santiklausjagen

Mit dem Älterwerden verliert sich der Glaube an die wirkliche Existenz des sich hinter dem «Kinderfrind im brune Pelz mit grauem Bart und Hoor» (1873) verbergenden Heiligen und wird oft von Rachegefühlen für erlittene Schmach verdrängt. Und so bringen die grösseren Kinder dem Pseudobischof anstelle von Respekt nicht selten Gespött entgegen. Ein Verhalten, das zur Jahrhundertwende «in zunehmendem Masse zu einer wüsten und rohen Ausgelassenheit auswuchs, zu einem eigentlichen Hexensabbath: Dass da und dort aus einer Gruppe ein Knabe ein Glöckchen aus der Tasche zieht und zu schwingen anfängt, indem er das Kommen eines jener als St. Niklaus vermummten Gestalten fingiert, um auf diese Weise andere Knaben zu necken, das wäre ja nicht so bedenklich. Das Bedenkliche an der Sache ist aber jener nächtliche Höllenspektakel, der im Kinde die Freude am Unschönen weckt: Ein grosser Teil dieser spektakelnden Knaben begnügt sich nicht, mit einem Glöckchen herumzuspringen. Das ist schon zu lange zu harmlos für unsere Strassenbuben. Der Sport besteht nämlich darin, dass sich die Buben mit Stöcken oder einem Meerrohr bewaffnen, um den St. Niklaus abzuschmieren und in perfider Weise eines aufzubrennen. Namentlich sind es die als St. Niklaus maskierten

Frauen, die unter der skandalisierenden Jugend zu leiden haben. Wenn es schon einem männlichen Erwachsenen schwer ist, sich einiger hundert Buben zu erwehren, so ist dies einem Frauenzimmer geradezu unmöglich. So werden die weiblichen St. Niklause auf roheste Weise traktiert und müssen in das erstbeste Haus flüchten.» Als 1901 «ein verkleideter St. Niklaus anständig durch verschiedene Strassen Kleinbasels ging und viele arme Kinder durch ihn beschenkt wurden, erlaubten sich einige freche Jungen, demselben Steine an den Kopf zu werfen, so dass man einschreiten musste».

Die «zunehmende Rohheit», zu der auch das «Drähtleinspannen» gehörte, hat sich im Verlauf der letzten Jahrzehnte verflacht, und das bösartige Santiklausjagen ist wieder in Abgang gekommen. Und da soll noch einer sagen, unsere Jugend sei so schlecht und ungezogen…

Der Grättimann

Grättimann steht sprachlich im Zusammenhang mit dem alten, heute kaum mehr gebräuchlichen Tätigkeitswort «grätten», das verwandt ist mit dem jedem Turner bekannten Verb «grätschen», das heisst die Beine auseinanderstrecken, die Beine spreizen. Mit gespreizten Beinen gehn in der Regel alte, unbeholfene Männer.

Daher stammt der Ausdruck «alter Grätti» als Bezeichnung für einen schwer und langsam daherkommenden Mann. Schwer und langsam geht auch der Santiglaus einher. Denn er ist alt - sein langer Bart und seine tiefe Stimme zeugen dafür - und ausserdem schwer beladen mit seinen mannigfachen Gaben.

So ist der Grättimann im alten Basel zum Symbol des Santiglaus geworden, und eines schönen Tages kamen unsere Bäcker auf den Gedanken, ihn in vereinfachter Form darzustellen mit dem speziellen Kennzeichen des alten Mannes, eben mit gespreizten Beinen! Und seither ist der Grättimann zum Basler Santiglausen-Gebäck geworden.

Gustaf Adolf Wanner, 1964

Blut- und Leberwürste

So wie die Kinder sich seit Ausgang des letzten Jahrhunderts am Niggi Näggi an Bergen von Grättimannen, den knusperigen Teigmännchen mit Korinthenaugen, sattessen dürfen, so selbstverständlich war es um den St. Niklaustag für die Erwachsenen, sich den Bauch mit Blut- und Leberwürsten vollzustopfen, «auch wenn sie noch so schwer aufliegen». Diese wurden jeweils im Verlauf einer «Metzgete» serviert, welche «in angenehmster Weise den leiblichen Genuss vergrösserte»: «Zuerst kam die Suppe auf den Tisch. Ihr folgte gleich der ‹Hund›, nämlich der mit Blut gefüllte Magen des geschlachteten Schweines. Der Vater schnitt mit dem grossen Messer Stücke ab und verteilte sie. Reichte der ‹Hund› nicht aus, so wurden noch gewöhnli-

che Blutwürste aufgetragen. Dazu gab es natürlich ‹Uusezogeni und Öpfelschnitz›. Die Schnitze mundeten ganz besonders, wenn sie von Lederäpfeln stammten und mit Zimmetrinde gewürzt waren. In einem weitern Gang rückten grosse Platten voll Leberwürste an. Waren auch die gebodigt, trug die Mutter die herrlichen Bratwürste mit gebähten Brotschnitten und von Anken triefende Zwiebeln auf. Diese durften nicht fehlen, weil sie gesund sind, wie man allgemein beteuerte. Aber auch der Metzger durfte nicht fehlen, denn er musste doch ab und zu trangschieren und vor allem die Leute zum Lachen bringen, damit sie ghörig mögen. Hatte man die Würste gemeistert, so erschien noch das ‹Ungschlächt›, dem gewöhnlich auch eine Schnitte grüner Speck und ein paar Mocken ‹Chesselifleisch› zugegeben wurden. Zum Schluss machte man sich hinter Kaffi und Chiechli!» Mit seinem Gedicht an den Wintermonat hat der leiblichen Genüssen nicht abholde Dominik Müller 1913 dem «lebensfrohen Brauch» ein Denkmal gesetzt:

> Und sieh, es naht der Santiklaus,
> Der bärtige Himmelsfürste.
> Die Kinder sind voll Freudengraus,
> Und fast in jedem Wirtehaus
> Gibts Blut- und Leberwürste.

Nur zu frugaler Verköstigung reichte jeweils die St. Niklausspende aus, welche das Grosse Almosen den Bedürftigen Kleinbasels entrichtete.

«Die Kinder wissen noch von den im Verborgenen gespendeten Gaben des gutherzigen, mildthätigen Heiligen zu erzählen. Und die Armen bettelten auf den Strassen ihr Almosen ‹durch St. Claus›. Fand die Vertheilung einer Stiftung statt, so riefen arme Schüler ‹die Spend› Tags zuvor mit Nennung des Stifters aus.» (Daniel Fechter, 1856). Unter diesen Wohltätern befand sich auch der Weissgerber Claus Gerber, welcher der Zunft zu Safran 1616 ein Legat vermachte, «kraft welchem jährlich auf St. Niklaustag 50 Gulden in folgender Weise verteilt werden sollten: 1. Dem Schaffner in das grosse Almosen 10 Pfund Geld, daraus zwei Zentner gutes Fleisch gekauft und gekocht und den Armen ausgeteilt werden sollen. 2. Für arme Kindbetterinnen jährlich 20 Pfund. 3. Arme

Nigginäggi – gereimt

Santi Nigginäggi,
hinterem Ofe stägg i,
gimmer Nuss und Bire,
denn kumm i hinde fire.

Der Santiglaus lauft dur e Wald,
er sammlet Birggerysli,
us däne macht er Ruete halt,
er drait si in sy Hysli.
Doch brummlet er by jedem Schritt:
I hoff, i hoff, i bruuch si nit!

Im Schwarzwald stoht e Hysli,
im Schwarzwald stehn vyl Baim,
uf aimol teent e Gleggli,
der Santiglaus kunnt haim.
Er kunnt vo vyle Kinder,
er kunnt vo mänggem Huus,
sy Sagg isch läär vom Schängge
und d Epfeli sin druus.

Der Santiglaus kunnt hitte
dur d Langen Erle gritte,
er bindet s Eseli an e Stamm
und kunnt jetz z Fuess vom Wiesedamm.
Sy Sagg isch schwär und digg,
hejo, zem guete Gligg!
Doch d Ruete gfallt mer nit so guet,
i glaub, ass die rächt bysse duet.
Bring mir der Sagg, i bitt,
doch d Ruete lieber nit!

Wär lauft dert mit so schwäre Schueh
und schloot so schregglig d Dire zue?
My Härzli glopft, so vyl as s mag,
hit isch halt Santiglausedaag.

Der Santiglaus kunnt us em Wald,
är isch scho mängg Johrhundert alt.
Im Summer bacht er gueti Kueche,
im Winter kunnt er is go bsueche.

Miggeli Aebersold, 1975

Schüler zu kleiden 10 Pfund. 4. Arme Durchreisende in der Herberge am Neujahrstag zu speisen 5 Pfund. 5. Den Sondersiechen zu Liestal jährlich 5 Pfund. Den Sondersiechen zu St. Jakob, so am Neujahrstag singen, 7 Pfund 10 Schilling. Den Rest der Zunft für ihre Arbeit und Mühe.»

Weihnacht

Nach «der Christmess hebet an vil Üppigkeit mit Sünde, Spil, Lumperij und Füllen!» Diese Feststellung der Clara Hätzlerin von Haltaus traf in vollem Umfang auch für unsere Stadt zu. Mit wildem *Umziehen* in tierischer oder dämonischer *Vermummung*, mit *Türklopfen* und *Einbrechen* in Häuser, mit *Wurstbetteln*, *Fenstereinschlagen*, ausgelassnen *Radauszenen* und *Prügeleien* mit den Wachtknechten wurde zur Adventszeit die «Hochzit» des Heiligen Weihnachtsfestes eingeleitet. Auch verkleideten sich Schüler und Erwachsene in Bischöfe, Königinnen und Teufel, frönten in diesem Aufzug unverschämter *Bettelei* und trieben *Unfug*, der bis zur Schändung von Gotteshäusern ausartete. Die «Sünder» und «Sünderinnen» gehörten zumeist sozial unterprivilegierten Volksschichten an, die durch Betteln zumindestens zu einer Brosame vom üppigen Tische der Wohlhabenden und Reichen kommen wollten und durch Schabernack und Verhöhnung ihre Unzufriedenheit und Zurücksetzung artikulierten. Gelegentlich aber waren unter den Maskierten auch Adelige und Geistliche auszumachen, welche an dieser sonderbaren Belustigung ihren Spass hatten!

Dass bei solcher *Rohheit* und *Zügellosigkeit* obrigkeitliche Mahnungen nicht ausblieben, kann nicht verwundern. 1420 liess der Rat ausrufen: «Als man dis Hochzit (Weihnacht) und davor Bischofe machet, bede Herren und Schüler, und denen zu Dienst Tüfel louffent, heissent üch Unsere Herren sagen, daz sy nit wellent, dz yemand in Tüfels Wise louffen solle in den Kilchen noch in der Stadt, wand dadurch Gotz Dienst gehindert und gewirret.» Wer den Befehl missachtete, dem wurde «ohne Gnade» durch Ratsknecht und Wachtmeister das «Antlitz (Larve) abgezerrt» und die Verweisung von Stadt und Land während eines Monats samt saftiger Geldstrafe angedroht.

Die Geburt Christi. Gefirnisste Tempera. Schule des Konrad Witz. Um 1450.

Auch das Konzil zeigte sich ob der sittlichen Verwilderung zur Adventszeit besorgt und verurteilte am 9. Juni 1435 solche scharf: «Die Heilige Synode verabscheut einen schändlichen Missbrauch, wonach sich einige als Bischöfe, Könige und Herzöge verkleiden, was man das Fest der Narren oder Unschuldigen, anderwärts der Knaben nennt. Andere reizen die Leute durch Masken und Schauspiele oder durch ausgelassene Tänze von Männern und Frauen zum Zuschauen und rohem Gelächter, noch andere veranstalten Schmausereien und Gastmähler.»

Aber auch der Klerus zeigte sich den Freuden des Weihnachtsfestes nicht abgeneigt. Diese erschöpften sich allerdings im *Essen* und *Trinken*. Doch ausgiebig genug und den bereits geschilderten österlichen Schlemmereien unter Einbezug einiger «Menüänderungen» gleichsam identisch! Waren die genussfreudigen Domherren gezwungen, einen Fasttag einzuschalten, dann änderte sich die Speisefolge vollständig, doch wurde von den üblichen neun Gängen nicht abgewichen. Wiederum wurde die Mahlzeit eröffnet durch eine Gallerte,

Christi Geburt im Walde. Holzschnitt von Johann August Hagmann. 1937.

diesmal mit einem grossen Lachs. Hierauf wurden Balchen mit Senf, dann ein warmer, in Öl gebratener Salm mit Lauch und Forellen aufgetragen. Es folgten ein Hecht mit anderen grössern Rheinfischen, zu dem eine warme Pfeffersauce gereicht wurde, sowie ein warmer Lachs mit Lauch. Als letzte Gänge beliebten ein grosser gepfefferter Seehecht, eine Platte Hirse mit Öl, Milch und Eiern und schliesslich in Öl gesottene Albellen (kleine Weissfische) mit Semmeln. Waffeln und Früchte rundeten das «Fastengericht» ab!

Weihnachten im Münster

In krassem Gegensatz zum tumultuösen Weihnachtsrummel im weltlichen Bereich stand die religiöse Feier der Kirche: Durch die finstern winterlichen Gassen stieg die Geistlichkeit samt den Würdenträgern der Stadt in Begleitung vielen Volkes zu den nächtlichen Feiern zum Münster hinauf, zu «Unserer lieben Frauen auf Burg». Denn die Anordnung Papst Teleophorus', der Priester habe am Weihnachtsfest dreimal die heilige Messe zu zelebrieren, damit durch die dreimalige Handlung die drei verschiedenen Zustände des Menschengeschlechts angedeutet werden, wurde streng befolgt. Wie von Domkaplan Hieronymus Brilinger mit Nachdruck festgehalten worden ist, soll «von diesen drei Weihnachtsmessen im Chor der Domkirche zu Basel die erste der Domdekan, die zweite der Dompropst,

die dritte aber der hochwürdigste Herr Bischof selbst singen». So wurde im matten Schein der Festtagskerzen nach dem neunten Responsorium die Messe des ersten Hahnenschreis gelesen, und machtvoll, von brausender Orgelmusik begleitet, erklang aus tausend Kehlen der Hymnus «Komm, o Erlöser der Völker». Zur sechsten Stunde ist dann zur zweiten Messe geläutet worden. Und endlich wurde mit grosser Pracht und Herrlichkeit das prunkvolle Hochamt gefeiert, zu dem auch der Rat sich einfand, und mit einer ausgedehnten Prozession über den Münsterplatz beschlossen.

Besonders eindrücklich soll die weihnächtliche Mitternachtsmesse des Jahres 1347 gewesen sein, als König Karl IV., mit blankem Schwert vor dem Hochaltar des Münsters stehend, mit fester Stimme den Gesang des Weihnachtsevangeliums anstimmte. Ähnliches wiederholte sich anno 1433 durch Kaiser Sigismund: «Am Weihnachtsabend kommt der Kaiser in das Münster, wo alle Kardinäle und Prälaten des Konzils versammelt sind. Es wird der heiligen Majestät des Kaisers ein Schwert überreicht, dessen Scheide ganz mit feinem Gold überzogen ist, und vier Barette, ganz voll kostbaren Steinen, besonders vorne mit einem sehr grossen Rubin geschmückt. Nachdem alle ihre Plätze eingenommen haben, legt der Kaiser seine gewöhnlichen Kleider ab und zieht die kaiserlichen Gewänder an. In diesem Augenblick beginnt der Gottesdienst, und die Prophezeiungen werden gesungen. Als es zu Ende geht, erhebt sich der Kaiser, tritt an den Altar, in einer Hand den goldenen Apfel, in der anderen das Schwert, und als man ihm die Mitra vom Haupt nimmt, singt er die letzte Prophezeiung, welche anfängt: «Es begab sich aber zu der Zeit, dass ein Gebot von Kaiser Augustus ausging, dass alle Welt sich schätzen liesse.» Als er seinen Gesang beendet hat, wird ihm die Mitra wieder aufs Haupt gesetzt, und er bleibt da stehen, bis die Messe gesungen ist. Als sie zu Ende ist, zieht der Kaiser seine gewöhnlichen Kleider wieder an. Nun rüstet sich der Bischof von Brescia und singt die zweite Messe. Als auch sie zu Ende ist, steigt der Kaiser zu Pferd und begibt sich zur Ruhe» (Andrea Gattaro von Padua).

Im Banne der gleichsam lebensechten Weihnachtskrippe von St. Clara. 1960.

Das Weihnachtskindlein

Zur Weihnachtsfeier am häuslichen Herd «do machtend wir die *Lebkuochen*», wie wir in der letzten Adventswoche anno 1428 vernehmen, *Leckerli*, die nur zwischen Weihnacht und Neujahr gegessen wurden, und Ankenbrot, das «mit sehr unanständigem Geschrey auff denen Gassen» feilgeboten wurde. Den Pfründern im Spital wurden Kümmiwecken verabreicht, und die vor den Hauptkirchen in hölzernen Schüsseln eingezogenen Spenden kamen den «armen Leuten zu St. Jakob» zugute.

Das «Steuern» (Beschenken) erfolgte, wie wir bereits gesehen haben, durch das «Nüwiarkindlin» (1672) zum Neuen Jahr. Aber nicht ausschliesslich. Auch die Weihnacht galt später als Geschenktermin, jedoch eher für die Kinder. Der Rat jedoch empfand den Verkauf «von allerhand unnutzem Zeüg an dem

Wiehnachtspäckli

In manchen Familien war es Tradition, jedes Jahr ganze Berufskategorien zu beschenken. So wurden zum Beispiel in einem Haus Päckli für sämtliche Laternenanzünder vorbereitet. An einem anderen Ort verschnürte man in weissem Papier mit roten Bändeln, was den Packträgern zugedacht war, und eine andere Familie kümmerte sich um die Kutscher. Nicht um die Herrschaftskutscher natürlich, sondern um die viel weniger feudalen, die mit ihren müden Rösslein an einer Strassenecke warteten, bis jemand sie brauchte, also gewissermassen um die bescheidenen Vorgänger unserer Taxichauffeure. Was würden diese Letzteren wohl sagen, wenn sie allesamt mit einem Kalender und einem Paar wollener Socken oder zwei karierten Nastüchern beschenkt würden? Die damaligen Kutscher konnten das gut brauchen, sie klagten immer über kalte Füsse, und einen Tropfen an der Nase hatten sie sowieso. Für Putz- und Waschfrauen, für die Glätterinnen und die Leute, die im Herbst Heidelbeeren und Hagebutten brachten, wurde Zucker abgewogen und Weissmehl, eine Literflasche voll «Dienstenwein» wurde bereit gestellt, und am 23. brachte der Metzger die bestellten ein- und zweipfündigen Rindsfleischstücke, die dazu gehörten.

Helen Vischer, 1966

Abend vor der heyligen Weynacht» als störend, und er verfügte 1715: «Weil bisshero viel Ungebühr auss Anlass des sogenanten Weynacht- und Neu Jahr-Kindleins, sonderlich bey den Kramständen, die Nacht hindurch verübet worden, wollen wir, dass fortan um solcher Fest-Zeiten länger nicht als bis Feyerabend die Krähm offen gehalten werden.» Um das Jahr 1760 erscheint dann «das Christkindchen, das den kleinen Kindern die Steuer bringt», doch erst zu Beginn der 1820er Jahre «begann in Basel die Abkehr vom Neujahr als Tag der Bescherung zugunsten der Weihnacht. Grund war eine bedeutsame Neuerung: der Weihnachtsbaum» (Eduard Strübin). 1856 besang Stadtpoet Jacob Maehly indessen noch immer

Neujahrskind und Neujahrsbaum: «E Mengi Kerzli werde gsteckt an Baum und Geschenk drum umme glegt.»

Alter Gepflogenheit entsprechend, gelangten an Weihnachten, Ostern und Pfingsten auch gewisse obrigkeitliche *Vergabungen* zur Austeilung. So wurden an diesen hohen kirchlichen Feiertagen den Siechen und der Siechenmagd zu St. Jakob je ein Pfund Fleisch, ein Pfund Brot und eine halbe Mass Wein dargeboten. Reichlicher bedacht wurden der Pfarrer und der Organist des bescheidenen Gotteshauses: Sie waren während der drei Festtage Gäste des hablichen Zollers an der Birs, der ihnen jeweils Suppe, Fleisch, Braten, Salat, Brot und Wein auftragen lassen musste.

Der Weihnachtsbaum

Berichtete 1552 Felix Platter aus Montpellier, wo er sich dem Medizinstudium widmete: «Am Wienacht Oben sach ich geferbte Kertzen, so allenthalben in den Gremper Laden hiengen und man die Nacht anzündet», so erwähnte 1597 Kaufherr Andreas Ryff einen grünen Baum, den die Schneidergesellen mit Äpfeln und Käse geschmückt hätten und ihren Meistern zum Neuen Jahr schenkten. Schon anno 1527 waren die Frauen von Bötzingen dem Bischof von Basel mit einem Baum voll Küchlein entgegengezogen. Weihnachtsbaum und Weihnachtskerzen aber blieben noch lange unbekannt. Mit frischen Zweigen hingegen schmückte man während Jahrhunderten die Wohnstuben, denn grüne Reiser verhiessen, so des Volkes Glaube, Glück und Freude. Schon 1555 ermahnte eine Verordnung aus dem elsässischen Schlettstadt: «Niemant soll Wynacht Mayen hauen, by daruff gesetzter Straf.»

Die früheste Kunde von dem uns so lieb gewordenen Weihnachtsbaum in unserer Gegend stammt aus dem Jahre 1605 und führt wieder ins Elsass: «Auff Weihenachten richtet man Dannenbäume zu Strassburg in den Stuben auf, daran henckel man Rosen, aus vielfarbigem Papier ge-

Federzeichnung von Rudolf Dürrwang, 1915.

schnitten, Äpfel, Oblaten, Zischgold, Zucker usw.» Der junge, auf skandinavische Ursprünge zurückgehende Brauch scheint aber nicht völlig unumstritten gewesen zu sein, eiferte doch vierzig Jahre später der dortige Münsterprediger, Johannes Conrad Dannhauer, in seiner «Katechismusmilch» gegen das vermeintliche Blendwerk: «Unter andern Lappalien, mit denen man die Weihnachtszeit oft mehr als mit Gottes Wort begeht, ist auch der Weihnachts- oder Tannenbaum, den man zu Hause aufrichtet, denselben mit Puppen und Zucker behängt und ihn hernach schüttelt und abblümen lässt. Es ist ein Kinderspiel, doch besser als andere Fantasey, ja Abgötterey, so man mit dem Christkindlein pflegt zu treiben. Wo diese (üble) Gewohnheit hergekommen ist, weiss ich nicht.»

Bis der Weihnachtsbaum schliesslich den Weg von Strassburg nach Basel gefunden hatte, dauerte es mehr als zwei Jahrhunderte! Nachdem anno 1803 Johann Peter Hebel die Stimmung unter dem «Wienechts-Chindli-Baum» charmant geschildert hatte, ist gewiss vor dem Jahre 1820 dem kleinen Pfarrersbube Immanuel Stockmeyer durch seine junge Stiefmutter der «sinnige und phantastisch ausgeschmückte Weihnachtsbaum mitten in der Nacht» angezündet worden. Aber noch waren «Christbäume» in Basel wenig bekannt, lässt uns J.J. Burckhardt-Stefani in seinen diese Zeit beleuchtenden Memoiren wissen. Und er fährt fort: «Dem Onkel hatte in Deutschland die schöne Sitte gefallen. Er liess eine schö-

Arme Weihnachtsbäumchen

Gewiss ist die Sitte schön, den Kindern am Weihnachtstage ein Freudenfest zu bereiten, aber Unsitte ist die Art und Weise, wie es in unserer aufgeklärten Zeit noch geschieht. Jede Mutter, die ihrem Liebling ein Weihnachtsbäumchen ziert, bereitet dem Kind der Natur sein Todtenkleid und ahnt nicht, welch ein Unrecht sie damit begeht. Muss denn gerade das junge hoffnungsvolle Bäumchen der Lust weniger Stunden zum Opfer fallen? Ist nicht die gemeinste Gewinnsucht dabei im Spiel? Wenn der Städter seinen Kindern die althergebrachte Weihnachtsfreude verschafffen will, so kann er füglich denken, er sei Mitschuldiger am Waldfrevel.

Schweizerischer Volksfreund, 1861

ne Tanne aus seinen Wäldern kommen. Mutter und Schwester halfen ihm dieselbe herausputzen. In der Frühe des Weihnachtsmorgens ward der Baum vor meinem Bette aufgestellt und angezündet. Der helle Lichterschein weckte mich, und halb erschreckt staunte ich die nie gesehene Pracht an.» Schon 1834 widmete Professor Karl Rudolf Hagenbach – der fünf Jahre später seinem in Frenkendorf in den Ferien weilenden Söhnchen schreibt: «Das Weihnachtskindlein kommt zum lieben Karl mit Grüssen aus der Stadt … mit allen Leckerlein dazu» – dem «Christbaum» eine reizvolle «Liebeserklärung»:

Ein schmuckes Bäumlein grünet heute
Im Kinderstübchen armer Leute
Wie in des reichen Mannes Haus.

Die Früchte sind für all' die gleichen,
Den Jungen, Alten, Armen, Reichen
Trägt dieses Bäumlein gleich viel aus.

Es wurzelt tief im Kindesglauben,
Und wolltet ihr ihm diesen rauben,
Verdorren müsste bald das Reis.

Der jungen Pflanze zarte Triebe,
Sie wirken durch die reine Liebe,
Die nur von Dank und Freude weiss.

Drum sind die allerkleinsten Gaben
Für die, so Lieb' und Glauben haben,
Am Weihnachtstag vertausendfacht.

Wo Kindesglaub' und Liebe fehlen,
Da mag kein Flitter es verhehlen:
Kahl sei der Baum und selbstgemacht!

Dem «einfachen Volk» blieb jedoch der «Christbaum» vorderhand noch fremd. Als 1844 während der Weihnachtsfeier des «Sonntagssaal für Knaben und Lehrlinge» im Zunfthaus zu Gartnern zum erstenmal ein geschmücktes Tannenbäumchen aufgestellt wurde, das man bis zum Anzünden mit Tüchern verhüllte, handelte es sich um ein so neuartiges Ereignis, dass die ganze Stadt zusammenlief und der Zunftsaal die Menge der Zuschauer nicht zu fassen vermochte. Zwei Franzosen, die Zeugen des erstaunlichen Geschehens waren, bemerkten kopfschüttelnd: «Ici, on joue la comédie!» Als einige Tage später die beiden den Weihnachtsbaum wirklich für eine Komödie holen lassen wollten, «war er schon weg». Fünf Jahre später konnte Pfarrer Adolf Sarasin, der die wohltätige Institution der Sonntagsschule mitbetreute, mit sichtlicher Freude im «Christlichen Volksboten aus Basel» schreiben: «Unter Abwechslung von Erzählungen und Gesang kam der Augenblick herbei, wo ein mächtiger Weihnachtsbaum mit hunderten hell strahlenden Wachslichtern geschmückt auf einmal vor den Augen sämmtlicher Knaben hinter dem fallenden Vorhang hervorleuchtete.» Wegen des zunehmenden Interesses musste die Weihnachtsfeier dann ins Stadtcasino verlegt werden. 1852 «verlangten die Knaben die Plünderung des Baums, was zu einem eigentlichen Tumult führte. Später hielt man das Fest wieder im Gartneren-Saal ab und behängte den Baum mit Leckerlipaketen».

Der lichterbesteckte Weihnachtsbaum ist schliesslich in kurzer Zeit zum Sinnbild froher kindlicher Weihnachtsfreuden aller Familien geworden: «Er zog auf den Heiligen Abend, oder an der Weihnacht selber, in die Visitenstube ein, behängt mit all dem Schmuck, den wir heute noch haben. Nur einfacher: Am Fuss liegt ‹'s Miesch mit de scheene rote Beeri›. Einfacher auch insofern,

«Die Mutter am Christ-Abend.» Aus «Allemannische Gedichte» von Johann Peter Hebel, 1806.

als die Geschenke für die Kinder am Baum hangen konnten samt der Rute mit dem goldenen Stiel und roten Lätschli dran. Für die Kleinsten genügte ein Bajass mit Schnur zum Aufziehen der Arme und Beine. Die Kinder singen ‹Ihr Kinderlein kommet› und sagen ihre Verslein auf» (Ernst Jenny, 1949).

Neben den bunten Wachskerzen – «Wemme mit de Liechtli schmirzelet, so hets kai Gattig» (Elisabeth Hetzel, 1885) – trugen die Lichterbäume schon früh weitere farbenfrohe *Zierden*. Zum traditionellen Schmuck gehörten rote Äpfelchen, goldene Nüsse, Lebkuchen, Kittenewürstli, Spielsachen, Seidenbändelchen, Wachsfigürchen, Papierlaternchen, Gold- und Silberhaar sowie Rauschgold. Um die Mitte des letzten Jahrhunderts wurden die Weihnachtsbäume

Grossmamas Weihnachtsbüchlein

*Grossmama war eine sehr kluge Frau, sie
lachte immer und war stets fröhlich. In ihrem
wachstuchgebundenen Weihnachtsbüchlein
fanden sich neben vielerlei Rezepten auch
«Zehn Ratschläge für die Weihnachtszeit»,
die heute noch genau so gültig sind wie vor
etlichen Jahrzehnten. Hier sind sie:*

*Denke stehts daran, dass die Hauptsache von
Weihnachten nicht das Essen und Trinken,
nicht das Gabenverteilen und Gabenerhalten
ist, sondern dass Gott etwas getan hat für
unsere Welt, dass er uns seinen Sohn geschickt
hat zu ihrer Versöhnung und für den Frieden.*

*Lasst uns nicht die Armen vergessen, die Alten
und die Einsamen. Auch nicht vergessen wollen wir die getreuen Helfer unseres Alltags,
den Briefträger, das Milchmädchen, den
Zeitungsverträger, den Gasmann usw.*

*Bewahre bei allen Vorbereitungen die Ruhe.
Hetze dich nicht ab. In jedem Jahre ist alles gut
geworden, warum soll es in diesem Jahre nicht
auch gut werden!*

*Lasse die Kinder eine rechte Vorweihnacht
erleben. Singe mit ihnen, werke mit ihnen, lese
ihnen Geschichten vor, denn das ist das
Schönste an der Weihnachtszeit. Vergesse auch
die Dienstboten nicht, auch sie sollen die stille
Zeit mit frohem Herzen geniessen können.*

*Grauer Alltag, düstere Gedanken, sorgenvolle
Gespräche haben in der Vorweihnachtszeit und
an den Festtagen keinen Platz. Verscheuche
sie, sobald sie auftauchen.*

*Verausgabe dich nicht allzu sehr. Alles soll gut
und reichlich da sein, aber wir wollen nichts
übertreiben. Sonst stehen wir am Heiligen
Abend vor vollen Tischen und leerem Beutel,
und der drückt dann mehr, als die vollen
Tische Freude bereiten.*

*Vergiss nicht, die Päckchen und Grüsse an all
die Lieben rechtzeitig abzusenden, und ver-
zeihe, wem du Unrecht getan hast.*

*Danke Gott in einer ruhigen Stunde für das
Glück, das er dir geschenkt. Auch wenn du
glaubst, es schwer zu haben, könnte es nicht
noch viel, viel schwerer sein? Danke auch
deinem guten Mann, dass er so treu für euch
alle sorgt, und zeige ihm, dass du ihn sehr lieb
hast.*   Basler Nachrichten, 1960

**Weihnachtsbäumchenverkauf auf dem Andreasplatz. Holzschnitt von
Johann August Hagmann. 1939.**

dann auch mit federleichten Farbkugeln
behängt, die im Thüringer Wald oder im
Elsass von Meisenthaler Glasbläsern als
Ersatz für mangelnde Weihnachtsäpfelchen
mit dem Mund geformt worden waren.

Den flackernden Lichterglanz des Weihnachtsbaumes, der bis zur letzten Jahrhundertwende ausschliesslich an der Steinen-
torstrasse verkauft werden durfte, «empfinden wir heute als gemütliches Dämmerlicht,
das bald von der elektrischen Beleuchtung
abgelöst werden musste, damit wir die Geschenke besser betrachten können. Die Augen unserer Vorfahren aber, gewöhnt an das
gedämpfte Licht der Öl- und Petrollaternen,
waren geblendet vom Schein der vielen
Weihnachtskerzen. Nie mehr im ganzen Jahr
war das Zimmer so hell wie an Weihnachten.
Was in der Erinnerung unserer Grosseltern
immer lebendig blieb, das war dieser einmalige Eindruck des Licht und Wärme aus-
strahlenden Weihnachtsbaumes, der zum
Symbol wurde der frohen Botschaft, die sich
an Weihnachten erfüllt hat. Ein Kind von
damals hat als Grossmutter den Enkeln erzählt, sie sei beim Gesang des Liedes ‹Das
ewige Licht geht da hinein› immer fest überzeugt gewesen, mit ‹da› sei die elterliche
Weihnachtsstube gemeint, die wirklich von
einem ‹neuen› Schein erfüllt wurde, so dass
man an den Glanz und die Helligkeit der
Weihnachtszeit während des Jahres immer
wieder mit Freude und Sehnsucht gedacht
habe». Als Zeichen dankerfüllter Freude verstanden wissen wollte 1949 auch die Markgräfler Gemeinde Todtnau das Geschenk
von 500 Weihnachtsbäumen aus ihrem
Waldbestand an unsere Bevölkerung «für
die erwiesene Grenzlandhilfe im vorigen
Jahr».

Seit Jahrhunderten wird die Weihnacht auch in Basel als eigentliches Familienfest gefeiert. Um 1910.

Federzeichnung von Rudolf Dürrwang, 1915.

Wiehnachtsgutzi und Spielsachen

Wie wir oben gesehen haben, reicht die Zubereitung von Süssigkeiten zur Weihnachtszeit ins «tiefe Mittelalter» zurück. Aber «erst als Basel um die Mitte des letzten Jahrhunderts seine Mauern sprengte und seine Tore niederriss, um sich dem Neuen zuwenden zu können», hat Helen Vischer 1966 dargelegt, kam das Bakken von «Wiehnachtsgutzi» so richtig in Schwung: «Mit den Weihnachtsvorbereitungen musste man damals, es ist kaum zu glauben, noch viel früher anfangen als heute, allerdings nicht in den Strassen und Geschäften, sondern in aller Stille in den Haushaltungen. Spätestens anfangs Herbst be-

stellten die Hausfrauen nach sorgfältiger Berechnung die Vorräte, die für das Winterhalbjahr nötig waren, wobei die gästereiche Weihnachtszeit besonders in Betracht gezogen wurde. Nicht nur Äpfel und Kartoffeln wurden eingelagert, auch Zucker, Mehl und Hülsenfrüchte ruhten in grossen Säcken neben grünem Kaffee, von dem jede Woche eine Portion frisch geröstet wurde. Die gewissenhaften Familienmütter liessen vor dem Winter ihren Bedarf an Schokolade im eigenen Haus herstellen, so war man sicher, dass nur das Beste dazu verwendet wurde. Grosse Sorgfalt wurde den Gewürzen zuteil, die in zu diesem Zweck besonders angefertigten gut schliessenden Büchsen verwahrt wurden. Wenn mit dem Backen für Weihnachten angefangen werden sollte, brauchte nur alles aus der Vorratskammer geholt zu werden, auch das gut gelagerte Kirschwasser und der

alte Honig. Und man musste früh anfangen, denn unglaubliche Mengen von Gebäck wurden hergestellt.

Zuerst kamen die *Leckerli* dran, weil sie das Warten am besten vertragen: sie werden mit der Zeit immer besser. Tagelang wurden Berge von Mandeln in feine Streifchen geschnitten, und dann kam der grosse Moment, wo der Honig erwärmt und in den grossen Kessel auf dem heissen Herd die Ingredienzien gemischt und zusammen gerührt wurden. Frauenarme konnten solche Arbeit nicht bewältigen, deshalb lieh man sich gegenseitig Gärtner und Knechte, oder man holte zwei handfeste Packträger vom Bahnhof. Sie kamen recht gern. Abwechselnd hielt einer mit beiden Händen den Kessel auf dem Herd fest, während der andere mit einem dicken Bengel in der zähen Masse rührte. Das dauerte lange und war anstrengend, darum mussten die Männer dazwischen gestärkt werden. Wenn am Abend die ausgestochenen Leckerli auf vielen Blechen zum Backen bereit standen, herrschte gehobene Stimmung im Haus, bei den einen wegen der genossenen Stärkung, bei den Kindern wegen der herrlichen Teigresten, die vertilgt werden durften, und bei den Verantwortlichen, weil ein schwieriges Werk gelungen war.

Erforderte die Herstellung der Leckerli besondere Kraft, so nahmen dafür die *Änisbrötli* die ganze Geschicklichkeit der Hausfrau und ihrer Trabanten in Anspruch. Damit die sorgsam gehüteten Model schön zur Geltung kamen, musste der Teig eine ganz bestimmte Festigkeit aufweisen; war er zu feucht, so geriet das Muster nicht, war er dagegen zu fest, so schmeckte das fertige Produkt weniger gut. Beides war zu vermeiden. Mit leichten, fast zärtlichen Händen wurde der Teig in die schönen Formen gedrückt, und es wurde gut überlegt, wer zu beglücken war. Alle Neuvermählten in der Verwandtschaft sollten das Abbild eines Hochzeitspaares bekommen, die Gartenliebhaber ein Blumenstück, die eifrigen Jäger einen Hund. Brunsli, Haselnussleckerli, Mailänderli (Gâteaux de Milan) und die verschiedenen Spezialitäten jeder Familie gerieten dann fast von selber. Alles wurde aufs Beste verwahrt und gehütet vor vier- und zweibeinigen Nagern!» Angefüllt war die weihnächtliche «Gufere-Kiste» (Kleingebäckdose), die metallene Vorratsschachtel, auch mit Zimmetsternen, Hagebuttenschäumlein und Quittenkonfekt.

Die Bescherung unter dem Weihnachtsbaum, die ursprünglich durch das sogenannte *Baumschütteln* erfolgte und dementsprechend nur aus Kleinigkeiten bestehen konnte, wurde von Spielsachen in allen möglichen Ausführungen, Farben und Grössen geprägt. Bevor sich aber die Kinder der Pracht habhaft machen durften, waren Gedichtlein oder Verslein aufzusagen, wie etwa Abel Burckhardts bekanntes «Ih will go 's Stäli bschaue» oder: «Wiehnachtskindli kumm in unser Huus, läär die goldig Däschli uus, stell dy Eseli hindere Mischt, dass es Heu und Haber frisst.» Da lagen nun neben einfachem, aus Karton und Holz gebasteltem Spielzeug auch prachtvolles Spielwerk und feinste Nippsachen ausgebreitet, die jedes Kinderherz in Verzükkung versetzten. Den Buben zugedacht wurden etwa Menagerien, Fuhrwerke, Chaisen, Eisenbahnen, Blechschiffe, Zinnsoldaten, Bauhölzlein, Ställe zum Aufbauen, Laubsägekasten, Schaukelpferdchen, Notizbüchlein, Einklebebücher, Briefmarkenalben und Federkasten. Die Mädchen dagegen wurden mit Schreipuppe, Dittiwage, Doggetekänsterli (Puppenstube), Nähschachtel, Poesiebüchlein, Wahrsage- und Rätselspiel, Bonbonnière, Strickmuster, Vergissmeinnicht, Sonnenschirmchen, Farbstiften oder mit einem kleinen Schmuckstück beschenkt. Die

Abel Burckhardt, 1845.

Zuwendung praktischer Geschenke für den Alltag, wie Kleider, Schuhe, silbernes Patenbesteck, Schiefertafel und Schulsack, wurden als «Sachen die man sowieso braucht» betrachtet und lösten keine grossen Begeisterungsstürme aus. «Solche Dinge überliess man gerne den Erwachsenen.»

Eine andere im Alten Basel übliche Art der Kinderbescherung ist durch Johanna Von der Mühll überliefert: «Aus Handwerkerkreisen und dem kleinen Bürgerstand wird uns verbürgt, dass um 1850 die Weihnachtsbescherung in der Frühe des 25. Dezembers, und zwar schon um fünf Uhr morgens, stattfand, dass die Kinder am Abend vorher ihre Schuhe vors Fenster stellten und sie am nächsten Morgen mit Geschenken gefüllt vorfanden. In vielen Basler Familien verfertigten die Kinder auch heute noch (1944) für die Eltern sorgfältig mit Bildern ausgemalte und in prächtiger Zierschrift hergestellte Glückwunschbogen, wie das schon früher Sitte war.»

Zum vorweihnächtlichen Ritual gehörte auch das Ausfüllen des Wunschzettels. Schon während der ersten Adventswochen, wenn an der Zimmerdecke der Adventskranz aufgehängt worden war – noch zu Beginn des letzten Jahrhunderts war es in der katholischen wie in der protestantischen Kirche üblich, die Tage vor Weihnachten als Tage der Trauer und der Busse zu begehen – und die ersten geöffneten Türchen des seit einigen Jahrzehnten bekannten Adventskalenders die Spannung verstärkten, wurden von gross und klein die vom Wiehnachtskindli erbetenen Gaben gut leserlich aufgeschrieben. «Zu schenken haben Grosseltern, Eltern, Gotten und Getti, nicht die gewöhnlichen Oheime und Tanten. Wenn sie es dennoch tun, so ist das eine freiwillige Leistung. Die Kinderhaben für die Grosseltern, die Eltern und die Paten Weihnachtsgeschenke zu machen.» Das gegenseitige Beschenken unter Kindern und Erwachsenen ist erst in neuerer Zeit in Mode gekommen.

Weihnachtsgeschenke

Weihnacht steht schon vor der Tür.
Höchste Zeit ist's, nachzudenken,
was man sich nun könnte schenken,
was Du mir und was ich Dir.

Manche, die erwarten viel.
Eine mir bekannte Dame,
Patty ist ihr schöner Name,
hofft auf ein Automobil.

Unsereiner ist nicht so.
Anspruchslos wird man im Alter.
Nein, auch ein Füllfederhalter
machte mich nicht besonders froh.

Ich möcht dies und jenes nicht.
Darum kommen wir ins reine:
Wünsche? Nein, ich habe keine,
da es mir an nichts gebricht.

Und auch Dir, mein liebes Kind,
fehlt der Sinn für reiche Beute?
Gott, was für bequeme Leute,
und die trotzdem glücklich sind.

Emil Beurmann, 1930

Linolschnitt von Maria La Roche, 1927.

Im matten Schein der Weihnachtskerzen widmet Basel seinen Toten auf dem Friedhof am Hörnli alljährlich ein ergreifendes Gedenken. 1967.

Dass Weihnachten im Alten Basel nicht nur den Freuden des Lebens gewidmet war, haben wir eingangs angedeutet. Zahlreich waren die kirchlichen Veranstaltungen, die zu innerer Sammlung aufriefen. Es gehörte zur Selbstverständlichkeit, ihnen beizuwohnen und zu versuchen, in die göttliche Bestimmung der Jesusnacht einzudringen. So tief, dass der echte weihnachtliche Gedanke weit und nachhaltig ausstrahlte. Wie wäre es sonst gekommen, dass eine treubesorgte Mutter ihrem Töchterchen in der Fremde ans Herz legte: «Feiere diesen herrlichen heutigen Tag und denke daran, so wie Deine Eltern Dich mit irdischen Gaben erfreuten, so hat Gott Dich beschenkt, indem er in die Welt gekommen ist.»

Obwohl dem modernen ethischen Verständnis andere Grenzen gesetzt sind und «das Geschäft mit der Weihnacht» in oft beängstigendem Ausmass dominiert, sind die innern Werte des Weihnachtsfestes nicht ganz verschwunden. Wenn wir an die Topf-

kollekte der Heilsarmee, an die Vereinsfeiern, an die Kundenweihnacht, an die Hilfswerke gemeinnütziger und kirchlicher Institutionen, an die Imbergässli-Waldweihnacht, an das Gedächtnis für die Verstorbenen auf dem Hörnli-Gottesacker denken, dann sind noch immer soziales Engagement und liebevolle Zuneigung über den Familien- und Freundeskreis hinaus gegenwärtig und lassen den Glauben an das Gute im Menschen nicht versiegen.

Die Hörnli-Weihnacht

Seit 1935 wird Christi Geburt auf besonders eindrückliche Weise auch Basels Toten gewidmet: auf dem Friedhof am Hörnli erstrahlt im Kerzenglanz der grosse Tannenbaum im Geviert der Abdankungshallen, «wie man ihn nicht schöner vorzustellen vermag», und versammelt eine unübersehbare Schar trauernder Hinterbliebener, die in stiller Einkehr ihrer lieben Verstorbenen gedenken: «Die vielen Lichter sind den einsamen Toten gewidmet. Aber auch den Lebenden sollen sie Trost und Freude bringen und helfen, schweres Leid zu überwinden.» Wie die volkskundliche Enquete von Hans Trümpy über «Weih-

nachtsgrün und Kerzen auf den Gräbern» ergeben hat, «beobachtete man an Weihnachten 1938 ganz besonders einen starken Verkehr nach dem Friedhof am Hörnli. Autobus um Autobus fuhr gesteckt voll bis in die Abendstunden, wo der grosse Tannenbaum im Lichterglanz erstrahlte und auch Fackeln an verschiedenen Stellen brannten sowie auf den Gräbern vereinzelte Kerzen und Weihnachtsbäumchen, ein wunderschönes Bild in der verschneiten Landschaft». 1945 fand erstmals «auf dem Hörnlifriedhof eine Weihnachtsfeier statt, an der ausser dem brennenden Weihnachtsbaum auch Musik durch die Basler Liedertafel dargeboten wurde». Seit 1949 bemüht sich die Blaukreuzmusik um eine würdevolle Weihnachtsfeier auf dem Basler Zentralfriedhof, welche mit geistlicher Musik und einfühlsamer Predigt die Herzen der «in die Zehntausende gehenden» Trauergemeinde spürbar bewegt. Und der gemeinsame Gesang des vertrauten Weihnachtsliedes «O du fröhliche» verbindet im Zeichen der Menschwerdung des Allmächtigen Vergangenheit und Gegenwart mit Trost und Hoffnung auf ein ewiges Leben.

Weihnachtserinnerungen

Eine 1936 von unbekannter Hand verfasste Schilderung lässt die Erinnerung an unvergessliche Weihnachtstage in vornehmen Basler Familien nochmals aufleben: «Alle Feste wurden bei Grossmama zu einem unvergesslichen Erlebnis für gross und klein; das Schönste war aber doch das Weihnachtsfest: das war der Glanzpunkt des ganzen Jahres. Den Wunschzettel durfte man zum voraus der Grossmutter unterbreiten, und sie wählte mit Liebe und Sorgfalt das, was am meisten erfreuen konnte. Für ihre zarte Gesundheit war das Besorgen der vielen Geschenke für die grosse Familie eine mühsame Sache. Ein- bis zweimal fuhr sie vor Weihnachten aber in die Stadt, um womöglich all die Herrlichkeiten in den Geschäften selbst auszusuchen. Dazumal war die Freiestrasse stiller als heute, nur ab und zu fuhr ein elegantes ‹Pferdecoupé› die Strasse hinauf und hinunter. Die Ladenbesitzer komplimentierten persönlich die vornehmen Kunden zum Wagen und schlossen selbst die Wagentüre. Oft durfte ich, als älteste Grosstochter, Grossmama auf diesen Weihnachtsfahrten begleiten; da fuhr man zuerst zu Albert, dem Bijoutier, dann zu Sauter, dem geschickten Goldschmied, oder zu Büchler, um für die Eltern einen schönen silbernen Gegenstand zu bestellen. Dann ins Quincailleriegeschäft Christoph Burckhardt, das damals als feinstes Geschäft für Luxuswaren galt. Dort gab es wirklich hübsche Ledersachen, oder aber Bronzegegenstände, die man damals wundervoll fand, die aber heute als altes Gerümpel ins Brockenhaus wandern oder in den Schränken verstaut bleiben. Die Hauptsache war aber der Besuch im grossen Spielwarengeschäft Lindenmeyer in der Sporengasse (heute Marktplatz), wo die herrlichsten Geschenke für die vielen Grosskinder gekauft wurden. Noch sehe ich Grossmama auf einem Stuhl inmitten des Ladens sitzen, mit einem Korb auf den Knien; die eifrigen Ladenjungfern brachten ihr all die kleinen Püppchen, Pferdchen, ‹Devisli› und Wägelchen zum Aussuchen, und Grossmama fand alles so reizend, dass sie erst mit Kaufen aufhörte, als der Korb bis zum Rand gefüllt war. Dann fuhr man wieder heim auf das weit vor der Stadt gelegene Gut vor dem Riehentor, das in seiner verträumten Winterpracht einen doppelten Reiz hatte. Täglich wurde nun gerüstet und der Grossmutter geholfen, bis endlich der 25. Dezember da war.

Um fünf Uhr wurde man erwartet, und Grossmamas Landauer und die eigenen Wagen mussten mehrmals fahren, bis die ganze Familie versammelt war. Feenhaft kam schon uns Kindern die Fahrt in der Dunkelheit über die Rheinbrücke vor, die brennenden Gaslaternen glänzten wie eine goldene Schnur der Brücke entlang. Dann ging es die einsame Landstrasse hinaus und endlich durch das schöne schmiedeiserne Tor vor die Steintreppe, wo die alte Anna mit einer grossen Messinglaterne stand, um allen aus dem Wagen zu helfen. Nachdem wir uns im grossen «Sommerhaus» aus den warmen Umhüllungen geschält hatten, wurden wir ins blaue Zimmer geführt, das seinen Namen von den entzückenden Watteau-Bildern, die speziell in Blau gehalten sind, erhalten

Holzschnitt von Johann August Hagmann, 1936.

hat. Dort empfing uns unser liebstes Grossmütterlein, festlich geschmückt im schwarzseidenen Kleid mit feinem Spitzenhäubchen. Auf dem Tisch stand in der kristallenen Karaffe der Hypokras, nach uraltem Familienrezept hergestellt, und daneben ein Körbchen mit Bierringen. Daran erlabte sich alles, in Erwartung des Glockenzeichens aus dem grossen Saal nebenan.

Endlich ertönte der ersehnte Klang, alles zog durch den Hausgang, durch die weitgeöffneten Flügeltüren hinein in das Zimmer, wo der schönste Weihnachtsbaum stand, besteckt mit Lichtern, behangen mit Glaskugeln und Eiszäpfchen, und mit dem Allerherrlichsten: mit all den vielen, vielen Sächelchen, die Grossmama Wochen hindurch gesammelt hatte:

Wiehnacht

D'Flogge mache Ringeldänzli
Luschtig vor em Fänschter uss
Und der Schnee duet Dächli baue,
D'Sunne het's in Kibel ghaue
Und der Winter isch im Schuss.

Und am Huus verby verspeetet
Trage d'Lyt no Päggli haim;
Flimmre dien die blaiche Gärte,
Im e Winggel duet me märte
Um die letschte Dannebaim.

Aendlig zieht der Store fire
D'Nacht und d'Strosse wärde still;
In der Stube-n-aber flamme
D'Kerzli uff und lys schafft d'Mamme,
Wie's der Wiehnachtsängel will.

's Liecht vom Himmel zieht in d'Hysli,
Lychtet in de Kinderbligg,
Luegt us alle, ohni z'wehle;
D'Glogge lyte-n-in de Seele,
Uff der Aerde waltet 's Gligg.

D'Flogge mache Ringeldänzli
Dur e dunggli Winternacht,
Giggele dur d'Umhäng yne,
Wo die glaine Kerzli schyne,
D'Fraid us alle-n-Auge lacht.

Theobald Baerwart, 1938

Buben-Festtage

*Zu den Buben-Festtagen gehörte unbestritten
das heilige Weihnachtsfest, und darum möchten wir erzählen, wie damals in einem Basler
Handwerkerhause Weihnachten gefeiert
wurde. «Weiter öppe-n-e Baum?» fragte zur
Adventszeit die Buttenmostfrau oder der
Holzbauer vom Himmelried, nachdem sie zu
einem «Kacheli Warms» eingeladen worden
waren. «Wir sind keine Herrenleute, aber das
macht den Kindern Freude, bringet uns einen,
aber einen bescheidenen. Doch wartet noch
einen Augenblick, ich will noch sehen, ob ich
noch etwas an Kleidern für euere Kinder habe.
Ja, da ist ein Kittel und ein Kittelmantel, hier
noch ein Paar Hosen und ein Cachenez
(grosses Halstuch).» «Dank euch Gott!
Ziehnd's denn wieder bi üs i, e paar Öpfel a
Baum söllet-er denn au no ha und e paar
Nüss zuem vergulde, bhüet-Euch Gott!»
Das waren die ersten Präliminarien des Weih-
nachtsfriedens. Dann kam um die Zeit der
Santiklaus, die herrliche Zeit des Gutzi-
machens, wobei die Kinder auch helfen durf-
ten, besonders im Ausstechen mit den Mödeli.
Was wurde geschenkt? Die Eltern legten ihre
Ehre darein, möglichst selbstverfertigte Sachen
als persönliche Andenken zu geben, denen
man die Elternliebe von weitem ansah.
Und nun das Fest selbst. Auf das Zeichen des
Glöckchens sammelten sich um den einfach
geschmückten Weihnachtsbaum (rote Äpfel
und vergoldete Nüsse bildeten den einzigen
Schmuck) die ehrwürdige Grossmamma,
Vater und Mutter, die Kinder, die Mägde, die
Lehrjungen, oft auch ein alter Arbeiter. Nach
Verlesen der Weihnachtsgeschichte sangen
wir Kinder ein Liedlein von Abel Burckhardt.
Nun wurden die Geschenke ausgeteilt, und
zwar zuerst an die Mägde und Lehrjungen.
Einfach und schlicht, natürlich, das war das
damalige Weihnachtsgepräge. Das moderne
Jagen und Rennen war noch nicht an der
Tagesordnung. Die selbstverfertigten Sachen
hielten die Familie noch mehr beisammen als
sonst. Die Zeiten ändern sich und mit ihnen
die Menschen. Auf alle Fälle aber war es
damals um und an Weihnacht gemütlicher
und heimeliger als in manchem Hause heutzu-
tage.*   Karl Stückelberger, 1937

Basels Innenstadt im Lichtermeer weihnachtlicher Feststimmung. 1982.

Spielsachen, Messerchen, Väschen, Näh-
etuis, Fingerhüte, Kalender: eine Unzahl der
reizendsten Dinge. Den Wänden entlang
standen Tische, auf denen in hohen silbernen Leuchtern Kerzen flackerten, deren
Schein den Festtischen ein besonderes fei-
erliches Gepräge gab. Darunter lagen die
vielerlei Geschenke, zierlich geordnet,
dazwischen in vielen Farben blühende
Primelstöcke aus dem Treibhaus, die man
mit nach Hause nehmen durfte.

Damals waren die Blumengeschäfte noch
nicht ‹en vogue›, und man schätzte im
Winter einen blühenden Blumenstock als ein
besonders schönes Geschenk. Zuerst grup-
pierte sich aber Gross und Klein um den

Flügel, und alle stimmten die alten
Weihnachtslieder an. Und nun trat ein Kind
nach dem andern zum Weihnachtsbaum,
unter dem Grossmama im Lehnstuhl sass
und mit ihrem lieben, gütigen Lächeln die
Kleinen ermunterte, wenn sie etwas mühsam die gelernten Verslein oder die Weihnachtsgeschichte aufsagen sollten.

Dann ging es aber an's Bescheren, und es
dauerte geraume Zeit, bis Grossmama, mit
den Kleinsten anfangend, alle vierundzwanzig Personen an die ihnen zugedachten
Geschenktische geführt hatte. Nun wurden
gegenseitig all' die schönen Sachen bewundert und dann kam das Lustigste: das Plündern des Baumes. Dazu hatte Grossmama

Kriegsweihnacht

*Es stimmt einen traurig, dass Krieg und
Weihnacht sich zu einem Wort verbunden
haben, und gar mancher Hausfrau ist es lange
nicht der grösste Kummer, dass sie nun für
diesmal braunes Mehl für ihre Weihnachts-
gutzi nehmen muss. Denn an dieser
Weihnacht werden viele Frauen ihren Mann
und viele Kinder ihren Vater, der an der
Grenze seine Pflicht erfüllt, nicht daheim
haben dürfen. Und doch werden sie alle dankbar sein dafür, dass unser Land bisher wenigstens vor dem Schlimmsten bewahrt worden ist,
und vielleicht bringt manchem die
Weihnachtszeit die Kraft zur Hoffnung auf eine
bessere Zukunft.*

H.G. Marti, 1939

**Soldatenweihnacht auf dem Münsterplatz.
General Henri Guisan Ende 1944 an
Regierungspräsident Fritz Brechbühl:
«Bei der auf dem festlich beflaggten
Münsterplatz unter Assistenz einer gewaltigen Zuschauermenge begangenen Weihnachtsfeier des verstärkten Inf. Reg. 5 hat
mich besonders gefreut, wie eng und un-
zertrennbar die Bande zwischen deutsch
und welsch geknüpft sind. Die Weihnachtsfeier in Ihrer schönen Stadt, Volk
und Armee eng verbunden, wird mir und
meinen Soldaten unvergesslich bleiben.»**

Jodlerweihnacht im Greifenbräu Horburg. 1892.

Seit mehr als einem halben Jahrhundert
erfreut sich das mittelalterliche Kurrende-
singen neuer Beliebtheit. Das Liedergut
war ursprünglich allerdings nicht auf die
frohe Botschaft von Bethlehem gestimmt,
sind es im vorreformatorischen Basel doch
Glückwunschreime und Bettellieder gewesen, die von oft boshaften jugendlichen
Sängern vor den Häusern hablicher
Bürger in der Absicht vorgetragen wurden,
reichlich mit Gaben bedacht zu werden.
Die Kurrendesänger der Evangelischen
Kirchgemeinden und der Waldenser
Gemeinde, die jeweils am frühen Morgen
des Weihnachtstages durch die dunkeln,
verschlafenen Strassen ziehen und die
kalte Winternacht mit altvertrauten
Gesängen in deutscher und italienischer
Sprache erwärmen, werden dem lateini-

schen Wort «currere» (laufen) gerecht und legen ihre Routen auch
in die Aussenquartiere. Nach rund zweistündigen Rundgängen, die
jeweils durch zahlreiche Stationen unterbrochen werden, wird den
Mitgliedern der Kurrendechöre in familiärem Kreis ein wärmen-
des Getränk angeboten oder aber in Form eines feinen Morgen-
essens in den Gemeindezentren der verdiente Dank abgestattet.

Wesentlicher aber ist für die Sängerinnen und Sänger jeglichen
Alters und Standes die innere Freude, welche das dargebrachte
Gotteslob auch in den Herzen der Mitmenschen hatte spürbar
werden lassen. Das Bild zeigt die «grosse Kurrende, die vom
Bruderholz hinunter auf den Jakobsberg zieht und seine Advents-
und Weihnachtslieder gehend und mehrstimmig vorträgt».

Seit den 1920er Jahren gehören Topfkollekte und geistliche Musik
der Heilsarmee zum vertrauten Stadtbild der Adventszeit. Der
Dienst am Mitmenschen auf der Grundlage der christlichen Lehre,
den die Salutisten im Jahre 1887 in Basel aufgenommen haben
und dem die Bevölkerung mit Anerkennung und Wohlwollen
begegnet, bildet ein bedeutsames Element im Sozialwerk unseres
Gemeinwesens.

Seit 1895 widmet der CVJM den Nichtsesshaften, Alleinstehenden
und Einsamen alljährlich eine stimmungsvolle Weihnachtsfeier, an
welcher die «Clochards und Kundi» warmherzig umsorgt und nach
einem grossen Festessen mit sinnvollen Geschenken bedacht werden. 1988 sind an der von einer breiten Öffentlichkeit durch
Spendenaufrufe getragenen sogenannten Kundenweihnacht erstmals auch «einige Frauen ausgemacht worden».

Weihnacht im trauten Familienkreis. Zweite Hälfte letztes Jahrhundert.

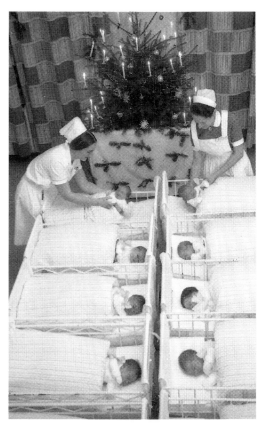

Buschiweihnacht im Frauenspital. 1965.

kleine Scheren bereitgelegt, und dann konnte jedes nach Herzenslust sich vom Baum «abwünschen», was ihm gefiel und an was ihm gelegen war. Sogar die jungen Herren beteiligten sich an dem Plündern; es war ein Jubeln und ein Lachen, dass dem guten Grossmütterlein sicher etwas ‹sturm› wurde, es ging aber immer im grössten Frieden zu, nie wäre in Grossmamas Gegenwart ein Disput ausgebrochen.

Um sieben Uhr meldete man, dass der Johann vorgefahren sei, um die Kleinsten heimzuführen: da gab es oft einige Tränen, bis man sich von allen Herrlichkeiten losgelöst hatte. Was irgendwie mitgenommen werden konnte, wurde in den Wagen gestopft, die übrigen Sachen wurden am nächsten Tage abgeholt. Die grösseren Kinder durften mit den Eltern zum Essen dableiben: Nachdem die Lichter gelöscht waren, zog man durch das blaue Zimmer ins grosse Esszimmer, wo die Festtafel gedeckt war. Immer war sie mit buntfarbigen Kamelien-

blüten geschmückt, die der Gärtner für diesen Tag im Treibhaus aufgespart hatte. Blumenarrangements, wie man sie einige Jahre später bei den Handelsgärtnern bestellen konnte, gab es damals noch nicht, und ich kann mich nicht erinnern, dass es auf dem Weihnachtstisch jemals andere Blumen als eben diese Kamelien in einer flachen Kristallschale gegeben hätte. Ausserdem standen auf der langen Tafel viele, viele Glasteller mit den besten Sachen, dem sogenannten kleinen Dessert, Hausgebackenes und Feineres: den Caramels von Kissling an der Freienstrasse und den «petits fours» von Emil Koch an der Rheinbrücke. Nach aufgehobener Tafel, spätestens um zehn Uhr, verabschiedeten wir uns und fuhren durch die kalte Winternacht in die Stadt zurück: erwärmt durch all die grosse Liebe, die wir empfangen hatten, erwärmt und beseligt durch das innige Gefühl der Liebe und Verehrung, das wir für die Grossmutter im Herzen trugen.»

Stephanstag

B is Ende letztes Jahrhundert kannte Basel den arbeitsfreien Stephanstag nicht. Als 1892 sowohl Weihnacht als auch Neujahr auf einen Sonntag fielen, «machte sich eine Bewegung geltend, diesen Tag als staatlichen Feiertag zu erklären». Trotz des Einverständnisses des Grossen Rats ist «der bürgerliche Feiertag dann aber nicht einheitlich als Festtag begangen worden. Viele Geschäfte hielten ihre Lokale offen, und das Leben in der Stadt trug ein halb sonn- halb werktägliches Gepräge». Anno 1900 fand dann der «zum erstenmale als bürgerlicher Feiertag benützte Stephanstag bei grünen Wiesen statt, die sogar vielfach des Blumenschmucks nicht entbehrten. Aber die bodenlose Durchweichung von Weg und Steg erschwerte nicht wenig den Genuss der Natur».

Winterfreuden

Wenn «der Schnee weithin die Landschaft in eine weiche Decke hüllt, da rüsteten sich die Basler Herren und Damen zur Schlittenfahrt. Kontor blieb an diesem Tage Kontor, denn auf dem Münsterplatz versammelten sich die fünfzig, hundert, ja einmal sogar zweihundert Schlitten zu einer Fahrt in die Nachbarschaft. In Pelze gehüllt, die Damen besonders aufgeputzt, jagte die Gesellschaft durch einige Strassen der Stadt und dann zum Tor hinaus. Sobald sie die Mauern hinter sich hatten, wichen die fast ernsthaften gesetzten Mienen der grössten Heiterkeit, und unter Spässen wurde die Fahrt vollendet!» (Emil Schaub, 1916).

Mehrspännige Pferdeschlitten

Bereits 1637 liessen es sich trotz Kriegselends zwölf junge Bürger nicht nehmen, in kostbarer Bekleidung, weissen Röcken und schwarzen Schweizerhosen, eine lustige Schlittenfahrt zu unternehmen. 1704 wurde eine solche ebenfalls von Jugendlichen veranstaltet, «die heutzutage keine Zucht und wenig Tugend kennen». 1708 ist eine besonders prächtige Schlittenfahrt abgehalten worden. «Auf einen Tag vor Fastnacht 1711 ist indessen ein grosser Schnee gefallen, dass man in der Stadt ohne Bahnen nicht fortkommen konnte. Er lag eines Mannes tief. Es schneyte fort und fort, und der Rhein trieb mächtig Grundeis, das sich coagulierte (flockte), als wären es lauter runde Schneeballen, die sich von der Tiefe gegen das Wasser hinaufzogen. Kein Mann hat jemals solches gesehen. Jeder Hausvater legte mit den seinigen Hand beim Schneeräumen an. Auf Kärren und Büttenen, Zübern und Körben wurde der Schnee in den Rhein oder den Birsig geführt:

Auftakt zur Schlittenfahrt. Aquarell von Johann David La Roche. Erste Hälfte 19. Jahrhundert.

In der Stadt war darob eine grosse Pracht und Üppigkeit. Man vergnügte sich während der Nacht mit Schlittenfahrten und köstlichen Gastereyen. Auch wurden Hurentänze angestellt, so dass Gott, der Herr, ein Erdbeben machte!» Während der Karwoche des folgenden Jahres, «da man in Traurigkeit sollte in die Kirche gehen, fuhr man überhaupt in den Hausschlitten in der ganzen Statt, obschon es verboten gewesen. Dennoch gingen Leichtfertige im Schwang wider das Verbot vor».

1718 zirkulierten mit grosser Pracht hundert Schlitten der vornehmsten Familien durch die Stadt, und acht Jahre später waren es sogar deren zweihundert: «Trugen die Weibspersonen Mannenhüth über ihre sogenannten Markgräffler Hauben, so sehr galant und martialisch ausgesehen.» Am 8. Februar 1723 vergnügte sich die Jugend während der ganzen Nacht mit ausgelassenem Schlittenfahren; alle Schlitten und Pferde der Stadt waren angespannt. «Auf den Zünften wurden Gastereyen und Bälle gehalten und ein grosses Geld verprasst. Es herrschte allenthalben Tumult und Üppigkeit. Die Armen aber blieben dabei in Vergessenheit!» Im Januar 1758 fiel ein so hoher Schnee, dass bis in den Februar eine Schlittenpartie nach der andern stattfinden konnte und fast täglich das fröhliche Schellengeklingel die stillen Strassen belebte. Keine «sittlichen Auswüchse» dagegen gab es am 16. Januar 1893 zu verzeichnen, als die Gesellschaft der Pferdebesitzer mit 23 Schlitten eine Ausfahrt nach Lörrach unternahm, was bei der dabei herrschenden sibirischen Kälte von minus 20 Grad weiter auch nicht verwunderlich war ...

Der Anfang Dezember 1902 «reichlich gefallene Schnee in Verbindung mit der ziemlich starken Kälte öffnete verhältnismässig frühzeitig dem Wintervergnügen die Bahn. Auf den Landstrassen hatte es eine flotte Schlittenbahn gegeben, die man nicht unbenutzt lässt. Es wurden denn auch in aller Eile aus den Wagenremisen die Schlitten hervorgeholt und in Stand gestellt, denn für den Montag Nachmittag war eine grosse Schlittenfahrt geplant. Um 2 Uhr sammelten sich die Teilnehmer auf dem Münsterplatz; mit weithin hörbarem Peitschenknall und Schellengerassel kamen die Teil-

nehmer ein-, zwei- und vierspännig angefahren. Rasch sammelte sich eine zahlreiche Zuschauermenge an, welche die prächtigen Schlitten und glitzernden Pferdegeschirre bewunderte. Alsbald wurde ein Zug formiert, der von einem in Jockeykostüm gekleideten Vorreiter eröffnet wurde, dem ein prächtiger Viererzug folgte, dann in den notwendigen Abständen weitere Zwei-, Vier- und Einspänner, im Ganzen waren es 13 Schlitten. Wer abergläubisch ist, glaubt sicher daran, dass die ominöse Zahl schuld daran ist, dass die erste Schlittenfahrt nicht ohne Unfall vorübergehen konnte. Bei der Einfahrt von der Rittergasse in den St. Albangraben geriet der eine Lauf eines Zweispännerschlittens in das Strassenbahngeleise, und durch den dabei erfolgten starken Ruck kam das eine etwas lebhafte Pferd zu Fall, riss mit dem Fall die Landen entzwei und erlitt so erhebliche Verletzungen, dass es alsbald ausgespannt werden musste; mit der Schlittenfahrt war es nichts mehr. Die übrigen Teilnehmer nahmen ihren Weg durch die Freiestrasse, Marktplatz, Blumenrain, St. Johannsvorstadt u.s.w. und wählten als Endziel das Gasthaus zum ‹Hirschen› in Lörrach. Bei der Fahrt durch die Stadt bildete ein zahlreiches Publikum Spalier. Auch von anderer Seite wurden grössere und kleinere Schlittenpartien unternommen und auf allen Landstrassen, die von Basel in die nächste Umgebung führen, sah man mit Schellengerassel und Peitschenknall dahinsausende Schlittengefährte».

Obwohl die Obrigkeit das Schlittenfahren wegen des «wüsten Geschreys und ärgerlichen Weesens und Ungebührens» (1774) wiederholt untersagte, schilderte anno 1777 Carl Gottlob Küttner aus Sachsen die hiesigen Ausfahrten mit Pferdeschlitten als durchaus angenehm und sittsam: «Das Schlittenfahren gehört hier, wie überall wo es Schnee giebt, unter die Winterbelustigungen. Allein ich höre und sehe, dass man hier weder viel noch lange Schnee hat. Von jenen zahlreichen und schimmernden Aufzügen, wo man vierzig, fünfzig und mehr Schlitten sieht, die mit Musik und einer Menge Vorreuter begleitet werden, weiss man zu Basel nichts. Die hiesigen Schlittenfahrten sind nicht so schön,

aber vielleicht angenehmer. Man hat auch kleine Rennschlitten. Aber man sieht deren nie viele beysammen. Manchmal sezt man den Kasten einer Chaise auf Schlittenkufen, wodurch man dem Winde nicht so sehr ausgesetzt ist. Die beste Art ist aber wohl folgende: Sechzehn, achtzehn, ja zwanzig Personen setzen sich auf einen einzigen grossen Schlitten, so dass allemal zwey und zwey einander den Rücken kehren. Man spannt sechs oder acht Pferde vor und fährt auf ein Dorf in der Nachbarschaft, wo man Thee trinkt, oder wie man es hier nennt, zu Abend isst. Manchmal bestellt man ein paar Violinen auf das Dorf und tanzt eine oder ein paar Stunden. Dies kommt gleichsam von ungefähr, hat nicht das Ansehen eines Balles und ist darum nur desto angenehmer. Man fährt wieder in die Stadt, steigt bisweilen auf einer Zunft ab, wo die ganze Gesellschaft zu Nacht speist, und auch wohl wieder tanzt. Überhaupt knüpft man hier gerne einen Ball an die Schlittenfahrten.»

Gesellschaftliches Ereignis

Eine ausführliche Beschreibung vergnüglicher Schlittenfahrten im Alten Basel ist uns durch A.B.-L. aus dem Jahre 1936 überliefert: «‹Clic-Clac-Gling-Ding-Ding›, mit Peitschenknallen und Schellengeläut fährt es die Freiestrasse hinunter; das ist die ‹Haute-Volée›, die eine Schlittenfahrt unternimmt. So ungefähr war es im damaligen ‹Basler Volksfreund› zu lesen. In der Tat, Schlittenfahrten waren immer ein grosses und ersehntes gesellschaftliches Ereignis. Kaum schneite es tüchtig, so wurde die ganze Jugend von einer fieberhaften Aufregung ergriffen. Die jungen Herren eilten zu ihren besonders bevorzugten Freundinnen, um sie zu der Fahrt einzuladen. Bei den Herrschaften, die Equipagen hielten, wurde in aller Eile der Schlitten hervorgezogen, der meistens die Familienfarben und oft das geschnitzte Wappentier am Aufsatz trug. Die Pelze wurden aus den Kampferkisten geholt, und der Kutscher in den Pelzkragen und die hohe Pelzmütze gesteckt. Die Pferde waren unruhig wegen der ungewohnten Schellengarnitur und der wehen-

Winter im Alten Basel: Vor dem Münster, 1886, ...

... auf dem Marktplatz, 1886, ...

... am Leonhardskirchplatz, 1910, ...

... am Spalengraben, um 1920.

den Federbüsche auf dem Kopfstück. Besass man keinen eigenen Schlitten, so wurde bei den Fuhrhaltereien eine sogenannte ‹Wurst› bestellt, d.h. ein grosser Schlitten für vier, sechs, gar zwölf Personen, mit vier Pferden bespannt und von einem oder zwei Postillonen geleitet. Den Privatschlitten ritt als Vorreiter meist ein als Husar, Araber oder Altfrank kostümierter junger Herr voraus, manchmal auch nur im roten Frack gekleidet. Seine Aufgabe war, möglichst laut mit einer Jagdpeitsche zu knallen, was grosse Übung voraussetzte, da sonst gar zu leicht sein Pferd etwas abbekam und in wilden Sätzen davonstürmte.

Kinderschlittenfahren

Tiefer Schnee bedeckt ringsum die Gegend. Jakob hat den Kinderschlitten in Stand gesetzt und zieht mich darin in die Schule. Bis an die Knie in einem Pelzsack steckend und darüber in Decken gehüllt, Pelzhandschuhe an den Händen und die Pelzmütze über die Ohren heruntergezogen, bin ich gut geborgen und voller Freude trotz der holprigen Fahrt. Auch andere Diener mit Schlitten halten vor dem Schulhause. Man trägt die dichtumhüllten Jungen in die warme Stube, wo jeder, noch aufgeregt von der Fahrt, seine kleinen Erlebnisse erzählt, bis wiederholtes Klopfen des Lehrers Ruhe herstellt und der Unterricht beginnt. Jetzt fehlt uns selbst die freie Bewegung im Hofraume, und rings um den mächtigen Kachelofen gescharrt, verzehren wir unsere Vorräthe, während dem Lehrer ein dampfender Napf gebracht wird, der stark nach gewürztem Weine duftet, und dessen Inhalt er behaglich herunterlöffelt. Um elf stehen wieder die Schlitten da. Jubelnd sitzen wir ein und fahren in Gemeinschaft mit andern uns nahe wohnenden Schülern nach Hause.

Johann Jakob Burckhardt-Stefani, um 1835

Nachdem die Herren ihre Damen abgeholt hatten, fuhr man auf den Münsterplatz, um in den Räumen der Lesegesellschaft zuerst einen wärmenden Mokka mit Likören zu geniessen, immer unter den wachsamen Augen eines älteren Ehepaares, das als ‹Chaperon› (Anstandspersonen) die ganze Veranstaltung mitmachte. Nun ging es in scharfem Trab die Freiestrasse hinunter über die alte Rheinbrücke, unter reger Anteilnahme des herbeigeeilten Publikums, das an dem farbenprächtigen Schauspiel seine helle Freude hatte. Das Ziel der Fahrt war Lörrach, wo im Gasthof zum Hirschen eingekehrt und die dampfenden Pferde in den gegen hundert Pferde fassenden Stallungen eingestellt wurden. Oben erquickten sich die mehr oder weniger durchfrorenen Teilnehmer an warmer Schokolade, Kaffee, Strübli und Gugelhopf, währenddem die Kutscher bei Wein und Grogg zechten. Nachher folgte ein

Holzschnitt von Johann August Hagmann, 1936.

Tänzchen, zu dem die schnell herbeigerufene Dorfmusik aufspielte, und gegen acht Uhr fuhr man bei Fackelschein nach Hause. Oft fand sich unter der schützenden Pelzdecke eine Hand zur anderen, und zu manchem späteren Ehebund wurde hier der erste Faden gesponnen. Der Glanzpunkt der ganzen Veranstaltung war es, wenn sich ein wohlgesinntes Elternpaar bereit erklärte, die ganze Gesellschaft zu einem improvisierten *Ball* einzuladen, wobei die Musik im Klavierspiel des stadtbekannten Herrn Honesta bestand. Erst in sehr vorgerückter Stunde vermochte sich die fröhliche Jugend zu trennen, und die ‹Schlittenfahrt› war wieder einmal vorüber, aber tagelang nachher wurde von nichts anderem als von diesem herrlichen Ereignis gesprochen.

Heute (1936) sind die Schlitten aus den Privatställen zugleich mit den Equipagen verschwunden, das Hupen der Autos hat das fröhliche Schellengeklingel verdrängt; der Reichtum und die Sorglosigkeit vergangener Zeiten mutet unsere Jugend wie ein Märchen an. Aus den schlanken Vorreitern sind ernste Geschäftsherren geworden, aus den pelzvermummten, lachenden jungen Mädchen strenge Matronen. Wenn aber die ersten grossen Flocken fallen, richten sie noch sehnsüchtige Blicke hinaus und sagen: ‹Heute wäre gute Bahn für eine Schlittenfahrt›.»

Auch die Riehener hatten ihre helle Freude an «den vornehmen Pferdeschlitten der Basler Herrschaften, die an verschneiten Wintertagen durchs Dorf tingelten: Oeppis schöns isch's amme gsi,

wenn d'Albemer vo Basel ihri grosse Schlittefahrte gmacht häi. I sag, das isch e Pracht gsi, wie me sich's nimme dänke cha! So zäh, zwanzg Herrschaftsschlitte, ein schöner als dr ander. An jedem wenigstens vier oder sächs schöni muetigi Ross und vor dra ein oder zwe Vorritter! Und die Gschäll an de Ross und am Schlitte, viel hundert Glöggli, wo glänzt häi wie Silber und Gold! Und die Fäll und Pelz, wo d'Lüt dry gwicklet gsi sy, ass sie ämmel jo nit selle friere. I sag, das isch e Rychtum gsi bi sonere Schlittefahrt! Und was es erscht no d'Steine oder z'Schopfe hinte kostet het! Mr wääi lieber schwyge drvo, aber fast so viel ass am Chilbisunntig z'Bettike-n obe. He jo, me wäis jo, was all's cha go.»

Wie Johanna Von der Mühll 1944 mitteilte, hat sich die Tradition der Basler Schlittenfahrten, «das einzige gesellschaftliche Ereignis, das aus dem Stegreif ins Leben gerufen wurde», bis zum Ausbruch des Ersten Weltkriegs erhalten.

Dielen und Handschlitten

Schneereiche Wintertage bescherten nicht nur den Begüterten manche Lustbarkeit, sondern erfreuten namentlich auch die Jugend, die «von sich aus sich ihre Belustigungen zu verschaffen wusste. War ein Schnee gefallen, so sah man die Knaben neben den Alten in der Stadt die Berge auf Schlitten, Dielen, Leitern und andern Dingen hinunter fahren und gleiten, des Nachts sogar mit lodernden Fackeln. Aber schon 1506 liess der Rath zum grossen Verdruss der lieben Jugend durch einen Ruf überall in der Stadt das Schlittenfahren verbieten, hatte aber doch noch so viel Barmherzigkeit, dass er am Kohlenberg den Knaben gestattete, mit ihren kleinen Schlitten zu kurzweilen». Man «schlittelte auch den Rheinsprung hinunter. Dass diese Bahn nicht ganz ungefährlich war, musste bekanntlich auch der junge Hans Franz Hagenbach, der spätere Landvogt aus Farnsburg erfahren: er fuhr als wilder Junge den jähen Berg hinunter, quer über die Eisengasse und brach an der Huberschen Apotheke beide Beine, also dass er zeitlebens ein Krüppel blieb».

Schlittefahrt.

Si händ 's schier nit erwarte könne,
Und endli het 's denn vieri gschlage.
Lueg, wie die Buebe-n-ufe renne
Und heim uf alle Wege jage,
Und b' Schlitte-n-uf em Estrig hole
Und busse sich mit Schnee verbole!
Kalt isch 's, me möcht zue Is vergoh,
Doch b' Buebe froge nyt derno.

Lueg, wie si bört der Berg ab schnurre,
Los, wie si bur enander schreie,
Los, wie die Gleis am Schlitte surre
Lueg, wie die zwei an b' Mure teie!
Hesch gmeint, si schreie? O biwahri!
„Das dunkt mi lustig, dorum fahr i"
Sait ein dervo und wischt der Schnee
Us Gsicht und Hoor „'s thuet nimme weh."

Der ander hinkt, und möcht gern grine,
Doch schämmt er si und bißt in b' Lippe,
Er wott nit gern e Maidli schine,

Jacob Maehly, 1856.

Ebenso gerne wie die Kinder huldigten auch die Erwachsenen diesem Wintervergnügen. So erfahren wir aus dem Jahre 1636: «Bei allem Druck und Drang der Zeit (Dreissigjähriger Krieg) war man den Jahreszeitvergnügen doch nicht ganz abgestorben, indem die jungen Burschen alle in schwarzer Tracht in den Hausschlitten die weisse Schneebahn befuhren und sich dergestalt eine schwarze Winterfreude bereiteten.» Neben dem Kohlenberg, dem bereits erwähnten Rheinsprung, dem Klosterberg und dem Hohen Wall beim heutigen Bernoullianum, den sogenannten «bösen Schlittelbahnen», standen der Jugend auch eigentliche Schlittelbahnen zur Verfügung, die von der GGG betrieben wurden; so am Margarethenhügel, am Thiersteinerrain, am Hasenrain und am Bruderholz. «Wer keinen veritablen harthölzernen Handschlitten besass, rutschte mit Mulden und Büttenen über den glatten Schnee. Von leichten Davoserschlitten wusste man noch nichts». Immer aber war bis gegen Ende des letzten Jahrhunderts der Basler *Schlittenruf* «Schällehoup» («Obacht») zu hören.

Schlittschuhlaufen

Bei reichlichem Schneefall «spielten auch die *Schneeballenkriege* auf dem Münsterplatz zwischen den Gymnasiasten und den Sekundarschülern eine wichtige Rolle, bis ein schlimmer Unfall diesem Treiben ein zeitweiliges Ende bereitete: Der Sohn des damaligen Pfarrers Bernus de Pressensé bekam statt eines Schneeballs einen kantigen Eisklumpen ins Auge, so dass er dieses Auge verlieren musste und lange Zeit schwer krank war».

Zu den Vergnügen, die extrem kalte Winter eröffneten, gehörte auch das *Eislaufen*. So bot 1658 der bei ungewöhnlicher Kälte spiegelglatt zugefrorene Rhein der Bevölkerung ideale Voraussetzungen zum Schlittschuhlaufen. Als sich aber zu viele Jugendliche auf dem Eis tummelten, brach die Decke ein und bereitete 15 Knaben ein eiskaltes Grab! Eine Darstellung, die anschaulich das Treiben der Eisläufer auf den eisbedeckten Flächen des Rheins festhält, verdanken wir dem schreibgewandten Stadtboten Johann Heinrich Bieler: «Im Januar 1755 war der Rhein bis an das zweite höltzerne Joch überfroren. Inwährend dieser Zeit haben sich vornehme Leuthe, da auch viel Schnee gelegen, vielmal mit Schlittenfahren, viele junge Knaben und Erwachsene, theils hiesige und frembde junge Herren mit Schleifschuen auf dem Eis unter dem Cäppeli und letsten steinernen Joch mit Schleifen zimlich belustiget. Insonderheit einer bey Herr Fritschy in Contition stehender Barbiergesell und ein hiesiger in französischen Diensten stehender Burger, H. Leutnant Würtz. Selbige waren im Schleifen ziemlich exercirt und hatten vor vielen 100 Zuschauern ab der Rheinbruck viele sehenswürdige Kunststuck auf dem Eis durch die Joch hindurch bis an den Schindgraben rühmlich und glicklich abgelegdt.»

Schon im Jahre 1514 hatte der Winter einen überaus rauhen Einzug gehalten und die Bevölkerung «zu Freudenfesten» auf den gänzlich zugefrorenen Rhein gelockt: «Am 11ten Tag des Jenners überfror der Ryn zu Basel wyt die Pfalz hinuff und underhalb der Bruck wyt für Uettlingen Badstu-

ben hinab. Es luffen die Lüt über und herwyder auff dem blossen Ryn von einer Statt zu der andern. Am Donnerstag zugen die (Leute) in der Kleinen Statt und ouch Ettlich uss der grossen mit Drummen und Pfiffen über den Ryn, ob der Bruck und under der Bruck, hatten ein Tisch, assen und trunken, spilten im Brett. Und am Fritag (Hilariantag) gieng so vil Volks hinüber, jung und alt, Frawen und Kinder, das nit darvon zu sagen was. Sy giengent drymalen ümb das Cappelin, darfür das ynen die Zen nit mer wee solten thun. Und am vierden Joch bym Capellin gegen der Grossen Statt hatten sy ein Kegelriss, kegelten umb Gelt. Und ward des Gonds so vil und gemein mit den Lütten, das hinnach ouch Ettliche anfiengen und wolten hinüber rytten uff den Rossen. Und reyt Einer hinüber. So er mitten uff den Ryn kam, do fiel er mit dem Hengst yn, und wer man im nit z'Hilf kommen, so musst er und das Ross verdorben sin. Also uff Samstag nach dem 20ten Tag verbot man by eym Pfund (Strafe), das Niemant mer hinüber solte gan.»

Im Dezember 1572 wagten sich etliche Bürger auf den zugefrorenen Rhein, um den «Obenzech» unter freiem Himmel einzunehmen. Weil sie aber mit der Nase mehr als mit den Mücken zu tun hatten, verlegten sie ihren Abendtrunk bald hinter einen glühenden Ofen! Am 31. Januar 1585 wurde zum Gedächtnis an die aussergewöhnlich geringe Wasserhöhe des Rheins auf der «Eselgriene» (Rheininsel) ein *Freudenschiessen* mit Feuerrohren durchgeführt. Der Januar 1600 bereitete dem Vogel Gryff eine Winterfreude besonderer Art. Der Rhein trieb 17 Tage lang Grundeis und fror dann bis zum vierten hölzernen Joch zu. Anlässlich ihres Umzuges hielten die Gesellschaftsbrüder zum Greifen beim dritten steinernen Joch ihren Abendschmaus ab. Nach genossenen Tafelfreuden zog die muntere Gesellschaft unter Führung von Fähnrich Franz Lemblin ein Stück rheinabwärts, um dann via Schindgraben und Bläsitor dem Rebhaus zuzustreben. So vermochten die «unberechenbaren Launen Vater Rheins», welche so oft schweres Leid über die Stadt brachten, mitunter auch freudvolle Züge anzunehmen und den breiten Strom zum grossen Vergnügen der Bevölkerung in einen Tummelplatz für jung und alt zu verwandeln.

Silvester

Der Silvestertag im Alten Basel war zunächst dem Aufräumen gewidmet. Alle Geschäfte und Verpflichtungen, welchen bis spätestens Jahresende entsprochen werden musste, hatten ihre Erledigung zu finden. Dazu gehörte namentlich die Begleichung noch ausstehender Rechnungen. Dem Hausarzt wurden die Visiten und dem Pfarrer das Pfarrgeld in Gold abgegolten, den Krämern und Handwerkern die Waren und Arbeitsleistungen in Bargeld. Die Sandmännchen schleppten Fegsand herbei, die Mägde Wasser, denn die Häuser wollten zum Neuen Jahr säuberlich herausgeputzt sein. Und im Waisenhaus wurden die «Dinnekinder» (im Gegensatz zu den «Dussekinder» in den Familien) kräftig geschrubbt: «Am Silvester sind mer als gwenlig duscht und badet worde, und was fir e Duschi isch das gsi! E gwehnlige Wasserkessel mit Lecher im Bode und e isige Deckel mit ere Schnuer dra. Dr Kessel isch mit Wasser gfillt gsi und an d'Bihni ufezoge worde. Dr Meister Zeller isch uf e Leiterli gstande und het an der Schnuer zoge. Das isch unseri Duschi gsi. Nochher het me sich im e helzige Badkaste d'Bosget vom alte Johr grindlig abgschwänkt» (1914). Dazu musste wer zuletzt beim Morgenbrot erschien, den ganzen Tag den Spottnamen ‹Silvester, Silvester› ertragen.»

Gottesdienste und Glücksspiele

Der Altjahrabend wurde mit dem Besuch eines Gottesdienstes eingeleitet, denn es «ist Vielen ein Bedürfnis, in den letzten Stunden des scheidenden Jahres mit Dank und Bitte vor den Herrn aller Dinge zu treten». Nach der besinnlichen Andacht, in der man sich auch persönliche Rechenschaft über das zu Ende

«Sylvesterleben auf dem Münsterplatz nachts 12 Uhr.» 1904.

gehende Jahr ablegte, gingen die einen «zwischen Licht», das heisst zu einem unverhofften, unkonventionellen Besuch bei Verwandten oder guten Freunden. Andere zogen ein festliches Nachtessen im Familienkreis vor. Dabei kam auch die Unterhaltung nicht zu kurz. «Besonders beliebt waren die Pfänderspiele, denn das Auslosen der Pfänder war stets eine bedeutsame Sache, wenn es galt, einen Vers zu schmieden oder ein Lied zu singen. Aber auch geheime Sympathien gelangten durch das Pfandauslösen zum Ausdruck, wenn die süsse Pflicht etwa gebot, einem Mitspielenden einen Kuss zu geben. Dann wurde auch ‹Heiss und Kalt› gespielt, wobei ein Gegenstand versteckt wurde und gesucht werden musste. Schreib- und Zeichenspiele wurden zugezogen, und oftmals reichte es gar zu einem lustigen Sesselitanz.

Mit ganz besonderem Eifer aber wandte man sich den heute (1954) leider ausser Kurs geratenen *Scharaden* zu, deren Vorgang darin bestand, dass ein Wort vorerst in seinen Silben und dann als Ganzes von einem Teil der Anwesenden in kurzen improvisierten Sketches dargestellt wurde und von den Zuschauern erraten werden musste.

Wenn die mitternächtliche Stunde aber nahte, so nahm die Besinnlichkeit zu. Man setzte sich um das Christbäumlein, sang gemeinsam nochmals die alten Weihnachtslieder, und vielleicht wurde auch eine schöne Geschichte vorgetragen. Nun kam auch der Moment, sich der Silvester-Beschäftigung zu widmen, die sich ganz besonderer Beliebtheit erfreute, nämlich dem *Bleigiessen*. Über einer Kerzenflamme wurde im Löffel das Blei geschmolzen und in bereit gehaltenes Wasser geschüttet. Je nach der Form, den der Bleiklumpen annahm, durfte man die Prognose für das kommende Jahr stellen. Begreiflicherweise waren ein Herz, Geldstücke oder eine Reisetasche Gegenstände, die man besonders gern aus den gegossenen Formen herauszulesen suchte.» Als Orakelspiel beliebt war auch das *Schiffchenschwimmen*, bei welchem in hohle Nussschalen Wachslichtlein gesetzt wurden. Jedes der in einer Schüssel schwimmenden Lichtlein

Silvester

Mit Sturm und grossem Tosen
Das alte Jahr zu Ende geht,
Und alle seine Rosen
Sind Blatt um Blatt verweht.

Und alle seine Sonnen
Sind aus dem Leben ausgemerzt,
Wie Träume still zerronnen
Und wie das Glück verscherzt.

Nur eine Rose blühet
Vom Sturm des Lebens unerfasst,
Nur eine Sonne glühet,
Die nimmermehr verblasst:

Das ist die ewige Liebe,
Die unverbrüchlich Treue hält.
Ob auch die Welt zerstiebe:
Sie übertrotzt die Welt.

Albert Wolfer, 1935

Sylvester

Was ist das dusse für e Grus!
's alt Johr goht gar nit ordlig us.
As wenn se si wott räche.
Für was? Was hem-mer em denn do?
Und hätt's nit könne früehjer ko
Mit Schnee und Frost? Der Himmel jo
Möcht schier gar zämmebreche. (...)

's ruckt gege zwölfi – uffe goht
Der Vatter. Er blibt nit gern spot,
Hört's nit gern zwölfi lyte,
Denn er isch über d'Mitti scho
Vo sine Johre-n-use ko
Und 's het en auch scho überno
Bim Johresschluss – O Zite! (...)

E Mengi Kerzli werde gsteckt
An Baum, und Gschenk drum umme glegt:
E Helgebuech mit Abel
Und Kain und sunst no Helde viel,
Dernebe-n-e Belagerungsspiel,
Und – jedem Bueb si Zweck und Ziel –
E Gwalts-Lebkuechesabel! (...)

Jacob Maehly, 1856

wurde mit dem Namen einer bestimmten Person bezeichnet. Erlosch das Lichtlein vorzeitig, so bedeutete dies, dass die fragliche Person sterben würde. Verbanden sich die Nussschalen zweier lediger Personen, dann war Verlobung und Hochzeit in Sicht.

Den abschliessenden Verlauf des Silvesterabends im Alten Basel wollen wir uns von Ruth Waldstetter (1944) vortragen lassen: «Ehe der Halbzwölfuhrschlag uns in die stille Nacht hinauslocken würde, dem Klang der Papstglocke zu lauschen, gab Mutter einen Wink, die Flasche mit dem Würzwein aufzustellen. Die Gläser funkelten auf, Teller wurden verteilt und das Weihnachtsgebäck war bereitgelegt, das die Mutter aus grossen, kofferähnlichen, blechernen Henkelkisten genommen hatte. Der *Hypokras*, der Basler Neujahrswein nach altem Familienrezept, ward bedächtig und sparsam eingeschenkt, wie etwas Köstliches, Einmaliges. Man sprach ein Wort über seine diesjährige Qualität, dann stiessen wir an in feierlich gedämpfter Stimmung. Denn die Uhr rückte auf die ernste Stunde zu. Und wir hatten jetzt ein frommes Beginnen vor: Das schwarze Buch kam auf den Tisch, die altväterische Schachtel dazu, und Bleistift und Papier. In der Schachtel lagen viele winzige Pergamentröllchen, aussen grün und innen weiss. Entrollte man sie, so war darin ein Datum zu lesen. In dem schwarzen Buche suchten wir den gleichen Jahrestag auf. Dort stand ein Bibelspruch und ein Gesangbuchvers für jeden Tag des neuen Jahres. Es war das Losungsbuch der Brüdergemeinde. Jedem von uns zogen wir einen Spruch als Wegleitung. Für die nächsten Anverwandten, für unsere Paten und Patinnen zogen wir ebenfalls, sofern sie es schätzten. Namen und Spruchbezeichnungen schrieben wir in eine Liste ein, um sie den Bedachten zu schicken. Wir widmeten uns dieser frommen Mottosuche nicht mit weniger Eifer als unserm Bleiorakel: sie war uns noch lieber, weil wir an den Sinnspruch glauben durften.

Wenn die Uhr auf halb zwölf ging, holten wir Mäntel und Tücher. Und nun ging's hinaus in den nächtlichen Garten oder auf die Terrasse, und der Schall der tiefen Papstglocke klang

Seit Jahren ist es Sitte und Tradition, auf dem Münsterplatz in mitternächtlicher Silvesterstimmung bei Kerzenlicht, Posaunenklang und Glockenjubel das alte Jahr zu beschliessen und das neue zu erwarten. 1991.

uns ins Ohr. Den Bläserchoral vom Münsterturm herab mussten wir schweigend mehr ertragen als erhorchen. Und dann kam in eine plötzliche kurze Stille hinein der Zwölfuhrschlag. Darauf das Brausen des ganzen Glockenmeeres. Wir gingen ins Haus, gaben uns den Neujahrskuss, eines setzte sich ans Klavier, und wir begrüssten das junge Jahr mit einem Lied. Nie durften wir Kinder und jungen Leute einer Silvesterfeier ausser dem Haus beiwohnen. Das gefiel uns nicht immer. In der Erinnerung aber ist mir die häusliche Feier in ihrer lückenlosen gleichmässigen Reihe unverlöschlich eingeprägt als ein schlichtes, aber echtes Stück altväterischen Heimglücks.» In «guten Häusern» wurde noch zu Beginn unseres Jahrhunderts Wert darauf gelegt, dass auch junge Ehepaare den Silvesterabend im Kreis der eigenen Familie zubrachten und sich nicht «an Vereinsanlässen verlustigten».

Papstglocke und Posaunenklang

Die Verabschiedung des alten Jahres und die Begrüssung des neuen Jahres mit dem Klang von Papstglocke und Posaunen können wir im Moment nur bis ins letzte Jahrhundert zurückverfolgen. Sowohl das Glockengeläute wie das Turmblasen entsprechen indessen wesentlich älterer Tradition. Die anno 1442 von Papst Felix V. während des Konzils gestiftete 70 Zentner schwere sogenannte Papstglocke musste schon 1493 wegen «eines Risses» durch die 105 Zentner schwere «Osianna» ersetzt werden. Und auch sie konnte auf die Dauer ihren Dienst nicht versehen. So war die grösste der Münsterglocken, mit 6590 Kilo im Gewicht und in Fis gestimmt, 1872 wiederum zu erneuern.

«Turmmusik» bekamen die Basler schon anno 1385 (bis 1880) zu hören. Es waren allerdings nicht feinabgestimmte Weisen, die von den Höhen des Münsters, der St. Martinskirche und der Kleinbasler St. Niklauskapelle herab die Bevölkerung erfreuen sollten, sondern die Hornsignale der Turmwächter, welche sowohl den Stundenschlag als auch Not und Gefahr anzeigten. Das 1622 in den Basler Kirchen zur Unterstützung des Gemeindegesangs eingeführte Zinken- und Posaunenblasen ist 1799 wieder abgeschafft worden. Den Spuren des «vom Turme Blasens» folgte 1882 der «Posaunenchor» und setzte sich «mit dem heiligen Instrument, welches das Jüngste Gericht, die Auferweckung der Toten und die Wiederkunft Christi verkünden wird», die Pflege christlicher Musik zum Ziele. Nach intensivem Proben im Haus «zum Fälkli» am untern Stapfelberg unter der Anleitung des Chrischonazöglings G. Reith konnten die «Stadtposaunisten» bereits im folgenden Jahr mit beachtlichem Erfolg zum Neuen Jahr auf St. Chrischonaund an Ostern auf dem Kannenfeldgottesacker aufspielen. Einige Posaunisten wagten sich 1883 auch auf die Münstertürme: «Mit Andacht lauschen um Mitternacht die zu Tausenden in den Strassen sich sammelnden Zuhörer dem Konzert der Glocken und dem auf dem Münster geblase-

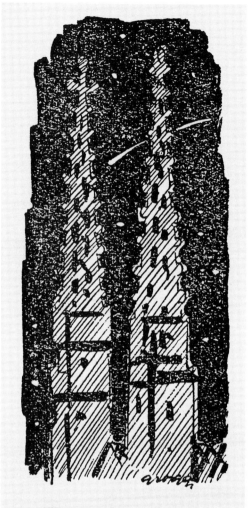

Wenn si uff-em Minschter bloose,
Gehn e Huuffe Lyt go loose,
Und em Zwelfi deent's im Chor,
Wie uus aim Härz: Broscht Neyjohr!

Au die alte Minschterdirm,
Underem grosse Himmelsschirm,
Juuble 's Ney mit Glogge-n-y,
Hindedure ruuscht dr Rhy.

Gluggst und gutschlet mit de Wälle,
Und e klaine Stärn, e hälle,
Zieht e Strichli und goht uus.
«Adie», maint e glunge Huus.

Furt, verby, verlescht und kalt.
Grad eso, wie jez do's Alt.
Grad eso, wie — nai äxgysy.
Mir wänn nonig do drby sy!

Nonig — däte mir gärn wähle.
Aber do — hesch nyt z'bifähle.
Dorum winschy Gligg und Säge.
Alle-n-uff dr näggschte Stäge!

Basler Woche, 1952.

nen Choral ‹Befiehl du deine Wege›.» Später wurde jeweils der Choral «Grosser Gott, wir loben Dich» angestimmt.

Gegen die Jahrhundertwende hatte sich «die Silvesternacht auf dem Münsterplatz» in weiten Bevölkerungskreisen fest eingebürgert: «Vom Münsterturm ertönten die feierlichen Choräle und auf dem Münsterplatz mögen wohl 4000 Personen versammelt gewesen sein. Die Menge verhielt sich ziemlich ruhig. Erst mit dem Zwölfuhrglockenschlag wurde es lebendiger, da gab es ein Gratulieren und Händeschütteln zwischen Bekannten und Unbekannten. Durch das feierliche Geläute vom Münsterturm wurde dem neuen Jahre und damit einem neuen Jahrhundert der Will-

«Festliches Silvesterblasen.»
Holzschnitt von Johannn August Hagmann, 1939.

Nach dem Zwölfuhrschlag der Papstglocke erfüllen Jubel und
Freude den Münsterplatz, und das Neue Jahr wird mit tausend
Glückwünschen nach allen Seiten hin kräftig begossen.

komm entboten. Grössere und kleinere Trupps mit brennenden Lampions bahnten sich den Weg durch die Menge. Besondere Aufmerksamkeit entwickelte eine aus vier Mann bestehende Gruppe, die auf eigens angefertigten Mützen in Transparentbeleuchtung die Jahreszahl 1901 trug. Mit dem Abbrennen von Feuerwerkskörpern war man dieses Jahr viel sparsamer als sonst. Nur spärlich stiegen die Raketen und schwirrten die Schwärmer und Frösche. Schon wollte sich die auf dem Münsterplatz angesammelte Menge wieder zerstreuen, als eine Musikgesellschaft auf dem Platze erschien und auf der Pfalz ihre fröhlichen Weisen ertönen liess. Gegenüber der Pfalz auf Kleinbasler Seite wurde hart am Ufer Freudenfeuer abgebrannt. Um 1 Uhr war niemand mehr auf dem Münsterplatz zu sehen. Am Morgen des 2. Januar glänzte der erste Schnee auf den Dächern» (Basler Nachrichten, 1901).

Nachdem vorübergehend Bläser der Basler Orchestergesellschaft um das «Silvesterblasen» auf dem Martinsturm des Münsters besorgt waren, betrauten die Behörden 1952 den Stadtposaunenchor «mit der Durchführung der Silvester-Turmmusik». Damit die «immer zahlreicher erscheinende Gemeinde mitsingen kann», werden jeweils die Choräle «Lobe den Herren, den mächtigen König der Ehren» und «Nun danket alle Gott» intoniert. Ebenfalls in den frühen 1950er Jahren öffnete Pfarrer Eduard Thurneysen den «Menschenscharen, die sich in der Silvesternacht auf den Münsterplatz begeben und sich punkt Mitternacht einen Neujahrskuss mit guten Wünschen geben», die Pforten des (bald völlig überfüllten) Münsters zu einer besinnlichen Andacht. Und diese hat sich seither «zu einem der bestbesuchten Kurzgottesdienste des Jahres» entfaltet. Eine weitere Verschönerung der Silvesternacht auf Burg nahm 1975 ihren Anfang, als «einige tausend Basler erstmals auf dem mit 1200 Kerzen beleuchteten Münsterplatz mit Bläser- und Chordarbietungen den Beginn des neuen Jahres feierten».

Wie haben sich doch die Zeiten verändert: Anno 1608 «war Einer vor den Rath gestellt worden, weil er in der letzten Jahresnacht auf dem Münsterplatz gejauchzet hat. Ist aber auf sein demüthiges Leidgeständnis nur mit Worten bestraft worden. Um alle Ungebühren auf den Strassen abzuschaffen, giengen daher der Oberstknecht und die Wachtknechte mit ihren Stäben um»…

Der Schulsilvester

Als «eine gewisse Parallele zum Bündelitag bestand für die Schüler der letzte Schultag des Jahres, der 24. Dezember, insofern als wir auch an diesem Tage noch zur Schule gehen mussten, um vier Morgenstunden abzusitzen, in denen nichts mehr geleistet wurde, und um das Zeugnis in Empfang zu nehmen. Auch in den Weihnachtsfreudenbecher wurde also manchem unter uns noch ein tüchtiger Gutsch Wasser gegossen, um so mehr, als ausser den Fachnoten auch noch der Rang eine unverdiente Bedeutung hatte.

Trotzdem gingen wir an diesem Morgen früher als sonst in die Schule. Es war nämlich

Die alten Kalender haben ausgedient. Ölmalerei auf Leinwand und Holz von Johann Rudolf Luterburg, 1716.

Der Kaminfeger als Glücksbringer hoch über der Freienstrasse. Um 1910.

Brauch, dass derjenige, der als letzter die Klasse betrat, als Faulpelz und Silvester haranguiert (angeredet) wurde und erst noch den Kalender für das neue Jahr stiften musste. Freilich gab es immer Mitschüler, die sich eine Ehre aus dieser Auszeichnung machten. Da war der ‹Heitzli›, ein struber Bursche mit wirrem rotem Haarschopf und den dazugehörigen Sommersprossen, und der ‹Eulerli›, ein immer auf das feinste gekleidetes elegantes Bürschchen, das rabenschwarze Haar kunstvoll gescheitelt und mit Pomade spiegelglatt gelegt. Diese beiden ungleichen Brüder hatten es sich in den Kopf gesetzt, Silvester zu werden, und brachten den Kalender gleich mit. Da sie wenigstens in punkto Kopfhärte einander ebenbürtig waren, so gabs vor der Klassentür eine wüste Balgerei: jeder wollte den andern vor sich her in die Klasse drängen. Da kam auf einem Schulrundgang plötzlich der Herr Rektor, stiess die Tür auf und beförderte die beiden gleichzeitig ins Klassenzimmer. Und, da auch jetzt keiner sich besiegt geben wollte, prangte im neuen Jahr ‹Bonfantini's› Wandkalender doppelt über dem Katheder!» (Hans Schlosser, 1943).

Denkwürdige Festtage

Am 13. Januar 1274 besucht König Rudolf von Habsburg, begleitet von über 100 Rittern und Fürsten, Basel. «42 Predigermönche, 36 Minderbrüder, 12 Sackbrüder, 8 Brüder der heiligen Jungfrau Maria und das ganze Volk der Stadt sind zugegen.» Historienzeichnung von Ludwig Adam Kelterborn, um 1870.

Am 4. April 1460 erlebt Basel einen seiner grössten Tage, die Gründungszeremonie der Universität im Münster: Der Bischof zelebriert im Pontifikalgewand vor versammelter Klerisei und Bürgerschaft das Hochamt und empfängt im Chor anschliessend die Abordnung des Rats. Der päpstliche Notar verliest mit lauter Stimme den von Papst Pius II. ausgestellten Stiftungsbrief, die Sänger lassen die festliche Antiphon «Veni sancte spiritus» erklingen und alt Bürgermeister Hans von Flachsland erklärt die Hochschule im Namen der heiligen und unteilbaren Dreifaltigkeit für errichtet und eröffnet.
Hierauf schwört der erste Rektor, Dompropst Georg von Andlau, das Wachsen und Gedeihen der Universität

Am 24. Juli 1440 erlebt Basel mit seinen rund 14 000 Einwohnern ein einzigartiges Schauspiel: Herzog Amadeus von Savoyen wird vor dem Münster mit höchsten Ehren zum Papst, Felix V., gekrönt. Man schätzt die Anwesenheit von gegen 50 000 Menschen, welche dem glanzvollen Ereignis beiwohnen. Der feierlichen Handlung folgt ein Festzug durch die Strassen der Konzilsstadt «wie Basel noch keinen gesehen hat und keinen mehr sehen wird!». Historienmalerei von Albrecht Landerer, um 1885.

und ihrer Angehörigen zu fördern, allen Schaden von ihr abzuwenden, die Satzungen und Ordnungen zu beobachten und alles andere, was ihm nach Massgabe der Umstände obliege, getreulich zu erfüllen. Mit der offiziellen Zusage der obrigkeitlichen Deputierten, der Rat gewähre den Angehörigen der Universität sicheres Geleite und unternehme alles, was in seinen Kräften stehe und der Ehre und dem Wohlergehen der Hochschule diene, schliesst die erhebende Feier. Kolorierte Federzeichnung auf Pergament.

1957 begeht Basel mit zahlreichen Feierlichkeiten und «überschäumender Festfreude die vor 2000 Jahren, d. h. im Jahre 44 v. Chr., erfolgte Gründung der Colonia Raurica durch Munatius Plancus».

Bürgermeister Peter Offenbach beschwört am 13. Juli 1501 in Anwesenheit «vielen Volks» vor dem Rathaus mit Abgesandten der Urschweiz den am 9. Juni in Luzern geschlossenen Eintritt Basels in den Bund der Eidgenossen. Historienzeichnung von Hieronymus Hess, 1845.

Kleinbasel und Grossbasel begegnen sich 1892 und 1992 auf der Mittleren Brücke zur Vereinigungsfeier.

Seit 57 Jahren wird erstmals wieder ein Basler, Professor Dr. Hans Peter Tschudi, Bundespräsident. 10. Dezember 1964.

1967 geht in Basel «das grösste Bettlerfest seiner Geschichte über die Bühne», welches mit dem grossartigen Sammelergebnis von mehr als 200 000 Franken den Volksentscheid über den Ankauf von Picassos «Arlequin assis» und «Les deux frères» positiv beeinflusst.

Dass auch Basels Sitten und Gebräuche stetem Wandel unterworfen sind, wird durch das «festfreudige Basel» exemplarisch aufgezeigt. Neues verändert, ergänzt, ersetzt Traditionelles: das Leben hinterlässt seine Spuren.

Dass überzeugende innovatorische Kräfte sich entfalten, ist 1991 durch den erstmals durchgeführten «Räbeliechtli-Umzug» unter Beweis gestellt worden: Peter Küng von «Migros Kultur» und Martin Lavater mit «copromotion» haben ihn aus der Taufe gehoben.

Gegen 7000 Kinder folgten der Einladung zum namentlich in der Ostschweiz bekannten vorwinterlichen Lichterbrauch und zogen mit ihren liebevoll geschnitzten Räbeliechtli von der verdunkelten Innenstadt zum Münsterplatz hinauf und feierten mit dem Gesang von «Räbeliedchen» ihr eindrucksvolles Fest.

Der überwältigende Starterfolg des «vielleicht schon grössten Räbeliechtli-Umzuges des Landes» garantiert ein Aufkommen der Saat, die der baslerischen Folklore zweifellos ein weiteres Glanzlicht aufsetzt, im Kind aber auch frühzeitig Interesse und Begeisterung für Kultur und Brauchtum weckt.

Basel feiert den «höchsten Schweizer», Nationalratspräsident Dr. Alfred Schaller, alt Regierungsrat. 1. Dezember 1966.

Der FC Basel wird 1970 zum vierten Mal Schweizer Fussballmeister.

Bibliographie

Mitarbeit

Dr. Wilhelm Abt, Ursula Geraets-Lauber,
Adolf W. Grossert, Lore Leuenberger,
Hanspeter Löw, Roger H. Struss,
Prof. Dr. Rudolf Wüthrich.

Auskünfte

Pfr. Dr. Erwin Anderegg, Daniela Arcotta,
Hans Bill, Ginette David,
PD Dr. Theo Gantner, Romeo Gwerder,
Franziska Heuss, Hans Hunziker,
Prof. Dr. Georg Kreis, Pfr. Klaus Krieger,
Bernard Kucharzewski, Hubert Kühner,
Petra Leuenberger, Franco Meneghetti,
Anne Nagel, Denis Rhein, Peter Rudin,
Danielle Ruf, Prof. Dr. Andreas Staehelin,
Dr. Charles Stirnimann, Dr. Gerhard Stohler,
Martin Trachsler, Emanuel Trueb,
Hedi Tschumi, Pfr. Alois Vogt,
Daniel Vogt, Hanspeter Wälle, Louis Wyss,
Rino Zimmermann, Roberto Zoppi,
Dr. Josef Zwicker.

Quellen und Literaturauswahl

Staatsarchiv Basel (StA):
   Ratsprotokolle. Vereine und Gesellschaften. Feste. Privatarchive. Das jeweils für
   die einzelnen Kapitel zutreffende Akten-
   material, wie es im Repertorium zu finden
   ist. Sammlungen Alfred R. Weber und
   dokumentarische Zeitungsausschnitte.

Amstein, Fritz
   Basler Plaudereien. Basel 1927
Baerwart, Theobald
   Maisepfiff. Basel 1928
Barth, Hans
   Bibliographie der Schweizer Geschichte.
   Basel 1915
Baslerische Kinder- und Volksreime aus der
   mündlichen Ueberlieferung gesammelt
   Basel 1857
Baugeschichte des Basler Münsters, Basel
   1895
Baumann, Fritz
   Volksfeste in der Schweiz. Bern 1896
Beurmann, Emil
   Emanuel meint. Basel 1930
Bonjour, Edgar
   Die Universität Basel von den Anfängen
   bis zur Gegenwart, Basel 1960
Boos, Heinrich
   Thomas und Felix Platter. Leipzig 1878
Bruckner, Daniel
   Basel-Chronik. Basel 1772; 1779
Burckhardt, Max
   Die Schlacht im Gedächtnis der spätern
   Jahrhunderte. Gedenkbuch zur Fünf-
   hundertjahrfeier der Schlacht bei St. Jakob
   an der Birs. Basel 1944
Burckhardt, Paul
   Die Geschiche der Stadt Basel von der
   Trennung des Kantons bis zur neuen Bun-
   desverfassung. 91. Basler Neujahrsblatt
   1913
Burckhardt-Stefani, Johann Jakob
   Aus ferner Jugendzeit. Mscr. StA. 1903
Buxtorf, Karl
   Blicke in das Privatleben Dr. Felix Platers.
   Basler Taschenbuch 1850
Degen, Bernhard
   Das Basel der andern. Basel 1986
   Der 1. August. BaZ-Magazin 30, 1985
   Hundertmal 1. Mai in Basel. BaZ-Magazin
   17, 1990
Denkschrift zur Feier des 50jährigen Be-
   stehens des Spalenkämmerli, Basel 1912

Die Beschreibung zweier alter Bräuche
   Basler Chroniken 6, 1902
Die Stadt Basel und ihre Umgebung. Basel
   1898
Falkeisen, Hieronymus
   Geschichte auf den St. Lukastag im Jahre
   1356. Basel 1828
Fechter, Daniel
   Basel im vierzehnten Jahrhundert, Basel
   1856
   Der Bannritt der Kleinbasler im XV.
   Jahrhundert. Basler Taschenbuch 1850
   Zur Sittengeschichte Basels. Basler
   Taschenbuch 1858
Feierabend, August
   Das Doppelfest der vierhundertjährigen
   Schlachtfeier bei St. Jakob. Zürich 1844
Forcart-Respinger, Emilie
   Alte Häuser, alte Geschichten. Basel 1936
Geiger, Paul
   Kleine Schriften zur Volkskunde von
   Eduard Hoffmann-Krayer. Basel 1946
   Vom Weihnachtskind. Basler Jahrbuch 1938
Grüninger, Rudolf
   Jungbürgerfeier '84. Basler Stadtbuch 1984
Hagenbach, Karl Rudolf
   Autobiographie. Schweizerisches Archiv
   für Volkskunde 1971
   Gedichte. Basel 1863
Heim, Walter
   Volksbrauch und Kirchenjahr heute. Basel
   1983
Heinse, Gottlob Heinrich
   Reisen durch das südliche Deutschland
   und die Schweiz. Leipzig 1810
   Züge zu einem Sittengemälde von Basel.
   o.O. 1810
Herzog, Hans
   Schweizerische Volksfeste, Sitten und
   Gebräuche. Aarau 1884
Hieronimus, Konrad W. Das Hochstift Basel
   im ausgehenden Mittelalter. Basel 1938
Hindermann, Philipp
   Humor und Ernst in Gedichten. Basel
   1856; 1866

Hoffmann-Krayer, Eduard
Feste und Bräuche des Schweizervolkes. Zürich 1913
Neujahrsfeier im alten Basel und Verwandtes. Zürich 1903

Hui, Franz
Aus der Geschichte der Basler Jugendfeste. Basler Nachrichten, 15. Juli 1933

Iselin, Friedrich
Zur Geschichte des Turnens in Basel. Basel 1876

Jenny, Ernst
Basel zur Biedermeierzeit. Basler Jahrbuch 1949

Kaufmann, Paul
Brauchtum in Österreich. Wien 1982

Keller, Anna
Wiehnacht und Winterfraid. Basel 1931

Knuchel, E. Fritz
Das Jahr des Baslers. Basel Stadt und Land. Basel 1937

Koelner, Paul
Anno dazumal. Basel 1929
Basel und der Tabak. Basler Jahrbuch 1920
Die Rebleutenzunft zu Basel. Basel 1942
Geschichte der Spinnwetternzunft zu Basel und ihre Handwerke. Basel 1931
Kunst- und Kulturgeschichtliches aus dem Archiv der Vorstadtgesellschaft zum Hohen Dolder. Basler Zeitschrift 40, 1941
Schweizerblut. Basel 1944
Unterm Baselstab. Basel 1918; 1922

Kreis, Georg
Der Triumph des 1. Mai. BaZ-Magazin 17, 1983
Darum feiern wir am 1. August den Geburtstag der Schweiz. Basler Zeitung 178, 1988

Kron, Emma
Bilder aus dem Basler Familienleben. Basel 1901

Küster, Jürgen
Wörterbuch der Feste und Bräuche im Jahreslauf. Freiburg 1985

Liebrich, Fritz
Die stille Gasse. Basel 1924

Lutz, Markus
Basel und seine Umgebungen. Basel 1814

Maehly, Jacob
Rhigmurmel. Basel 1856

Maier, Christoph
Regiment und Rechtschaffenheit. Basel 1985

Mattioli, Aram und Stirnimann, Charles
Die Rückeroberung der Strasse für Gott. Festschrift Markus Mattmüller. Basel 1992

Meier, Eugen A.
Aus dem alten Basel. Basel 1970
Basel, eine illustrierte Stadtgeschichte. Basel 1969
Die Basler Fasnacht. Basel 1985
Freud und Leid. Basel. 1981; 1983
Vogel Gryff. Basel 1986

Meier, Fritz
Basler Heimatgeschichte. Basel 1974

Meisner, Friedrich
Schweizerische Feste im fünfzehnten und sechzehnten Jahrhundert. 47. Basler Neujahrsblatt 1869

Métraux, Hans
Schweizer Jugendleben in fünf Jahrhunderten. Aarau 1942

Meyer, Paul
Aus den Aufzeichnungen von Pfarrer Daniel Kraus. Basler Jahrbuch 1912

Müller, Alfred
Die Ratsverfassung der Stadt Basel von 1521 bis 1798. Basler Zeitschrift 53, 1954

Müller, Dominik
Mein Basel. Basel 1920

Ochs, Peter
Geschichte der Stadt und Landschaft Basel. Basel 1786 ff.

Petzoldt, Leander
Feste und Feiern in Baden-Württemberg. Karlsruhe 1990

Pfaff, Carl
Kaiser Heinrich II. Basel 1963

Reinhardt, Hans
Die Niklausfigur aus Berau im Hotzenwald und der Niklauskult in Basel. Jahresbericht des Historischen Museums 1947

Röse, F.
Kurze Darstellung der Stadt Basel und ihren nächsten Umgebungen. Basel 1840

Roth, Paul
Wahltage im alten Basel. Basler Jahrbuch 1927

Rüdisühli-Colberg, Hilde
Wie es auf dem Jakobsberg zum Dreikönigssingen kam. Schweizer Volkskunde 48, 1958

Sarasin-Von der Mühll, Anna
Basler Brauch vor dreissig Jahren. Basler Jahrbuch 1934
Baslerisches. Basel 1967

Sartorius, Karl Andreas
100 Jahre Zofinger-Conzärtli. Basler Stadtbuch 1989

Schaub, Emil
Aus dem Leben des Basler Kaufmanns im achtzehnten Jahrhundert. 94. Basler Neujahrsblatt 1916
Bilder aus der Sittengeschichte Basels im 18. Jahrhundert. 107. Basler Neujahrsblatt 1929

Schneider, Max F.
Alte Musik in der bildenden Kunst Basels. Basel 1941
Musik der Neuzeit in der bildenden Kunst Basels. Basel 1944

Schönfeldt, Sybil
Das grosse Ravensburger Buch der Feste und Bräuche. Ravensburg 1987

Schwabe, Erich
Feste und Traditionen in der Schweiz. Neuenburg 1984

Schweizer-Völker, Edith
Butzimummel, Narro, Chluri. Basel 1990

Spiess, Otto
Basel anno 1760 nach den Tagebüchern der ungarischen Grafen Joseph und Samuel Teleki, Basel 1936

Staehelin, Andreas
Dies academicus in der Martinskirche. Mscr. im StA. 1962
Geschichte der Universität Basel. 1632 – 1818–1835. Basel 1957; 1959

Staehelin, Walter
Die Gesegneten Früchte. Basel 1943

Steiner, Gustav
Grenzbesetzung bei Basel im Revolutionskrieg, 1792 – 1795. Basler Jahrbuch 1944

Stoecklin, Paul
Volkslied und Volksmusik im alten Basel. Basler Volkskalender 1951; 1952

Stohler, Hans
Der Grenzstein und die Grenze in Volksglaube und Poesie. Der Rauracher 1946

Strübin, Eduard
Jahresbrauch im Zeitenlauf. Liestal 1991

Stückelberg, Ernst Alfred
Die Palmsonntagsfeier im Mittelalter.

Stückelberg, Ernst Alfred (Fortsetzung)
Festbuch zur Eröffnung des Historischen
Museums Basel. Basel 1894
Stückelberger-Preiswerk, Karl
Kleine Bilder aus dem Basler Bubenleben
vor 75 Jahren. Basel 1937
Thurneysen, Eduard
Wie der Sonntag vor 200 bis 300 Jahren bei
uns in Basel gefeiert wurde. Schweizer
Sonntagsfreund 1926
Trachsler, Beat
Z Baasel under em Wienachtsbaum. Basel
1986
Trümpy, Hans
Weihnachtsgrün und Kerzen auf Gräbern.
Korrespondenzblatt der Schweizerischen
Gesellschaft für Volkskunde 1969
Wackernagel, Hans Georg
Volkstümliches Leben in früherer Zeit. Für
die Heimat 1942
Wackernagel, Rudolf
Geschichte der Stadt Basel. Basel 1907 ff.
Wackernagel, Wolfgang
Dies academicus. Mscr. im StA. 1971
Währen, Max
Der Königskuchen und sein Fest. Bern
1958
Der Winter im alten Basel. Basler
Volkskalender 1952
Weber, Alfred R.
Ein Blick in das Kämmerlein zu Rebleuten.
Basler Jahrbuch 1955
Wieland, Carl
Über das baslerische Militärwesen in den
letzten Jahrhunderten. Basler Jahrbuch
1886
Wurstisen, Christian
Bassler Chronik. Basel 1765
Zehnder, Leo
Volkskundliches in der älteren schweizeri-
schen Chronistik. Basel 1976
Ziegler, Hans
Der Apfelhauet. Baselbieter Heimatbuch
15, 1986

Illustrationen

Peter Armbruster
25,5. 33,1,2,3. 36. 37. 43,1. 48,2. 86. 87.
123,2. 146,6. 153. 155. 158,2. 163,1,3. 167,2.
195,2. 205,3. 214,3. 227,2. 231,2,3. 232,2.
239. 241,2. 245,1,2.
Josy Baur
134,2,3. 167,1. 217,2. 221,2.
Brauerei Warteck AG
40.
Bürgerratskanzlei
50.
Denkmalpflege
178,1. 182,3.
Drei Ehrengesellschaften Kleinbasels
27,1. 27,3. 42. 43,2.
Hermann Eidenbenz
31.
Fasnachts-Comité
71. 74,3,4. 75,2. 94. 95.
Friedhofamt
202,1.
Gesellschaft der Feuerschützen
176.
Paul Graf
152,3.
Max Hänni
204,1. 205,2.
Historisches Museum
14,3. 15,2. 25,1. 49. 57,2. 59,1. 59,3. 70. 97.
106. 114,2. 127. 146,1. 150,2. 160,2.
173,2,3. 178,2. 180. 185,2. 206. 215,2. 242,1.
Marianne Hodel-Gisin
113.
Christoph E. Hoffmann
81,2.
Felix Hoffmann
112. 235,3.
Kreiskommando
203. 204,2. 205,1.
Kunstmuseum (Öffentliche Kunstsammlung)
14,1. 25,2. 98,2. 139,3. 185,1. 220.
Kupferstichkabinett
38. 41. 57,1. 67,2. 77. 81,3. 85. 88. 101,1.
103. 104. 138. 141. 162. 179. 189,3. 191,1.
195,3. 212,1. 214,2. 221,1. 243,1,2. 244,1.
245,3.
Alfred La Roche-Fetscherin
233.
Ernst Lautenschlager
231,1.
Marie-Anne Malzanini-Giger
244,3.
Eugen A. Meier
14,2. 23,2. 27,2. 29,1. 33,4. 34. 46. 48,1.
66,1. 67,1. 76. 81,4. 92. 100,1. 105. 146,4,5.
151,1. 156. 158,3. 161. 168. 182,1. 184.
189,2. 191,4. 193. 202,2. 207. 211. 213,1,2.
214,2. 230. 244,4. 245,4.
Werner Oppliger
209,1,3.
Photo SVZ
245,5.
Peter Rudin
25,3,4. 75,1,3,4. 107. 111,1. 122. 146,3.
191,2. 197. 217,1,3. 229. 238.
Ruedi Rytz
81,1.
Gérard Saubermann
74,1. 152,2.
Schweizerisches Museum für Volkskunde
29,3. 100,2. 182,2.
Staatsarchiv
20 (Neg. B 40). 21 (Bi. 13,23). 23,1 (Bi.
42,5). 29,2 (Bi. 15,394). 53 (Bi. 15,212). 59,2
(Neg. 25224). 62 (Bi. 16,109). 67,3 (Bi.
16,41). 74,2 (Bi. 15,6098). 98,1 (Bi. 13,670).
114,1 (Neg. 3040). 120,1 (Slg. Weber),
134,1 (Neg. B h 174). 139,1 (Bi. 13,669).
139,2 (Bi. 13,611). 145 (Vischer D 19).
152,1 (Bi. 15,617). 158,1 (Neg. A 1681).
160,1 (Neg. B 635f). 166,1 (Neg. B 639).
166,2 (Neg. A 3378). 171,1 (Ki.Ar. F 2,3).
171,2 (Ki.Ar. F 2,1). 173,1 (Slg. Weber).
189,1 (Neg. B 889). 191,3 (Wolf 4,149).
195,1. (Wolf 4,144). 199,1 (Neg. B 659).
199,2 (Neg. 21032). 199,3 (Wolf 4,25). 206
(Falkeysen E 10). 209,2 (Neg. 4579). 213,3
(Univ. Arch. IV, 5). 215,1 (Neg. F 1607).
225,1 (Höflinger 3058). 235,1 (Neg. A 81).
235,2 (Bi. 13,317). 235,4 (Wolf 4,1002).
242,2 (Wolf 4,571). 244,2 (Bi. 15,586).
Universitätsbibliothek
9. 11. 12. 13. 16. 17. 18. 22. 26. 44. 45. 52.
60. 63. 64. 65. 66,2. 72. 73. 82. 83. 99. 101,2.
102. 108. 109. 117. 118. 119. 120,2. 123,1.
128. 130. 132. 140. 143. 144. 149. 150,1.
151,2. 157. 159. 164. 170. 177. 198. 200.
201. 216. 218. 222. 223. 224. 225,2. 226.
227,1. 228. 232,1. 236. 237. 240. 241,1.
243,3.
Verkehrsverein
163,2.
Daniel Vogt
212,2.
Kurt Volk
39.
Hanspeter Wälle
15,1,3,4. 110. 111,2. 146,2. 165.